Oscar Wilde

Werke in zwei Bänden

Zweiter Band

Oscar Wilde im Jahre 1882 in New York

Fotografie von N. Sarony

Oscar Wilde

Werke in zwei Bänden

Theaterstücke
Briefe
Gedichte
Nachwort

Zweiter Band

Herausgegeben von
Rainer Gruenter

Büchergilde Gutenberg

Lizenzausgabe für die Büchergilde Gutenberg
mit Genehmigung des Carl Hanser Verlag, München

Gesetzt aus der Garamond-Antiqua
Umschlag und Einband: Prof. Kurt Weidemann
Gesamtherstellung:
Mohndruck Reinhard Mohn OHG, Gütersloh
Printed in Germany 1972
ISBN 3 7632 1625 1

Theaterstücke

Übersetzt von Paul Baudisch und Hedwig Lachmann (Salome)

Bunbury

oder

Ernst muß man sein

Personen

John Worthing, *Friedensrichter*
Algernon Moncrieff
Kanonikus Chasuble, *Dr. theol.*
Grisby, *Rechtsanwalt*
Merriman, *Butler*
Lane, *Diener*
Moulton, *Gärtner*
Lady Bracknell
Komtesse Gwendolen Fairfax
Cecily Cardew
Miß Prism, *Gouvernante*

Uraufführung: 14. Februar 1895 im St. James-Theater

Erster Akt

Luxuriös und geschmackvoll eingerichtetes Zimmer in Algernons Wohnung (Half-Moon Street, London, W.). Zeit: Um das Jahr 1895. Aus dem benachbarten Raum sind Klavierklänge zu hören. Lane deckt den Tisch für den Fünfuhrtee. Die Musik hört auf. Algernon kommt aus dem Nebenzimmer.

ALGERNON. Haben Sie mich spielen hören, Lane?

LANE. Ich hielt es nicht für schicklich, Sie zu belauschen, Sir.

ALGERNON. Das finde ich bedauerlich – Ihretwegen. Ich spiele zwar nicht korrekt – korrekt spielen kann jeder –, aber wunderbar ausdrucksvoll. Wenn ich am Klavier sitze, ist das Gefühl meine Stärke. Die Weisheit hebe ich mir fürs tägliche Leben auf.

LANE. Ja, Sir.

ALGERNON. Und da wir gerade von Lebensweisheit sprechen – haben Sie die Gurkenbrötchen für Lady Bracknell zurechtmachen lassen?

LANE. Ja, Sir.

ALGERNON. Mhm! Wo sind sie?

LANE. Hier, Sir. *(Er deutet auf eine Platte)*

ALGERNON *(begutachtet die Brote, nimmt zwei und setzt sich aufs Sofa).* Ach, da fällt mir gerade etwas ein, Lane. Ich ersehe aus Ihrem Wirtschaftsbuch, daß Sie am Donnerstagabend, als Lord Shorham und Mr. Worthing bei mir aßen, acht verkonsumierte Flaschen Champagner eingetragen haben.

LANE. Achteinhalb Flaschen, Sir.

ALGERNON. Wie kommt es, daß in einem Junggesellenhaushalt die Dienerschaft so gerne Champagner trinkt? Ich frage nur aus Wißbegier.

LANE. Das führe ich auf die bessere Qualität des Weines zurück, Sir. Ich habe oft festgestellt, daß Ehepaare nur selten eine erstklassige Marke bevorzugen.

ALGERNON. Allmächtiger Himmel! So demoralisierend ist also der Ehestand?

LANE. Ich halte ihn für recht erfreulich, Sir. Freilich habe ich persönlich bisher nur geringe Erfahrungen gesammelt. Ich war ein einziges Mal verheiratet. Es war die Folge eines kleinen Mißverständnisses zwischen mir und einer jungen Person weiblichen Geschlechts.

ALGERNON *(gelangweilt).* Ich wüßte nicht, daß mich Ihr Familienleben sonderlich interessiert, Lane.

LANE. Gewiß nicht, Sir. Es ist kein sehr interessantes Thema, ein Thema, mit dem ich mich selber fast nie beschäftige.

ALGERNON. Das kann ich verstehen. Schon gut, Lane, danke.

LANE. Danke, Sir. *(Wendet sich zum Gehen)*

ALGERNON. Ach!... Geben Sie mir doch noch ein Gurkensandwich.

LANE. Jawohl, Sir. *(Kehrt um und reicht Algernon die Platte. Dann geht er ab)*

ALGERNON. Lane scheint einen recht laxen Begriff von der Ehe zu haben. Nein, ich muß schon sagen, wenn uns die unteren Stände nicht mit gutem Beispiel vorangehen, was in aller Welt haben sie dann überhaupt für einen Daseinszweck? Eine Klasse, die absolut kein moralisches Verantwortungsgefühl zu besitzen scheint.

(Lane tritt auf)

LANE. Mr. Ernst Worthing.

(Jack tritt auf. Lane ab)

ALGERNON. Wie geht's, lieber Ernst? Was führt dich nach London?

JACK. Das Vergnügen – das Vergnügen. Was denn sonst? Und wie ich sehe, wird wieder geschmaust, Algy.

ALGERNON *(steif).* Ich glaube, in der guten Gesellschaft ist es üblich, gegen fünf Uhr eine kleine Erfrischung zu sich zu nehmen. Wo warst du denn seit dem vorigen Donnerstag?

JACK *(setzt sich aufs Sofa).* Auf dem Lande.

ALGERNON. Was in aller Welt machst du auf dem Lande?

JACK *(zieht die Handschuhe aus).* Wenn man in der Stadt ist, amüsiert man *sich* – wenn man auf dem Land ist, amüsiert man andere. Es ödet mich an.

ALGERNON. Und wer sind die andern, die du amüsierst?

JACK *(leichthin).* Nachbarn – Nachbarn.

ALGERNON. Hast du nette Nachbarn in deiner Umgebung?

JACK. Sie sind gräßlich. Ich spreche mit keinem von ihnen.

ALGERNON. Das muß für sie enorm amüsant sein. *(Geht zum Tisch und holt sich ein Sandwich)* Übrigens – du wohnst in Shropshire, nein?

JACK. Wie bitte? In Shropshire? Ja freilich. Hoppla! Was bedeuten die vielen Tassen? Und die Gurkenbrote? Wie kann ein junger Mensch so verschwenderisch sein! Wer kommt zum Tee?

ALGERNON. Ach, nur Tante Augusta und Gwendolen.

JACK. Wie reizend!

ALGERNON. Sehr reizend. Aber ich fürchte, Tante Augusta wird es nicht ganz recht sein, dich hier vorzufinden.

JACK. Darf ich fragen, warum?

ALGERNON. Mein lieber Freund, deine Art, mit Gwendolen zu flirten, ist geradezu schändlich. Fast so schändlich wie Gwendolens Art, mit dir zu flirten.

JACK. Ich liebe Gwendolen. Ich bin eigens nach London gekommen, um ihr einen Heiratsantrag zu machen.

ALGERNON. Ich dachte, du wärst zum Vergnügen in London ... Nicht in Geschäften.

JACK. In Geschäften! Was bist du doch für ein unromantischer Mensch!

ALGERNON. Einen Heiratsantrag finde ich beim besten Willen nicht romantisch. Verliebt zu sein – das nenne ich romantisch. Aber ein definitiver Heiratsantrag? Mein Gott, er könnte angenommen werden. Ich glaube, er wird meistens angenommen. Dann ist es aus mit der Aufregung. Das wahre Wesen der Romantik ist die Ungewißheit. Wenn ich je heiraten sollte, werde ich mir Mühe geben, diesen fatalen Umstand sofort zu vergessen.

JACK. Das bezweifle ich keinen Augenblick, lieber Algy. Die Scheidungsgerichtshöfe sind eigens für Leute erfunden worden, die ein so kurioses Gedächtnis haben.

ALGERNON. Ach, es hat keinen Zweck, sich darüber den Kopf zu zerbrechen. Ehen werden im Himmel geschieden ... *(Jack streckt die Hand nach einem belegten Brot aus. Sofort interveniert Algernon)* Hände weg von den Gurkenbrötchen! Ich habe sie eigens für Tante Augusta bestellt. *(Nimmt eins und ißt es auf)*

JACK. Die ganze Zeit sitzt du da und ißt Gurkenbrötchen.

ALGERNON. Das steht auf einem anderen Blatt. Sie ist meine Tante. *(Er zieht eine Platte hervor)* Nimm dir ein Butterbrot. Die Butterbrote sind für Gwendolen bestimmt. Gwendolen schwärmt für Butterbrote.

JACK *(geht zum Tisch und bedient sich)*. Es sind aber auch ganz vorzügliche Butterbrote.

ALGERNON. Also, lieber Freund, du brauchst sie ja nicht unbedingt alle aufzuessen. Du benimmst dich, als ob du schon mit Gwendolen verheiratet wärst. Du bist noch *nicht* mit ihr verheiratet, und meiner Meinung nach wird es nie soweit kommen.

JACK. Wieso bitte?

ALGERNON. Erstens einmal heiraten junge Mädchen nicht die Männer, mit denen sie flirten. Sie finden es unanständig.

JACK. Dummes Zeug.

ALGERNON. O nein. Es ist eine tiefe Wahrheit. Deshalb wimmelt es überall von Junggesellen. Zweitens verweigere ich meine Einwilligung.

JACK. Deine Einwilligung? Was redest du für dummes Zeug daher!

ALGERNON. Lieber Freund, Gwendolen ist meine Kusine, und bevor ich ihr erlaube, dich zu heiraten, mußt du erst einmal die Affäre Cecily bereinigen.

JACK. Cecily! Was um Himmels willen soll das heißen? *(Algernon erhebt sich und läutet dem Diener. Dann kehrt er an den Teetisch zurück und ißt noch ein Brot)* Cecily? Was meinst du *damit*? Ich kenne keine Cecily – soweit ich mich erinnern kann.

(Lane tritt auf)

ALGERNON. Bringen Sie mir das Zigarettenetui, das Mr. Worthing im Rauchzimmer vergessen hat, als er neulich bei uns zu Abend aß.

LANE. Jawohl, Sir. *(Geht ab)*

JACK. Soll das bedeuten, daß du die ganze Zeit mein Zigarettenetui bei dir gehabt hast? Mein Gott, warum hast du mir das nicht gesagt? Ich habe Scotland Yard mit verzweifelten Briefen bombardiert. Um ein Haar hätte ich eine Belohnung ausgesetzt.

ALGERNON. Das solltest du nachholen. Zufälligerweise bin ich momentan noch knapper bei Kasse als sonst.

JACK. Was hat es für einen Zweck, eine Belohnung auszusetzen, jetzt wo das Etui wieder da ist?

(Lane tritt auf und bringt das Etui auf einem silbernen Tablett. Ab)

ALGERNON. Ich muß schon sagen, Ernst, das finde ich schäbig von dir. *(Öffnet das Etui und inspiziert es genau)* Aber es spielt keine Rolle. Jetzt, da ich sehe, was auf der Innenseite eingraviert ist, stelle ich fest, daß das Ding gar nicht dir gehört.

JACK. Natürlich gehört es mir. *(Nähert sich ihm)* Du hast es hundertmal bei mir gesehen – und nichts berechtigt dich, die Nase hineinzustecken. Es ist äußerst unmanierlich, in einem privaten Zigarettenetui zu lesen.

ALGERNON. Wie absurd, sich nach strengen und feststehenden Regeln zu richten! Das eine darf man lesen – das andere nicht. Man sollte *alles* lesen. Unsere heutige Kultur beruht mehr als zur Hälfte auf verbotener Lektüre.

JACK. Dessen bin ich mir durchaus bewußt – und ich habe nicht die Absicht, mich mit dir über unsere heutige Kultur zu unterhalten. Über so etwas spricht man nicht unter vier Augen. Ich will ganz einfach mein Etui zurück haben.

ALGERNON. Ja, aber das *ist* nicht dein Etui. Dieses Zigarettenetui ist das Geschenk einer Dame namens Cecily, und du hast erklärt, daß du keine Cecily kennst.

JACK. Also, wenn du es unbedingt wissen willst: Cecily ist nun mal zufällig meine Tante.

ALGERNON. Deine Tante!

JACK. Ja. Und noch dazu eine reizende alte Dame. Sie wohnt in Tunbridge Wells. Gib es mir schon zurück, Algy.

ALGERNON *(zieht sich hinters Sofa zurück)*. Wenn sie deine Tante ist und in Tunbridge Wells wohnt, warum nennt sie sich Klein Cecily? *(Liest)* ›Von Klein Cecily in innigster Liebe‹.

JACK *(geht zum Sofa und kniet nieder)*. Lieber Freund, was in aller Welt ist denn dabei? Es gibt große Tanten, es gibt kleine Tanten. Das zu entscheiden sollte man wohl den Tanten selbst überlassen. Du scheinst dir einzubilden, alle Tanten müßten genauso aussehen wie *deine* Tante. Das ist absurd! Um Gottes willen, gib mir mein Zigarettenetui zurück. *(Verfolgt Algernon durchs Zimmer)*

ALGERNON. Gut. Warum aber bezeichnet deine Tante dich als ihren Onkel? ›Von Klein Cecily in innigster Liebe ihrem lieben Onkel Jack.‹ Ich gebe zu, es ist nichts dagegen einzuwenden, daß eine Tante eine kleine Tante ist. Aber warum eine Tante, ob klein oder groß, ihren leiblichen Neffen ›Onkel‹ tituliert, will mir nicht recht einleuchten. Außerdem heißt du gar nicht Jack, du heißt Ernst.

JACK. Ich heiße nicht Ernst – ich heiße Jack.

ALGERNON. Du hast mir immer gesagt, daß du Ernst heißt. Ich habe dich allen Leuten als meinen Freund Ernst vorgestellt. Du hörst auf den Namen Ernst. Du siehst aus wie einer, der Ernst heißt. Nie im Leben ist mir ein Mensch begegnet, der so ernst ausgesehen hat wie du. Es ist einfach albern von dir zu behaupten, daß du *nicht* Ernst heißt. Der Name steht auf deinen Visitenkarten. Ha, hier haben wir eine. *(Entnimmt sie dem Etui)* ›Mr. Ernst Worthing, Albany Club, London West.‹ Ich behalte diese Karte als Beweis dafür, daß du Ernst heißt, falls du je versuchen solltest, es mir oder Gwendolen oder jemand anderem gegenüber zu bestreiten. *(Steckt die Visitenkarte in die Tasche)*

JACK. Also – in der Stadt heiße ich Ernst und auf dem Lande Jack.

ALGERNON. Ja, aber das ist noch immer keine Erklärung dafür, daß deine kleingewachsene Tante Cecily, die in Tunbridge Wells wohnt, dich als ihren lieben Onkel bezeichnet. Los, mein Alter, heraus damit!

JACK. Lieber Algy, du redest wie ein Zahnarzt. Ich finde es vulgär, wie ein Zahnarzt zu reden, wenn man kein Zahnarzt ist. Das erweckt einen falschen Eindruck.

ALGERNON. Wie das bei Zahnärzten stets der Fall ist. Also los! Beichte mir alles. Ich darf erwähnen, daß ich dich schon immer im Verdacht gehabt habe, ein überzeugter und heimlicher Bunburist zu sein. Jetzt bin ich meiner Sache sicher.

JACK. Ein Bunburist? Was in aller Welt verstehst du unter einem Bunburisten?

ALGERNON. Den Sinn dieses unvergleichlichen Ausdrucks werde

ich dir erklären, sobald du die Güte hast, mir mitzuteilen, warum du in London Ernst und auf dem Lande Jack heißt.

JACK. Erst gibst du mir mein Etui zurück.

ALGERNON. Hier, bitte. *(Reicht ihm das Etui)* Komm jetzt mit deiner Erklärung und tu mir einen Gefallen – sieh zu, daß sie möglichst unwahrscheinlich klingt. *(Setzt sich aufs Sofa)*

JACK. Mein lieber Freund, die Erklärung ist nicht im geringsten unwahrscheinlich. Eigentlich ist sie recht simpel. Der alte Thomas Cardew, der mich adoptiert hat, als ich ein kleiner Junge war – unter etwas merkwürdigen Umständen –, und mir das Vermögen hinterließ, das ich besitze, bestellte mich in seinem Testament zum Vormund seiner Enkelin, Cecily Cardew. Cecily, die mich Onkel nennt – respektvoll, aus Motiven, die du unmöglich begreifen kannst –, lebt unter der Obhut ihrer bewundernswerten Gouvernante Miß Prism auf meinem Landsitz.

ALGERNON. Wo liegt denn übrigens dein Landsitz?

JACK. Das geht dich nichts an, mein Junge. Du wirst nicht eingeladen ... Ich darf dir ehrlich gestehen, daß er *nicht* in der Grafschaft Shropshire liegt.

ALGERNON. Das habe ich geahnt, lieber Freund. Bei zwei verschiedenen Gelegenheiten habe ich als Bunburist ganz Shropshire unsicher gemacht. Weiter! Warum bist du Ernst in London und Jack auf dem Lande?

JACK. Mein lieber Algy, ich weiß nicht, ob du fähig sein wirst, meine wahren Beweggründe zu verstehen. Dazu bist du wohl nicht ernst genug. Als Vormund muß man sich in allen Lebensdingen eines hochmoralischen Verhaltens befleißigen. Dazu ist man verpflichtet. Und da ein hochmoralisches Verhalten – wenn man es übertreibt – wohl kaum die Gesundheit oder das Wohlbefinden fördert, habe ich, um nach London fahren zu können, einen jüngeren Bruder namens Ernst erfunden. Er wohnt im Albany und gerät in die schrecklichsten Bredouillen. Das, mein lieber Algy, ist die reine und einfache Wahrheit.

ALGERNON. Die Wahrheit ist selten rein und nie einfach. Sonst wäre unser heutiges Dasein äußerst langweilig und unsere heutige Literatur total unmöglich.

JACK. Das wäre kein Malheur.

ALGERNON. Literaturkritik ist nicht deine starke Seite, lieber

Freund. Gib dir keine Mühe. Überlaß das den Leuten, die *nicht* studiert haben. Sie schaffen es so gut in der Tagespresse. Eigentlich bist du ein Bunburist. Ich hatte ganz recht, als ich sagte, daß du ein Bunburist bist. Du bist einer der fortgeschrittensten Bunburisten, die ich kenne.

JACK. Was in aller Welt soll das heißen?

ALGERNON. Du hast einen sehr brauchbaren jüngeren Bruder namens Ernst erfunden, damit du, sooft du Lust hast, nach London fahren kannst. Ich habe einen unbezahlbaren, ständig kränkelnden Freund namens Bunbury erfunden, damit ich, sooft es mir paßt, aufs Land hinausfahren kann.

JACK. So etwas Albernes!

ALGERNON. Durchaus nicht albern. Bunbury ist wirklich unbezahlbar. Wäre nicht Bunburys Gesundheitszustand so überaus schlecht, dann könnte ich zum Beispiel nicht heute abend mit dir im Savoy essen, weil ich schon seit mehr als einer Woche mit Tante Augusta verabredet bin.

JACK. Ich habe dich nicht zum Essen geladen – weder ins Savoy noch sonst wohin.

ALGERNON. Das weiß ich. Du bist von einer unglaublichen Nachlässigkeit und vergißt immer wieder, die Einladungen rechtzeitig zu verschicken. Das ist dumm von dir. Nichts ärgert einen mehr, als keine Einladung zu bekommen.

JACK. Also, ich *kann* gar nicht im Savoy essen. Ich schulde dort ungefähr siebenhundert Pfund. Die Herrschaften beantragen immerzu einstweilige Verfügungen gegen mich oder wollen mich pfänden lassen. Sie quälen mich bis aufs Blut.

ALGERNON. Warum um Gottes willen zahlst du nicht? Du schwimmst in Geld.

JACK. Ich ja, aber nicht Ernst, und ich muß auf Ernsts Ruf bedacht sein. Ernst gehört zu den Leuten, die nie ihre Rechnungen bezahlen. Ungefähr einmal wöchentlich sucht ihn der Gerichtsvollzieher.

ALGERNON. Na, dann essen wir bei Willis.

JACK. Iß lieber bei Tante Augusta.

ALGERNON. Ich denke nicht im Traum daran. Erstens war ich am Montag bei ihr eingeladen, und einmal in der Woche bei Verwandten zu essen genügt. Zweitens werde ich dort immer als Familienmitglied behandelt und bekomme entweder gar keine Tischdame oder zwei. Drittens weiß ich genau, wer heute neben mir sitzen würde – Mary Farquhar, die die Angewohnheit hat, mit ihrem eigenen Mann über den Tisch weg zu kokettieren. Das ist nicht sehr erfreulich, ja eigentlich nicht einmal anständig ... Und so etwas kommt heutzutage immer häufiger vor. Es ist geradezu skandalös, wie viele Frauen in London mit ihren eigenen Männern kokettieren. Es macht einen schlechten Eindruck. Das heißt ganz einfach vor allen Leuten seine saubere Wäsche waschen. Außerdem – da ich jetzt weiß, daß du ein eingefleischter Bunburist bist, möchte ich mich natürlich mit dir über die Kunst des Bunburisierens unterhalten. Ich möchte dir die Grundregeln beibringen.

JACK. Ich bin gar kein Bunburist. Wenn Gwendolen mich haben will, werde ich meinen Bruder umbringen – ja, ich glaube sogar, daß ich ihn auf jeden Fall umbringe. Cecily interessiert sich zu sehr für den Schlingel. Immer wieder bittet sie mich, ihm zu verzeihen. Es ödet mich an. Deshalb werde ich Ernst aus dem Wege schaffen. Und ich rate dir dringend, meinem Beispiel zu folgen und deinem Mister – deinem kränkelnden Freund mit dem absurden Namen den Garaus zu machen.

ALGERNON. Nichts wird mich je dazu bewegen, mich von Bunbury zu trennen, und solltest du heiraten – was mir sehr problematisch erscheint –, dann wirst du froh sein, Bunbury zu kennen. Der Mann, der sich verheiratet, ohne Bunbury zu kennen, wird sich zu Tode langweilen.

JACK. Dummes Zeug. Wenn ich ein reizendes junges Mädchen wie Gwendolen heirate – und ich bin noch nie einer anderen Frau begegnet, die ich hätte heiraten wollen –, werde ich bestimmt keine Lust haben, Bunbury kennenzulernen.

ALGERNON. Dann wird deine Frau ihn kennenlernen wollen. Du scheinst nicht zu begreifen, daß es in der Ehe zu dritt gemütlich ist – zu zweit aber fade.

JACK *(geschwollen)*. Diese These, mein lieber junger Freund, hat das korrupte französische Theater seit fünfzig Jahren verfochten.

ALGERNON. Ja. Und das traute englische Heim hat nicht halb soviel Zeit gebraucht, um ihre Richtigkeit zu beweisen.

JACK. Um Gottes willen, versuch doch nicht, zynisch zu sein. Nichts ist leichter, als zynisch zu sein.

ALGERNON. Lieber Freund, heutzutage ist gar nichts mehr leicht. Die Konkurrenz ist viel zu groß und zu bösartig. *(Man hört die Türklingel)* Oh, das muß Tante Augusta sein! Nur Blutsverwandte oder Gläubiger läuten so wagnerianisch. Wenn ich sie dir jetzt für zehn Minuten aus dem Weg schaffe und dir Gelegenheit gebe, Gwendolen um ihre Hand zu bitten, darf ich dann heute abend mit dir bei Willis essen?

JACK. Wenn du unbedingt willst – meinetwegen.

ALGERNON. Ja, aber du mußt es ernst nehmen. Ich verabscheue Menschen, die das Essen nicht ernst nehmen. Das zeugt von oberflächlichem Charakter.

LANE *(tritt auf)*. Lady Bracknell und Miß Fairfax.

(Algernon geht den Gästen entgegen. Lady Bracknell und Gwendolen treten auf)

LADY BRACKNELL. Guten Tag, mein lieber Algernon, hoffentlich benimmst du dich gut.

ALGERNON. Ich befinde mich gut, Tante Augusta.

LADY BRACKNELL. Das ist nicht ganz dasselbe. Eigentlich sind beide Dinge selten miteinander vereinbar. *(Sie erblickt Jack und neigt mit eisiger Kälte den Kopf)*

ALGERNON *(zu Gwendolen)*. Mein Gott, siehst du reizend aus.

GWENDOLEN. Ich sehe immer reizend aus, oder, Mr. Worthing?

JACK. Sie sind die Vollkommenheit selbst, Miß Fairfax.

GWENDOLEN. Oh – hoffentlich nicht! Da könnte ich mich ja gar nicht mehr entwickeln, und ich habe die Absicht, mich zu entwickeln – in vielerlei Hinsicht. *(Sie und Jack setzen sich in eine Ecke)*

LADY BRACKNELL. Verzeih, daß wir uns ein wenig verspätet haben, Algernon, aber ich mußte die liebe Lady Harbury besuchen. Seit dem Tod ihres armen Mannes bin ich nicht mehr bei ihr gewesen. Nie im Leben habe ich einen Menschen so verändert gesehen: Sie sieht um volle zwanzig Jahre jünger aus. Und jetzt bitte ich um eine Tasse Tee und eines der leckeren Gurkenbrötchen, die du mir versprochen hast.

ALGERNON. Gewiß, Tante Augusta. *(Geht zum Teetisch)*

LADY BRACKNELL. Willst du dich nicht zu uns setzen, Gwendolen?

GWENDOLEN. Danke, Mama, ich sitze hier sehr bequem.

ALGERNON *(nimmt mit entsetzter Miene die leere Platte zur Hand)*. Allmächtiger Himmel! Lanc! Warum haben wir keine Gurkenbrote? Ich habe sie eigens bestellt.

LANE *(todernst)*. Es gab heute früh auf dem Markt keine Gurken, Sir. Ich habe zweimal das Mädchen hingeschickt.

ALGERNON. Keine Gurken!

LANE. Nein, Sir. Nicht einmal für bares Geld.

ALGERNON. Schon gut, Lane, danke.

LANE. Danke, Sir. *(Ab)*

ALGERNON. Ich bin untröstlich, Tante Augusta, daß es keine Gurken gegeben hat, nicht einmal für bares Geld.

LADY BRACKNELL. Es spielt wirklich keine Rolle, Algernon. Ich habe bei Lady Harbury einige Plätzchen zu mir genommen. Sie scheint jetzt nur noch ihrem Vergnügen zu leben.

ALGERNON. Wie ich gehört habe, ist ihr Haar vor Kummer goldblond geworden.

LADY BRACKNELL. Es hat wirklich eine andere Farbe. Die Ursache kenne ich natürlich nicht. *(Algernon serviert Tee)* Danke. Heute abend werde ich dich mit etwas ganz Besonderem traktieren, Algernon. Du wirst neben Mary Farquhar sitzen. Sie ist eine so nette Person und so aufmerksam zu ihrem Mann. Es ist eine wahre Freude, sie zu beobachten.

ALGERNON. Leider, Tante Augusta, werde ich wohl auf das Vergnügen verzichten müssen, heute abend bei dir zu essen.

LADY BRACKNELL *(runzelt die Stirn)*. Das will ich nicht hoffen, Algernon. Es würde meine Tischordnung über den Haufen werfen. Dein Onkel müßte allein oben essen. Zum Glück ist er daran gewöhnt.

ALGERNON. Es ist mir äußerst lästig und – das brauche ich kaum zu betonen – eine große Enttäuschung, aber die Sache ist die: Soeben habe ich ein Telegramm erhalten. Meinem armen Freund Bunbury geht es wieder sehr schlecht. *(Wechselt einen Blick mit Jack)* Man scheint es für ratsam zu halten, daß ich ihn aufsuche.

LADY BRACKNELL. Das finde ich sehr sonderbar. Dieser Mr. Bunbury scheint ein merkwürdig kränklicher Mensch zu sein.

ALGERNON. Ja. Er siecht dahin, der arme Bunbury.

LADY BRACKNELL. Nun, ich muß schon sagen, Algernon, es ist höchste Zeit, daß Mr. Bunbury sich entschließt, ob er weiterleben oder sterben will. Dieses Hin und Her ist lächerlich. Ich billige auch in keiner Weise die Teilnahme, die man heutzutage kranken Menschen entgegenbringt. Ich finde sie morbid. Krankheiten jeder Art sollte man bei anderen nicht auch noch fördern. Die erste Pflicht im Leben ist: gesund sein. Das sage ich immerfort deinem armen Onkel, aber er scheint nicht auf mich zu hören – soweit überhaupt sein Zustand sich bessert. Nun ja, Algernon, wenn du verpflichtet bist, am Krankenlager deines Mr. Bunbury zu sitzen, habe ich natürlich nichts mehr hinzuzufügen. Aber ich wäre dir sehr verbunden, wenn du Mr. Bunbury in meinem Namen bitten würdest, er möge so freundlich sein, am kommenden Samstag keinen Rückfall zu erleiden. Ich verlasse mich darauf, daß du mir die musikalische Unterhaltung arrangierst. Es ist mein letzter Empfang, und man braucht ein Stimulans, das die Konversation in Gang bringt – besonders gegen Ende der Saison, wo jeder schon alles gesagt hat, was er zu sagen hatte, und das war in den meisten Fällen ohnedies nicht der Rede wert.

ALGERNON. Ich werde mit Bunbury ein ernstes Wort reden, Tante Augusta – falls er bei Bewußtsein ist –, und ich glaube dir versprechen zu können, daß er am Samstag wieder auf den Beinen sein wird. Natürlich ist es sehr schwer, die richtige Musik zu wählen. Siehst du, spielt man gute Musik, hören die Leute nicht zu – spielt man schlechte Musik, hören sie zu reden auf. Aber wenn du so lieb sein willst, mich für einen Augenblick ins Nebenzimmer zu begleiten, zeige ich dir meinen Entwurf des Programms.

LADY BRACKNELL. Ich danke dir, Algernon, für deine Aufmerksamkeit. *(Erhebt sich und folgt ihm)* Es wird sicher ein hübsches Programm sein – nachdem ich es zusammengestrichen habe. Französische Lieder kann ich nicht zulassen. Die Leute scheinen sich immer einzubilden, der Text sei unanständig. Entweder machen sie eine empörte Miene – und das finde ich vulgär –, oder sie lachen, und das ist noch schlimmer. Die deutsche Sprache aber klingt durchaus respektabel – und ist es auch, wie ich glaube. Gwendolen, du kommst mit.

GWENDOLEN. Freilich, Mama.

Lady Bracknell und Algernon gehen ins Musikzimmer. Gwendolen bleibt)

JACK. War das ein schöner Tag, Miß Fairfax.

GWENDOLEN. Bitte, sprechen Sie nicht über das Wetter, Mr. Worthing. Wenn jemand mit mir über das Wetter spricht, habe ich immer das dunkle Gefühl, daß er etwas ganz anderes meint. Und das macht mich *so* nervös.

JACK. Ich meine ja auch etwas ganz anderes.

GWENDOLEN. Das habe ich mir gleich gedacht. Eigentlich irre ich mich nie.

JACK. Ich möchte so gerne mit Ihrer Erlaubnis die vorübergehende Abwesenheit Lady Bracknells benützen – um – äh ...

GWENDOLEN. Dazu würde ich Ihnen dringend raten. Mama hat die Gewohnheit, plötzlich wieder hereinzuplatzen – eine üble Gewohnheit, die ich ihr schon oft vorgeworfen habe.

JACK *(nervös)*. Miß Fairfax, seit ich Ihnen begegnet bin, habe ich Sie bewundert wie keine andere Frau – der ich begegnet bin – seit ich Ihnen begegnet bin ...

GWENDOLEN. Darüber bin ich mir völlig im klaren. Und ich habe oft bedauert, daß Sie es – auf jeden Fall vor anderen Leuten – nicht deutlicher gezeigt haben. Ihr unwiderstehlicher Charme hat mich schon immer fasziniert. Lange bevor ich Sie kennenlernte, waren Sie mir bei weitem nicht gleichgültig. *(Jack sieht sie erstaunt an)* Wie Sie hoffentlich wissen, Mr. Worthing, leben wir in einem Zeitalter der Ideale. Das wird in den anspruchsvolleren Wochenzeitschriften immer wieder betont und hat sich auch schon, wie ich höre, in der Provinz herumgesprochen. Dort wird es von den Kanzeln herab verkündet. *Mein* Ideal war es stets, einen Mann namens Ernst zu lieben. In diesem Namen liegt etwas absolut Vertrauenerweckendes. Von dem Augenblick an, da Algernon mir sagte, er habe einen Freund, der Ernst heißt, wußte ich, daß es mir bestimmt sei, Sie zu lieben. Zum Glück für meinen Seelenfrieden ist der Name – soweit meine eigene Erfahrung reicht – nicht gar zu häufig.

JACK. Lieben Sie mich wirklich, Gwendolen?

GWENDOLEN. Leidenschaftlich!

JACK. Darling! Du weißt nicht, wie glücklich du mich machst.

GWENDOLEN. Mein geliebter Ernst! *(Sie umarmen einander)*

JACK. Das soll aber nicht besagen, daß du mich nicht lieben könntest, wenn ich anders hieße als Ernst?

GWENDOLEN. Du heißt doch Ernst?

JACK. Ja, ja, das weiß ich. Aber angenommen, ich hieße anders. Willst du behaupten, daß du mich dann nicht lieben könntest?

GWENDOLEN *(leichtfertig)*. Ach, das ist eine metaphysische Spekulation und hat wie alle metaphysischen Spekulationen sehr wenig mit den Tatsachen des wirklichen Lebens zu tun, wie wir sie kennen.

JACK. Ich persönlich, Darling – um es aufrichtig zu sagen –, halte nicht viel von dem Namen Ernst. Ich finde überhaupt nicht, daß er zu mir paßt.

GWENDOLEN. Er paßt dir wie angemessen. Ein himmlischer Name. Er hat eine eigene Melodie. Er versetzt mein Herz in Schwingungen.

JACK. Also, wirklich, Gwendolen, ich muß schon sagen, daß ich viele andere Namen hübscher finde. Zum Beispiel halte ich Jack für einen reizenden Namen.

GWENDOLEN. Jack ...? Nein, Jack klingt nicht sehr melodisch – wenn überhaupt. Ein Name, der mich nicht erschauern läßt – der mein Herz nicht in Schwingungen versetzt ... Ich habe mehrere Jacks gekannt, und alle waren sie, ohne Ausnahme, äußerst unansehnlich. Außerdem ist Jack bekanntlich ein übliches Synonym für John. Und ich bedaure jede Frau, die mit einem Mann namens John verheiratet ist. Sie wird sich an seiner Seite fürchterlich langweilen. Wahrscheinlich wird ihr nie die hinreißende Freude an einem Augenblick der Einsamkeit vergönnt sein. Der einzige zuverlässige Name ist Ernst.

JACK. Gwendolen, ich muß mich sofort taufen lassen – ich meine, wir müssen sofort heiraten. Es ist keine Zeit zu verlieren.

GWENDOLEN. Heiraten, Mr. Worthing?

JACK *(erstaunt)*. Nun ja – freilich ... Du weißt, daß ich dich liebe – ich meine, Miß Fairfax, Sie haben mir zu verstehen gegeben, daß ich Ihnen nicht völlig gleichgültig sei.

GWENDOLEN. Ernst, ich bete dich an. Aber du hast mir ja noch keinen Heiratsantrag gemacht. Von einer Heirat ist überhaupt nicht die Rede gewesen. Das Thema ist nicht einmal gestreift worden.

JACK. Also – dann – darf ich dich jetzt um deine Hand bitten?

GWENDOLEN. Ich glaube, eine bessere Gelegenheit könnte man sich gar nicht wünschen. Und um Ihnen eine eventuelle Enttäuschung zu ersparen, Mr. Worthing, halte ich es für recht und billig, Sie im vorhinein offen darauf aufmerksam zu machen, daß ich fest entschlossen bin, Ihren Antrag anzunehmen.

JACK. Gwendolen!

GWENDOLEN. Ja, Mr. Worthing, was haben Sie mir zu sagen?

JACK. Du weißt, was ich dir zu sagen habe.

GWENDOLEN. Ja, aber du sagst es nicht.

JACK. Gwendolen, willst du meine Frau werden? *(Kniet nieder)*

GWENDOLEN. Selbstverständlich, Darling. Wie lange du gebraucht hast! Ich fürchte, du besitzt auf diesem Gebiet keine große Erfahrung.

JACK. Mein ein und alles – ich habe nie eine Frau auf Gottes Erdboden geliebt außer dir.

GWENDOLEN. Gut, aber die Männer machen oft der Übung halber dem einen oder anderen jungen Mädchen einen Heiratsantrag. Ich weiß das von meinem Bruder Gerald. Alle meine Freundinnen erzählen es mir. Was hast du doch für wunderschöne blaue Augen, Ernst! Sie sind so blau, so blau. Hoffentlich wirst du mich immer so anschauen, besonders wenn andere Leute dabei sind.

LADY BRACKNELL *(tritt ein)*. Mr. Worthing! Erheben Sie sich, Sir, aus dieser halb liegenden Stellung, die ich höchst unschicklich finde.

GWENDOLEN. Mama! *(Jack will aufstehen, sie hindert ihn daran)* Ich muß dich bitten, dich zurückzuziehen. Du hast hier nichts zu suchen. Außerdem ist Mr. Worthing noch nicht ganz fertig.

LADY BRACKNELL. Womit, wenn ich fragen darf?

GWENDOLEN. Ich bin mit Mr. Worthing verlobt, Mama. *(Gemeinsam erheben sie sich)*

LADY BRACKNELL. Entschuldige, aber du bist mit niemandem verlobt. Wenn es einmal soweit ist, dann werde *ich* es dir mitteilen – oder dein Vater wird es dir mitteilen, falls sein Gesundheitszustand es erlaubt. Eine Verlobung hat für ein junges Mädchen eine Überraschung zu sein – angenehm oder unangenehm, je nachdem. Auf keinen Fall darf man so etwas seiner Tochter überlassen ... Und nun habe ich einige Fragen an Sie zu richten, Mr. Worthing.

JACK. Es wird mir ein Vergnügen sein, Ihre Fragen zu beantworten, Lady Bracknell.

GWENDOLEN. Das heißt, wenn Sie sie beantworten können. Mamas Fragen sind zuweilen merkwürdig inquisitorisch.

LADY BRACKNELL. Ich werde dafür sorgen, daß sie mehr als inquisitorisch sind. Und während ich diese Fragen stelle, wirst du, Gwendolen, unten im Wagen auf mich warten.

GWENDOLEN *(vorwurfsvoll)*. Mama!

LADY BRACKNELL. In den Wagen mit dir, Gwendolen!

(Gwendolen geht zur Tür. Sie und Jack werfen einander hinter Lady Bracknells Rücken Kußhände zu. Lady Bracknell blickt umher, als könne sie nicht begreifen, was das für Geräusche sind. Schließlich dreht sie sich um)

LADY BRACKNELL. Gwendolen – in den Wagen!

GWENDOLEN. Ja, Mama. *(Geht zur Tür hinaus – mit einem letzten Blick auf Jack)*

LADY BRACKNELL *(nimmt Platz)*. Sie dürfen sich setzen, Mr. Worthing. *(Sucht in ihrer Tasche nach Bleistift und Notizbuch)*

JACK. Danke, Lady Bracknell, ich bleibe lieber stehen.

LADY BRACKNELL *(Bleistift und Notizbuch in Händen)*. Ich fühle mich verpflichtet, Ihnen zu sagen, daß Sie nicht auf meiner Liste akzeptabler junger Männer verzeichnet sind, obwohl ich die gleiche Liste habe wie die liebe Herzogin von Bolton. Eigentlich arbeiten wir Hand in Hand. Trotzdem bin ich durchaus bereit, Ihren Namen hinzuzufügen, wenn Ihre Antworten so ausfallen, wie eine liebevolle Mutter sie zu hören wünscht. Rauchen Sie?

JACK. Nun ja, ich muß gestehen, daß ich rauche.

LADY BRACKNELL. Das freut mich. Ein Mann sollte immer irgendeine Beschäftigung haben. Es laufen ohnedies viel zu viele Faulenzer in London herum. Wie alt sind Sie?

JACK. Neunundzwanzig.

LADY BRACKNELL. Ein sehr gutes Heiratsalter. Ich bin schon immer der Ansicht gewesen, daß ein Mann, der sich zu verheiraten wünscht, entweder alles oder nichts wissen sollte. Was wissen Sie – alles oder nichts?

JACK *(nach einigem Zögern)*. Ich weiß nichts, Lady Bracknell.

LADY BRACKNELL. Das höre ich gern. Ich mißbillige jede Schmälerung der angeborenen Unwissenheit. Die Unwissenheit ist wie eine köstliche exotische Frucht. Rührst du sie an, ist ihr Duft dahin. Das ganze moderne Erziehungswesen ist durch und durch ungesund. Zum Glück hat – wenigstens bei uns in England – die Schule nicht den geringsten Effekt. Andernfalls würde sie sich als äußerst gefährlich für die Oberschicht erweisen und wahrscheinlich zu Gewalttätigkeiten auf dem Grosvenor Square führen. Wie hoch ist Ihr Einkommen?

JACK. Zwischen sieben- und achttausend Pfund jährlich.

LADY BRACKNELL *(macht sich Notizen)*. Grundbesitz oder Kapital?

JACK. Hauptsächlich angelegtes Kapital, Lady Bracknell.

LADY BRACKNELL. Damit bin ich sehr zufrieden. Bei den heutigen Steuern – Grundsteuern zu Lebzeiten, Erbschaftssteuern nach dem Tod – ist Grundbesitz nicht länger profitabel und macht auch kein Vergnügen mehr. Er verleiht einem eine gesellschaftliche Position und hindert einen daran, sie aufrechtzuerhalten. Mehr ist zu diesem Thema nicht zu sagen.

JACK. Ich besitze ein Landhaus, zu dem natürlich ein wenig Grund und Boden gehört. Ich glaube, es sind etwa fünfzehnhundert Acres. Sie bringen mir nicht viel ein. Soweit ich es beurteilen kann, sind die Wilderer die einzigen, die auf ihre Rechnung kommen.

LADY BRACKNELL. Ein Landhaus! Wie viele Schlafzimmer? Na, darüber können wir später reden. Hoffentlich haben Sie auch ein Haus in der Stadt. Einem so schlichten, unverdorbenen Wesen wie Gwendolen kann man nicht zumuten, auf dem Lande zu leben.

JACK. Ich besitze ein Haus am Belgrave Square, habe es aber mit einem Jahresvertrag an Lady Bloxham vermietet. Natürlich kann ich jederzeit kündigen – mit einer Kündigungsfrist von sechs Monaten.

LADY BRACKNELL. Lady Bloxham? Ich kenne sie nicht.

JACK. Oh, sie geht selten aus. Sie befindet sich schon in recht vorgerücktem Alter.

LADY BRACKNELL. Das ist heutzutage keine Garantie für einen einwandfreien Lebenswandel. Welche Nummer am Belgrave Square?

JACK. Einhundertneunundvierzig.

LADY BRACKNELL *(schüttelt den Kopf)*. An der unmodernen Seite. Ich habe mir gleich gedacht, da stimmt was nicht. Aber das ließe sich leicht ändern.

JACK. Meinen Sie die Mode oder die Seite?

LADY BRACKNELL *(streng)*. Im Notfall beides. Ihre politische Einstellung?

JACK. Ich fürchte, daß ich eigentlich keine rechte politische Einstellung habe. Ich rechne mich zu den Rechtsliberalen.

LADY BRACKNELL. Oh, die gelten als Tories. Sie speisen bei uns. Oder kommen wenigstens im Laufe des Abends vorbei. Sie haben natürlich keinerlei Sympathien für die Radikale Partei.

JACK. Oh, ich bin allemal mehr für die Moneten als für die Proleten – wenn es das ist, was Sie meinen.

LADY BRACKNELL. Das ist genau das, was ich meine ... Hm ... Leben Ihre Eltern?

JACK. Ich habe meine Eltern verloren.

LADY BRACKNELL. Beide ...? Den Vater oder die Mutter zu verlieren kann als bedauerlicher Unglücksfall gelten. Beide zu verlieren, grenzt schon an Schlamperei. Wer war Ihr Vater? Offenbar ein recht vermögender Mann. Wurde er – wie die radikale Presse sich ausdrückt – mit dem Purpur des Kommerzes geboren, oder ist er aus den Reihen des Adels emporgestiegen?

JACK. Das weiß ich leider nicht. Die Sache ist folgende, Lady Bracknell. Ich sagte vorhin, ich hätte meine Eltern verloren. Es würde der Wahrheit näherkommen, wenn ich sagte, daß allem Anschein nach meine Eltern *mich* verloren haben. Ich weiß eigentlich nicht, wer ich von Geburt bin. Ich wurde – also ja – ich wurde gefunden.

LADY BRACKNELL. Ein Findelkind?!

JACK. Der verstorbene Mister Thomas Cardew, ein alter Herr

von äußerst mildtätiger und gütiger Veranlagung, hat mich gefunden und mir den Namen Worthing beigelegt, weil er damals zufällig eine Fahrkarte erster Klasse nach Worthing in der Tasche hatte. Worthing liegt in Sussex und ist ein Badeort.

LADY BRACKNELL. Wo, bitte, hat dieser mildtätige Herr mit der Fahrkarte nach Worthing in der Tasche das Findelkind gefunden?

JACK *(feierlich)*. In einem Handköfferchen.

LADY BRACKNELL. In einem Handköfferchen?

JACK *(sehr ernst)*. Ja, Lady Bracknell. Ich lag in einem Handköfferchen – einem ziemlich großen schwarzen Lederköfferchen mit Griffen – also in einem ganz gewöhnlichen Handköfferchen.

LADY BRACKNELL. Und in welcher Lokalität ist dieser Mr. James – oder Thomas Cardew an dieses ganz gewöhnliche Handköfferchen geraten?

JACK. In der Gepäckaufbewahrung des Victoria-Bahnhofs. Es wurde ihm aus Versehen statt seines Koffers ausgehändigt.

LADY BRACKNELL. In der Gepäckaufbewahrung des Victoria-Bahnhofs?

JACK. Ja. An der Strecke nach Brighton.

LADY BRACKNELL. Die Strecke ist unwesentlich. Mr. Worthing, ich muß gestehen, was Sie mir eben erzählt haben, finde ich einigermaßen verwirrend. In einem Handköfferchen zur Welt zu kommen – oder auf jeden Fall aufzuwachsen – egal, ob das Köfferchen Griffe hat oder nicht –, erscheint mir als eine Mißachtung der Anstandsregeln, die für ein geordnetes Familienleben gelten – ja, es gemahnt mich an die ärgsten Ausschreitungen der Französischen Revolution. Ich nehme an, daß Sie wissen, wohin diese unglückselige Bewegung geführt hat. Was die Lokalität betrifft, in der besagtes Köfferchen gefunden wurde, so könnte die Gepäckaufbewahrung eines Bahnhofs dazu dienen, einen gesellschaftlichen Fauxpas zu vertuschen. Sie läßt sich aber wohl kaum als die gesicherte Basis einer anerkannten Stellung in den Kreisen der guten Gesellschaft betrachten.

JACK. Darf ich Sie fragen, wozu Sie mir raten würden? Ich

brauche schwerlich zu betonen, daß ich zu allem bereit bin, um Gwendolen glücklich zu machen.

LADY BRACKNELL. Ich würde Ihnen, Mr. Worthing, dringend raten, sich so schnell wie möglich eine Verwandtschaft zuzulegen. Ferner sollten Sie sich bemühen, noch vor Ende der Saison auf jeden Fall mit *einem* Elternteil, gleichgültig welchen Geschlechts, aufzuwarten.

JACK. Ich wüßte nicht, wie ich das schaffen soll. Natürlich kann ich jederzeit mit dem Handköfferchen aufwarten. Es liegt bei mir zu Hause in meinem Ankleideraum. Ich glaube wirklich, es müßte Ihnen genügen, Lady Bracknell.

LADY BRACKNELL. Mir, Sir? Was hat es mit mir zu tun? Sie werden sich doch nicht einbilden, daß ich und Lord Bracknell auch nur im Traum daran denken würden, unserer einzigen Tochter – einem mit äußerster Sorgfalt erzogenen jungen Mädchen – zu erlauben, daß sie in eine Gepäckaufbewahrung einheiratet oder eine eheliche Verbindung mit einem Gepäckstück eingeht. *(Jack zuckt empört zusammen)* Wollen Sie mir gefälligst die Tür öffnen, Sir. Natürlich werden Sie begriffen haben, daß in Zukunft jede Beziehung zwischen Ihnen und Miß Fairfax abzubrechen ist. *(Mit majestätischer Entrüstung rauscht Lady Bracknell davon. Im Nebenzimmer stimmt Algernon den Hochzeitsmarsch an. Jack sieht fuchsteufelswild aus und läuft zur Verbindungstür)*

JACK. Um Himmels willen, Algy, nicht diese gräßlichen Töne! Wie kann man so idiotisch sein!

(Die Musik verstummt, Algernon kommt vergnügt herein)

ALGERNON. Hat es nicht geklappt, mein Alter? Du wirst doch nicht behaupten wollen, daß Gwendolen dich abgewiesen hat. Ich weiß, daß das ihre Gewohnheit ist. Alle Augenblicke weist sie einen Heiratsantrag zurück. Ich finde das gar nicht nett von ihr.

JACK. Ach, Gwendolen – auf sie kann ich Häuser bauen. Soweit *sie* etwas zu sagen hat, sind wir verlobt. Ihre Mutter aber ist unerträglich. Noch nie bin ich so einer – Gorgone begegnet. Ich weiß zwar nicht genau, was eine Gorgone ist, bin aber fest überzeugt – Lady Bracknell ist eine Gorgone. Auf jeden Fall ist sie ein Ungeheuer – aber kein mythisches, was ich sehr ungerecht finde ... Verzeih bitte, in deiner Anwesenheit sollte ich mich nicht so hart über deine Tante äußern.

ALGERNON. Mein lieber Junge, ich höre es zu gern, wenn man meine Verwandten beschimpft. Das ist das einzige, was mich veranlaßt, sie überhaupt zu ertragen. Verwandte sind ein langweiliges Pack. Sie haben nicht die leiseste Ahnung, wie man sein Leben lebt, und nicht den geringsten Instinkt, wie man das Zeitliche segnet.

JACK. Ach, ich habe ja keine Verwandten. Verstehe nichts von Verwandten.

ALGERNON. Du Glückspilz. Verwandte leihen dir kein Geld und anerkennen dich nie, selbst wenn du ein Genie bist. Eine verschlechterte Spielart der Öffentlichkeit.

JACK. Und was macht es denn schließlich aus, ob ein Mensch je einen Vater und eine Mutter gehabt hat oder nicht? Gegen Mütter ist natürlich nichts einzuwenden. Sie bezahlen deine Rechnungen und lassen dich in Frieden. Väter aber piesacken dich unaufhörlich, und nie begleichen sie deine Schulden. Ich kenne nicht einen einzigen im Klub, der mit seinem Vater redet.

ALGERNON. Ja, Väter sind momentan nicht sehr populär. *(Nimmt eine Abendzeitung zur Hand)*

JACK. Populär! Ich wette, um was du willst, daß es in unserem ganzen Bekanntenkreis nicht *einen* Menschen gibt, der gesehen werden möchte, wie er mit seinem leiblichen Vater durch die St. James Street spaziert. *(Pause)* Steht was in der Zeitung?

ALGERNON *(in die Lektüre vertieft)*. Nichts.

JACK. Ein wahrer Trost.

ALGERNON. Meines Wissens steht nie was in der Zeitung.

JACK. Meistens viel zuviel. Man belästigt uns immerzu mit Leuten, die wir nicht kennen, denen wir nie begegnet sind und die uns keinen Pfifferling angehen. Grobiane!

ALGERNON. Leute, denen man nie begegnet ist, finde ich charmant. Momentan interessiere ich mich für ein junges Mädchen, dem ich nie begegnet bin. Ja, ich interessiere mich sogar brennend für sie.

JACK. Ach, das ist doch unsinnig.

ALGERNON. Keineswegs!

JACK. Also, ich mag mich nicht mit dir zanken. Immer willst du dich über alles mögliche zanken.

ALGERNON. Genau dazu hat unser Schöpfer es geschaffen.

JACK. Mein Wort darauf: Wenn ich dieser Meinung wäre, würde ich mich erschießen ... *(Pause)* Du hältst es doch nicht für möglich, daß Gwendolen in etwa hundertfünfzig Jahren ihrer Mutter ähneln wird, oder wie, Algy?

ALGERNON. Alle Frauen ähneln mit der Zeit ihren Müttern. Das ist ihr tragisches Los. Aber nie ein Mann. Das ist *seine* Tragik.

JACK. Findest du das geistreich?

ALGERNON. Es ist perfekt formuliert. Und so zutreffend, wie man es unter kultivierten Menschen von einem Aperçu erwarten darf.

JACK. Ich habe die Geistreichtuereien gründlich satt. Heutzutage ist jeder Mensch geistreich. Man kann nirgendwo hingehen, ohne geistreiche Leute zu treffen. Sie sind zu einer wahren Landplage geworden. Wollte Gott, daß ein paar Dummköpfe übriggeblieben wären.

ALGERNON. Es *sind* ein paar übriggeblieben.

JACK. Ich möchte sie furchtbar gern kennenlernen. Worüber reden sie?

ALGERNON. Die Dummköpfe? Natürlich über die Gescheiten.

JACK. So was von Dummköpfen!

ALGERNON. Hast du übrigens Gwendolen reinen Wein eingeschenkt? Daß du in der Stadt Ernst und auf dem Lande Jack bist?

JACK *(äußerst gönnerhaft)*. Mein lieber Mann, einem hübschen, süßen, vornehmen jungen Mädchen sagt man nicht die Wahrheit. Was für wunderliche Vorstellungen du vom Umgang mit Frauen hast!

ALGERNON. Wie man mit einer Frau umzugehen hat? Wenn sie hübsch ist, macht man ihr den Hof, wenn sie häßlich ist, einer anderen.

JACK. Dummes Zeug.

ALGERNON. Und die junge Dame, deren Vormund du bist? Miß Cardew? Und dein Bruder, der verkommene Ernst?

JACK. Cecily ist in Ordnung. Und ehe die Woche zu Ende geht, werde ich meinen Bruder beseitigt haben ... Wahrscheinlich werde ich ihn in Paris umbringen.

ALGERNON. Warum in Paris?

JACK. Das macht weniger Umstände. Keine unnützen Scherereien mit der Beerdigung und dergleichen. Ja, ich werde ihm in Paris den Garaus machen ... Ein Schlaganfall wäre nicht schlecht. Viele Menschen trifft der Schlag ganz plötzlich, nicht wahr?

ALGERNON. Ja, aber die Anlage ist erblich, lieber Mann. So etwas liegt in der Familie.

JACK. Allmächtiger Himmel! Dann kommt es nicht in Frage. Was soll ich sagen?

ALGERNON. Sag: eine Lungenentzündung.

JACK. Aber nein! Das klingt unwahrscheinlich. Viel zuviel Menschen haben Lungenentzündung.

ALGERNON. Na schön. Sag, was du willst. Sag: eine schwere Erkältung. Da riskierst du nichts.

JACK. Sind Erkältungen bestimmt nicht erblich?

ALGERNON. Natürlich nicht.

JACK. Gut. Dann wäre dieser Fall erledigt.

ALGERNON. Aber ich glaube, du hast gesagt, daß – Miß Cardew sich ein wenig zu lebhaft für deinen armen Bruder Ernst interessiert. Wird sie sich nicht seinen Verlust sehr zu Herzen nehmen.

JACK. Ach, so etwas legt sich. Cecily ist kein romantisches Gänschen – das darf ich zu meiner Freude behaupten. Sie hat einen kolossalen Appetit, liebt ausgedehnte Spaziergänge und beschäftigt sich überhaupt nicht mit ihren Lehrbüchern.

ALGERNON. Ich würde Cecily recht gerne mal kennenlernen.

JACK. *Ich* werde dafür sorgen, daß das nie passiert. Und du hast sie nicht Cecily zu nennen.

ALGERNON. Aha! Ich glaube, sie ist häßlich. Ja, ich weiß genau, wie sie aussieht. Sie zählt zu den langweiligen Blaustrümpfen, die einem auf Schritt und Tritt über den Weg laufen. Mädchen mit großem Verstand und großen Füßen. Ich bin überzeugt, daß sie *ungewöhnlich* häßlich ist. Ich nehme an, daß sie ungefähr neunundddreißig ist und danach aussieht.

JACK. Zufälligerweise ist sie außerordentlich hübsch und soeben achtzehn geworden.

ALGERNON. Hast du Gwendolen erzählt, daß du ein außerordentlich hübsches Mündel hast, das soeben erst achtzehn geworden ist?

JACK. Man fällt doch nicht gleich mit der Tür ins Haus. Das Leben ist eine Taktfrage. An so eine Sache geht man nach und nach heran. Cecily und Gwendolen werden sich bestimmt miteinander anfreunden. Ich wette mit dir, um was du willst: Eine halbe Stunde nachdem sie sich kennengelernt haben, werden sie du zueinander sagen. Du und liebe Schwester.

ALGERNON. Das sagen Frauen erst, nachdem sie sich vieles andere an den Kopf geworfen haben. Und nun, mein Junge, müssen wir uns umziehen, wenn wir einen guten Tisch bei Willis erwischen wollen. Weißt du, daß es fast schon sieben Uhr ist?

JACK *(gereizt)*. Ach, es ist immer fast schon sieben Uhr.

ALGERNON. Ich habe Hunger.

JACK. Wann hast du keinen Hunger ... Aber schön. Ich mache einen Sprung in den Klub, und wir treffen uns um acht bei Willis. Wenn du willst, kannst du mich abholen.

ALGERNON. Was machen wir nach dem Essen? Gehen wir ins Theater?

JACK. Um Gottes willen! Ich höre nicht gern zu, wenn andere reden.

ALGERNON. Na, dann gehen wir in den Klub.

JACK. Um Gottes willen! Ich rede nicht gern.

ALGERNON. Wir könnten um zehn mal schnell ins Empire traben.

JACK. Um Gottes willen! Ich schaue nicht gern zu. Ich finde es albern.

ALGERNON. Also, was machen wir?

JACK. Nichts.

ALGERNON. Nichts zu tun ist furchtbar anstrengend. Aber ich habe nichts dagegen, mich anzustrengen, solange es keinen Zweck hat ...

LANE *(tritt auf)*. Miß Fairfax.

(Gwendolen tritt auf. Lane ab)

ALGERNON. Gwendolen, bei Gott!

GWENDOLEN. Dreh dich gefälligst um, Algy. Ich habe etwas Besonderes mit Mr. Worthing zu besprechen. Da es sich um eine private Angelegenheit handelt, wirst du natürlich zuhören.

ALGERNON. Gwendolen, ich glaube, das kann ich nicht zulassen.

GWENDOLEN. Algy, du hast eine streng unmoralische Einstellung zum Leben. Dazu bist du noch nicht alt genug. *(Algernon zieht sich zum Kamin zurück)*

JACK. Mein ein und alles!

GWENDOLEN. Ernst, vielleicht wird nichts aus unserer Heirat werden. Mamas Miene läßt mich das Schlimmste befürchten. Heutzutage nehmen Eltern nur selten Rücksicht auf die Wünsche ihrer Kinder. Der altmodische Respekt vor der Jugend stirbt aus. Schon im Alter von drei Jahren habe ich jeden Einfluß auf Mama verloren. Sie kann uns daran hindern, Mann und Frau zu werden. Vielleicht werde ich gezwungen sein, einen anderen zu heiraten, vielleicht werde ich mich mehrmals verheiraten – aber was sie auch tut, wird nichts an meiner unauslöschlichen Zuneigung zu dir ändern.

JACK. Geliebte Gwendolen!

GWENDOLEN. Die Geschichte deiner romantischen Herkunft, wie Mama sie mir mit giftigen Randbemerkungen erzählt hat, ist mir natürlich tief zu Herzen gegangen. Dein Vorname ist unwiderstehlich faszinierend. Die Schlichtheit deines Charakters finde ich so wunderbar unverständlich. Deine Stadtadresse besitze ich. Wie lautet deine Adresse auf dem Lande?

JACK. Manor House, Woolton in Hertfordshire.

(Algernon, der aufmerksam zugehört hat, lächelt in sich hinein und notiert die Adresse auf seiner Manschette. Dann greift er nach einem Taschenfahrplan)

GWENDOLEN. Ich hoffe, die Postverbindung ist gut. Vielleicht werde ich mich genötigt sehen, einen verzweifelten Schritt zu wagen. Das will natürlich ernsthaft überlegt sein. Ich werde dir jeden Tag schreiben.

JACK. Mein ein und alles!

GWENDOLEN. Wie lange bleibst du in London?

JACK. Bis Montag.

GWENDOLEN. Gut ...! Algy, jetzt darfst du dich wieder umdrehen.

ALGERNON. Danke, ich habe mich bereits umgedreht.

GWENDOLEN. Außerdem darfst du klingeln.

JACK. Gestattest du mir, dich zum Wagen zu begleiten, geliebtes Wesen?

GWENDOLEN. Freilich.

(Lane tritt auf)

JACK *(zu Lane)*. Ich bringe Miß Fairfax zum Wagen.

LANE. Jawohl, Sir.

(Jack und Gwendolen ab. Lane überreicht Algernon auf einem Tablett mehrere Briefe. Es ist anzunehmen, daß es Rechnungen sind. Nachdem Algernon sich die Umschläge angesehen hat, zerreißt er sie)

ALGERNON. Ein Glas Sherry, Lane.

LANE. Jawohl, Sir.

ALGERNON. Morgen, Lane, gehe ich bunburisieren.

LANE. Jawohl, Sir.

ALGERNON. Ich werde wahrscheinlich nicht vor Montag zurückkehren. Packen Sie bitte meine Koffer – Frack, Smoking und sämtliche Bunbury-Anzüge.

LANE. Jawohl, Sir. *(Überreicht Algernon den Sherry)*

ALGERNON. Hoffentlich wird morgen das Wetter schön sein, Lane.

LANE. Es ist nie schön, Sir.

ALGERNON. Lane, Sie sind ein vollendeter Pessimist.

LANE. Ich gebe mir alle Mühe, Sie zufriedenzustellen, Sir.

(Jack tritt auf. Lane ab)

JACK. Was für ein vernünftiges, gescheites junges Mädchen! Die einzige Frau, aus der ich mir je im Leben etwas gemacht habe. *(Algernon lacht schallend)* Was gibt es da zu lachen?

ALGERNON. Ich bin um den armen Bunbury besorgt.

JACK. Wenn du nicht aufpaßt, wirst du durch deinen Freund Bunbury eines Tages in ernsthafte Schwierigkeiten geraten.

ALGERNON. Ich liebe Schwierigkeiten. Weil sie das einzige im Leben sind, das man nicht ernst zu nehmen braucht.

JACK. Dummes Zeug, Algy. Du redest immer nur dummes Zeug.

ALGERNON. Das tun alle.

(Jack mustert ihn empört und geht zur Tür hinaus. Algernon zündet sich eine Zigarette an, liest die Notiz auf seiner Manschette und lächelt)

Vorhang

Zweiter Akt

Garten hinter dem Manor House in Woolton. Eine graue Treppe führt zur Tür hinauf. Es ist ein altmodischer Garten, voller Rosen. Juli. Korbsessel und ein mit Büchern beladener Tisch unter einem hohen Eibenbaum. Miß Prism sitzt am Tisch. Cecily gießt im Hintergrund die Blumen.

MISS PRISM *(ruft).* Cecily, Cecily! Eine so niedrige Beschäftigung wie das Blumengießen ist wohl eher die Sache des Gärtners! Besonders in einem Augenblick, da geistige Genüsse Ihrer harren. Ihre deutsche Grammatik liegt auf dem Tisch. Bitte, schlagen Sie sie bei Seite fünfzehn auf. Wir werden die gestrige Lektion wiederholen.

CECILY. Wenn Sie bloß Moulton Deutschunterricht erteilen wollten statt mir! Moulton!

MOULTON *(taucht mit einem breiten Grinsen hinter einer Hecke auf).* Ja, Miß Cecily?

CECILY. Hätten Sie nicht Lust, Deutsch zu lernen, Moulton? Deutsch ist die Sprache der Bewohner Deutschlands.

MOULTON *(schüttelt den Kopf).* Ich halte nichts von dem fremden Geschnack, Miß. *(Verbeugt sich vor Miß Prism)* Nichts für ungut, Madam. *(Verschwindet hinter der Hecke)*

MISS PRISM. Cecily, so geht es nicht weiter. Bitte, schlagen Sie sofort Ihren Schiller auf.

CECILY *(kommt langsam näher).* Aber ich mag kein Deutsch. Es ist eine Sprache, die mir nicht bekommt. Ich weiß genau, daß ich nach jeder Deutschstunde häßlich bin wie die Nacht.

MISS PRISM. Mein Kind, Sie wissen, wie sehr Ihr Vormund darauf bedacht ist, daß Sie sich in den verschiedensten Fächern gründliche Kenntnisse aneignen. Bevor er gestern nach London fuhr, hat er besonderes Gewicht auf den Deutschunterricht gelegt. Jedesmal, wenn er nach London fährt, legt er besonderes Gewicht auf den Deutschunterricht.

CECILY. Der gute Onkel Jack ist ein so ernster Mensch! Manchmal ist er so ernst, daß ich mir sage: Da stimmt was nicht – der Mann kann nicht gesund sein.

MISS PRISM *(richtet sich auf).* Ihr Vormund erfreut sich der besten Gesundheit, und sein gesetztes Benehmen ist besonders zu loben, da es sich um einen verhältnismäßig *jungen* Mann handelt. Ich kenne niemanden, der von einem größeren Pflicht- und Verantwortungsgefühl beseelt wäre.

CECILY. Deshalb schaut er wohl oft so angeödet drein, wenn wir zu dritt beisammen sind.

MISS PRISM. Cecily! Ich wundere mich über Sie. Mr. Worthing hat viel Kummer im Leben. Oberflächliche Scherze und Plattitüden würden in seiner Konversation weiß Gott deplaciert sein. Vergessen Sie nicht seine ständige Besorgnis um den unglücklichen jungen Mann, seinen Bruder.

CECILY. Schade, daß Onkel Jack nicht ab und zu den unglücklichen jungen Mann, seinen Bruder, zu uns einlädt. Vielleicht würden wir einen guten Einfluß auf ihn haben. Sie, Miß Prism, ganz bestimmt. Sie können Deutsch, Sie haben Geologie studiert – so etwas macht auf die Männer kolossalen Eindruck. *(Sie beginnt in ihrem Tagebuch zu schreiben)*

MISS PRISM *(schüttelt den Kopf).* Ich glaube kaum, daß selbst *ich* einen Charakter beeinflussen könnte, der, wie sein leiblicher Bruder zugibt, unrettbar schwach und schwankend ist. Ich bin nicht einmal sicher, ob ich Lust hätte, ihn zu bessern. Ich bin entschieden gegen die heutige Manie, schlechte Menschen über Nacht in gute Menschen zu verwandeln. Was man sät, erntet man.

CECILY. Onkel Jacks Bruder ist kein Sämann, Miß Prism. Und wenn auch: Warum sollte er dafür bestraft werden? In der Welt wird viel zuviel gestraft. Deutsch zum Beispiel ist eine Strafe, und überall reden sie deutsch. Sie selber haben mir gestern erzählt, daß Deutschland übervölkert ist.

MISS PRISM. Das ist kein Grund, herumzukritzeln, statt ›Wilhelm Tell‹ zu übersetzen. Legen Sie das Tagebuch weg, Cecily. Ich verstehe überhaupt nicht, warum Sie ein Tagebuch führen.

CECILY. Ich führe ein Tagebuch, um die wunderbaren Geheimnisse meines Lebens zu Papier zu bringen. Sonst würde ich sie wahrscheinlich glatt vergessen.

MISS PRISM. Die Erinnerung, meine liebe Cecily, ist das Tagebuch, das wir alle mit uns herumtragen.

CECILY. Ja, aber meistens registriert sie die Dinge, die nie passiert sind und unmöglich hätten passieren können. Meiner Meinung nach ist die Erinnerung an den dreibändigen Romanschmökern schuld, die Mudie uns zuschickt.

MISS PRISM. Äußern Sie sich nicht so herabsetzend über dreibändige Romane, Cecily. Auch ich habe in meiner Jugend einen geschrieben.

CECILY. Wirklich, Miß Prism? Was sind Sie doch begabt! Hoffentlich hatte er kein Happy-End. Ich mag Romane nicht, die gut ausgehen. Ich finde sie deprimierend.

MISS PRISM. Die Guten nehmen ein gutes, die Schlechten ein schlechtes Ende. Das ist der Sinn der wahren Dichtung.

CECILY. Möglich. Aber ich finde es ungerecht. Wurde Ihr Roman verlegt?

MISS PRISM. Leider nicht. Oder vielmehr ja. *(Cecily macht eine erstaunte Miene)* Das Manuskript wurde verlegt – das heißt im üblichen Sinne des Wortes – es ging verloren und wurde nicht wiedergefunden. Für Ihre Arbeit aber, mein Kind, ist das alles uninteressant.

CECILY *(lächelnd)*. Ich sehe Pastor Chasuble durch den Garten kommen.

MISS PRISM *(erhebt sich und geht dem Besucher entgegen)*. Pastor Chasuble! Das freut mich aber sehr.

(Kanonikus Chasuble tritt auf)

CHASUBLE. Und wie geht es uns heute früh? Miß Prism, ich hoffe, Sie sind wohlauf.

CECILY. Miß Prism hat soeben über leichte Kopfschmerzen geklagt. Ich glaube, ein kurzer Spaziergang durch den Garten würde ihr *so* gut tun, Hochwürden.

MISS PRISM. Cecily, von Kopfschmerzen war nicht die Rede.

CECILY. Nein, liebe Miß Prism, das weiß ich, aber ich hatte instinktiv das Gefühl, daß Ihnen der Kopf weh tut. Grade bevor Pastor Chasuble kam, habe ich mehr an Ihre Kopfschmerzen gedacht als an meine Deutschstunde.

CHASUBLE. Hoffentlich sind Sie nicht unaufmerksam, Cecily.

CECILY. Leider bin ich *sehr* unaufmerksam.

CHASUBLE. Das finde ich merkwürdig. Wenn *ich* das Glück hätte, Miß Prisms Schüler zu sein, ich würde an ihren Lippen hängen.

(Miß Prism sieht ihn strafend an) Es war metaphorisch gemeint. Ich habe meine Metapher den Bienen entlehnt. Mhm ... Mr. Worthing ist wohl noch nicht aus London zurückgekehrt?

MISS PRISM. Wir erwarten ihn nicht vor Montagabend.

CHASUBLE. Ach ja, den Sonntag verbringt er meistens gerne in London. Er gehört nicht zu den Menschen, die nur darauf aus sind, sich zu amüsieren. Darin unterscheidet er sich, wenn ich nicht irre, von dem unglücklichen jungen Mann, seinem Bruder. Aber ich darf Egeria und ihre Jüngerin nicht länger stören.

MISS PRISM. Egeria? Ich heiße Lätitia, Herr Pastor.

CHASUBLE *(mit einer Verbeugung)*. Eine klassische Anspielung aus dem Vokabular der heidnischen Schriftsteller. Ich werde zweifellos die Damen beim Abendgottesdienst sehen.

MISS PRISM. Lieber Herr Pastor, ich glaube, ich würde doch ganz gern einen Spaziergang mit Ihnen machen. Mir scheint, die Kopfschmerzen melden sich. Ein Spaziergang wird mir guttun.

CHASUBLE. Mit Vergnügen, Miß Prism, mit Vergnügen. Ich schlage vor – bis zur Schule und zurück.

MISS PRISM. Wunderbar ... Cecily, während meiner Abwesenheit werden Sie sich mit Ihrer nationalökonomischen Lektüre beschäftigen. Das Kapitel über die Entwertung der indischen Rupie dürfen Sie überspringen. Es ist ein wenig zu aufregend für ein junges Mädchen. Auch diese Währungsprobleme haben ihre melodramatischen Seiten.

CHASUBLE. Sie beschäftigen sich mit Nationalökonomie, Cecily? Phantastisch, wie gebildet heutzutage die jungen Mädchen sind! Ich nehme an, daß Sie die Relation zwischen Arbeit und Kapital aus dem Effeff verstehen.

CECILY. Leider bin ich gar nicht gebildet. Ich kenne nur die Relation zwischen Kapital und Müßiggang – aber aus eigener Anschauung. Deshalb nehme ich an, daß es stimmt.

MISS PRISM. Cecily, das klingt nach Sozialismus. Und Sie dürften wissen, wohin der Sozialismus führt.

CECILY. Ach ja. Er führt zu einer vernünftigen Mode, Miß Prism. Und wenn eine Frau sich vernünftig kleidet, nehme ich an, daß man sie auch wie ein vernünftiges Wesen behandeln wird. Sie hat es verdient.

CHASUBLE. Ein eigenwilliges Lämmlein! Das gute Kind.

MISS PRISM *(lächelnd).* Manchmal hat man seine liebe Not mit ihr.

CHASUBLE. Ich beneide Sie um diese Plage. *(Entfernt sich zusammen mit Miß Prism)*

CECILY *(nimmt die Bücher zur Hand und schleudert sie wieder auf den Tisch).* Gräßliche Nationalökonomie! Gräßliche Geographie! Gräßliches, gräßliches Deutsch!

(Merriman tritt auf und bringt auf einem silbernen Tablett eine Visitenkarte)

MERRIMAN. Mr. Ernest Worthing ist soeben vom Bahnhof aus vorgefahren. Er hat sein Gepäck mitgebracht.

CECILY *(nimmt die Visitenkarte und liest).* ›Mr. Ernest Worthing, Albany Club, London West.‹ Onkel Jacks Bruder! Haben Sie ihm gesagt, daß Mr. Worthing in London ist?

MERRIMAN. Ja, Miß. Er machte einen sehr enttäuschten Eindruck. Ich habe kurz erwähnt, daß Sie und Miß Prism sich im Garten aufhalten. Er sagte, er wünsche dringend, einen Augenblick mit Ihnen unter vier Augen zu sprechen.

CECILY *(beiseite).* Ich glaube kaum, daß Miß Prism mir erlauben würde, mit ihm allein zu sein. Deshalb will ich ihn lieber gleich holen lassen, bevor sie zurückkehrt. *(Zu Merriman)* Bitten Sie Mr. Worthing, hierherzukommen. Und sprechen Sie mit der Haushälterin, sie soll ein Zimmer für ihn herrichten.

MERRIMAN. Ich habe sein Gepäck bereits ins blaue Zimmer beordert, Miß – neben Mr. Worthings Zimmer.

CECILY. Ach ja – schon gut. *(Merriman ab)* Noch nie bin ich einem wirklich verkommenen Menschen begegnet. Mir ist etwas ängstlich zumute. Ich fürchte, er wird genauso aussehen wie alle anderen. *(Algernon tritt auf, sehr vergnügt und elegant)* Stimmt …

ALGERNON *(lüftet den Hut).* Sie sind meine kleine Kusine Cecily.

CECILY. Sie irren sich. Ich bin nicht klein. Ich glaube sogar, daß ich für mein Alter ungewöhnlich groß bin. *(Algernon ist etwas verblüfft)* Aber ich bin Ihre Kusine Cecily. *Sie* sind, wie mir Ihre Karte verraten hat, Onkel Jacks Bruder, mein Vetter Ernst, mein verkommener Vetter Ernst.

ALGERNON. Ach, ich bin im Grunde gar kein verkommener Mensch, liebe Kusine. Sie dürfen mich nicht für einen verkommenen Menschen halten.

CECILY. Wenn das wahr ist, dann haben Sie uns alle auf unentschuldbare Weise hinters Licht geführt. Sie haben Onkel Jack eingeredet, daß Sie ein schlechter Mensch sind. Hoffentlich haben Sie nicht ein Doppelleben geführt – haben so getan, als ob Sie total verkommen wären, und waren die ganze Zeit brav. Das wäre Heuchelei.

ALGERNON *(sieht sie verwundert an)*. Ach freilich – ich bin schon ein bißchen leichtsinnig gewesen.

CECILY. Das höre ich gern.

ALGERNON. Ja, da Sie nun einmal das Thema zur Sprache gebracht haben – ich bin sogar auf meine bescheidene Art ein recht schlechter Mensch gewesen.

CECILY. Darauf sollten Sie aber nicht gar so stolz sein – obwohl es sehr vergnüglich gewesen sein muß.

ALGERNON. Ihre Gesellschaft finde ich bedeutend vergnüglicher.

CECILY. Ich verstehe nicht, was Sie hierhergeführt hat. Gestern hat Onkel Jack Ihnen telegrafisch mitgeteilt, daß er sich um sechs Uhr zum letztenmal mit Ihnen im Albany zu treffen gedenkt. Er gibt mir alle Telegramme zu lesen, die er Ihnen schickt. Einige kann ich auswendig.

ALGERNON. Die Sache ist die: Ich habe das Telegramm zu spät erhalten. Dann habe ich ihn im Klub verfehlt, und der Portier meinte, er sei schon wieder abgereist. Also bin ich ihm nachgereist, da ich ja wußte, daß er mit mir sprechen will.

CECILY. Er kommt erst am Montag gegen Abend wieder.

ALGERNON. Das ist für mich eine schwere Enttäuschung. Ich muß Montag früh mit dem ersten Zug nach London zurückkehren. Es handelt sich um eine geschäftliche Verabredung, die ich nur allzu gerne – versäumen möchte.

CECILY. Könnten Sie sie nicht anderswo als in London versäumen?

ALGERNON. Nein. Ich bin in London verabredet.

CECILY. Na ja, ich weiß, wie wichtig es ist, eine geschäftliche Verabredung nicht einzuhalten, wenn man sich einigermaßen den Sinn für die Schönheit des Lebens bewahren will. Trotzdem bin ich der Meinung, Sie sollten Onkel Jacks Ankunft abwarten. Ich weiß, er will mit Ihnen über Ihre Auswanderung sprechen.

ALGERNON. Worüber will er mit mir sprechen?

CECILY. Ihre Auswanderung. Er ist eigens nach London gefahren, um Sie auszustatten.

ALGERNON. Nie würde ich Jack erlauben, mich auszustatten. Er trägt die geschmacklosesten Krawatten.

CECILY. Ich glaube, Sie werden keine Krawatten brauchen. Onkel Jack hat die Absicht, Sie nach Australien zu schicken.

ALGERNON. Australien! Lieber sterben.

CECILY. Mittwoch abend bei Tisch hat er gesagt, Sie könnten wählen zwischen dieser Welt, dem Jenseits und Australien.

ALGERNON. Ach nein! Die Berichte, die ich aus dem Jenseits und aus Australien erhalten habe, sind nicht besonders verlockend. Mir ist diese Welt gut genug, liebe Kusine.

CECILY. Ja, aber sind Sie ihr gut genug?

ALGERNON. Leider nicht. Deshalb möchte ich Sie bitten, mich auf den rechten Weg zu führen. Wenn Sie gestatten, liebe Kusine – das könnten Sie zu Ihrer Lebensaufgabe machen.

CECILY. Wie können Sie es wagen, mir eine Lebensaufgabe zuzumuten?

ALGERNON. Ich bitte um Verzeihung. Ich habe mir eingebildet, daß heutzutage jede Frau irgendeine Lebensaufgabe hat.

CECILY. Jedes weibliche Wesen – aber nie eine Frau. Außerdem habe ich heute keine Zeit, Sie auf den rechten Weg zu führen.

ALGERNON. Hätten Sie etwas dagegen, wenn ich mich heute erst einmal sozusagen eigenhändig bessere?

CECILY. Ein phantastisches Vorhaben. Aber Sie sollten es versuchen.

ALGERNON. Und ob! Ich fühle mich schon besser.

CECILY. Sie sehen eher ein wenig schlechter aus.

ALGERNON. Weil ich Hunger habe.

CECILY. Wie gedankenlos von mir! Ich hätte daran denken müssen, daß man regelmäßige und nahrhafte Mahlzeiten braucht, wenn man ein völlig neues Leben beginnen will. Miß Prism und ich essen um zwei Uhr Hammelbraten.

ALGERNON. Ich fürchte, Hammelbraten würde mir zu schwer sein.

CECILY. Onkel Jacks Gesundheit ist durch Ihr nächtliches Bummelleben in London untergraben worden. Laut ärztlicher Vorschrift muß er täglich um zwölf einige Sandwichs mit Paté de foie gras und eine Flasche Champagner, Jahrgang achtzehnhundertneunundachtzig, zu sich nehmen. Ich weiß nicht, ob diese Krankenkost Ihnen zusagen würde.

ALGERNON. Oh, ich würde mich auch mit dem Neunundachtziger-Champagner begnügen.

CECILY. Ich freue mich über Ihren einfachen Geschmack. Darf ich Sie ins Speisezimmer bitten?

ALGERNON. Danke. Aber, bitte, zuerst eine Blume ins Knopfloch! Ohne Blume im Knopfloch habe ich keinen rechten Appetit.

CECILY. Eine Maréchal Niel? *(Nimmt eine Schere zur Hand)*

ALGERNON. Nein, lieber eine blaßrote Rose.

CECILY. Warum? *(Schneidet eine Rose ab)*

ALGERNON. Weil Sie mich an eine blaßrote Rose gemahnen, Kusine Cecily.

CECILY. Ich glaube, es schickt sich nicht, daß Sie so etwas zu mir sagen. Miß Prism hat so etwas noch nie zu mir gesagt.

ALGERNON. Dann ist Miß Prism eine kurzsichtige alte Dame. *(Cecily steckt ihm die Blume ins Knopfloch)* Sie sind das hübscheste junge Mädchen, das ich je in meinem Leben gesehen habe.

CECILY. Miß Prism behauptet, Schönheit sei eine Falle.

ALGERNON. Eine Falle, in der jeder kluge Mann sich gerne fangen läßt.

CECILY. Ach, ich glaube kaum, daß mir viel daran liegt, einen klugen Mann zu fangen. Ich wüßte nicht, worüber ich mich mit ihm unterhalten sollte. *(Sie gehen ins Haus)*

(Miß Prism und der Pastor kehren zurück)

MISS PRISM. Sie sind zuviel allein, lieber Herr Pastor. Sie sollten heiraten. Einen Menschenverächter kann ich verstehen – aber keinen Frauenverächter.

CHASUBLE *(mit einem leichten Schauder und dem Stolz des Gelehrten)*. Glauben Sie mir, eine so neologistische Wendung habe ich nicht verdient. Theorie und Praxis des Urchristentums waren entschieden gegen den Ehestand.

MISS PRISM *(gewichtig)*. Das ist offenbar der Grund, warum das

Urchristentum sich nicht bis zum heutigen Tage behauptet hat. Und Sie scheinen sich nicht darüber im klaren zu sein, lieber Herr Pastor, daß jeder eingefleischte Junggeselle zu einer permanenten öffentlichen Versuchung wird. Die Männer sollten sich vorsehen. Just durch das Zölibat geraten schwächere Seelen leicht auf Abwege.

CHASUBLE. Ist denn ein verheirateter Mann weniger attraktiv?

MISS PRISM. Nur in den Augen seiner Frau.

CHASUBLE. Und oft, wie ich gehört habe, nicht einmal in ihren Augen.

MISS PRISM. Das hängt von den geistigen Interessen der Frau ab. Auf reife Frauen darf man sich stets verlassen. Reife flößt Vertrauen ein. Junge Mädchen sind grün. *(Chasuble stutzt)* Eine gärtnerische Metapher – den Früchten entlehnt. Aber wo ist Cecily?

CHASUBLE. Vielleicht ist sie uns gefolgt.

(Jack kommt langsam aus dem Garten. Er trägt tiefe Trauer, Trauerflor am Hut und schwarze Handschuhe)

MISS PRISM. Mr. Worthing!

CHASUBLE. Mr. Worthing?

MISS PRISM. Das ist wirklich eine Überraschung. Wir haben Sie nicht vor Montag erwartet.

JACK *(reicht mit tragischer Gebärde Miß Prism die Hand).* Ich bin früher zurückgekehrt, als ich beabsichtigt hatte. Herr Pastor, ich hoffe, es geht Ihnen gut.

CHASUBLE. Lieber Mr. Worthing, dieses Trauergewand bedeutet wohl nicht, daß ein schreckliches Unglück geschehen ist?

JACK. Mein Bruder ...

MISS PRISM. Wieder Schulden – wieder schändliche Ausschweifungen?

CHASUBLE. Führt er noch immer sein leichtsinniges Lotterleben?

JACK *(schüttelt den Kopf).* Tot ...

CHASUBLE. Ihr Bruder Ernst ist tot?

JACK. Mausetot.

MISS PRISM. Das sollte ihm eine Lehre sein. Hoffentlich wird er sie beherzigen.

CHASUBLE. Der Tod ist unser aller Erbe, Miß Prism. Wir sollten ihn auch nicht als ein Gottesurteil, sondern eher als eine allgemeine Fügung des Himmels betrachten. Ohne ihn wäre das Leben unvollkommen ... Mr. Worthing, ich spreche Ihnen mein aufrichtiges Beileid aus. Sie dürfen sich immerhin mit dem Bewußtsein trösten, daß Sie stets der großmütigste und nachsichtigste aller Brüder waren.

JACK. Armer Ernst! Er hatte viele Fehler, aber es ist ein schwerer, schwerer Schlag. Traurig.

CHASUBLE. Ja, sehr traurig. Waren Sie in seiner Sterbestunde bei ihm?

JACK. Nein. Er ist in der Fremde gestorben. In Paris. Gestern nacht erhielt ich ein Telegramm vom Geschäftsführer des Grand Hotel.

CHASUBLE. Wurde in dem Telegramm die Todesursache erwähnt?

JACK. Es scheint sich um eine schwere Erkältung gehandelt zu haben.

MISS PRISM. Was man sät, erntet man.

CHASUBLE *(hebt die Hand)*. Barmherzigkeit, Miß Prism, Barmherzigkeit! Keiner von uns ist vollkommen. Ich selber vertrage keine Zugluft. Wird die Beerdigung hier in Woolton stattfinden?

JACK. Nein. Anscheinend hat er den Wunsch geäußert, in Paris beerdigt zu werden.

CHASUBLE. In Paris! *(Er schüttelt den Kopf)* Ich fürchte, das läßt kaum auf eine sonderlich reuige Stimmung in seiner letzten Stunde schließen. Zweifellos erwarten Sie von mir am nächsten Sonntag eine leichte Anspielung auf diesen häuslichen Trauerfall. *(Jack schüttelt ihm krampfhaft die Hand)* Meine Predigt über den Sinn des Manna in der Wüste läßt sich fast jedem Anlaß anpassen – ob er nun freudig oder, wie im vorliegenden Fall, betrüblich ist. *(Alle seufzen)* Ich habe sie bei Erntefesten, Kindstaufen, Konfirmationen, an Buß- und Festtagen gehalten – zum letztenmal in der Kathedrale als Almosenpredigt zugunsten des Vereins zur Verhütung des Mißvergnügens in den oberen Klassen. Der Bischof, der zugegen war, fand einige der von mir hervorgehobenen Analogien recht treffend.

JACK. Ach, da fällt mir etwas ein, Herr Pastor! Sie haben, glaube ich, soeben von Kindstaufen gesprochen. Ich nehme an, daß Sie gut taufen können. *(Chasuble schaut erstaunt drein)* Ich meine natürlich, daß Sie immerzu kleine Kinder zu taufen haben, oder wie?

MISS PRISM. Es ist das, wie ich zu meinem Bedauern sagen muß, eine der häufigsten Pflichten unseres Seelsorgers. Ich habe oft mit den ärmeren Schichten unserer Gemeinde über dieses Thema gesprochen. Aber sie scheinen nicht zu wissen, was Sparsamkeit ist.

CHASUBLE. Die Kirche stößt kein Kind zurück. Aus jedem Säugling kann ein Heiliger werden. Interessieren Sie sich für ein spezielles Kind, Mr. Worthing? Ihr Bruder war, wenn ich nicht irre, unverheiratet?

JACK. Ach ja.

MISS PRISM *(erbittert)*. Wie meistens die Männer, die nur ihrem Vergnügen leben ...

JACK. Es handelt sich nicht um ein Kind, lieber Herr Pastor. Obwohl ich Kinder sehr gern habe ... Die Sache ist nämlich die: Ich selber möchte mich taufen lassen – heute nachmittag, falls Sie nichts Besseres vorhaben.

CHASUBLE. Sie sind doch aber getauft worden, Mr. Worthing!

JACK. Ich kann mich nicht daran erinnern.

CHASUBLE. Bestehen ernsthafte Zweifel?

JACK. Sehr ernsthafte Zweifel. Mit meiner Geburt und meiner frühesten Kindheit sind gewisse Umstände verknüpft, die mich vermuten lassen, daß man mich sträflich vernachlässigt hat. Auf jeden Fall wurde ich nicht so sorgsam betreut, wie es sich gehört hätte. Natürlich möchte ich Ihnen in keiner Weise zur Last fallen. Vielleicht halten Sie mich auch für zu alt.

CHASUBLE. Oh, ich bin durchaus kein bigotter Pädobaptist. Im Urchristentum war es allgemein üblich, Erwachsene zu besprengen und unterzutauchen.

JACK. Untertauchen! Das soll doch wohl nicht heißen ...

CHASUBLE. Seien Sie ganz unbesorgt. Wir begnügen uns mit der Besprengung – mehr wäre nicht ratsam. Dazu ist bei uns das Wetter viel zu launisch. Wann wünschen Sie bedient zu werden?

JACK. Ach, wenn es Ihnen paßt, könnte ich mal so um fünf herum vorbeischauen.

CHASUBLE. Das paßt mir ausgezeichnet. Ich habe nämlich zu diesem Zeitpunkt zwei ähnliche Zeremonien zu vollziehen. Es handelt sich um Zwillinge, die neulich in einer der Katen auf Ihrem Grund und Boden das Licht der Welt erblickt haben. Armer Jenkins, der Fuhrmann, ein sehr fleißiger Mann.

JACK. Zusammen mit anderen Babys getauft zu werden – nein, das würde mir keinen Spaß machen. Es wäre kindisch. Geht es um halb sechs?

CHASUBLE. Ausgezeichnet! Ausgezeichnet! *(Zieht eine Uhr aus der Tasche)* Und jetzt, Mr. Worthing, will ich mich nicht länger aufdrängen. Ich möchte Sie nur bitten, sich nicht allzusehr durch Ihren Kummer niederdrücken zu lassen. Was uns als bittere Heimsuchung erscheint, ist oft ein verborgener Segen.

MISS PRISM. Hier scheint mir der Segen auf der Hand zu liegen.

(Cecily kommt aus dem Haus)

CECILY. Onkel Jack! Oh, wie freue ich mich, daß du wieder da bist. Aber was ist das für eine gräßliche Aufmachung? Geh und zieh dich um!

MISS PRISM. Cecily!

CHASUBLE. Mein Kind! Mein Kind!

(Cecily nähert sich Jack. Er küßt sie mit melancholischer Miene auf die Stirn)

CECILY. Was ist los, Onkel Jack? Schau doch vergnügter drein! Du siehst aus, als ob du Zahnschmerzen hättest – dabei habe ich eine so große Überraschung für dich in petto! Was glaubst du, wer im Speisezimmer sitzt? Dein Bruder!

JACK. Wer?

CECILY. Dein Bruder Ernst. Er ist vor etwa einer halben Stunde angekommen.

JACK. Dummes Zeug. Ich habe keinen Bruder.

CECILY. Sag das nicht. Wenn er sich auch bisher schlecht benommen hat, so ist er doch nach wie vor dein Bruder. Du kannst doch nicht so herzlos sein, ihn zu verleugnen. Ich hole ihn, und du wirst ihm die Hand reichen, nicht wahr, Onkel Jack? *(Läuft ins Haus zurück)*

CHASUBLE. Das ist eine frohe Nachricht. Das Telegramm aus Paris scheint ein herzloser Scherz gewesen zu sein. Jemand wollte mit Ihren Gefühlen Schindluder treiben.

MISS PRISM. Wie seltsam. Nachdem wir alle uns mit dem Verlust abgefunden hatten, empfinde ich diese jähe Wendung als betrüblich.

JACK. Mein Bruder im Speisezimmer? Ich weiß nicht, was das heißen soll. Ich finde es völlig absurd ...

(Cecily und Algernon Hand in Hand aus dem Hause. Langsam gehen sie auf Jack zu)

JACK. Allmächtiger Himmel! *(Macht eine abwehrende Geste)*

ALGERNON. Bruder John, ich bin aus London hierhergeeilt, um dir zu sagen, daß ich den Kummer bedaure, den ich dir bereitet habe, und daß ich vorhabe, in Zukunft ein besseres Leben zu führen. *(Jack schaut ihn bitterböse an und weigert sich, ihm die Hand zu geben)*

CHASUBLE *(zu Miß Prism)*. Es steckt ein guter Kern in diesem jungen Mann. Er scheint ehrlich in sich gegangen zu sein.

MISS PRISM. Diese plötzlichen Bekehrungen gefallen mir nicht. Sie sind ketzerisch. Sie schmecken nach der Laxheit der Nonkonformisten.

CECILY. Onkel Jack, du wirst dich doch nicht weigern, deinem leiblichen Bruder die Hand zu geben!

JACK. Nichts kann mich dazu bewegen, ihm die Hand zu geben. Ich finde es schändlich, daß er sich hierhergewagt hat. Er weiß ganz genau, warum.

CHASUBLE. Junger Mann, Sie sind knapp mit dem Leben davongekommen. Hoffentlich wird es Ihnen eine Warnung sein. Soeben haben wir Ihnen nachgetrauert.

ALGERNON. Ja, ich sehe, daß Jack sich einen neuen Anzug angeschafft hat. Er paßt ihm nicht recht. Die Krawatte ist falsch.

CECILY. Onkel Jack, sei nett. In jedem Menschen steckt etwas Gutes. Ernst hat mir von seinem armen kränkelnden Freund Mr. Bunbury erzählt, den er so oft besucht. Es muß etwas Gutes in einem Menschen stecken, der zu einem kranken Freund lieb ist und auf die Freuden der Großstadt verzichtet, um an einem Schmerzenslager zu sitzen.

JACK. Ach nein – hat er dir von Bunbury erzählt?

CECILY. Ja, von dem armen Mr. Bunbury und seinem beklagenswerten Gesundheitszustand. Ich weiß alles.

JACK. Bunbury! Also, ich dulde nicht, daß er sich mit dir über

Bunbury oder was auch immer unterhält. Das ist ja buchstäblich zum Verrücktwerden!

CHASUBLE. Mr. Worthing, Ihr Bruder ist Ihnen durch den unerforschlichen Ratschluß der Vorsehung unerwarteterweise zurückgegeben worden. Die Vorsehung scheint zu wünschen, daß Sie sich mit ihm aussöhnen. Und in der Tat, es gehört sich, daß Brüder in Eintracht miteinander leben.

ALGERNON. Natürlich gebe ich zu, daß ich an allem schuld bin. Aber ich muß gestehen, daß die Kälte meines Bruders mich schmerzlich berührt. Ich habe mir einen herzlicheren Empfang erhofft, besonders da es mein erster Besuch auf dem Lande ist.

CECILY. Onkel Jack, ich werde es dir nie verzeihen, wenn du Ernst nicht die Hand gibst.

JACK. Du wirst es mir nie verzeihen?

CECILY. Nie, nie, nie!

JACK. Ja, dann bleibt mir wohl nichts anderes übrig. *(Reicht Algernon mit finsterer Miene die Hand)* Du Halunke! Du wirst dieses Haus so schnell wie möglich verlassen. Ich erlaube hier keine Bunbury-Affären.

CHASUBLE. Was für ein erfreulicher Anblick, wenn zwei Brüder sich miteinander versöhnen! *(Zu Cecily)* Sie haben heute eine gute Tat getan, liebes Kind.

MISS PRISM. Wir dürfen nicht voreilig urteilen ...

(Merriman tritt auf)

MERRIMAN. Ich habe Mr. Ernst Worthings Sachen in das Zimmer neben dem Ihren geschafft, Mr. Worthing. Ist es Ihnen recht?

JACK. Wie bitte?

MERRIMAN. Mr. Ernst Worthings Gepäck, Sir. Ich habe die Sachen ausgepackt und in dem Zimmer neben dem Ihren untergebracht.

JACK. Sein Gepäck?

MERRIMAN. Ja, Sir. Drei Koffer, ein Reisenecessaire, zwei Hutschachteln und ein großer Frühstückskorb.

ALGERNON. Leider kann ich diesmal nicht länger als eine Woche bleiben.

MERRIMAN *(zu Algernon)*. Verzeihung, Sir, ein älterer Herr wünscht mit Ihnen zu sprechen. Er ist soeben mit einer

Droschke vom Bahnhof eingetroffen. *(Überreicht die Visitenkarte auf einem silbernen Tablett)*

ALGERNON. Mit *mir* will er sprechen?

MERRIMAN. Ja, Sir.

ALGERNON *(liest, was auf der Karte steht).* Parker und Grisby, Rechtsanwälte. Ich kenne die Herren nicht.

JACK *(nimmt ihm die Karte weg).* Parker und Grisby. Ja, was sind das für Vögel! Ich nehme an, daß es sich um deinen Freund Bunbury handelt. Vielleicht will Bunbury sein Testament machen und dich zum Testamentsvollstrecker ernennen. *(Zu Merriman)* Führen Sie die Herren sogleich hierher.

MERRIMAN. Sehr wohl, Sir. *(Ab)*

JACK. Hoffentlich, Ernst, darf ich mich auf die feierliche Erklärung verlassen, die du vorige Woche abgegeben hast, als ich endgültig alle deine Schulden beglich. Hoffentlich wimmeln keine unbezahlten Rechnungen mehr herum.

ALGERNON. Ich habe keine Schulden, lieber Jack. Dank deiner Freigebigkeit schulde ich keinen Penny – bis auf ein paar Krawatten, wie ich glaube.

JACK. Das freut mich wirklich.

(Merriman tritt auf)

MERRIMAN. Mr. Grisby.

(Merriman ab. Grisby tritt auf)

GRISBY *(zu Chasuble).* Mr. Ernst Worthing?

MISS PRISM. Das ist Mr. Ernst Worthing.

GRISBY. Mr. Ernst Worthing?

ALGERNON. Ja.

GRISBY. Albany Club, London West?

ALGERNON. Ja, das ist meine Adresse.

GRISBY. Verzeihung, Sir, aber wir haben auf Antrag der Savoy-Hotel-GmbH einen Haftbefehl gegen Sie erwirkt. Es handelt sich um eine unbezahlte Schuld von siebenhundertzweiundsechzig Pfund, vierzehn Schilling und zwei Pence.

ALGERNON. Einen Haftbefehl gegen mich?

GRISBY. Ja, Sir.

ALGERNON. Was für ein kompletter Unsinn! Ich esse nie auf eigene Kosten im Savoy. Ich esse immer bei Willis. Dort ist das Essen viel teurer. Ich schulde dem Savoy keinen Groschen.

GRISBY. Die Vorladung ist, wie aus diesem Vermerk hervorgeht, Ihnen persönlich am siebenundzwanzigsten Mai im Albany ausgehändigt worden. Am fünften Juni wurden Sie in absentia zu zwanzig Tagen Haft verurteilt. Seither haben wir Ihnen nicht weniger als fünfzehnmal geschrieben, ohne eine Antwort zu erhalten. Im Interesse unserer Klienten blieb uns keine Wahl, als einen Haftbefehl gegen Sie zu erwirken.

ALGERNON. Was in aller Welt soll das bedeuten? Wollen Sie mich einsperren lassen? Nein. Ich habe nicht die leiseste Absicht, diese schöne Gegend zu verlassen. Ich bleibe für eine Woche bei meinem Bruder. Wenn Sie sich einbilden, daß ich nach London fahre, kaum daß ich hier angekommen bin, dann irren Sie sich gewaltig.

GRISBY. Ich bin nur der Anwalt. Gewaltanwendung fällt nicht in mein Ressort. Der Gerichtsbeamte, der die Aufgabe hat, sich der Person des Schuldners zu bemächtigen, wartet draußen in der Droschke. Er ist in derartigen Dingen sehr erfahren. Deshalb nehmen wir stets seine Dienste in Anspruch. Zweifellos aber werden Sie es vorziehen zu bezahlen.

ALGERNON. Bezahlen? Wie in aller Welt soll ich das machen? Sie glauben doch nicht, daß ich Geld habe. Seien Sie doch nicht so albern! Haben Sie schon einmal einen Gentleman gesehen, der Geld hat?

GRISBY. Ich habe die Erfahrung gemacht, daß meistens die Verwandten zahlen.

ALGERNON. Jack, du mußt diese Rechnung begleichen.

JACK. Lassen Sie mich gefälligst die einzelnen Posten prüfen, Mr. Grisby ... *(Blättert in einem dicken Folianten)* ... Siebenhundertzweiundsechzig Pfund, vierzehn Schilling und zwei Pence seit dem Oktober vorigen Jahres. Ich muß sagen, daß ich eine so leichtsinnige Verschwendung noch nie erlebt habe. *(Reicht das Buch dem Pfarrer)*

MISS PRISM. Siebenhundertzweiundsechzig Pfund aufzuessen! Es kann nichts Gutes in einem jungen Mann stecken, der so viel und so oft ißt.

CHASUBLE. Wir haben uns weit von der schlichten Lebensweise und den hochfliegenden Gedanken unserer Klassiker entfernt.

JACK. Nun, Herr Pastor – bin ich Ihrer Meinung nach verpflichtet, die enorme Zeche zu zahlen, die mein Bruder gemacht hat?

CHASUBLE. Ich muß sagen, daß ich *nicht* dieser Meinung bin. Das hieße seine Liederlichkeit unterstützen.

MISS PRISM. Was man sät, erntet man. Die drohende Haft könnte sich als heilsam erweisen. Bedauerlich, daß es nur zwanzig Tage sind.

JACK. Ich gebe Ihnen durchaus recht.

ALGERNON. Mein lieber Mann, mach dich nicht lächerlich. Du weißt genau, daß das *deine* Rechnung ist.

JACK. Meine Rechnung?

CHASUBLE. Mr. Worthing, wenn das ein Scherz sein soll, finde ich ihn unangebracht.

MISS PRISM. Eine grobe Beleidigung! Nichts anderes habe ich von ihm erwartet.

CECILY. Und was für eine Undankbarkeit! Das habe ich *nicht* erwartet.

JACK. Laßt ihn reden. So redet er immer daher. Willst du vielleicht behaupten, daß du nicht Ernst Worthing bist, wohnhaft im Albany Club, London West? Da du nun schon in Fahrt bist, wundert es mich, daß du nicht leugnest, überhaupt mein Bruder zu sein. Warum bestreitest du es nicht ganz einfach?

ALGERNON. Ach nein, das mache ich nicht, mein Lieber. Es wäre absurd. Natürlich bin ich dein Bruder. Und deshalb bleibt dir nichts übrig, als zu zahlen.

JACK. Ich will dir offen und ehrlich sagen, daß ich nicht im Traum daran denke, die Rechnung zu bezahlen. Pastor Chasuble, Doktor der Theologie, und Miß Prism, auf deren bewundernswürdiges und gesundes Urteilsvermögen ich mich restlos verlasse, sind beide der Meinung, daß dir eine Gefängnisstrafe sehr gut tun wird. Dieser Meinung bin ich auch.

GRISBY *(schaut auf seine Taschenuhr).* Ich bedaure, daß ich dieses Familienidyll stören muß, aber die Zeit drängt. Spätestens um vier Uhr haben wir uns in Holloway einzufinden, sonst haben wir Schwierigkeiten mit der Aufnahme.

ALGERNON. Holloway!

GRISBY. Häftlinge dieser Kategorie werden stets in die Strafanstalt Holloway eingeliefert.

ALGERNON. Ich werde mich doch nicht in einer Vorstadt einsperren lassen, weil ich im Westend diniert habe!

GRISBY. Die Rechnung betrifft keine Diners, sonders Soupers.

ALGERNON. Das ist mir völlig egal. Ich betone nur, daß ich mich nicht in einer Vorstadt einsperren lasse.

GRISBY. Ich gebe zu, daß es ein kleinbürgerliches Viertel ist, aber das Gefängnis selbst ist elegant und gut ventiliert und bietet zu festgesetzten Stunden reichliche Gelegenheit für Leibesübungen. Falls ein ärztliches Zeugnis vorliegt – das leicht zu beschaffen ist –, wird die Freizeit verlängert.

ALGERNON. Leibesübungen! Du lieber Gott! Ein Gentleman und Leibesübungen! Sie scheinen nicht zu verstehen, was ein Gentleman ist.

GRISBY. Ich habe ihrer so viele kennengelernt, Sir, daß ich es leider wirklich nicht verstehe. Es gibt die wunderlichsten Spielarten. Das ist zweifellos das Ergebnis sorgfältiger Züchtung. Wollen Sie jetzt so gütig sein, mir zu folgen, Sir, falls es Ihnen nicht zuviel Umstände macht?

ALGERNON *(bittend)*. Jack!

MISS PRISM. Bitte, bleiben Sie hart, Mr. Worthing.

CHASUBLE. Hier würde jede Schwäche unangebracht sein. Sie wäre eine Art von Selbstbetrug.

JACK. Ich wanke und weiche nicht. Schwäche und Selbstbetrug sind mir fremd.

CECILY. Onkel Jack, ich glaube, du verwaltest einiges Geld, das mir gehört. Laß mich die Rechnung bezahlen. Ich möchte nicht deinen Bruder ins Gefängnis wandern sehen.

JACK. Das kann ich unmöglich zulassen, Cecily. Ein absurder Gedanke!

CECILY. Dann bist du also einverstanden, ja? Es würde dir leid tun, deinen leiblichen Bruder hinter schwedischen Gardinen zu wissen, nicht wahr? Natürlich hat er mich tief enttäuscht.

JACK. Versprichst du mir, nie mehr ein Wort mit ihm zu reden, Cecily?

CECILY. Bestimmt rede ich kein Wort mehr mit ihm – wenn nicht er mich zuerst anredet.

JACK. Ich werde dafür sorgen, daß er sich nicht in deine Nähe traut. Ich werde dafür sorgen, daß alle Bewohner dieses Hauses ihm aus dem Wege gehen. Der Mann muß geschnitten werden. Mr. Grisby ...

GRISBY. Ja, Sir.

JACK. Ich bezahle die Rechnung. Und es ist die letzte Rechnung, die ich für ihn bezahle. Wie hoch beläuft sie sich?

GRISBY. Siebenhundertzweiundsechzig Pfund, vierzehn Schilling und zwei Pence. Ah! Hinzu kommen fünf Schilling neun Pence für die Droschke, die wir zur Bequemlichkeit unseres Klienten gemietet haben.

JACK. Gut.

MISS PRISM. Ich muß sagen, daß ich diese Großzügigkeit recht töricht finde.

CHASUBLE *(mit einer Handbewegung).* Das Herz ist manchmal weiser als der Kopf.

JACK. Zahlbar an Parker und Grisby, oder wie?

GRISBY. Ja, Sir. Bitte den Scheck nicht zu kreuzen. Danke. *(Zu Chasuble)* Guten Tag. *(Chasuble verbeugt sich kühl)* Guten Tag. *(Miß Prism verbeugt sich kühl) (Zu Algernon)* Hoffentlich werde ich das Vergnügen haben, Sie wiederzusehen.

ALGERNON. Hoffentlich nicht. Wie stellen Sie sich eigentlich die Kreise vor, in denen ein Gentleman zu verkehren wünscht? Kein Gentleman wird mit einem Anwalt verkehren, der ihn in einem Vorort einsperren will.

GRISBY. Durchaus, durchaus ...

ALGERNON. Nebenbei, Grisby – Sie werden *nicht* mit der Droschke zum Bahnhof fahren. Es ist meine Droschke. Sie wurde zu meiner Bequemlichkeit gemietet. Sie werden zu Fuß gehen. Und das wird Ihnen guttun. Anwälte machen viel zuwenig Bewegung. Ich kenne keinen Anwalt, der täglich seine Kniebeugen macht. In der Regel sitzen sie den ganzen lieben Tag lang in miefigen Kanzleien und vernachlässigen ihre Geschäfte.

JACK. Natürlich dürfen Sie die Droschke nehmen, Mr. Grisby.

GRISBY. Besten Dank, Sir. *(Ab)*

CECILY. Es beginnt schwül zu werden, nicht wahr, Hochwürden?

CHASUBLE. Es liegt ein Gewitter in der Luft.

MISS PRISM. Die Atmosphäre will gereinigt werden.

CHASUBLE. Haben Sie die heutige ›Times‹ gelesen, Mr. Worthing?

Sie enthält einen sehr interessanten Artikel über das Anwachsen religiöser Stimmungen unter der Laienschaft.

JACK. Ich hebe ihn mir bis nach dem Abendessen auf.

MERRIMAN *(tritt auf)*. Das Mittagessen ist serviert, Sir.

ALGERNON. Ah, was für eine gute Nachricht! Ich habe Hunger.

CECILY *(mischt sich ein)*. Sie haben doch schon zu Mittag gegessen.

JACK. Schon zu Mittag gegessen?

CECILY. Ja, Onkel Jack. Er hat einige Paté-de-foie-gras-Sandwichs und eine halbe Flasche Champagner bekommen, wie dein Arzt sie dir verschrieben hat.

JACK. Meinen Neunundachtziger-Champagner!

CECILY. Ja. Ich habe mir gedacht, daß es dir recht sein wird, wenn er dasselbe trinkt wie du.

JACK. Na schön. Wenn er schon einmal zu Mittag gegessen hat, darf er nicht mit einem zweiten Mittagessen rechnen. Das wäre absurd.

MISS PRISM. Zweimal an einem Tage zu Mittag zu essen wäre nicht ein Privileg, sondern ein Exzeß.

CHASUBLE. Sogar die heidnischen Philosophen haben die Völlerei verurteilt. Aristoteles äußert sich über sie genauso kategorisch wie über den Wucher.

JACK. Herr Pastor, würden Sie die Güte haben, die Damen zu Tisch zu führen?

CHASUBLE. Mit Vergnügen. *(Geht mit Cecily und Miß Prism ins Haus)*

JACK. Dein Bunbury-Abenteuer ist nun doch nicht sehr erfolgreich verlaufen. Ich selber muß sagen: Es ist heute kein Glückstag für die Bunburys.

ALGERNON. Ach, wie alle Dinge kennt auch das Bunburisieren sein Auf und Ab. Ich hätte mich nicht zu beklagen, wenn du mir bloß was zu essen geben würdest. Die Hauptsache ist, daß ich Cecily gesehen habe. Sie ist entzückend.

JACK. Du hast nicht in solchen Tönen über mein Mündel zu sprechen. Es gefällt mir nicht.

ALGERNON. Und mir gefällt dein Aufzug nicht. Du siehst einfach lächerlich aus. Warum in aller Welt gehst du nicht nach oben und ziehst dich um? Es ist kindisch, Trauer zu tragen für einen

Menschen, der eine ganze Woche dein Hausgast sein wird. Ich finde es grotesk.

JACK. Nicht eine Woche, nein, nicht eine Stunde länger wirst du in diesem Hause bleiben, weder als Gast noch als sonst was. Du hast abzureisen – mit dem Vieruhrfünfzug.

ALGERNON. Solange du Trauer trägst, weiche ich nicht von deiner Seite. Das wäre unfreundschaftlich. Würdest *du* mich im Stich lassen, wenn ich Trauer trüge? Das fände ich äußerst unfreundlich.

JACK. Wenn ich mich umziehe – wirst du dann verschwinden?

ALGERNON. Ja, falls du nicht zu lange brauchst. Ich habe nie einen Menschen getroffen, der beim Anziehen so lange trödelt wie du – und mit so kläglichem Resultat.

JACK. Das ist auf jeden Fall besser, als sich so übertrieben zu kleiden wie *du*.

ALGERNON. Wenn ich mich gelegentlich ein wenig übertrieben kleide, wird es dadurch wettgemacht, daß ich von einer ungeheuer übertriebenen Intelligenz bin.

JACK. Deine Eitelkeit ist lächerlich, dein Benehmen schändlich und deine Anwesenheit in meinem Garten ein schlechter Witz. Wie dem auch sei, du nimmst den Vieruhrfünfzug, und ich wünsche dir eine gute Reise. Mit deinem Bunburisieren, wie du es zu nennen beliebst, hast du wenig Erfolg gehabt. *(Ab ins Haus)*

ALGERNON. Einen Bombenerfolg, glaube ich. Ich habe mich in Cecily verliebt, und damit ist alles gesagt. Aber mit knurrendem Magen läßt sich nicht gut bunburisieren. Ich glaube, ich setze mich mit zu Tisch. *(Geht auf das Haus zu)*

CECILY *(aus dem Hause)*. Ich habe Onkel Jack versprochen, nie wieder ein Wort mit Ihnen zu reden, es sei denn, daß Sie eine Frage an mich richten. Ich kann nicht verstehen, warum Sie nicht irgendeine Frage an mich richten. Ich fürchte, Sie sind nicht ganz so gescheit, wie ich anfangs vermutet habe.

ALGERNON. Cecily, darf ich mich mit zu Tisch setzen?

CECILY. Mich wundert, daß Sie mir noch in die Augen schauen können.

ALGERNON. Ich schaue Ihnen so gerne in die Augen.

CECILY. Warum aber haben Sie versucht, diese gräßliche Rechnung dem armen Onkel Jack in die Schuhe zu schieben? Das finde ich unentschuldbar.

ALGERNON. Zugegeben, aber mein Gedächtnis ist wie ein Sieb. Ich hatte glatt vergessen, daß ich dem Savoy siebenhundertzweiundsechzig Pfund, vierzehn Schilling und zwei Pence schulde.

CECILY. Es freut mich, daß Sie ein schlechtes Gedächtnis haben. Ein gutes Gedächtnis zählt nicht zu den Eigenschaften, die eine Frau an einem Mann bewundert.

ALGERNON. Cecily, ich bin fürchterlich hungrig.

CECILY. Ich verstehe nicht, wieso Sie hungrig sein können, wenn man bedenkt, was Sie alles seit dem Oktober vorigen Jahres gegessen haben.

ALGERNON. Ach, die Soupers waren für den armen Bunbury bestimmt. Nächtliche Soupers sind das einzige, das sein Arzt ihm gestattet.

CECILY. Dann wundert es mich nicht, daß Mr. Bunbury kränkelt – wenn er jeden Abend ein Souper für sechs bis acht Personen verzehrt.

ALGERNON. Das ist es ja, was ich ihm immerzu vorhalte! Aber er scheint sich einzubilden, daß die Ärzte es besser wissen. Er ist ganz verrückt auf Ärzte.

CECILY. Natürlich möchte ich Sie nicht verhungern lassen – deshalb habe ich den Butler beauftragt, Ihnen einen kleinen Imbiß zu servieren.

ALGERNON. Cecily, Sie sind ein Engel! Werde ich Sie noch einmal sehen, bevor ich gehe?

CECILY. Miß Prism und ich werden nach dem Mittagessen hier im Garten sein. Meinen Nachmittagsunterricht erhalte ich immer unter dem Eibenbaum.

ALGERNON. Können Sie nicht etwas erfinden, um Miß Prism aus dem Wege zu schaffen?

CECILY. Sie meinen, ich soll mir eine Lüge ausdenken?

ALGERNON. O nein, natürlich nicht eine *Lüge*. Nur etwas, das nicht ganz der Wahrheit entspricht, aber wahr sein *sollte*.

CECILY. Das geht leider nicht. Ich wüßte nicht, wie. Nie denkt man daran, die Phantasie eines jungen Mädchens systematisch anzuregen. Das ist ein großes Manko der heutigen Erziehung.

Freilich, wenn man rein zufällig erwähnt, daß Pastor Chasuble irgendwo wartet, um mit ihr zu sprechen, wird sie bestimmt zu ihm hingehen. Sie läßt ihn nicht gerne warten. Und hat dazu so selten Gelegenheit.

ALGERNON. Ein phänomenaler Vorschlag!

CECILY. Ich habe nichts vorgeschlagen, Vetter Ernst. Nichts könnte mich je dazu bewegen, Miß Prism auch nur im geringsten zu hintergehen. Ich habe Sie nur darauf aufmerksam gemacht, daß ein soundso geartetes Verhalten ein gewisses Ergebnis hervorrufen würde.

ALGERNON. Selbstverständlich. Ich bitte um Verzeihung, liebe Kusine. Ich werde also um halb vier hier erscheinen. Ich habe Ihnen etwas sehr Ernstes mitzuteilen.

CECILY. Etwas Ernstes?

ALGERNON. Ja – etwas *sehr* Ernstes.

CECILY. Dann sollten wir uns lieber im Hause treffen. Ich spreche nicht gern im Freien über ernste Dinge. Es wirkt so gekünstelt.

ALGERNON. Wo also treffen wir uns?

JACK *(aus dem Hause)*. Der Dogcart steht vor der Haustür. Du mußt dich auf den Weg machen. Dein Platz ist an Bunburys Seite. *(Erblickt Cecily)* Cecily! Hältst du es nicht für ratsam, zu Miß Prism und Pastor Chasuble zurückzukehren?

CECILY. Ja, Onkel Jack. Leben Sie wohl, Vetter Ernst. Leider werden wir uns nicht mehr wiedersehen, weil um halb vier Miß Prism mir im Salon den Nachmittagsunterricht erteilt.

ALGERNON. Leben Sie wohl, liebe Kusine. Sie waren sehr nett zu mir. *(Cecily ab ins Haus)*

JACK. Jetzt paß mal auf, Algy. Du mußt verschwinden – je früher, desto besser. Bunbury ist sterbenskrank – dein Platz ist an seiner Seite.

ALGERNON. Momentan kann ich nicht weg. Ich warte auf mein zweites Mittagessen. Und du wirst dich freuen, wenn ich dir sage, daß es Bunbury bedeutend besser geht.

JACK. Auf jeden Fall machst du dich zehn Minuten vor vier auf den Weg. Ich habe deine Koffer packen lassen, und der Dogcart wird dann vorgefahren sein.

Vorhang

Dritter Akt

Salon im Manor House. Cecily und Miß Prism sitzen an getrennten Tischen und schreiben.

MISS PRISM. Cecily! *(Cecily antwortet nicht)* Cecily! Schon wieder machen Sie Eintragungen in Ihr Tagebuch. Ich habe mehr als einmal Gelegenheit gehabt, Ihnen diese krankhafte Sucht vorzuhalten.

CECILY. Ich nehme mir nur, wie immer, ein Beispiel an Ihnen, Miß Prism.

MISS PRISM. Erst wenn man das Prinzip der Doppelwährung von Grund auf bemeistert hat, ist man berechtigt, sich Selbstbetrachtungen hinzugeben. Schwerlich vorher. Ich muß Sie bitten, sich wieder mit Ihren nationalökonomischen Lektionen zu beschäftigen.

CECILY. Sofort, liebe Miß Prism. Ich habe nämlich die Ereignisse des heutigen Tages nur bis ein Viertel nach zwei aufgezeichnet, und es war halb drei, als sich die schreckliche Katastrophe ereignet hat.

MISS PRISM. Verzeihung, Cecily, es war genau ein Viertel vor drei, als Pastor Chasuble die betrübliche Einstellung des Urchristentums zur Ehe erwähnte.

CECILY. Ich habe ja gar nicht den Pastor gemeint, sondern die tragische Bloßstellung des armen Mr. Ernst Worthing.

MISS PRISM. Ich habe nichts für Mr. Ernst Worthing übrig. Er ist ein durch und durch schlechter Mensch.

CECILY. Ich fürchte, Sie haben recht. Anders könnte ich mir seinen Charme nicht erklären.

MISS PRISM *(erhebt sich)*. Cecily, ich bitte Sie, sich nicht durch äußerliche Vorzüge irreführen zu lassen, die dieser unglückliche junge Mann besitzen mag.

CECILY. Ach, glauben Sie mir, Miß Prism, nur die äußerlichen Vorzüge sind von Dauer. Die tiefere Natur des Menschen hat man schnell heraus.

MISS PRISM. Kind – ich weiß nicht, woher Sie diese Ideen beziehen. Sicherlich nicht aus den lehrreichen Büchern, die ich Ihnen beschafft habe.

CECILY. Findet man Ideen in lehrreichen Büchern? Ich fürchte, nein. Meine Ideen hole ich mir – aus dem Garten.

MISS PRISM. Dann sollten Sie sich nicht soviel unter freiem Himmel aufhalten. In der letzten Zeit, Cecily, haben Sie die schlechte Gewohnheit angenommen, selbständig zu denken. Das sollten Sie sein lassen. Es ist nicht recht weiblich. Die Männer mögen es nicht. *(Algernon tritt ein)* Mr. Worthing, ich habe angenommen – besser gesagt, ich habe gehofft, daß Sie bereits nach London unterwegs sind.

ALGERNON. Meine Abreise steht unmittelbar bevor. Ich bin gekommen, um mich von Ihnen zu verabschieden, Miß Cardew. Wie man mir mitgeteilt hat, steht ein Dogcart vor der Haustür. Mir bleibt nichts übrig, als in die kalte Welt zurückzukehren.

CECILY. Ich weiß nicht, Mr. Worthing, warum Sie diese sonderbare Bezeichnung wählen. Kalt? Selbst für den Monat Juli ist es heute ungewöhnlich warm.

MISS PRISM. Ein unsittlicher Lebenswandel stumpft die Sinne ab.

ALGERNON. Zweifellos. Es liegt mir fern, das Wetter zu verteidigen. Ich halte es aber für meine Pflicht, Miß Prism, Ihnen zu sagen, daß seine Hochwürden, der Herr Pastor, in der Sakristei auf Sie wartet.

MISS PRISM. In der Sakristei! Das klingt bedenklich. Es kann sich kaum um etwas Triviales handeln, wenn Pastor Chasuble in einer so feierlichen Umgebung mit mir zu sprechen wünscht. Ich glaube nicht, daß es richtig wäre, ihn warten zu lassen, Cecily?

CECILY. Es wäre sehr, sehr falsch. Soviel ich gehört habe, ist die Sakristei äußerst feucht.

MISS PRISM. Ja, freilich. Daran habe ich gar nicht gedacht. Und Pastor Chasuble ist schwer rheumatisch. Mr. Worthing, wir werden einander wahrscheinlich nicht wiedersehen. Gestatten Sie mir, die aufrichtige Hoffnung zu äußern, daß Sie von nun an ein neues Leben führen werden.

ALGERNON. Ein funkelnagelneues Leben, Miß Prism. Es hat schon angefangen.

MISS PRISM. Das höre ich gern. *(Setzt einen breitrandigen Hut auf, der ihr nicht steht)* Und vergessen Sie nicht, daß auch für den verworfensten Menschen Hoffnung besteht. Nicht faulenzen, Cecily!

CECILY. Ich denke nicht daran, zu faulenzen. Ich bin mir nur allzusehr bewußt, daß ich eine sehr schwere Aufgabe zu bewältigen habe.

MISS PRISM. So gehört es sich, mein liebes Kind. *(Ab)*

ALGERNON. Dieser Abschied, Miß Cardew, ist schmerzlich.

CECILY. Es ist immer schmerzlich, sich von Menschen zu trennen, die man erst seit ganz kurzer Zeit kennt. Die Abwesenheit alter Freunde erträgt man mit Gleichmut. Aber auch nur für einen Augenblick von jemandem getrennt zu sein, den man eben erst kennengelernt hat, ist fast unerträglich.

ALGERNON. Danke ...

MERRIMAN *(tritt ein)*. Der Dogcart ist vorgefahren, Sir.

(Algernon sieht Cecily flehend an)

CECILY. Er soll fünf Minuten warten.

MERRIMAN. Ja, Miß. *(Ab)*

ALGERNON. Cecily, hoffentlich sind Sie nicht beleidigt, wenn ich offen und ehrlich bekenne, daß Sie mir in jeder Beziehung als die sichtbare Verkörperung absoluter Vollkommenheit erscheinen.

CECILY. Ihre Offenheit macht Ihnen Ehre, Ernst. Wenn Sie gestatten, werde ich Ihre Bemerkung in mein Tagebuch eintragen. *(Geht zum Tisch und beginnt zu schreiben)*

ALGERNON. Führen Sie wirklich ein Tagebuch? Ich würde alles dafür geben, wenn ich einen Blick hineintun dürfte. Darf ich?

CECILY. O nein. *(Deckt es mit der Hand zu)* Sehen Sie, es sind nur Gedanken und Eindrücke eines sehr jungen Mädchens, die sie zu Papier bringt – und die infolgedessen zur Veröffentlichung bestimmt sind. Wenn das Buch eines Tages erscheint, werden Sie hoffentlich ein Exemplar bestellen. Aber, bitte, lieber Ernst, fahren Sie fort. Ich finde es himmlisch, nach Diktat zu schreiben. Wir sind bei ›absolute Vollkommenheit‹ stehengeblieben. Weiter. Ich bin ganz Ohr.

ALGERNON *(ein wenig verdutzt)*. Hm ... Hm ...

CECILY. Nicht hüsteln, Mr. Worthing. Wenn man diktiert, sollte man fließend sprechen, ohne zu hüsteln. Außerdem kann ich ein Hüsteln nicht buchstabieren. *(Schreibt mit, während Algernon spricht)*

ALGERNON *(in hastigem Tempo)*. Miß Cardew, seit heute um halb eins – seit ich zum erstenmal Ihre wunderbare und unvergleichbare Schönheit zu sehen bekam – bin ich nicht nur Ihr unterwürfiger Sklave und Knecht, nein: auf den Zinnen einer vielleicht ungeheuerlichen Ambition schwebend, habe ich es gewagt, Sie leidenschaftlich, hingebungsvoll, wild und hoffnungslos zu lieben.

CECILY *(legt die Feder weg)*. Ach, bitte, sagen Sie das alles noch einmal. Sie sprechen viel zu schnell und viel zu undeutlich. Bitte, fangen Sie von vorne an.

ALGERNON. Miß Cardew, seit Sie heute um halb eins – ich meine, seit es heute halb eins geworden war und ich zum erstenmal Ihre wunderbare und unvergeßliche Schönheit ...

CECILY. Ja, das habe ich mitbekommen.

ALGERNON *(stotternd)*. Ich – ich ...

(Cecily legt die Feder weg und sieht ihn vorwurfsvoll an)

ALGERNON *(fährt verzweifelt fort)*. Ich bin seither nicht nur Ihr unterwürfiger Sklave und Knecht – sondern – auf den Zinnen einer vielleicht ungeheuerlichen Ambition schwebend – habe ich es gewagt, Sie leidenschaftlich, hingebungsvoll, wild und hoffnungslos zu lieben. *(Zieht die Uhr aus der Tasche und schaut nach, wie spät es ist)*

CECILY *(blickt auf, nachdem sie eine Weile geschrieben hat)*. ›Hoffnungslos‹ habe ich weggelassen. Es scheint mir nicht viel Sinn zu haben. Oder wie? *(Eine kurze Pause)*

ALGERNON *(zuckt zusammen)*. Cecily!

CECILY. Fängt hier ein ganz neuer Absatz an? Oder soll ich einen Gedankenstrich setzen?

ALGERNON *(hastig und mit romantischem Überschwang)*. Es ist für mich der Beginn eines völlig neuen Lebens, und was nun folgt, ist nicht ein Gedankenstrich, sondern eine Kette von Ausrufungszeichen – eine brausende Symphonie der Liebe, ein Lobgesang, eine Huldigung ...

CECILY. Das hat aber nun schon gar keinen Sinn und Verstand mehr! Männer sollten nicht versuchen, Frauen zu diktieren. Sie wissen nicht, wie man es macht, und *wenn* sie es versuchen, sagen sie immer etwas besonders Dummes.

ALGERNON. Egal, ob das, was ich sage, dumm ist oder nicht. Ich weiß nur, daß ich Sie liebe, Cecily. Ich liebe Sie, ich begehre Sie. Ich kann ohne Sie nicht leben, Cecily! Sie wissen, daß ich Sie liebe. Wollen Sie mich heiraten? Wollen Sie meine Frau werden? *(Stürzt zu ihr hin und legt seine Hand auf die ihre)*

CECILY *(steht auf)*. So – jetzt habe ich einen Klecks gemacht. Dabei ist das der erste richtige Heiratsantrag, den ich je erlebt habe. Ich hätte ihn gern säuberlich notiert.

MERRIMAN *(tritt ein)*. Der Dogcart wartet, Sir.

ALGERNON. Sagen Sie dem Kutscher, er soll nächste Woche um dieselbe Zeit wiederkommen.

MERRIMAN *(sieht Cecily an, die nicht reagiert)*. Jawohl, Sir. *(Ab)*

CECILY. Onkel Jack würde sehr ärgerlich sein, wenn er wüßte, daß Sie die Absicht haben, bis nächste Woche um dieselbe Zeit zu bleiben.

ALGERNON. Ich pfeife auf Jack. Die ganze Welt kann mir gestohlen bleiben. Nur du liegst mir im Herzen. Ich liebe dich, Cecily! Du wirst mich heiraten, ja?

CECILY. Dummer Junge! Selbstverständlich. Wir sind ja schon drei Monate lang miteinander verlobt.

ALGERNON. Drei Monate lang?

CECILY. Drei Monate minus ein paar Tage. *(Blättert im Tagebuch)* Ja, am Donnerstag werden es genau drei Monate sein.

ALGERNON. Das wußte ich gar nicht.

CECILY. Heutzutage sind sich die Menschen nur selten über ihre Situation im klaren. Wir leben, wie Miß Prism oft betont, in einem gedankenlosen Zeitalter.

ALGERNON. Wie ist denn aber diese Verlobung zustande gekommen?

CECILY. Also – von dem Augenblick an, als Onkel Jack uns gestand, daß er einen jüngeren Bruder hat, der ein verkommener und schlechter Mensch ist, von diesem Augenblick an warst natürlich du das Hauptthema der Gespräche zwischen Miß Prism und mir. Und natürlich ist ein Mann, über den viel geredet wird, eo ipso attraktiv. Man hat das Gefühl, es müsse etwas an ihm dransein. Zugegeben, es war dumm von mir – aber ich habe mich in dich verliebt, Ernst.

ALGERNON. Darling! Und wann hast du dich entschlossen, dich mit mir zu verloben?

CECILY. Am vierzehnten Februar. Ich fand es unerträglich, daß du von meiner Existenz nichts wußtest, ich hatte diesen Schwebezustand satt, deshalb nahm ich mir vor, ihm auf die eine oder andere Weise ein Ende zu machen. Nach langen inneren Kämpfen entschloß ich mich eines Abends im Garten, deine Frau zu werden. Am nächsten Tag kaufte ich in deinem Namen diesen kleinen Ring. Du siehst, Ernst, daß ich ihn immer trage, und obwohl er ein bedauernswerter Beweis für deine Verschwendungssucht ist, habe ich dir längst verziehen. Hier in dieser Schublade liegen alle die kleinen Geschenke, die ich dir von Zeit zu Zeit gemacht habe – säuberlich numeriert und etikettiert. Das ist das Perlhalsband, das *du* mir zu meinem Geburtstag geschenkt hast. Und das ist die Schatulle, in der ich alle deine Briefe aufbewahre. *(Öffnet die Schatulle und nimmt die mit einem blauen Band umwickelten Briefe heraus)*

ALGERNON. Meine Briefe! Aber meine liebe süße Cecily, ich habe dir nie geschrieben.

CECILY. Das brauchst du mir nicht unter die Nase zu reiben, Ernst. Ich werde es nie vergessen. Eines Tages hatte ich es satt, jeden Morgen den Briefträger zu fragen, ob er einen Brief aus London für mich habe. Meine Gesundheit begann unter der seelischen Belastung zu leiden. Deshalb schrieb ich selber deine Briefe und ließ sie durch mein Mädchen im Dorf einwerfen. Ich habe dreimal wöchentlich geschrieben – manchmal sogar öfter.

ALGERNON. Oh, laß mich die Briefe lesen, Cecily!

CECILY. Ausgeschlossen. Du würdest dir viel zuviel einbilden. Die drei, die du mir geschrieben hast, nachdem ich unsere Verlobung rückgängig gemacht hatte, sind so schön und so unorthographisch, daß ich sie noch heute kaum lesen kann, ohne ein bißchen zu weinen.

ALGERNON. Wurde denn unser Verlöbnis rückgängig gemacht?

CECILY. Ja, freilich. *(Zeigt ihm das Tagebuch)* Am zweiundzwanzigsten März. Wenn du willst, kannst du die Eintragung lesen. *(Liest vor)* ›Heute habe ich meine Verlobung mit Ernst gelöst.

Ich halte es für ratsam. Das Wetter ist nach wie vor wunderschön.‹

ALGERNON. Aber warum in aller Welt hast du die Verlobung rückgängig gemacht? Was hatte ich getan? Gar nichts! Cecily, es kränkt mich sehr, daß du mit mir gebrochen hast. Besonders bei so wunderschönem Wetter.

CECILY. Männer vergessen schnell. Ich hätte gedacht, daß du dich noch an den bösen Brief erinnern würdest, den du mir geschrieben hast, weil ich auf dem Grafschaftsball mit Lord Kelso getanzt hatte.

ALGERNON. Aber ich habe doch alles zurückgenommen, Cecily, nein?

CECILY. Selbstverständlich. Sonst hätte ich dir nicht verziehen und hätte auch nicht das kleine goldene Armband mit dem Türkis- und Brillantherzchen akzeptiert, das du mir am nächsten Tag geschickt hast. *(Zeigt ihm das Armband)*

ALGERNON. Habe *ich* dir dieses Armband geschenkt, Cecily? Es ist sehr hübsch, nicht wahr?

CECILY. Ja, du hast einen hervorragenden Geschmack, Ernst. Damit habe ich immer wieder das wüste Leben entschuldigt, das du geführt hast.

ALGERNON. Geliebte! Wir sind also schon seit drei Monaten miteinander verlobt!

CECILY. Ja. Wie die Zeit vergeht, nicht wahr?

ALGERNON. Das finde ich nicht. Mir sind die Tage ohne dich sehr lang und sehr trist vorgekommen.

CECILY. Du kleiner Romantiker ... *(Fährt ihm mit den Fingern durchs Haar)* Hoffentlich lockt sich dein Haar von selbst.

ALGERNON. Ja, mein Schatz – wenn andere ein bißchen nachhelfen.

CECILY. Ich bin so froh ...

ALGERNON. Und du wirst nie wieder unsere Verlobung rückgängig machen.

CECILY. Ich glaube kaum, daß ich dazu noch imstande wäre – jetzt, nachdem ich dich kennengelernt habe. Und dann, natürlich, dein Name!

ALGERNON *(nervös)*. Ja, natürlich.

CECILY. Du darfst mich nicht auslachen, Darling, aber ich habe schon immer davon geträumt, einen Mann zu lieben, der Ernst heißt. *(Beide erheben sich)* Es liegt etwas in diesem Namen, das restloses Vertrauen einflößt. Ich bedaure jede verheiratete Frau, deren Mann nicht Ernst heißt.

ALGERNON. Aber, mein liebes Kind, soll das heißen, daß du mich nicht lieben könntest, wenn ich einen anderen Namen hätte?

CECILY. Was denn für einen anderen Namen?

ALGERNON. Ach, einen beliebigen Namen. Zum Beispiel – Algernon.

CECILY. Der Name Algernon gefällt mir aber nicht.

ALGERNON. Also, mein süßes, zartes, geliebtes Wesen – ich kann wirklich nicht verstehen, was du gegen den Namen Algernon einzuwenden hast. Es ist durchaus kein unschöner Name. Eigentlich ein recht aristokratischer Name. Die meisten, die vors Konkursgericht kommen, heißen Algernon. Aber im Ernst, Cecily – *(nähert sich ihr)* –, wenn ich Algy hieße, könntest du mich dann nicht lieben?

CECILY. Vielleicht würde ich dich achten, Ernst, vielleicht deinen Charakter bewundern, aber ich fürchte, daß ich nicht fähig wäre, dir meine ungeteilte Zuneigung zu schenken.

ALGERNON. Hm! Cecily ... *(Greift nach seinem Hut)* Euer Pfarrer ist wohl in allen kirchlichen Riten und Zeremonien bewandert.

CECILY. O ja. Doktor Chasuble ist ein sehr gelehrter Mann. Er hat nie auch nur ein einziges Buch geschrieben – also kannst du dir vorstellen, wie viel er weiß.

ALGERNON. Ich muß sofort mit ihm sprechen. Es handelt sich um eine Kindstau ... – ich meine, um eine wichtige Angelegenheit.

CECILY. Ach!

ALGERNON. Ich bleibe nicht länger als eine halbe Stunde weg.

CECILY. Wenn man bedenkt, daß wir seit dem vierzehnten Februar verlobt sind und ich dir heute zum erstenmal begegnet bin, finde ich es bitter, daß du mich so lange allein läßt. Kannst du es nicht in zwanzig Minuten schaffen?

ALGERNON. Ich bin im Nu wieder da. *(Küßt sie und stürzt davon)*

CECILY. Wie ungestüm der liebe Junge ist! Mir gefällt sein Haar so sehr. Ich muß seinen Heiratsantrag in mein Tagebuch eintragen.

MERRIMAN *(tritt ein).* Eine Miß Fairfax ist soeben vorgefahren und wünscht mit Mr. Worthing zu sprechen. Wie sie sagt, in einer sehr wichtigen Angelegenheit.

CECILY. Ist Mr. Worthing nicht in der Bibliothek?

MERRIMAN. Mr. Worthing hat vor einiger Zeit das Haus verlassen und die Richtung zum Pfarrhaus eingeschlagen.

CECILY. Führen Sie, bitte, die Dame zu mir. Mr. Worthing wird sicherlich bald zurück sein. Bringen Sie uns den Tee.

MERRIMAN. Jawohl, Miß. *(Ab)*

CECILY. Miß Fairfax? Vermutlich eine der braven älteren Damen, die Onkel Jack bei seinen philantropischen Bemühungen in London zur Hand gehen. Eigentlich mag ich keine Frauen, die sich für philantropische Bemühungen interessieren. Ich finde es vorlaut.

MERRIMAN *(tritt ein).* Miß Fairfax.

(Gwendolen tritt ein, Merriman geht ab)

CECILY *(geht Gwendolen entgegen).* Gestatten Sie, daß ich mich vorstelle. Ich heiße Cecily Cardew.

GWENDOLEN. Cecily Cardew? *(Geht auf sie zu und reicht ihr die Hand)* Was für ein reizender Name! Eine innere Stimme sagt mir, daß wir uns schnell anfreunden werden. Ich kann gar nicht sagen, wie gut Sie mir bereits gefallen. Mein erster Eindruck täuscht mich nie.

CECILY. Wie nett von Ihnen, mich zu mögen, nachdem wir uns erst seit so verhältnismäßig kurzer Zeit kennen. Bitte, nehmen Sie Platz.

GWENDOLEN *(bleibt stehen).* Darf ich Cecily zu Ihnen sagen?

CECILY. Aber gern.

GWENDOLEN. Und Sie sagen immer Gwendolen zu mir, ja?

CECILY. Wenn Sie es wünschen.

GWENDOLEN. Dann wäre diese Frage bereinigt.

CECILY. Hoffentlich ... *(Eine Pause. Beide setzen sich)*

GWENDOLEN. Vielleicht wäre das eine günstige Gelegenheit, zu erwähnen, wer ich bin. Mein Vater ist Lord Bracknell. Sie haben wohl nie von ihm gehört.

CECILY. Nicht daß ich wüßte ...

GWENDOLEN. Es freut mich, sagen zu dürfen, daß Papa außerhalb des engsten Familienkreises völlig unbekannt ist. Ich finde, so gehört es sich. Die Häuslichkeit ist die passende Wirkungssphäre des Mannes. Wenn ein Mann beginnt, seine häuslichen Pflichten zu vernachlässigen, wirkt er mit einem Mal weibisch. Und das mag ich nicht. Es macht die Männer so attraktiv. Cecily – Mama, die in Fragen der Erziehung bemerkenswert strenge Auffassungen vertritt, hat mich zur Kurzsichtigkeit erzogen. Es gehört zu ihrem System. Haben Sie etwas dagegen, wenn ich Sie durch mein Lorgnon betrachte?

CECILY. Keineswegs, Gwendolen. Ich lasse mich sehr gern betrachten.

GWENDOLEN *(nachdem sie Cecily sorgfältig gemustert hat).* Sie sind wohl nur zu einem kurzen Besuch hier.

CECILY. Ach nein. Ich wohne hier.

GWENDOLEN. Tatsächlich?

CECILY. Mein lieber Vormund, unterstützt durch Miß Prism, hat die schwierige Aufgabe übernommen, mich zu betreuen.

GWENDOLEN. Ihr Vormund!

CECILY. Ja, ich bin Mr. Worthings Mündel.

GWENDOLEN. Ach, wie merkwürdig! Er hat mir gegenüber nie erwähnt, daß er ein Mündel hat. Warum diese Geheimnistuerei? Der Mann wird von Stunde zu Stunde interessanter. Ich bin aber nicht sicher, daß diese Neuigkeit mir ungemischte Freude bereitet. *(Steht auf und nähert sich Cecily)* Ich mag Sie sehr gern, Cecily – Sie haben mir vom ersten Augenblick an gut gefallen. Aber ich muß sagen, jetzt, da ich weiß, daß Sie Mr. Worthings Mündel sind – ich kann mir nicht helfen, ich wünschte mir, Sie wären – na ja, ein kleines bißchen älter – und nicht ganz so verführerisch. Wenn ich aufrichtig sein darf …

CECILY. Ich bitte darum. Wenn man etwas Unangenehmes zu sagen hat, sollte man immer aufrichtig sein.

GWENDOLEN. Also, um es ganz offen zu sagen, Cecily, ich würde mir wünschen, Sie wären volle zweiundvierzig Jahre alt und für Ihr Alter ungewöhnlich häßlich. Ernst hat einen starken, aufrechten Charakter. Er ist die Wahrheit und Ehre in Person. Einer Treulosigkeit wäre er ebensowenig fähig wie einer Lüge.

Aber auch Männer von der denkbar edelsten Gesinnung sind äußerst empfänglich für körperliche Reize. Neuzeit und Altertum liefern uns viele betrübliche Beispiele. Andernfalls wäre die Weltgeschichte recht uninteressant.

CECILY. Verzeihung, Gwendolen – sagten Sie ›Ernst‹?

GWENDOLEN. Ja.

CECILY. Aber nicht Mr. Ernst Worthing ist mein Vormund, sondern sein Bruder – sein älterer Bruder.

GWENDOLEN *(setzt sich wieder)*. Ernst hat nie von einem Bruder gesprochen.

CECILY. Leider muß ich sagen, daß sie seit langem nicht auf dem besten Fuß miteinander stehen.

GWENDOLEN. Aha! Das ist die Erklärung! Und da fällt mir ein, daß ich überhaupt noch nie einen Mann von seinem Bruder habe sprechen hören. Das Thema scheint den meisten Männern unerquicklich zu sein. Cecily, mir fällt ein Stein vom Herzen. Mir wurde schon angst und bange! Wäre es nicht schrecklich gewesen, wenn auch nur das geringste Wölkchen eine Freundschaft wie die unsere getrübt hätte? Natürlich wissen Sie ganz, ganz genau, daß nicht Mr. Ernst Worthing Ihr Vormund ist.

CECILY. Ganz genau. *(Pause)* Eigentlich werde *ich* jetzt die Vormundschaft übernehmen.

GWENDOLEN. Wie, bitte?

CECILY *(ziemlich schüchtern und vertraulich)*. Liebe Gwendolen, ich sehe keinen Grund, warum ich es verheimlichen sollte. Nächste Woche wird es ja in unserem Lokalanzeiger stehen. Mr. Ernst Worthing und ich sind verlobt.

GWENDOLEN *(recht höflich, während sie aufsteht)*. Meine teuerste Cecily, ich glaube, hier muß ein kleines Mißverständnis vorliegen. Mr. Ernst Worthing ist mit mir verlobt. Die Anzeige wird spätestens am Sonnabend in der Morning Post erscheinen.

CECILY *(äußerst höflich, während sie aufsteht)*. Ich fürchte, daß Sie sich irren. Ernst hat mir vor genau zehn Minuten einen Heiratsantrag gemacht. *(Zeigt ihr das Tagebuch)*

GWENDOLEN *(betrachtet das Tagebuch aufmerksam durch ihr Lorgnon)*. Das ist wirklich sonderbar. Gestern nachmittag um halb sechs hat er mich um meine Hand gebeten. Wenn Sie Lust haben, die Richtigkeit meiner Behauptung zu überprüfen – bitte sehr ... *(Zieht gleichfalls ein Tagebuch aus der Tasche)* Ich reise nie ohne mein Tagebuch. Man sollte im Zug immer etwas Spannendes zu lesen haben. Ich bedaure sehr, liebe Cecily, wenn es für Sie eine Enttäuschung ist – aber ich habe leider den älteren Anspruch.

CECILY. Ich kann gar nicht sagen, wie schmerzlich es für mich wäre, Ihnen seelisch oder körperlich weh tun zu müssen – aber ich sehe mich genötigt, darauf hinzuweisen, daß Ernst, seit er um Ihre Hand anhielt, offensichtlich anderen Sinnes geworden ist.

GWENDOLEN *(nachdenklich)*. Sollte der arme Mann sich zu einer Dummheit haben verleiten lassen, ja, dann halte ich es für meine Pflicht, ihn vor den Folgen zu bewahren – und zwar mit fester Hand.

CECILY *(versonnen und melancholisch)*. Egal, in welche fatale Liebelei mein lieber Junge hineingestolpert sein mag – nie werde ich ihm daraus einen Vorwurf machen, wenn wir erst einmal verheiratet sind.

GWENDOLEN. Meinen Sie mich, Miß Cardew, wenn Sie von einer fatalen Liebelei sprechen? Das ist eine Anmaßung! Jetzt empfinde ich es nicht nur als eine moralische Verpflichtung, Ihnen die Meinung zu sagen – es ist mir sogar ein Vergnügen.

CECILY. Sie wollen mir doch nicht unterstellen, daß ich Ernst in eine Falle gelockt habe? Wie können Sie sich unterstehen! Höchste Zeit, die hohle Maske der Höflichkeit fallenzulassen. Ich ziehe es vor, das Kind beim richtigen Namen zu nennen. Wenn ich einen Spaten sehe, dann sage ich: Das ist ein Spaten.

GWENDOLEN *(höhnisch)*. Ich bin froh, daß ich nie einen Spaten gesehen habe. Offenbar bewegen wir uns in grundverschiedenen Gesellschaftssphären.

(Merriman tritt ein, begleitet von einem Lakaien, der ein Tablett, ein Tischtuch und Teller trägt. Cecily wollte soeben etwas erwidern. Die beiden Damen sind wütend, weil die Anwesenheit der Dienstboten sie zwingt, sich zu beherrschen)

MERRIMAN. Soll ich wie üblich hier den Tee servieren, Miß?

CECILY *(streng, mit ruhiger Stimme)*. Ja, wie üblich.

(Merriman beginnt den Tisch abzuräumen und das Tischtuch aufzulegen. Eine lange Pause. Cecily und Gwendolen werfen einander finstere Blicke zu)

GWENDOLEN. Gibt es in der Umgebung interessante Spazierwege, Miß Cardew?

CECILY. Ach ja – eine ganze Menge. Von einem benachbarten Hügel aus kann man fünf Grafschaften sehen.

GWENDOLEN. Fünf Grafschaften! Das würde mir gar nicht gefallen. Ich hasse jedes Gedränge.

CECILY *(holdselig)*. Deshalb wohnen Sie wohl in der Großstadt.

(Gwendolen beißt sich auf die Lippe und schlägt nervös mit dem Sonnenschirm gegen den Fuß)

GWENDOLEN *(sieht sich um)*. Das ist ein recht hübsches Zimmer, Miß Cardew.

CECILY. Ich freue mich, daß es Ihnen gefällt, Miß Fairfax.

GWENDOLEN. Ich hatte keine Ahnung, daß es in den entlegeneren Landbezirken etwas gibt, das an guten Geschmack grenzt. Ich bin überrascht.

CECILY. Ich fürchte, Sie beurteilen das Land nach großstädtischen Gesichtspunkten. Ich finde die meisten Häuser in London recht vulgär.

GWENDOLEN. Ländliche Gemüter dürften von ihrem Anblick geblendet sein. Ich persönlich kann nicht begreifen, wie jemand es fertigbringt, auf dem Lande zu leben – falls überhaupt jemand, der jemand ist, auf dem Lande lebt. Ich langweile mich auf dem Land zu Tode.

CECILY. Aha! Das nennen die Zeitungen ›Agrarkrise‹. Ich glaube, die Aristokratie hat neuerdings sehr unter diesem Übel zu leiden. Ich habe mir sagen lassen, daß es geradezu epidemisch geworden ist. Darf ich Ihnen eine Tasse Tee anbieten, Miß Fairfax?

GWENDOLEN *(mit übertriebener Höflichkeit)*. Danke. *(Beiseite)* Abscheuliche Person – aber ich habe Lust auf Tee.

CECILY *(holdselig)*. Zucker?

GWENDOLEN *(hochnäsig)*. Danke, nein. Zucker ist nicht mehr modern.

(Cecily wirft ihr einen ärgerlichen Blick zu, nimmt die Zuckerzange und legt vier Würfel Zucker in die Tasse)

CECILY *(streng).* Kuchen oder Butterbrot?

GWENDOLEN *(mit gelangweilter Miene).* Butterbrot, bitte. Kuchen sieht man in besseren Häusern nur noch selten.

CECILY *(schneidet ein großes Stück Kuchen ab und legt es auf einen Teller).* Bedienen Sie sich, Miß Fairfax.

(Merriman reicht Gwendolen Tasse und Teller und geht mit dem Lakaien ab. Gwendolen trinkt einen Schluck Tee und verzieht das Gesicht. Sofort stellt sie die Tasse weg, streckt die Hand nach dem Butterbrot aus, entdeckt, daß es ein Stück Kuchen ist. Erhebt sich entrüstet)

GWENDOLEN. Sie haben meine Tasse bis an den Rand mit Zucker gefüllt, und obgleich ich Sie laut und deutlich um ein Butterbrot gebeten hatte, haben Sie mir Kuchen servieren lassen. Ich bin für meine Sanftmut und die ungewöhnliche Milde meines Charakters bekannt, aber ich warne Sie, Miß Cardew: Gehen Sie nicht zu weit.

CECILY *(steht auf).* Ich bin bereit, sehr weit zu gehen – so weit wie nur immer –, um meinen armen unschuldigen, vertrauensseligen Jungen vor den Machenschaften einer anderen zu retten.

GWENDOLEN. Ich habe Ihnen vom ersten Augenblick an nicht über den Weg getraut. Ich habe gespürt, daß Sie verlogen und hinterlistig sind. Mein erster Eindruck täuscht mich nie.

CECILY. Mir scheint, Miß Fairfax, ich beraube Sie Ihrer kostbaren Zeit. Zweifellos haben Sie in der Nachbarschaft viele andere Besuche ähnlicher Art abzustatten.

(Jack tritt ein)

GWENDOLEN *(erblickt ihn).* Ernst! Mein lieber Ernst!

JACK. Gwendolen! Darling! *(Will sie küssen)*

GWENDOLEN *(weicht zurück).* Einen Augenblick! Darf ich fragen, ob du mit dieser jungen Dame verlobt bist? *(Zeigt auf Cecily)*

JACK *(lachend).* Mit der lieben kleinen Cecily? Natürlich nicht! Wer hat dir diesen Gedanken in dein hübsches Köpfchen gesetzt?

GWENDOLEN. Danke. *(Reicht ihm die Wange zum Kuß)*

CECILY *(honigsüß).* Ich wußte ja, daß ein Mißverständnis vorliegen muß, Miß Fairfax. Der Herr, der momentan den Arm um Ihre Taille gelegt hat, ist mein Vormund, Mr. Jack Worthing.

GWENDOLEN. Wie, bitte?

CECILY. Das ist Onkel Jack.

GWENDOLEN *(weicht zurück)*. Jack? Oh ...

(Algernon tritt auf)

CECILY. Und das ist Ernst.

ALGERNON *(geht auf Cecily zu, ohne die anderen zu beachten)*. Meine Eroberung! *(Will sie küssen)*

CECILY *(weicht zurück)*. Einen Augenblick, Ernst. Darf ich fragen – bist du mit dieser jungen Dame verlobt?

ALGERNON *(schaut sich um)*. Mit welcher jungen Dame? Allmächtiger Himmel – Gwendolen!

CECILY. Ja, mit dem allmächtigen Himmel – ich meine, mit Gwendolen.

ALGERNON *(lachend)*. Natürlich nicht! Wie kommt dieser Gedanke in dein hübsches Köpfchen?

CECILY. Danke. *(Reicht ihm die Wange zum Kuß)*

GWENDOLEN. Ich hatte doch gleich den Eindruck, daß hier ein Irrtum vorliegt, Miß Cardew. Der Herr, der Sie soeben umarmt, ist mein Vetter, Algernon Moncrieff.

CECILY *(reißt sich los)*. Algernon Moncrieff! Oh ...

(Die beiden jungen Mädchen nähern sich einander, jede legt den Arm um die Taille der anderen, als suchten sie Schutz)

GWENDOLEN. Heißen Sie wirklich Jack?

ALGERNON. Ich kann es nicht bestreiten.

CECILY. Oh ...

CECILY. Heißen Sie Algernon?

JACK *(in recht stolzer Haltung)*. Wenn ich wollte, könnte ich es bestreiten. Wenn ich wollte, könnte ich alles bestreiten. Aber ich heiße John. Seit Jahren heiße ich John.

CECILY *(zu Gwendolen)*. Man hat uns beide schändlich hintergangen.

GWENDOLEN. Meine arme, gekränkte Cecily!

CECILY. Meine süße, betrogene Gwendolen!

GWENDOLEN *(langsam und ernst)*. Du wirst mich Schwester nennen, ja?

(Sie umarmen einander. Jack und Algernon gehen stöhnend auf und ab)

CECILY *(recht vergnügt)*. Nur noch eine Frage möchte ich gerne an meinen Vormund richten dürfen.

GWENDOLEN. Eine großartige Idee! Mr. Worthing, es sei mir gestattet, nur noch eine Frage an Sie zu richten. Wo ist Ihr Bruder Ernst? Wir sind beide mit Ihrem Bruder Ernst verlobt, also ist es für uns einigermaßen wichtig zu erfahren, wo Ihr Bruder Ernst sich momentan befindet.

JACK *(zögernd und stammelnd)*. Gwendolen – Cecily – es ist mir äußerst peinlich, die Wahrheit sagen zu müssen. Zum erstenmal in meinem Leben sehe ich mich in diese peinliche Lage versetzt. Ich bin darin völlig unbewandert. Ich will euch aber offen und ehrlich gestehen, daß ich keinen Bruder Ernst habe. Ich habe überhaupt keinen Bruder. Ich habe nie in meinem Leben einen Bruder gehabt und beabsichtige nicht im geringsten, mir in Zukunft einen zuzulegen.

CECILY *(überrascht)*. Überhaupt keinen Bruder?

JACK *(fröhlich)*. Nein.

GWENDOLEN *(streng)*. Hatten Sie nie irgendeinen Bruder?

JACK *(freundlich)*. Nie! Nicht einmal irgendeinen.

GWENDOLEN. Dann liegt es leider auf der Hand, Cecily, daß keine von uns beiden verlobt ist.

CECILY. Nicht sehr erfreulich für ein junges Mädchen, sich plötzlich in diese Lage versetzt zu sehen!

GWENDOLEN. Gehen wir in den Garten! Sie werden es kaum wagen, uns zu folgen.

CECILY. Nein. Die Männer sind ja so feige, nicht wahr?

(Mit verachtungsvoller Miene ziehen sie sich in den Garten zurück)

JACK. Da hast du mir eine schöne Suppe eingebrockt. *(Algernon setzt sich an den Teetisch und schenkt sich Tee ein. Er wirkt völlig unbekümmert)* Was in aller Welt soll das heißen, daß du dich hierherschleichst und dich für meinen Bruder ausgibst? Das ist einfach ungeheuerlich!

ALGERNON *(ißt ein Küchlein)*. Was in aller Welt soll das heißen, daß du behauptest, einen Bruder zu haben? Skandalös! *(Nimmt noch ein Küchlein)*

JACK. Ich habe dir befohlen, mit dem Zug um drei Uhr fünfzig abzureisen. Ich habe den Dogcart vorfahren lassen. Warum bist du nicht abgereist?

ALGERNON. Ich hatte noch nicht Tee getrunken.

JACK. Und diesen grauenhaften Unsinn nennst du vermutlich ›bunburisieren‹.

ALGERNON. Ja, und es ist ein prächtiger Bunbury. Der prächtigste Bunbury, den ich je in meinem Leben gesehen habe.

JACK. Du hast kein Recht, hier zu bunburisieren.

ALGERNON. Das ist absurd. Man hat das Recht zu bunburisieren, wo man will. Das weiß jeder ernsthafte Bunburist.

JACK. Ernsthafter Bunburist! Du lieber Himmel!

ALGERNON. *Etwas* muß man ernst nehmen, wenn einem das Leben Spaß machen soll. *Ich* nehme das Bunburisieren ernst. Was *du* ernst nimmst, weiß ich nicht im entferntesten. Wahrscheinlich alles. Du bist so trivial veranlagt.

JACK. Nur eine kleine Befriedigung bereitet mir diese abscheuliche Geschichte. Dein Freund Bunbury ist geplatzt. Jetzt wirst du nicht mehr so oft wie bisher auf dem Lande herumgeistern, lieber Algy. Und das ist gut so.

ALGERNON. Dein Bruder ist ein wenig lädiert, meinst du nicht, lieber Jack? Du wirst nicht mehr so oft nach London verschwinden können, wie es deine schändliche Gewohnheit war. Und das ist auch nicht schlecht.

JACK. Was dein Benehmen gegenüber Miß Cardew betrifft, so muß ich sagen, daß es einfach unentschuldbar ist, ein süßes, schlichtes, unschuldiges junges Mädchen so zu hintergehen. Ganz zu schweigen davon, daß sie mein Mündel ist.

ALGERNON. Ich wüßte nicht, womit du *dein* Benehmen rechtfertigen willst: eine gescheite, witzige, sehr erfahrene junge Dame wie Miß Fairfax zu belügen! Ganz zu schweigen davon, daß sie meine Kusine ist.

JACK. Ich wollte mich mit Gwendolen verloben, weiter nichts. Ich liebe sie.

ALGERNON. Na, und *ich* wollte mich ganz einfach mit Cecily verloben. Ich bete sie an.

JACK. Du hast nicht die geringste Chance, Miß Cardew zu heiraten.

ALGERNON. Ich halte es nicht für wahrscheinlich, Jack, daß aus dir und Miß Fairfax ein Paar wird.

JACK. Das geht dich nichts an.

ALGERNON. Wenn es mich etwas anginge, würde ich nicht davon

reden. Es ist vulgär, von Dingen zu reden, die einen etwas angehen. Das machen nur Börsenmakler, und auch die bloß abends bei Tisch.

JACK. Wie kannst du hier herumsitzen und seelenruhig Muffins essen, während wir uns in dieser gräßlichen Bredouille befinden! Das geht über meinen Horizont. Du scheinst ein völlig herzloser Mensch zu sein.

ALGERNON. Ich kann nicht Muffins essen, wenn ich aufgeregt bin. Da würde ich mir wahrscheinlich die Manschetten mit Butter bekleckern. Muffins sollte man immer seelenruhig essen. Das ist die einzig richtige Art.

JACK. Ich behaupte, daß es herzlos von dir ist, in dieser kritischen Situation überhaupt Muffins zu essen.

ALGERNON. Wenn bei mir etwas schief läuft, kann nur eines mich trösten: Essen. Ja, wenn ich wirklich schwere Sorgen habe – das wird dir jeder sagen, der mich näher kennt –, lehne ich alles ab bis aufs Essen und Trinken. Momentan esse ich Muffins, weil ich unglücklich bin. Außerdem esse ich Muffins besonders gern. *(Steht auf)*

JACK *(erhebt sich gleichfalls)*. Das ist aber kein Grund dafür, daß du sie alle in dich hineinstopfst. *(Nimmt ihm die Muffins weg)*

ALGERNON *(bietet ihm Kuchen an)*. Iß lieber Kuchen. Ich mag keinen Kuchen.

JACK. Himmelherrgott! Es wird einem doch noch erlaubt sein, im eigenen Haus seine eigenen Muffins zu essen!

ALGERNON. Soeben hast du erklärt, daß es herzlos ist, Muffins zu essen.

JACK. Ich habe gesagt, von *dir* ist es herzlos – unter den gegebenen Umständen. Das ist etwas ganz anderes.

ALGERNON. Vielleicht. Aber die Muffins sind dieselben. *(Nimmt Jack die Muffins weg)*

JACK. Algy, Gott gebe, daß du endlich verschwindest!

ALGERNON. Du kannst mich doch nicht vor dem Abendessen wegschicken. Das wäre absurd. Ich verzichte nie auf mein Abendessen. So etwas ist nur Vegetarianern und ähnlichen Käuzen zuzutrauen. Außerdem habe ich soeben mit Pastor Chasuble vereinbart, daß er mich um ein Viertel vor sechs auf den Namen Ernst tauft.

JACK. Mein Lieber, je früher du diesen Unsinn sein läßt, desto besser. Ich selber habe mit Pastor Chasuble meine Taufe für halb sechs Uhr anberaumt, und natürlich nehme *ich* den Namen Ernst an. Gwendolen zuliebe. Wir können uns nicht beide auf den Namen Ernst taufen lassen. Das wäre absurd. Außerdem ist es mein gutes Recht, mich nach Belieben taufen zu lassen. Es liegen keine Beweise dafür vor, daß ich je getauft worden bin. Sehr wahrscheinlich bin ich nie getauft worden, und Pastor Chasuble ist ganz meiner Meinung. Bei dir liegt der Fall anders. Du bist schon getauft worden.

ALGERNON. Ja – aber seit Jahren nicht mehr.

JACK. Ein für allemal – damit basta. *Das* ist entscheidend.

ALGERNON. Richtig. Deshalb weiß ich, daß meine Konstitution es aushalten wird. Wenn du nicht genau weißt, ob du schon einmal getauft worden bist, dann muß ich schon sagen, daß ich es äußerst gewagt von dir finde, dich auf so ein Abenteuer einzulassen. Es könnte dir schlecht bekommen. Du dürftest schwerlich vergessen haben, daß einer deiner engsten Verwandten diese Woche in Paris um ein Haar von einer schweren Erkältung dahingerafft worden wäre.

JACK. Ja, aber du selber hast gesagt, daß so etwas nicht vererbbar ist.

ALGERNON. Früher einmal nicht, das weiß ich – aber heute? Die Wissenschaft macht auf allen Gebieten enorme Fortschritte.

JACK. Darf ich dich fragen, Algy, was in aller Welt du vorhast?

ALGERNON. Nichts. Das versuche ich dir seit zehn Minuten einzubleuen, aber du tust, was du nur kannst, um mich von meiner Arbeit abzulenken.

JACK. Also, ich gehe jetzt in den Garten. Ich bin sicher, daß Gwendolen mich erwartet.

ALGERNON. Cecilys äußerst kalte und abwehrende Haltung sagt mir, daß sie mich erwartet. Deshalb werde ich mich hüten, in den Garten zu gehen. Wenn ein Mann immer tut, was die Frau von ihm erwartet, hält sie nicht viel von ihm. Man sollte immer das tun, was sie *nicht* erwartet, ebenso wie man immer nur Dinge äußern sollte, die sie nicht versteht. Das Ergebnis dieser Taktik ist wechselseitige Sympathie – ein Herz und eine Seele.

JACK. Unsinn. Immer redest du Unsinn.

ALGERNON. Es ist viel geistreicher, Unsinn zu reden, als sich Unsinn anzuhören, und kommt auch viel seltener vor, da mögen die Leute sagen, was sie wollen.

JACK. Ich höre nicht zu. Ich kann es nicht mit anhören.

ALGERNON. Das ist falsche Bescheidenheit. Du weißt genau, wenn du dir Mühe gibst, kannst du mir zuhören. Immer unterschätzt du deine Fähigkeiten – das ist absurd heutzutage, wo es dermaßen von eitlen Fatzken wimmelt. Jack, du ißt schon wieder Muffins! Laß es sein. Es sind nur noch zwei da. *(Nimmt ihm die Platte weg)* Ich habe dir gesagt, daß ich eine besondere Vorliebe für Muffins habe.

JACK. Aber ich mag den Kuchen nicht.

ALGERNON. Warum läßt du dann deinen Gästen Kuchen servieren? Du hast einen schönen Begriff von Gastfreundlichkeit.

JACK *(gereizt)*. Das gehört doch nicht zur Sache. Wir diskutieren nicht über Kuchen und Muffins. *(Geht durchs Zimmer)* Du treibst mich zum Wahnsinn, Algy. Nie kannst du bei der Sache bleiben.

ALGERNON. Es würde mir weh tun.

JACK. Grundgütiger Himmel! Diese Affektiertheit! Ich hasse affektierte Menschen.

ALGERNON. Also, lieber Freund, wenn du affektierte Menschen nicht ausstehen kannst, ja, was sind denn das für Menschen, die du ausstehen kannst? Außerdem ist hier von Affektiertheit keine Rede. Bei der Sache zu bleiben tut mir weh, und ich verabscheue körperliche Schmerzen.

JACK *(schaut Algernon finster an, geht auf und ab, bleibt schließlich neben dem Tisch stehen)*. Algy! Ich habe dich bereits mehrmals aufgefordert, mein Haus zu verlassen. Deine Anwesenheit ist unerwünscht. Warum verschwindest du nicht?

ALGERNON. Ich habe meinen Tee noch nicht ausgetrunken. Und es ist auch noch ein Muffin übrig. *(Nimmt das letzte Muffin)*

(Jack sinkt stöhnend in einen Sessel und schlägt die Hände vors Gesicht)

Vorhang

Vierter Akt

Derselbe Schauplatz wie im dritten Akt. Jack und Algernon nehmen die gleiche Haltung ein wie zuvor. Aus dem Hintergrund treten Gwendolen und Cecily auf.

GWENDOLEN. Daß sie uns nicht sofort in den Garten gefolgt sind, wie andere es getan haben würden, verrät mir, daß ihnen ein Rest Schamgefühl geblieben ist.

CECILY. Sie haben Muffins gegessen. Das sieht nach Reue aus.

GWENDOLEN *(nach einer Pause)*. Sie scheinen uns überhaupt nicht zu beachten. Könntest du schnell mal husten?

CECILY. Aber ich habe keinen Husten.

GWENDOLEN. Sie schauen uns an. Was für eine Unverschämtheit!

CECILY. Sie nähern sich uns. Das finde ich frech.

GWENDOLEN. Wir wollen ein würdevolles Schweigen bewahren.

CECILY. Jawohl. Das ist im Augenblick das einzig Richtige.

(Jack und Algernon pfeifen eine entsetzlich populäre Melodie aus einer britischen Oper)

GWENDOLEN. Unser würdevolles Schweigen hat unangenehme Folgen.

CECILY. Abscheuliche Folgen.

GWENDOLEN. Aber nicht wir werden als erste den Mund auftun.

CECILY. Unter keinen Umständen!

GWENDOLEN. Mr. Worthing, ich habe eine ganz besondere Frage an Sie zu richten. Von Ihrer Antwort hängt sehr viel ab.

CECILY. Gwendolen, dein gesunder Menschenverstand ist unbezahlbar ... Mr. Moncrieff, beantworten Sie mir gütigst folgende Frage. Warum haben Sie sich für den Bruder meines Vormunds ausgegeben?

ALGERNON. Weil ich eine Gelegenheit finden wollte, Sie kennenzulernen.

CECILY *(zu Gwendolen)*. Diese Erklärung scheint mir durchaus befriedigend zu sein, meinst du nicht?

GWENDOLEN. Ja, meine Liebe – wenn du ihm glaubst, was er sagt.

CECILY. Ich glaube ihm kein Wort. Das ändert nichts daran, daß es eine wunderschöne Antwort ist.

GWENDOLEN. Sehr wahr. In wichtigen Fragen ist das Wesentliche nicht die Aufrichtigkeit, sondern der Stil ... Mr. Worthing, wie erklären Sie Ihre Behauptung, einen Bruder zu haben? Suchten Sie einen Anlaß, so oft wie nur möglich nach London zu fahren, um mich zu treffen?

JACK. Wie können Sie daran zweifeln, Miß Fairfax!

GWENDOLEN. Ich hege in diesem Punkt erhebliche Zweifel. Aber ich bin gewillt, sie in den Wind zu schlagen. Es ist nicht der rechte Zeitpunkt für deutschen Skeptizismus. *(Nähert sich Cecily)* Ich finde beide Erklärungen zufriedenstellend – besonders die Mr. Worthings. Sie scheint mir den Stempel der Wahrheit zu tragen.

CECILY. Ich bin mit Mr. Moncrieffs Äußerungen mehr als zufrieden. Wenn man nur seine Stimme hört, glaubt man ihm aufs Wort.

GWENDOLEN. Du meinst also, wir sollen ihnen verzeihen?

CECILY. Ja. Das heißt, nein.

GWENDOLEN. Richtig. Es war mir entfallen. Hier stehen Grundsätze auf dem Spiel, die man nicht preisgeben darf. Wer sagt es ihnen, du oder ich? Es ist keine erfreuliche Aufgabe.

CECILY. Könnten wir nicht beide gleichzeitig reden?

GWENDOLEN. Eine ausgezeichnete Idee! Ich spreche immer zur gleichen Zeit wie die anderen. Richtest du dich nach mir?

CECILY. Freilich.

(Gwendolen schlägt mit erhobenem Zeigefinger den Takt)

GWENDOLEN und CECILY *(gleichzeitig)*. Eure Taufnamen sind nach wie vor ein unübersteigliches Hindernis. Weiter nichts.

JACK und ALGERNON *(gleichzeitig)*. Unsere Taufnamen! Ist das alles? Wir lassen uns heute nachmittag taufen.

GWENDOLEN *(zu Jack)*. Mir zuliebe bist du entschlossen, etwas so Fürchterliches zu wagen?

JACK. Ja.

CECILY *(zu Algernon)*. Mir zu Gefallen bist du bereit, dich dieser schweren Prüfung zu unterwerfen?

ALGERNON. Ja.

GWENDOLEN. Wie albern, von der Ebenbürtigkeit der Geschlechter zu sprechen! Wenn es sich um Fragen der Selbstaufopferung handelt, sind uns die Männer weit überlegen.

JACK. Und ob. *(Er drückt Algernon die Hand)*

CECILY. Zuweilen beweisen sie einen physischen Mut, der uns Frauen völlig fremd ist.

GWENDOLEN *(zu Jack)*. Darling!

ALGERNON *(zu Cecily)*. Darling!

(Sie umarmen einander stürmisch. Merriman tritt ein. Als er die Situation sieht, hüstelt er nachdrücklich)

MERRIMAN. Hm ... Hm ... Lady Bracknell!

JACK. Allmächtiger Himmel!

(Lady Bracknell tritt ein. Erschrocken trennen sich die Paare. Merriman ab)

LADY BRACKNELL. Gwendolen – was soll das bedeuten?

GWENDOLEN. Nichts weiter, als daß ich mit Mr. Worthing verlobt bin, Mama.

LADY BRACKNELL. Komm hierher! Setz dich. Setz dich augenblicklich. Jede Art von Zögern ist bei jungen Menschen ein Zeichen geistigen Verfalls, bei alten ein Symptom körperlicher Schwäche. *(Zu Jack)* Mein Herr, nachdem ich von der jähen Flucht meiner Tochter durch ihre treue Zofe erfahren hatte – ihr Vertrauen erwarb ich mir mit Hilfe eines kleinen Geldstücks –, bin ich ihr sofort mit einem Güterzug gefolgt. Ihr unglücklicher Vater bildet sich Gott sei Dank ein, daß sie an einem ungewöhnlich langen Kursus der Volkshochschule über den Einfluß eines ständigen Einkommens auf die menschliche Denkweise teilnimmt. Ich habe nicht die Absicht, ihn seiner Illusion zu berauben. Eigentlich habe ich ihn immer bei seinen Illusionen gelassen. Das halte ich für richtig. Aber Sie werden natürlich begreifen, daß von diesem Augenblick an jede Beziehung zwischen Ihnen und meiner Tochter aufzuhören hat. In diesem Punkt – wie in allen Punkten – bin ich unerbittlich.

JACK. Ich bin mit Gwendolen verlobt, Lady Bracknell.

LADY BRACKNELL. Davon kann gar keine Rede sein, Sir. Und jetzt zu dir, Algernon .. Algernon!

ALGERNON. Ja, Tante Augusta?

LADY BRACKNELL. Darf ich fragen, ob das das Haus ist, in dem dein kranker Freund Bunbury wohnt?

ALGERNON *(stotternd)*. Oh – nein – Bunbury wohnt nicht hier. Bunbury befindet sich zur Zeit woanders. De facto ist er tot.

LADY BRACKNELL. Tot! Wann ist Mr. Bunbury gestorben? Sein Tod muß sehr plötzlich eingetreten sein.

ALGERNON *(wie nebenbei)*. Ach, ich habe ihn heute nachmittag umgebracht. Ich meine, der arme Bunbury ist heute nachmittag gestorben.

LADY BRACKNELL. Woran ist er gestorben?

ALGERNON. An einer Explosion.

LADY BRACKNELL. An einer Explosion? Wurde er das Opfer eines revolutionären Attentats? Ich wußte nicht, daß Mr. Bunbury sich für die soziale Frage interessiert hat. Wenn ja, dann war das die gerechte Strafe für seine morbide Mentalität.

ALGERNON. Liebe Tante Augusta, ich meine, man ist ihm hinter seine Schliche gekommen. Die Ärzte stellten fest, Bunbury sei nicht lebensfähig – also hat Bunbury das Zeitliche gesegnet.

LADY BRACKNELL. Anscheinend hatte er großes Vertrauen zu den Diagnosen seiner Ärzte. Aber ich bin froh, daß er sich endlich für einen klaren Kurs entschieden und die ärztlichen Vorschriften befolgt hat. Und da wir nun diesen Mr. Bunbury endgültig los sind, darf ich Sie, Mr. Worthing, fragen, wer diese junge Person ist, deren Hand mein Neffe Algernon auf eine meiner Meinung nach völlig überflüssige Art und Weise festhält?

JACK. Die junge Dame ist Miß Cecily Cardew, mein Mündel.

(Lady Bracknell neigt kühl den Kopf)

ALGERNON. Ich bin mit Cecily verlobt, Tante Augusta.

LADY BRACKNELL. Wie bitte?

CECILY. Mr. Moncrieff und ich sind miteinander verlobt, Lady Bracknell.

LADY BRACKNELL *(fröstelt, geht zum Sofa und setzt sich)*. Ich weiß nicht, ob in diesem Erdenwinkel etwas Besonderes in der Luft liegt, aber ich habe den Eindruck, daß die Zahl der Verlobungen, die hier vonstatten gehen, beträchtlich den Durchschnitt übersteigt, den die Statistiker zu unserer Orientierung errechnet haben. Ich halte einige vorläufige Erkundigungen nicht für unangebracht. Mr. Worthing, ist Miß Cardew in irgendeiner Weise mit einem der großen Londoner Bahnhöfe verwandt? Ich möchte mich nur informieren. Bis gestern hatte ich keine Ahnung, daß es Familien oder Personen gibt, die ihre Abkunft von einem Hauptbahnhof herleiten.

JACK *(macht ein wütendes Gesicht, beherrscht sich aber und sagt mit klarer, kalter Stimme).* Miß Cardew ist die Enkelin des verstorbenen Mr. Thomas Cardew – Belgrave Square Nummer einhundertneunundvierzig, Gervase Park in Dorking, Surrey, und Haus Sporran in Fifeshire.

LADY BRACKNELL. Das klingt nicht übel. Drei Adressen wirken stets vertrauenerweckend, sogar auf Lieferanten. Aber was beweist mir, daß sie stimmen?

JACK. Ich habe die betreffenden Jahrgänge des Adelskalenders sorgfältig aufbewahrt. Schauen Sie nach, Lady Bracknell.

LADY BRACKNELL *(grimmig).* Ich bin in dieser Publikation schon auf die seltsamsten Fehler gestoßen.

JACK. Miß Cardew wird durch die Anwaltsfirma Markby, Markby, Markby und Markby vertreten – Lincoln's Inn Fields Nummer einhundertneunundvierzig A, London. Zweifellos werden die Herren Ihnen gerne mit weiteren Informationen zur Verfügung stehen. Bürozeit von zehn bis vier.

LADY BRACKNELL. Markby, Markby, Markby und Markby? Eine hochangesehene Firma. Ja, ich habe sogar gehört, daß ein Mr. Markby ab und zu eingeladen wird. Insoweit bin ich zufrieden.

JACK *(sehr gereizt).* Das ist äußerst lieb von Ihnen, Lady Bracknell. Es wird Sie freuen, daß ich auch alle die Dokumente besitze, die Miß Cardews Person betreffen – Geburt, Taufe, Keuchhusten, Meldezettel, Impfung, Konfirmation und Masern.

LADY BRACKNELL. Ein ereignisreiches Leben, wie ich sehe – wenn auch vielleicht ein bißchen zu aufregend für ein junges Mädchen. Ich persönlich bin gegen allzu frühe Erfahrungen. *(Schaut auf die Uhr, erhebt sich)* Gwendolen! Bald heißt es aufbrechen. Wir haben keine Zeit zu verlieren. Nur der Form halber möchte ich Sie fragen, Mr. Worthing, ob Miß Cardew ein bißchen Geld hat.

JACK. Ach, ungefähr hundertunddreißigtausend Pfund in Staatspapieren. Das ist alles. Leben Sie wohl, Lady Bracknell – es war mir ein Vergnügen.

LADY BRACKNELL *(nimmt schnell wieder Platz)*. Einen Augenblick, Mr. Worthing. Hundertunddreißigtausend Pfund! Noch dazu in Staatspapieren! Wenn ich Miß Cardew näher betrachte, scheint sie mir eine sehr anziehende junge Dame zu sein. Heutzutage haben junge Mädchen nur selten solide Eigenschaften – Eigenschaften, die von Dauer sind und mit der Zeit immer wertvoller werden. Wir leben, wie ich zu meinem Bedauern sagen muß, in einer oberflächlichen Zeit. *(Zu Cecily)* Kommen Sie zu mir, meine Liebe. *(Cecily nähert sich ihr)* Mein hübsches Kind, Ihr Kleid ist von einer betrüblichen Schlichtheit, und Ihr Haar scheint fast so unberührt zu sein, wie Mutter Natur es Ihnen beschert hat. Aber dem läßt sich abhelfen. Eine gründlich bewanderte französische Zofe kann in kürzester Zeit wahre Wunder vollbringen. Ich erinnere mich, daß ich einmal eine der jungen Lady Lancing empfohlen habe: Nach drei Monaten hat ihr eigener Mann sie nicht mehr wiedererkannt.

JACK. Und nach einem halben Jahr hat kein Mensch sie mehr wiedererkannt.

LADY BRACKNELL *(wirft Jack einen bösen Blick zu, beugt sich dann mit einem einstudierten Lächeln zu Cecily)*. Drehen Sie sich, bitte, um, liebes Kind. *(Cecily dreht sich ganz um)* Nein, ich möchte Sie von der Seite sehen. *(Cecily kehrt ihr das Profil zu)* Ja, wie ich's erwartet habe. Ihr Profil birgt große gesellschaftliche Möglichkeiten. Die zwei Hauptschwächen unserer Zeit sind ein Mangel an Grundsätzen und ein Mangel an Profil. Das Kinn ein bißchen höher, meine Liebe! Stil hängt in beträchtlichem Maß davon ab, wie hoch man sein Kinn trägt. Momentan trägt man es *sehr* hoch ... Algernon!

ALGERNON. Ja, Tante Augusta.

LADY BRACKNELL. Miß Cardews Profil birgt große gesellschaftliche Möglichkeiten.

ALGERNON. Cecily ist das süßeste, liebste, hübscheste Wesen auf Gottes Erdboden. Und ich pfeife auf alle gesellschaftlichen Möglichkeiten.

LADY BRACKNELL. Sprich nicht geringschätzig von der guten Gesellschaft, Algernon. Das tun nur Leute, denen sie verschlossen bleibt. *(Zu Cecily)* Mein liebes Kind, Sie wissen natürlich, daß Algernon ausschließlich auf seine Schulden angewiesen ist.

Geldheiraten billige ich nicht. Als ich Lord Bracknell heiratete, hatte ich keinen Groschen. Aber nicht im Traum wäre mir eingefallen, mich dadurch von meinem Schritt abhalten zu lassen. Also, ich glaube, ich muß meine Zustimmung erteilen.

ALGERNON. Ich danke dir, Tante Augusta.

LADY BRACKNELL. Cecily, du darfst mir einen Kuß geben.

CECILY *(küßt sie).* Danke, Lady Bracknell.

LADY BRACKNELL. Und in Zukunft darfst du Tante Augusta zu mir sagen.

CECILY. Danke, Tante Augusta.

LADY BRACKNELL. Die Trauung sollte so bald wie möglich stattfinden.

ALGERNON. Danke, Tante Augusta.

CECILY. Danke, Tante Augusta.

LADY BRACKNELL. Offen gesagt, bin ich gegen lange Verlobungen. Sie bieten Gelegenheit, den Charakter des Partners schon vor der Hochzeit zu erkennen, und das ist meiner Meinung nach selten empfehlenswert.

JACK. Verzeihen Sie, wenn ich Sie unterbreche, Lady Bracknell, aber diese Verlobung kommt nicht in Frage. Ich bin Miß Cardews Vormund, und solange sie minderjährig ist, kann sie ohne meine Einwilligung nicht heiraten. Diese Einwilligung verweigere ich entschieden.

LADY BRACKNELL. Aus welchen Gründen, wenn ich fragen darf? Algernon ist eine sehr gute, ich möchte fast sagen, auffallend gute Partie. Er hat nichts, sieht aber aus, als hätte er alles. Was kann man sich mehr wünschen?

JACK. Es schmerzt mich zutiefst, Lady Bracknell, mit Ihnen ganz offen über Ihren Neffen sprechen zu müssen. Es ist nun einmal so, daß ich ihn für einen unmoralischen Menschen halte. Ich habe ihn im Verdacht, unaufrichtig zu sein.

(Algernon und Cecily sehen ihn erstaunt und entrüstet an)

LADY BRACKNELL. Unaufrichtig! Mein Neffe Algernon? Unmöglich. Er hat in Oxford studiert.

JACK. Leider ist jeder Zweifel ausgeschlossen. Während ich mich heute nachmittag in London befand, um einer wichtigen Herzensangelegenheit nachzugehen, verschaffte er sich unter dem Vorwand, mein Bruder zu sein, Zutritt in meinem Hause.

Unter einem angenommenen Namen trank er, wie ich soeben durch meinen Butler erfahren habe, eine ganze Flasche meines Perrier-Jouets, Jahrgang neunundachtzig, den ich eigens für mich reserviert hatte. Zufolge seines schändlichen Täuschungsmanövers glückte es ihm, im Laufe des Nachmittags meinem einzigen Mündel den Kopf zu verdrehen. Daraufhin blieb er zum Tee und verzehrte sämtliche Muffins. Sein Benehmen war um so herzloser, als er von Anfang an gewußt hat, daß ich keinen Bruder habe, daß ich nie einen Bruder gehabt habe und daß ich nicht beabsichtige, mir einen Bruder welcher Art auch immer zuzulegen. Das habe ich ihm gestern klar und deutlich zu verstehen gegeben.

CECILY. Aber lieber Onkel Jack, seit einem Jahr hast du uns von deinem Bruder erzählt. Immer wieder bist du auf dieses Thema zurückgekommen. Algy hat nur deine Behauptung bestätigt. Das war sehr edelmütig von ihm.

JACK. Verzeihung, Cecily, du bist zu jung, um diese Probleme zu verstehen. Sich überhaupt etwas auszudenken, zeugt von genialer Begabung und – in einem kommerzialisierten Zeitalter wie dem unseren – von erheblichem physischem Mut. Nur wenige unserer modernen Romanschriftsteller zum Beispiel wagen es, sich etwas auszudenken. Alle Welt weiß, daß sie dazu nicht fähig sind. Eine Lüge zu bekräftigen, ist dagegen eine entschieden feige Handlungsweise. Ich weiß, daß die Zeitungen es tagtäglich füreinander tun – aber so handelt kein Gentleman. Ein Gentleman wird sich hüten, etwas zu bekräftigen.

ALGERNON *(wütend)*. Auf mein Wort, Jack ...

LADY BRACKNELL. Hm! Mr. Worthing, nach reiflicher Überlegung habe ich mich entschlossen, über das Benehmen meines Neffen Ihnen gegenüber hinwegzusehen.

JACK. Das ist sehr großmütig von Ihnen, Lady Bracknell. Mein eigener Entschluß aber steht fest. Ich verweigere meine Einwilligung.

LADY BRACKNELL *(zu Cecily)*. Komm her, liebes Kind. *(Cecily geht zu ihr hin)* Wie alt bist du?

CECILY. Also – eigentlich bin ich erst achtzehn, aber wenn ich abends eingeladen werde, gebe ich zu, daß ich zwanzig bin.

LADY BRACKNELL. Es ist dein gutes Recht, dein Geburtsdatum ein wenig zu korrigieren. Keine Frau sollte es mit ihrem Alter allzu genaunehmen. Das sieht so berechnend aus ... *(Nachdenklich fährt sie fort)* Achtzehn, aber abends bei Tisch schon zwanzig. Da wird es nicht mehr lange dauern, bis du großjährig und von jeder weiteren Bevormundung befreit bist. Deshalb glaube ich, daß die Einwilligung deines Vormunds im Grunde gar keine Rolle spielt.

JACK. Entschuldigen Sie, bitte, Lady Bracknell, daß ich Sie schon wieder unterbrechen muß. Ich fühle mich verpflichtet, Ihnen mitzuteilen, daß Miß Cardew laut den testamentarischen Bestimmungen ihres Großvaters erst mit fünfunddreißig Jahren mündig wird.

LADY BRACKNELL. Das scheint mir kein gewichtiger Einwand zu sein. Fünfunddreißig ist ein sehr beliebtes Alter. In der Londoner guten Gesellschaft wimmelt es von Frauen bester Herkunft, die aus freiem Willen nie älter waren als fünfunddreißig. Ein treffendes Beispiel dafür ist Lady Dumbleton. Meines Wissens ist sie seit ihrem vierzigsten Lebensjahr fünfunddreißig, und das ist auch schon lange her. Ich sehe keinen Grund, warum unsere liebe Cecily in dem von Ihnen erwähnten Alter nicht noch anziehender sein sollte als heute. Ihr Vermögen wird erheblich zugenommen haben.

CECILY *(zu Jack)*. Bist du ganz sicher, daß ich bis zu meinem fünfunddreißigsten Lebensjahr nicht ohne deine Einwilligung heiraten darf?

JACK. So hat es dein Großvater in weiser Voraussicht testamentarisch bestimmt, Cecily. Zweifellos hat er mit Schwierigkeiten gerechnet, wie wir sie jetzt erleben.

CECILY. Dann muß mein Opa eine ungewöhnlich lebhafte Phantasie besessen haben. Algy – könntest du warten, bis ich fünfunddreißig Jahre alt bin?

ALGERNON. Selbstverständlich, Cecily! Wie kannst du fragen? Ich würde in alle Ewigkeit auf dich warten. Das weißt du doch.

CECILY. Ja, ich habe es instinktiv gespürt. Aber *ich* könnte nicht so lange warten. Auch nur fünf Minuten auf jemanden zu warten, ist mir verhaßt. Da werde ich böse. Ich selber bin unpünktlich, das weiß ich – aber bei anderen liebe ich die Pünktlichkeit. Warten – sei es auch auf die Hochzeit –, nein, das kommt nicht in Frage.

ALGERNON. Was also soll geschehen, Cecily?

CECILY. Ich weiß es nicht, Mr. Moncrieff.

LADY BRACKNELL. Mein lieber Mr. Worthing, da Miß Cecily entschieden erklärt, daß sie nicht bis zu ihrem fünfunddreißigsten Lebensjahr warten kann – eine Bemerkung, die, wie ich sagen muß, auf eine etwas ungeduldige Veranlagung hinzudeuten scheint –, möchte ich Sie bitten, sich Ihren Entschluß noch einmal zu überlegen.

JACK. Aber meine liebe Lady Bracknell, die Entscheidung liegt ausschließlich bei Ihnen. Sowie Sie meiner Heirat mit Gwendolen zustimmen, werde ich mit Freuden Ihrem Neffen gestatten, eine eheliche Verbindung mit Cecily einzugehen.

LADY BRACKNELL *(erhebt sich und richtet sich hoch auf)*. Sie dürften sich darüber im klaren sein, daß Ihr Vorschlag unakzeptabel ist.

JACK. Dann haben wir alle nichts anderes zu erwarten als ein leidenschaftliches Zölibat.

LADY BRACKNELL. Das ist nicht das Los, das ich meiner Tochter zugedacht habe. Algernon kann machen, was er will. *(Zieht ihre Uhr hervor)* Komm, mein Kind ... *(Gwendolen steht auf)* Wir haben bereits fünf, wenn nicht sechs Züge versäumt. Noch einen zu versäumen, könnte uns auf dem Bahnsteig unliebsame Kommentare zuziehen.

(Pastor Chasuble tritt ein)

CHASUBLE. Ich habe alles für die Taufe vorbereitet.

LADY BRACKNELL. Die Taufe, Sir? Ist das nicht etwas verfrüht?

CHASUBLE *(deutet mit etwas verdutzter Miene auf Jack und Algernon)*. Diese beiden Herren haben den Wunsch geäußert, unverzüglich getauft zu werden.

LADY BRACKNELL. In ihrem Alter? Ein grotesker und gotteslästerlicher Gedanke! Algernon, ich verbiete dir, dich taufen zu lassen. Von solchen Ausschweifungen will ich nichts hören. Lord Bracknell würde äußerst ungehalten sein, wenn er wüßte, daß du deine Zeit und dein Geld mit solchen Dingen vergeudest.

CHASUBLE. Habe ich das so zu verstehen, daß heute nachmittag überhaupt keine Taufe stattfindet?

JACK. Ich fürchte, Herr Pastor, unter den gegebenen Umständen würde es für keinen von uns auch nur den geringsten praktischen Wert haben.

CHASUBLE. Es betrübt mich sehr, Sie solche Ansichten äußern zu hören, Mr. Worthing. Sie riechen nach den ketzerischen Anschauungen der Wiedertäufer, Anschauungen, die ich in vier meiner unveröffentlichten Predigten restlos widerlegt habe. Man sollte das Charisma der Taufe nicht auf die leichte Schulter nehmen. Nach einhelliger Meinung der Kirchenväter ist die Taufe eine Art von Wiedergeburt. Wenn es sich aber um Erwachsene handelt, ist, wie ich leider betonen muß, eine *Zwangstaufe* – außer im Fall heidnischer Stämme – nicht mit dem kanonischen Recht vereinbar, deshalb werde ich augenblicklich in die Kirche zurückkehren. Mir hat nämlich soeben der Küster mitgeteilt, daß Miß Prism seit anderthalb Stunden in der Sakristei auf mich wartet.

LADY BRACKNELL *(zuckt zusammen)*. Miß Prism! Habe ich Sie eine gewisse Miß Prism erwähnen hören?

CHASUBLE. Ja, Lady Bracknell. Ich bin im Begriff, mich zu ihr zu begeben.

LADY BRACKNELL. Bitte, gestatten Sie, daß ich Sie einen Moment aufhalte. Diese Angelegenheit könnte für Lord Bracknell und mich von größter Bedeutung sein. Ist diese Miß Prism ein Frauenzimmer von abstoßendem Äußeren und pädagogischen Neigungen?

CHASUBLE *(leicht empört)*. Sie ist eine überaus gebildete Dame und die verkörperte Ehrbarkeit.

LADY BRACKNELL. Offensichtlich ein und dieselbe Person. Darf ich fragen, welche Stellung sie in Ihrem Haushalt bekleidet?

CHASUBLE. Ich bin Junggeselle, Madam.

JACK *(mischt sich ein)*. Miß Prism ist seit drei Jahren Miß Cardews hochgeschätzte Gouvernante und Gesellschaftsdame.

LADY BRACKNELL. Trotzdem muß ich sofort mit ihr sprechen. Man soll sie holen!

CHASUBLE *(blickt in die Kulisse)*. Sie kommt – sie naht.

(Miß Prism tritt hastig auf)

MISS PRISM. Man hatte mir mitgeteilt, daß Sie in der Sakristei auf mich warten, lieber Herr Kanonikus. Ich habe dort eine und dreiviertel Stunden auf Sie gewartet. *(Erblickt Lady Bracknell, die sie mit steinerner Miene anstarrt. Miß Prism wird blaß und zittert. Ängstlich sieht sie sich um, als würde sie am liebsten die Flucht ergreifen)*

LADY BRACKNELL *(in strengem, herrischem Ton).* Prism! *(Beschämt senkt Miß Prism den Kopf)* Kommen Sie hierher, Prism! *(Miß Prism nähert sich ihr in unterwürfiger Haltung)* Prism! Wo ist das Baby? *(Allgemeine Bestürzung. Der Kanonikus weicht entsetzt zurück. Algernon und Jack tun so, als müßten sie Cecily und Gwendolen davor bewahren, die Einzelheiten eines fürchterlichen öffentlichen Skandals zu vernehmen)* Vor achtundzwanzig Jahren, Prism, verließen Sie Lord Bracknells Haus, Upper Grosvenor Street, Nummer einhundertundvier, mit einem Kinderwagen, der ein Baby männlichen Geschlechts enthielt. Sie sind nie zurückgekehrt. Wenige Wochen später wurde dank umfangreicher Ermittlungen der Stadtpolizei der Kinderwagen um Mitternacht einsam in einem entlegenen Winkel von Bayswater aufgefunden. Er enthielt das Manuskript eines dreibändigen Romans von außergewöhnlich widerwärtiger Sentimentalität. *(Miß Prism fährt zusammen – unwillkürlich entrüstet)* Das Baby aber war verschwunden. *(Alle sehen Miß Prism an)* Prism! Wo ist das Baby? *(Pause)*

MISS PRISM. Lady Bracknell – zu meiner Schande muß ich gestehen, daß ich es nicht weiß. Wenn ich's nur wüßte! Der Sachverhalt ist der folgende: Am Morgen des Tages, den Sie erwähnt haben, eines Tages, der sich für immer meinem Gedächtnis eingeprägt hat, schickte ich mich wie gewöhnlich an, das Kind in seinem Wagen spazierenzufahren. Außerdem hatte ich ein altes geräumiges Handköfferchen bei mir. In dieses Köfferchen beabsichtigte ich die Niederschrift eines Romans zu tun, den ich in meinen wenigen freien Stunden verfaßt hatte. In einem Anfall von Geistesabwesenheit, den ich mir nie verzeihen werde, steckte ich das Manuskript in den Wagenkorb und das Baby in den Koffer.

JACK *(der aufmerksam zugehört hatte).* Wo aber hinterlegten Sie den Koffer?

MISS PRISM. Fragen Sie mich nicht, Mr. Worthing.

JACK. Miss Prism, diese Angelegenheit ist für mich von nicht geringer Bedeutung. Ich bestehe darauf zu erfahren, wo Sie den Handkoffer mit dem Kind hinterlegt haben.

MISS PRISM. In der Gepäckaufbewahrung eines großen Londoner Bahnhofs.

JACK. Welchen Bahnhofs?

MISS PRISM *(niedergeschmettert)*. Victoria. An der Strecke nach Brighton. *(Läßt sich in einen Sessel fallen)*

LADY BRACKNELL *(schaut Jack an)*. Ich hoffe aufrichtig, daß jetzt nichts Unwahrscheinliches passiert. Das Unwahrscheinliche ist immer geschmacklos – oder zumindest von zweifelhaftem Geschmack.

JACK. Ich muß mich für einen Augenblick zurückziehen.

CHASUBLE. Sie scheinen außer sich zu sein, Mr. Worthing. Hoffentlich handelt es sich um eine vorübergehende Unpäßlichkeit.

JACK. Ich bin gleich wieder da, lieber Herr Kanonikus. Gwendolen – warte hier auf mich!

GWENDOLEN. Wenn du nicht zu lange weg bleibst, warte ich hier auf dich mein Leben lang.

(Jack aufgeregt ab)

CHASUBLE. Was glauben Sie, was das bedeutet, Lady Bracknell?

LADY BRACKNELL. Ich wage es nicht einmal zu ahnen, Herr Pastor. Ich brauche Ihnen wohl kaum zu sagen, daß in hochgestellten Familien seltsame Zufälle ganz einfach nicht vorzukommen haben. Sie gelten als unpassend.

(Von oben her ist Lärm zu hören, als ob jemand mit Koffern um sich werfe. Alle blicken zur Decke hinauf)

CECILY. Onkel Jack scheint merkwürdig aufgeregt zu sein.

CHASUBLE. Ihr Vormund hat ein sehr empfindsames Gemüt.

LADY BRACKNELL. Diese Geräusche finde ich äußerst unangenehm. Es klingt, als würde er sich mit seinem Möblement zanken. Ich verabscheue Auseinandersetzungen jeder Art. Die Argumente sind stets vulgär und sehr oft überzeugend.

CHASUBLE *(mit einem Blick zur Zimmerdecke)*. Jetzt ist es still geworden. *(Der Lärm setzt mit doppelter Wucht wieder ein)*

LADY BRACKNELL. Wenn er doch endlich einen Entschluß fassen würde!

GWENDOLEN. Diese Spannung ist unerträglich. Hoffentlich hält sie an.

(Jack erscheint mit einem schwarzen Lederköfferchen)

JACK *(stürzt auf Miß Prism zu).* Ist das der Koffer, Miß Prism? Inspizieren Sie ihn gründlich, bevor Sie sich äußern. Mehr als ein Lebensglück hängt von Ihrer Antwort ab.

MISS PRISM *(ruhig).* Es scheint mein Koffer zu sein. Ja, hier ist der Schaden, den er in jüngeren und glücklicheren Jahren davongetragen hat, als in der Gower Street ein Bus gegen einen Laternenpfahl fuhr. Und hier – der Fleck im Futter, verursacht durch den Kohlensäuregehalt eines alkoholfreien Getränks, ein Vorfall, der sich in Leamington ereignet hat. Und hier am Verschluß – meine Initialen. Ich hatte vergessen, daß ich sie in einem Anfall von Verschwendungssucht dort habe anbringen lassen. Zweifellos gehört der Koffer mir. Es freut mich, daß ich ihn so unerwarteterweise zurückerhalte. Es war sehr unbequem für mich, daß ich ihn in all diesen Jahren entbehren mußte.

JACK *(pathetisch).* Miß Prism, nicht nur diesen Handkoffer haben Sie zurückerhalten. *Ich* war das Baby, das Sie damals hineingelegt hatten.

MISS PRISM *(erstaunt).* Sie?

JACK *(umarmt sie).* Ja – Mutter!

MISS PRISM *(weicht verwundert und empört zurück).* Mr. Worthing, ich bin unverheiratet.

JACK. Unverheiratet! Ich will nicht leugnen, daß das ein schwerer Schlag ist. Aber wer hat denn schließlich das Recht, den ersten Stein auf einen Menschen zu werfen, der viel gelitten hat? Kann nicht Reue einen törichten Schritt wiedergutmachen? Warum sollte es ein Gesetz für Männer und ein anderes für Frauen geben? Mutter, ich verzeihe dir. *(Will sie abermals umrarmen)*

MISS PRISM *(noch entrüsteter).* Aber, Mr. Worthing, Sie irren sich. Mutter zu werden, war mir bisher noch nicht beschieden. Diese Unterstellung wäre beinahe undelikat, wenn nicht so viele Personen sie gehört hätten! *(Zeigt auf Lady Bracknell)* Dort steht die Dame, die Ihnen sagen kann, wer Sie eigentlich sind. *(Zieht sich in den Hintergrund zurück)*

JACK *(nach einer Pause).* Lady Bracknell, ich möchte nicht aufdringlich erscheinen – aber würden Sie mir gütigst verraten, wer ich bin?

LADY BRACKNELL. Ich fürchte, die Neuigkeit, die ich Ihnen mitzuteilen habe, wird Ihnen nicht viel Freude machen. Sie sind der Sohn meiner armen Schwester, Mrs. Moncrieff, und infolgedessen Algernons älterer Bruder.

JACK. Algys älterer Bruder! Dann habe ich also doch einen Bruder. Ich wußte es! Ich habe schon immer gesagt, daß ich einen Bruder habe! Cecily – wie konntest du je bezweifeln, daß ich einen Bruder habe? *(Packt Algernon beim Arm)* Doktor Chasuble – mein unglücklicher Bruder. Miß Prism – mein unglücklicher Bruder. Gwendolen – mein unglücklicher Bruder. Algy, du Bürschchen, du Lump, du, in Zukunft wirst du mich respektvoller zu behandeln haben. Dein Leben lang hast du dich mir gegenüber nie wie ein Bruder verhalten.

ALGERNON. Bis heute nicht, mein Alter – das gebe ich zu. *(Reicht ihm die Hand)* Aber ich habe mein Bestes getan, obwohl ich ungeübt war.

GWENDOLEN *(zu Jack).* Darling!

JACK. Darling!

LADY BRACKNELL. Angesichts dieser seltsamen und unvorhergesehenen Umstände erlaube ich dir, deiner Tante Augusta einen Kuß zu geben.

JACK *(rührt sich nicht vom Fleck).* Ich bin vor Glück versteinert. *(Küßt Gwendolen)* Ich weiß kaum, wen ich küsse.

(Algernon benützt die Gelegenheit, um Cecily zu küssen)

GWENDOLEN. Hoffentlich ist es das letzte Mal, daß ich so eine Bemerkung zu hören bekomme.

JACK. Bestimmt, Darling.

MISS PRISM *(hüstelt leise und kommt nach vorne).* Mr. Worthing – Mr. Moncrieff, wie ich Sie jetzt nennen sollte –, nach allem, was sich hier abgespielt hat, fühle ich mich verpflichtet, meine Stellung in Ihrem Haushalt zu kündigen. Ich bitte aufrichtig um Verzeihung für die Ungelegenheiten, die ich Ihnen in Ihrer frühesten Kindheit dadurch zugefügt haben mag, daß ich Sie aus Versehen in dieses Handköfferchen legte. *(Schnappt nach Luft)*

JACK. Schwamm drüber, Miß Prism. Es ist nicht der Rede wert. Ich habe mich sicherlich in Ihrem Köfferchen sehr wohl gefühlt – trotz der leichten Beschädigung, die es in glücklicheren Tagen durch den Leichtsinn eines Buschauffeurs davongetragen hat. Uns verlassen zu wollen ist absurd.

MISS PRISM. Es ist meine Pflicht. Ich habe die liebe Cecily nichts mehr zu lehren. In der Kunst, sich zu verheiraten, hat leider meine liebe und gescheite Schülerin ihre Lehrerin weit übertrumpft.

CHASUBLE. Einen Augenblick, Lätitia!

MISS PRISM. Doktor Chasuble?

CHASUBLE. Lätitia, ich bin zu der Überzeugung gelangt, daß das Urchristentum sich in gewissen Punkten geirrt hat. Falsche Lesarten scheinen sich in die Texte eingeschlichen zu haben. Ich erbitte mir die Ehre, um Ihre Hand anhalten zu dürfen.

MISS PRISM. Frederik, im Augenblick finde ich keine Worte, um meine Gefühle auszudrücken. Heute abend aber werde ich dir die drei letzten Bände meines Tagebuchs zuschicken. Sie werden dir ausführlich die Empfindungen schildern, die ich dir seit anderthalb Jahren entgegenbringe.

(Merriman tritt auf)

MERRIMAN. Lady Bracknells Droschkenkutscher sagt, er könne nicht länger warten.

LADY BRACKNELL *(erhebt sich)*. Freilich! Ich muß sofort in die Stadt zurück. *(Zieht die Uhr hervor)* Wie ich sehe, habe ich bereits nicht weniger als neun Züge versäumt. Jetzt fährt nur noch einer. *(Merriman ab. Lady Bracknell wendet sich zum Gehen)* Prism, Ihrer letzten Bemerkung entnehme ich, daß Sie noch immer nicht Ihren fatalen Hang aufgegeben haben, dreibändige Romane zu schreiben. Und wenn Sie wirklich in den Stand der Ehe treten wollen – ich muß sagen, in Ihrem Alter heißt das einer allwissenden Vorsehung trotzen –, hoffe ich sehr, daß Sie auf Ihren Gatten besser aufpassen werden als auf den Ihrer Obhut anvertrauten Säugling. Daß Sie mir ja nicht den armen Doktor Chasuble in Handköfferchen oder sonstigen Behältern auf Bahnhöfen herumliegenlassen! Gepäckaufbewahrungen sind bekanntermaßen zugig. *(Miß Prism neigt demütig den Kopf)* Doktor Chasuble, lieber Herr Pastor, nehmen Sie meine herzlichen Wünsche entgegen, und wenn die Taufe, wie Sie sagen, eine Art von Wiedergeburt ist, rate ich Ihnen dringend, Miß Prism unverzüglich zu taufen. Wiedergeboren zu werden, würde für sie von großem Vorteil sein. Ob das mit der Praxis des Urchristentums übereinstimmen würde, weiß ich nicht. Aber ich halte es für höchst unwahrscheinlich, daß die Kirchenväter je mit so äußerst zugespitzten Problemen zu ringen hatten. *(Wendet sich huldreich zu Cecily und tätschelt ihre Wange)* Liebes Kind! Wir erwarten dich binnen weniger Tage in der Upper Grosvenor Street.

CECILY. Danke, Tante Augusta.

LADY BRACKNELL. Komm, Gwendolen!

GWENDOLEN *(zu Jack)*. Mein lieber – ja, aber was für ein Lieber bist du denn jetzt? Wie heißt du, seit du ein anderer geworden bist?

JACK. Du meine Güte! Ich hatte dieses Hindernis total vergessen. Der Vorname! Ich nehme an, daß dein Entschluß unwiderruflich ist.

GWENDOLEN. Unwiderruflich. Bei mir wandelt sich nichts außer meinen Gefühlen.

CECILY. Was hast du doch für eine edle Natur, Gwendolen!

JACK. Dann muß diese Frage sofort geklärt werden. Einen Augenblick, Tante Augusta! Als Miß Prism mich in ihrem Köfferchen liegenließ – war ich damals schon getauft? Bitte, beruhige dich, Tante Augusta! Die Krise hat ihren Höhepunkt erreicht, und von deiner Antwort hängt sehr viel ab.

LADY BRACKNELL *(durchaus gelassen)*. Jeder Luxus, der für Geld zu haben ist, einschließlich der Taufe, wurde von deinen Eltern an ihren vergötterten Erstgeborenen verschwendet.

JACK. Dann bin ich also getauft. Damit wäre diese Frage erledigt. Auf welchen Namen wurde ich getauft? Laß mich das Schlimmste wissen.

LADY BRACKNELL *(nach einer Pause)*. Als ältester Sohn wurdest du natürlich auf den Namen deines Vaters getauft.

JACK *(gereizt)*. Ja, aber wie hieß mein Vater mit dem Vornamen? Bitte, beruhige dich, Tante Augusta! Die Krise nimmt immer ärgere Dimensionen an. Alles hängt von deiner Antwort ab. Wie lautete der Taufname meines Vaters?

LADY BRACKNELL *(nachdenklich)*. Ich kann mich im Augenblick nicht auf den Vornamen des Generals besinnen. Deine arme liebe Mutter sagte immer nur ›General‹ zu ihm. Daran erinnere ich mich genau. Ja, ich glaube kaum, daß sie es gewagt hätte, ihn mit seinem Vornamen anzureden. Zweifellos aber hat er einen Vornamen besessen. Er war jähzornig, aber in keiner Weise exzentrisch. An seinem Temperament dürften eher das indische Klima, die Ehe, seine Verdauungsstörungen und ähnliche Dinge schuld gewesen sein. In alltäglichen Angelegenheiten war er ein Rauhbein. Das habe ich meiner Schwester öfters vorgehalten.

JACK. Algy, kannst *du* dich erinnern, wie unser Herr Papa mit dem Vornamen hieß?

ALGERNON. Mein lieber Junge, wir haben nie miteinander gesprochen. Ich war ein Jahr alt, als er starb.

JACK. Sein Name müßte eigentlich in den damaligen Ranglisten vorkommen, meinst du nicht, Tante Augusta?

LADY BRACKNELL. Der General war ein im Grunde friedliebender Mann – außer in seinen vier Wänden. Aber ich bezweifle nicht, daß sein Name in sämtlichen militärischen Nachschlagewerken zu finden sein wird.

JACK. Hier habe ich die Ranglisten der Armee aus den letzten vierzig Jahren. *(Stürzt zum Bücherregal, reißt die Bände heraus und verteilt sie hastig unter die Anwesenden)* Hier, Herr Pastor – Miß Prism, für Sie zwei – Cecily, Cecily, eine Rangliste! Fertige sofort einen Auszug an! Algernon, ich bitte dich, such den Taufnamen unseres Vaters in der englischen Geschichte – wenn dir auch nur der geringste Rest von Kindesliebe erhalten geblieben ist! Tante Augusta, ich bitte dich, deinen maskulinen Verstand diesem alles überschattenden Thema zu widmen. Gwendolen – nein, es würde dich zu sehr aufregen. Überlaß diese Studien weniger philosophischen Gemütern wie den unsern.

GWENDOLEN *(heroisch)*. Gib mir sechs beliebige Jahrgänge aus dem jetzigen oder dem vorigen Jahrhundert – egal, aus welchem.

JACK. Edles Wesen! Hier hast du ein Dutzend. Mehr wäre unbequem. *(Bringt ihr einen Stoß Ranglisten. Sowie sie eine aufschlagen will, nimmt er sie ihr weg und durchblättert sie hastig)* Nein, zeig her! Nein, laß *mich* nachschauen, Darling. Ich glaube, ich hab's schneller heraus. Überlaß es *mir,* Liebling.

CHASUBLE. Was sagten Sie, Mr. Moncrieff – welche Zugverbindung suchen Sie?

JACK *(hält inne, ruft verzweifelt aus).* Zugverbindung! Wer spricht von Zugverbindungen? Ich suche den Taufnamen meines Vaters.

CHASUBLE. Sie haben mir aber ein Kursbuch in die Hand gedrückt. Aus dem Jahre achtzehnhundertneunundsechzig, wie ich sehe. Ein Buch von erheblichem antiquarischem Interesse – aber ohne jeden Bezug auf die Frage der Vornamen, die man üblicherweise Generälen bei der Taufe verleiht.

CECILY. Verzeihung, Onkel Jack. Aber in der ›Geschichte der Neuzeit‹ ist mit keinem Wort von Generälen die Rede, obwohl das die beste Ausgabe ist – neu revidiert mit Hilfe der Schreibmaschine.

MISS PRISM. Mir, Mr. Moncrieff, haben Sie zwei Warenhauskataloge überreicht. Nirgendwo finde ich Generäle notiert. Entweder fehlt das Angebot oder die Nachfrage.

LADY BRACKNELL. Diese Abhandlung, betitelt ›Die grüne Nelke‹, scheint sich mit der Zucht exotischer Gewächse zu beschäftigen. Sie enthält nicht den geringsten Hinweis auf Generäle und scheint ein morbides, kleinbürgerliches Elaborat zu sein.

JACK *(immer gereizter).* Himmelherrgott – und was liest denn *du* für einen Quatsch, Algy! *(Nimmt ihm das Buch weg)* Die Rangliste? Na, du hast wohl nicht gemerkt, daß es die Rangliste ist. Außerdem hast du sie auf der falschen Seite aufgeschlagen. Da – da – es springt einem in die Augen! M ... Generäle ... Malam – was für gräßliche Namen die Herrschaften haben! – Markby, Migsby, Mobbs, Moncrieff – Moncrieff! Leutnant achtzehnhundertvierzig, Hauptmann, Oberstleutnant, Oberst, General achtzehnhundert sechzig. Vornamen: Ernst, John ... *(Legt das Buch gelassen weg und fährt in ruhigem Ton fort)* Gwendolen, ich habe dir schon immer gesagt, daß ich Ernst heiße. Also – ich heiße nun doch – Ernst. Ich meine – *natürlich* heiße ich Ernst.

LADY BRACKNELL. Ja, jetzt fällt mir ein, daß der General Ernst geheißen hat. Ich wußte doch, daß ich einen besonderen Grund hatte, den Namen zu verabscheuen. Komm, Gwendolen. *(Ab)*

GWENDOLEN. Ernst – mein geliebter Ernst! Von allem Anfang an habe ich gespürt, daß du nicht anders heißen kannst.

JACK. Gwendolen, es ist etwas Fürchterliches für einen Menschen, wenn er plötzlich entdeckt, daß er sein ganzes Leben lang die Wahrheit gesagt hat. Kannst du mir verzeihen?

GWENDOLEN. Ja – weil ich fest überzeugt bin, daß du dich bessern wirst.

JACK. Mein ein und alles.

CHASUBLE *(zu Miß Prism)*. Lätitia! *(Er umarmt sie)*

MISS PRISM *(enthusiastisch)*. Frederik! Endlich!

ALGERNON. Cecily! *(Umarmt sie)* Endlich!

JACK. Gwendolen! *(Umarmt sie)* Endlich!

LADY BRACKNELL. Ich habe den letzten Zug versäumt ... Mein lieber Neffe, du scheinst mir recht triviale Späße zu treiben.

JACK. Im Gegenteil, Tante Augusta, zum erstenmal in meinem Leben ist es mir klargeworden: Ernst muß man sein.

Tableau
Vorhang

Lady Windermeres Fächer

Personen

Lord Windermere
Lord Darlington
Lord Augustus Lorton
Mr. Dumby
Mr. Cecil Graham
Mr. Hopper
Parker, Butler
Lady Windermere
Die Herzogin von Berwick
Lady Agatha Carlisle
Lady Plymdale
Lady Stutfield
Lady Jetburgh
Mrs. Cowper-Cowper
Mrs. Erlynne
Rosalie, Kammerzofe

Ort: London. Zeit: Um das Jahr 1891.

Die Handlung verläuft innerhalb von vierundzwanzig Stunden. Sie beginnt an einem Dienstagnachmittag um fünf Uhr und endet am darauffolgenden Tag um halb zwei.

Uraufführung: 22. Februar 1892 im St. James-Theater

Erster Akt

Wohnzimmer in Lord Windermeres Haus (Carlton House Terrace, London). Türen Mitte und rechts. Schreibtisch mit Büchern und Papieren rechts. Sofa mit kleinem Teetisch links. Tisch rechts. Terrassentür links.

LADY WINDERMERE *(steht am Tisch rechts und arrangiert Rosen in einer blauen Schale).*

PARKER *(tritt auf).* Sind Mylady heute nachmittag zu Hause?

LADY WINDERMERE. Ja – hat jemand nach mir gefragt?

PARKER. Lord Darlington, Mylady.

LADY WINDERMERE *(nach kurzem Zögern).* Bitten Sie ihn herein – und ich bin für alle Besucher zu Hause.

PARKER. Ja, Mylady. *(Ab durch die Mitte)*

LADY WINDERMERE. Es ist wohl am besten, ich spreche mit ihm noch vor dem heutigen Abend. Ich bin froh, daß er gekommen ist ...

PARKER *(durch die Mitte).* Lord Darlington.

(Lord Darlington tritt durch die Mitte auf. Parker ab)

LORD DARLINGTON. Guten Tag, Lady Windermere.

LADY WINDERMERE. Guten Tag, Lord Darlington. Nein, ich kann Ihnen nicht die Hand geben. Ich habe nasse Hände. Sind die Rosen nicht wunderhübsch? Heute früh hat man sie mir aus Selby gebracht.

LORD DARLINGTON. Eine wahre Pracht. *(Sieht einen Fächer auf dem Tisch liegen)* Und was für ein wunderschöner Fächer! Darf ich ihn anschauen?

LADY WINDERMERE. Aber, bitte sehr. Hübsch, nicht wahr? Mein Name ist eingraviert. Ich selber habe ihn gerade erst zu sehen bekommen. Ein Geburtstagsgeschenk meines Mannes. Wußten Sie, daß ich heute Geburtstag habe?

LORD DARLINGTON. Nein, wirklich?

LADY WINDERMERE. Ja – heute bin ich volljährig geworden. Ein recht bedeutsamer Tag in meinem Leben, nein? Deshalb habe ich heute abend Gäste. Nehmen Sie doch Platz ... *(Beschäftigt sich nach wie vor mit Blumen)*

LORD DARLINGTON *(setzt sich).* Wenn ich nur gewußt hätte, daß Sie heute Ihren Geburtstag feiern! Ich hätte die Straße vor Ihrem Haus mit Blumen bestreut. Blumen sind dazu da, Ihnen als ein Teppich zu dienen. *(Kurze Pause)*

LADY WINDERMERE. Lord Darlington, ich habe mich gestern abend im Auswärtigen Amt über Sie geärgert. Ich fürchte, ich werde mich schon wieder über Sie ärgern müssen.

LORD DARLINGTON. Über mich, Lady Windermere?

(Parker und ein Lakai treten mit einem Teetablett durch die Mitte auf)

LADY WINDERMERE. Stellen Sie das Tablett auf den Sofatisch. Schon gut ... *(Trocknet die Hände mit dem Taschentuch ab, geht zum Teetisch links und setzt sich)* Wollen Sie sich nicht zu mir setzen, Lord Darlington? *(Parker und Lakai ab)*

LORD DARLINGTON *(nimmt seinen Stuhl und geht nach links Mitte).* Ich bin untröstlich, Lady Windermere. Sie müssen mir sagen, was ich verbrochen habe. *(Setzt sich an den Tisch links)*

LADY WINDERMERE. Sie haben mich den ganzen Abend lang mit ausgeklügelten Komplimenten überhäuft.

LORD DARLINGTON *(lächelnd).* Ach, heutzutage sind wir alle so knapp bei Kasse – da sind Komplimente die einzig hübschen Geschenke, mit denen wir eine Frau überhäufen können. Gerade noch erschwinglich.

LADY WINDERMERE *(schüttelt den Kopf).* Nein, die Sache ist sehr ernst. Sie dürfen nicht lachen – *ich* nehme sie ernst. Ich mag Komplimente nicht und begreife nicht, warum Männer sich einbilden, einer Frau Freude zu machen, wenn sie eine Menge Dinge zu ihr sagen, die gar nicht so gemeint sind.

LORD DARLINGTON. Alles was ich zu Ihnen gesagt habe, war so gemeint, wie ich es gesagt habe, Lady Windermere. *(Nimmt die Tasse, die sie ihm reicht)*

LADY WINDERMERE *(todernst).* Hoffentlich nicht. Es würde mir leid tun, mich mit Ihnen zu verzanken, Lord Darlington. Ich habe Sie recht gern – das wissen Sie. Aber Sie würden mir überhaupt nicht mehr gefallen, wenn ich annehmen müßte, daß Sie nicht anders sind als die meisten Männer. Glauben Sie mir, Sie sind besser als die meisten anderen Männer, und zuweilen befürchte ich, daß Sie nur so tun, als wären Sie schlimmer.

LORD DARLINGTON. Alle haben wir unsere kleinen Eitelkeiten, Lady Windermere.

LADY WINDERMERE. Warum haben Sie sich just diese Spezialität ausgesucht? *(Sitzt noch immer links am Tisch)*

LORD DARLINGTON *(sitzt noch immer links Mitte).* Ach, heutzutage wimmelt es in unseren Kreisen von eitlen Laffen, die so tun, als wären sie kreuzbrave Menschen. Da halte ich es für ein Zeichen der Bescheidenheit, wenn jemand sich schlechter macht, als er ist. Hinzu kommt folgendes: Gibt man sich für einen braven Menschen aus, dann wird man von aller Welt ernst genommen. Macht man sich schlecht, nimmt einen niemand ernst. So erstaunlich stupide ist der Optimismus!

LADY WINDERMERE. Sie wollen also nicht ernst genommen werden, Lord Darlington?

LORD DARLINGTON. Nein. Nicht von aller Welt. Wer sind die Leute, die ernst genommen werden? Alle nur erdenklichen Dummköpfe vom Bischof bis hinunter zu den Nervtötern. Ich möchte, daß *Sie* mich ernst nehmen, Lady Windermere – vor allem *Sie.*

LADY WINDERMERE. Warum – warum ich?

LORD DARLINGTON *(nach kurzem Zögern).* Weil ich der Meinung bin, wir könnten gute Freunde werden. Wir wollen gute Freunde sein. Vielleicht werden Sie eines Tages einen Freund brauchen.

LADY WINDERMERE. Wie kommen Sie darauf?

LORD DARLINGTON. Ach, jeder von uns braucht zuweilen einen Freund.

LADY WINDERMERE. Ich glaube, wir sind bereits gute Freunde, Lord Darlington. Und werden es bleiben, solange Sie nicht ...

LORD DARLINGTON. Was denn?

LADY WINDERMERE. ... mir mit übertriebenen Albernheiten kommen und dadurch alles verderben. Sie halten mich wohl für eine Puritanerin. Nun ja, ich habe etwas Puritanisches in mir. Ich wurde so erzogen. Und bin darüber froh. Meine Mutter starb, als ich noch ein kleines Kind war. Ich bin bei Lady Julia aufgewachsen, der älteren Schwester meines Vaters. Sie behandelte mich streng, lehrte mich aber den Unterschied zwischen Recht und Unrecht – den Unterschied, den die Welt allmählich vergißt. *Sie* duldete keinen Kompromiß. *Ich* dulde keinen.

LORD DARLINGTON. Meine liebe Lady Windermere!

LADY WINDERMERE *(lehnt sich zurück)*. Sie betrachten mich als zurückgeblieben. Gut – ich *bin* es. Ich würde es bedauern, wenn ich auf dem Stand dieser Zeit wäre.

LORD DARLINGTON. Sie halten nicht viel von unserer Zeit.

LADY WINDERMERE. Nein. Heutzutage scheinen die Menschen das Leben als eine Spekulation zu betrachten. Es ist aber keine Spekulation, sondern ein Sakrament. Sein Ideal ist die Liebe – seine Läuterung das Opfer.

LORD DARLINGTON *(lächelnd)*. Ich wüßte nicht, was schlimmer wäre, als geopfert zu werden.

LADY WINDERMERE *(beugt sich vor)*. Sagen Sie das nicht!

LORD DARLINGTON. Ich sage es mit voller Überzeugung. Ich habe es erlebt – ich weiß es.

(Parker tritt durch die Mitte auf)

PARKER. Die Männer wollen wissen, ob sie die Teppiche für heute abend auf die Terrasse legen sollen, Mylady.

LADY WINDERMERE. Sie glauben doch nicht, daß es regnen wird, Lord Darlington?

LORD DARLINGTON. Daß es an Ihrem Geburtstag regnet – nein, davon will ich nichts hören.

LADY WINDERMERE. Sagen Sie ihnen Bescheid, Parker. Die Teppiche auf die Terrasse – sofort.

(Parker ab durch die Mitte)

LORD DARLINGTON *(ohne sich zu erheben)*. Meinen Sie also – natürlich setze ich einen imaginären Fall! –, meinen Sie, wenn im Falle eines jungen Ehepaars – sagen wir, man ist seit zwei Jahren verheiratet – der Ehemann sich plötzlich mit einer Dame von – na ja, von mehr als zweifelhaftem Ruf – anfreundet, sie häufig besucht, mit ihr essen geht und wahrscheinlich ihre Rechnungen bezahlt – meinen Sie, daß seine Frau dann nicht berechtigt sei, sich zu trösten?

LADY WINDERMERE *(runzelt die Stirn)*. Sich zu trösten?

LORD DARLINGTON. Meiner Meinung nach sollte sie es tun – meiner Meinung nach ist sie dazu berechtigt.

LADY WINDERMERE. Weil ihr Mann sich schändlich benimmt, sollte auch sie sich schändlich benehmen?

LORD DARLINGTON. ›Schändlich‹ ist ein böses Wort, Lady Windermere.

LADY WINDERMERE. Für eine böse Sache, Lord Darlington.

LORD DARLINGTON. Wissen Sie, ich fürchte, die guten Menschen richten auf dieser Erde viel Unheil an. Vor allem dadurch – das ist das Allerärgste! –, daß sie der Schlechtigkeit eine so außerordentlich große Bedeutung beimessen. Es ist absurd, zwischen guten und schlechten Menschen zu unterscheiden. Die Menschen sind entweder charmant oder langweilig. Ich ergreife die Partei der charmanten Menschen, und Sie, Lady Windermere, können nichts daran ändern, daß Sie zu ihnen zählen.

LADY WINDERMERE. Aber Lord Darlington ... *(Steht auf und geht vorne an ihm vorbei nach rechts)* Bleiben Sie ruhig sitzen, ich will nur mit meinen Blumen fertig werden. *(Geht zum Tisch rechts)*

LORD DARLINGTON *(steht auf und rückt seinen Stuhl zurecht).* Ich muß schon sagen, Lady Windermere, Sie sind übertrieben streng gegen unser heutiges Leben. Ich gebe zu, daß sich viel einwenden läßt. Zum Beispiel sind heutzutage die meisten Frauen käuflich.

LADY WINDERMERE. Sprechen Sie nicht mit mir über solche Frauenzimmer.

LORD DARLINGTON. Also, abgesehen von den Käuflichen, die natürlich verabscheuungswürdig sind: Meinen Sie im Ernst, daß man einer Frau einen sogenannten Fehltritt nie verzeihen dürfe?

LADY WINDERMERE *(am Tisch stehend).* Ich bin der Meinung, daß man ihr nie verzeihen darf.

LORD DARLINGTON. Und den Männern? Sollten nicht für sie die gleichen Gesetze gelten wie für die Frauen?

LADY WINDERMERE. Freilich!

LORD DARLINGTON. Das Leben ist viel zu kompliziert, als daß man es diesen harten und starren Vorschriften unterwerfen könnte.

LADY WINDERMERE. Wenn wir diese ›harten und starren‹ Vorschriften hätten, würde das Leben bedeutend einfacher sein.

LORD DARLINGTON. Sie lassen keine Ausnahme zu?

LADY WINDERMERE. Keine einzige!

LORD DARLINGTON. Ach, was sind Sie doch für eine bezaubernde Puritanerin, Lady Windermere!

LADY WINDERMERE. Das Adjektiv war überflüssig, Lord Darlington.

LORD DARLINGTON. Es ist mir entschlüpft. Allem kann ich widerstehen, nur nicht der Versuchung.

LADY WINDERMERE. Sie vergöttern die Schwäche – das gilt als modern.

LORD DARLINGTON *(sieht sie an)*. Vergöttern ist das richtige Wort, Lady Windermere.

(Parker tritt durch die Mitte auf)

PARKER. Die Herzogin von Berwick und Lady Agatha Carlisle.

(Die Herzogin von Berwick und Lady Carlisle treten durch die Mitte auf. Parker ab durch die Mitte)

DIE HERZOGIN VON BERWICK *(kommt nach vorne und reicht Lady Windermere die Hand)*. Liebe Margaret, es ist mir eine Freude! Sie erinnern sich an Agatha, nicht wahr? *(Geht nach links)* Guten Tag, Lord Darlington. Mit meiner Tochter werde ich Sie nicht bekannt machen, Sie sind mir zu verdorben.

LORD DARLINGTON. Sagen Sie das nicht, Herzogin. Meine Karriere als Wüstling ist kläglich gescheitert. Ja, es gibt sogar Leute, die behaupten, ich hätte zeit meines Lebens eigentlich nie etwas Unrechtes getan. Natürlich sagen sie das nur hinter meinem Rücken.

DIE HERZOGIN VON BERWICK. Ist er nicht ein schrecklicher Mensch? Agatha, das ist Lord Darlington. Wohlgemerkt – du darfst ihm kein Wort glauben. *(Lord Darlington nach rechts)* Nein, danke, keinen Tee, liebe Margaret. *(Geht zum Sofa und setzt sich)* Wir haben soeben bei Lady Markby Tee getrunken. Noch dazu einen miserablen Tee. Er war fast ungenießbar. Aber das hat mich nicht überrascht. Sie bezieht ihn von ihrem Schwiegersohn. Agatha freut sich schon sehr auf Ihren heutigen Ballabend, liebe Margaret.

LADY WINDERMERE *(setzt sich links Mitte)*. Sie dürfen keinen großen Ball erwarten, Herzogin. Nur eine Geburtstagsfeier. Mir zu Ehren wird ein bißchen getanzt. In kleinem Kreis und nicht sehr lange.

LORD DARLINGTON *(stehend links Mitte).* Sehr klein, gar nicht lang und sehr exklusiv.

DIE HERZOGIN VON BERWICK *(auf dem Sofa sitzend).* Natürlich exklusiv! Aber das wissen wir, liebe Margaret, wenn wir bei Ihnen zu Gast sind. Ihr Haus ist eigentlich eines der wenigen Häuser in London, in das ich Agatha unbesorgt mitnehmen kann – und wo ich nicht um den armen Berwick zittern muß. Ich weiß nicht, was aus der guten Gesellschaft geworden ist. Überall trifft man die schrecklichsten Menschen. Mir laufen sie die Tür ein. Und wenn ich sie nicht einlade, sind die Männer böse. Es wäre höchste Zeit, daß sich jemand dagegen wehrt.

LADY WINDERMERE. *Ich* werde mich wehren, Herzogin! Mir kommt niemand ins Haus, der einen schlechten Ruf genießt.

LORD DARLINGTON *(rechts Mitte).* Ach, sagen Sie das nicht, Lady Windermere! Sie würden mich ja nicht mehr empfangen. *(Setzt sich)*

DIE HERZOGIN VON BERWICK. Auf die Männer kommt es nicht an. Frauen sind ein anderes Kapitel. Wir sind brav – wenigstens einige von uns. Aber wir werden völlig an die Wand gedrückt. Unsere lieben Ehegatten würden glatt vergessen, daß wir vorhanden sind, wenn wir nicht von Zeit zu Zeit an ihnen herumnörgeln würden – nur um sie daran zu erinnern, daß das unser gesetzlich verbürgtes Recht ist.

LORD DARLINGTON. Das Spiel, das man Ehe nennt – übrigens beginnt es unmodern zu werden –, hat seine merkwürdigen Seiten, Herzogin. Die Frauen haben alle Trümpfe in der Hand und verlieren immer den dreizehnten Stich.

DIE HERZOGIN VON BERWICK. Den dreizehnten Stich? Meinen Sie damit den Ehemann, Lord Darlington?

LORD DARLINGTON. Es wäre keine schlechte Bezeichnung für den heutigen Ehemann.

DIE HERZOGIN VON BERWICK. Mein lieber Lord Darlington, Sie sind durch und durch verdorben.

LADY WINDERMERE. Er ist banal …

LORD DARLINGTON. Ach, sagen Sie das nicht, Lady Windermere!

LADY WINDERMERE. Warum äußern Sie sich dann so banal über das Leben?

LORD DARLINGTON. Weil meiner Ansicht nach das Leben viel zu wichtig ist, als daß man ernsthaft darüber reden dürfte. *(Nähert sich der Mitte)*

DIE HERZOGIN VON BERWICK. Was meint er? Bitte, nehmen Sie Rücksicht auf meinen schwachen Verstand, Lord Darlington, und erklären Sie mir, was Sie eigentlich meinen.

LORD DARLINGTON *(kommt hinter dem Tisch nach vorne)*. Lieber nicht, Herzogin! Wer sich heutzutage verständlich ausdrückt, läuft Gefahr, daß man ihn durchschaut. Auf Wiedersehen! *(Reicht der Herzogin die Hand)* Und nun – *(geht nach hinten)* –, Lady Windermere, auf Wiedersehen! Darf ich heute abend kommen? Sagen Sie nicht nein.

LADY WINDERMERE *(im Hintergrund neben Lord Darlington)*. Sie sind willkommen. Aber Sie müssen mir versprechen, nicht meine Gäste mit albernen und unaufrichtigen Phrasen zu belästigen.

LORD DARLINGTON *(lächelnd)*. Aha, Sie fangen an, mich zu bessern! Es ist gefährlich, einen Menschen bessern zu wollen, Lady Windermere. *(Verbeugt sich und geht durch die Mitte ab)*

DIE HERZOGIN VON BERWICK *(hat sich erhoben und nähert sich Lady Windermere)*. So ein charmanter Mensch und so verdorben! Er gefällt mir. Ich bin froh, daß er weg ist. Wie hübsch Sie aussehen! Bei welchem Schneider lassen Sie arbeiten? Und jetzt muß ich Ihnen sagen, wie tief ich Sie bedaure, liebe Margaret. *(Setzt sich zu Lady Windermere aufs Sofa)* Agatha, mein Liebling!

LADY AGATHA. Ja, Mama. *(Steht auf)*

DIE HERZOGIN VON BERWICK. Geh und schau dir das Fotoalbum an, das ich dort liegen sehe.

LADY AGATHA. Ja, Mama. *(Geht zum Tisch links)*

DIE HERZOGIN VON BERWICK. Das liebe Kind! Sie schwärmt für Fotos aus der Schweiz. Ich finde, das zeugt von einem unverfälschten Geschmack. Aber Sie tun mir wirklich leid, Margaret.

LADY WINDERMERE *(lächelnd)*. Warum, Herzogin?

DIE HERZOGIN VON BERWICK. Ach, wegen dieser abscheulichen Person. Außerdem ist sie so gut angezogen – das macht die Sache noch schlimmer und gibt ein böses Beispiel. Augustus

– Sie kennen meinen übelbeleumundeten Bruder und solch eine Plage für uns –, also, Augustus ist in sie vernarrt. Ein Skandal – man kann unmöglich mit ihr verkehren. So manche Frau hat eine Vergangenheit, aber *sie* hat, wie man mir berichtet, mindestens ein Dutzend, und alle passen zu ihr.

LADY WINDERMERE. Von wem ist die Rede, Herzogin?

DIE HERZOGIN VON BERWICK. Von Mrs. Erlynne.

LADY WINDERMERE. Mrs. Erlynne? Ich habe nie von ihr gehört, Herzogin. Und was hat sie mit mir zu tun?

DIE HERZOGIN VON BERWICK. Mein armes Kind ... Agatha, Liebling!

LADY AGATHA. Ja, Mama.

DIE HERZOGIN VON BERWICK. Geh auf die Terrasse hinaus und sieh dir den Sonnenuntergang an.

LADY AGATHA. Ja, Mama. *(Ab durch die Terrassentür links)*

DIE HERZOGIN VON BERWICK. Das liebe Kind! Sie schwärmt für Sonnenuntergänge. Ein Beweis für ihr Feingefühl, nicht wahr? Schließlich geht doch nichts über die Natur.

LADY WINDERMERE. Aber worum handelt es sich, Herzogin? Warum sind Sie auf diese Person zu sprechen gekommen?

DIE HERZOGIN VON BERWICK. Wissen Sie es wirklich nicht ...? Glauben Sie mir, wir sind alle sehr betrübt. Erst gestern abend bei der lieben Lady Jansen hat man wieder betont, wie merkwürdig es sei, daß unter allen Männern in London just Windermere sich so benimmt.

LADY WINDERMERE. Mein Mann? Was hat denn *er* mit einer Frau dieser Kategorie zu tun?

DIE HERZOGIN VON BERWICK. Ach ja, allerdings – das ist der springende Punkt. Er besucht sie immerzu, bleibt manchmal stundenlang bei ihr, und solange er bei ihr ist, ist sie für niemanden zu sprechen. Es gibt nicht viele Damen, die mit ihr verkehren, liebe Margaret, aber sie hat zahlreiche übelbeleumundete Freunde – unter anderen, wie gesagt, meinen Bruder –, und deshalb sind wir über Windermere entsetzt. *Ihn* haben wir für einen Mustergatten gehalten – aber es besteht leider nicht der geringste Zweifel ... Meine lieben Nichten – Sie kennen die Savilles, nicht wahr? – diese netten, häuslichen Wesen – häßlich, furchtbar häßlich, aber so brav, so brav –, also, sie sitzen den ganzen Tag am Fenster und sticken oder stricken gräßliche Strümpfe für die Armen – ich halte das in unserer vom Sozialismus verseuchten Zeit für äußerst nutzbringend! –, und diese schreckliche Person hat ein Haus in der Curzon Street gemietet, gleich vis-à-vis – noch dazu in einer so guten Gegend! Ich weiß nicht, was aus uns werden soll! Sie erzählen mir, daß Windermere vier- bis fünfmal wöchentlich dort auftaucht – sie *sehen* ihn, ob sie wollen oder nicht. Und obwohl ihnen nicht im Traum einfallen würde, Klatschgeschichten zu verbreiten, machen sie – na ja – allen Leuten gegenüber ihre Bemerkungen. Das Schlimmste aber ist, daß man mir erzählt hat, diese Frau habe von *irgend jemandem* eine Menge Geld bekommen. Allem Anschein nach ist sie vor einem halben Jahr arm wie eine Kirchenmaus in London erschienen. Jetzt hat sie das reizende Haus in Mayfair, kutschiert jeden Nachmittag mit ihren Ponys im Park umher, und das alles – nun, das alles, seit sie den lieben armen Windermere kennengerlernt hat.

LADY WINDERMERE. Nein, das kann ich nicht glauben.

DIE HERZOGIN VON BERWICK. Aber es ist wahr, liebe Margaret. Ganz London weiß es. Deshalb hielt ich es für angebracht, mit Ihnen ein offenes Wort zu reden. Ich rate Ihnen, fahren Sie mit ihm nach Bad Homburg oder Aix-les-Bains, dort kann *er* sich amüsieren, und *Sie* können den ganzen Tag auf ihn aufpassen. Glauben Sie mir, liebe Margaret, in der ersten Zeit meiner Ehe mußte ich mehrmals eine Krankheit vortäuschen und widerliches Mineralwasser trinken, nur um Berwick aus London wegzulocken. Er war immer so schnell entflammt. Obwohl ich sagen muß, daß er nie größere Geldsummen verschenkt hat. Dazu hat er viel zu feste Grundsätze.

LADY WINDERMERE *(unterbricht sie)*. Herzogin – Herzogin, es ist unmöglich! *(Steht auf und geht zur Bühnenmitte)* Wir sind erst seit zwei Jahren verheiratet. Unser Kind ist noch keine sechs Monate alt. *(Setzt sich auf einen Stuhl rechts vom Tisch links)*

DIE HERZOGIN VON BERWICK. Ah, das liebe süße Baby! Wie geht es dem kleinen Liebling? Ist es ein Junge oder ein Mädchen? Hoffentlich ein Mädchen – ach nein, jetzt erinnere ich mich –

ein Junge. Das tut mir leid. Jungens sind so verdorben. *Mein* Junge ist total unmoralisch. Sie würden es nicht glauben, wie spät er nachts nach Hause kommt. Dabei hat er Oxford erst vor wenigen Monaten verlassen. Ich weiß wirklich nicht, was sie dort lernen.

LADY WINDERMERE. Sind denn alle Männer schlecht?

DIE HERZOGIN VON BERWICK. Ach, alle, meine liebe Margaret, alle miteinander ohne Ausnahme. Und sie bessern sich nicht. Sie werden älter, aber nicht besser.

LADY WINDERMERE. Windermere und ich haben aus Liebe geheiratet.

DIE HERZOGIN VON BERWICK. Ja, so fängt es an. Nur die brutalen und unaufhörlichen Selbstmorddrohungen des guten Berwick haben mich bewogen, ihn zu erhören, und kaum war ein Jahr vergangen, da lief er hinter sämtlichen Schürzen her, egal, von welcher Farbe, von welchem Schnitt, aus welchem Stoff. Ja, die Flitterwochen waren noch nicht zu Ende, als ich ihn dabei ertappte, wie er meiner Zofe, einem sehr hübschen, anständigen jungen Mädchen, zuzwinkerte. Ich entließ sie sofort ohne Zeugnis ... Nein, jetzt erinnere ich mich, ich gab sie an meine Schwester weiter. Der arme liebe Sir George ist so kurzsichtig, daß ich mir dachte, bei ihm spielt es keine Rolle. Aber es *hat* eine Rolle gespielt – unglücklicherweise ... *(Steht auf)* Und jetzt, mein liebes Kind, muß ich gehen. Wir essen auswärts. Und wohlgemerkt – nehmen Sie sich die kleine Verirrung Windermeres nicht allzusehr zu Herzen. Reisen Sie ganz einfach mit ihm ins Ausland – dann kehrt er zu Ihnen zurück.

LADY WINDERMERE. Er kehrt zu mir zurück? *(Mitte)*

DIE HERZOGIN VON BERWICK *(links Mitte).* Ja, liebe Margaret, diese lasterhaften Frauen nehmen uns unsere Männer weg – aber sie kehren immer wieder zurück, natürlich leicht beschädigt. Und machen Sie ihm keine Szenen – das können die Männer nicht leiden.

LADY WINDERMERE. Es war sehr lieb von Ihnen, Herzogin, mir das alles zu erzählen. Aber ich kann nicht glauben, daß mein Mann mir untreu ist.

DIE HERZOGIN VON BERWICK. Mein hübsches Kind! Auch ich war einmal so naiv. Heute weiß ich, daß alle Männer Ungeheuer sind. *(Lady Windermere klingelt)* Man kann nichts anderes tun, als die Lumpen gut zu füttern. Ein guter Koch wirkt Wunder, und Sie haben einen guten Koch, soviel ich weiß. Meine liebe Margaret, Sie werden doch nicht weinen.

LADY WINDERMERE. Seien Sie unbesorgt, ich weine nie.

DIE HERZOGIN VON BERWICK. Bravo. Tränen sind die Zuflucht häßlicher, aber der Ruin hübscher Frauen. Agatha! Liebling!

LADY AGATHA *(von links).* Ja, Mama. *(Bleibt hinter dem Tisch links Mitte stehen)*

DIE HERZOGIN VON BERWICK. Komm und verabschiede dich von Lady Windermere und bedanke dich bei ihr für den reizenden Besuch. *(Kommt wieder nach vorne)* Übrigens muß *ich* mich bei Ihnen für die Karte bedanken, die Sie Mr. Hopper geschickt haben – dem reichen jungen Australier, der momentan soviel Furore macht. Sein Vater hat ein enormes Vermögen verdient mit der Herstellung irgendwelcher Nahrungsmittel in runden Blechdosen. Sie sollen sehr schmackhaft sein, und ich glaube, es sind das die Konserven, die unsere Dienstboten konsequent nicht essen wollen. Der Sohn aber ist ein recht interessanter junger Mann. Ich habe den Eindruck, daß er Agathas gescheite Konversation sehr reizvoll findet. Natürlich würde es uns ein großer Kummer sein, sie zu verlieren, aber ich finde, eine Mutter, die sich nicht jede Saison von ihrer Tochter trennt, weiß nicht, was Mutterliebe ist. Wir kommen heute abend wieder, liebe Margaret. *(Parker öffnet die Mitteltür)* Und vergessen Sie nicht meinen Rat: Weg mit dem Ärmsten aus London, sofort! Das ist das einzig Richtige. Nochmals auf Wiedersehen! Komm, Agatha.

(Die Herzogin und Lady Agatha ab durch die Mitte)

LADY WINDERMERE. Wie entsetzlich! Jetzt verstehe ich, was Lord Darlington mit dem imaginären Beispiel des jungverheirateten Ehepaars gemeint hat. Nein, es kann nicht wahr sein – sie hat von riesigen Summen gesprochen, die jemand dieser Frau geschenkt hat. Ich weiß, wo Arthur sein Bankbuch verwahrt – in einer dieser Schreibtischladen. Das wäre eine Möglichkeit, es herauszubekommen. Ja, ich *werde* es herausbekommen ... *(Öffnet eine Schublade)* Nein, es muß sich um ein abscheuliches Mißverständnis handeln. *(Steht auf und geht zur Mitte)*

Dummer Klatsch! Er liebt *mich*. Er liebt *mich*! Aber warum sollte ich nicht nachschauen? Ich bin seine Frau, ich habe das Recht nachzuschauen. *(Kehrt zum Schreibtisch zurück, nimmt das Bankbuch heraus, prüft Seite um Seite, lächelt und seufzt erleichtert auf)* Ich wußte es ja! Es ist kein wahres Wort an diesem blöden Geschwätz. *(Legt das Bankbuch in die Schublade zurück, stutzt, nimmt ein zweites heraus)* Ein zweites Bankbuch – geheim – verschlossen ... *(Will den Verschluß öffnen. Es gelingt ihr nicht. Sie sieht einen Brieföffner auf dem Schreibtisch liegen und benützt ihn, um den Deckel aufzuschneiden. Dann fängt sie mit der ersten Seite an)* Mrs. Erlynne – sechshundert Pfund ... Mrs. Erlynne – siebenhundert Pfund ... Mrs. Erlynne – vierhundert Pfund ... Oh, es ist wahr! Es ist wahr! Wie entsetzlich! *(Wirft das Bankbuch auf den Boden) – (Lord Windermere tritt durch die Mitte auf)*

LORD WINDERMERE. Nun, mein Liebes, hat man dir den Fächer schon zugeschickt? *(Geht nach rechts, erblickt das Bankbuch)* Margaret, du hast mein Bankbuch aufgeschnitten. Dazu bist du nicht berechtigt.

LADY WINDERMERE. Du findest es nicht richtig, daß ich dir auf deine Schliche gekommen bin, nicht wahr?

LORD WINDERMERE. Ich finde es nicht richtig, daß eine Frau ihrem Mann nachspioniert.

LADY WINDERMERE. Ich habe dir nicht nachspioniert. Bis vor einer halben Stunde wußte ich nicht, daß diese Frau existiert. Jemand, der mich bemitleidet, war so gütig, mir zu berichten, was ganz London schon weiß – deine täglichen Besuche in der Curzon Street, deine wahnwitzige Vernarrtheit, die ungeheuerlichen Summen, die du an diese infame Person verschwendest! *(Nach links)*

LORD WINDERMERE. Margaret – sprich nicht so von Mrs. Erlynne! Du weißt nicht, wie ungerecht das ist.

LADY WINDERMERE *(dreht sich zu ihm um)*. Du bist sehr auf Mrs. Erlynnes Ehre bedacht. Ich wünschte, du wärest auf meine Ehre ebenso bedacht gewesen.

LORD WINDERMERE. Deine Ehre ist unangetastet, Margaret. Du glaubst doch wohl nicht einen Augenblick, daß ... *(Legt das Bankbuch in die Schreibtischlade)*

LADY WINDERMERE. Ich finde, daß du dein Geld sonderbar ausgibst. Weiter nichts. Ach, bilde dir ja nicht ein, daß es mir um das Geld geht! Meinetwegen darfst du alles verschleudern, was wir besitzen. Mir geht es um etwas ganz anderes: daß du, der du mich geliebt hast – du, der du mich gelehrt hast, dich zu lieben –, daß du die Liebe, die man dir schenkt, gegen eine Liebe tauschst, die du dir kaufst! Oh, es ist entsetzlich! *(Setzt sich aufs Sofa)* Und *ich* fühle mich erniedrigt! *Du* bist ja gefühllos. Ich fühle mich beschmutzt, total beschmutzt. Du kannst ja nicht begreifen, wie abscheulich mir jetzt die letzten sechs Monate vorkommen. Jeder Kuß, den du mir gegeben hast – in meiner Erinnerung ist er vergiftet.

LORD WINDERMERE *(nähert sich ihr)*. Sag das nicht, Margaret. Ich habe nie eine andere Frau geliebt als dich.

LADY WINDERMERE *(erhebt sich)*. Wer also ist diese Person? Warum hast du ihr ein Haus gemietet?

LORD WINDERMERE. Ich habe ihr kein Haus gemietet.

LADY WINDERMERE. Du hast ihr Geld gegeben – das läuft auf dasselbe hinaus.

LORD WINDERMERE. Margaret, soweit ich Mrs. Erlynne kenne ...

LADY WINDERMERE. Gibt es einen Mr. Erlynne – oder ist er ein Mythos?

LORD WINDERMERE. Ihr Mann ist vor vielen Jahren gestorben. Sie steht allein in der Welt.

LADY WINDERMERE. Keine Verwandten? *(Pause)*

LORD WINDERMERE. Keine.

LADY WINDERMERE. Ist das nicht recht merkwürdig? *(Links)*

LORD WINDERMERE *(links Mitte)*. Margaret, ich wollte dir sagen – und ich bitte dich, mich anzuhören –, seit ich Mrs. Erlynne kenne, hat sie ein untadeliges Leben geführt. Wenn sie vor Jahren ...

LADY WINDERMERE. Ach! *(Nach rechts Mitte)* Ich will keine Einzelheiten aus ihrem Leben erfahren.

LORD WINDERMERE. Ich habe nicht die Absicht, dir Einzelheiten aus ihrem Leben zu erzählen. Ich sage nur folgendes: Mrs. Erlynne war einmal geehrt, geliebt, geachtet. Sie ist von guter Herkunft, hatte eine gesellschaftliche Stellung – und hat alles verloren – hat es weggeworfen, wenn du so willst. Das macht es um so bitterer. Unglücksfälle kann man ertragen – sie kommen von außen, sie sind unverschuldet. Aber für seine eigenen Fehltritte büßen, leiden zu müssen – ach, das ist ein Stachel, der tief im Herzen sitzt. Noch dazu liegt es zwanzig Jahre zurück. Damals war sie fast noch ein junges Mädchen – nicht einmal so lange verheiratet wie du.

LADY WINDERMERE. Sie interessiert mich nicht – und – du solltest nicht diese Frau und mich in einem Atem nennen. Das ist eine Geschmacksverirrung. *(Setzt sich rechts an den Schreibtisch)*

LORD WINDERMERE. Margaret, du könntest sie retten. Sie will in unsere Kreise zurückkehren und möchte, daß du ihr behilflich bist. *(Nähert sich ihr)*

LADY WINDERMERE. Ich?

LORD WINDERMERE. Ja, du.

LADY WINDERMERE. So eine Unverschämtheit! *(Pause)*

LORD WINDERMERE. Margaret, ich wollte dich um einen großen Gefallen bitten – und ich halte meine Bitte aufrecht, obwohl du inzwischen entdeckt hast, was du nie erfahren solltest – daß ich Mrs. Erlynne viel Geld geschenkt habe. Ich bitte dich, sie für heute abend zu unserer Gesellschaft einzuladen. *(Bleibt links von ihr stehen)*

LADY WINDERMERE. Du bist nicht bei Trost! *(Steht auf)*

LORD WINDERMERE. Ich lege es dir dringend ans Herz. Die Leute mögen über sie reden – natürlich reden sie über sie –, aber sie haben ihr nichts Konkretes vorzuwerfen. Sie wurde mehrmals eingeladen – nicht in Häuser, in denen du verkehren würdest, das gebe ich zu, aber in denen immerhin Frauen verkehren, die der heutigen sogenannten guten Gesellschaft angehören. Das befriedigt sie nicht. Sie möchte, daß *du* sie einmal empfängst.

LADY WINDERMERE. Wohl um ihren Triumph auszukosten!

LORD WINDERMERE. Nein – sondern weil sie weiß, daß du einen guten Ruf genießt – daß sie, wenn du sie auch nur ein einziges Mal empfängst, Aussicht auf ein glücklicheres, geborgeneres Leben hat. Sie wird keinen weiteren Versuch machen, sich dir zu nähern. Willst du nicht einer Frau helfen, die sich bemüht, in ihre frühere Welt zurückzukehren?

LADY WINDERMERE. Nein! Wenn ein Mensch aufrichtig bereut,

wird er nicht in die Kreise zurückkehren wollen, die seinen Ruin verursacht oder miterlebt haben.

LORD WINDERMERE. Ich bitte dich ...

LADY WINDERMERE *(geht zur Tür rechts)*. Ich werde mich jetzt zum Essen umziehen – und heute abend kein Wort mehr über diese Angelegenheit! Arthur – *(nähert sich ihm)* – du bildest dir ein, weil ich weder Vater noch Mutter habe, stehe ich allein da, und du kannst mit mir umspringen, wie es dir behagt. Du irrst dich – ich habe Freunde, viele Freunde.

LORD WINDERMERE *(links Mitte)*. Margaret, was du da sagst, ist töricht, unbesonnen. Ich will mich nicht mit dir zanken, aber ich bestehe darauf, daß du Mrs. Erlynne für heute abend einlädst.

LADY WINDERMERE *(rechts Mitte)*. Ich denke nicht daran. *(Geht nach links)*

LORD WINDERMERE. Du weigerst dich? *(Mitte)*

LADY WINDERMERE. Absolut!

LORD WINDERMERE. Margaret, tu es mir zuliebe! Es ist ihre letzte Chance.

LADY WINDERMERE. Was hat das mit mir zu tun?

LORD WINDERMERE. Wie hartherzig brave Frauen sind!

LADY WINDERMERE. Wie waschlappig schlechte Männer sind!

LORD WINDERMERE. Margaret, vielleicht ist keiner von uns gut genug für die Frau, die er heiratet – das stimmt durchaus –, aber du bildest dir doch nicht ein, ich könnte jemals ... Nein, diese Zumutung ist ungeheuerlich!

LADY WINDERMERE. Warum solltest *du* dich von anderen Männern unterscheiden? Ich habe mir sagen lassen, daß es in ganz London kaum einen Ehemann gibt, der nicht sein Leben an *irgendeine* schändliche Leidenschaft vergeudet.

LORD WINDERMERE. Ich gehöre nicht zu ihnen.

LADY WINDERMERE. Davon bin ich nicht überzeugt!

LORD WINDERMERE. Im Grunde deines Herzens *bist* du davon überzeugt. Aber erweitere nicht die Kluft zwischen uns. Die letzten paar Minuten haben weiß Gott genug böses Blut gemacht. Setz dich hin und schreib die Karte.

LADY WINDERMERE. Dazu kann mich nichts auf Gottes Erdboden bewegen.

LORD WINDERMERE *(geht zum Schreibtisch).* Dann werde ich sie schreiben. *(Drückt auf den Klingelknopf, setzt sich und schreibt)*

LADY WINDERMERE. Du beabsichtigst, diese Frau einzuladen? *(Nähert sich ihm)*

LORD WINDERMERE. Ja. *(Pause. Parker tritt auf)* Parker!

PARKER. Ja, Mylord. *(Kommt nach vorne links Mitte)*

LORD WINDERMERE. Schicken Sie dieses Schreiben an Mrs. Erlynne, Curzon Street, Nummer vierundachtzig A. *(Geht nach links Mitte und gibt Parker den Brief)* Eine Antwort erübrigt sich.

(Parker ab durch die Mitte)

LADY WINDERMERE. Arthur, wenn diese Frau hierherkommt, werde ich sie brüskieren.

LORD WINDERMERE. Sag das nicht, Margaret.

LADY WINDERMERE. Es ist mein voller Ernst.

LORD WINDERMERE. Kind, in ganz London gibt es keine Frau, die dich nicht bedauern würde.

LADY WINDERMERE. Es gibt keine *anständige* Frau in ganz London, die mir nicht applaudieren würde. Wir sind zu lax gewesen. Wir müssen ein Exempel statuieren. Ich nehme es mir für heute abend vor. *(Greift nach dem Fächer)* Ja, du hast mir diesen Fächer geschenkt. Er ist dein Geburtstagsgeschenk. Wenn diese Frau meine Schwelle überschreitet, werde ich ihr mit dem Fächer ins Gesicht schlagen.

LORD WINDERMERE. Margaret, dazu würdest du doch nicht imstande sein!

LADY WINDERMERE. Du kennst mich nicht! *(Geht nach rechts, Parker tritt auf)* Parker!

PARKER. Ja, Mylady.

LADY WINDERMERE. Ich werde auf meinem Zimmer essen. Eigentlich werde ich gar nichts essen. Sorgen Sie dafür, daß um halb elf alles fix und fertig ist. Und sehen Sie zu, Parker, daß Sie heute abend die Namen der Gäste recht deutlich aussprechen. Manchmal sprechen Sie so schnell, daß sie mir entgehen. Mir liegt besonders viel daran, daß ich die Namen recht deutlich höre, damit mir kein Irrtum unterläuft. Haben Sie mich verstanden, Parker?

PARKER. Ja, Mylady.

LADY WINDERMERE. Das wäre alles. *(Parker ab durch die Mitte. Sie sagt zu Lord Windermere)* Arthur, wenn diese Frau hierherkommt – ich warne dich ...

LORD WINDERMERE. Margaret, du richtest uns zugrunde.

LADY WINDERMERE. Uns! Von diesem Augenblick an sind wir geschiedene Leute. Aber wenn du einen öffentlichen Skandal vermeiden willst, schreib dieser Frau sofort, daß ich ihr verbiete hierherzukommen!

LORD WINDERMERE. Das werde ich nicht tun – das kann ich nicht tun – wir müssen sie empfangen!

LADY WINDERMERE. Dann werde *ich* tun, was ich versprochen habe. *(Nach rechts)* Du läßt mir keine Wahl. *(Rechts ab)*

LORD WINDERMERE *(ruft hinter ihr her)*. Margaret! Margaret! *(Pause)* Mein Gott, was fange ich an? Ich wage ihr nicht zu sagen, wer diese Frau in Wirklichkeit ist. Sie würde vor Scham vergehen. *(Läßt sich in einen Sessel sinken und schlägt die Hände vors Gesicht)*

Vorhang

Zweiter Akt

Salon in Lord Windermeres Haus. Rechts hinten eine Tür zum Ballsaal, in dem eine Kapelle spielt. Durch eine Tür links treten die Gäste ein. Eine Tür links hinten geht auf eine beleuchtete Terrasse. Topfpalmen, Blumen, strahlende Beleuchtung. Es wimmelt von Gästen. Lady Windermere begrüßt sie.

DIE HERZOGIN VON BERWICK *(hinten Mitte).* Wie sonderbar, daß Lord Windermere sich nicht blicken läßt. Mr. Hopper verspätet sich gleichfalls. Du hast doch die fünf Tänze für ihn reserviert, Agatha? *(Kommt nach vorne)*

LADY AGATHA. Ja, Mama.

DIE HERZOGIN VON BERWICK *(setzt sich aufs Sofa).* Zeig mir mal deine Tanzkarte. Ich bin froh, daß Lady Windermere die Tanzkarten wieder eingeführt hat. Sie schützen uns Mütter vor bösen Überraschungen ... Ach, du liebe kleine Einfalt! *(Streicht zwei Namen durch)* Ein anständiges Mädchen tanzt nicht mit so ausgeprägt jüngeren Söhnen. Sie würde in den Ruf geraten, eine leichtsinnige Person zu sein. Die beiden letzten Tänze schenkst du dir und gehst mit Mr. Hopper auf die Terrasse hinaus. *(Mr. Dumby und Lady Plymdale aus dem Ballsaal)*

LADY AGATHA. Ja, Mama.

DIE HERZOGIN VON BERWICK *(fächelt sich).* Die Luft dort draußen ist so angenehm.

PARKER. Mrs. Cowper-Cowper – Lady Stutfield – Sir James Royston – Mr. Guy Berkeley.

(Die angekündigten Personen treten der Reihe nach auf)

DUMBY. Ganz wunderbar! Guten Abend, Herzogin. Das wird wohl der letzte Ball der Saison sein.

LADY STUTFIELD. Vermutlich, Mr. Dumby. Es war eine wunderbare Saison, nicht wahr?

DUMBY. Ganz wunderbar! Guten Abend, Herzogin. Das wird wohl der letzte Ball der Saison sein.

DIE HERZOGIN VON BERWICK. Vermutlich, Mr. Dumby. Es war eine recht langweilige Saison, nicht wahr?

DUMBY. Furchtbar langweilig! Furchtbar langweilig!

MRS. COWPER-COWPER. Guten Abend, Mr. Dumby. Das wird wohl der letzte Ball der Saison sein.

DUMBY. Ich glaube kaum. Wahrscheinlich kleckern noch zwei hinterher. *(Schlendert zu Lady Plymdale zurück)*

PARKER. Mr. Rufford – Lady Jedburgh und Miß Graham – Mr. Hopper.

(Die angekündigten Personen treten der Reihe nach auf)

HOPPER. Guten Abend, Lady Windermere! Guten Abend, Herzogin. *(Verbeugt sich vor Lady Agatha)*

DIE HERZOGIN VON BERWICK. Lieber Mr. Hopper, wie nett von Ihnen, daß Sie so früh gekommen sind. Wir alle wissen, wie man sich in London um Sie reißt.

HOPPER. Tolle Stadt! Man ist in London nicht annähernd so exklusiv wie in Sydney.

DIE HERZOGIN VON BERWICK. Oh, wir wissen Ihren Wert zu schätzen, Mr. Hopper. Wollte Gott, es gäbe mehr junge Männer Ihresgleichen. Das Leben wäre um vieles einfacher. Wissen Sie, Mr. Hopper, daß die liebe Agatha und ich uns brennend für Australien interessieren? Es muß reizend sein mit all den süßen kleinen Känguruhs, die durch die Gegend flattern. Agatha hat es auf der Landkarte gefunden. Was für eine sonderbare Form es hat! Genau wie eine große Packkiste. Aber es ist eben noch ein sehr junges Land, nicht wahr?

HOPPER. Wurde es nicht zur gleichen Zeit erschaffen wie die anderen Kontinente, Herzogin?

DIE HERZOGIN VON BERWICK. Wie klug Sie sind, Mr. Hopper! Sie sind von einer ganz eigenen Klugheit. Jetzt darf ich Sie nicht länger aufhalten.

HOPPER. Ich würde aber gerne mit Lady Agatha tanzen, Herzogin.

DIE HERZOGIN VON BERWICK. *Hoffentlich* hat sie noch einen Tanz frei. Hast du noch einen Tanz frei, Agatha?

LADY AGATHA. Ja, Mama.

DIE HERZOGIN VON BERWICK. Den nächsten?

LADY AGATHA. Ja, Mama.

HOPPER. Darf ich bitten? *(Lady Agatha nickt)*

DIE HERZOGIN VON BERWICK. Geben Sie recht gut acht auf mein kleines Plappermäulchen, Mr. Hopper.

(Lady Agatha und Mr. Hopper ab in den Ballsaal. Lord Windermere von links)

LORD WINDERMERE. Margaret, ich muß mit dir sprechen.

LADY WINDERMERE. Sofort. *(Die Musik hört auf)*

PARKER. Lord Augustus Lorton.

(Lord Augustus tritt auf)

LORD AUGUSTUS. Guten Abend, Lady Windermere.

DIE HERZOGIN VON BERWICK. Sir James, würden Sie so lieb sein, mich in den Ballsaal zu begleiten? Augustus hat heute mit uns zu Abend gegessen. Ich habe eigentlich momentan genug von dem lieben Augustus.

(Sir James Royton reicht der Herzogin den Arm und geleitet sie in den Ballsaal)

PARKER. Mr. und Mrs. Arthur Bowden – Lord und Lady Paisly – Lord Darlington.

(Die angekündigten Personen treten der Reihe nach auf)

LORD AUGUSTUS *(geht auf Lord Windermere zu)*. Muß unbedingt mit Ihnen sprechen, lieber Freund. Bin nur noch ein Schatten meiner selbst. Weiß, daß man es mir nicht ansieht. Uns Männern sieht man nie an, wie es mit uns steht. Gott sei Dank. Verdeibeltes Glück. Was ich wissen möchte: Wer ist sie? Wo kommt sie her? Warum hat sie denn keine verdeibelten Verwandten? Eine verdeibelte Plage, die Verwandtschaft – aber sie verschafft einem ein verdeibeltes Ansehen.

LORD WINDERMERE. Ich nehme an, daß von Mrs. Erlynne die Rede ist. Ich habe sie erst vor einem halben Jahr kennengelernt. Bis dahin wußte ich nichts von ihrer Existenz.

LORD AUGUSTUS. Seither haben Sie sich recht oft mit ihr getroffen.

LORD WINDERMERE *(kalt)*. Ja, ich habe sie seither recht oft getroffen. Ich war soeben mit ihr beisammen.

LORD AUGUSTUS. Mein Gott, wie die Weiber über sie herziehen! Ich habe heute mit Arabella zu Abend gegessen. Donnerwetter, Sie hätten hören müssen, was sie alles über Mrs. Erlynne erzählt hat. Sie ließ keinen guten Faden an ihr ... *(Leise)* Berwick und ich haben erwidert, daß das keine Rolle spielt, da die betreffende Dame eine ausgezeichnete Figur haben müsse. Sie hätten Arabellas Miene sehen sollen ... Aber passen Sie auf, guter Mann. Ich weiß nicht, wie ich mit Mrs. Erlynne fertig werden soll. Bei Gott, ich könnte mit ihr verheiratet sein – so verdeibelt gleichgültig behandelt sie mich! Außerdem ist sie verdeibelt klug. Sie hat für alles eine Erklärung. Auch für Sie, gottverdammich! Ein halbes Dutzend – und alle voneinander verschieden.

LORD WINDERMERE. Meine freundschaftlichen Beziehungen zu Mrs. Erlynne bedürfen keiner Erklärung.

LORD AUGUSTUS. Hm! Also, hören Sie zu, lieber Freund! Glauben Sie, daß sie es schaffen wird, in dieser verdeibelten sogenannten guten Gesellschaft akzeptiert zu werden? Würden Sie sie mit Ihrer Frau bekannt machen? Nur nicht wie die Katze um den heißen Brei herumgehen, gottverdammich! Wären Sie dazu bereit?

LORD WINDERMERE. Mrs. Erlynne ist heute abend bei uns zu Gast.

LORD AUGUSTUS. Hat Ihre Frau sie eingeladen?

LORD WINDERMERE. Mrs. Erlynne hat eine Einladung erhalten.

LORD AUGUSTUS. Dann ist ja alles in bester Ordnung. Warum haben Sie mir das nicht gleich gesagt? Sie hätten mir eine Menge Sorgen und verdeibelte Mißverständnisse erspart.

(Lady Agatha und Mr. Hopper gehen über die Bühne und begeben sich auf die Terrasse hinaus)

PARKER. Mr. Cecil Graham.

(Mr. Cecil Graham tritt auf)

CECIL GRAHAM *(verbeugt sich vor Lady Windermere, geht auf Lord Windermere zu und reicht ihm die Hand).* Guten Abend, Arthur. Warum fragst du mich nicht, wie es mir geht? Ich liebe es, wenn man mich fragt, wie es mir geht. Das zeugt von einem weitverbreiteten Interesse an meinem Gesundheitszustand. Nun fühle ich mich heute abend gar nicht wohl. Ich habe im engsten Familienkreise gegessen. Ich möchte wissen, warum die eigene Familie immer so langweilig ist. Mein Vater hat die Gewohnheit, nach dem Essen Moralpredigten zu halten. Ich sagte ihm, er sei alt genug, um zu wissen, was sich gehört. Aber ich habe die Erfahrung gemacht, wenn Leute erst einmal alt genug sind, um zu wissen, was sich gehört, wissen sie gar nichts mehr. Hallo, Tuppy! Ich habe mir sagen lassen, du willst dich wieder verheiraten. Dachte, du hättest das Spielchen satt.

LORD AUGUSTUS. Deine Äußerungen sind sehr trivial, mein lieber Junge, sehr trivial!

CECIL GRAHAM. Apropos, Tuppy, wie war es denn eigentlich? Hast du zweimal geheiratet und dich einmal scheiden lassen oder einmal geheiratet und dich zweimal scheiden lassen? Letzteres halte ich für weitaus wahrscheinlicher.

LORD AUGUSTUS. Ich habe ein sehr schlechtes Gedächtnis. Ich kann mich wirklich nicht mehr erinnern. *(Geht nach rechts)*

LORD PLYMDALE. Lord Windermere, ich habe eine ganz besondere Frage an Sie zu richten.

LORD WINDERMERE. Leider – wenn Sie mich entschuldigen wollten – ich muß mich meiner Frau widmen ...

LADY PLYMDALE. Ach, das sollten Sie sich nicht einmal träumen lassen! Heutzutage ist es äußerst gefährlich, wenn ein Ehemann seiner Frau in der Öffentlichkeit auch nur die geringste Aufmerksamkeit schenkt. Sofort bilden die Leute sich ein, daß er sie prügelt, wenn sie miteinander allein sind. Alles, was nach einer glücklichen Ehe aussieht, ist verdächtig. Aber ich werde Ihnen beim Souper sagen, worum es sich handelt. *(Nähert sich der Tür zum Ballsaal)*

LORD WINDERMERE *(Mitte)*. Margaret, ich muß mit dir sprechen.

LADY WINDERMERE. Würden Sie mir meinen Fächer halten, Lord Darlington? Danke. *(Geht ihrem Mann entgegen)*

LORD WINDERMERE *(geht auf sie zu)*. Margaret, was du vor dem Essen gesagt hast, war natürlich nicht ernst gemeint.

LADY WINDERMERE. Diese Person kommt mir nicht ins Haus.

LORD WINDERMERE *(rechts Mitte)*. Mrs. Erlynne kommt heute abend zu uns, und wenn du sie in irgendeiner Weise belästigst oder kränkst, wirst du Schande und Kummer über uns beide bringen. Vergiß das nicht! Margaret, hab doch Vertrauen zu mir! Eine Frau hat ihrem Mann zu vertrauen.

LADY WINDERMERE *(Mitte)*. London wimmelt von Frauen, die ihren Männern vertrauen. Man erkennt sie auf den ersten Blick. Sie sehen immer todunglücklich aus. Ich beabsichtige nicht, mich ihrer Schar anzuschließen. *(Verläßt ihren Mann)* Lord Darlington, wollen Sie mir bitte meinen Fächer zurückgeben? Danke ... Recht nützlich, so ein Fächer, nicht wahr ...? Ich brauche heute abend einen Freund, Lord Darlington. Ich wußte nicht, daß ich so bald schon einen Freund brauchen würde.

LORD DARLINGTON. Lady Windermere, ich wußte, eines Tages würde es soweit sein. Aber warum heute abend?

LORD WINDERMERE *(für sich)*. Ich werde es ihr sagen. Ich muß es ihr sagen. Es wäre furchtbar, wenn es zu einem Auftritt käme. Margaret …

PARKER. Mrs. Erlynne.

(Lord Windermere zuckt zusammen. Mrs. Erlynne tritt auf, sehr schön angezogen und sehr würdevoll. Lady Windermere umkrampft ihren Fächer, läßt ihn dann fallen. Steif verbeugt sie sich vor Mrs. Erlynne, welche die Verbeugung liebenswürdig erwidert, und rauscht davon)

LORD DARLINGTON. Sie haben Ihren Fächer fallen lassen, Lady Windermere. *(Hebt ihn auf und reicht ihn ihr)*

MRS. ERLYNNE *(Mitte)*. Abermals guten Abend, Lord Windermere! Wie entzückend Ihre Frau aussieht! Bildschön!

LORD WINDERMERE *(mit gedämpfter Stimme)*. Es war furchtbar unbesonnen von Ihnen, hierherzukommen.

MRS. ERLYNNE *(lächelnd)*. Das Klügste, was ich je in meinem Leben getan habe. Übrigens müssen Sie mich heute abend mit besonderer Aufmerksamkeit behandeln. Ich zittere vor den Frauen. Sehen Sie zu, daß Sie mich der einen oder anderen vorstellen. Mit den Männern komme ich allemal zurecht. Guten Abend, Lord Augustus! In der letzten Zeit haben Sie mich sehr vernachlässigt. Seit gestern haben Sie sich nicht mehr bei mir blicken lassen. Ich fürchte, Sie sind ein treuloser Mensch. Alle behaupten das.

LORD AUGUSTUS *(rechts)*. Also, wirklich, Mrs. Erlynne, gestatten Sie, daß ich erkläre, warum …

MRS. ERLYNNE *(rechts Mitte)*. Nein, lieber Lord Augustus, Sie können nie etwas erklären. Das ist Ihr größter Charme.

LORD AUGUSTUS. Ah, wenn Sie mich charmant finden, Mrs. Erlynne …

Sie plaudern miteinander. Lord Windermere irrt unruhig umher und beobachtet Mrs. Erlynne)

LORD DARLINGTON *(zu Lady Windermere)*. Wie blaß Sie sind.

LADY WINDERMERE. Feiglinge sind immer blaß.

LORD DARLINGTON. Sie sehen aus, als würden Sie jeden Augenblick ohnmächtig werden. Kommen Sie auf die Terrasse!

LADY WINDERMERE. Ja *(Zu Parker)* Parker, schicken Sie mir meinen Mantel hinaus.

MRS. ERLYNNE *(geht auf sie zu).* Lady Windermere, wie herrlich Ihre Terrasse beleuchtet ist! Sie erinnert mich an den Palazzo des Fürsten Doria in Rom. *(Lady Windermere verneigt sich kalt und geht mit Lord Darlington ab)* Oh, guten Abend, Mr. Graham! Ist das nicht Ihre Tante, Lady Jetburgh? Ich würde sie so gerne kennenlernen.

CECIL GRAHAM *(nach einem kurzen, verlegenen Zögern).* Ach ja, gewiß, wenn Sie es wünschen. Tante Caroline, gestatte, daß ich dir Mrs. Erlynne vorstelle.

MRS. ERLYNNE. Es freut mich sehr, Sie kennenzulernen, Lady Jetburgh. *(Setzt sich zu ihr aufs Sofa)* Ihr Neffe und ich sind gute Freunde. Ich interessiere mich brennend für seine politische Karriere. Ich glaube, er wird sicher viel Erfolg haben. Er denkt wie ein Konservativer und spricht wie ein Radikaler, und das ist heutzutage so überaus wichtig. Außerdem ist er ein geistreicher Plauderer. Aber wir alle wissen, von wem er es geerbt hat. Erst gestern sagte Lord Allandale im Park zu mir, Mr. Graham plaudere fast so geistreich wie seine Tante.

LADY JETBURGH *(rechts).* Sehr gütig von Ihnen, mir so charmante Komplimente zu machen. *(Mrs. Erlynne lächelt und setzt das Gespräch fort)*

DUMBY *(zu Cecil Graham).* Haben Sie Mrs. Erlynne mit Lady Jetburgh bekannt gemacht?

CECIL GRAHAM. Ich war dazu gezwungen, mein Lieber. Ich konnte nicht anders! Diese Frau hat eine Art, alles durchzusetzen, was sie wünscht. Wie sie es macht, weiß ich nicht.

DUMBY. Gott behüte, daß sie mich anredet! *(Schlendert auf Lady Plymdale zu)*

MRS. ERLYNNE *(zu Lady Jetburgh).* Am Donnerstag? Mit größtem Vergnügen. *(Steht auf und sagt lachend zu Lord Windermere)* Wie mich das anödet, zu diesen Matronen höflich sein zu müssen! Aber sie bestehen darauf!

LADY PLYMDALE *(zu Mr. Dumby).* Wer ist die gut angezogene Frau, die mit Windermere spricht?

DUMBY. Keine Ahnung! Sieht aus wie die *édition de luxe* eines frivolen französischen Romans – eigens für den englischen Markt bestimmt.

MRS. ERLYNNE. Jetzt unterhält sich also der arme Dumby mit Lady Plymdale. Wie ich gehört habe, verfolgt sie ihn mit ihrer Eifersucht. Er ist anscheinend heute abend nicht sehr darauf erpicht, mit mir zu sprechen. Vermutlich hat er Angst vor ihr. Diese strohblonden Frauen sind fürchterlich jähzornig. Wissen Sie, ich glaube, den ersten Tanz werde ich mit Ihnen tanzen, Windermere. *(Lord Windermere beißt sich auf die Lippe und runzelt die Stirn)* Lord Augustus wird vor Eifersucht platzen. Lord Augustus! *(Lord Augustus nähert sich ihr)* Lord Windermere will unbedingt den ersten Tanz mit mir tanzen. In seinem eigenen Hause kann ich ihm das nicht gut abschlagen. Sie wissen, daß ich viel lieber mit Ihnen tanzen würde.

LORD AUGUSTUS *(mit einer tiefen Verbeugung).* Wenn ich das glauben dürfte, Mrs. Erlynne!

MRS. ERLYNNE. Sie wissen es nur allzugut. Ich kann mir vorstellen, daß man mit Ihnen durchs ganze Leben tanzt und es bezaubernd findet.

LORD AUGUSTUS *(legt die Hand an seine weiße Weste).* Oh, vielen Dank, vielen Dank! Sie sind die anbetungswürdigste aller Frauen!

MRS. ERLYNNE. Was für eine hübsche Formulierung! So schlicht und so aufrichtig! So etwas höre ich gern. Sie dürfen mein Bukett halten. *(Geht an Lord Windermeres Arm auf den Ballsaal zu)* Ah, Mr. Dumby, guten Abend! Es tut mir schrecklich leid. daß ich die letzten drei Male, als Sie zu Besuch kamen nicht zu Hause war. Kommen Sie am Freitag zum Mittagessen.

DUMBY *(mit vollendeter Nonchalance).* Mit größtem Vergnügen. *(Lady Plymdale starrt ihn entrüstet an. Lord Augustus, das Bukett in der Hand, folgt Mrs. Erlynne und Lord Windermere in den Ballsaal)*

LADY PLYMDALE *(zu Mr. Dumby).* Was bist du doch für ein Scheusal! Dir darf man kein Wort glauben. Warum hast du behauptet, daß du sie nicht kennst? Was soll das heißen, daß du sie dreimal hintereinander besuchst? Du wirst *nicht* bei ihr zu Mittag essen, das versteht sich wohl von selbst.

DUMBY. Meine liebe Laura, ich denke nicht im Traum daran, hinzugehen!

LADY PLYMDALE. Du hast mir noch nicht gesagt, wie sie heißt. Wer ist sie?

DUMBY *(hüstelt und streicht sich übers Haar)*. Eine gewisse Mrs. Erlynne.

LADY PLYMDALE. Diese Person!

DUMBY. Ja, so wird sie von allen genannt.

LADY PLYMDALE. Interessant! Überaus interessant! Ich muß sie mir wirklich genauer ansehen. *(Geht zur Tür des Ballsaals und blickt in den Saal)* Ich habe die empörendsten Dinge über sie gehört. Es heißt, sie ruiniert den armen Windermere. Und Lady Windermere, die so viel auf Anstand hält, lädt sie zu sich ein! Äußerst amüsant! So etwas durch und durch Dummes kann nur eine durch und durch anständige Frau machen. Du wirst am Freitag bei Mrs. Erlynne zu Mittag essen.

DUMBY. Warum?

LADY PLYMDALE. Weil ich wünsche, daß du meinen Mann mitnimmst. Er ist seit einiger Zeit so aufmerksam zu mir, daß es mir auf die Nerven geht. Diese Frau ist das Richtige für ihn. Er wird um sie herumscharwenzeln, solange sie sich's gefallen läßt, und mich nicht mehr belästigen. Glaube mir, diese Art Frauen sind von großem Nutzen. Sie schaffen die Grundlage für anderer Leute Ehen.

DUMBY. Was bist du doch mysteriös!

LADY PLYMDALE *(mustert ihn)*. Du leider nicht.

DUMBY. Doch, doch – mir selbst. Ich bin der einzige Mensch auf Erden, den ich gerne gründlich kennenlernen möchte – aber momentan sehe ich keine Aussicht darauf.

(Sie gehen in den Ballsaal. Lady Windermere und Lord Darlington kehren von der Terrasse zurück)

LADY WINDERMERE. Ja – ja. Es ist ungeheuerlich – unerträglich. Jetzt weiß ich, was Sie heute nachmittag gemeint haben. Warum haben Sie mir nicht reinen Wein eingeschenkt? Dazu wären Sie verpflichtet gewesen.

LORD DARLINGTON. Ich habe es nicht fertiggebracht. Einem Mann fällt es schwer, über einen anderen Mann herzuziehen. Aber wenn ich gewußt hätte, daß er Sie zwingen würde, sie heute abend einzuladen – ja, dann hätte ich Ihnen wohl alles erzählt. *Diese* Kränkung wäre Ihnen auf jeden Fall erspart geblieben.

LADY WINDERMERE. Ich habe sie nicht eingeladen. *Er* hat auf ihrem Kommen bestanden – meine Bitten, meine Befehle waren vergebens. Die Luft in diesem Haus ist mir vergiftet! Ich habe das Gefühl, daß sämtliche Frauen mich höhnisch anschauen, wenn sie mit meinem Mann vorübertanzt. Womit habe ich so etwas verdient? Ich habe ihm mein Leben geschenkt. Er hat es genommen – mißbraucht – zerstört! Ich bin in meinen eigenen Augen herabgewürdigt, und mir fehlt der Mut – ich bin zu feige ... *(Setzt sich aufs Sofa)*

LORD DARLINGTON. Wenn ich Sie auch nur einigermaßen kenne, weiß ich, daß Sie nicht mit einem Mann leben können, der Sie so behandelt. Was sollte das für ein Leben sein? Jeden Augenblick würden Sie das Gefühl haben, daß er Sie belügt. Sie würden das Gefühl haben, sein Blick sei falsch, sein Ton falsch, seine Berührung falsch, seine Leidenschaft falsch. Wenn er die anderen satt hat, kommt er zu Ihnen. Sie müssen ihn trösten. Während er andere liebt, kommt er zu Ihnen. Sie müssen ihn umschmeicheln. Sie sollen ihm als die Maske dienen, hinter der er sein wahres Leben verbirgt, als der Mantel, in den er sein Geheimnis hüllt.

LADY WINDERMERE. Sie haben recht – Sie haben entsetzlich recht. Aber wohin soll ich mich wenden? Sie sagten, Sie würden mein Freund sein, Lord Darlington. Sagen Sie mir, was ich tun soll. Seien Sie jetzt mein Freund.

LORD DARLINGTON. Zwischen Mann und Frau ist keine Freundschaft möglich. Leidenschaft, Feindschaft, Anbetung, Liebe – aber keine Freundschaft. Ich liebe Sie ...

LADY WINDERMERE. Nein! Nein! *(Steht auf)*

LORD DARLINGTON. Ja, ich liebe Sie! Sie bedeuten mir mehr als alles andere auf der Welt. Was gibt Ihnen Ihr Mann? Nichts. Sein Herz schenkt er dieser elenden Person, die er Ihnen aufgedrängt hat – in Ihrem Kreise, in Ihrem Hause –, um Sie vor aller Welt bloßzustellen. Ich biete Ihnen mein Leben an ...

LADY WINDERMERE. Lord Darlington!

LORD DARLINGTON. Mein Leben – mein ganzes Leben. Nehmen Sie es und machen Sie mit ihm, was Sie wollen ... Ich liebe

Sie – liebe Sie, wie ich noch nie ein lebendes Wesen geliebt habe. Vom ersten Augenblick an habe ich Sie geliebt, blindlings, schwärmerisch, wahnwitzig! Damals wußten Sie es nicht – jetzt wissen Sie es! Verlassen Sie noch heute nacht dieses Haus. Ich werde nicht behaupten, daß die Welt oder die Stimme der Welt oder die Stimme der guten Gesellschaft nichts bedeute. Sie bedeuten sehr viel. Sie bedeuten viel zuviel. Aber es gibt Augenblicke, da man vor der Wahl steht, entweder sein eigenes Leben zu leben – in vollen Zügen, schrankenlos, bedingungslos –, oder sich mit einer verlogenen, seichten, entwürdigenden Existenz abzuschleppen, wie es die heuchlerische Welt verlangt. Für Sie ist dieser Augenblick gekommen. Wählen Sie! Ach, Geliebte, wählen Sie!

LADY WINDERMERE *(weicht langsam vor ihm zurück und sieht ihn erschrocken an).* Ich habe nicht den Mut dazu.

LORD DARLINGTON *(folgt ihr).* Doch – Sie haben den Mut dazu! Es mögen sechs schmerzliche, vielleicht sogar beschämende Monate sein – aber wenn Sie dann nicht länger seinen Namen tragen, wenn Sie meinen Namen tragen, wird alles gut sein. Margaret, Geliebte, die eines Tages meine Frau sein wird – ja, meine Frau! Sie wissen es! Was sind Sie heute? Diese Frau hat den Platz erobert, der von Rechts wegen Ihnen zusteht. Oh, gehen Sie – gehen Sie aus diesem Haus, mit erhobenem Haupt, mit einem Lächeln auf den Lippen, mutigen Blicks. Ganz London wird wissen, warum Sie es getan haben. Und wer wird Ihnen daraus einen Vorwurf machen? Niemand. Und wenn auch – was spielt das für eine Rolle? Unrecht? Wer handelt unrecht? Unrecht handelt der Mann, der seine Frau wegen einer schamlosen Person im Stich läßt. Unrecht handelt die Frau, die bei einem Mann bleibt, der sie so entehrt. Sie haben einmal gesagt, daß Sie keine Kompromisse dulden. Schließen Sie auch jetzt keinen Kompromiß. Seien Sie tapfer! Bekennen Sie Farbe!

LADY WINDERMERE. Ich habe Angst, Farbe zu bekennen. Ich muß es mir überlegen. Lassen Sie mir Zeit! Vielleicht kehrt mein Mann zu mir zurück. *(Setzt sich aufs Sofa)*

LORD DARLINGTON. Und Sie würden ihn in Gnaden aufnehmen! Sie sind nicht die Frau, für die ich Sie gehalten habe. Sie sind genauso wie alle anderen Frauen. Alles würden Sie lieber ertragen als den Tadel einer Welt, deren Lob Sie verachten. Noch eine Woche, und Sie fahren mit dieser Person im Park spazieren. Sie wird Ihr ständiger Gast sein – Ihre engste Freundin. Alles würden Sie eher ertragen, als diese ungeheuerliche Fessel mit einem Ruck zu zerreißen. Sie haben recht. Ihnen fehlt der Mut. Völlig!

LADY WINDERMERE. Lassen Sie mir Zeit – ich muß es mir überlegen. Ich kann Ihnen jetzt keine Antwort geben. *(Streicht sich nervös mit der Hand über die Stirn)*

LORD DARLINGTON. Jetzt oder gar nicht.

LADY WINDERMERE *(steht auf)*. Dann – gar nicht. *(Pause)*

LORD DARLINGTON. Sie brechen mir das Herz.

LADY WINDERMERE. Mein Herz ist schon gebrochen. *(Pause)*

LORD DARLINGTON. Morgen verlasse ich England. Es ist das letzte Mal, daß ich Sie sehe. Sie werden mich nicht wiedersehen. Einen Augenblick lang haben unsere Lebenswege einander gekreuzt – sind unsere Seelen einander begegnet. Das darf nie wieder geschehen. Leben Sie wohl, Margaret. *(Ab)*

LADY WINDERMERE *(für sich)*. Wie allein ich bin – wie schrecklich allein ...

(Die Musik verstummt. Die Herzogin von Berwick und Lord Paisley kommen lachend und plaudernd aus dem Ballsaal. Ihnen folgen weitere Gäste)

DIE HERZOGIN VON BERWICK. Liebe Margaret, ich hatte soeben ein reizendes Gespräch mit Mrs. Erlynne. Ich bedaure, was ich heute nachmittag über sie gesagt habe. Natürlich muß sie in Ordnung sein, wenn *Sie* sie einladen. Eine sehr attraktive Frau, und sie hat so vernünftige Lebensanschauungen. Sie ist absolut dagegen, daß man sich mehr als einmal verheiratet – jetzt brauche ich nicht mehr um den armen Augustus zu bangen. Ich kann nicht begreifen, warum die Leute so über sie herziehen. Meine abscheulichen Nichten – die Savilles – sind dran schuld, die ewigen Klatschbasen. Trotzdem würde ich nach Bad Homburg fahren, liebe Margaret, wirklich! Sie ist ein bißchen *zu* attraktiv. Aber wo steckt Agatha? Ach, da kommt sie ja. *(Lady Agatha und Mr. Hopper kommen von der Terrasse)* Mr. Hopper, ich bin Ihnen sehr, sehr böse. Sie haben Agatha in die Nachtluft hinausgeschleppt, und sie ist so empfindlich.

HOPPER *(links Mitte).* Bitte tausendmal um Verzeihung, Herzogin. Wir gingen nur für einen Augenblick auf die Terrasse und gerieten dann ins Plaudern.

DIE HERZOGIN VON BERWICK *(Mitte).* Aha – ihr habt euch wohl über Australien unterhalten!

HOPPER. Ja.

DIE HERZOGIN VON BERWICK. Agatha, Darling! *(Winkt sie zu sich heran)*

LADY AGATHA. Ja, Mama.

DIE HERZOGIN VON BERWICK *(beiseite).* Hat Mr. Hopper endgültig ...

LADY AGATHA. Ja, Mama.

DIE HERZOGIN VON BERWICK. Und was hast du geantwortet, liebes Kind?

LADY AGATHA. Ja, Mama.

DIE HERZOGIN VON BERWICK *(liebevoll).* Mein Liebes, du gibst immer die richtige Antwort! Mr. Hopper! James! Agatha hat mir alles erzählt. Wie geschickt ihr beide euer Geheimnis bewahrt habt!

HOPPER. Sie haben also nichts dagegen, Herzogin, daß ich Agatha nach Australien mitnehme?

DIE HERZOGIN VON BERWICK *(empört).* Nach Australien? Erwähnen Sie doch nicht dieses schreckliche, vulgäre Land!

HOPPER. Aber sie hat gesagt, sie würde gern mitkommen.

DIE HERZOGIN VON BERWICK *(streng).* Hast du das gesagt, Agatha?

LADY AGATHA. Ja, Mama.

DIE HERZOGIN VON BERWICK. Agatha, du sagst die denkbar dümmsten Sachen. Ich finde, daß Grosvenor Square im großen und ganzen eine weit gesündere Wohngegend ist. Freilich wohnen auch dort genug vulgäre Menschen, aber es krauchen wenigstens keine abscheulichen Känguruhs umher. Aber darüber unterhalten wir uns morgen, James. James, Sie dürfen Agatha nach unten begleiten. Natürlich essen Sie morgen bei uns, James. Um halb zwei statt um zwei. Bestimmt wird der Herzog Ihnen ein paar Worte zu sagen haben.

HOPPER. Ich würde mich gerne mit dem Herzog unterhalten, Herzogin. Bisher hat er mich noch nicht eines einzigen Wortes gewürdigt.

DIE HERZOGIN VON BERWICK. Ich glaube, morgen wird er Ihnen sehr viel zu sagen haben. *(Lady Agatha und Mr. Hopper ab)* Und nun gute Nacht, Margaret. Ich fürchte, es ist die uralte Geschichte. Liebe – also nicht Liebe auf den ersten Blick, sondern gegen Ende der Saison: Und das ist viel befriedigender.

LADY WINDERMERE. Gute Nacht, Herzogin.

(Die Herzogin von Berwick geht am Arm Lord Paisleys ab)

LADY PLYMDALE. Meine liebe Margaret, was für eine schöne Frau, mit der Ihr Gatte getanzt hat! An Ihrer Stelle würde ich eifersüchtig sein. Sind Sie eng mit ihr befreundet?

LADY WINDERMERE. Nein!

LADY PRYMDALE. Ach ...? Gute Nacht, meine Liebe. *(Wirft Mr. Dumby einen Blick zu und geht ab)*

DUMBY. Abscheuliche Manieren hat der junge Hopper.

CECIL GRAHAM. Hopper ist der geborene Gentleman – die schlimmste Sorte, die ich kenne.

DUMBY. Eine vernünftige Frau, unsere Lady Windermere! Viele Frauen würden sich gesträubt haben, Mrs. Erlynne einzuladen. Lady Windermere besitzt jene seltene Eigenschaft, die man gesunden Menschenverstand nennt.

CECIL GRAHAM. Und Windermere weiß, daß nichts harmloser aussieht als eine Indiskretion.

DUMBY. Ja, der liebe Windermere fängt an, ein moderner Mensch zu werden. Das hätte ich ihm nie zugetraut. *(Verbeugt sich vor Lady Windermere und geht ab)*

LADY JETBURGH. Gute Nacht, Lady Windermere. Eine faszinierende Frau, diese Mrs. Erlynne! Sie ißt am kommenden Donnerstag bei mir zu Mittag – wollen Sie sich nicht anschließen? Ich erwarte den Bischof und die liebe Lady Merton.

LADY WINDERMERE. Leider bin ich verabredet, Lady Jetburgh.

LADY JETBURGH. Schade ... Komm, meine Liebe!

(Lady Jetburgh und Miß Graham ab. Mrs. Erlynne und Lord Windermere treten auf)

MRS. ERLYNNE. Es war ein reizender Ball. Erinnert mich an die gute alte Zeit. *(Setzt sich aufs Sofa)* Und wie ich sehe, laufen in der guten Gesellschaft noch immer so viele Dummköpfe herum wie eh und je. Wie angenehm, daß nichts sich geändert hat! Mit Ausnahme Margarets. Sie ist recht hübsch geworden. Als ich sie das letzte Mal sah – vor zwanzig Jahren –, war sie ein kleiner Fratz in einem Flanellkleid. Ein richtiger Fratz. Die liebe Herzogin – und die süße Lady Agatha! Genau der Typ, den ich mag. Also, Windermere, sollte ich die Schwägerin der Herzogin werden ...

LORD WINDERMERE *(sitzt links von ihr)*. Aber sind Sie denn ...?

(Mr. Cecil Graham ab mit den restlichen Gästen. Mit verachtungsvoller und betrübter Miene beobachtet Lady Windermere ihren Mann und Mrs. Erlynne. Sie merken nicht, daß sie anwesend ist)

MRS. ERLYNNE. Freilich. Morgen um zwölf will er bei mir erscheinen. Er wollte mir schon heute abend einen Antrag machen. Das heißt, er hat ihn mir gemacht. Nicht einmal, sondern x-mal. Armer Augustus! Sie wissen, wie er sich ständig wiederholt. Eine so schlechte Angewohnheit! Aber ich habe ihn auf morgen vertröstet. Natürlich nehme ich ihn. Und ich wage zu behaupten, daß ich ihm eine bewundernswerte Frau sein werde – mit üblichen Maßstäben gemessen. Lord Augustus hat viele gute Eigenschaften. Zum Glück liegen sie alle an der Oberfläche – dort, wo gute Eigenschaften hingehören. Natürlich müssen Sie mir behilflich sein.

LORD WINDERMERE. Sie werden doch wohl nicht von mir verlangen, Lord Augustus zu ermuntern?

MRS. ERLYNNE. O nein, das erledige ich selbst. Aber Sie werden mich anständig versorgen, nicht wahr, Windermere?

LORD WINDERMERE *(runzelt die Stirn)*. Darüber wollten Sie heute abend mit mir sprechen?

MRS. ERLYNNE. Ja.

LORD WINDERMERE *(mit einer ungeduldigen Handbewegung)*. In diesen vier Wänden will ich nicht darüber sprechen.

MRS. ERLYNNE *(lachend)*. Dann gehen wir eben auf die Terrasse hinaus. Sogar Geschäfte sollte man vor einem malerischen Hintergrund abwickeln. Meinen Sie nicht auch, Windermere? Vor dem passenden Hintergrund können Frauen alles erreichen.

LORD WINDERMERE. Hat es nicht bis morgen Zeit?

MRS. ERLYNNE. Nein. Sehen Sie, morgen werde ich ihm mein Jawort geben. Und ich finde, es wäre gut, wenn ich ihm morgen sagen könnte, daß mir ein Vetter – oder ein zweiter Mann – oder irgendein entfernter Verwandter ein Jahreseinkommen von – also, was soll ich sagen – zweitausend Pfund hinterlassen hat. Das wäre ein zusätzlicher Anreiz, nein? Jetzt haben Sie eine glänzende Gelegenheit, mir ein Kompliment zu machen, Windermere. Aber das ist nicht Ihre starke Seite. Ich fürchte, Margaret ermuntert Sie nicht zu dieser vorzüglichen Gewohnheit. Da begeht sie einen schweren Fehler. Wenn Männer aufhören, Charmantes zu sagen, hören sie auf, Charmantes zu denken. Aber im Ernst, was halten Sie von zweitausend Pfund? Ich glaube, wir sagen lieber zweitausendfünfhundert. Heutzutage muß man sich rühren können. Windermere, finden Sie nicht das Leben ungemein amüsant? Ich, ja.

(Ab mit Lord Windermere durch die Terrassentür. Im Ballsaal setzt Musik ein)

LADY WINDERMERE. In diesem Haus kann ich nicht länger bleiben. Ein Mann, der mich liebt, hat mir sein ganzes Leben dargeboten. Ich habe es zurückgewiesen. Das war dumm von mir. Jetzt werde ich ihm mein Leben darbieten. Ich will es ihm schenken. Ich gehe zu ihm! *(Zieht den Mantel an, nähert sich der Tür, kehrt um, setzt sich an den Tisch, schreibt einen Brief, steckt ihn in ein Kuvert und läßt es auf dem Tisch liegen)* Arthur hat mich nie verstanden. Wenn er diese Zeilen liest, wird er mich verstehen. Mit seinem Leben mag er jetzt machen, was ihm beliebt. Ich tue, was ich für das Beste, was ich für richtig halte. *Er* hat das Band der Ehe zerrissen – nicht ich. Ich zerbreche nur die Fesseln. *(Ab)*

(Parker von links, geht zur Balltür. Mrs. Erlynne tritt ein)

MRS. ERLYNNE. Ist Lady Windermere im Ballsaal?

PARKER. Mylady ist soeben weggegangen.

MRS. ERLYNNE. Weggegangen? Sie ist nicht zu Hause?

PARKER. Nein, gnädige Frau. Mylady hat soeben das Haus verlassen.

MRS. ERLYNNE *(zuckt zusammen und sieht den Butler mit verdutzter Miene an)*. Das Haus verlassen?

PARKER. Ja, gnädige Frau – Mylady hat mir gesagt, sie habe auf dem Tisch einen Brief für seine Lordschaft hinterlassen.

MRS. ERLYNNE. Einen Brief für Lord Windermere?

PARKER. Ja, gnädige Frau.

MRS. ERLYNNE. Danke. *(Parker ab. Die Musik im Ballsaal verstummt)* Das Haus verlassen! Ein Brief, an ihren Mann adressiert! *(Geht zum Schreibtisch und betrachtet den Brief. Nimmt ihn zur Hand und legt ihn mit einem bangen Schauder wieder hin)* Nein, nein! Es ist nicht möglich! So wiederholen sich nicht die Tragödien im Leben! Oh, warum überfällt mich diese gräßliche Ahnung? Warum erinnere ich mich jetzt an den einzigen Augenblick meines Lebens, den ich am ehesten vergessen möchte? Wiederholen sich die Tragödien im Leben? *(Öffnet den Brief, liest ihn, läßt sich dann mit entsetzter Miene in einen Sessel sinken)* Wie furchtbar! Die gleichen Worte, die ich vor zwanzig Jahren an ihren Vater geschrieben habe. Und wie hart bin ich dafür bestraft worden! Nein – meine Strafe, die eigentliche Strafe, ereilt mich heute – in diesem Augenblick ... *(Bleibt rechts sitzen)*

LORD WINDERMERE *(von links hinten)*. Haben Sie meiner Frau gute Nacht gesagt?

MRS. ERLYNNE *(zerknüllt den Brief in ihrer Hand)*. Ja.

LORD WINDERMERE. Wo ist sie?

MRS. ERLYNNE. Sie ist sehr müde. Sie ist zu Bett gegangen. Sie sagte, sie habe Kopfschmerzen.

LORD WINDERMERE. Ich muß zu ihr. Sie entschuldigen mich.

MRS. ERLYNNE *(erhebt sich hastig)*. Nein, nein! Es ist nichts Ernstes. Sie ist nur sehr müde, weiter nichts. Außerdem sitzen noch Gäste zu Tisch. Sie sollen Mylady bei ihnen entschuldigen. Sie sagte, sie wünsche nicht gestört zu werden. *(Läßt den Brief fallen)* Sie bat mich, Ihnen Bescheid zu sagen.

LORD WINDERMERE *(hebt den Brief auf)*. Sie haben etwas verloren.

MRS. ERLYNNE. Ach ja, danke – es gehört mir. *(Streckt die Hand aus)*

LORD WINDERMERE *(betrachtet den Brief)*. Aber das ist doch die Handschrift meiner Frau, nein?

MRS. ERLYNNE *(nimmt ihm schnell den Brief weg)*. Ja, es ist –

eine Adresse. Wollen Sie bitte meinen Wagen vorfahren lassen?

LORD WINDERMERE. Gern. *(Ab)*

MRS. ERLYNNE. Danke ... Was kann ich tun? Was kann ich tun? In mir erwacht ein Gefühl, das ich bisher nicht gekannt habe. Was soll es bedeuten? Die Tochter darf nicht dem Beispiel der Mutter folgen – das wäre schrecklich. Wie kann ich sie retten? Wie kann ich mein Kind retten? Ein einziger Augenblick kann ein Leben zerstören. Wer wüßte es besser als ich? Windermere muß aus dem Haus! Das ist unbedingt nötig. *(Geht nach links)* Aber wie fange ich's an? Irgendwie muß es gelingen. Ah!

LORD AUGUSTUS *(mit dem Bukett von rechts hinten).* Liebe gnädige Frau, Sie spannen mich auf die Folter! Wollen Sie nicht doch vielleicht meine Frage beantworten?

MRS. ERLYNNE. Lord Augustus, hören Sie gut zu! Sie müssen Lord Windermere sofort in Ihren Klub mitnehmen und ihn dort so lange wie nur möglich festhalten. Haben Sie mich verstanden?

LORD AUGUSTUS. Aber Sie wünschten doch, daß ich nicht so spät nach Haus komme!

MRS. ERLYNNE *(nervös).* Tun Sie, was ich sage! Tun Sie, was ich sage!

LORD AUGUSTUS. Und meine Belohnung?

MRS. ERLYNNE. Ihre Belohnung? Ihre Belohnung? Ach, fragen Sie mich morgen. Aber lassen Sie Lord Windermere heute nacht nicht aus den Augen. Sonst verzeihe ich Ihnen nie – rede nie wieder ein Wort mit Ihnen – will nie wieder etwas mit Ihnen zu tun haben. Wohlgemerkt, Sie sollen Lord Windermere in Ihrem Klub festhalten. Lassen Sie ihn nicht vor morgen früh nach Hause gehen! *(Ab nach links)*

LORD AUGUSTUS. Also, wirklich – als ob ich schon mit ihr verheiratet wäre! Ein Pantoffelheld *(Folgt ihr mit verwirrter Miene)*

Vorhang

Dritter Akt

Lord Darlingtons Wohnung. Vor dem Kamin rechts ein breites Sofa. Im Hintergrund ein Fenster mit zugezogenen Gardinen. Türen links und rechts. Rechts ein Tisch mit Schreibutensilien. Karaffenständer. Links ein Tisch mit Zigarrenkisten und einer Zigarettenkassette. Die Lampen brennen.

LADY WINDERMERE *(steht am Kamin).* Warum kommt er nicht? Dieses Warten ist grauenhaft. Er müßte schon hier sein. Warum ist er nicht hier und weckt mit zärtlichen Worten ein Feuer in meiner Brust? Mich friert – ich bin kalt wie ein fühlloser Stein. Arthur muß inzwischen meinen Brief gelesen haben. Wenn ihm etwas an mir läge, wäre er mir nachgeeilt und hätte mich mit Gewalt zurückgeholt. Aber es liegt ihm nichts an mir. Er steht im Banne dieser Frau – er ist von ihr fasziniert – sie beherrscht ihn. Wenn eine Frau einen Mann an sich fesseln will, braucht sie nur an seine schlechten Eigenschaften zu appellieren. Wir machen Götter aus unseren Männern, und sie verlassen uns. Andere machen Tiere aus ihnen, und sie kriechen im Staube, sie sind treu! Wie abscheulich das Leben ist ...! Es war ein Wahnsinn von mir, mich hierherzuwagen. Reiner Wahnsinn ... Trotzdem frage ich mich – was ist schlimmer: einem Manne ausgeliefert zu sein, der einen liebt, oder die Frau eines Mannes zu sein, der einen in den eigenen vier Wänden erniedrigt? Wo ist die Frau, die das weiß? Wo auf der ganzen Welt? Aber wird er mich denn immer lieben, dieser Mann, dem ich mein Leben schenke? Was bringe ich ihm? Die Lippen, die nicht mehr lächeln können, Augen, blind vor Tränen, frostige Hände und ein eiskaltes Herz. Nichts habe ich ihm zu bieten. Ich muß zurück ... Nein, ich kann nicht mehr zurück. Mein Brief hat mich in ihre Hände geliefert. Arthur würde mich nicht mehr bei sich aufnehmen! Dieser verhängnisvolle Brief! Nein! Morgen verläßt Lord Darlington England. Ich begleite ihn – es bleibt mir keine Wahl. *(Setzt sich, springt sogleich wieder auf und zieht den Mantel an)* Nein, nein! Ich kehre zurück. Arthur soll mit mir machen, was er will. Ich kann hier nicht länger warten. Es war ein Wahnsinn, mich hierherzuwagen. Ich muß sofort nach Hause. Und Lord Darlington? – Oh, da ist er! Was soll ich tun? Was soll ich zu ihm sagen? Wird er mich fortlassen? Ich habe gehört, daß die Männer brutal sind – abscheulich ... Oh! *(Schlägt die Hände vors Gesicht)*

MRS. ERLYNNE *(von links).* Lady Windermere! *(Lady Windermere zuckt zusammen und blickt auf. Dann weicht sie voller Verachtung zurück)* Dem Himmel sei Dank, daß ich zurechtkomme. Sie müssen sofort in das Haus Ihres Mannes zurückkehren.

LADY WINDERMERE. Ich muß?

MRS. ERLYNNE *(gebieterisch).* Ja, unbedingt! Es ist keine Sekunde zu verlieren. Lord Darlington kann jeden Augenblick hier sein.

LADY WINDERMERE. Kommen Sie mir nicht in die Nähe!

MRS. ERLYNNE. Sie stehen am Rande des Ruins – am Rande eines entsetzlichen Abgrunds. Sie müssen dieses Haus sofort verlassen. Mein Wagen wartet an der Straßenecke. Sie müssen mir folgen und geradewegs nach Hause fahren. *(Lady Windermere zieht den Mantel aus und wirft ihn aufs Sofa)* Was soll das bedeuten?

LADY WINDERMERE. Mrs. Erlynne – wenn Sie nicht hier aufgetaucht wären, ich wäre nach Hause zurückgekehrt. Aber jetzt, da ich Sie vor mir sehe, jetzt fühle ich, daß nichts in der Welt mich dazu bewegen könnte, unter demselben Dach zu leben wie Lord Windermere. Mir graut vor Ihnen. Sie haben etwas an sich, das mich mit wildem – Zorn erfüllt. Und ich weiß, warum Sie gekommen sind. Mein Mann hat Sie beauftragt, mich zurückzulocken, damit ich als Deckmantel für die Beziehungen diene, die zwischen ihm und Ihnen bestehen.

MRS. ERLYNNE. Sie glauben doch nicht, daß ... Nein, das ist nicht denkbar.

LADY WINDERMERE. Kehren Sie zu meinem Mann zurück, Mrs. Erlynne. Er gehört Ihnen, nicht mir. Vermutlich fürchtet er einen Skandal. Die Männer sind ja so feige. Sie treten die Gesetze der Welt mit Füßen und zittern vor dem Urteil dieser Welt. Aber er soll sich auf etwas gefaßt machen. Er wird seinen Skandal bekommen – den ärgsten Skandal, den London seit Jahren erlebt hat. Er wird seinen Namen in jedem Schandblatt lesen und den meinen auf jedem schäbigen Aushang!

MRS. ERLYNNE. Nein – nein ...

LADY WINDERMERE. Ja! Und ob! Ich gebe zu – wenn er selber erschienen wäre, dann wäre ich zu dem erniedrigenden Dasein zurückgekehrt, das ihr beide für mich ausgedacht habt – ja, ich war bereits entschlossen zurückzukehren ... Aber selber zu Hause zu bleiben und *Sie* als einen Boten loszuschicken – oh, wie schändlich, wie schändlich!

MRS. ERLYNNE *(Mitte).* Lady Windermere, Sie tun mir bitter unrecht – Sie tun Ihrem Mann bitter unrecht. Er weiß nicht, daß Sie hier sind – er glaubt, Sie seien wohlbehalten in seinem Haus – friedlich schlafend in Ihrem eigenen Zimmer. Den verrückten Brief, den Sie ihm geschrieben haben, hat er nicht gelesen.

LADY WINDERMERE *(rechts).* Er hat ihn nicht gelesen?

MRS. ERLYNNNE. Nein, er weiß nichts von diesem Brief.

LADY WINDERMERE. Sie halten mich für eine dumme Gans. *(Geht auf sie zu)* Sie lügen mich an!

MRS. ERLYNNE *(beherrscht sich).* Nein. Ich sage die volle Wahrheit.

LADY WINDERMERE. Wenn mein Mann den Brief nicht gelesen hat – wie kommt es, daß Sie hier sind? Wer hat Ihnen gesagt, daß ich das Haus verlassen hatte, das zu betreten Sie sich nicht geschämt haben? Wer hat Ihnen gesagt, wohin ich gegangen war? Mein Mann hat es Ihnen gesagt und Sie beauftragt, mich zurückzulocken.

MRS. ERLYNNE *(rechts Mitte).* Ihr Mann hat den Brief nie zu sehen bekommen. Ich – habe ihn gesehen, ich habe ihn geöffnet. Ich – habe ihn gelesen.

LADY WINDERMERE *(dreht sich zu ihr um).* Sie haben einen von mir an meinen Mann adressierten Brief geöffnet? Das würden Sie nicht wagen!

MRS. ERLYNNE. Nicht wagen! Es gibt nichts auf der Welt, nichts auf der ganzen Welt, das ich nicht wagen würde, um Sie vor dem Abgrund zu retten, in den Sie zu stürzen drohen. Hier ist der Brief. Ihr Mann hat ihn nicht gelesen. Er wird ihn nie zu lesen bekommen. *(Geht zum Kamin)* Er hätte nie geschrieben werden dürfen. *(Zerreißt ihn und wirft ihn ins Feuer)*

LADY WINDERMERE *(mit unendlicher Verachtung in Stimme und Blick).* Woher weiß ich denn überhaupt, daß das mein Brief war? Sie scheinen sich einzubilden, daß man mich mit den simpelsten Tricks übertölpeln kann!

MRS. ERLYNNE. Ach, warum bezweifeln Sie alles, was ich sage? Was für einen Grund sollte ich haben, hierherzueilen – wenn nicht den Wunsch, Sie vor den Folgen eines schrecklichen Irrtums zu bewahren? Der Brief, den ich verbrannt habe, war Ihr Brief. Ich schwöre.

LADY WINDERMERE *(langsam).* Sie waren darauf bedacht, ihn zu verbrennen, bevor ich ihn mir angesehen hatte. Ich traue Ihnen nicht. Sie, deren Leben eine einzige Lüge ist, wie könnten Sie in irgendeinem Punkt die Wahrheit sagen? *(Setzt sich)*

MRS. ERLYNNE *(hastig).* Denken Sie über mich, wie Sie wollen – sagen Sie gegen mich, was Ihnen beliebt – aber kehren Sie zurück, kehren Sie zu dem Mann zurück, den Sie lieben.

LADY WINDERMERE *(mürrisch).* Ich liebe ihn nicht.

MRS. ERLYNNE. Doch, und Sie wissen, daß er Sie liebt.

LADY WINDERMERE. Er begreift nicht, was Liebe ist. Er begreift es ebensowenig wie Sie – aber ich sehe schon, was Ihnen vorschwebt. Für Sie wäre es von großem Vorteil, mich wieder in meinem Hause zu wissen. Du lieber Himmel, was für ein Leben würde ich dort führen! Auf die Gnade einer Frau angewiesen zu sein, die weder Gnade noch Mitleid kennt, einer Frau, der zu begegnen eine Schande, die zu kennen entwürdigend ist, einer gemeinen Person, die sich zwischen einen Mann und seine Frau drängt!

MRS. ERLYNNE *(mit einer verzweifelten Gebärde).* Lady Windermere, Lady Windermere, nicht diese schrecklichen Worte! Sie wissen nicht, *wie* schrecklich sie sind, wie schrecklich und wie ungerecht! Hören Sie mich an – Sie müssen mich anhören! Kehren Sie zu Ihrem Mann zurück, und ich verspreche Ihnen, mich nie mehr – unter welchem Vorwand auch immer – mit ihm in Verbindung zu setzen – ihn nie mehr zu treffen – nie mehr in seinem oder Ihrem Leben etwas mit ihm zu tun zu haben. Das Geld, das ich von ihm bekommen habe, hat er mir nicht aus Liebe, sondern aus Haß geschenkt – nicht in Verehrung, sondern voll Verachtung. Mein Einfluß auf ihn ...

LADY WINDERMERE *(erhebt sich)*. Aha – Sie geben zu, daß Sie Einfluß auf ihn haben.

MRS. ERLYNNE. Ja, und ich will Ihnen sagen, woran es liegt. An seiner Liebe zu Ihnen, Lady Windermere.

LADY WINDERMERE. Und das soll ich Ihnen glauben?

MRS. ERLYNNE. Sie müssen es glauben – es stimmt! Nur seine Liebe zu Ihnen hat ihn bewogen, sich dieser – ach, nennen Sie es, wie Sie wollen – Tyrannei, diesen Drohungen – egal, wie Sie es nennen – zu fügen. Nur seine Liebe zu Ihnen – der Wunsch, Ihnen Schande, ja, Beschämung und Schande zu ersparen.

LADY WINDERMERE. Was soll das heißen? Sie sind sehr unverfroren! Was habe ich mit Ihnen zu tun?

MRS. ERLYNNE *(bescheiden)*. Nichts. Ich weiß es – aber ich sage Ihnen, daß Ihr Mann Sie liebt – daß Sie vielleicht nie wieder in Ihrem Leben so einer Liebe begegnen werden – nein, nicht nur vielleicht, sondern bestimmt nicht. Wenn Sie diese Liebe wegwerfen, wird vielleicht der Tag kommen, da Sie nach Liebe dürsten und mit leeren Händen dastehen – da Sie um Liebe betteln, und man verweigert sie Ihnen. – Oh! Arthur liebt Sie!

LADY WINDERMERE. Arthur? Und da behaupten Sie, es gäbe nichts zwischen euch?

MRS. ERLYNNE. Lady Windermere – vor Gott hat Ihr Mann sich Ihnen gegenüber nichts zuschulden kommen lassen. Und ich – ich sage Ihnen, wenn mir je eingefallen wäre, daß Ihnen ein so ungeheuerlicher Verdacht in den Sinn kommen könnte, dann wäre ich lieber gestorben, als Ihren oder seinen Lebensweg zu kreuzen – ja, lieber gestorben, mit Freuden gestorben! *(Geht zum Sofa rechts)*

LADY WINDERMERE. Sie reden, als ob Sie ein Herz hätten. Frauen wie Sie haben kein Herz. Es schlägt kein Herz in ihrer Brust. Sie verkaufen sich und lassen sich kaufen. *(Setzt sich links Mitte)*

MRS. ERLYNNE *(zuckt mit einer schmerzlichen Geste zusammen, beherrscht sich sodann und nähert sich Lady Windermere. Während sie auf sie einredet, streckt sie die Hände nach ihr aus, wagt aber nicht, sie anzurühren).* Denken Sie über mich, wie Sie wollen. Ich bin nicht die geringste Sorge wert. Aber zerstören Sie nicht meinetwegen Ihr schönes junges Leben! Sie wissen nicht, was Ihnen bevorstehen mag, wenn Sie nicht sofort dieses Haus verlassen. Sie wissen nicht, was es heißt, in den Abgrund zu stürzen, verachtet, verhöhnt, gemieden, bespuckt zu werden – ausgestoßen zu sein! vor verschlossenen Türen zu stehen, sich auf abscheulichen Umwegen einschleichen zu müssen – jeden Augenblick befürchten zu müssen, daß einem die Maske vom Gesicht gerissen wird – und immerzu das Gelächter zu hören, das grauenhafte Gelächter der Welt, das tragischer ist als die Tränen, die sie je vergossen hat. Sie wissen nicht, wie das ist! Man büßt für seine Sünden – büßt immer wieder – büßt sein Leben lang. *Sie* sollen das nie kennenlernen ... Was mich betrifft – wenn Leid eine Sühne ist, dann habe ich in diesem Augenblick alle meine Fehltritte gesühnt, mögen sie noch so schlimm gewesen sein. Heute nacht haben Sie ein Herz in einen Menschen eingepflanzt, der nie ein Herz besessen hat – Sie haben es ihm geschenkt und es gebrochen. – Doch lassen wir das beiseite. Mein eigenes Leben mag ich zerstört haben, aber ich werde nicht dulden, daß Sie das Ihre zerstören. Sie – ach, Sie sind ja eigentlich noch ein junges Mädchen, Sie wären rettungslos verloren. Ihnen fehlt die Gewitztheit, die einer Frau ermöglicht, sich ein Comeback zu erzwingen. Sie haben weder den Verstand dazu noch den Mut. Sie würden die Schande nicht ertragen. Nein – kehren Sie zurück, Lady Windermere, kehren Sie zu dem Mann zurück, der Sie liebt, den Sie lieben. Sie haben ein Kind, Lady Windermere. Kehren Sie zu diesem Kind zurück, das vielleicht in diesem Augenblick – freudig oder hilfeflehend – nach seiner Mutter ruft. *(Lady Windermere erhebt sich)* Gott hat Ihnen dieses Kind beschert. Er wird von Ihnen verlangen, daß Sie es glücklich machen, daß Sie es behüten. Wie wollen Sie es vor dem Herrgott verantworten, wenn sein Leben durch Ihre Schuld zerstört wird? Zurück in Ihr Haus, Lady Windermere – Ihr Mann liebt Sie! Nicht einen Augenblick hat er die Liebe verraten, die er für Sie empfindet. Aber auch wenn er tausend Mätressen hätte, müßten Sie bei Ihrem Kind bleiben. Wenn er

Sie barsch behandelt – Sie müssen bei Ihrem Kind bleiben. Wenn er Sie schlecht behandelt – Sie müssen bei Ihrem Kind bleiben. Wenn er Sie verläßt – Sie müssen bei Ihrem Kind bleiben. *(Lady Windermere bricht in Tränen aus und schlägt die Hände vors Gesicht. Mrs. Erlynne eilt zu ihr hin)* Lady Windermere!

LADY WINDERMERE *(streckt ihr die Hände entgegen, hilflos wie ein kleines Kind).* Bringen Sie mich nach Hause! Bringen Sie mich nach Hause!

MRS. ERLYNNE *(ist drauf und dran, sie zu umarmen. Dann beherrscht sie sich. Ein Ausdruck heller Freude tritt in ihre Züge).* Kommen Sie! Wo ist Ihr Mantel? *(Nimmt ihn vom Sofa)* Hier! Ziehen Sie ihn an. Kommen Sie – sofort . . .

(Sie gehen auf die Tür zu)

LADY WINDERMERE. Halt! Hören Sie nicht Stimmen?

MRS. ERLYNNE. Nein, nein – kein Mensch ist hier!

LADY WINDERMERE. Doch! Es ist jemand da. Horchen Sie! Oh – es ist die Stimme meines Mannes. Er kommt! Retten Sie mich! Es ist ein Komplott! Sie haben ihn herbestellt.

(Von draußen sind Stimmen zu hören)

MRS. ERLYNNE. Still! Ich bin hier, um Sie zu retten, wenn es in meiner Macht steht. Aber ich fürchte, es ist zu spät. Dort! *(Deutet auf die zugezogene Fenstergardine)* Bei der ersten Gelegenheit schleichen Sie davon, *falls* sich eine Gelegenheit ergibt.

LADY WINDERMERE. Und Sie?

MRS. ERLYNNE. Ach, machen Sie sich keine Sorge um mich. Ich werde mit den Herren fertig.

(Lady Windermere versteckt sich hinter dem Vorhang)

LORD AUGUSTUS *(in den Kulissen).* Unsinn, lieber Windermere, Sie dürfen mir nicht weglaufen!

MRS. ERLYNNE. Lord Augustus! Dann bin *ich* verloren! *(Zögert eine Weile, schaut sich um, erblickt die Tür rechts und geht durch sie ab)*

(Lord Darlington, Mr. Dumby, Lord Windermere, Lord Augustus Lorton und Mr. Cecil Graham treten auf)

DUMBY. Wie ärgerlich, daß man uns so früh aus dem Klub hinauswirft! Es ist erst zwei. *(Sinkt in einen Sessel)* Gerade wenn es lustig zu werden beginnt! *(Gähnt und schließt die Augen)*

LORD WINDERMERE. Es ist sehr lieb von Ihnen, Lord Darlington, daß Sie Augustus erlauben, Ihnen unsere Gesellschaft aufzuzwingen, aber ich kann leider nicht lange bleiben.

LORD DARLINGTON. Wirklich nicht? Das tut mir leid. Darf ich Ihnen eine Zigarre anbieten?

LORD WINDERMERE. Danke. *(Setzt sich)*

LORD AUGUSTUS *(zu Lord Windermere)*. Mein lieber Junge, Sie dürfen nicht daran denken, jetzt schon zu gehen. Ich habe vieles mit Ihnen zu besprechen – noch dazu etwas verdeibelt Wichtiges. *(Setzt sich mit ihm an den Tisch links)*

CECIL GRAHAM. Ach, wir wissen schon, was es ist. Tuppy hat nur noch ein Thema: Mrs. Erlynne.

LORD WINDERMERE. Das geht doch dich nichts an, Cecil.

CECIL GRAHAM. Nicht das geringste! Deshalb interessiert es mich. Meine eigenen Angelegenheiten langweilen mich zu Tode. Ich bevorzuge die Angelegenheiten anderer Leute.

LORD DARLINGTON. Wollen die Herren nicht etwas trinken? Cecil, du nimmst einen Whisky-Soda.

CECIL GRAHAM. Danke. *(Begleitet Lord Darlington zum Tisch)* Mrs. Erlynne hat heute abend sehr gut ausgesehen, oder wie?

LORD DARLINGTON. Ich zähle nicht zu ihren Bewunderern.

CECIL GRAHAM. Ich habe sie früher nicht bewundert, aber jetzt bewundere ich sie. Sie hat mich tatsächlich dazu gekriegt, sie der armen lieben Tante Caroline vorzustellen. Ich glaube, sie wird sogar bei ihr zu Mittag essen.

LORD DARLINGTON *(überrascht)*. Nein!

CECIL GRAHAM. Ja, tatsächlich.

LORD DARLINGTON. Entschuldigt mich, meine Freunde. Ich verreise morgen und muß ein paar Briefe schreiben. *(Setzt sich an den Schreibtisch)*

DUMBY. Eine gerissene Person, diese Mrs. Erlynne.

CECIL GRAHAM. Hallo, Dumby! Ich dachte, Sie schlafen.

DUMBY. Sie haben sich nicht geirrt – ich schlafe meistens.

LORD AUGUSTUS. Eine sehr gerissene Person. Sie weiß ganz genau, was für ein verdeibelter Esel ich bin – weiß es genausogut wie ich. *(Cecil Graham geht lachend auf ihn zu)* Ah, du hast gut lachen, mein Junge, aber es ist eine tolle Sache, einer Frau zu begegnen, die einen restlos versteht.

DUMBY. Es ist furchtbar gefährlich und endet immer damit, daß man sie heiratet.

CECIL GRAHAM. Ich dachte, Tuppy, du wolltest sie nie mehr wiedersehen. Ja, das hast du gestern abend im Klub zu mir gesagt. Du hast gesagt, du hättest gehört ... *(Flüstert ihm etwas ins Ohr)*

LORD AUGUSTUS. Oh, das hat sie mir erklärt.

CECIL GRAHAM. Und die Affäre in Wiesbaden?

LORD AUGUSTUS. Hat sie mir auch erklärt.

DUMBY. Und ihr Einkommen? Hat sie dir erklärt, wo das Geld herstammt?

LORD AUGUSTUS *(in ernstem Ton)*. Das wird sie mir morgen erklären.

(Cecil Graham kehrt an den Tisch in der Mitte zurück)

DUMBY. Furchtbar geschäftstüchtig sind die Frauen heutzutage. Natürlich wollten auch unsere Großmütter unter die Haube kommen, aber, bei Gott, ihre Enkelinnen verlangen, daß die Haube aus purem Gold ist.

LORD AUGUSTUS. Sie machen sie schlecht. Sie ist nicht schlecht.

CECIL GRAHAM. Schlechte Frauen belästigen einen. Brave Frauen langweilen einen. Das ist der einzige Unterschied.

LORD AUGUSTUS *(an einer Zigarre paffend)*. Mrs. Erlynne hat eine Zukunft vor sich.

DUMBY. Mrs. Erlynne hat eine Vergangenheit vor sich.

LORD AUGUSTUS. Ich bevorzuge Frauen mit einer Vergangenheit. Mit ihnen zu plaudern ist immer so verdeibelt amüsant.

CECIL GRAHAM. Na, dann wird es euch beiden nicht an Gesprächsstoff mangeln, Tuppy. *(Steht auf und nähert sich ihm)*

LORD AUGUSTUS. Du fällst mir auf die Nerven, mein Junge – gottverdammich.

CECIL GRAHAM *(legt die Hände auf seine Schultern)*. Aber, Tuppy, du hast dein Gesicht verloren, du hast deinen guten Ruf verloren – verlier jetzt nicht auch noch die Nerven. Sie sind unersetzlich.

LORD AUGUSTUS. Lieber Mann, wenn ich nicht der gutmütigste Mensch in ganz London wäre ...

CECIL GRAHAM. Dann würden wir dich respektvoller behandeln, nicht wahr, Tuppy? *(Schlendert davon)*

DUMBY. Die heutige Jugend ist gräßlich. Sie hat nicht den geringsten Respekt vor gefärbten Haaren.

(Lord Augustus blickt ärgerlich in die Runde)

CECIL GRAHAM. Mrs. Erlynne hat großen Respekt vor unserem lieben Tuppy.

DUMBY. Dann geht Mrs. Erlynne dem Rest ihres Geschlechts mit gutem Beispiel voran. Es ist geradezu tierisch, wie heutzutage die meisten Frauen sich Männern gegenüber benehmen, mit denen sie nicht verheiratet sind.

LORD WINDERMERE. Dumby, Sie machen sich lächerlich – und du, Cecil, hast ein loses Mundwerk. Laß Mrs. Erlynne in Frieden. Du weißt nichts Genaues und verfolgst sie mit deiner üblen Nachrede.

CECIL GRAHAM *(geht auf ihn zu)*. Mein lieber Arthur, ich denke nicht daran, ihr etwas Übles nachzusagen. *Ich* erzähle nur Klatsch.

LORD WINDERMERE. Worin besteht der Unterschied zwischen übler Nachrede und Klatsch?

CECIL GRAHAM. Ach, es gibt nichts Charmanteres als Klatsch! Die Weltgeschichte besteht nur aus Klatsch. Üble Nachrede aber ist moralinsaurer Klatsch und ödet mich an. Ich hüte mich, Moral zu predigen. Männer, die Moral predigen, sind meistens Heuchler – Frauen, die Moral predigen, sind unweigerlich häßlich. Nichts in der Welt steht einer Frau so schlecht zu Gesicht wie ein puritanisches Gewissen. Das wissen die meisten Frauen – erfreulicherweise.

LORD AUGUSTUS. Ich bin ganz deiner Meinung, mein Junge – ganz deiner Meinung.

CECIL GRAHAM. Das höre ich ungern, Tuppy. Wenn man mir recht gibt, habe ich immer das dunkle Gefühl, ich müsse unrecht haben.

LORD AUGUSTUS. Mein lieber Junge, als ich so jung war wie du...

CECIL GRAHAM. Aber das warst du nie, Tuppy, und wirst es nie sein. *(Geht zur Mitte)* Sagen Sie mal, Darlington, könnten wir Karten haben? Du spielst doch mit, Arthur?

LORD WINDERMERE. Danke, nein, Cecil.

DUMBY *(mit einem Seufzer)*. Du lieber Himmel, wie doch die

Ehe einen Mann ruiniert! Sie ist so demoralisierend wie das Zigarettenrauchen, nur viel kostspieliger.

CECIL GRAHAM. Du machst natürlich mit, Tuppy.

LORD AUGUSTUS *(schenkt sich einen Kognak mit Soda ein).* Bin verhindert, lieber Freund. Habe Mrs. Erlynne versprochen, nicht mehr zu trinken und nicht mehr Karten zu spielen.

CECIL GRAHAM. Aber, mein lieber Tuppy, laß dich nur nicht auf den Pfad der Tugend verführen. Wenn du dich besserst, bist du nicht mehr auszustehen. Das ist das Schlimmste an den Frauen. Immer wollen sie, daß man brav ist. Und *sind* wir brav, dann haben sie nicht das geringste für uns übrig. Wenn sie uns kennenlernen, sollen wir unverbesserliche Wüstlinge sein – wenn sie uns verlassen, fade Tugendbolde.

LORD DARLINGTON *(steht von dem Tisch rechts auf, an dem er gesessen und Briefe geschrieben hat).* Sie halten uns immer für schlecht.

DUMBY. Ich glaube nicht, daß wir schlechte Menschen sind. Ich finde, wir sind alle sehr brav – bis auf Tuppy.

LORD DARLINGTON. Nein, wir wälzen uns alle im Rinnstein, aber einige unter uns blicken zu den Sternen auf. *(Setzt sich an den Tisch in der Mitte)*

DUMBY. Wir wälzen uns im Rinnstein, aber einige unter uns blicken zu den Sternen auf? Bei Gott, Sie sind heute nacht sehr romantisch veranlagt, Darlington.

CECIL GRAHAM. Viel zu romantisch! Er muß verliebt sein. Wer ist die junge Dame?

LORD DARLINGTON. Die Frau, die ich liebe, ist nicht frei – oder glaubt es nicht zu sein. *(Dabei sieht er unwillkürlich Lord Windermere an)*

CECIL GRAHAM. Also eine verheiratete Frau! Nichts geht über die zärtliche Hingabe einer verheirateten Frau. Davon hat kein verheirateter Mann auch nur die blasseste Ahnung.

LORD DARLINGTON. Ach, sie liebt mich nicht. Sie ist eine anständige Frau. Sie ist die einzige anständige Frau, der ich in meinem ganzen Leben begegnet bin.

CECIL GRAHAM. Die einzige anständige Frau, der Sie je in Ihrem Leben begegnet sind?

LORD DARLINGTON. Ja.

CECIL GRAHAM *(zündet sich eine Zigarette an)*. Na, dann dürfen Sie von Glück sagen. Ich habe sie zu Hunderten kennengelernt. Ich scheine überhaupt nur anständige Frauen kennenzulernen. Die Welt ist gerammelt voll von anständigen Frauen. Wer mit ihnen umgeht, den erziehen sie zum Spießer.

LORD DARLINGTON. Diese Frau ist rein und unschuldig. Sie besitzt alles, was wir Männer verloren haben.

CECIL GRAHAM. Mein lieber Mann, was in aller Welt würde aus uns werden, wenn wir rein und unschuldig herumliefen! Eine sorgfältig ausgewählte Blume im Knopfloch ist bedeutend effektvoller.

DUMBY. Sie liebt Sie also nicht?

DARLINGTON. Sie liebt mich nicht.

DUMBY. Gratuliere, lieber Freund. Auf dieser Erde gibt es nur zwei Tragödien. Die eine: Man bekommt nicht, was man sich wünscht. Die andere: Man bekommt es. Und letzteres ist weit schlimmer – es ist die wahre Tragödie. Aber ich finde es interessant, daß sie Sie nicht liebt. Wie lange könntest du eine Frau lieben, die dich nicht liebt, Cecil?

CECIL GRAHAM. Eine Frau, die mich nicht liebt? Mein Leben lang.

DUMBY. Dito. Aber es ist so schwer, eine kennenzulernen.

LORD DARLINGTON. Wie können Sie nur so eingebildet sein, Dumby!

DUMBY. Ich sage es nicht aus Eitelkeit. Ich sage es mit Bedauern. Frauen haben mich angebetet – wahnsinnig, toll. Leider. Es war furchtbar lästig. Ich möchte gern ab und zu ein bißchen Zeit für mich selber haben.

LORD AUGUSTUS *(dreht sich zu ihm um)*. Vermutlich, um etwas hinzuzulernen.

DUMBY. Nein – um zu vergessen, was ich gelernt habe. Das ist viel wichtiger, lieber Tuppy.

(Lord Augustus rutscht unruhig in seinem Sessel hin und her)

LORD DARLINGTON. Was seid ihr doch für Zyniker!

CECIL GRAHAM. Was ist ein Zyniker? *(Setzt sich auf die Rücklehne des Sofas)*

LORD DARLINGTON. Ein Mann, der immer weiß, was eine Sache kostet, und nie, was sie wert ist.

CECIL GRAHAM. Ein Gefühlsmensch aber, lieber Lord Darlington, legt allen Sachen einen absurden Wert bei und kennt nie ihren Marktpreis.

LORD DARLINGTON. Sie machen mir Spaß, Cecil. Sie reden, als wären Sie ein vielerfahrener Mann.

CECIL GRAHAM. Ich bin es. *(Nähert sich dem Kamin)*

LORD DARLINGTON. Sie sind zu jung.

CECIL GRAHAM. Ein großer Irrtum. Erfahrung ist eine Frage des Instinkts. Ich besitze ihn. Tuppy besitzt ihn nicht. Was Tuppy Erfahrung nennt, ist weiter nichts als die Summe seiner Tölpeleien.

(Lord Augustus blickt entrüstet in die Runde)

DUMBY. Jeder Mensch hält die Summe seiner Tölpeleien für Erfahrung.

CECIL GRAHAM *(mit dem Rücken zum Kamin)*. Man sollte keine begehen. *(Sieht Lady Windermeres Fächer auf dem Sofa liegen)*

DUMBY. Ohne sie würde das Leben sehr langweilig sein.

CECIL GRAHAM. Natürlich sind Sie dieser Frau, die Sie lieben, treu, Darlington – dieser anständigen Frau?

LORD DARLINGTON. Cecil, wenn man eine Frau aufrichtig liebt, erscheinen einem alle anderen Frauen auf der Welt völlig bedeutungslos. Die Liebe verändert den Mann – ich bin ein anderer geworden.

CECIL GRAHAM. Du meine Güte! Wie interessant! Tuppy, ich muß mit dir reden.

(Lord Augustus nimmt keine Notiz)

DUMBY. Es ist zwecklos, mit Tuppy zu reden. Sie könnten sich ebensogut an eine Ziegelmauer wenden.

CECIL GRAHAM. Ich wende mich aber sehr gern an Ziegelmauern. Weil sie mir nie widersprechen ... Tuppy!

LORD AUGUSTUS. Ja, was ist denn los? Was ist los? *(Steht auf und nähert sich Cecil Graham)*

CECIL GRAHAM. Komm hierher. Ja, gerade du. *(Leise)* Darlington hat uns Moral gepredigt und von der reinen Liebe gesprochen – dabei war die ganze Zeit eine Frau in seiner Wohnung.

LORD AUGUSTUS. Nein, tatsächlich? Tatsächlich?

CECIL GRAHAM *(mit gedämpfter Stimme)*. Dort liegt ihr Fächer. *(Deutet aufs Sofa)*

LORD AUGUSTUS *(lacht in sich hinein).* Bei Gott! Bei Gott!

LORD WINDERMERE *(an der Tür).* Jetzt muß ich wirklich gehen, Lord Darlington. Ich bedaure, daß Sie England schon morgen verlassen. Bitte, suchen Sie uns auf, sobald Sie wieder da sind. Meine Frau und ich werden uns freuen, Sie wiederzusehen.

LORD DARLINGTON *(neben Lord Windermere).* Leider werde ich viele Jahre wegbleiben. Gute Nacht!

CECIL GRAHAM. Arthur!

LORD WINDERMERE. Ja?

CECIL GRAHAM. Ich möchte einen Augenblick mit dir sprechen. Nein – komm her ...

LORD WINDERMERE *(zieht den Mantel an).* Ausgeschlossen – ich gehe.

CECIL GRAHAM. Es handelt sich um etwas ganz Besonderes. Es wird dich enorm interessieren.

LORD WINDERMERE *(lächelnd).* Wieder eine deiner Albernheiten, Cecil.

CECIL GRAHAM. Nein – wirklich nicht!

LORD AUGUSTUS *(geht auf ihn zu).* Lieber Freund, du darfst noch nicht gehen. Ich habe vieles mit dir zu besprechen. Und Cecil will dir etwas zeigen.

LORD WINDERMERE *(nähert sich Cecil Graham).* Na schön – was denn?

CECIL GRAHAM. Darlington hat eine Frau in seiner Wohnung. Hier liegt ihr Fächer. Amüsant, nicht wahr? *(Pause)*

LORD WINDERMERE. Oh, mein Gott! *(Greift nach dem Fächer. Dumby steht auf)*

CECIL GRAHAM. Was hast du denn?

LORD WINDERMERE. Lord Darlington!

LORD DARLINGTON *(dreht sich um).* Ja?

LORD WINDERMERE. Wie kommt der Fächer meiner Frau in Ihre Wohnung? Hände weg, Cecil! Rühr mich nicht an!

LORD DARLINGTON. Der Fächer Ihrer Frau?

LORD WINDERMERE. Ja – hier ist er.

LORD DARLINGTON *(geht auf ihn zu).* Ich weiß es nicht.

LORD WINDERMERE. Sie müssen es wissen. Ich verlange eine Erklärung. *(Zu Cecil Graham)* Halt mich nicht fest, du Idiot.

LORD DARLINGTON *(beiseite).* Sie ist also doch gekommen.

LORD WINDERMERE. Heraus mit der Sprache, Sir! Warum finde ich hier den Fächer meiner Frau? Antworten Sie! Bei Gott, ich durchsuche Ihre Wohnung, und wenn meine Frau hier ist, werde ich ... *(Schickt sich an, seine Absicht zu verwirklichen)*

LORD DARLINGTON. Sie werden sich hüten, meine Wohnung zu durchsuchen! Sie haben kein Recht dazu. Ich verbiete es Ihnen!

LORD WINDERMERE. Sie Lump! Ich verlasse Ihre Wohnung nicht, bevor ich nicht jeden Winkel durchsucht habe! Was bewegt sich hinter diesem Vorhang? *(Eilt auf die Fenstergardine zu)*

MRS. ERLYNNE *(von hinten rechts)*. Lord Windermere!

LORD WINDERMERE. Mrs. Erlynne.

(Alle zucken zusammen und drehen sich um. Lady Windermere schleicht hinter der Gardine hervor und verläßt das Zimmer durch die Tür links)

MRS. ERLYNNE. Leider habe ich, als ich Ihr Haus verließ, versehentlich den Fächer Ihrer Frau mit dem meinen verwechselt. Ich bitte um Entschuldigung. *(Sie nimmt ihm den Fächer weg. Lord Windermere mustert sie voller Verachtung. In Lord Darlingtons Miene mischen sich Verwunderung und Ärger. Lord Augustus wendet sich ab. Die übrigen Herren sehen einander lächelnd an)*

Vorhang

Vierter Akt

Derselbe Schauplatz wie im ersten Akt.

LADY WINDERMERE *(liegt auf dem Sofa).* Wie soll ich es ihm sagen? Ich bringe es nicht fertig. Ich würde mich zu Tode schämen. Wenn ich nur wüßte, was sich nach meiner Flucht abgespielt hat! Vielleicht hat sie ihnen den wirklichen Grund ihrer Anwesenheit verraten – vielleicht hat sie ihnen erzählt, was dieser – verhängnisvolle Fächer bedeutete. Oh, wenn er es weiß – wie kann ich ihm dann je wieder in die Augen schauen? Er würde mir nie, nie verzeihen! *(Klingelt)* Wie sicher man sich fühlt – gegen jede Versuchung, Sünde, Torheit gefeit! Und dann urplötzlich ... Ach, das Leben ist fürchterlich. Es beherrscht uns – nicht wir beherrschen es.

ROSALIE *(tritt auf).* Haben Mylady nach mir geklingelt?

LADY WINDERMERE. Ja. Haben Sie festgestellt, wann Lord Windermere gestern nacht nach Hause gekommen ist?

ROSALIE. Seine Lordschaft ist erst um fünf Uhr nach Hause gekommen.

LADY WINDERMERE. Um fünf Uhr? Er hat heute früh an meine Tür geklopft, nicht wahr?

ROSALIE. Ja, Mylady – um halb zehn. Ich habe ihm gesagt, daß Mylady noch nicht wach sind.

LADY WINDERMERE. Hat er etwas gesagt?

ROSALIE. Er hat Myladys Fächer erwähnt. Ich habe nicht genau verstanden, was seine Lordschaft sagte. Ist der Fächer verlorengegangen, Mylady? Ich kann ihn nicht finden, und Parker sagt, daß er in keinem der Zimmer liegt. Er hat überall gesucht – auch auf der Terrasse.

LADY WINDERMERE. Es spielt keine Rolle. Parker soll sich nicht bemühen ... Schon gut ... *(Rosalie ab)*

LADY WINDERMERE *(erhebt sich).* Bestimmt wird sie es ihm erzählen. Ich kann mir vorstellen, daß ein Mensch einen wunderbaren Akt der Selbstaufopferung vollbringt – spontan, bedenkenlos, edelmütig – und nachher feststellt, daß der Preis zu hoch ist. Warum sollte sie zwischen ihrem und meinem

Ruin schwanken ...? Wie seltsam! Ich wäre bereit gewesen, sie in meinem Haus vor allen Leuten zu beschimpfen. Sie nimmt in einem fremden Haus Schimpf und Schande auf sich, um mich zu retten ... Welch bittere Ironie liegt in unserer Gewohnheit, zwischen guten und schlechten Frauen zu unterscheiden ... Und was für eine bittere Lehre hat mir das Leben erteilt! Ein Jammer nur, daß wir unsere Lektionen erst dann erhalten, wenn sie uns nichts mehr nützen. Schweigt *sie*, muß *ich*'s erzählen. Oh, wie beschämend, wie beschämend! Es zu beichten bedeutet es noch einmal durchmachen. Zwei Tragödien: zuerst die Tat und dann die Worte. Vielleicht sind die Worte noch schlimmer. Worte sind erbarmungslos ... Oh! *(Zuckt zusammen, da Lord Windermere zur Tür hereinkommt)*

LORD WINDERMERE *(küßt sie)*. Margaret – wie blaß du aussiehst!

LADY WINDERMERE. Ich habe sehr schlecht geschlafen.

LORD WINDERMERE *(setzt sich zu ihr aufs Sofa)*. Das tut mir leid. Es wurde furchtbar spät, und ich wollte dich nicht aufwecken. Du weinst, mein Kind.

LADY WINDERMERE. Ja, ich weine, weil ich dir etwas sagen muß.

LORD WINDERMERE. Mein liebes Kind, dir ist nicht wohl. Du hast dich überanstrengt. Fahren wir aufs Land. In Selby wirst du dich erholen. Die Saison ist fast schon vorüber. Es hat keinen Zweck, in London zu bleiben. Du armes Liebes! Wenn es dir recht ist, fahren wir heute. *(Steht auf)* Wir können ohne weiteres den Zug um drei Uhr vierzig erreichen. Ich schicke Fannen ein Telegramm. *(Setzt sich an den Tisch und schreibt)*

LADY WINDERMERE. Ja, fahren wir schon heute ... Nein, heute geht es nicht, Arthur. Bevor ich London verlasse, muß ich mit jemandem sprechen. Es ist jemand, der sehr gütig zu mir war.

LORD WINDERMERE *(steht auf und beugt sich über das Sofa)*. Jemand, der sehr gütig zu dir war?

LADY WINDERMERE. Mehr als gütig. *(Steht auf und nähert sich ihm)* Ich werde es dir erzählen, Arthur, aber du mußt mich liebhaben – so wie du mich früher geliebt hast.

LORD WINDERMERE. Früher? Du denkst doch wohl nicht an die elende Person, die gestern abend bei uns war! *(Kommt ums Sofa herum und setzt sich rechts neben sie)* Bildest du dir noch immer ein ... Nein, das ist nicht möglich.

LADY WINDERMERE. Ich bilde mir nichts mehr ein. Ich weiß jetzt, daß es falsch und dumm von mir war.

LORD WINDERMERE. Es war lieb von dir, sie zu empfangen – aber du wirst sie nie mehr wiedersehen.

LADY WINDERMERE. Wie kommst du darauf? *(Pause)*

LORD WINDERMERE *(nimmt ihre Hand)*. Margaret, ich war der Meinung, Mrs. Erlynne sei eine Frau, an der mehr gesündigt wurde, als sie gesündigt hat – wie die Redensart lautet. Ich war der Meinung, daß es ihr aufrichtiger Wunsch sei, ein guter Mensch zu werden, sich eine Stellung zurückzuerobern, die sie durch einen Augenblick der Torheit verloren hatte, wieder ein anständiges Leben zu führen. Ich glaubte ihr aufs Wort – ich habe mich in ihr getäuscht. Sie ist ein schlechter Mensch – schlechter kann eine Frau nicht sein.

LADY WINDERMERE. Arthur, Arthur, sprich nicht so erbittert über eine Frau. Ich glaube nicht mehr, daß man die Menschen in gute und schlechte einteilen darf, als wären es zwei verschiedene Rassen oder Lebewesen. Die sogenannten guten, braven, anständigen Frauen sind zu manchem fähig – Launen, Unbesonnenheit, Geltungsdrang, Eifersucht, Sünde. Und schlechte Frauen – wie man sie nennt – sind edler Regungen fähig – Kummer, Reue, Mitleid, Opferwille. Ich halte Mrs. Erlynne nicht für eine schlechte Frau – ich weiß, daß sie nicht schlecht ist.

LORD WINDERMERE. Mein liebes Kind, die Frau ist unmöglich. Auch wenn sie noch so sehr versuchen sollte, uns zu schaden – du darfst sie nicht mehr wiedersehen. Sie ist nirgendwo akzeptabel.

LADY WINDERMERE. Aber ich wünsche sie wiederzusehen! Es ist mein Wunsch, sie einzuladen.

LORD WINDERMERE. Nie wieder.

LADY WINDERMERE. Einmal war sie als *dein* Gast bei uns. Jetzt wird sie *mein* Gast sein. Das ist nur gerecht.

LORD WINDERMERE. Sie hätte sich nie hierher wagen dürfen.

LADY WINDERMERE *(steht auf)*. Das sagst du zu spät, Arthur *(Entfernt sich von ihm)*

LORD WINDERMERE *(steht auf)*. Margaret, wenn du wüßtest, wohin Mrs. Erlynne sich gestern nacht begeben hat, nachdem sie dieses Haus verlassen hatte – du würdest nicht eine Sekunde lang mit ihr im selben Zimmer sitzen wollen. Es war einfach schamlos – die ganze Angelegenheit.

LADY WINDERMERE. Arthur, ich halte es nicht länger aus. Ich muß es dir sagen. Gestern nacht ...

(Parker mit einem Tablett, auf dem Lady Windermeres Fächer und eine Visitenkarte liegen)

PARKER. Mrs. Erlynne ist erschienen, um der gnädigen Frau den Fächer zurückzubringen, den sie gestern nacht versehentlich mitgenommen hatte. Mrs. Erlynne hat ein paar Worte auf die Karte geschrieben.

LADY WINDERMERE. Sagen Sie Mrs. Erlynne, sie möchte so freundlich sein, heraufzukommen. *(Liest, was auf der Visitenkarte steht)* Sagen Sie ihr, es würde mich sehr freuen. *(Parker ab)* Sie wünscht mit mir zu sprechen, Arthur.

LORD WINDERMERE *(nimmt die Karte und betrachtet sie).* Margaret, ich *bitte* dich, laß es sein. Laß auf jeden Fall zuerst mich mit ihr sprechen. Sie ist eine gefährliche Frau. Die gefährlichste Frau, die ich kenne. Du weißt nicht, was du tust.

LADY WINDERMERE. Es gehört sich, daß ich sie empfange.

LORD WINDERMERE. Mein Kind, du läufst Gefahr, dir und anderen viel Kummer zu bereiten. Fordere nicht das Schicksal heraus. Es ist unbedingt notwendig, daß ich zuerst mit ihr spreche.

LADY WINDERMERE. Warum sollte es notwendig sein?

PARKER *(tritt ein).* Mrs. Erlynne.

(Mrs. Erlynne tritt ein. Parker ab)

MRS. ERLYNNE. Guten Tag, Lady Windermere. Guten Tag, Lord Windermere. Wissen Sie, Lady Windermere, Ihr Fächer – ich bitte tausendmal um Verzeihung! Ich begreife nicht, wie mir ein so törichtes Versehen passieren konnte. Sehr dumm von mir. Und da ich gerade in der Nähe war, wollte ich die Gelegenheit benützen, Ihnen persönlich Ihr Eigentum zurückzuerstatten – um Entschuldigung für meine Unachtsamkeit zu bitten – und mich zu verabschieden.

LADY WINDERMERE. Verabschieden? *(Geleitet Mrs. Erlynne zum Sofa. Beide setzen sich)* Beabsichtigen Sie zu verreisen, Mrs. Erlynne?

MRS. ERLYNNE. Ja. Ich werde mich wieder im Ausland niederlassen. Das englische Klima bekommt mir nicht. Es schadet meinem – Herzen, und das mag ich nicht. Ich lebe lieber im Süden. London ist mir zu neblig, und die Menschen sind mir – zu seriös, Lord Windermere. Ob der Nebel die seriösen Menschen erzeugt oder ob die seriösen Menschen den Nebel erzeugen, weiß ich nicht, aber alles miteinander geht mir auf die Nerven, deshalb setze ich mich heute nachmittag in den Zug nach Southampton.

LADY WINDERMERE. Heute nachmittag? Aber ich habe mir so sehr gewünscht, Sie zu besuchen.

MRS. ERLYNNE. Das ist lieb von Ihnen. Aber ich kann leider nicht bleiben.

LADY WINDERMERE. Werde ich Sie nie mehr wiedersehen, Mrs. Erlynne?

MRS. ERLYNNE. Ich fürchte, nein. Unsere Lebenswege sind zu weit voneinander entfernt. Aber ich möchte Sie um einen kleinen Gefallen bitten. Ich hätte gerne eine Fotografie von Ihnen, Lady Windermere – könnte ich eine bekommen? Sie wissen nicht, wie dankbar ich sein würde.

LADY WINDERMERE. Aber gerne. Es steht eine auf dem Tisch. Ich zeige sie Ihnen. *(Nähert sich dem Tisch)*

LORD WINDERMERE *(tritt an Mrs. Erlynne heran und sagt mit gedämpfter Stimme).* Es ist ungeheuerlich, daß Sie sich uns aufdrängen – nach allem, was gestern nacht geschehen ist!

MRS. ERLYNNE *(mit einem belustigten Lächeln).* Mein lieber Windermere, erst die Manieren, dann die Moral.

LADY WINDERMERE *(kehrt zurück).* Ich fürchte, sie schmeichelt mir – so hübsch bin ich gar nicht. *(Zeigt ihr die Fotografie)*

MRS. ERLYNNE. Sie sind viel hübscher. Aber haben Sie nicht ein Bild, das Sie mit Ihrem kleinen Jungen zeigt?

LADY WINDERMERE. Doch, doch. Wäre es Ihnen lieber?

MRS. ERLYNNE. Ja.

LADY WINDERMERE. Ich hole es, wenn Sie mich einen Augenblick entschuldigen wollen. Ich habe eins oben liegen.

MRS. ERLYNNE. Verzeihen Sie, Lady Windermere, daß ich Ihnen soviel Mühe mache.

LADY WINDERMERE *(zur Tür rechts).* Nicht der Rede wert, Mrs. Erlynne.

MRS. ERLYNNE. Vielen Dank. *(Lady Windermere rechts ab)* Sie scheinen heute schlecht gelaunt zu sein, Windermere. Warum? Margaret und ich vertragen uns ausgezeichnet.

LORD WINDERMERE. Ich finde es unerträglich, Sie mit ihr beisammen zu sehen. Außerdem haben Sie mir nicht die Wahrheit gesagt, Mrs. Erlynne.

MRS. ERLYNNE. Sie meinen, ich habe *ihr* nicht die Wahrheit gesagt.

LORD WINDERMERE *(stehend, in der Mitte)*. Das bedaure ich zuweilen. Mir wären das Elend, die Ängste, der Ärger der letzten sechs Monate erspart geblieben. Nur damit meine Frau nicht erfährt, daß die Mutter, die sie für tot hält – man hat es ihr eingeredet –, daß die Mutter, die sie betrauert, am Leben ist – eine geschiedene Frau, die unter einem angenommenen Namen umherläuft, eine durch und durch schlechte Frau, eine gierige Schmarotzerin – ja, ich weiß jetzt, daß Sie nichts anderes sind! –, nur deshalb war ich bereit, Ihnen Geld zu geben, eine Rechnung nach der anderen zu bezahlen, eine Extravaganz nach der anderen zu dulden, einen Abend wie den gestrigen zu riskieren, den ersten Zank, den ich je mit meiner Frau gehabt habe. Sie verstehen nicht, was das für mich bedeutet. Wie könnten Sie es denn verstehen? Aber ich sage Ihnen, die einzigen bitteren Worte, die je über diese süßen Lippen kamen, wurden durch Sie verschuldet, und ich ertrage es nicht, Sie in ihrer Nähe zu sehen. Sie beschmutzen ihre Reinheit. *(Geht nach links Mitte)* Dabei habe ich mir eingebildet, daß Sie trotz all Ihren Fehlern ein aufrichtiger und ehrlicher Mensch seien. Sie sind es nicht.

MRS. ERLYNNE. Wie kommen Sie darauf?

LORD WINDERMERE. Sie haben mich bewogen, Ihnen eine Einladung zu dem Ballabend meiner Frau zu verschaffen.

MRS. ERLYNNE. Ja – zu dem Ballabend meiner Tochter.

LORD WINDERMERE. Binnen einer Stunde, nachdem Sie unser Haus verlassen hatten, wurden Sie in der Wohnung eines Mannes angetroffen. Sie haben sich vor aller Augen mit Schande bedeckt. *(Geht nach links)*

MRS. ERLYNNE. Ja.

LORD WINDERMERE *(dreht sich zu ihr um)*. Deshalb bin ich berechtigt, Sie für den Menschen zu halten, der Sie sind – einen wertlosen, lasterhaften Menschen. Ich bin berechtigt, Ihnen für immer den Zutritt zu meinem Hause zu verbieten und jeden Versuch, sich meiner Frau zu nähern.

MRS. ERLYNNE *(kalt)*. Sie meinen, meiner Tochter.

LORD WINDERMERE. Sie haben kein Recht, Sie als Ihre Tochter zu beanspruchen. Sie haben sie preisgegeben, Sie haben sie verlassen, als sie noch in der Wiege lag – einem Liebhaber zuliebe, der Sie seinerseits verließ.

MRS. ERLYNNE *(steht auf)*. Rechnen Sie das *ihm* als ein Verdienst an, Lord Windermere – oder mir?

LORD WINDERMERE. Ihm – jetzt, da ich Sie durchschaut habe.

MRS. ERLYNNE. Nehmen Sie sich in acht. Sie sollten sich in acht nehmen.

LORD WINDERMERE. Ich werde nicht Ihretwegen meine Worte auf die Goldwaage legen. Ich kenne Sie durch und durch.

MRS. ERLYNNE *(sieht ihn fest an)*. Das bezweifle ich.

LORD WINDERMERE. Ja, ich kenne Sie. Zwanzig Jahre lang haben Sie Ihre Tochter nicht vermißt – zwanzig Jahre lang haben Sie keinen Gedanken an sie verschwendet. Eines Tages lasen Sie in der Zeitung, daß sie einen reichen Mann geheiratet hatte. Sogleich stürzten Sie sich auf die Gelegenheit, Ihr schmutziges Handwerk zu treiben. Sie wußten, ich würde mir alles gefallen lassen, um zu verheimlichen, daß eine Frau wie Sie ihre Mutter ist – um ihr diese beschämende Entdeckung zu ersparen. Sie begannen mich zu erpressen.

MRS. ERLYNNE *(zuckt die Achseln)*. Vermeiden Sie häßliche Worte, Windermere. Sie klingen vulgär. Freilich habe ich die Gelegenheit erkannt – und sie ergriffen.

LORD WINDERMERE. Ja – und sie gestern nacht zerstört, indem Sie sich ertappen ließen.

MRS. ERLYNNE *(mit einem wunderlichen Lächeln)*. Sie haben ganz recht – ich habe mir meine letzte Chance zerstört.

LORD WINDERMERE. Und Ihren Fauxpas, den Fächer meiner Frau mitzunehmen und ihn in Darlingtons Wohnung herumliegen zu lassen, finde ich vollends unverzeihlich. Ich kann seinen Anblick nicht mehr ertragen. Meine Frau darf ihn nie wieder benützen. In meinen Augen ist er besudelt. Sie hätten ihn behalten sollen, statt ihn zurückzubringen.

MRS. ERLYNNE. Ich glaube, ich werde ihn behalten. *(Geht nach hinten)* Er ist außerordentlich hübsch. *(Nimmt den Fächer zur Hand)* Ich werde Margaret bitten, ihn mir zu schenken.

LORD WINDERMERE. Hoffentlich wird meine Frau Ihnen den Fächer schenken.

MRS. ERLYNNE. Ach, ich bin sicher, sie wird nichts dagegen haben.

LORD WINDERMERE. Wollte Gott, sie würde Ihnen gleichzeitig eine Miniatur schenken, die sie jeden Abend küßt, bevor sie betet: das Porträt eines unschuldig aussehenden jungen Mädchens mit wunderschönem *schwarzem* Haar.

MRS. ERLYNNE. Ach ja, ich erinnere mich an diese Miniatur. Wie lange ist es her! *(Geht zum Sofa und setzt sich)* Sie wurde vor meiner Heirat gemalt. Schwarzes Haar und eine unschuldsvolle Miene waren damals Mode, Windermere.

(Pause)

LORD WINDERMERE. Was bedeutet Ihr Kommen? Was bezwecken Sie? *(Geht nach links und setzt sich)*

MRS. ERLYNNE *(mit einem Anflug von Ironie)*. Mich von meiner Tochter zu verabschieden – was denn sonst?

(Lord Windermere beißt sich wütend auf die Lippe. Mrs. Erlynne sieht ihn an. Ihr Ton und ihre Miene werden ernst. In ihrer Stimme liegt das Echo einer tiefen Tragik. Einen Augenblick lang verrät sie sich)

MRS. ERLYNNE *(fährt fort)*. Ach, bilden Sie sich ja nicht ein, daß ich die Absicht habe, eine rührende Szene zu veranstalten, ihr schluchzend um den Hals zu fallen und ihr zu gestehen, wer ich bin. Es ist nicht mein Ehrgeiz, die Rolle einer Mutter zu spielen. Nur einmal in meinem ganzen Leben habe ich mütterliche Gefühle verspürt. Gestern nacht. Es war furchtbar. Ich habe gelitten – ich habe zu sehr gelitten. Zwanzig Jahre lang habe ich, wie Sie sagten, kinderlos gelebt – ich will auch weiterhin kinderlos bleiben. *(Bemäntelt ihre Gefühle mit einem trivialen Lachen)* Außerdem, mein lieber Windermere – wie in aller Welt könnte ich als die Mutter einer erwachsenen Tochter dastehen? Margaret ist einundzwanzig Jahre alt, und ich habe nie zugegeben, älter zu sein als neunundzwanzig, höchstens dreißig. Sie sehen also, was für Schwierigkeiten sich ergeben würde. Nein, meinetwegen mag Ihre Frau das Andenken dieser verstorbenen, makellosen Mutter hätscheln. Warum sollte ich ihr ihre Illusionen rauben? Es fällt mir schwer genug, mir meine eigenen zu bewahren. Gestern nacht habe ich eine verloren. Ich glaubte, kein Herz zu haben. Das erwies sich als ein Irrtum – und Herz steht mir nicht, Windermere. Irgendwie paßt es nicht zu der heutigen Mode. Es macht alt. *(Nimmt einen Handspiegel vom Tisch und schaut hinein)* Und verpfuscht einem in kritischen Augenblicken die Karriere.

LORD WINDERMERE. Ich finde Sie abscheulich – einfach abscheulich.

MRS. ERLYNNE *(steht auf)*. Sie würden es wohl gerne sehen, Windermere, wenn ich Ihnen den Gefallen täte, mich in ein Kloster zurückzuziehen oder Krankenschwester zu werden – oder dergleichen –, wie das in albernen Romanen Sitte ist. Wie dumm von Ihnen, Arthur! So benehmen wir uns nicht im wirklichen Leben – jedenfalls nicht, solange wir noch halbwegs gut aussehen. Nein. Heutzutage tröstet uns nicht die Reue, sondern das Amüsement. Reue ist aus der Mode gekommen. Außerdem muß eine Frau, wenn sie aufrichtig bereut, bei einem schlechten Schneider arbeiten lassen, sonst glaubt es ihr kein Mensch. Und dazu könnte mich nichts auf der Welt bewegen. Nein. Ich verschwinde endgültig aus Ihrem und aus Margarets Leben. Daß ich mich aufgedrängt habe, war ein Mißgriff – das habe ich gestern nacht entdeckt.

LORD WINDERMERE. Ein verhängnisvoller Mißgriff.

MRS. ERLYNNE *(lächelnd)*. Beinahe verhängnisvoll.

LORD WINDERMERE. Jetzt tut es mir leid, daß ich meiner Frau nicht sofort die Wahrheit gesagt habe.

MRS. ERLYNNE. Ich bereue meine schlechten Handlungen – Sie bereuen Ihre guten. Das ist der Unterschied zwischen uns.

LORD WINDERMERE. Ich traue Ihnen nicht. Ich werde meiner Frau alles erzählen. Es ist besser, wenn sie es erfährt – durch mich. Es wird für sie unendlich schmerzhaft sein – sie wird sich furchtbar gedemütigt fühlen – aber sie soll es erfahren, das halte ich für richtig.

MRS. ERLYNNE. Sie sind entschlossen, ihr die Wahrheit zu sagen?

LORD WINDERMERE. Ja, ich bin dazu entschlossen.

MRS. ERLYNNE *(geht auf ihn zu)*. Wenn Sie Ihren Entschluß durchführen, Windermere, werde ich meinen Namen dermaßen in Verruf bringen, daß die Beschämung ihr jede Stunde des Lebens vergällt – sie zugrunde richtet, sie unglücklich macht. Wenn Sie es wagen, ihr die Wahrheit zu sagen, dann wird keine Erniedrigung zu tief sein, als daß ich nicht in sie versinken, keine Schande zu abgründig, als daß ich sie nicht auf mich herabbeschwören würde! Sie dürfen es ihr nicht sagen – ich verbiete es Ihnen.

LORD WINDERMERE. Warum?

MRS. ERLYNNE *(nach einer Pause)*. Wenn ich behauptete, daß ich sie gern habe, sie vielleicht sogar liebe – dann würden Sie höhnisch lachen, nicht wahr?

LORD WINDERMERE. Ich würde das Gefühl haben, daß es nicht wahr sein könne. Mutterliebe bedeutet – Hingabe, Selbstlosigkeit, Opferwillen. Was wissen denn Sie davon?

MRS. ERLYNNE. Sie haben recht. Was weiß denn ich davon? Sprechen wir nicht mehr darüber. Meiner Tochter zu sagen, wer ich bin – das lasse ich nicht zu! Es ist mein Geheimnis, nicht das Ihre. Sollte *ich* mich entschließen, es ihr zu sagen – und ich glaube, daß ich mich dazu entschließen werde –, dann erfährt sie es, bevor ich das Haus verlasse – andernfalls nie.

LORD WINDERMERE *(wütend)*. Dann ersuche ich Sie, unser Haus sofort zu verlassen. Ich werde Sie bei Margaret entschuldigen.

(Lady Windermere von rechts. Mit der Fotografie in der Hand geht sie auf Mrs. Erlynne zu. Lord Windermere zieht sich hinters Sofa zurück und beobachtet ängstlich Mrs. Erlynne, während sie sich mit Lady Windermere unterhält)

LADY WINDERMERE. Verzeihen Sie, Mrs. Erlynne, daß ich Sie habe warten lassen. Ich konnte die Fotografie nicht gleich finden. Schließlich entdeckte ich sie im Ankleidezimmer meines Mannes – er hatte sie gestohlen.

MRS. ERLYNNE *(nimmt die Fotografie und betrachtet sie)*. Das wundert mich nicht – sie ist bezaubernd. *(Beide gehen zum Sofa und setzen sich. Wieder betrachtet Mrs. Erlynne die Fotografie)* Das also ist Ihr kleiner Junge! Wie heißt er?

LADY WINDERMERE. Gerard – nach meinem lieben Vater.

MRS. ERLYNNE *(legt die Fotografie weg)*. Tatsächlich?

LADY WINDERMERE. Ja. Wenn es ein Mädchen gewesen wäre,

hätte ich sie nach meiner Mutter genannt. Meine Mutter hieß so wie ich – Margaret.

MRS. ERLYNNE. Auch ich heiße Margaret.

LADY WINDERMERE. Nein, tatsächlich?

MRS. ERLYNNE. Ja. *(Pause)* Wie Ihr Mann mir erzählt hat, ehren Sie das Andenken Ihrer Mutter, Lady Windermere.

LADY WINDERMERE. Alle haben wir unsere Ideale. Wenigstens sollten wir sie haben. Mein Ideal ist meine Mutter.

MRS. ERLYNNE. Ideale sind gefährlich. Wirklichkeiten sind besser. Sie tun oft weh, aber sie sind besser.

LADY WINDERMERE *(schüttelt den Kopf)*. Sollte ich je meine Ideale verlieren – dann wäre alles verloren.

MRS. ERLYNNE. Alles?

LADY WINDERMERE. Ja. *(Pause)*

MRS. ERLYNNE. Hat Ihr Vater oft mit Ihnen über Ihre Mutter gesprochen?

LADY WINDERMERE. Nein. Es war ihm zu schmerzlich. Er erzählte mir, meine Mutter sei einige wenige Monate nach meiner Geburt gestorben. Er hatte Tränen in den Augen. Dann bat er mich, nie wieder ihren Namen zu erwähnen. Ihn nur zu hören, tue ihm weh. Mein Vater – mein Vater ist eigentlich an gebrochenem Herzen gestorben. Sein Leben war zerstört.

MRS. ERLYNNE *(steht auf)*. Jetzt muß ich leider gehen, Lady Windermere.

LADY WINDERMERE *(steht auf)*. Ach nein, bleiben Sie noch.

MRS. ERLYNNE. Ich will lieber gehen. Mein Wagen muß inzwischen zurückgekehrt sein. Ich habe den Kutscher mit ein paar Zeilen zu Lady Jetburgh geschickt.

LADY WINDERMERE. Arthur, würdest du so lieb sein und nachsehen, ob Mrs. Erlynnes Wagen zurückgekehrt ist?

MRS. ERLYNNE. Bitte, bemühen Sie sich nicht, Lord Windermere.

LADY WINDERMERE. Doch, Arthur, bitte, sieh nach.

(Lord Windermere zögert eine Weile und schaut Mrs. Erlynne an. Sie verzieht keine Miene. Er verläßt das Zimmer)

LADY WINDERMERE *(zu Mrs. Erlynne)*. Oh – was soll ich Ihnen sagen! Sie haben mich gerettet.

MRS. ERLYNNE. Still – kein Wort mehr darüber.

LADY WINDERMERE. Ich kann nicht schweigen. Ich kann Sie nicht bei dem Glauben lassen, daß ich Ihr Opfer akzeptiere. Nein. Es ist zu groß. Ich werde meinem Mann alles erzählen. Dazu bin ich verpflichtet.

MRS. ERLYNNE. Sie sind *nicht* dazu verpflichtet. Auf jeden Fall haben Sie auch noch anderen gegenüber Verpflichtungen. Sie behaupten, mir Dank schuldig zu sein.

LADY WINDERMERE. Ich verdanke Ihnen alles.

MRS. ERLYNNE. Dann bezahlen Sie Ihre Dankesschuld mit Ihrem Schweigen. Nur so kann sie beglichen werden. Vereiteln Sie nicht die einzige gute Tat meines Lebens dadurch, daß Sie erzählen, was ich getan habe. Versprechen Sie mir, das Geheimnis zu wahren. Niemand darf erfahren, was sich gestern nacht ereignet hat. Sie dürfen Ihrem Mann keinen Kummer bereiten. Warum seine Liebe gefährden? Nein! Es ist so leicht, eine Liebe auszulöschen – oh, wie leicht ist sie auszulöschen! Geben Sie mir Ihr Wort, Lady Windermere, daß Sie es ihm nie erzählen werden. Ich bestehe darauf.

LADY WINDERMERE *(mit gesenktem Kopf)*. Es ist Ihr Wille – nicht der meine.

MRS. ERLYNNE. Ja, es ist mein Wille. Und vergessen Sie nie Ihr Kind. In meinen Gedanken sollen Sie stets eine Mutter sein. Sie selber sollen sich als Mutter fühlen.

LADY WINDERMERE *(blickt auf)*. Von nun an – immer ... Nur einmal im Leben habe ich *meine* Mutter vergessen. Gestern nacht. Wenn ich an sie gedacht hätte, wäre ich nicht so dumm gewesen, so schlecht.

MRS. ERLYNNE *(mit einem leichten Schauder)*. Still – diese Nacht ist vorbei.

(Lord Windermere kehrt zurück)

LORD WINDERMERE. Ihr Wagen ist noch nicht vorgefahren, Mrs. Erlynne.

MRS. ERLYNNE. Das spielt keine Rolle. Ich nehme eine Droschke. Nichts in der Welt ist respektabler als ein Fiaker der soliden Firma Shrewsbury und Talbot. Und jetzt, liebe Lady Windermere, heißt es leider wirklich Abschied nehmen. *(Zur Mitte)* Ach, da fällt mir etwas ein. Sie werden es lächerlich finden, aber wissen Sie, ich habe mich in den Fächer verliebt, den ich gestern dummerweise aus Versehen mitgenommen hatte. Jetzt frage ich Sie: Würden Sie bereit sein, ihn mir zu schenken? Lord Windermere hat nichts dagegen. Ich weiß, daß der Fächer sein Präsent ist.

LADY WINDERMERE. Oh, selbstverständlich – wenn es Ihnen Freude macht. Aber es steht mein Name drauf. Margaret.

MRS. ERLYNNE. Wir haben doch den gleichen Vornamen.

LADY WINDERMERE. Ach, das hatte ich vergessen. Natürlich! Hier, nehmen Sie ihn! Was für ein glücklicher Zufall, daß wir den gleichen Vornamen haben.

MRS. ERLYNNE. Recht glücklich. Danke – er wird mich immer an Sie erinnern. *(Reicht ihr die Hand)*

(Parker tritt auf)

PARKER. Lord Augustus Lorton ... Mrs. Erlynnes Wagen ist vorgefahren.

(Lord Augustus tritt auf. Parker ab)

LORD AUGUSTUS. Guten Morgen, mein Junge. Guten Morgen, Lady Windermere. *(Erblickt Mrs. Erlynne)* Mrs. Erlynne!

MRS. ERLYNNE. Wie geht es Ihnen heute, Lord Augustus? Gut?

LORD AUGUSTUS *(kalt)*. Recht gut, danke, Mrs. Erlynne.

MRS. ERLYNNE. Sie sehen aber gar nicht wohl aus, Lord Augustus. Sie bleiben zu lange auf – das ist so schädlich für Sie. Sie sollten wirklich mehr auf Ihre Gesundheit achten ... Leben Sie wohl, Lord Windermere. *(Verneigt sich vor Lord Augustus und geht zur Tür, lächelt plötzlich, schaut sich nach ihm um)* Lord Augustus! Möchten Sie mich nicht zu meinem Wagen begleiten? Sie könnten mir den Fächer tragen.

LORD WINDERMERE. Gestatten Sie ...

MRS. ERLYNNE. Nein – ich lege Wert darauf, daß Lord Augustus mich begleitet. Ich habe der lieben Herzogin etwas ganz Besonderes mitzuteilen. Tragen Sie mir den Fächer, Lord Augustus?

LORD AUGUSTUS. Wenn Sie es wirklich wünschen, Mrs. Erlynne ...

MRS. ERLYNNE *(lachend)*. Natürlich wünsche ich es. Sie tragen ihn so überaus liebenswürdig. So wie Sie alles – ertragen, Lord Augustus: liebenswürdig. *(An der Tür bleibt sie stehen und dreht sich zu Lady Windermere um. Ihre Blicke begegnen einander. Dann macht sie kehrt und geht durch die Mitte ab. Lord Augustus folgt ihr)*

LADY WINDERMERE. Du wirst nie wieder etwas gegen Mrs. Erlynne sagen, Arthur – nicht wahr?

LORD WINDERMERE *(ernst)*. Sie ist besser als ihr Ruf.

LADY WINDERMERE. Sie ist ein besserer Mensch als ich.

LORD WINDERMERE *(streichelt lächelnd ihr Haar)*. Mein Kind, du und sie – ihr gehört verschiedenen Welten an. Zu deiner Welt hat das Böse keinen Zutritt.

LADY WINDERMERE. Sag das nicht, Arthur. Wir leben alle in ein und derselben Welt. Gut und Böse, Sünde und Unschuld gehen in ihr Hand in Hand. Vor dem halben Leben die Augen zu verschließen, nur damit man sich geborgen fühlt – das ist nicht anders, als würde man sich die Augen ausreißen, nur um beruhigter durch eine Landschaft der Abgründe und Schründe zu wandern.

LORD WINDERMERE *(kommt mit ihr nach vorne)*. Liebling, wie kommst du auf solche Gedanken?

LADY WINDERMERE *(setzt sich aufs Sofa)*. Weil ich meine Augen vor dem Leben verschlossen habe und an den Rand des Abgrunds geraten bin. Und jemand, der uns getrennt hatte ...

LORD WINDERMERE. Wir waren nie getrennt.

LADY WINDERMERE. Es darf nie wieder geschehen. Ach, Arthur, hab mich nicht weniger lieb, und ich werde dir mehr vertrauen. Ich werde dir restlos vertrauen. Fahren wir nach Selby. Im Rosengarten von Selby sind die Rosen weiß und rot.

(Lord Augustus tritt durch die Mitte auf)

LORD AUGUSTUS. Arthur, sie hat mir alles erklärt!

(Lady Windermere erschrickt maßlos. Lord Windermere zuckt zusammen. Lord Augustus nimmt Windermere beim Arm und führt ihn nach vorne. Er redet schnell und leise auf ihn ein. Lady Windermere beobachtet die beiden entsetzt)

LORD AUGUSTUS *(fährt fort)*. Mein lieber Freund, sie hat mir alles bis ins letzte verdeibelte Detail erklärt. Wir haben ihr enorm unrecht getan. Ausschließlich meinetwegen ist sie in Darlingtons Wohnung gewesen. Zuerst hat sie im Klub nach mir gefragt – de facto wollte sie mich von der schrecklichen Spannung befreien –, und als man ihr dort sagte, ich sei schon weg, da ist sie mir gefolgt – ist natürlicherweise erschrocken, als sie eine Menge Leute kommen hörte – hat sich in einem Nebenzimmer versteckt – ich kann dir versichern, die ganze Geschichte ist für mich äußerst befriedigend. Wir haben uns flegelhaft benommen. Sie ist die richtige Frau für mich. Paßt mir wie angemessen. Sie stellt eine einzige Bedingung – daß wir uns im Ausland niederlassen. Und das soll mir nur recht sein. Verdeibelte Klubs, verdeibeltes Klima, verdeibelte Köche, alles verdeibelt. Hängt mir zum Halse heraus!

LADY WINDERMERE *(ängstlich)*. Hat Mrs. Erlynne ...

LORD AUGUSTUS *(geht mit einer tiefen Verbeugung auf sie zu)*. Ja, Lady Windermere – Mrs. Erlynne hat mir die Ehre erwiesen, meinen Antrag anzunehmen.

LORD WINDERMERE. Also, du heiratest jedenfalls eine sehr gescheite Frau.

LADY WINDERMERE *(nimmt die Hand ihres Mannes)*. Ah – Sie heiraten eine sehr brave Frau!

Vorhang

Eine Frau ohne Bedeutung

Personen

Lord Illingworth
Sir John Pontefract
Lord Alfred Rufford
Mr. Kelvil, Mitglied des Parlaments
Seine Hochwürden, der Erzdiakon Daubeny, Dr. theol.
Gerald Arbuthnot
Farquhar, Butler
Francis, Lakai
Lady Hunstanton
Lady Caroline Pontefract
Lady Stutfield
Mrs. Allonby
Miß Hester Worsley
Alice, Kammerzofe
Mrs. Arbuthnot

Die Handlung verläuft innerhalb von vierundzwanzig Stunden.
Zeit: Um das Jahr 1892.

Uraufführung: 19. April 1893 im Theatre Royal am Haymarket in London

Erster Akt

Rasenplatz vor der Terrasse des Landsitzes Hunstanton Chase. Sir John und Lady Caroline Pontefract und Miß Worsley sitzen auf Gartenstühlen unter einer hohen Eibe.

LADY CAROLINE. Ich glaube, Sie befinden sich zum erstenmal auf einem englischen Landsitz, Miß Worsley?

HESTER. Ja, Lady Caroline.

LADY CAROLINE. Ich habe mir sagen lassen, daß es in Amerika gar keine Landgüter gibt.

HESTER. Nicht sehr viele.

LADY CAROLINE. Habt ihr dort überhaupt Land? Das, was wir – Land nennen würden?

HESTER *(lächelnd)*. Unser Land ist das größte auf Gottes Erdboden, Lady Caroline. In der Schule wurde uns gesagt, daß einige unserer Staaten so groß sind wie Frankreich und England zusammengenommen.

LADY CAROLINE. Ach, ich kann mir vorstellen, daß es bei euch recht windig sein muß. *(Zu Sir John)* John, du solltest deinen Schal umhaben. Was hat es für einen Zweck, daß ich dir immerzu Schals stricke, wenn du sie nicht trägst!

SIR JOHN. Mir ist recht warm, Caroline, glaube es mir.

LADY CAROLINE. Ich glaube es dir nicht, John ... Nun ja, Miß Worsley, Sie hätten sich kaum einen hübscheren Ort aussuchen können – obwohl das Haus äußerst feucht ist – unverzeihlich feucht – und die liebe Lady Huntington bei der Auswahl ihrer Gäste zuweilen etwas lax verfährt. *(Zu Sir John)* Jane hatte eine allzu große Vorliebe für gemischte Gesellschaft. Lord Illingworth allerdings ist ein hochangesehener Mann. Ihm zu begegnen ist eine besondere Ehre. Und dieser Abgeordnete, Mr. Kettle ...

SIR JOHN. Kelvil, meine Liebe, Kelvil.

LADY CAROLINE. Er muß recht respektabel sein. Noch nie im Leben hat man seinen Namen gehört, und das spricht Bände – heutzutage. Mrs. Allonby aber ist wohl kaum ein sehr passender Umgang.

HESTER. Mrs. Allonby gefällt mir nicht. Sie mißfällt mir mehr, als ich sagen kann.

LADY CAROLINE. Ich bin nicht sicher, Miß Worsley, ob Ausländer sich erlauben sollten, die Personen, denen man sie vorstellt, sympathisch oder unsympathisch zu finden. Mrs. Allonby ist von sehr guter Herkunft. Sie ist eine Nichte Lord Brancasters. Freilich heißt es, sie sei vor ihrer Heirat zweimal durchgebrannt. Aber man weiß ja, wie ungerecht die Leute oft sind. Ich persönlich glaube nicht, daß sie mehr als einmal durchgebrannt ist.

HESTER. Mr. Arbuthnot ist reizend.

LADY CAROLINE. Ach ja – der junge Bankbeamte. Es ist sehr lieb von Lady Hunstanton, ihn einzuladen, und Lord Illingworth scheint ihn ins Herz geschlossen zu haben. Ich bin aber nicht sicher, daß Jane recht daran tut, ihn über seinen gesellschaftlichen Rang hinauszuheben. In meiner Jugend, Miß Worsley, ist man in der guten Gesellschaft nie einem Menschen begegnet, der sich sein Brot mit Arbeit verdienen mußte. Es galt nicht als comme-il-faut.

HESTER. In Amerika sind das die Leute, vor denen wir die größte Achtung haben.

LADY CAROLINE. Das bezweifle ich nicht.

HESTER. Mr. Arbuthnot hat einen wunderbaren Charakter! So schlicht – so aufrichtig. Einem so wunderbaren Charakter bin ich kaum je begegnet. *Ihn* zu kennen ist eine Ehre.

LADY CAROLINE. In England ist es nicht üblich, Miß Worsley, daß eine junge Dame sich so begeistert über eine Person des anderen Geschlechts äußert. Wir Engländerinnen verheimlichen unsere Gefühle bis nach der Hochzeit. Dann erst zeigen wir sie.

HESTER. Ist in England keine freundschaftliche Beziehung zwischen einem jungen Mann und einem jungen Mädchen erlaubt?

(Lady Hunstanton tritt auf. Ihr folgt ein Lakai mit Schals und einem Kissen)

LADY CAROLINE. Nicht sehr ratsam ...! Jane, ich habe soeben erwähnt, was für nette Gäste du zusammen mit uns eingeladen hast. Du verstehst es großartig, die richtige Auswahl zu treffen. Das ist geradezu eine Begabung.

LADY HUNSTANTON. Liebe Caroline, wie lieb von dir! Ich glaube, wir passen alle recht gut zueinander. Und ich hoffe, unsere reizende amerikanische Besucherin wird angenehme Erinnerungen an unser englisches Landleben in ihre Heimat mitnehmen. *(Zu dem Lakaien)* Das Kissen dorthin, Francis. Und meinen Schal. Den Shetland. Holen Sie mir den Shetland.

(Lakai ab. Gerald Arbuthnot tritt auf)

GERALD. Lady Hunstanton, ich habe Ihnen etwas so Erfreuliches zu berichten. Lord Illingworth hat mir angeboten, sein Sekretär zu werden.

LADY HUNSTANTON. Sein Sekretär? Das ist wirklich eine erfreuliche Nachricht, Gerald. Es steht Ihnen eine strahlende Zukunft bevor. Ihre liebe Mutter wird sich freuen. Ich muß sie dazu bewegen, heute abend hierherzukommen. Glauben Sie, daß sie kommt, Gerald? Ich weiß, wie schwierig es ist, sie aus dem Hause zu locken.

GERALD. Oh, ich bin sicher, sie würde kommen, wenn sie wüßte, was für ein Angebot Lord Illingworth mir gemacht hat.

(Der Lakai mit dem Schal)

LADY HUNSTANTON. Ich schreibe ihr ein paar Zeilen und bitte sie, zu uns zu kommen, um ihn kennenzulernen. *(Zu dem Lakaien)* Warten Sie einen Augenblick, Francis. *(Schreibt einen Brief)*

LADY CAROLINE. Wunderbare Aussichten für einen so jungen Mann wie Sie, Mr. Arbuthnot!

GERALD. Ja, gewiß, Lady Caroline. Hoffentlich wird sich zeigen, daß ich ihrer würdig bin.

LADY CAROLINE. Hoffentlich.

GERALD *(zu Hester). Sie* haben mir noch nicht gratuliert, Miß Worsley.

HESTER. Freuen Sie sich sehr?

GERALD. Selbstverständlich. Für mich bedeutet es alles. Was ich bisher nicht erhoffen durfte, rückt jetzt vielleicht in den Bereich des Möglichen.

HESTER. Nichts ist unmöglich – und das Leben eine einzige Hoffnung.

LADY HUNSTANTON. Ich nehme an, daß Lord Illingworth an eine diplomatische Laufbahn denkt. Wie ich gehört habe, hat man ihm Wien offeriert. Aber das braucht nicht zu stimmen.

LADY CAROLINE. Ich bin nicht dafür, England im Ausland durch Junggesellen vertreten zu lassen, Jane. Das kann zu Komplikationen führen.

LADY HUNSTANTON. Du bist zu ängstlich, Caroline. Glaube mir, du bist zu ängstlich. Außerdem wird er vielleicht jeden Augenblick heiraten. Ich hatte gehofft, er würde sich mit Lady Kelso verheiraten. Aber ich glaube, er hat gesagt, daß ihm ihre Familie zu groß ist. Oder waren es ihre Füße? Ich habe es vergessen. Sehr bedauerlich! Sie ist wie geschaffen dazu, die Gattin eines Botschafters zu sein.

LADY CAROLINE. Sie hat jedenfalls die wunderbare Gabe, sich die Namen der Leute zu merken und ihre Gesichter zu vergessen.

LADY HUNSTANTON. Na, das ist doch ganz natürlich, Caroline, meinst du nicht? *(Zu dem Lakaien)* Henry soll auf eine Antwort warten ... Ich habe Ihrer lieben Mutter, Gerald, ein paar Zeilen geschrieben, ihr die gute Neuigkeit mitgeteilt und sie gebeten, unbedingt bei uns zu essen. *(Der Lakai ab)*

GERALD. Das ist furchtbar lieb von Ihnen, Lady Hunstanton. *(Zu Hester)* Wollen wir ein bißchen spazierengehen, Miß Worsley?

HESTER. Mit Vergnügen. *(Ab mit Gerald)*

LADY HUNSTANTON. Es ist mir eine tiefe Befriedigung, daß Gerald Arbuthnot so viel Glück hat. Ich betrachte ihn gewissermaßen als meinen Protegé. Und ganz besonders freut es mich, daß Lord Illingworth ihm das Angebot aus freien Stücken gemacht hat – ohne daß ich es vorgeschlagen hätte. Niemand läßt sich gerne um einen Gefallen bitten. Ich erinnere mich, wie die arme Charlotte Padgen sich eine ganze Saison lang unbeliebt gemacht hat, weil sie aller Welt ihre französische Gouvernante empfehlen wollte.

LADY CAROLINE. Ich habe die Gouvernante gesehen, Jane. Lady Padgen hatte sie zu mir geschickt. Das war vor Eleanors Debüt. Sie ist viel zu hübsch, um in einen achtbaren Haushalt aufgenommen zu werden. Es wundert mich nicht, daß Lady Padgen sie um jeden Preis loswerden wollte.

LADY HUNSTANTON. Aha – das erklärt alles.

LADY CAROLINE. John, das Gras ist zu feucht für dich. Geh lieber sofort und zieh dir die Überschuhe an.

SIR JOHN. Ich fühle mich durchaus wohl, Caroline, glaube es mir.

LADY CAROLINE. Das zu beurteilen mußt du mir überlassen, John. Bitte, tu, was ich sage.

(Sir John erhebt sich und geht ab)

LADY HUNSTANTON. Du verhätschelst ihn, Caroline – wirklich!

(Mrs. Allonby und Lady Stutfield treten auf)

LADY HUNSTANTON *(zu Mrs. Allonby)*. Nun, meine Liebe, ich hoffe, daß Ihnen der Park gefällt. Der Baumbestand gilt als sehr schön.

MRS. ALLONBY. Die Bäume sind prachtvoll, Lady Hunstanton.

LADY STUTFIELD. Ganz, ganz prachtvoll.

MRS. ALLONBY. Irgendwie aber habe ich das sichere Gefühl, wenn ich ein halbes Jahr lang auf dem Lande lebte, würde ich so brav und bieder werden, daß kein Mensch mehr auch nur die geringste Notiz von mir nimmt.

LADY HUNSTANTON. Glauben Sie mir, meine Liebe, Sie tun dem Landleben unrecht. Zum Beispiel ist Lady Belton mit Lord Fethersdale aus Melthorpe durchgebrannt – und Melthorpe liegt nur zwei Meilen von hier entfernt. Ich erinnere mich ganz genau an den Vorfall. Der arme Lord Belton starb drei Tage später – ob vor Freude oder an der Gicht, habe ich vergessen. Wir hatten damals das Haus voller Gäste, deshalb waren wir alle sehr an der Affäre interessiert.

MRS. ALLONBY. Ich finde es feige durchzubrennen. Das heißt vor der Gefahr davonlaufen. Und im heutigen Leben sind Gefahren so selten geworden.

LADY CAROLINE. Soweit ich es beurteilen kann, kennen die jungen Frauen von heute nur einen Lebenszweck – ständig mit dem Feuer zu spielen.

MRS. ALLONBY. Mit dem Feuer zu spielen hat einen Vorteil, Lady Caroline – man verbrennt sich dabei nicht einmal die Finger. Nur wer *nicht* mit ihm zu spielen versteht, brennt lichterloh.

LADY STUTFIELD. Ja, das leuchtet mir ein. Ein sehr, sehr nützlicher Hinweis.

LADY HUNSTANTON. Ich weiß nicht, wie die Welt mit solch einer Theorie zurechtkommen sollte, liebe Mrs. Allonby.

LADY STUTFIELD. Ach, die Welt ist für die Männer geschaffen, nicht für die Frauen.

MRS. ALLONBY. Sagen Sie das nicht, Lady Stutfield. Wir haben es viel amüsanter als die Männer. Uns ist weit mehr verboten als ihnen.

LADY STUTFIELD. Ja, das ist sehr, sehr wahr. Daran hatte ich gar nicht gedacht.

(Sir John und Mr. Kelvil treten auf)

LADY HUNSTANTON. Nun, Mr. Kelvil, haben Sie Ihr Tagespensum bewältigt?

KELVIL. Ich bin mit meinen Schreibereien fertig, Lady Hunstanton. Es war eine Plage. Heutzutage sind die Anforderungen, die an einen Mann der Öffentlichkeit gestellt werden, sehr groß, wirklich sehr groß. Und ich glaube nicht, daß man es gebührend zu schätzen weiß.

LADY CAROLINE. John, hast du deine Überschuhe angezogen?

SIR JOHN. Ja, meine Liebe.

LADY CAROLINE. Komm lieber hierher, John, hier bist du geschützter.

SIR JOHN. Ich habe es sehr bequem.

LADY CAROLINE. Das glaube ich nicht, John. Setz dich lieber zu mir. *(Sir John steht auf und begibt sich zu ihr)*

LADY STUTFIELD. Und welches Thema haben Sie heute früh behandelt, Mr. Kelvil?

KELVIL. Das gewohnte, Lady Stutfield. Die Reinheit der Sitten.

LADY STUTFIELD. Über dieses Thema zu schreiben muß sehr, sehr interessant sein.

KELVIL. Es ist heutzutage für unser Volk wirklich das einzige bedeutsame Thema, Lady Stutfield. Ich beabsichtige, noch bevor das Parlament zusammentritt, diese Frage meinen Wählern zu unterbreiten. Ich finde, daß die ärmeren Klassen unseres Landes eine ausgeprägte Sehnsucht nach höheren ethischen Maßstäben an den Tag legen.

LADY STUTFIELD. Das ist aber sehr, sehr nett von ihnen.

LADY CAROLINE. Sind Sie dafür, daß Frauen sich an der politischen Tätigkeit beteiligen, Mr. Kettle?

SIR JOHN. Kelvil, meine Liebe, Kelvil.

KELVIL. Nichts ist ermutigender als der Einfluß des weiblichen Geschlechts auf die Politik. Frauen verfechten stets die Sache der Moral – der öffentlichen und der privaten Moral.

LADY STUTFIELD. Das zu hören ist sehr, sehr erfreulich.

LADY HUNSTANTON. Ach ja – die moralischen Qualitäten der Frauen – sie sind das Allerwichtigste. Ich fürchte, Caroline, daß Lord Illingworth diese Qualitäten nicht gebührend zu würdigen weiß.

(Lord Illingworth tritt auf)

LADY STUTFIELD. Die Welt behauptet, daß Lord Illingworth ein sehr, sehr großer Sünder sei.

LORD ILLINGWORTH. Welche Welt behauptet es, Lady Stutfield? Es muß die Nachwelt sein. Diese Welt und ich stehen auf bestem Fuß miteinander.

(Setzt sich zu Mrs. Allonby)

LADY STUTFIELD. Alle Leute, die *ich* kenne, halten Sie für einen sehr, sehr großen Sünder.

LORD ILLINGWORTH. Es ist einfach ungeheuerlich, wie die Leute einem heutzutage hinter dem Rücken Dinge nachsagen, die absolut und völlig wahr sind.

LADY HUNSTANTON. Unser lieber Lord Illingworth ist ein hoffnungsloser Fall, Lady Stutfield. Ich habe es aufgegeben, ihn bessern zu wollen. Dazu wäre eine öffentliche Körperschaft mit einem Aufsichtsrat und einem bezahlten Sekretär erforderlich. Aber den Sekretär haben Sie schon, nicht wahr, Lord Illingworth? Gerald Arbuthnot hat uns von seinem Glück erzählt. Es ist wirklich sehr gütig von Ihnen.

LORD ILLINGWORTH. Ach, sagen Sie das nicht, Lady Hunstanton. Gütig ist ein schreckliches Wort. Arbuthnot hat mir vom ersten Augenblick an gefallen, und er wird mir von erheblichem Nutzen sein bei einem Unternehmen, das ich mir dummerweise vorgenommen habe.

LADY HUNSTANTON. Er ist ein vortrefflicher junger Mann. Und mit seiner Mutter bin ich aufs engste befreundet. Er geht grade mit unserer hübschen Amerikanerin spazieren. Sie ist sehr hübsch, finden Sie nicht auch?

LADY CAROLINE. Viel zu hübsch. Diese jungen Amerikanerinnen schnappen uns alle guten Partien vor der Nase weg. Warum bleiben sie nicht in ihrem eigenen Land? Immerzu erzählen sie uns, es sei das Paradies der Frauen.

LORD ILLINGWORTH. Und mit Recht, Lady Caroline. Deshalb

sind sie wie unsere Urmutter Eva so versessen darauf, ihm den Rücken zu kehren.

LADY CAROLINE. Wer sind Miß Worsleys Eltern?

LORD ILLINGWORTH. Die Amerikanerinnen verstehen es ausgezeichnet, ihre Herkunft zu vertuschen.

LADY HUNSTANTON. Mein lieber Lord Illingworth, was soll das heißen? Miß Worsley, Caroline, ist eine Waise. Ihr Vater war ein steinreicher Millionär oder Philanthrop oder, wie ich glaube, beides. Er hat meinen Sohn, als er Boston besuchte, sehr gastfreundlich aufgenommen. Ich weiß nicht, womit er ursprünglich sein Geld verdient hat.

KELVIL. Wahrscheinlich mit amerikanischen Lederwaren.

LADY HUNSTANTON. Was sind denn das für Lederwaren?

LORD ILLINGWORTH. Romane.

LADY HUNSTANTON. Wie eigentümlich ...! Also, egal, aus welchen Quellen ihr großes Vermögen herrühren mag – ich schätze sie sehr. Sie kleidet sich vorzüglich. Alle Amerikanerinnen kleiden sich gut. Sie kaufen ihre Kleider in Paris.

MRS. ALLONBY. Es heißt, Lady Hunstanton, wenn brave Amerikaner sterben, kommen sie nach Paris.

LADY HUNSTANTON. Tatsächlich? Und wo kommen die bösen hin, wenn sie sterben?

LORD ILLINGWORTH. Nach Amerika.

KELVIL. Ich fürchte, Sie wissen Amerika nicht zu schätzen, Lord Illingworth. Es ist ein bemerkenswertes Land – vor allem ein junges Land.

LORD ILLINGWORTH. Die Jugendlichkeit Amerikas ist seine älteste Tradition. Dreihundert Jahre alt. Wenn man sie reden hört, könnte man sich einbilden, sie hätten ihre erste Kindheit noch nicht hinter sich. In kultureller Beziehung haben sie schon die zweite erreicht.

KELVIL. Zweifellos herrscht sehr viel Korruption in der amerikanischen Politik. Vermutlich ist es dieser Aspekt, auf den Sie anspielen.

LORD ILLINGWORTH. Das möchte ich selber gern wissen.

LADY HUNSTANTON. Ich habe mir sagen lassen, daß es überall recht traurig um die Politik bestellt ist. In England ganz bestimmt. Der gute Cardew richtet das Land zugrunde. Mich wundert, daß Mrs. Cardew es zuläßt. Sie werden doch wohl nicht dafür sein, Lord Illingworth, der ungebildeten Masse das Wahlrecht zu gewähren.

LORD ILLINGWORTH. Meiner Meinung nach nur ihr und niemand anderem.

KELVIL. Nehmen Sie also gar keine Stellung zu den Fragen der heutigen Politik, Lord Illingworth?

LORD ILLINGWORTH. Man sollte überhaupt nie und nirgends Stellung nehmen, Mr. Kelvil. Mit der Stellungnahme fängt die Aufrichtigkeit an – auf die Aufrichtigkeit folgt der tierische Ernst – und man geht seinen Mitmenschen auf die Nerven. Eigentlich aber richtet das Unterhaus nur geringen Schaden an. Man kann die Menschen nicht durch Gesetze besser machen, als sie sind – und das ist immerhin etwas.

KELVIL. Sie werden nicht leugnen, daß das Unterhaus immer sehr viel Verständnis für die Leiden der Ärmsten bewiesen hat.

LORD ILLINGWORTH. Das ist sein spezifisches Laster. Es ist das spezifische Laster unserer Zeit. Für die Freude, die Schönheit, die Buntheit des Lebens sollte man Verständnis haben. Je weniger von den schwärenden Wunden des Lebens die Rede ist, desto besser, Mr. Kelvil.

KELVIL. Trotzdem sind unsere Elendsviertel ein sehr wichtiges Problem.

LORD ILLINGWORTH. Durchaus. Es ist das alte Problem der Sklaverei. Wir versuchen es dadurch zu lösen, daß wir die Sklaven amüsieren.

LADY HUNSTANTON. Bestimmt ist, wie Sie sagen, Lord Illingworth, mit Hilfe billigen Amüsements viel zu erreichen. Der liebe Doktor Daubeny, unser hiesiger Pastor – unterstützt durch seine Kaplane – bietet im Winter den Armen wirklich recht erfreuliche Erholungsstunden. Und viel Gutes läßt sich mit einer Laterna magica oder einem Missionar oder ähnlichen populären Vergnügungen ausrichten.

LADY CAROLINE. Ich bin gar nicht dafür, den Armen Vergnügungen zu bieten, Jane. Wolldecken und Kohlen genügen. Die Oberschicht ist ohnedies schon viel zu vergnügungssüchtig. Gesundheit fehlt in unserem heutigen Leben. Der Ton ist ungesund, durchaus ungesund.

KELVIL. Sie haben ganz recht, Lady Caroline.

LADY CAROLINE. Ich glaube, ich habe meistens recht.

MRS. ALLONBY. Ein gräßliches Wort – »Gesundheit«!

LORD ILLINGWORTH. Das albernste Wort unserer Sprache. Und man kennt ja nur allzugut den üblichen Inbegriff der Gesundheit. Der englische Junker, der hinter einem Fuchs einhergaloppiert: das Unaussprechliche auf der Jagd nach dem Ungenießbaren.

KELVIL. Darf ich fragen, Lord Illingworth, ob Sie das Oberhaus für eine bessere Einrichtung halten als das Unterhaus.

LORD ILLINGWORTH. Natürlich für eine weit bessere Einrichtung. Wir Mitglieder des Oberhauses kommen nie mit der öffentlichen Meinung in Kontakt. Deshalb sind wir eine kultivierte Körperschaft.

KELVIL. Ist es Ihr Ernst, wenn Sie solche Ansichten äußern?

LORD ILLINGWORTH. Mein voller Ernst, Mr. Kelvil. *(Zu Mrs. Allonby)* Was für eine vulgäre Gewohnheit der Leute, einen zu fragen, ob es ernst gemeint sei oder nicht, wenn man ihnen eine Idee vorgetragen hat! Nichts ist ernst zu nehmen außer den Leidenschaften. Der Verstand ist nichts Ernstes – ist es nie gewesen. Er ist ein Instrument, auf dem man improvisiert, weiter nichts. Die einzige ernste Variante des Verstandes, die ich kenne, ist der britische Verstand. Und auf ihm trommeln die britischen Analphabeten herum.

LADY HUNSTANTON. Was sagten Sie soeben, Lord Illingworth? Wer trommelt?

LORD ILLINGWORTH. Ich sprach mit Mrs. Allonby über die Leitartikel der Londoner Presse.

LADY HUNSTANTON. Aber glauben Sie denn alles, was in den Zeitungen steht?

LORD ILLINGWORTH. Ja. Heutzutage geschieht nur das Unleserliche. *(Er und Mrs. Allonby erheben sich)*

LADY HUNSTANTON. Gehen Sie schon, Mrs. Allonby?

MRS. ALLONBY. Nur bis zum Gewächshaus. Lord Illingworth hat mir heute früh von einer Orchidee erzählt, die so schön ist wie die sieben Todsünden.

LADY HUNSTANTON. Du lieber Gott, das will ich doch nicht hoffen! Ich muß mit dem Gärtner sprechen.

(Mrs. Allonby und Lord Illingworth ab)

LADY CAROLINE. Eine merkwürdige Type, diese Mrs. Allonby.

LADY HUNSTANTON. Manchmal läßt sie ihrer spitzen Zunge allzu freien Lauf.

LADY CAROLINE. Nur ihrer Zunge, Jane?

LADY HUNSTANTON. Hoffentlich, Caroline – bestimmt! *(Lord Alfred tritt auf)* Lieber Lord Alfred, setzen Sie sich zu uns.

(Lord Alfred setzt sich neben Lady Stutfield)

LADY CAROLINE. Du glaubst von allen das Beste, Jane. Das ist ein großer Fehler.

LADY STUTFIELD. Meinen Sie wirklich, wirklich, Lady Caroline, daß man von allen das Schlimmste glauben sollte?

LADY CAROLINE. Ich halte es jedenfalls für sicherer, Lady Stutfield. Natürlich nur solange, bis man erkannt hat, daß die Leute doch ganz anständig sind. Aber das erfordert heutzutage umfangreiche Ermittlungen.

LADY STUTFIELD. Es wimmelt von böswilligen Skandalgeschichten.

LADY CAROLINE. Gestern abend bei Tisch sagte Lord Illingworth zu mir, die Grundlage jeder Skandalgeschichte sei eine absolut unmoralische Überzeugung.

KELVIL. Natürlich ist Lord Illingworth ein sehr geistreicher Mann, aber mir scheint, es fehlt ihm der schöne Glaube an den Adel und die Reinheit des Lebens, der grade in unserem Jahrhundert so überaus wichtig ist.

LADY STUTFIELD. Ja, sehr, sehr wichtig, nicht wahr?

KELVIL. Er macht auf mich den Eindruck eines Menschen, der die Schönheit unseres englischen Familienlebens nicht zu schätzen weiß. Ich möchte behaupten, daß er in diesem Punkt von ausländischen Gedankengängen beeinflußt – schädlich beeinflußt worden ist.

LADY STUTFIELD. Nichts, nichts geht über die Schönheit des Familienlebens, oder wie?

KELVIL. Es ist die tragende Säule englischer Gesittung, Lady Stutfield. Ohne unser Familienleben würden wir auf die Stufe unserer kontinentalen Nachbarländer hinabsinken.

LADY STUTFIELD. Das wäre aber sehr, sehr betrüblich, nicht wahr?

KELVIL. Außerdem fürchte ich, daß Lord Illingworth die Frau ganz einfach als Spielzeug betrachtet. Nun habe *ich* die Frau nie als ein Spielzeug betrachtet. Die Frau ist im öffentlichen wie im Privatleben die geistige Helferin des Mannes. Ohne sie würden wir die wahren Ideale vergessen. *(Läßt sich neben Lady Stutfield nieder)*

LADY STUTFIELD. Das höre ich sehr, sehr gern.

LADY CAROLINE. Sind Sie verheiratet, Mr. Kettle?

SIR JOHN. Kelvil, meine Liebe, Kelvil.

KELVIL. Ich bin verheiratet, Lady Caroline.

LADY CAROLINE. Kinder?

KELVIL. Ja.

LADY CAROLINE. Wie viele?

KELVIL. Acht.

(Lady Stutfield wendet ihre Aufmerksamkeit Lord Alfred zu)

LADY CAROLINE. Mrs. Kettle und die Kinder sind wohl an der See? *(Sir John zuckt die Achseln)*

KELVIL. Meine Frau ist mit den Kindern an der See, Lady Caroline.

LADY CAROLINE. Zweifellos werden Sie ihnen später nachreisen.

KELVIL. Wenn meine öffentlichen Verpflichtungen es erlauben.

LADY CAROLINE. Ihre öffentliche Tätigkeit muß für Mrs. Kettle eine Quelle tiefer Befriedigung sein.

SIR JOHN. Kelvil, meine Liebe, Kelvil.

LADY STUTFIELD *(zu Lord Alfred)*. Wie entzückend, entzückend Ihre Goldmundstückzigaretten sind, Lord Alfred.

LORD ALFRED. Sie sind furchtbar teuer. Ich kann sie mir nur leisten, wenn ich bis über die Ohren in Schulden stecke.

LADY STUTFIELD. Es muß schrecklich, schrecklich traurig sein, bis über die Ohren in Schulden zu stecken.

LORD ALFRED. Heutzutage muß der Mensch eine Beschäftigung haben. Wenn nicht meine Schulden wären, hätte ich an nichts zu denken. Alle meine Bekannten sind verschuldet.

LADY STUTFIELD. Bereiten Ihnen denn aber nicht die Leute, denen Sie Geld schulden, sehr, sehr viel Verdruß?

(Der Lakai tritt auf)

LORD ALFRED. Ach nein. Sie schreiben – ich nicht.

LADY STUTFIELD. Sehr, sehr sonderbar.

LADY HUNSTANTON. Aha, hier ist ein Brief unserer lieben Mrs. Arbuthnot, Caroline! Sie will nicht mit uns essen. Wie schade.

Aber sie kommt nach dem Essen. Das freut mich wirklich. Sie ist eine der nettesten Frauen, die ich kenne. Außerdem hat sie eine schöne Handschrift, so kräftig und deutlich. *(Gibt Lady Caroline den Brief)*

LADY CAROLINE *(betrachtet die Handschrift).* Ein bißchen unweiblich, Jane. Das Weibliche ist die Eigenschaft, die ich an Frauen am meisten schätze.

LADY HUNSTANTON *(läßt sich den Brief geben und legt ihn auf den Tisch).* Oh – sie ist sehr weiblich, Caroline, und auch ein so guter Mensch. Du solltest den Erzdiakon über sie reden hören. Er betrachtet sie als seine rechte Hand in der Pfarrgemeinde. *(Der Lakai sagt etwas zu ihr)* Im gelben Salon. Wollen wir jetzt alle hineingehen? Lady Stutfield, wollen wir Tee trinken gehen?

LADY STUTFIELD. Mit Vergnügen, Lady Hunstanton.

(Alle erheben sich und wenden sich zum Gehen. Sir John macht sich erbötig, Lady Stutfields Mantel zu tragen)

LADY CAROLINE. John! Wenn du es deinem Neffen überlassen wolltest, sich um Lady Stutfields Mantel zu kümmern, könntest du mir mit meinem Nähkorb behilflich sein.

(Lord Illingworth und Mrs. Allonby treten auf)

SIR JOHN. Gewiß, meine Liebe. *(Ab mit seiner Frau)*

MRS. ALLONBY. Eigentümlich: Häßliche Frauen sind immer auf ihre Männer eifersüchtig – schöne Frauen nie.

LORD ILLINGWORTH. Schöne Frauen haben nicht die Zeit dazu. Sie sind stets vollauf damit beschäftigt, auf die Männer anderer Frauen eifersüchtig zu sein.

MRS. ALLONBY. Ich hätte gedacht, Lady Caroline müßte mittlerweile der ehelichen Sorgen überdrüssig geworden sein. Sir John ist ihr vierter.

LORD ILLINGWORTH. Zu viel Ehe bekommt einer Frau nicht. Nach zwanzig Jahren Liebe sieht sie aus wie eine Ruine – nach zwanzig Jahren Ehe wie ein öffentliches Gebäude.

MRS. ALLONBY. Zwanzig Jahre Liebe! Gibt es so etwas?

LORD ILLINGWORTH. Heutzutage nicht mehr. Die Frauen sind zu geistreich geworden. Nichts ist der Liebe abträglicher, als wenn die Frau Sinn für Humor hat.

MRS. ALLONBY. Oder der Mann keinen.

LORD ILLINGWORTH. Sie haben völlig recht. In einem Tempel haben alle ernst zu sein, bis auf das angebetete Idol.

MRS. ALLONBY. Und das Idol wäre der Mann?

LORD ILLINGWORTH. Frauen knien so anmutig – Männer nicht.

MRS. ALLONBY. Sie denken an Lady Stutfield!

LORD ILLINGWORTH. Glauben Sie mir, seit einer Viertelstunde habe ich nicht mehr an Lady Stutfield gedacht.

MRS. ALLONBY. Ist sie so mysteriös?

LORD ILLINGWORTH. Mehr als mysteriös: eine Laune!

MRS. ALLONBY. Launen sind nicht von Dauer.

LORD ILLINGWORTH. Das ist ihr größter Reiz.

(Hester und Gerald treten auf)

GERALD. Lord Illingworth, alle haben mich beglückwünscht – Lady Hunstanton und Lady Caroline und – alle. Hoffentlich werde ich mich als Ihr Sekretär bewähren.

LORD ILLINGWORTH. Sie werden ein vorbildlicher Sekretär sein, Gerald. *(Unterhält sich mit ihm)*

MRS. ALLONBY. Gefällt Ihnen das Leben auf dem Lande, Miß Worsley?

HESTER. Sehr gut – wirklich sehr gut.

MRS. ALLONBY. Sehnen Sie sich nicht manchmal nach einer festlichen Londoner Abendgesellschaft?

HESTER. Londoner Abendgesellschaften mag ich nicht.

MRS. ALLONBY. Ich schwärme für sie. Die Klugen hören nicht zu, die Dummen schweigen.

HESTER. Ich finde, daß die Dummen sehr viel reden.

MRS. ALLONBY. Ach, ich höre nicht zu!

LORD ILLINGWORTH. Mein lieber Freund, wenn Sie mir nicht gefielen, hätte ich Ihnen den Posten nicht angeboten. Nur weil Sie mir so gut gefallen, will ich Sie um mich haben. *(Hester und Gerald ab)* Ein reizender Mensch, dieser Gerald Arbuthnot.

MRS. ALLONBY. Er ist sehr nett, wirklich sehr nett. Aber die junge Amerikanerin kann ich nicht ausstehen.

LORD ILLINGWORTH. Warum nicht?

MRS. ALLONBY. Gestern hat sie mir – und noch dazu mit lauter Stimme – erzählt, sie sei erst achtzehn Jahre alt. Das hat mich verdrossen.

LORD ILLINGWORTH. Nie einer Frau über den Weg trauen, die einem ihr wahres Alter verrät! Eine Frau, die einem das verrät, ist imstande, einem alles zu verraten.

MRS. ALLONBY. Außerdem ist sie eine Puritanerin.

LORD ILLINGWORTH. Ah – das ist unverzeihlich. Ich habe nichts dagegen, wenn häßliche Frauen Puritanerinnen sind. Sie haben keine andere Entschuldigung für ihre Häßlichkeit. Aber sie ist entschieden hübsch. Ich bewundere sie enorm. *(Sieht Mrs. Allonby fest ins Gesicht)*

MRS. ALLONBY. Was müssen Sie doch für ein durch und durch schlechter Mensch sein!

LORD ILLINGWORTH. Wann ist Ihrer Meinung nach ein Mann ein schlechter Mensch?

MRS. ALLONBY. Wenn er die Unschuld bewundert.

LORD ILLINGWORTH. Und eine Frau?

MRS. ALLONBY. Durch und durch schlecht sind die Frauen, deren die Männer nie überdrüssig werden.

LORD ILLINGWORTH. Sie sind streng – gegen sich selbst.

MRS. ALLONBY. Definieren Sie unser Geschlecht.

LORD ILLINGWORTH. Sphinx ohne Rätsel.

MRS. ALLONBY. Einschließlich der Puritanerinnen?

LORD ILLINGWORTH. Wissen Sie, ich glaube nicht an die Existenz der Puritanerinnen. Meiner Meinung nach gibt es auf der ganzen Welt keine Frau, die sich nicht ein wenig geschmeichelt fühlt, wenn man ihr den Hof macht. Deshalb sind ja die Frauen so unwiderstehlich anbetungswürdig.

MRS. ALLONBY. Ihrer Meinung nach gibt es auf der ganzen Welt keine Frau, die etwas dagegen hätte, sich küssen zu lassen?

LORD ILLINGWORTH. Nur sehr wenige.

MRS. ALLONBY. Miß Worsley würde sich nicht von Ihnen küssen lassen.

LORD ILLINGWORTH. Sind Sie dessen sicher?

MRS. ALLONBY. Ganz sicher.

LORD ILLINGWORTH. Was glauben Sie, was sie tun würde, wenn ich ihr einen Kuß gäbe?

MRS. ALLONBY. Entweder würde sie Sie heiraten oder Ihnen den Handschuh ins Gesicht werfen. Und was würden *Sie* tun, wenn sie Ihnen den Handschuh ins Gesicht würfe?

LORD ILLINGWORTH. Wahrscheinlich würde ich mich in sie verlieben.

MRS. ALLONBY. Dann ist es ein wahres Glück, daß Sie sie nicht küssen werden!

LORD ILLINGWORTH. Ist das eine Herausforderung?

MRS. ALLONBY. Ein Pfeil ins Blaue.

LORD ILLINGWORTH. Wissen Sie denn nicht, daß mir alles gelingt, was auch immer ich versuche?

MRS. ALLONBY. Bedauerlich. Wir Frauen lieben die gescheiterten Existenzen. Sie sind auf uns angewiesen.

LORD ILLINGWORTH. Ihr vergöttert den Sieger. Ihr hängt euch an ihn an.

MRS. ALLONBY. Wir sind der Lorbeer, der seine Glatze verhüllt.

LORD ILLINGWORTH. Und er braucht euch immer, außer in der Stunde des Triumphs.

MRS. ALLONBY. Dann ist er uninteressant.

LORD ILLINGWORTH. Sie spannen mich auf die Folter. *(Pause)*

MRS. ALLONBY. Lord Illingworth, eines wird mir immer an Ihnen gefallen.

LORD ILLINGWORTH. Nur eines? Ich habe doch so viele schlechte Eigenschaften.

MRS. ALLONBY. Ach, bilden Sie sich nicht allzuviel darauf ein. Vielleicht werden Sie sie mit zunehmendem Alter verlieren.

LORD ILLINGWORTH. Ich habe nicht die Absicht, alt zu werden. Die Seele kommt alt auf die Welt – dann aber wird sie immer jünger. Das ist die Komödie des Lebens.

MRS. ALLONBY. Der Körper kommt jung auf die Welt und wird alt. Das ist die Tragödie des Lebens.

LORD ILLINGWORTH. Zuweilen gleichfalls eine Komödie ... Aus welchem geheimnisvollen Grunde aber werde ich Ihnen immer gefallen?

MRS. ALLONBY. Weil Sie mir nie den Hof gemacht haben.

LORD ILLINGWORTH. Ich habe nie etwas anderes getan.

MRS. ALLONBY. Tatsächlich? Es ist mir entgangen.

LORD ILLINGWORTH. Was für ein Pech! Es hätte für uns beide tragisch enden können.

MRS. ALLONBY. Beide hätten wir's überlebt.

LORD ILLINGWORTH. Heutzutage überlebt man alles, außer den

Tod, und wird mit allem fertig, außer mit einem guten Ruf.

MRS. ALLONBY. Haben Sie schon einmal versucht, sich einen guten Ruf zuzulegen?

LORD ILLINGWORTH. Das ist eine der vielen Unannehmlichkeiten, denen ich mich nie ausgesetzt habe.

MRS. ALLONBY. Vielleicht kommt es noch so weit.

LORD ILLINGWORTH. Warum drohen Sie mir?

MRS. ALLONBY. Das werde ich Ihnen sagen, nachdem Sie die Puritanerin geküßt haben.

(Der Lakai tritt auf)

FRANCIS. Der Tee ist im gelben Salon serviert, Mylord.

LORD ILLINGWORTH. Richten Sie Mylady aus, daß wir gleich kommen.

FRANCIS. Ja, Mylord. *(Ab)*

LORD ILLINGWORTH. Gehen wir Tee trinken.

MRS. ALLONBY. Lieben Sie diese simplen Freuden?

LORD ILLINGWORTH. Ich schwärme für simple Freuden. Sie sind die letzte Zuflucht komplizierter Seelen. Aber wenn Sie wollen, bleiben wir hier. Ja, bleiben wir hier. Das Buch des Lebens beginnt mit einem Mann und einer Frau in einem Garten.

MRS. ALLONBY. Und endet mit Offenbarungen.

LORD ILLINGWORTH. Sie fechten nicht schlecht. Aber Ihre Klinge hat den Knopf verloren.

MRS. ALLONBY. Noch habe ich die Maske.

LORD ILLINGWORTH. Sie verschönt Ihre Augen.

MRS. ALLONBY. Danke ... Kommen Sie.

LORD ILLINGWORTH *(sieht Mrs. Arbuthnots Brief auf dem Tisch liegen, nimmt ihn zur Hand und betrachtet den Umschlag).* Was für eine merkwürdige Handschrift! Sie erinnert mich an die Handschrift einer Frau, die ich vor Jahren gekannt habe.

MRS. ALLONBY. Wer ist diese Frau?

LORD ILLINGWORTH. Ach – niemand. Niemand besonderes. Eine Frau ohne Bedeutung. *(Wirft den Brief auf den Tisch und geht mit Mrs. Allonby die Stufen zur Terrasse hinauf. Lächelnd sehen sie einander an)*

Vorhang

Zweiter Akt

Salon im Landhaus der Lady Hunstanton: nach dem Essen. Das Licht brennt. Die Damen sitzen auf Sofas.

MRS. ALLONBY. Was für ein Labsal, die Männer für eine Weile los zu sein!

LADY STUTFIELD. Ja. Sie verfolgen uns auf Schritt und Tritt, nicht wahr?

MRS. ALLONBY. Verfolgen? Ich würde es mir wünschen.

LADY HUNSTANTON. Aber meine Liebe!

MRS. ALLONBY. Das Ärgerliche ist, daß die Kerle ohne uns recht glücklich sein können. Deshalb ist meiner Meinung nach jede Frau verpflichtet, sie keinen Augenblick lang aus den Augen zu lassen – abgesehen von dieser kurzen Atempause nach dem Essen. Ohne sie würden wir armen Frauen nur noch die Schatten unserer selbst sein.

(Diener bringen den Kaffee)

LADY HUNSTANTON. Schatten unserer selbst, meine Liebe?

MRS. ALLONBY. Ja, Lady Hunstanton. Es ist so überaus anstrengend, die Männer an der Kandare zu halten. Immer wieder versuchen sie, uns zu entwischen.

LADY STUTFIELD. Wie mir scheint, sind wir es, die den Männern zu entwischen versuchen. Die Männer sind so herzlos, so herzlos. Sie kennen ihre Macht und machen von ihr Gebrauch.

LADY CAROLINE *(nimmt ihre Kaffeetasse entgegen)*. Was ist denn das für ein dummes Gerede – lauter Unsinn! Es handelt sich nur daraum, den Männern die richtige Beschäftigung zu geben.

MRS. ALLONBY. Aber was ist denn die richtige Beschäftigung für sie, Lady Caroline?

LADY CAROLINE. Ihre Frauen zu versorgen, Mrs. Allonby.

MRS. ALLONBY. Nein, wirklich? Und wenn sie nicht verheiratet sind?

LADY CAROLINE. Wenn sie nicht verheiratet sind, sollten sie sich nach einer Frau umsehen. Es ist skandalös, wie viele Junggesellen sich in der guten Gesellschaft herumtreiben. Es müßte ein Gesetz erlassen werden, das sie zwingt, sich binnen zwölf Monaten zu verheiraten.

LADY STUTFIELD *(lehnt den Kaffee ab)*. Wie denn aber, wenn der Mann eine Frau liebt, die an einen anderen gebunden ist?

LADY CAROLINE. In diesem Falle, Lady Stutfield, würde man ihn binnen acht Tagen mit einem achtbaren, aber häßlichen jungen Mädchen verheiraten, damit er lernt, sich nicht an fremdem Eigentum zu vergreifen.

MRS. ALLONBY. Ich finde, man sollte nicht *uns* als fremdes Eigentum bezeichnen. Alle Männer samt und sonders gehören den verheirateten Frauen. Das ist die einzig richtige Definition des Besitzrechts. Wir aber gehören nur uns selber.

LADY STUTFIELD. Oh, das zu hören, freut mich aber sehr, sehr!

LADY HUNSTANTON. Glauben Sie wirklich, liebe Caroline, daß durch gesetzgeberische Maßnahmen die Zustände in irgendeiner Weise gebessert werden könnten? Ich habe mir sagen lassen, daß heutzutage sämtliche Ehemänner wie Junggesellen und sämtliche Junggesellen wie Ehemänner leben.

MRS. ALLONBY. *Ich* kann sie bestimmt nicht voneinander unterscheiden.

LADY STUTFIELD. Ach, ich finde, man merkt sofort, ob ein Mann an ein trautes Heim gefesselt oder ob er ungebunden ist. Mir ist so oft der tief-, tiefmelancholische Ausdruck in den Augen verheirateter Männer aufgefallen.

MRS. ALLONBY. Mir ist nur eines aufgefallen: daß sie einen fürchterlich anöden, wenn sie brave Ehemänner sind und sich vor Eitelkeit blähen, wenn sie es nicht sind.

LADY HUNSTANTON. Na ja, ich nehme an, daß sich der Typus des Ehegatten seit meiner Jugend radikal verändert hat – aber ich muß feststellen, daß der arme liebe Hunstanton ein reizender Mensch war und treu wie Gold.

MRS. ALLONBY. Ach, mein Mann ist eine Art von Solawechsel. Ich habe es satt, ihn immer wieder präsentiert zu bekommen.

LADY CAROLINE. Aber Sie prolongieren ihn von Zeit zu Zeit, nein?

MRS. ALLONBY. O nein, Lady Caroline! Bisher habe ich nur *einen* Gatten gehabt. Sie halten mich wohl für eine rechte Dilettantin.

LADY CAROLINE. Bei Ihrer Weltanschauung wundert es mich, daß Sie sich überhaupt verheiratet haben.

MRS. ALLONBY. Auch mich wundert es.

LADY HUNSTANTON. Mein liebes Kind, ich bin überzeugt, daß Sie eine glückliche Ehe führen – aber Sie verheimlichen gern Ihr Glück vor den anderen.

MRS. ALLONBY. Glauben Sie mir, ich hatte mich in Ernest fürchterlich getäuscht.

LADY HUNSTANTON. Das will ich doch nicht hoffen, liebes Kind! Ich habe seine Mutter recht gut gekannt. Sie war eine Stratton, Caroline, eine Tochter Lord Crowlands.

LADY CAROLINE. Victoria Stratton? Ich erinnere mich genau an sie. Eine alberne blonde Person ohne Kinn.

MRS. ALLONBY. Ach, Ernest hat ein Kinn. Er hat sogar ein sehr kräftig ausgeprägtes, ein eckiges Kinn. Ernests Kinn ist viel zu eckig.

LADY STUTFIELD. Aber meinen Sie denn wirklich, daß ein Mannskinn *zu* eckig sein kann? Meiner Meinung nach soll der Mann sehr, sehr kräftig aussehen und ein recht, recht eckiges Kinn haben.

MRS. ALLONBY. Dann müßten Sie Ernest unbedingt kennenlernen, Lady Stutfield. Ich halte es aber für fair, Sie von vornherein darauf aufmerksam zu machen, daß er keine Konversation führen kann.

LADY STUTFIELD. Ich schwärme für schweigsame Männer.

MRS. ALLONBY. Ernest ist alles eher als schweigsam. Er redet unaufhörlich. Aber er kann keine Konversation führen. Worüber er redet, weiß ich nicht. Ich höre ihm seit Jahren nicht mehr zu.

LADY STUTFIELD. Haben Sie ihm also nie verziehen? Wie traurig mir das vorkommt! Aber das ganze Leben ist sehr, sehr traurig, nicht wahr?

MRS. ALLONBY. Das Leben, Lady Stutfield, ist weiter nichts als ein *mauvais quart d'heure*, das aus köstlichen Augenblicken besteht.

LADY STUTFIELD. Ja, Augenblicke gibt es sicherlich. Aber war es etwas sehr, sehr Schlimmes, was Mr. Allonby angestellt hat? Hat er sich über Sie geärgert und sich ein unfreundliches oder wahres Wort entschlüpfen lassen?

MRS. ALLONBY. Ach du meine Güte – nein! Ernest ist nicht aus der Ruhe zu bringen. Das ist einer der Gründe, warum er mir auf die Nerven geht. Nichts ist verdrießlicher als ein ruhiges Temperament. Die Gelassenheit der meisten heutigen Männer hat etwas entschieden Brutales. Mich wundert, daß wir Frauen es so geduldig ertragen.

LADY STUTFIELD. Ja. Die unerschütterliche Seelenruhe der Männer beweist, daß sie nicht so sensibel sind wie wir – und nicht so zartbesaitet. Das schafft oft eine unübersteigliche Schranke zwischen Mann und Frau, nicht wahr? Aber ich möchte so gerne wissen, was Mr. Allonby Schlimmes angestellt hat.

MRS. ALLONBY. Gut, ich werde es Ihnen sagen, wenn Sie mir feierlich versprechen, es allen weiterzusagen.

LADY STUTFIELD. Besten Dank – besten Dank. Ich werde mir Mühe geben, es überall herumzuerzählen.

MRS. ALLONBY. Nachdem Ernest und ich uns verlobt hatten, beteuerte er auf seinen Knien, er habe bis dahin in seinem ganzen Leben noch nie eine Frau geliebt. Ich war damals sehr jung, deshalb habe ich es ihm nicht geglaubt – das brauche ich nicht zu betonen. Leider kam ich zu spät auf die Idee, Erkundigungen einzuziehen – wir waren vier oder fünf Monate miteinander verheiratet. Und da stellte sich heraus, daß er die reine Wahrheit gesagt hatte. So etwas macht einen Mann total uninteressant.

LADY HUNSTANTON. Aber mein Kind ...

MRS. ALLONBY. Der Mann will immer die erste Liebe einer Frau sein. Daran ist seine plumpe Eitelkeit schuld. Wir Frauen haben einen edleren Instinkt. Uns gefällt es, die letzte Liebe eines Mannes zu sein.

LADY STUTFIELD. Ich verstehe, was Sie meinen. Es ist sehr, sehr schön.

LADY HUNSTANTON. Mein liebes Kind, Sie werden mir doch nicht einreden wollen, Sie fänden es unverzeihlich, daß Ihr Mann nie eine andere geliebt hat. Hat man so etwas je gehört, Caroline? Ich staune.

LADY CAROLINE. Die Frau von heute ist so gebildet, Jane, daß wir nichts mehr erstaunlich finden sollten – abgesehen von glücklichen Ehen. Und die werden anscheinend immer seltener.

MRS. ALLONBY. Ach, sie sind ganz aus der Mode gekommen.

LADY STUTFIELD. Außer – wie ich mir habe sagen lassen – in bürgerlichen Kreisen.

MRS. ALLONBY. Das sieht ihnen ähnlich.

LADY STUTFIELD. Ja – nicht wahr? Sehr, sehr ähnlich.

LADY CAROLINE. Wenn das stimmt, was Sie uns von den bürgerlichen Kreisen erzählen, Lady Stutfield, gereicht es diesen Kreisen sehr zur Ehre. Ich finde es äußerst beklagenswert, daß in *unseren* Kreisen die Ehefrauen sich so frivol gebärden – anscheinend unter dem Eindruck, es sei »comme il faut«. Meiner Meinung nach ist das die Erklärung dafür, daß in der guten Gesellschaft so viele Ehen scheitern.

MRS. ALLONBY. Wissen Sie, Lady Caroline, ich glaube nicht, daß es an der Frivolität der Ehefrauen liegt. Mehr als durch alles andere werden heutzutage viele Ehen durch den gesunden Menschenverstand der Ehemänner zugrunde gerichtet. Wie kann man denn von einer Frau erwarten, daß sie mit einem Mann glücklich wird, der darauf beharrt, sie als ein durchaus vernünftiges Wesen zu behandeln.

LADY HUNSTANTON. Aber mein Kind ...

MRS. ALLONBY. Der Mann, der arme, tölpelhafte, zuverlässige unentbehrliche Mann, gehört einem Geschlecht an, das seit Millionen und aber Millionen von Jahren einen normalen Verstand hat. Er kann nichts dafür. Es liegt ihm im Blut. Ganz anders aber die Geschichte der Frau! Wir waren seit eh und je ein pittoresker Protest gegen die bloße Existenz des gesunden Menschenverstandes. Von allem Anfang an haben wir seine Gefahren erkannt.

LADY STUTFIELD. Ja, der gesunde Menschenverstand der Ehemänner ist wirklich sehr, sehr lästig. Sagen Sie mir doch, wie *Sie* sich den idealen Gatten vorstellen. Ich glaube, das wäre sehr, sehr nützlich.

MRS. ALLONBY. Wie ich mir den idealen Gatten vorstelle? So etwas ist unvorstellbar. Die Institution an sich ist grundfalsch.

LADY STUTFIELD. Also, dann den idealen Mann in seinen Beziehungen zu uns.

LADY CAROLINE. Wahrscheinlich würde er ein konsequenter Realist sein.

MRS. ALLONBY. Der ideale Mann! Ach ja – der ideale Mann würde zu uns reden, als wären wir Göttinnen, und uns behandeln, als wären wir kleine Kinder. Er würde alle unsere ernsthaften Bitten zurückweisen und jede unserer Launen befriedigen. Er würde uns ermuntern, kapriziös zu sein, und uns streng verbieten, eine höhere Aufgabe zu haben. Er würde immer mehr sagen, als er meint, und immer mehr meinen, als er sagt.

LADY HUNSTANTON. Aber wie soll er denn *beides* schaffen, meine Liebe?

MRS. ALLONBY. Er würde sich nie über andere hübsche Frauen herabsetzend äußern. Das würde nämlich beweisen, daß er keinen Geschmack hat, oder den Verdacht erregen, er habe zuviel Geschmack. Nein. Er würde zu allen nett sein, aber behaupten, er finde sie nicht attraktiv.

LADY STUTFIELD. Ja, das ist immer sehr, sehr erfreulich, wenn es anderen Frauen gilt.

MRS. ALLONBY. Wenn wir ihm irgendeine Frage stellen, müßte seine Antwort sich nur auf uns beziehen. Immer müßte er an uns die Eigenschaften loben, von denen er weiß, daß wir sie nicht besitzen. Aber erbarmungslos, völlig erbarmungslos müßte er uns die Tugenden vorwerfen, die zu besitzen uns nicht im Traum eingefallen wäre. Nie dürfte er sich einbilden, daß wir wissen, wozu nützliche Sachen von Nutzen sind. Das wäre unverzeihlich. Aber er würde uns mit allem überhäufen, was wir nicht haben wollen.

LADY CAROLINE. Soweit ich es beurteilen kann, würde er nichts anderes zu tun haben, als Rechnungen zu bezahlen und Komplimente zu machen.

MRS. ALLONBY. Er würde uns beharrlich in der Öffentlichkeit kompromittieren und unter vier Augen mit größter Hochachtung behandeln. Trotzdem würde er jederzeit bereit sein, uns eine fürchterliche Szene zu machen, wann immer wir uns eine wünschen – im Nu unglücklich, tief unglücklich zu sein – uns knapp zwanzig Minuten lang mit berechtigten Vorwürfen zu überschütten – nach einer halben Stunde nahezu handgreiflich zu werden – und uns ein Viertel vor acht, wenn es soweit ist, daß wir uns umziehen müssen, für ewig zu verlassen. Und wenn man ihn nachher wirklich zum letztenmal gesehen und er sich geweigert hat, seine kleinen Geschenke zurückzunehmen, und er hoch und heilig verspricht, sich nie wieder zu melden und auch nicht einen einzigen törichten Brief zu schreiben – ja, dann müßte er restlos verzweifelt sein und den ganzen lieben Tag lang Telegramme und jede halbe Stunde durch seinen Kutscher kleine Zettel schicken und abends mutterseelenallein im Klub essen, nur damit alle Welt wisse, wie unglücklich er ist. Und nach Verlauf einer fürchterlichen Woche, nachdem man sich mit seinem Mann überall hat sehen lassen, um zu zeigen, wie völlig einsam man ist, sollte man ihm einen dritten, letzten Abschied gewähren. Wenn dann sein Benehmen durchaus einwandfrei ist und man sich ihm gegenüber schändlich benommen hat, sollte er zugeben dürfen, daß er unrecht gehabt habe. Hat er es endlich zugegeben, dann ist die Frau verpflichtet, ihm zu verzeihen – und das Ganze kann von neuem beginnen – mit gewissen Variationen.

LADY HUNSTANTON. Sind Sie aber witzig, meine Liebe! Nichts, was Sie sagen, ist ernst gemeint – nicht ein einziges Wort.

LADY STUTFIELD. Vielen, vielen Dank, Mrs. Allonby. Es war äußerst, äußerst faszinierend. Ich muß versuchen, mir alles einzuprägen, diese vielen Einzelheiten, die so überaus, überaus wichtig sind.

LADY CAROLINE. Sie haben uns aber noch nicht verraten, welcher Lohn dem idealen Manne winkt.

MRS. ALLONBY. Lohn? Ach – nie enden wollende Erwartung. Das reicht für ihn.

LADY STUTFIELD. Aber die Männer sind so schrecklich, schrecklich anspruchsvoll, nicht wahr?

MRS. ALLONBY. Das spielt keine Rolle. Man darf nie kapitulieren.

LADY STUTFIELD. Nicht einmal vor dem idealen Mann?

MRS. ALLONBY. Vor ihm erst recht nicht. Es sei denn, daß man ihn gerne satt bekommen möchte.

LADY STUTFIELD. Oh ... Ja, das leuchtet mir ein. Ich finde diesen Fingerzeig sehr, sehr nützlich. Glauben Sie, Mrs. Allonby, daß ich je dem idealen Mann begegnen werde? Oder gibt es mehr als nur einen?

MRS. ALLONBY. In London gibt es genau vier Stück, Lady Stutfield.

LADY HUNSTANTON. Ach, du meine Güte!

MRS. ALLONBY *(nähert sich ihr)*. Was ist los? Sagen Sie mir, was passiert ist.

LADY HUNSTANTON *(leise)*. Ich hatte völlig vergessen, daß die junge Amerikanerin anwesend ist. Ich fürchte, einige Ihrer geistreichen Aperçus werden sie ein wenig schockiert haben.

MRS. ALLONBY. Ach, das wird ihr nur guttun.

LADY HUNSTANTON. Hoffentlich hat sie nicht viel davon verstanden. Ich will mich mal lieber zu ihr setzen und ein bißchen mit ihr plaudern. *(Steht auf und begibt sich zu Hester Worsley)* Nun, liebe Miß Worsley! *(Setzt sich zu ihr)* Wie still Sie die ganze Zeit in Ihrem gemütlichen kleinen Winkel gesessen haben! Sie haben wohl ein Buch gelesen. Wir haben so viele Bücher in unserer Bibliothek.

HESTER. Nein, ich habe zugehört.

LADY HUNSTANTON. Wissen Sie, liebes Kind, Sie dürfen nicht alles glauben, was da gesagt worden ist.

HESTER. Ich glaube nicht ein einziges Wort ...

LADY HUNSTANTON. Da haben Sie völlig recht, liebes Kind.

HESTER *(fährt fort)*. ... weil es mir unvorstellbar ist, daß eine Frau im Ernst die Auffassungen haben könnte, die heute abend einige Ihrer Gäste geäußert haben.

(Eine Verlegenheitspause)

LADY HUNSTANTON. Wie ich gehört habe, ist die gute Gesellschaft in Amerika gar nicht übel. Hie und da – so schreibt mein Sohn – gleicht sie der unseren.

HESTER. In Amerika gibt es wie überall kleine Cliquen, Lady Hunstanton. Aber zu der sogenannten guten Gesellschaft rechnen wir alle anständigen Menschen, die in unserem Lande leben.

LADY HUNSTANTON. Was für ein vernünftiges und – das darf ich wohl sagen – erfreuliches System. In England haben wir leider allzu viele soziale Schranken – künstliche Schranken. Wir halten keinen rechten Kontakt mit bürgerlichen Kreisen und den unteren Gesellschaftsschichten.

HESTER. In Amerika gibt es keine unteren Gesellschaftsschichten.

LADY HUNSTANTON. Nein, wirklich? Was für eine seltsame Ordnung!

MRS. ALLONBY. Wovon spricht diese schreckliche Person?

LADY STUTFIELD. Sie ist von einer peinlichen Natürlichkeit, nicht wahr?

LADY CAROLINE. Ich habe mir sagen lassen, daß es bei Ihnen in Amerika so manches nicht gibt, Miß Worsley. Es heißt zum Beispiel, daß ihr keine Ruinen und keine Antiquitäten habt.

MRS. ALLONBY *(zu Lady Stutfield)*. Unsinn! Sie haben ihre Mütter und ihre Manieren.

HESTER. Die Antiquitäten liefert uns die englische Aristokratie, Lady Caroline. Sie werden uns regelmäßig jeden Sommer per Dampfer zugesandt und machen uns am Tag nach der Landung einen Heiratsantrag. Was die Ruinen betrifft, so versuchen wir etwas aufzubauen, das dauerhafter ist als Ziegel oder Steine. *(Steht auf, um ihren Fächer vom Tisch zu holen)*

LADY HUNSTANTON. Und das wäre, mein liebes Kind? Ach ja – eine Eisenkonstruktion, nicht wahr, in der Stadt mit dem kuriosen Namen.

HESTER *(bleibt neben dem Tisch stehen)*. Wir versuchen, das Leben, Lady Hunstanton, auf einer besseren, echteren, saubereren Grundlage aufzubauen, als sie hier in England besteht. Das kommt Ihnen allen sonderbar vor, nicht wahr? Wie sollte es anders als sonderbar klingen! Ihr reichen Leute in England, ihr wißt ja nicht, was für ein Leben ihr führt. Woher solltet ihr es wissen? Anständigen und guten Menschen verweigert ihr den Zutritt zu euren Kreisen, das Einfache und Reine findet ihr lächerlich. So, wie ihr alle lebt – auf Kosten anderer –, spottet ihr über jede Aufopferung, und wenn ihr den Armen ein Stück Brot hinwerft, dann nur, um ihnen für eine Saison den Mund zu stopfen. Trotz all eurem Prunk und Reichtum und euren Kunstschätzen versteht ihr nicht zu leben – nicht einmal das versteht ihr. Ihr liebt das Schöne, das ihr seht und das ihr anfassen könnt – das Schöne, das man zerstören kann und das ihr zerstört –, aber von der unsichtbaren Schönheit des Lebens, von der unsichtbaren Schönheit eines höheren Lebens habt ihr keine Ahnung. Das Geheimnis des Lebens ist euch abhanden gekommen. Ach, eure englische Gesellschaft finde ich seicht, egoistisch, albern! Sie hält sich Augen und Ohren zu. Sie ist wie ein Aussätziger im Purpurmantel – thront wie ein goldgetünchter, lebloser Götze. Durch und durch falsch – durch und durch falsch …

LADY STUTFIELD. Davon sollte man gar nichts wissen wollen. Ich finde es nicht sehr nett, oder?

LADY HUNSTANTON. Meine liebe Miß Worsley, ich habe mir eingebildet, daß Sie sich in unseren Kreisen wohl fühlen. Sie haben ja so viel Erfolg gehabt! Die besten Leute haben Sie bewundert. Ich kann mich nicht mehr so recht erinnern, wie Lord Henry Weston sich über Sie geäußert hat – aber es war sehr schmeichelhaft, und Sie wissen, daß er in Fragen der Schönheit als Autorität gilt.

HESTER. Lord Henry Weston! Ich habe ihn nicht vergessen, Lady Hunstanton. Ein Mann mit einem abscheulichen Lächeln und einer abscheulichen Vergangenheit. Er wird überall eingeladen. Ohne ihn ist keine Abendgesellschaft vollzählig. Und die armen Frauen, die er zugrunde gerichtet hat? Sie sind verfemt. Sie sind namenlos. Wenn ihr ihnen auf der Straße begegnet, schaut ihr weg. Ich bedaure nicht, daß sie bestraft werden. Mögen alle Sünderinnen ihre gerechte Strafe erleiden!

(Mrs. Arbuthnot tritt hinten von der Terrasse her auf. Sie trägt einen Mantel und einen Spitzenschleier um den Kopf. Sie hört die letzten Worte und stutzt)

LADY HUNSTANTON. Meine liebe junge Dame …

HESTER. Es ist nur recht, daß sie bestraft werden. Aber sie sollen nicht als einzige leiden. Wenn ein Mann und eine Frau gesündigt haben, dann soll man sie beide in die Wüste schicken, damit sie *dort* einander lieben – oder einander verabscheuen. Beide sind zu brandmarken. Prägt ihnen, wenn ihr wollt, allen beiden das Kainszeichen in die Stirn – aber bestraft nicht den einen Partner, während ihr den anderen laufen laßt. Es soll nicht für die Frauen ein anderes Gesetz gelten als für die Männer. Ihr Engländer behandelt die Frauen ungerecht. Und solange ihr nicht die Schande einer Frau mit der Infamie eines Mannes auf die gleiche Stufe stellt, werdet ihr immer ungerecht sein. Das Recht, die Feuersäule, und das Unrecht, die Wolkensäule, werden vor euren Augen verschwimmen – oder ihr werdet sie überhaupt nicht sehen – oder sie, wenn ihr sie seht, nicht beachten!

LADY CAROLINE. Darf ich Sie, liebe Miß Worsley, da Sie aufgestanden sind, um mein Strickgarn bitten, das hinter Ihnen auf dem Tisch liegt? Danke.

LADY HUNSTANTON. Meine liebe Mrs. Arbuthnot! Ich freue mich so sehr, daß Sie gekommen sind! Aber man hat Sie nicht angemeldet.

MRS. ARBUTHNOT. Ach, ich bin gleich über die Terrasse gegangen, ohne abzulegen. Sie hatten mir nicht gesagt, daß Sie eine Gesellschaft geben.

LADY HUNSTANTON. Keine Gesellschaft. Es sind nur ein paar Hausgäste, die Sie kennenlernen müssen. Gestatten Sie ... *(Will ihr aus dem Mantel helfen, klingelt)* Caroline, das ist Mrs. Arbuthnot, eine meiner liebsten Freundinnen. Lady Caroline Pontefract – Lady Stutfield – Mrs. Allonby und meine junge Freundin aus Amerika, Miß Worsley, die uns soeben vorgehalten hat, wie verdorben wir alle sind.

HESTER. Sie finden, wie ich fürchte, meine Worte zu grob, Lady Hunstanton! Aber es gibt in England Dinge ...

LADY HUNSTANTON. Meine liebe junge Dame, ich glaube, es steckt viel Wahres in dem, was Sie gesagt haben, und Sie haben dabei *so* hübsch ausgesehen. Lord Illingworth würde behaupten, daß das bedeutend wichtiger ist. Nur Lady Carolines Bruder, den armen Lord Henry, haben Sie meiner Meinung nach ein bißchen zu hart angefaßt. Er ist wirklich so überaus amüsant.

(Der Lakai tritt auf)

LADY HUNSTANTON *(zu dem Lakaien)*. Nehmen Sie Mrs. Arbuthnots Sachen mit. *(Der Lakai ab mit den Überkleidern)*

HESTER. Lady Caroline, ich hatte keine Ahnung, daß es Ihr Bruder ist. Verzeihen Sie mir – es muß Ihnen sehr peinlich gewesen sein – aber ich ...

LADY CAROLINE. Meine liebe Miß Worsley, der einzige Abschnitt Ihres kleinen Vortrags – wenn ich ihn so nennen darf –, mit dem ich durchaus übereinstimme, handelt von meinem Bruder. Was auch immer Sie über ihn sagen mögen, nichts könnte zu arg sein. Ich finde Henrys Benehmen niederträchtig, absolut niederträchtig. Aber ich muß feststellen – wie du schon bemerkt hast, Jane –, daß man sich in seiner Gesellschaft glänzend unterhält. Außerdem hat er einen der besten Köche Londons, und nach einem guten Essen kann man jedem Menschen verzeihen, sogar den leiblichen Verwandten.

LADY HUNSTANTON *(zu Miß Worsley).* Kommen Sie jetzt, liebes Kind, und freunden Sie sich mit Mrs. Arbuthnot an. Sie gehört zu den braven, lieben einfachen Menschen, denen wir, wie Sie behauptet haben, den Zutritt zu unseren Kreisen verweigern. Leider muß ich sagen, daß Mrs. Arbuthnot mich sehr selten besucht. Aber daran bin nicht ich schuld.

MRS. ALLONBY. Wie lästig, daß die Männer nach dem Essen so lange wegbleiben! Ich nehme an, daß sie sich über uns das Maul zerreißen.

ADY STUTFIELD. Meinen Sie wirklich?

IRS. ALLONBY. Ich bin fest davon überzeugt.

ADY STUTFIELD. Ach, wie abscheulich! Wollen wir auf die Terrasse hinausgehen?

IRS. ALLONBY. Oh, nur weg von den Matronen und den Tunten! *(Steht auf und nähert sich zusammen mit Lady Stutfield der Tür in der Mitte links)* Wir wollen uns die Sterne ansehen, Lady Hunstanton.

ADY HUNSTANTON. Es werden sehr viele zu sehen sein, meine Liebe, eine ganze Menge. Aber erkälten Sie sich nicht. *(Zu Mrs. Arbuthnot)* Wir alle werden Gerald sehr vermissen, liebe Mrs. Arbuthnot.

RS. ARBUTHNOT. Hat ihm denn Lord Illingworth wirklich den Posten eines Sekretärs angeboten?

ADY HUNSTANTON. Ja, freilich! In der reizendsten Weise! Er hat die denkbar beste Meinung von Ihrem Sohn. Sie kennen ihn wohl nicht, meine Liebe?

RS. ARBUTHNOT. Ich bin ihm nie begegnet.

ADY HUNSTANTON. Zweifellos kennen Sie ihn vom Hörensagen.

RS. ARBUTHNOT. Leider nicht. Ich lebe so zurückgezogen und treffe so wenig Menschen. Ich erinnere mich, daß man mir vor Jahren von einem alten Lord Illingworth erzählt hat, der, wenn ich nicht irre, in Yorkshire ansässig war.

ADY HUNSTANTON. Ach ja. Das dürfte der vorletzte Earl gewesen sein. Ein sehr merkwürdiger Mann. Er wollte unter seinem Stand heiraten – oder hat sich, wie ich glaube, dagegen gesträubt. Es kam zu einem kleinen Skandal. Der jetzige Lord

Illingworth ist von anderem Schlag. Sehr vornehm. Er läßt sich nichts von alledem zuschulden kommen, was unsere hübsche Besucherin aus Amerika leider an uns auszusetzen hat, und ich wüßte nicht, daß er sich viel aus den Dingen macht, für die Sie sich so eifrig interessieren, liebe Mrs. Arbuthnot Glaubst du, Caroline, daß Lord Illingworth sich für die Wohnverhältnisse armer Leute interessiert?

LADY CAROLINE. Meiner Meinung nach nicht im geringsten, Jane.

LADY HUNSTANTON. Jeder hat seinen eigenen Geschmack, nich wahr? Lord Illingworth aber ist hoch angesehen, und was auch immer er sich wünscht, kann er jederzeit haben. Natürlich is er noch verhältnismäßig jung und hat erst vor kurzem seinen Titel geerbt. Wie lange ist es eigentlich her, Caroline, seit Lor Illingworth die Erbfolge angetreten hat?

LADY CAROLINE. Ich glaube, ungefähr vier Jahre, Jane. Ich weiß es war im selben Jahr, in dem mein Bruder zum letztenma durch die Spalten der Skandalpresse geschleift wurde.

LADY HUNSTANTON. Ach ja, ich entsinne mich. Dann wären e etwa vier Jahre. Natürlich standen sehr viele Anwärter zwischen dem jetzigen Lord Illingworth und dem Titel, Mrs. Arbuthnot. Zum Beispiel – wer, Caroline?

LADY CAROLINE. Das Baby der armen Margaret. Du erinners dich, wie sehr sie sich einen Jungen gewünscht hatte, und e wurde ein Junge, aber es starb, und kurze Zeit später starb ih Mann, und fast unmittelbar darauf heiratete sie wieder, eine Sohn Lord Ascots, der sie, wie ich gehört habe, prügelt.

LADY HUNSTANTON. Ach, das liegt in der Familie, meine Lieb das liegt in der Familie. Und ich erinnere mich auch an eine Geistlichen, der ins Irrenhaus wollte – möglicherweise war ein Irrsinniger, der Geistlicher werden wollte –, ob das ei oder das andere, habe ich vergessen, aber ich weiß, daß d Kanzleigericht den Fall untersucht und entschieden hat, d Mann sei durchaus normal. Nachher habe ich ihn bei de armen Lord Plumstead getroffen, da hatte er Strohhalme i Haar oder sah sonstwie recht wunderlich aus – ich habe vergessen, was es war. Oft bedaure ich, Lady Caroline, daß d liebe Lady Cecilia nicht erlebt hat, wie ihr Sohn den Ti erbte.

MRS. ARBUTHNOT. Lady Cecilia?

LADY HUNSTANTON. Lord Illingworths Mutter, liebe Mrs. Arbuthnot, war eine der hübschen Töchter der Herzogin von Jerningham. Sie heiratete Sir Thomas Harford, der damals als keine sehr gute Partie galt, obwohl er, wie es allgemein hieß, der schönste Mann ganz Londons war. Ich habe sie alle gut gekannt, auch die beiden Söhne, Arthur und George.

MRS. ARBUTHNOT. Natürlich hat der ältere Sohn den Titel geerbt, Lady Hunstanton?

LADY HUNSTANTON. Nein, meine Liebe, er ist auf der Fuchsjagd tödlich verunglückt. Oder beim Angeln ertrunken, Caroline? Ich habe es vergessen. George wurde Alleinerbe. Ich sage immer zu ihm, noch nie hat ein jüngerer Sohn so viel Glück gehabt wie er.

MRS. ARBUTHNOT. Lady Hunstanton, ich möchte sofort mit Gerald sprechen. Geht das? Kann man ihn holen?

LADY HUNSTANTON. Aber selbstverständlich, meine Liebe. Ich werde einen Diener ins Eßzimmer schicken. Ich weiß nicht, was die Herren so lange festhält. *(Klingelt)* Als ich Lord Illingworth kennenlernte, hieß er noch schlicht und einfach George Harford und war weiter nichts als ein sehr intelligenter junger Lebemann, der keinen Groschen besaß außer dem Taschengeld, das die arme Lady Cecilia ihm bewilligte. Sie hat ihn sehr gern gehabt. Ich glaube, hauptsächlich deshalb, weil er mit seinem Vater verkracht war. Oh, da kommt der liebe Erzdiakon! *(Zu dem Diener)* Schon erledigt ...

Sir John und Dr. Daubeny treten auf. Sir John nähert sich Lady Stutfield, Dr. Daubeny geht auf Lady Hunstanton zu)

DER ERZDIAKON. Lord Illingworth war äußerst unterhaltsam. Ich habe mich noch nie so gut amüsiert. *(Er erblickt Mrs. Arbuthnot)* Ah, Mrs. Arbuthnot!

LADY HUNSTANTON *(zu Dr. Daubeny)*. Wie Sie sehen, habe ich Mrs. Arbuthnot endlich dazu überredet, mich zu besuchen.

DER ERZDIAKON. Das ist eine große Ehre, Lady Hunstanton. Meine Frau wird Sie beneiden.

LADY HUNSTANTON. Wie schade, daß Mrs. Daubeny heute abend nicht mitkommen konnte. Die üblichen Kopfschmerzen?

DER ERZDIAKON. Ja, Lady Hunstanton. Eine wahre Märtyrerin.

Aber allein fühlt sie sich am wohlsten. Allein fühlt sie sich am wohlsten.

LADY CAROLINE *(zu ihrem Mann).* John!

(Sir John begibt sich zu seiner Frau. Dr. Daubeny unterhält sich mit Lady Hunstanton und Mrs. Arbuthnot. Mrs. Arbuthnot beobachtet unverwandt Lord Illingworth, der durchs Zimmer geschlendert ist, ohne sie zu sehen. Er hat sich Mrs. Allonby genähert, die neben Lady Stutfield an der Terrassentür steht)

LORD ILLINGWORTH. Wie geht es der reizendsten Frau von der Welt?

MRS. ALLONBY *(nimmt Lady Stutfield bei der Hand).* Danke, es geht uns beiden recht gut, Lord Illingworth. Aber Sie haben sich ja nur so kurze Zeit im Eßzimmer aufgehalten! Mir kommt es vor, als hätten wir die Herren soeben erst verlassen.

LORD ILLINGWORTH. Ich habe mich tödlich gelangweilt. Die ganze Zeit nicht den Mund aufgemacht. Mich nur danach gesehnt zu Ihnen herüberzukommen.

MRS. ALLONBY. Warum sind Sie nicht gekommen? Sie haben etwa versäumt. Die junge Amerikanerin hat uns einen Vortrag gehalten.

LORD ILLINGWORTH. Ach! Ich glaube, alle Amerikaner dozieren. Es muß wohl am Klima liegen. Was war das Thema ihre Vortrags?

MRS. ALLONBY. Das puritanische Ideal – was denn sonst?

LORD ILLINGWORTH. Ich werde sie bekehren. Sind Sie nicht auch dafür? Welche Frist bewilligen Sie mir?

MRS. ALLONBY. Eine Woche.

LORD ILLINGWORTH. Eine Woche ist mehr als genug.

(Gerald und Lord Alfred treten auf)

GERALD *(geht auf seine Mutter zu).* Liebe Mutter!

MRS. ARBUTHNOT. Gerald, ich fühle mich nicht wohl. Bring mic nach Hause, Gerald. Ich hätte nicht kommen sollen.

GERALD. Das tut mir leid. Natürlich bringe ich dich nach Haus Zuerst aber mußt du Lord Illingworth kennenlernen. *(Steue auf Lord Illingworth zu)*

MRS. ARBUTHNOT. Nicht heute, Gerald.

GERALD. Lord Illingworth, ich möchte Sie so gerne mit mein Mutter bekannt machen.

LORD ILLINGWORTH. Es wird mir ein Vergnügen sein. *(Zu Mrs. Allonby)* Ich bin gleich wieder da. Mütter langweilen mich tödlich. Alle Frauen ähneln mit der Zeit ihren Müttern. Das ist ihre Tragik.

MRS. ALLONBY. Der Mann freilich nie. Das ist *seine* Tragik.

LORD ILLINGWORTH. Sie sind heute abend in einer liebenswürdigen Laune. *(Macht kehrt und geht an Geralds Seite auf Mrs. Arbuthnot zu. Sowie er sie erblickt, weicht er verwundert zurück. Dann wandern seine Blicke langsam zu Gerald)*

GERALD. Mutter, das ist Lord Illingworth, der mir den Posten eines Privatsekretärs angeboten hat. *(Mrs. Arbuthnot verbeugt sich steif)* Eine wunderbare Chance für mich, nein? Ich hoffe nur, daß ich ihn nicht enttäusche. Du bist Lord Illingworth dankbar, nicht wahr, Mutter?

MRS. ARBUTHNOT. Es ist sehr lieb von Lord Illingworth, daß er sich vorläufig für dich interessiert.

LORD ILLINGWORTH *(legt die Hand auf Geralds Schulter)*. Gerald und ich sind schon gute Freunde geworden, Mrs. – Arbuthnot.

MRS. ARBUTHNOT. Es gibt nichts Gemeinsames zwischen Ihnen und meinem Sohn, Lord Illingworth.

GERALD. Liebe Mutter, wie kannst du so etwas sagen! Natürlich ist Lord Illingworth furchtbar klug und so weiter. Lord Illingworth weiß alles.

LORD ILLINGWORTH. Mein lieber Junge ...

GERALD. Ich kenne niemanden, der so viel Lebenserfahrung hat wie er. Neben Ihnen, Lord Illingworth, komme ich mir schrecklich dumm vor. Freilich habe ich wenig günstige Gelegenheiten gehabt. Ich habe weder in Eton noch in Oxford studiert. Aber daran scheint Lord Illingworth sich nicht zu stoßen. Er war furchtbar nett zu mir, Mutter.

MRS. ARBUTHNOT. Es wäre möglich, daß Lord Illingworth sich's überlegt. Vielleicht wird er dich gar nicht haben wollen.

GERALD. Mutter!

MRS. ARBUTHNOT. Vergiß nicht, daß du, wie du selber gesagt hast, sowenig Gelegenheit hattest, etwas zu lernen.

MRS. ALLONBY. Lord Illingworth, ich möchte einen Augenblick mit Ihnen sprechen. Bitte, kommen Sie zu mir.

LORD ILLINGWORTH. Entschuldigen Sie mich, Mrs. Arbuthnot!

Also, Gerald, Ihre reizende Mama soll uns keine Schwierigkeiten machen. Die Sache ist erledigt, nicht wahr?

GERALD. Hoffentlich ...

(Lord Illingworth begibt sich zu Mrs. Allonby)

MRS. ALLONBY. Ich dachte, Sie würden sich von der Dame in schwarzem Samt überhaupt nicht mehr trennen können.

LORD ILLINGWORTH. Eine äußerst schöne Frau. *(Betrachtet Mrs. Arbuthnot)*

LADY HUNSTANTON. Caroline, wollen wir ins Musikzimmer übersiedeln? Miß Worsley wird uns etwas vorspielen. Sie kommen doch auch mit, liebe Mrs. Arbuthnot, nicht wahr? Sie wissen nicht, was für ein Genuß Ihnen winkt. *(Zu Dr. Daubeny)* Ich muß Miß Worsley wirklich einmal ins Pfarrhaus mitnehmen. Ich möchte so gern, daß Ihre liebe Frau sie Geige spielen hört. Ach, wie vergeßlich ich bin! Ihre liebe Frau ist ein bißchen schwerhörig, nicht wahr?

DER ERZDIAKON. Durch ihre Taubheit geht ihr so manches verloren. Jetzt kann sie sich nicht einmal mehr meine Predigten anhören. Sie liest sie zu Hause. Aber sie hat ein reiches, reiches Innenleben

LADY HUNSTANTON. Sie liest wohl sehr viel?

DER ERZDIAKON. Nur den allergrößten Druck. Ihr Sehvermögen läßt rapide nach. Aber sie jammert nie – sie jammert nie.

GERALD *(zu Lord Illingworth)*. Sprechen Sie doch mit meiner Mutter, Lord Illingworth, bevor Sie ins Musikzimmer gehen. Aus irgendeinem Grunde scheint sie sich einzubilden, daß Ihr Angebot nicht ernst gemeint sei.

MRS. ALLONBY. Kommen Sie nicht zu uns?

LORD ILLINGWORTH. In ein paar Minuten ...! Lady Hunstanton, wenn Mrs. Arbuthnot gestattet, möchte ich gerne ein paar Worte mit ihr reden. Wir kommen dann gleich nach.

LADY HUNSTANTON. Ach, selbstverständlich! Sie werden ihr viel zu sagen haben, und sie wird sich bei Ihnen bedanken wollen. Nicht jede Mutter erlebt es, daß man ihrem Sohn ein so großartiges Angebot macht. Aber ich weiß, daß Sie es zu würdigen wissen, meine Liebe.

LADY CAROLINE. John!

LADY HUNSTANTON. Halten Sie Mrs. Arbuthnot nicht zu lange auf, Lord Illingworth. Wir können sie nicht entbehren.

(Geht hinter den Gästen ab. Nach einer Weile Violinspiel aus dem Musikzimmer)

LORD ILLINGWORTH. Das ist also unser Sohn, Rachel. Ich bin stolz auf ihn. Jeder Zoll ein Harford. Übrigens – warum Arbuthnot, Rachel?

MRS. ARBUTHNOT. Wenn man kein Anrecht auf einen Namen hat, ist der eine Name so gut wie der andere.

LORD ILLINGWORTH. Vermutlich. Aber warum Gerald?

MRS. ARBUTHNOT. Nach einem Mann, dem ich das Herz gebrochen habe – nach meinem Vater.

LORD ILLINGWORTH. Vorbei ist vorbei, Rachel. Jetzt kann ich nur sagen, daß mir unser Junge gut gefällt. Die Welt wird ihn nur als meinen Privatsekretär kennen, mir aber wird er sehr nahestehen und sehr lieb sein. Merkwürdig, Rachel – ich fand mein Leben recht vollendet. Ich habe mich geirrt. Etwas hat mir gefehlt – ein Sohn. Jetzt habe ich meinen Sohn gefunden. Ich bin froh, daß ich ihn gefunden habe.

MRS. ARBUTHNOT. Du hast kein Recht, ihn zu beanspruchen – weder ganz oder auch nur zum geringsten Teil. Der Junge gehört mir und wird immer mir gehören.

LORD ILLINGWORTH. Liebe Rachel, du hast ihn mehr als zwanzig Jahre lang für dich gehabt. Warum willst du ihn nicht jetzt eine Weile mir überlassen? Er gehört mir ebenso wie dir.

MRS. ARBUTHNOT. Sprichst du von dem Kind, das du im Stich gelassen hast? Von dem Kind, das deinetwegen vor Hunger und Entbehrung hätte sterben mögen?

LORD ILLINGWORTH. Du vergißt, Rachel, daß *du* mich verlassen hast. Nicht ich habe dich verlassen.

MRS. ARBUTHNOT. Ich habe dich verlassen, weil du dem Kind keinen Namen geben wolltest. Bevor mein Sohn zur Welt kam, habe ich dich angefleht, mich zu heiraten.

LORD ILLINGWORTH. Damals hatte ich nichts zu erwarten. Außerdem war ich nicht viel älter als du, Rachel. Erst einundzwanzig. Ich war, glaube ich, einundzwanzig Jahre alt, als die ganze Geschichte im Garten deines Vaters anfing.

MRS. ARBUTHNOT. Wenn ein Mann alt genug ist, um unrecht zu handeln, dann sollte er auch alt genug sein, um das Rechte zu tun.

LORD ILLINGWORTH. Meine liebe Rachel, philosophische Verallgemeinerungen sind stets interessant – moralische besagen absolut nichts. Zu behaupten, ich hätte unser Kind dem Hungertod preisgegeben, ist natürlich unwahr und albern. Meine Mutter hat dir sechshundert Pfund jährlich angeboten. Aber du wolltest dir nichts schenken lassen. Du bist ganz einfach verschwunden und hast das Kind mitgenommen.

MRS. ARBUTHNOT. Von ihr hätte ich mir keinen Penny schenken lassen. Dein Vater war von anderem Schlag. Er hat, als wir in Paris waren, in meiner Anwesenheit zu dir gesagt, es sei deine Pflicht, mich zu heiraten.

LORD ILLINGWORTH. Ach, Pflicht ist, was man von anderen erwartet, nicht, was man selber tut. Natürlich war ich durch meine Mutter beeinflußt. Wie jeder junge Mann ...

MRS. ARBUTHNOT. Ich bin froh, daß du das gesagt hast. Ich werde dafür sorgen, daß Gerald nicht mit dir loszieht.

LORD ILLINGWORTH. Was für ein Unsinn, Rachel!

MRS. ARBUTHNOT. Glaubst du, ich würde meinem Sohn ...

LORD ILLINGWORTH. Unserem Sohn.

MRS. ARBUTHNOT. ... meinem Sohn – *(Lord Illingworth zuckt die Achseln)* – erlauben, mit dem Mann loszuziehen, der meine Jugend zerstört, mein Leben zugrunde gerichtet, jeden Tag jede Stunde meines Daseins vergiftet hat? Du begreifst nicht was ich in der Vergangenheit an Leid und Schande habe ausstehen müssen!

LORD ILLINGWORTH. Meine liebe Rachel, ich muß offen gestehen daß ich Geralds Zukunft für erheblich wichtiger halte als deine Vergangenheit.

MRS. ARBUTHNOT. Gerald kann nicht seine Zukunft von meiner Vergangenheit trennen.

LORD ILLINGWORTH. Er sollte es versuchen – und *du* müßtes ihm dabei helfen. Was bist du doch für eine typische Frau! D redest sentimental daher und denkst die ganze Zeit nur a dich. Aber wir wollen Szenen vermeiden. Rachel, ich bitt dich, die Angelegenheit unter einem vernünftigen Gesichts punkt zu betrachten, einzig und allein unter dem Gesichts punkt: Was ist das Beste für unseren Sohn? Lassen wir dic und mich aus dem Spiel. Was ist unser Sohn momentan? Ei schlechtbezahlter Angestellter einer kleinen Provinzbank in einer drittrangigen Provinzstadt. Wenn du dir einbildest, daß ihm diese Tätigkeit Freude macht, dann täuschst du dich. Er ist gründlich unzufrieden.

MRS. ARBUTHNOT. Er war nicht unzufrieden, bevor er dich kennenlernte. Du hast es ihm beigebracht.

LORD ILLINGWORTH. Natürlich habe ich es ihm beigebracht. Die Unzufriedenheit ist der erste Schritt eines Menschen oder einer Nation auf der Bahn des Fortschritts. Aber ich habe mich nicht damit begnügt, sein Verlangen nach dem Unerreichbaren zu wecken. Nein, ich habe ihm ein charmantes Angebot gemacht. Ich brauche kaum zu betonen, daß er mit beiden Händen zugegriffen hat. Jeder junge Mann würde zugreifen. Und nur, weil sich herausgestellt hat, daß ich sein Vater bin und er mein Sohn ist, nimmst du dir vor, seine Karriere so gut wie im Keim zu ersticken. Das heißt: Wenn ich dir völlig fremd wäre, würdest du Gerald ohne weiteres mit mir losziehen lassen. Weil er aber mein eigen Fleisch und Blut ist, sträubst du dich dagegen. Wenn das nicht unlogisch ist!

MRS. ARBUTHNOT. Ich werde ihm nicht erlauben, dein Sekretär zu werden.

LORD ILLINGWORTH. Wie willst du es verhindern? Unter welchem Vorwand kannst du ihn veranlassen, ein Angebot wie das meine abzulehnen? Ich werde ihm nicht erzählen, in welcher Beziehung ich zu ihm stehe – das brauche ich kaum zu betonen. Du aber wagst nicht, ihm die Wahrheit zu sagen. Das weiß ich. Schau doch nur, wie du ihn erzogen hast!

MRS. ARBUTHNOT. Ich habe ihn zu einem anständigen Menschen erzogen.

LORD ILLINGWORTH. Absolut. Und das Ergebnis? Wenn er je die Wahrheit erfährt, wird er den Stab über dich brechen. Du hast ihn zu deinem Richter erzogen. Und er wird dir ein erbitterter, ein ungerechter Richter sein. Mach dir nichts vor, Rachel. Anfangs lieben die Kinder ihre Eltern. Nach einiger Zeit beginnen sie sie zu verurteilen. Selten, wenn überhaupt je, verzeihen sie ihnen.

MRS. ARBUTHNOT. George, nimm mir nicht meinen Sohn weg! Zwanzig Jahre lang hatte ich Kummer – und zwanzig Jahre lang nur dieses eine Wesen, das mich liebte, das ich lieben durfte. Dein Leben war nichts als Freude, Vergnügen und Erfolg. Du warst recht glücklich, du hast nie an uns gedacht. Du mit deiner Weltanschauung hast keinen Grund gesehen, dich überhaupt noch an uns zu erinnern. Daß du uns begegnet bist, war ein reiner Zufall, ein grauenhafter Zufall. Vergiß ihn. Nimm mir jetzt nicht alles weg – alles, was ich auf dieser Welt besitze. Du bist ja sonst so reich. Laß mir den kleinen Weinberg meines Lebens, laß mir den ummauerten Garten und den Brunnen. Das Lamm, das Gott mir gesandt hat, aus Mitleid oder im Zorn, ach, laß es mir! George – nimm mir den Sohn nicht weg.

LORD ILLINGWORTH. Rachel, im Augenblick braucht Gerald dich nicht, um Karriere zu machen. Mich braucht er. Mehr ist zu dem Thema nicht zu sagen.

MRS. ARBUTHNOT. Ich lasse ihn nicht fort.

LORD ILLINGWORTH. Da kommt er. Es ist sein gutes Recht, selbst eine Entscheidung zu treffen.

(Gerald tritt auf)

GERALD. Also, liebe Mutter, hoffentlich hast du dich mit Lord Illingworth geeinigt.

MRS. ARBUTHNOT. Nein, Gerald.

LORD ILLINGWORTH. Ihrer Mutter scheint es aus irgendeinem Grunde nicht recht zu sein, daß Sie mit mir mitkommen.

GERALD. Warum, Mutter?

MRS. ARBUTHNOT. Ich habe mir eingebildet, daß du dich bei mir recht wohl fühlst, Gerald. Ich wußte nicht, daß du so begierig bist, mich zu verlassen.

GERALD. Mutter, wie kannst du so etwas sagen? Natürlich habe ich mich bei dir wohl gefühlt. Aber man kann doch nicht ewig bei seiner Mutter bleiben. Wer macht denn das? Ich will mir eine Position erobern, ich will etwas erreichen. Ich dachte, du würdest stolz darauf sein, mich als Sekretär Lord Illingworths zu sehen.

MRS. ARBUTHNOT. Meiner Meinung nach bist du für diesen Posten nicht geeignet. Dir fehlt die Befähigung.

LORD ILLINGWORTH. Ich möchte nicht einen Moment lang den Eindruck erwecken, daß ich mich einmische, Mrs. Arbuthnot –

aber was Ihren letzten Einwand betrifft, so kann das wohl *ich* am besten beurteilen. Und ich muß sagen, daß Ihr Sohn alle die Fähigkeiten besitzt, die ich mir erhofft habe. Eigentlich größere, als ich je gedacht hätte. Weit größere ... *(Mrs. Arbuthnot schweigt)* Haben Sie noch andere Gründe, Mrs. Arbuthnot, warum Sie nicht wünschen, daß Ihr Sohn die angebotene Stellung annimmt?

GERALD. Hast du Gründe, Mutter? Bitte, antworte!

LORD ILLINGWORTH. Wenn Sie Gründe haben, dann sagen Sie sie mir – bitte, bitte ... Wir sind hier ganz unter uns. Was auch immer es sei – ich werde es selbstverständlich nicht weitersagen.

GERALD. Mutter?

LORD ILLINGWORTH. Wenn Sie mit Ihrem Sohn allein sein möchten, werde ich mich zurückziehen. Sie könnten irgendeinen Grund haben, den ich nicht hören soll.

MRS. ARBUTHNOT. Ich habe keinen anderen Grund.

LORD ILLINGWORTH. Dann, mein lieber Junge, dürfen wir die Angelegenheit als erledigt betrachten. Kommen Sie, wir wollen gemeinsam auf der Terrasse eine Zigarette rauchen. Und, Mrs. Arbuthnot, gestatten Sie mir, bitte, zu sagen, daß Sie meiner Meinung nach sehr, sehr klug gehandelt haben.

(Ab mit Gerald. Mrs. Arbuthnot bleibt allein zurück. Regungslos steht sie da, einen Ausdruck unsäglichen Kummers in ihren Zügen)

Vorhang

Dritter Akt

Die Gemäldegalerie im Landhaus Lady Hunstantons. Eine Tür im Hintergrund führt zur Terrasse. Lord Illingworth und Gerald Mitte rechts. Lord Illingworth hingerekelt auf einem Sofa. Gerald in einem Sessel.

LORD ILLINGWORTH. Eine durchaus vernünftige Frau, Ihre Mutter, Gerald. Ich wußte – zu guter Letzt wird sie nachgeben.

GERALD. Meine Mutter ist furchtbar gewissenhaft, Lord Illingworth. Ich weiß, daß sie meine Bildung zu unzureichend hält. Sie hat auch völlig recht. In der Schule war ich entsetzlich faul, und heute könnte ich um keinen Preis mehr eine Prüfung bestehen.

LORD ILLINGWORTH. Mein lieber Gerald, Prüfungen haben gar keinen Wert. Ist man ein Gentleman, dann weiß man genug. Ist man keiner, dann schadet einem jedes Wissen.

GERALD. Aber ich kenne die Welt nicht, Lord Illingworth.

LORD ILLINGWORTH. Seien Sie unbesorgt, Gerald. Vergessen Sie nicht, daß Sie das Wunderbarste von der Welt auf Ihrer Seite haben – die Jugend! Nichts kommt ihr gleich. Die älteren Menschen sind dem Leben verpfändet – die Alten landen in der Rumpelkammer des Lebens. Die Jugend aber beherrscht das Leben! Auf den jungen Menschen wartet ein Königreich. Jeder wird als ein König geboren, und die meisten sterben im Exil, wie die meisten Könige. Um meine Jugend wiederzugewinnen, Gerald, würde ich vor nichts zurückschrecken – nur nicht Gymnastik treiben, früh aufstehen oder ein nützliches Mitglied der Gesellschaft werden.

GERALD. Aber Sie halten sich doch nicht für alt, Lord Illingworth?

LORD ILLINGWORTH. Ich bin alt genug, um Ihr Vater zu sein, Gerald.

GERALD. An meinen Vater kann ich mich nicht erinnern. Er starb vor Jahren.

LORD ILLINGWORTH. Das hat Lady Hunstanton mir erzählt.

GERALD. Es ist merkwürdig: Meine Mutter spricht nie mit mir

über meinen Vater. Manchmal vermute ich, daß sie sich unter ihrem Stand verheiratet hat.

LORD ILLINGWORTH *(zuckt leicht zusammen).* Wirklich? *(Geht zu Gerald hin und legt ihm die Hand auf die Schulter)* Ein Vater hat Ihnen wohl sehr gefehlt, Gerald.

GERALD. Ach nein. Meine Mutter war so gut zu mir. So eine Mutter hat noch nie ein Mensch gehabt.

LORD ILLINGWORTH. Davon bin ich überzeugt. Trotzdem stelle ich mir vor, daß die meisten Mütter ihre Söhne nicht ganz verstehen. Ich meine, daß sie nicht begreifen, daß ein Sohn ehrgeizig ist, das Leben kennenlernen will, sich einen Namen machen will. Schließlich kann man Ihnen doch nicht zumuten, Gerald, Ihr ganzes Leben in einem gottverlassenen Loch wie Wrockley zu verbringen!

GERALD. Nein, nein! Das wäre schrecklich.

LORD ILLINGWORTH. Natürlich ist die Mutterliebe rührend – oft aber merkwürdig egoistisch. Ich meine, es steckt viel Egoismus dahinter.

GERALD *(zögernd).* Vermutlich ...

LORD ILLINGWORTH. Ihre Mutter ist ein guter Mensch, eine brave Frau. Brave Frauen aber sehen sehr oft das Leben aus einem engen Gesichtswinkel, ihr Horizont ist begrenzt, sie interessieren sich nur für Lappalien. Habe ich recht?

GERALD. Eines ist sicher: Sie interessiert sich brennend für Dinge, die uns kalt lassen.

LORD ILLINGWORTH. Ich nehme an, daß Ihre Mutter fromm ist.

GERALD. Ach ja, sie geht fleißig in die Kirche.

LORD ILLINGWORTH. Aha – sie ist altmodisch. Sie ist nicht auf der Höhe ihrer Zeit. Heutzutage heißt es modern sein. *Sie* wollen natürlich auf der Höhe Ihrer Zeit – Sie wollen ein moderner Mensch sein, Gerald, nicht wahr? Sie wollen das Leben kennenlernen, wie es ist, und sich nicht mit verstaubten Theorien abspeisen lassen. Also, vorläufig haben Sie nichts anderes zu tun, als sich ganz einfach für die besten Kreise zu qualifizieren. Der Mann, der eine Londoner Tischrunde beherrschen kann, der kann die Welt beherrschen. Die Zukunft gehört dem Dandy. Der Elegant wird das Zepter schwingen.

GERALD. Ich möchte mich furchtbar gerne gut anziehen, aber man hat mir immer gesagt, ein Mann sollte nicht allzusehr auf seine Kleidung achten.

LORD ILLINGWORTH. Die heutigen Menschen sind so absolut oberflächlich, daß sie den tieferen Sinn des Oberflächlichen nicht erfassen. Übrigens, Gerald, müssen Sie lernen, Ihre Krawatte besser zu knöpfen. Die Blume im Knopfloch darf meinetwegen sentimental sein. Die Krawatte aber muß Stil haben. Eine gut geknüpfte Krawatte ist der erste ernsthafte Schritt ins Leben.

GERALD *(lachend)*. Vielleicht werde ich lernen, wie man eine Krawatte knüpft, Lord Illingworth – nie aber werde ich so das Wort führen können wie Sie. Ich verstehe nicht, mich auszudrücken.

LORD ILLINGWORTH. Ach, sprechen Sie mit jeder Frau so, als wären Sie in sie verliebt – und mit jedem Mann so, als ob er Sie anödete – dann werden Sie am Ende Ihrer ersten Saison als Meister des gesellschaftlichen Takts gelten.

GERALD. Aber es ist sehr schwierig, in die gute Gesellschaft aufgenommen zu werden, nein?

LORD ILLINGWORTH. Um heutzutage in die beste Gesellschaft aufgenommen zu werden, muß man die Leute entweder bewirten, amüsieren oder schockieren – das ist alles!

GERALD. Es muß ein Vergnügen sein, der guten Gesellschaft anzugehören.

LORD ILLINGWORTH. Ihr lediglich anzugehören ist langweilig. Aus ihr verbannt zu sein aber ganz einfach eine Tragödie. Die gute Gesellschaft ist ein notwendiges Übel. Kein Mann kann in dieser Welt Erfolg haben, wenn nicht Frauen hinter ihm stehen, und Frauen regieren die gute Gesellschaft. Wer keine Frauen an seiner Seite hat, ist verloren. Dann kann er ebensogut Rechtsanwalt, Börsenmakler oder gleich Journalist werden.

GERALD. Frauen zu verstehen ist nicht leicht.

LORD ILLINGWORTH. Man sollte nie versuchen, sie zu verstehen. Frauen sind Gemälde, Männer Probleme. Wenn Sie wissen wollen, was eine Frau wirklich meint – übrigens ist das immer gefährlich –, dann schauen Sie sie an – hören Sie ihr nicht zu.

GERALD. Aber Frauen sind furchtbar gescheit.

LORD ILLINGWORTH. Das soll man ihnen einreden. In den Augen des Philosophen aber, mein lieber Gerald, repräsentieren die

Frauen den Sieg der Materie über die Vernunft – genauso wie die Männer den Sieg der Vernunft über die Moral repräsentieren.

GERALD. Wie können dann die Frauen so mächtig sein, wie Sie behaupten?

LORD ILLINGWORTH. Die Geschichte der Frau ist die Geschichte der schlimmsten Tyrannei, die die Welt je gekannt hat. Der Tyrannei der Schwachen über die Starken. Der einzigen Tyrannei, die alles überdauert.

GERALD. Haben denn aber nicht die Frauen einen verfeinernden Einfluß?

LORD ILLINGWORTH. Verfeinernd wirkt nur der Intellekt.

GERALD. Immerhin gibt es viele verschiedene Arten von Frauen, oder wie?

LORD ILLINGWORTH. In der guten Gesellschaft nur zwei: die Häßlichen und die Geschminkten.

GERALD. Keine anständigen Frauen?

LORD ILLINGWORTH. Viel zu viele.

GERALD. Soll denn Ihrer Meinung nach eine Frau nicht anständig sein?

LORD ILLINGWORTH. Man darf es ihnen um Gottes willen nicht sagen – sie würden sofort alle miteinander anständig werden. Das weibliche Geschlecht ist von einem faszinierenden Eigensinn. Jede Frau ist eine Rebellin – und für gewöhnlich in wildem Aufruhr gegen sich selbst.

GERALD. Sie waren nie verheiratet, Lord Illingworth.

LORD ILLINGWORTH. Männer heiraten aus Überdruß, Frauen aus Neugier. Beide werden enttäuscht.

GERALD. Kann man Ihrer Meinung nach nicht glücklich sein, wenn man verheiratet ist?

LORD ILLINGWORTH. Restlos glücklich. Aber das Glück eines verheirateten Mannes, mein lieber Gerald, hängt von den Frauen ab, die er nicht geheiratet hat.

GERALD. Und wenn man verliebt ist?

LORD ILLINGWORTH. Man sollte immer verliebt sein. Und deshalb nie heiraten.

GERALD. Meinen Sie nicht auch, daß die Liebe etwas Herrliches ist?

LORD ILLINGWORTH. Wenn man verliebt ist, betrügt man zuerst sich selber. Zuletzt betrügt man andere. Das findet die Welt romantisch. Eine echte *grande passion* aber kommt heutzutage verhältnismäßig selten vor. Sie ist das Privileg der Leute, die nichts zu tun haben. Hier sehen wir den einzigen Nutzen der müßigen Klassen in einem Lande und die einzige Erklärung für uns Harfords.

GERALD. Harfords, Lord Illingworth?

LORD ILLINGWORTH. Mein Familienname. Sie müssen den Adelskalender studieren, Gerald, das Buch, mit dem jeder junge Weltmann gründlich vertraut sein sollte. Übrigens auch das größte Dichtwerk, das die Engländer je hervorgebracht haben. Und von nun an, Gerald, werden Sie an meiner Seite ein völlig neues Leben beginnen. Deshalb will ich Sie lehren, das Leben zu leben. *(Auf der Terrasse im Hintergrund wird Mrs. Arbuthnot sichtbar)* Denn die Welt ist von Dummköpfen geschaffen worden, damit die Klugen sie bevölkern!

(Mitte links: Lady Hunstanton und Dr. Daubeny)

LADY HUNSTANTON. Ah, da sind Sie ja, lieber Lord Illingworth! Sie haben wohl unseren jungen Freund Gerald in seine neuen Pflichten eingeführt und ihm bei einer guten Zigarette eine Menge guter Ratschläge erteilt.

LORD ILLINGWORTH. Die besten Ratschläge und die beste Zigarette, Lady Hunstanton.

LADY HUNSTANTON. Ich bedaure, daß ich nicht dabei war und zuhören durfte, aber ich bin wohl auch schon zu alt, um etwas hinzuzulernen. Außer von Ihnen, lieber Erzdiakon, wenn Sie in Ihrer schönen Kanzel stehen. Da aber weiß ich immer schon im voraus, was Sie sagen werden, und habe keine Angst. *(Sie erblickt Mrs. Arbuthnot)* Oh, liebe Mrs. Arbuthnot, kommen Sie doch zu uns. Kommen Sie, meine Liebe! *(Mrs. Arbuthnot tritt ein)* Gerald hatte ein langes Gespräch mit Lord Illingworth. Sie fühlen sich sicherlich sehr geschmeichelt durch diese erfreuliche Wendung der Dinge. Setzen wir uns! *(Sie setzen sich)* Und wie geht es mit Ihrer wunderschönen Stickerei voran?

MRS. ARBUTHNOT. Ich bin fleißig.

LADY HUNSTANTON. Auch Mrs. Daubeny stickt ab und zu, nicht wahr?

DER ERZDIAKON. Früher einmal wußte sie sehr geschickt mit der Nadel umzugehen. Sie war geradezu eine Dorcas. Aber durch die Gicht sind ihre Finger steif geworden. Seit neun oder zehn Jahren hat sie die Sticktrommel nicht mehr angerührt. Aber sie hat viele andere Vergnügungen. Sie interessiert sich lebhaft für ihren Gesundheitszustand.

LADY HUNSTANTON. Ach, das ist immer eine nette Zerstreuung. Nun, worüber haben Sie mit Gerald gesprochen, Lord Illingworth? Verraten Sie es mir.

LORD ILLINGWORTH. Ich wollte ihm soeben erklären, daß die Welt seit eh und je über ihre eigenen Tragödien gelacht hat – weil sie sie anders nicht ertragen könnte. Was die Welt ernst nimmt, gehört infolgedessen zu den komischen Aspekten des Lebens.

LADY HUNSTANTON. Jetzt verliere ich wieder den Boden unter den Füßen. Das passiert mir meistens, wenn Lord Illingworth etwas sagt. Und die Rettungsgesellschaft ist sehr schlampig. Nie wirft sie mir einen Rettungsring zu. Sie läßt mich ertrinken. Ich habe das dunkle Gefühl, Lord Illingworth, daß Sie immer für die Sünder Partei ergreifen – während ich mich bemühe, die Sache der Heiligen zu verfechten. Freilich bleibt es bei dem redlichen Bemühen. Und vielleicht ist es überhaupt reine Phantasie – die Wahnvorstellung einer Ertrinkenden.

LORD ILLINGWORTH. Ich sehe einen einzigen Unterschied zwischen dem Heiligen und dem Sünder: Jeder Heilige hat eine Vergangenheit und jeder Sünder eine Zukunft.

LADY HUNSTANTON. Ach, das gibt mir den Rest. Ich weiß nichts mehr zu sagen. Sie und ich, liebe Mrs. Arbuthnot, sind hinter unserer Zeit zurückgeblieben. Wir können mit Lord Illingworth nicht Schritt halten. Leider wurden wir zu sorgfältig erzogen. Wohlerzogen zu sein ist heutzutage ein großer Nachteil. Man muß auf so vieles verzichten.

MRS. ARBUTHNOT. Ich würde es bedauern, wenn ich mich irgendeiner der Ansichten Lord Illingworths anschließen müßte.

LADY HUNSTANTON. Sie haben völlig recht, meine Liebe.

(Gerald zuckt die Achseln und wirft seiner Mutter einen gereizten Blick zu. Lady Caroline tritt ein)

LADY CAROLINE. Jane, hast du John gesehen?

LADY HUNSTANTON. Du brauchst nicht um ihn besorgt zu sein,

meine Liebe. Er ist bei Lady Stutfield. Ich habe die beiden vor einiger Zeit im gelben Salon gesehen. Sie scheinen sich recht gut miteinander zu vertragen. Du willst doch nicht schon gehen, Caroline? Bitte, nimm Platz.

LADY CAROLINE. Ich will mich mal lieber nach John umsehen.

(Geht ab)

LADY HUNSTANTON. Es ist nicht ratsam, den Männern so viel Aufmerksamkeit zu schenken. Und Caroline braucht wirklich nicht besorgt zu sein. Lady Stutfield ist sehr teilnahmsvoll. Ob es sich um das eine oder das andere handelt. Eine schöne Seele. *(Sir John und Mrs. Allonby treten ein)* Ah, da ist Sir John! Und noch dazu in Gesellschaft Mrs. Allonbys. Dann habe ich ihn wohl mit Mrs. Allonby im gelben Salon sitzen sehen. Sir John, Caroline hat Sie überall gesucht.

MRS. ALLONBY. Wir haben im Musikzimmer auf sie gewartet, Lady Hunstanton.

LADY HUNSTANTON. Ach ja, selbstverständlich – im Musikzimmer. Nicht im gelben Salon ... Mein Gedächtnis wird immer schlechter. *(Zum Erzdiakon)* Mrs. Daubeny hat ein großartiges Gedächtnis, nicht wahr?

DER ERZDIAKON. Ihr Gedächtnis war einmal geradezu bemerkenswert gut, aber seit ihrem letzten Anfall erinnert sie sich hauptsächlich an die Ereignisse in ihrer frühesten Kindheit. Aber diese Rückblicke machen ihr viel Freude, sehr viel Freude.

(Lady Stutfield und Mr. Kelvil treten auf)

LADY HUNSTANTON. Ah, unsere liebe Lady Stutfield! Und worüber hat Mr. Kelvil sich mit Ihnen unterhalten?

LADY STUTFIELD. Soweit ich mich erinnern kann, über den Bimetallismus.

LADY HUNSTANTON. Bimetallismus! Ist das ein schickliches Thema? Aber ich weiß, daß heutzutage die Leute recht offen über alles reden. Worüber hat Sir John sich mit Ihnen unterhalten, liebe Mrs. Allonby?

MRS. ALLONBY. Über Patagonien.

LADY HUNSTANTON. Tatsächlich? Was für ein abseitiges Gesprächsthema! Aber zweifellos äußerst lehrreich.

MRS. ALLONBY. Er wußte viel Interessantes zu berichten. Die Wilden scheinen fast in allen Dingen die gleichen Anschauungen zu haben wie die Kulturvölker. Sie sind enorm fortgeschritten.

LADY HUNSTANTON. Was machen sie denn?

MRS. ALLONBY. Anscheinend alles.

LADY HUNSTANTON. Also, es ist doch sehr erfreulich, lieber Herr Erzdiakon, wenn sich zeigt, daß die menschliche Natur stets und überall ein und dieselbe bleibt. Im großen und ganzen ist die Welt ein und dieselbe Welt, oder wie?

LORD ILLINGWORTH. Die Welt zerfällt ganz einfach in zwei Klassen – jene, die wie die Allgemeinheit das Unglaubliche glauben, und jene, die das Unwahrscheinliche wagen.

MRS. ALLONBY. Wie Lord Illingworth.

LORD ILLINGWORTH. Ja. Ich muß mich immer wieder über mich selber wundern. Nur dadurch wird das Leben lebenswert.

LADY STUTFIELD. Und warum haben Sie sich neuerdings über sich gewundert?

LORD ILLINGWORTH. Ich habe alle möglichen schönen Charakterzüge an mir entdeckt.

MRS. ALLONBY. Oh, werden Sie nur nicht mit einem Schlag vollkommen! Schritt für Schritt!

LORD ILLINGWORTH. Ich habe gar nicht die Absicht, mich zu vervollkommnen. Wenigstens hoffe ich, daß es mir erspart bleibt. Es wäre höchst unbequem. Die Frauen lieben uns um unserer Mängel willen. Haben wir genug Mängel, dann verzeihen sie uns alles andere, sogar unseren gigantischen Intellekt.

MRS. ALLONBY. Nur nicht so vorschnell verlangen, daß wir tiefsinnige Tüfteleien verzeihen: Daß man uns vergöttert, verzeihen wir gern – mehr aber sollte man nicht von uns erwarten.

(Lord Alfred tritt auf und gesellt sich zu Lady Stutfield)

LADY HUNSTANTON. Ach, wir Frauen sollten alles verzeihen, nicht wahr, liebe Mrs. Arbuthnot? Sicher geben Sie mir recht.

MRS. ARBUTHNOT. Nein, Lady Hunstanton. Meiner Meinung nach gibt es vieles, das Frauen nie verzeihen sollten.

LADY HUNSTANTON. Zum Beispiel?

MRS. ARBUTHNOT. Die Handlungsweise eines Mannes, der das Leben einer anderen Frau zugrunde gerichtet hat. *(Weicht langsam in den Hintergrund zurück)*

LADY HUNSTANTON. Ja, so etwas ist zweifellos sehr traurig, aber ich glaube, es gibt fabelhafte Heime, in denen solche Personen betreut und gebessert werden. Im großen und ganzen bin ich dafür, alles möglichst leichtzunehmen. Das ist das Geheimnis des Lebens.

MRS. ALLONBY. Das Geheimnis des Lebens? Sich nie einem Gefühl hinzugeben, das einem nicht zu Gesicht steht.

LADY STUTFIELD. Das Geheimnis des Lebens? Die schrecklichsten Enttäuschungen als ein rares Vergnügen zu schätzen.

KELVIL. Das Geheimnis des Lebens? Der Versuchung zu widerstehen, Lady Stutfield.

LORD ILLINGWORTH. Es *gibt* kein Geheimnis des Lebens. Der *Sinn* des Lebens – falls das Leben einen Sinn hat – besteht ganz einfach darin, stets und ständig nach Versuchungen Ausschau zu halten. Es gibt ihrer nicht annähernd genug. Manchmal vergeht ein ganzer Tag, ohne daß mir auch nur eine einzige begegnet. Das ist beängstigend. Man bangt um die Zukunft.

LADY HUNSTANTON *(droht ihm mit dem Fächer)*. Ich weiß nicht, wie es kommt, Lord Illingworth, aber alles, was Sie heute abend gesagt haben, finde ich äußerst unmoralisch. Ich habe Ihnen mit großem Interesse zugehört.

LORD ILLINGWORTH. Alles Denken ist unmoralisch. Seine Quintessenz ist die Vernichtung. Sowie man über etwas nachdenkt, hat man es schon erwürgt. Nichts widersteht der Mordlust des Gedankens.

LADY HUNSTANTON. Ich verstehe zwar kein Wort, Lord Illingworth, aber ich bezweifle nicht, daß Sie recht haben. Ich persönlich habe mir in puncto Nachdenken nicht viel vorzuwerfen. Ich bin nicht dafür, daß Frauen zu viel nachdenken. Sie sollten – wie in allen Dingen – maßhalten.

LORD ILLINGWORTH. Mäßigung ist verhängnisvoll, Lady Hunstanton. Und nichts erfolgreicher als das Übermaß.

LADY HUNSTANTON. Das werde ich mir hoffentlich merken. Es klingt nach einer bewundernswerten Maxime. Aber ich fange an, alles zu vergessen. Ein wahres Unglück.

LORD ILLINGWORTH. Im Gegenteil: eine Ihrer bezauberndsten Eigenschaften, Lady Hunstanton! Frauen sollten überhaupt kein Gedächtnis besitzen. Bei einer Frau fängt mit dem Gedächtnis die Schlampigkeit an. An der Kopfbedeckung einer Frau merkt man sofort, ob sie ein Gedächtnis hat oder nicht.

LADY HUNSTANTON. Wie charmant Sie doch sind, lieber Lord Illingworth! Immer wieder stellen Sie fest, daß unser krassester Mangel unser wichtigster Vorzug sei. Sie haben eine tröstliche Weltanschauung.

FARQUHAR *(tritt auf)*. Doktor Daubenys Kutsche!

LADY HUNSTANTON. Mein lieber Herr Erzdiakon! Es ist erst halb elf.

DER ERZDIAKON *(erhebt sich)*. Ich muß leider gehen, Lady Hunstanton. Jeden Dienstag hat meine Frau eine ihrer schlechten Nächte.

LADY HUNSTANTON *(erhebt sich)*. Da will ich Sie nicht aufhalten. *(Begleitet ihn zur Tür)* Ich habe Farquhar angewiesen, zwei Rebhühner in den Wagen zu legen. Vielleicht werden sie Mrs. Daubeny schmecken.

DER ERZDIAKON. Sehr lieb von Ihnen, aber meine Frau nimmt keine feste Nahrung mehr zu sich. Lebt nur noch von Gelees. Aber sie ist von einer wunderbaren Heiterkeit – einer wunderbaren Heiterkeit. Sie klagt über nichts. *(Ab mit Lady Hunstanton)*

MRS. ALLONBY *(nähert sich Lord Illingworth)*. Heute abend scheint der Mond überaus schön.

LORD ILLINGWORTH. Dann wollen wir seinen Anblick genießen. Heutzutage sieht man so gern etwas Unbeständiges.

MRS. ALLONBY. Sie haben Ihren Spiegel.

LORD ILLINGWORTH. Er ist unfreundlich. Er zeigt mir nur meine Falten.

MRS. ALLONBY. Meiner benimmt sich besser. Er sagt mir nie die Wahrheit.

LORD ILLINGWORTH. Dann ist er in Sie verliebt.

(Sir John, Lady Stutfield, Mr. Kelvil und Lord Alfred ab)

GERALD *(zu Lord Illingworth)*. Darf ich mich anschließen?

LORD ILLINGWORTH. Freilich, mein lieber Junge. *(Nähert sich zusammen mit Mrs. Allonby und Gerald der Terrassentür)*

(Lady Caroline tritt ein, schaut sich hastig um und geht ab: Aber es ist die entgegengesetzte Richtung zu der, die ihr Mann und Lady Stutfield eingeschlagen haben)

MRS. ARBUTHNOT. Gerald!

GERALD. Ja, Mutter?

(Lord Illingworth mit Mrs. Allonby ab)

MRS. ARBUTHNOT. Es wird spät. Gehen wir nach Hause!

GERALD. Meine liebe Mutter – warten wir noch ein bißchen. Lord Illingworth ist so reizend. Übrigens habe ich eine große Überraschung für dich, Mutter. Ende des Monats reisen wir nach Indien.

MRS. ARBUTHNOT. Fahren wir nach Hause.

GERALD. Freilich, Mutter, wenn du es wirklich wünschst. Zuerst aber muß ich mich von Lord Illingworth verabschieden. In fünf Minuten bin ich wieder da. *(Ab)*

MRS. ARBUTHNOT. Wenn er will, mag er mich verlassen, aber nicht mit ihm – nicht mit ihm! Das könnte ich nicht ertragen. *(Geht auf und ab)*

(Hester tritt ein)

HESTER. Was für eine herrliche Nacht, Mrs. Arbuthnot!

MRS. ARBUTHNOT. Wirklich?

HESTER. Mrs. Arbuthnot, wenn Sie mir doch erlauben wollten, mich mit Ihnen anzufreunden! Sie sind so anders als alle die Frauen in diesem Haus. Als Sie heute abend in den Salon kamen, da hatte ich das Gefühl, das ist ein Mensch, der einen Sinn für das Gute und Reine im Leben hat. Ich hatte mich dumm benommen. Manchmal sagt man das Richtige, aber zur falschen Zeit und zu den falschen Personen.

MRS. ARBUTHNOT. Ich habe gehört, was Sie sagten. Ich bin einverstanden, Miß Worsley.

HESTER. Ich wußte nicht, daß Sie es gehört haben. Aber ich wußte, Sie würden einverstanden sein. Eine Frau, die gesündigt hat, verdient ihre Strafe, nicht wahr?

MRS. ARBUTHNOT. Ja.

HESTER. Man sollte ihr den Zutritt zu der Gesellschaft anständiger Menschen verwehren.

MRS. ARBUTHNOT. Absolut.

HESTER. Und der Mann verdient die gleiche Strafe.

MRS. ARBUTHNOT. Die gleiche Strafe. Auch die Kinder, wenn Kinder da sind?

HESTER. Ja, es ist richtig, daß die Sünden der Eltern an den Kindern heimgesucht werden. Das ist ein gerechtes Gesetz. Gottes Gesetz.

MRS. ARBUTHNOT. Eines der furchtbaren Gesetze Gottes. *(Nähert sich dem Kamin)*

HESTER. Sie sind traurig, weil Ihr Sohn Sie verläßt, Mrs. Arbuthnot?

MRS. ARBUTHNOT. Ja.

HESTER. Ist es Ihnen recht, daß er mit Lord Illingworth verreist? Freilich – kein Zweifel – die Stellung und das Geld ... Aber Stellung und Geld bedeuten doch nicht alles.

MRS. ARBUTHNOT. Sie bedeuten nichts. Sie bringen Unglück.

HESTER. Warum lassen Sie zu, daß Ihr Sohn zu ihm geht?

MRS. ARBUTHNOT. Es ist sein Wunsch.

HESTER. Aber wenn Sie ihn darum bäten, würde er bleiben oder nicht?

MRS. ARBUTHNOT. Er hat es sich in den Kopf gesetzt, Lord Illingworths Sekretär zu werden.

HESTER. Er könnte Ihnen Ihre Bitte nicht abschlagen. Er liebt Sie viel zu sehr. Bitten Sie ihn zu bleiben. Ich schicke ihn zu Ihnen. Momentan ist er auf der Terrasse bei Lord Illingworth. Ich habe sie reden hören, als ich durchs Musikzimmer ging.

MRS. ARBUTHNOT. Bemühen Sie sich nicht, Miß Worsley, ich kann warten. Es spielt keine Rolle.

HESTER. Nein, ich werde ihm sagen, daß Sie mit ihm zu sprechen wünschen. Bitten Sie ihn zu bleiben. *(Ab)*

MRS. ARBUTHNOT. Er kommt nicht, ich weiß, er kommt nicht.

(Lady Caroline tritt ein und schaut sich besorgt um. Gerald tritt ein)

LADY CAROLINE. Mrs. Arbuthnot, darf ich fragen, ob Sir John sich auf die Terrasse begeben hat?

GERALD. Nein, Lady Caroline, er ist nicht auf der Terrasse.

LADY CAROLINE. Sehr merkwürdig. Es ist Zeit für ihn, sich zurückzuziehen. *(Ab)*

GERALD. Liebe Mutter, ich fürchte, ich habe dich warten lassen. Ich hatte es völlig vergessen. Ich bin heute abend so glücklich, Mutter – so glücklich wie noch nie.

MRS. ARBUTHNOT. Über die Aussicht, mich zu verlassen?

GERALD. So darfst du es nicht formulieren, Mutter. Natürlich tut es mir leid, dich verlassen zu müssen. Du bist die beste Mutter auf Gottes Erdboden. Aber man kann schließlich nicht, wie Lord Illingworth sagt, sein Leben in einem Winkel wie Wrockley verbringen. Dir macht es nichts aus. Ich aber habe meinen Ehrgeiz. Ich verlange etwas mehr vom Leben. Ich will Karriere machen. Ich will etwas leisten, damit du stolz sein kannst auf mich – und Lord Illingworth wird mir dazu verhelfen. Er wird alles für mich tun ...

MRS. ARBUTHNOT. Gerald, geh nicht zu Lord Illingworth. Ich flehe dich an, Gerald – ich bitte dich darum!

GERALD. Mutter, wie wankelmütig du bist! Nicht einen Augenblick lang scheinst du zu wissen, was du eigentlich willst. Vor anderthalb Stunden – im Salon – warst du mit allem einverstanden. Jetzt machst du kehrt und erhebst Einwände und willst mich zwingen, auf meine einzige Chance zu verzichten. Ja, auf meine einzige Chance ... Du nimmst wohl nicht an, Mutter, daß einem alle Tage ein Mann wie Lord Illingworth begegnet? Ich finde es sonderbar, daß der einzige Mensch, der meinem Glück im Wege steht, meine eigene Mutter ist. Außerdem, weißt du – ich liebe Hester Worsley. Wer sollte sie nicht lieben! Ich liebe sie mehr, als ich dir je gesagt habe – weit mehr. Wenn ich eine Stellung, wenn ich Aussichten hätte, dann könnte ich sie fragen, sie bitten, meine ... Verstehst du jetzt, Mutter, was es für mich bedeutet, Lord Illingworths Sekretär zu werden! Eine Karriere fix und fertig vor sich zu haben – sie wartet auf dich – du brauchst nur zuzugreifen ... Als Lord Illingworths Sekretär könnte ich Hester um ihre Hand bitten. Solange ich ein armseliger Bankbeamter bin, mit hundert Pfund im Jahr, wäre es eine Unverschämtheit.

MRS. ARBUTHNOT. Ich fürchte, du brauchst dir keine unnützen Hoffnungen zu machen. Ich kenne Miß Worsleys Anschauungen. Sie hat sie mir soeben mitgeteilt. *(Pause)*

GERALD. Dann bleibt mir auf jeden Fall mein Ehrgeiz. Immerhin etwas – ich bin froh, daß ich ihn habe. Du hast seit jeher versucht, meinen Ehrgeiz zu dämpfen, Mutter, nicht wahr? Du hast mir erzählt, die Welt sei schlecht, die gute Gesellschaft seicht und so weiter und so weiter – nun, ich glaube es dir nicht, Mutter. Die Welt muß wunderbar sein. Erfolg zu haben, lohnt die Mühe. Alles, was du mir beigebracht hast, war falsch, Mutter, grundfalsch. Lord Illingworth ist ein erfolgreicher Mann. Er ist ein vornehmer Mann. Er lebt in der Welt und lebt für sie. Also, ich würde alles darum geben, genauso zu sein wie Lord Illingworth.

MRS. ARBUTHNOT. Lieber möchte ich dich tot umfallen sehen.

GERALD. Mutter, was hast du gegen Lord Illingworth einzuwenden? Sag es mir – sag es mir offen. Was?

MRS. ARBUTHNOT. Er ist ein schlechter Mensch.

GERALD. In welcher Hinsicht schlecht! Ich verstehe nicht, was du meinst.

MRS. ARBUTHNOT. Ich werde es dir erklären.

GERALD. Du hältst ihn wohl für einen schlechten Menschen, weil er andere Ansichten hat als du. Männer und Frauen sind voneinander verschieden, Mutter. Da ist es nur natürlich, daß sie verschiedene Ansichten haben.

MRS. ARBUTHNOT. Es handelt sich nicht um seine Ansichten. Es handelt sich um den Menschen.

GERALD. Mutter, ist es etwas, das du weißt – wirklich weißt?

MRS. ARBUTHNOT. Es ist etwas, das ich weiß.

GERALD. Bist du dessen ganz sicher?

MRS. ARBUTHNOT. Ganz sicher.

GERALD. Seit wann weißt du es?

MRS. ARBUTHNOT. Seit zwanzig Jahren.

GERALD. Ist es fair, zwanzig Jahre weit zurückzugreifen – egal, wer es sei? Und was haben wir, du und ich, mit Lord Illingworths früherem Leben zu tun? Was geht es uns an?

MRS. ARBUTHNOT. Was dieser Mann damals war, ist er noch heute und wird es bleiben.

GERALD. Mutter, berichte mir, was Lord Illingworth getan hat. Wenn es eine Schandtat war, werde ich nicht mit ihm verreisen. Dazu kennst du mich wohl gut genug.

MRS. ARBUTHNOT. Gerald, komm zu mir – ganz nahe, wie in früheren Zeiten, als du noch ein kleiner Junge warst, als du der kleine Junge deiner Mutter warst ... *(Gerald setzt sich zu ihr. Sie fährt ihm mit den Fingern durchs Haar und streichelt seine Hände)* Gerald – es war einmal ein junges Mädchen, sie war sehr jung, kaum älter als achtzehn. George Harford – so hieß damals Lord Illingworth – lernte sie kennen. Sie wußte nichts vom Leben. Er – er wußte alles. Er machte das junge Mädchen in sich verliebt, so heftig verliebt, daß sie eines Morgens zusammen mit ihm das Vaterhaus verließ. Sie liebte ihn ja so sehr, und er hatte versprochen, sie zu heiraten. Er hatte feierlich versprochen, sie zu heiraten, und sie hatte es ihm geglaubt. Sie war sehr jung und – und unerfahren. Aber er schob die Heirat von Woche zu Woche, von Monat zu Monat hinaus. Ihr Vertrauen war unerschütterlich. Sie liebte ihn. – Bevor ihr Kind geboren wurde – sie bekam ein Kind –, flehte sie ihn an, er möge sie dem Kind zuliebe heiraten, damit das Kind einen Namen erhalte, damit nicht ihre Sünde an dem unschuldigen Kind heimgesucht werde. Er weigerte sich. Nach der Geburt des Kindes verließ sie ihn und nahm das Kind mit. Ihr Leben war zerstört, ihre Seele war zerstört – alles, was schön, gut und rein in ihr gewesen war – gleichfalls zerstört … Sie litt fürchterlich – sie leidet noch heute. Sie wird immer leiden. Für sie gibt es keine Freude, keinen Frieden, keine Sühne. Sie schleppt eine Kette mit sich herum wie ein Sträfling. Sie trägt eine Maske wie ein Aussätziger. Das Feuer kann sie nicht läutern, das Wasser ihre Qual nicht stillen. Nichts kann ihre Wunden heilen! Keine Pille kann ihr den Schlaf, kein Mohnsaft das Vergessen schenken. Sie ist verloren. Eine verlorene Seele. Deshalb bezeichne ich Lord Illingworth als einen schlechten Menschen. Deshalb will ich nicht, daß mein Junge sich mit ihm zusammentut.

GERALD. Meine liebe Mutter, natürlich klingt das alles sehr tragisch. Aber ich muß sagen, daß das junge Mädchen genauso zu tadeln war wie ihr Verführer. Wird denn schließlich ein wirklich anständiges junges Mädchen, ein junges Mädchen mit einem Minimum an Anstandsgefühl, ihr Elternhaus mit einem Mann verlassen, mit dem sie nicht verheiratet ist, und als seine Frau mit ihm leben? Das würde kein anständiges Mädchen tun.

MRS. ARBUTHNOT *(nach einer Pause).* Gerald, ich ziehe alle meine Einwände zurück. Es steht dir frei, Lord Illingworth zu folgen – wann und wohin auch immer es dir beliebt.

GERALD. Liebe Mutter, ich habe gewußt, daß du mir nicht in

Wege stehen wirst. Du bist die beste Frau, die Gott je geschaffen hast. Und was Lord Illingworth betrifft, so glaube ich nicht, daß er einer infamen oder niedrigen Handlungsweise fähig ist. Ich kann es nicht glauben – nein, ich kann es nicht glauben.

HESTER *(draußen)*. Lassen Sie mich los! Lassen Sie mich los!

(Hester kommt entsetzt gelaufen, stürzt zu Gerald hin und wirft sich in seine Arme)

HESTER. Retten Sie mich – schützen Sie mich vor ihm!

GERALD. Vor wem?

HESTER. Er hat mich beleidigt – schwer beleidigt! Schützen Sie mich!

GERALD. Wer? Wer hat es gewagt ...?

(Lord Illingworth tritt im Hintergrund auf. Hester reißt sich aus Geralds Armen und zeigt auf Lord Illingworth)

GERALD *(völlig außer sich vor Wut und Entrüstung)*. Lord Illingworth, Sie haben das reinste Wesen auf Gottes Erdboden beleidigt, ein Wesen, so rein wie meine Mutter. So wahr ein Gott im Himmel ist, ich erschlage Sie!

MRS. ARBUTHNOT *(wirft sich ihm entgegen und hält ihn fest)*. Nein! Nein!

GERALD *(stößt sie zurück)*. Halt mich nicht fest, Mutter – halt mich nicht fest! Ich erschlage ihn!

MRS. ARBUTHNOT. Gerald!

GERALD. Laß mich los, sage ich!

MRS. ARBUTHNOT. Halt, Gerald, halt! Er ist dein Vater!

(Gerald umkrampft die Hände seiner Mutter und schaut ihr ins Gesicht. Vor Scham sinkt sie langsam zu Boden. Hester schleicht zur Tür. Lord Illingworth runzelt die Stirn und beißt sich auf die Lippe. Nach einer Weile hebt Gerald seine Mutter auf, legt den Arm um sie und führt sie aus dem Zimmer)

Vorhang

Vierter Akt

Wohnzimmer in Mrs. Arbuthnots Haus in Wrockley. Im Hintergrund eine breite, geöffnete Terrassentür mit Aussicht auf den Garten. Türen rechts Mitte und links Mitte. Gerald Arbuthnot sitzt schreibend an einem Tisch.

(Alice von rechts. Ihr folgen Lady Hunstanton und Mrs. Allonby)

ALICE. Lady Hunstanton und Mrs. Allonby. *(Ab nach links)*

LADY HUNSTANTON. Guten Morgen, Gerald.

GERALD *(erhebt sich)*. Guten Morgen, Lady Hunstanton. Guten Morgen, Mrs. Allonby.

LADY HUNSTANTON *(setzt sich)*. Wir wollen uns nach Ihrer lieben Mutter erkundigen, Gerald. Hoffentlich geht es ihr besser.

GERALD. Meine Mutter ist noch nicht heruntergekommen, Lady Hunstanton.

LADY HUNSTANTON. Ich fürchte, die Hitze hat sie gestern abend überwältigt. Es muß ein Gewitter in der Luft gelegen haben. Vielleicht war aber die Musik schuld. Musik stimmt einen immer gar so romantisch – zumindest geht sie einem immer auf die Nerven.

MRS. ALLONBY. Heutzutage ist das ein und dasselbe.

LADY HUNSTANTON. Ach, wie ich mich freue, daß ich nicht verstehe, was Sie meinen, meine Liebe! Ich fürchte, Sie meinen etwas Schlechtes. Aha – wie ich sehe, inspizieren Sie Mrs. Arbuthnots hübsches Zimmer. Ist es nicht nett und altmodisch?

MRS. ALLONBY *(betrachtet die Einrichtung durch ihr Lorgnon)*. Das traute englische Heim – wie es im Buch steht.

LADY HUNSTANTON. Das ist das richtige Wort, meine Liebe – die treffende Beschreibung. In allem, was Ihre Mutter um sich hat, Gerald, spürt man ihren guten Einfluß.

MRS. ALLONBY. Lord Illingworth behauptet, daß jeder Einfluß schlecht sei – der gute aber am allerschlimmsten.

LADY HUNSTANTON. Wenn Lord Illingworth erst einmal Mrs. Arbuthnot näher kennengelernt hat, wird er seine Meinung ändern. Ich muß ihn unbedingt mitbringen.

MRS. ALLONBY. Ich möchte Lord Illingworth in einem trauten englischen Heim sehen.

LADY HUNSTANTON. Es würde ihm sehr guttun, meine Liebe. Die meisten Frauen in London scheinen heutzutage ihre Wohnungen mit nichts anderem als Orchideen, Ausländern und französischen Romanen zu möblieren. Hier aber haben wir das Zimmer einer kleinen süßen Heiligen. Frische Gartenblumen, Bücher, die einen nicht schockieren, Bilder, die man anschauen kann, ohne zu erröten.

MRS. ALLONBY. Ich erröte aber gern.

LADY HUNSTANTON. Na ja, es hat schon was für sich, rot zu werden – besonders, wenn es einem im richtigen Augenblick glückt. Der arme gute Hunstanton hat immer zu mir gesagt, daß ich nicht annähernd oft genug erröte. Aber er war ja so überaus wunderlich. Ich durfte keinen seiner Freunde kennenlernen – bis auf solche, die über siebzig waren, wie der arme Lord Ashton – der übrigens kurze Zeit später vor das Scheidungsgericht zitiert wurde. Ein recht bedauerlicher Fall.

MRS. ALLONBY. Männer über siebzig finde ich reizend. Sie legen einem stets ihr ganzes Leben zu Füßen. Ich halte Siebzig für das ideale Alter eines Mannes.

LADY HUNSTANTON. Sie ist unverbesserlich, Gerald, nicht wahr? Nebenbei, Gerald – ich hoffe, daß Ihre liebe Mutter mich jetzt öfter besuchen wird. Sie und Lord Illingworth beabsichtigen wohl, sofort abzureisen?

GERALD. Ich habe die Absicht aufgegeben, Lord Illingworths Sekretär zu werden.

LADY HUNSTANTON. Aber nicht doch, Gerald! Das wäre sehr unvernünftig. Was kann denn der Grund sein?

GERALD. Ich glaube nicht, daß ich für den Posten geeignet bin.

MRS. ALLONBY. Ach, wenn Lord Illingworth *mich* auffordern wollte, seine Sekretärin zu werden! Aber er hält mich für zu frivol.

LADY HUNSTANTON. Meine Liebe, so dürfen Sie in diesem Hause nicht daherreden. Mrs. Arbuthnot kennt die lasterhafte Gesellschaft nicht, in der wir alle uns bewegen. Sie lehnt sie ab. Sie ist viel zu brav. Ich betrachte es als eine große Ehre, daß sie mich gestern besucht hat. Mit einem Mal hatte der Abend einen respektablen Anstrich.

MRS. ALLONBY. Das muß das Gewitter in der Luft gewesen sein.

LADY HUNSTANTON. Wie können Sie so etwas sagen, meine Liebe! Beides läßt sich überhaupt nicht miteinander vergleichen. Aber im Ernst, Gerald, was soll das heißen: nicht geeignet sein?

GERALD. Lord Illingworths Weltanschauung und meine sind zu sehr voneinander verschieden.

LADY HUNSTANTON. Aber, mein lieber Gerald, in Ihrem Alter sollten Sie noch gar keine Weltanschauung haben. Das ist völlig deplaciert. In Lebensfragen haben Sie sich von andern leiten zu lassen. Lord Illingworth hat Ihnen das denkbar schmeichelhafteste Angebot gemacht. Wenn Sie mit ihm auf Reisen gehen, werden Sie die Welt unter den bestmöglichen Auspizien sehen – wenigstens, soweit es sich lohnt, sie sich anzusehen. Sie werden bei den richtigen Leuten zu Gast sein, und das ist in diesem kritischen Augenblick Ihrer Laufbahn so überaus wichtig.

GERALD. Ich habe keine Lust, die Welt zu sehen – ich habe schon genug von ihr gesehen.

MRS. ALLONBY. Hoffentlich bilden Sie sich nicht ein, das Leben erschöpfend kennengelernt zu haben, Mr. Arbuthnot. Wenn das ein Mann behauptet, weiß man, daß das Leben ihn erschöpft hat.

GERALD. Ich will meine Mutter nicht verlassen.

LADY HUNSTANTON. Also, Gerald, das ist reine Faulheit! Ihre Mutter nicht verlassen! Wenn *ich* Ihre Mutter wäre, würde ich darauf bestehen, daß Sie sich davonmachen!

(Alice von links Mitte)

ALICE. Mrs. Arbuthnot läßt sich empfehlen, Mylady, aber sie hat starke Kopfschmerzen und kann heute vormittag niemanden empfangen. *(Ab rechts Mitte)*

LADY HUNSTANTON *(erhebt sich)*. Starke Kopfschmerzen! Das tut mir aber leid! Vielleicht bringen Sie sie im Laufe des Nachmittags nach Hunstanton mit, Gerald, wenn es ihr bis dahin besser geht.

GERALD. Ich fürchte, heute nachmittag wird nichts daraus werden Lady Hunstanton.

LADY HUNSTANTON. Na, dann morgen. Ach, wenn Sie einen Vater hätten, Gerald, würde er Ihnen nicht gestatten, daß Sie hier versauern. Er würde Sie sofort mit Lord Illingworth losschicken. Mütter aber sind so schwach. Sie geben ihren Söhnen in allem nach. Wir sind ganz Herz, ganz Herz. Kommen Sie, meine Liebe, ich muß im Pfarrhaus vorsprechen und mich nach Mrs. Daubeny erkundigen. Ich fürchte, es geht ihr gar nicht gut. Bewundernswert, wie der Erzdiakon es erträgt, einfach bewundernswert. Er ist der teilnahmsvollste Gatte. Ein Mustergatte. Auf Wiedersehen, Gerald. Richten Sie Ihrer Mutter meine innigsten Grüße aus.

MRS. ALLONBY. Auf Wiedersehen, Mr. Arbuthnot.

GERALD. Auf Wiedersehen.

(Lady Hunstanton und Mrs. Allonby ab. Gerald setzt sich und liest seinen Brief durch)

GERALD. Mit welchem Namen soll ich unterzeichnen? Ich, der ich kein Recht auf einen Namen habe. *(Unterschreibt den Brief, legt ihn in einen Umschlag, schreibt die Adresse und will gerade den Umschlag versiegeln, da wird die Tür links Mitte geöffnet, und Mrs. Arbuthnot tritt ein. Gerald legt das Siegelwachs weg. Mutter und Sohn sehen einander an)*

LADY HUNSTANTON *(durch die Terrassentür im Hintergrund).* Noch einmal auf Wiedersehen, Gerald! Wir nehmen die Abkürzung durch Ihren hübschen Garten. Also, vergessen Sie nicht meinen Rat – machen Sie sich sofort mit Lord Illingworth auf den Weg.

MRS. ALLONBY. Au revoir, Mr. Arbuthnot! Bringen Sie mir etwas Nettes von Ihren Reisen mit – aber keinen indischen Schal – auf keinen Fall einen indischen Schal. *(Beide ab)*

GERALD. Mutter, ich habe soeben an ihn geschrieben.

MRS. ARBUTHNOT. An wen?

GERALD. An meinen Vater. Ich habe ihm geschrieben, er soll heute nachmittag um vier Uhr zu uns kommen.

MRS. ARBUTHNOT. Er soll nicht hierherkommen. Er soll die Schwelle meines Hauses nicht überschreiten.

GERALD. Es muß sein.

MRS. ARBUTHNOT. Gerald, wenn du entschlossen bist, mit ihm zu verreisen, dann geh sofort zu ihm. Geh, bevor es mein Tod ist – aber verlange nicht von mir, ihn zu treffen.

GERALD. Mutter, du verstehst mich nicht. Nichts in der Welt würde mich bewegen, mit Lord Illingworth zu verreisen – oder dich zu verlassen. Dazu kennst du mich wohl gut genug. Nein, ich habe ihm geschrieben, um ihm mitzuteilen ...

MRS. ARBUTHNOT. Was hast du ihm mitzuteilen?

GERALD. Kannst du nicht erraten, Mutter, was in diesem Brief steht?

MRS. ARBUTHNOT. Nein.

GERALD. Mutter, bestimmt errätst du es. Denk nach – überlege dir, was sofort zu geschehen hat – innerhalb der nächsten paar Tage.

MRS. ARBUTHNOT. Nichts hat zu geschehen.

GERALD. Ich habe Lord Illingworth geschrieben, daß er verpflichtet ist, dich zu heiraten.

MRS. ARBUTHNOT. Mich heiraten?

GERALD. Mutter, ich werde ihn dazu zwingen. Das Unrecht, das er dir angetan hat, muß wiedergutgemacht werden – muß gesühnt werden. Die Gerechtigkeit mag lange zögern, Mutter, aber zuletzt nimmt sie ihren Lauf. In wenigen Tagen wirst du Lord Illingworths rechtmäßige Frau sein.

MRS. ARBUTHNOT. Aber, Gerald ...

GERALD. Ich werde darauf bestehen. Ich werde ihn dazu zwingen. Er wird es nicht wagen, sich zu weigern.

MRS. ARBUTHNOT. Aber, Gerald, *ich* bin es, die sich weigert. Ich werde ihn nicht heiraten.

GERALD. Ihn nicht heiraten? Mutter!

MRS. ARBUTHNOT. Ich werde ihn nicht heiraten.

GERALD. Aber du verstehst mich nicht. Es geht mir um dich, nicht um mich. Diese Heirat, diese notwendige Heirat, diese Heirat die aus offensichtlichen Gründen unbedingt stattfinden muß – mir wird sie nichts nützen – mir wird sie nicht einen Namen schenken, der mir wirklich von Rechts wegen nicht zusteht. Dir aber wird es sicherlich etwas bedeuten, wenn du, meine Mutter, ob auch noch so spät, die Frau des Mannes wirst, der mein Vater ist. Ist das nicht etwas wert?

MRS. ARBUTHNOT. Ich denke nicht daran, ihn zu heiraten.

GERALD. Mutter, es muß sein.

MRS. ARBUTHNOT. Nein. Du sprichst von einem zu sühnenden Unrecht. Wie kann es gesühnt werden? Es kann nicht gesühnt werden. Ich bin entehrt – er ist es nicht. Das ist alles. Die übliche Geschichte von einem Mann und einer Frau, wie si meistens passiert – wie sie immer wieder passiert. Und sie endet wie üblich. Die Frau leidet. Der Mann geht frei aus.

GERALD. Ich weiß nicht, ob das das übliche Ende ist, Mutter. Hoffentlich nicht. Aber *dein* Leben soll auf jeden Fall nicht so enden. Der Mann soll das Unrecht soweit wie möglich wiedergutmachen. Das genügt nicht. Es löscht nicht die Vergangenheit aus – das weiß ich. Aber es macht dir wenigstens die Zukunft heller, Mutter.

MRS. ARBUTHNOT. Ich weigere mich, Lord Illingworth zu heiraten.

GERALD. Wenn er von sich aus zu dir käme und dich um deine Hand bäte, würdest du anders antworten. Vergiß nicht – er ist mein Vater.

MRS. ARBUTHNOT. Wenn er von sich aus zu mir käme – er wird es nicht tun –, würde meine Antwort die gleiche sein. Vergiß nicht – ich bin deine Mutter.

GERALD. Mutter, wenn du so redest, machst du es mir furchtbar schwer – und ich kann nicht verstehen, warum du diese Angelegenheit nicht unter dem richtigen, dem einzig angemessenen Gesichtspunkt betrachten willst! Um die Bitterkeit aus deinem Leben zu tilgen – um den Schatten zu tilgen, der auf deinem Namen liegt –, deshalb muß die Heirat stattfinden. Es gibt keine Alternative. Nach der Trauung gehen wir beide unseren Weg. Zuerst aber muß sie stattfinden. Das bist du nicht nur dir selber, sondern auch allen anderen Frauen schuldig – ja, allen anderen Frauen auf der Welt, damit er keine mehr verrät.

MRS. ARBUTHNOT. Anderen Frauen bedeute ich nichts. Nicht eine einzige würde mir zu Hilfe kommen. Auf der ganzen Welt gibt es keine Frau, bei der ich Mitleid finden würde, wenn ich es mir gefallen ließe, Teilnahme, wenn ich sie verdiente. Frauen sind hart zueinander. Das junge Mädchen mit ihrem guten Herzen – gestern abend ist sie geflohen, als wäre ich die Pest. Sie hatte recht. Ich bin die Pest. Aber das Unrecht, das man mir angetan hat, gehört mir, und ich will es allein tragen. Ich muß es allein tragen. Was haben Frauen, die nicht gesündigt haben, mit mir zu tun – was habe ich mit ihnen zu tun? Wir verstehen einander nicht.

(Hester tritt im Hintergrund auf)

GERALD. Ich flehe dich an – tu, was ich verlange!

MRS. ARBUTHNOT. Wann hat je ein Sohn von seiner Mutter ein so abscheuliches Opfer verlangt? Nie.

GERALD. Wann hat je eine Mutter sich geweigert, den Vater ihres Kindes zu heiraten? Nie.

MRS. ARBUTHNOT. Dann laß mich die erste sein. Ich heirate ihn nicht.

GERALD. Mutter, du glaubst an Gott und hast mich in diesem Glauben erzogen. Deine Religion, die Religion, die du mich gelehrt hast, als ich ein kleiner Junge war, Mutter – sie muß dir sagen, daß ich recht habe. Du weißt es, du fühlst es.

MRS. ARBUTHNOT. Ich weiß es nicht. Ich fühle es nicht. Und nie werde ich vor dem Altar Gottes stehen und Gottes Segen zu einer so abscheulichen Posse erbitten, wie eine Heirat zwischen mir und George Harford es sein würde. Nie werde ich die Worte aussprechen, die die Kirche uns in den Mund legt. Nie! Ich wage es nicht. Wie könnte ich geloben, den Mann zu lieben, den ich verabscheue, ihn zu ehren, der mich entehrt hat, ihm zu gehorchen, der mich als mein Herr und Gebieter zur Sünde verleitet hat? Nein. Die Ehe ist ein Sakrament für Menschen, die einander lieben. Nicht für Menschen wie ihn und mich! Gerald, um dich vor dem Hohn und dem Gespött der Welt zu bewahren, habe ich die Welt belogen. Zwanzig Jahre lang habe ich sie belogen. Ich konnte ihr nicht die Wahrheit sagen. Wer würde je dazu imstande sein? Aber ich werde nicht meinetwegen Gott belügen – im Gotteshaus. Nein, Gerald, keine Zeremonie – ob kirchlich, ob zivil – wird mich je an George Harford binden. Vielleicht bin ich schon allzusehr an ihn gebunden. Er hat mich bestohlen, aber nachher war ich reicher als zuvor. Im Sumpf meines Lebens habe ich die Perle gefunden, die mein Lohn war – oder glaube sie gefunden zu haben ...

GERALD. Jetzt verstehe ich dich nicht.

MRS. ARBUTHNOT. Männer verstehen eine Mutter nicht. Ich unterscheide mich nicht von anderen Frauen, außer durch das Unrecht, das man mir angetan hat, und das Unrecht, das ich mir zuschulden kommen ließ, und durch die schwere Strafe, die Schande, die ich auf mich geladen habe. Aber um dich zur Welt zu bringen, mußte ich dem Tod ins Auge schauen. Um dich zu nähren, mußte ich mit ihm ringen. Der Tod hat mit mir um dich gekämpft. Alle Frauen müssen mit dem Tod kämpfen, um ihre Kinder zu behalten. Der Tod, selbst kinderlos, will uns unsere Kinder rauben. Gerald, als du nackt warst, habe ich dich gekleidet, als du hungrig warst, habe ich dir zu essen gegeben. Tag und Nacht, jenen langen Winter hindurch, habe ich dich gepflegt. Kein Dienst ist zu niedrig, keine Sorge zu gering für das Wesen, das wir Frauen lieben – und ach, wie habe *ich dich* geliebt! Nie hat Hanna den Samuel mehr geliebt! Und du brauchtest Liebe, weil du schwächlich warst. Nur Liebe konnte dich am Leben erhalten. Nur Liebe kann einen Menschen am Leben erhalten. Und kleine Jungen sind oft rücksichtslos – ohne es zu wollen, tun sie uns weh. Wir bilden uns ein: Wenn sie erst einmal zum Mann herangewachsen sind und uns besser verstehen, dann werden sie uns schadlos halten. Aber das stimmt ja gar nicht. Die Welt entreißt sie uns, sie finden Freunde, in deren Gesellschaft sie sich wohler fühlen als bei uns, sie gehen Vergnügungen nach, die uns vorenthalten sind, sie haben Interessen, die nicht die unseren sind. Und oft behandeln sie uns ungerecht: Wenn das Leben bitter schmeckt, geben sie uns die Schuld daran – schmeckt es süß, dann dürfen wir nicht mit ihnen davon kosten ... Du hast viele Freunde gefunden, du hast in ihren Häusern verkehrt und dich in ihrer Mitte amüsiert – ich aber, mit meinem Geheimnis, bin zu Hause geblieben, habe die Tür zugemacht, damit die Sonne nicht hereinkam, und habe im Dunkel gesessen. Meine Vergangenheit ist nie von mir gewichen ... Und du hast dir eingebildet, ich machte mir nichts aus den Freuden des Lebens. Ich sage dir, ich habe nach ihnen gelechzt, aber ich wagte nicht, sie anzurühren – ich glaubte mich nicht dazu berechtigt. Du dachtest, bei meiner Arbeit unter den Armen fühlte ich mich wohler. Du hast dir eingebildet, das sei meine *Mission.* Sie war es nie – aber wohin sollte ich mich wenden? Die Kranken fragen nicht danach, ob die Hand, die ihr Kissen glättet, unbefleckt ist – die Sterbenden kümmert es nicht, ob die Lippen, die ihre Stirn berührten, den Kuß der Sünde gekannt haben. Nur an dich habe ich immerzu gedacht. Die Liebe, die du nicht mehr brauchtest, habe ich ihnen geschenkt. Ich habe sie mit deiner *Liebe* überschüttet, die ihnen nicht zukam ... Du warst der Meinung, daß ich zu viel Zeit mit Kirchgang und kirchlichen Pflichten vergeudete. Wohin sonst hätte ich mich wenden sollen? Das Gotteshaus ist das einzige Haus, in dem man die Sünder willkommen heißt, und mein Herz war immer bei dir. Obwohl ich Tag für Tag, beim Frühgottesdienst oder bei der Abendandacht, im Gotteshaus kniete, habe ich nie meine Sünde bereut. Wie konnte ich meine Sünde bereuen, wenn du, mein alles, ihre Frucht warst? Auch jetzt, da du so hart zu mir bist, kann ich nicht bereuen. Nein. Du bedeutest mir mehr als die Unschuld. Lieber, oh, viel lieber – will ich deine Mutter sein, als meine Reinheit bewahrt zu haben ... Siehst du das nicht ein? Begreifst du es nicht? Meine *Schande* ist es, die dich mir so lieb gemacht hat. Meine *Schande* ist es, die das Band zwischen mir und dir so fest geknüpft hat. Sie ist der Preis, den ich für dich bezahlt habe – mit Leib und Seele –, der Preis, der meine Liebe zu dir so unergründlich macht. Verlange nicht diesen abscheulichen Schritt von mir. Kind meiner Schande, bleib das Kind meiner Schande ...

GERALD. Mutter, ich wußte nicht, daß du mich so sehr liebst. Ich werde dir von jetzt an ein besserer Sohn sein, als ich's gewesen bin. Du und ich, wir dürfen einander nie verlassen – aber, Mutter – ich kann mir nicht helfen –, du mußt die Frau meines Vaters werden. Du mußt ihn heiraten. Du bist dazu verpflichtet.

HESTER *(kommt nach vorne gelaufen und umarmt Mrs. Arbuthnot)*. Nein, nein – Sie dürfen es nicht tun! Das wäre die wahre Schande – die erste, die Sie auf sich laden. Ja, die wahre Schande – die erste, mit der Sie sich beflecken. Verlassen Sie ihn und kommen sie mit mir. Es gibt auch andere Länder außer England – ja, andere Länder in Übersee, bessere, weisere und weniger ungerechte Länder. Die Welt ist sehr weit und sehr groß.

MRS. ARBUTHNOT. Nein, nicht für mich. Meine Welt ist zur Handbreite eingeschrumpft, und wohin ich auch gehe, trete ich auf Dornen.

HESTER. Dabei soll es nicht bleiben. Irgendwo werden wir grüne Täler finden und frisches Wasser, und wenn wir weinen, nun dann werden wir gemeinsam weinen. Haben wir ihn denn nicht beide geliebt?

GERALD. Hester!

HESTER *(mit einer abweisenden Handbewegung).* Nein, nein! Sie können mich ja gar nicht lieben, wenn Sie nicht auch *sie* lieben. Sie können mich nicht in Ehren halten, wenn nicht *sie* Ihnen heiliger ist. In ihr sind *alle* Frauen zu Märtyrerinnen geworden. Nicht sie allein, sondern wir *alle* trauern an ihrem Herd.

GERALD. Hester – was soll ich tun, Hester?

HESTER. Haben Sie Respekt vor dem Mann, der Ihr Vater ist?

GERALD. Respekt? Ich verachte ihn. Er ist ein Lump.

HESTER. Ich danke Ihnen, daß Sie mich gestern abend vor ihm geschützt haben.

GERALD. Ach, das ist nicht der Rede wert. Ich würde mein Leben opfern, um Sie zu beschützen. Aber Sie sagen mir nicht, was ich jetzt machen soll.

HESTER. Habe ich mich nicht dafür bedankt, daß Sie mich gerettet haben?

GERALD. Aber was soll ich machen?

HESTER. Fragen Sie Ihr Herz – nicht mich. Ich habe nie vor der Wahl gestanden, eine Mutter zu retten – oder ihr Schande zu machen.

MRS. ARBUTHNOT. Er ist hart – er ist hart. Laßt mich gehen.

GERALD *(stürzt zu ihr hin und kniet neben ihr nieder).* Mutter, verzeih mir. Es war meine Schuld.

MRS. ARBUTHNOT. Du sollst nicht meine Hände küssen, sie sind kalt. Mein Herz ist kalt. Man hat mir das Herz gebrochen.

HESTER. Oh, sagen Sie das nicht. Das Menschenherz lebt von den Wunden, die das Leben ihm schlägt. Vergnügungen können ein Herz abstumpfen – der Reichtum kann es verhärten – aber der Kummer – o nein, der Kummer kann ein Herz nicht brechen. Außerdem – was haben Sie denn jetzt noch für Kummer? In diesem Augenblick sind Sie ihm teurer denn je – obwohl Sie ihm immer teuer waren – oh, wie teuer! Seien Sie gut zu ihm.

GERALD. Du bist mir Mutter und Vater in einem. Ich brauche keinen Vater. Ich habe das alles ja nur dir zuliebe gesagt –

nur dir zuliebe ... Sag doch etwas, Mutter! Habe ich eine Liebe gefunden, nur um eine andere zu verlieren? Sag das nicht! O Mutter, du bist grausam. *(Steht auf und wirft sich schluchzend auf ein Sofa)*

MRS. ARBUTHNOT *(zu Hester)*. Hat er denn wirklich eine neue Liebe gefunden?

HESTER. Sie wissen, daß ich ihn von Anfang an geliebt habe.

MRS. ARBUTHNOT. Aber wir sind sehr arm.

HESTER. Wer ist arm, wenn er geliebt wird? Kein Mensch ... Mir ist mein Reichtum verhaßt. Eine Last. Ich will sie gerne mit ihm teilen.

MRS. ARBUTHNOT. Wir sind ehrlos. Ausgestoßen. Gerald hat keinen Namen. Die Sünden der Väter werden an ihren Kindern heimgesucht. Das ist Gottes Gebot.

HESTER. Ich hatte unrecht. Gott kennt nur ein Gebot – die Liebe.

MRS. ARBUTHNOT *(erhebt sich, nimmt Hester bei der Hand und geht mit ihr zu dem Sofa, auf dem Gerald liegt, den Kopf in die Hände vergraben. Sie berührt seine Achsel, und er blickt auf)*. Gerald, ich kann dir keinen Vater geben, aber ich habe dir eine Frau gebracht.

GERALD. Ich verdiene weder sie noch dich, Mutter.

MRS. ARBUTHNOT. Kommt sie an erster Stelle, dann verdienst du sie. Und wenn du weg bist, Gerald – mit ihr –, ach, dann denk manchmal an mich. Vergiß mich nicht. Und wenn du betest, bete für mich. Wenn wir am glücklichsten sind, sollten wir fleißig beten, und du wirst glücklich sein, Gerald.

HESTER. Sie wollen uns doch nicht verlassen?

GERALD. Uns verlassen, Mutter?

MRS. ARBUTHNOT. Ich könnte euch Schande bereiten.

GERALD. Mutter ...

MRS. ARBUTHNOT. Dann für eine Weile. Und wenn es euch recht ist – immer in eurer Nähe.

HESTER *(zu Mrs. Arbuthnot)*. Kommen Sie mit uns in den Garten hinaus.

MRS. ARBUTHNOT. Später – später.

(Hester und Gerald ab. Mrs. Arbuthnot geht auf die Tür Mitte links zu. Bleibt vor dem Spiegel über dem Kamin stehen und schaut hinein. Alice von Mitte rechts)

ALICE. Ein Herr wünscht Sie zu sprechen, gnädige Frau.

MRS. ARBUTHNOT. Sagen Sie, ich bin nicht zu Hause. Zeigen Sie mir die Karte. *(Nimmt die Visitenkarte vom Tablett)* Sagen Sie, ich bin nicht für ihn zu sprechen.

(Lord Illingworth tritt ein. Mrs. Arbuthnot erblickt ihn im Spiegel, zuckt zusammen, dreht sich aber nicht um. Alice ab)

MRS. ARBUTHNOT. Was kannst du mir heute zu sagen haben, George Harford? Du kannst mir nichts zu sagen haben. Du wirst dieses Haus verlassen.

LORD ILLINGWORTH. Rachel, Gerald weiß jetzt, wie es mit uns steht – deshalb müssen wir zu einer Vereinbarung gelangen, die allen dreien gerecht wird. Glaube mir, er wird in mir den charmantesten und großzügigsten aller Väter finden.

MRS. ARBUTHNOT. Mein Sohn kann jeden Augenblick hereinkommen. Gestern abend habe ich dich gerettet. Vielleicht wird es mir nicht noch einmal glücken. Meinem Sohn geht meine Schande tief zu Herzen. Ich bitte dich – geh!

LORD ILLINGWORTH *(setzt sich)*. Das war gestern abend ein ausgesprochenes Pech. Daß die dumme kleine Puritanerin eine Szene macht, nur weil ich ihr einen Kuß geben wollte! Was ist denn schon dabei?

MRS. ARBUTHNOT *(dreht sich um)*. Ein Kuß kann ein Menschenleben zerstören, George Harford. *Ich* weiß es. Ich weiß es nur zu gut.

LORD ILLINGWORTH. Darüber wollen wir uns im Augenblick nicht unterhalten. Wichtig ist heute wie gestern nach wie vor unser Sohn. Wie du weißt, habe ich ihn sehr gern – und so wunderlich es dir vorkommen mag, ich habe sein Verhalten gestern abend enorm bewundert. Ohne Zögern ist er für die hübsche prüde Person in die Bresche gesprungen. Genauso würde ich mir meinen Sohn gewünscht haben – abgesehen davon, daß mein Sohn nicht für Puritanerinnen Partei ergreifen sollte. Das ist allemal ein Schnitzer ... Folgendes habe ich vorzuschlagen ...

MRS. ARBUTHNOT. Lord Illingworth, Ihre Vorschläge interessieren mich nicht.

LORD ILLINGWORTH. Zufolge unserer lächerlichen Gesetze kann ich Gerald nicht legalisieren. Aber ich kann ihm mein Vermögen vermachen. Schloß Illingworth ist natürlich ein Fideikommiß – aber es ist ohnedies eine öde Kaserne. Er kann Ashby bekommen, das viel hübscher ist, Harborough, das die beste Jagd von Nordengland hat, und das Haus am St. Jame's Square. Was kann ein Gentleman auf dieser Welt mehr verlangen?

MRS. ARBUTHNOT. Mehr ganz bestimmt nicht.

LORD ILLINGWORTH. Was den Titel betrifft, so ist in diesen demokratischen Zeiten ein Titel eher von Nachteil. Als George Harford hatte ich alles, was ich mir wünschte. Jetzt habe ich nur das, was andere sich wünschen, und das ist nicht annähernd so lustig. Also – mein Vorschlag lautet folgendermaßen ...

MRS. ARBUTHNOT. Ich habe dir gesagt, daß ich nicht interessiert bin, und ich bitte dich, geh.

LORD ILLINGWORTH. Der Junge wohnt ein halbes Jahr bei dir, die anderen sechs Monate bei mir. Das ist durchaus fair, nicht wahr? Du erhältst eine Zuwendung, deren Höhe du selber bestimmst, und lebst, wo es dir gefällt. Deine Vergangenheit kennt kein Mensch außer mir und Gerald. Und natürlich auch die kleine Puritanerin im weißen Musselin – aber sie zählt nicht. Sie kann es nicht weitersagen, ohne zu erwähnen, daß sie sich nicht küssen lassen wollte. Da würden alle Frauen sie für eine dumme Gans und die Männer sie für eine langweilige Tunte halten. Und du brauchst nicht zu befürchten, daß Gerald um seine Erbschaft kommt. Ich brauche nicht zu betonen, daß ich nicht die geringste Absicht habe, mich zu verheiraten.

MRS. ARBUTHNOT. Du kommst zu spät. Mein Sohn hat dich nicht mehr nötig. Du bist überflüssig.

LORD ILLINGWORTH. Was soll das heißen, Rachel?

MRS. ARBUTHNOT. Daß er auch ohne dich Karriere machen kann! Er braucht dich nicht.

LORD ILLINGWORTH. Ich verstehe kein Wort.

MRS. ARBUTHNOT. Schau in den Garten hinaus. *(Lord Illingworth steht auf und nähert sich der Terrassentür)* Laß dich lieber nicht blicken. Dein Anblick erweckt unangenehme Erinnerungen. *(Lord Illingworth blickt hinaus und stutzt)* Sie liebt ihn. Sie lieben einander. Wir sind vor dir sicher, und wir verlassen Wrockley.

LORD ILLINGWORTH. Wo wollt ihr hin?

MRS. ARBUTHNOT. Das sagen wir dir nicht. Und wenn du uns findest, kennen wir dich nicht. Du staunst. Wie würde das junge Mädchen dich empfangen, dessen Lippen du beschmutzen wolltest – der Sohn, dem du Schande gebracht hast – die Mutter, der du die Ehre geraubt hast?

LORD ILLINGWORTH. Du bist hart geworden, Rachel.

MRS. ARBUTHNOT. Ich bin einmal weich gewesen. Gut für mich, daß ich mich verändert habe.

LORD ILLINGWORTH. Ich war damals sehr jung. Wir Männer lernen das Leben viel zu früh kennen.

MRS. ARBUTHNOT. Und wir Frauen zu spät. Das ist der Unterschied zwischen Männern und Frauen. *(Pause)*

LORD ILLINGWORTH. Rachel, ich will meinen Sohn haben. Vielleicht braucht er mein Geld nicht – vielleicht braucht er mich nicht – aber ich will meinen Sohn haben. Bring uns zusammen, Rachel. Du kannst es, wenn du willst. *(Erblickt den Brief auf dem Tisch)*

MRS. ARBUTHNOT. Für dich ist kein Platz im Leben meines Sohnes. Du interessierst ihn nicht.

LORD ILLINGWORTH. Warum schreibt er dann an mich?

MRS. ARBUTHNOT. Wie bitte?

LORD ILLINGWORTH. Was bedeutet dieser Brief? *(Nimmt den Brief zur Hand)*

MRS. ARBUTHNOT. Dieser Brief? Nichts – gar nichts. Gib ihn mir.

LORD ILLINGWORTH. Er ist an *mich* adressiert.

MRS. ARBUTHNOT. Du darfst ihn nicht öffnen. Ich verbiete dir, ihn zu öffnen.

LORD ILLINGWORTH. Geralds Handschrift.

MRS. ARBUTHNOT. Er sollte nicht abgeschickt werden. Gerald hat ihn heute früh geschrieben, bevor ich herunterkam. Jetzt bereut er es – er bereut es tief. Du hast den Brief nicht zu öffnen. Gib ihn mir.

LORD ILLINGWORTH. Er gehört mir! *(Öffnet den Brief, setzt sich und liest ihn langsam durch. Mrs. Arbuthnot beobachtet ihn unverwandt)* Ich nehme an, daß du diesen Brief gelesen hast, Rachel.

MRS. ARBUTHNOT. Ich habe ihn nicht gelesen.

LORD ILLINGWORTH. Du weißt, was drinsteht.

MRS. ARBUTHNOT. Ja.

LORD ILLINGWORTH. Ich gebe nicht einen Augenblick zu, daß der Junge recht hat. Ich gebe nicht zu, daß ich verpflichtet sei, dich zu heiraten. Ich leugne es ganz entschieden. Aber um meinen Sohn zurückzubekommen, bin ich bereit – ja, ich bin bereit, dich zu heiraten, Rachel, und dich stets mit der Ehrerbietung und Achtung zu behandeln, die meiner Frau gebührt. Ich heirate dich, sobald es dir beliebt. Ich gebe dir mein Ehrenwort.

MRS. ARBUTHNOT. Dieses Versprechen hast du mir schon einmal gegeben und es gebrochen.

LORD ILLINGWORTH. Jetzt werde ich es halten. Und daraus wirst du ersehen, daß ich meinen Sohn mindestens ebenso sehr liebe, wie du ihn liebst. Wenn ich dich heirate, Rachel, werde ich einige meiner Pläne aufgeben müssen. Noch dazu hochfliegende Pläne – wenn Pläne hochfliegend sein können.

MRS. ARBUTHNOT. Ich lehne es ab, Sie zu heiraten, Lord Illingworth.

LORD ILLINGWORTH. Ist das dein Ernst?

MRS. ARBUTHNOT. Ja.

LORD ILLINGWORTH. Nenne mir deine Gründe. Sie würden mich ungeheuer interessieren.

MRS. ARBUTHNOT. Ich habe sie bereits meinem Sohn erläutert.

LORD ILLINGWORTH. Sie dürften recht sentimental sein. Ihr Frauen lebt von euren Gefühlen – und für eure Gefühle. Ihr habt keine Lebensphilosophie.

MRS. ARBUTHNOT. Du hast recht. Wir Frauen leben für unsere Gefühle – und von ihnen. Für unsere Leidenschaften – und von ihnen, wenn du willst. Mich beherrschen zwei Leidenschaften, Lord Illingworth: meine Liebe zu ihm und mein Haß gegen Sie. Die können Sie nicht ausrotten. Sie zehren voneinander.

LORD ILLINGWORTH. Was ist das für eine Liebe, die den Haß als ihren Bruder braucht?

MRS. ARBUTHNOT. Die Liebe, die ich für Gerald empfinde. Finden Sie es schrecklich? Schön – es ist schrecklich. Jede Liebe ist schrecklich. Jede Liebe ist eine Tragödie. Ich habe Sie einmal geliebt, Lord Illingworth. Oh, wie tragisch für eine Frau, Sie geliebt zu haben!

LORD ILLINGWORTH. Du weigerst dich also tatsächlich, mich zu heiraten?

MRS. ARBUTHNOT. Ja.

LORD ILLINGWORTH. Weil du mich haßt.

MRS. ARBUTHNOT. Ja.

LORD ILLINGWORTH. Haßt mein Sohn mich genauso wie du?

MRS. ARBUTHNOT. Nein.

LORD ILLINGWORTH. Das freut mich, Rachel.

MRS. ARBUTHNOT. Er verachtet dich nur.

LORD ILLINGWORTH. Wie schade! Ich meine, wie schade für ihn.

MRS. ARBUTHNOT. Machen Sie sich nichts vor, Lord Illingworth. Anfangs lieben Kinder ihre Eltern. Nach einiger Zeit beginnen sie sie zu verurteilen. Selten, daß sie ihnen je verzeihen.

LORD ILLINGWORTH *(liest den Brief noch einmal durch, sehr langsam)*. Darf ich fragen, mit welchen Argumenten du den jungen Mann, der diesen Brief, diesen wunderschönen, leidenschaftlichen Brief geschrieben hat, davon überzeugen konntest, es sei richtig von dir, seinen Vater, den Vater deines Kindes, nicht zu heiraten?

MRS. ARBUTHNOT. Nicht ich habe ihm die Augen geöffnet. Es war eine andere.

LORD ILLINGWORTH. Welche *Fin-de-siècle*-Person?

MRS. ARBUTHNOT. Die Puritanerin, Lord Illingworth. *(Pause)*

(Lord Illingworth zuckt zusammen, erhebt sich langsam und nähert sich dem Tisch, auf dem sein Hut und seine Handschuhe liegen. Mrs. Arbuthnot steht dicht neben dem Tisch. Er nimmt einen Handschuh und beginnt ihn anzuziehen)

LORD ILLINGWORTH. Dann habe ich hier nicht mehr viel zu suchen, Rachel?

MRS. ARBUTHNOT. Nichts.

LORD ILLINGWORTH. Es ist der Abschied, ja?

MRS. ARBUTHNOT. Diesmal hoffentlich für immer, Lord Illingworth.

LORD ILLINGWORTH. Wie eigentümlich! Momentan siehst du genauso aus wie an jenem Abend vor zwanzig Jahren, als du weggingst. Du hast genau denselben Zug um deinen Mund.

Auf mein Wort, Rachel, keine Frau hat mich je so geliebt wie du. Du hast dich mir geschenkt wie eine Blume, mit der ich machen durfte, was ich wollte. Du warst das allerhübscheste Spielzeug, das bezauberndste kleine Liebchen ... *(Zieht seine Uhr aus der Tasche)* Ein Viertel vor zwei! Da muß ich nach Hunstanton zurückwackeln. Ich nehme nicht an, daß ich dich dort noch einmal wiedersehen werde. Das tut mir leid, ehrlich leid. Es war ein amüsantes Erlebnis, unter Leuten des eigenen Standes einer früheren Mätresse zu begegnen, die noch dazu ernst genommen wird – und nicht nur ihr, sondern außerdem seinem leiblichen ...

(Mrs. Arbuthnot greift nach dem Handschuh und schlägt ihn Lord Illingworth ins Gesicht. Lord Illingworth fährt zusammen. Er ist wie betäubt von der Kränkung, die man ihm zugefügt hat. Dann beherrscht er sich, geht zur Terrassentür und blickt zu seinem Sohn hinaus. Mit einem Seufzer verläßt er den Raum)

MRS. ARBUTHNOT *(läßt sich schluchzend aufs Sofa fallen).* Er hätte es gesagt ... Er hätte es gesagt ...

GERALD. Also, liebe Mutter – du bist ja doch nicht zu uns gekommen. Deshalb kommen wir dich holen. Mutter, hast du geweint? *(Kniet neben ihr nieder)*

MRS. ARBUTHNOT. Mein Junge – mein Junge – mein Junge! *(Fährt ihm mit den Fingern durchs Haar)*

HESTER *(tritt hinzu).* Aber Sie haben jetzt zwei Kinder ... Darf ich Ihre Tochter sein?

MRS. ARBUTHNOT *(blickt auf).* Würden Sie mich als Ihre Mutter wählen?

HESTER. Unter allen Frauen, die ich je gekannt habe, nur Sie.

(Sie nähern sich eng umschlungen der Tür, die zum Garten führt. Gerald geht zum Tisch Mitte links, um seinen Hut zu holen. Als er sich umdreht, sieht er Lord Illingworths Handschuh auf dem Boden liegen und hebt ihn auf)

GERALD. Hallo, Mutter, wem gehört dieser Handschuh? Du hast einen Besucher gehabt. Wer war es denn?

MRS. ARBUTHNOT *(dreht sich um).* Ach – niemand. Niemand besonderer. Ein Mann ohne Bedeutung.

Vorhang

Ein idealer Gatte

Personen

Der Earl von Caversham, *Ritter des Hosenbandordens*
Viscount Goring, *sein Sohn*
Sir Robert Chiltern, *Baronet, Unterstaatssekretär im Auswärtigen Amt*
Vicomte de Nanjac, *Attaché bei der französischen Botschaft in London*
Mr. Montford
Mason, *Lord Gorings Butler*
Phipps, *Lord Gorings Diener*
James und Harold, *Lakaien*
Lady Chiltern
Lady Markby
Die Countess von Basildon
Mrs. Marchmont
Miß Mabel Chiltern, *Sir Robert Chilterns Schwester*
Mrs. Cheveley

Die Handlung erstreckt sich über vierundzwanzig Stunden.
Zeit: Um das Jahr 1894.
Uraufführung: 3. Januar 1895 im Theatre Royal am Haymarket

Erster Akt

Das achteckige Zimmer in Sir Robert Chilterns Haus am Grosvenor Square in London. Der Raum ist strahlend hell beleuchtet und wimmelt von Gästen. Oben an der Treppe steht Lady Chiltern, eine Frau von strenger griechischer Schönheit, ungefähr siebenundzwanzig Jahre alt. Sie begrüßt die Gäste in der Reihenfolge, wie sie die Treppe hinaufgehen. Über dem Treppenhaus hängt ein großer Kronleuchter mit Wachskerzen, die einen breiten französischen Gobelin aus dem achtzehnten Jahrhundert beleuchten: ›Der Triumph der Liebe‹, nach einem Entwurf von Boucher. Der Gobelin bedeckt die Wand des Treppenhauses. Rechts liegt der Eingang zum Musikzimmer, aus dem gedämpft die Klänge eines Streichquartetts zu hören sind. Die Tür links führt zu anderen Empfangsräumen. Mrs. Marchmont und Lady Basildon, zwei sehr hübsche Frauen, sitzen auf einem Louis-Seize-Sofa. Sie sind außerordentlich zart. Ihre gezierten Manieren haben einen köstlichen Charme. Watteau würde sie gerne gemalt haben.

MRS. MARCHMONT. Gehst du später noch zu den Hartlocks, Margaret?

LADY BASILDON. Vermutlich. Und du?

MRS. MARCHMONT. Ja. Ihre Abendgesellschaften sind gräßlich langweilig, nein?

LADY BASILDON. Gräßlich langweilig! Ich weiß nie, warum ich hingehe. Ich weiß überhaupt nicht, warum ich irgendwohin gehe.

MRS. MARCHMONT. Hier will ich etwas für meine Bildung tun.

LADY BASILDON. Ach, wie ich es hasse, etwas für meine Bildung zu tun!

MRS. MARCHMONT. Ich auch. Man sinkt nachgerade auf das Niveau der Geschäftemacher herab, findest du nicht? Aber die liebe Gertrude Chiltern predigt mir unaufhörlich, ich müßte mir einen ernsten Lebenszweck zulegen. Deshalb komme ich hierher und versuche, einen aufzustöbern.

LADY BASILDON *(blickt durch ihr Lorgnon in die Runde)*. Heute abend sehe ich weit und breit keinen einzigen, den man eventuell als ernsthaften Lebenszweck bezeichnen könnte. Der Mann, der mich zu Tisch geführt hat, sprach die ganze Zeit von seiner Frau.

MRS. MARCHMONT. Wie kann jemand so banal sein!

LADY BASILDON. Schrecklich banal! Worüber hat sich dein Tischnachbar mit dir unterhalten?

MRS. MARCHMONT. Über mich.

LADY BASILDON *(gleichgültig)*. Hat es dich interessiert?

MRS. MARCHMONT *(schüttelt den Kopf)*. Nicht im geringsten.

LADY BASILDON. Was sind wir doch für Märtyrerinnen, Margaret!

MRS. MARCHMONT *(steht auf)*. Und wie gut es uns zu Gesicht steht, Olivia!

(Beide gehen auf das Musikzimmer zu. Der Vicomte de Nanjac, ein junger Attaché, berühmt für seine Krawatten und seine Anglomanie, nähert sich ihnen mit einer tiefen Verbeugung und knüpft ein Gespräch mit ihnen an. Alle drei ab)

MASON *(von der obersten Treppenstufe aus Gäste anmeldend)*. Mr. und Lady Barford ... Lord Caversham.

(Lord Caversham tritt auf, ein siebzigjähriger alter Herr, mit dem Band und dem Stern des Hosenbandordens geschmückt. Ein schöner Whig-Typ. Ähnelt einem von Lawrence gemalten Porträt)

LORD CAVERSHAM. Guten Abend, Lady Chiltern! Ist mein Sohn, der Taugenichts, hier gewesen?

LADY CHILTERN *(lächelnd)*. Ich glaube nicht, daß Lord Goring schon gekommen ist.

MABEL CHILTERN *(geht auf Lord Caversham zu)*. Warum nennen Sie Lord Goring einen Taugenichts?

(Mabel Chiltern ist die typische hübsche Engländerin, wie sie im Buch steht – Apfelblütenteint. Sie hat den Duft und die Natürlichkeit einer Blume. Das gewellte Haar schimmert wie Sonnenschein. Das Mündchen mit den halb geöffneten Lippen wirkt erwartungsvoll wie ein Kindermund. Sie besitzt die faszinierend tyrannische Art der Jugend und den erstaunlichen Mut der Unschuld. Nüchterne Menschen erinnert sie nicht an ein Kunstwerk: Eigentlich aber gleicht sie einer Tanagra-Statuette und würde sehr böse sein, wenn man es ihr sagte)

LORD CAVERSHAM. Weil er ein so müßiges Leben führt.

MABEL CHILTERN. Wie können Sie so etwas sagen! Um zehn Uhr vormittags reitet er im Hydepark, dreimal wöchentlich geht er in die Oper, mindestens fünfmal am Tag zieht er sich um, und während der Saison ißt er Abend für Abend auswärts. Das kann man doch nicht als Müßiggang bezeichnen.

LORD CAVERSHAM *(mustert sie mit einem freundlichen Augenzwinkern)*. Sie sind eine reizende junge Dame.

MABEL CHILTERN. Wie lieb von Ihnen, Lord Caversham! Kommen Sie doch öfter zu uns. Sie wissen, mittwochs sind wir immer zu Hause, und Sie sehen so gut aus mit Ihrem Ordensstern!

LORD CAVERSHAM. Gehe jetzt nicht mehr aus. Habe die Londoner Gesellschaft satt. Hätte zwar nichts dagegen, meinem Schneider vorgestellt zu werden – er wählt immer die richtige Partei. Wehre mich aber entschieden dagegen, die Modistin meiner Frau zu Tisch zu führen. Ich habe Lady Cavershams Hüte nie ausstehen können.

MABEL CHILTERN. Oh, ich liebe die Londoner Gesellschaft! Ich finde, daß sie viel besser geworden ist. Jetzt besteht sie nur noch aus schönen Kretins und geistreichen Irrenhäuslern. So, wie die gute Gesellschaft aussehen soll!

LORD CAVERSHAM. Hm! Und Goring? Schöner Kretin oder die andere Variante?

MABEL CHILTERN *(ernst)*. Vorläufig sehe ich mich genötigt, Lord Goring in eine eigene Kategorie einzureihen. Aber er entwickelt sich charmant.

LORD CAVERSHAM. Wozu?

MABEL CHILTERN *(mit einem kleinen Knicks)*. Das hoffe ich Ihnen sehr bald verraten zu können, Lord Caversham.

MASON *(Gäste meldend)*. Lady Markby – Mrs. Cheveley.

(Lady Markby und Mrs. Cheveley treten auf. Lady Markby ist eine nette, freundliche, allgemein beliebte Frau mit grauem Haar à la Pompadour und echten Spitzen. Mrs. Cheveley, die sie begleitet, ist hochgewachsen und ziemlich schlank. Die Lippen sehr schmal und stark geschminkt, ein roter Strich in einem bleichen Gesicht. Tizianrotes Haar, Adlernase und langer Hals. Wangenrot unterstreicht die angeborene Blässe ihres Teints. Graugrüne

Augen, deren Blick rastlos umherirrt. Ihr Kleid ist bläulichrot, mit Brillanten geschmückt. Sie sieht eher aus wie eine Orchidee und nimmt die Neugier des Betrachters sehr in Anspruch. Ihre Bewegungen sind äußerst graziös. Im großen und ganzen ein Kunstwerk, das aber den Einfluß allzu vieler Schulen verrät)

LADY MARKBY. Guten Abend, liebe Gertrude! Wie nett von Ihnen, daß Sie mir erlaubt haben, meine Freundin, Mrs. Cheveley, mitzubringen. Zwei so reizende Frauen müssen einander kennenlernen!

LADY CHILTERN *(geht mit einem holdseligen Lächeln auf Mrs. Cheveley zu. Dann bleibt sie plötzlich stehen und verbeugt sich recht zurückhaltend).* Ich glaube, Mrs. Cheveley und ich kennen einander von früher. Ich wußte nicht, daß sie ein zweites Mal geheiratet hat.

LADY MARKBY *(heiter).* Ach, heutzutage heiraten die Leute so oft wie nur möglich. Es ist Mode geworden. *(Zu der Herzogin von Maryborough)* Liebe Herzogin – und wie geht es dem Herzog? Immer noch recht schwach im Kopf? Na ja, das war wohl zu erwarten. Genau wie sein braver Vater. Es geht doch nichts über Rasse, nicht wahr?

MRS. CHEVELEY *(spielt mit ihrem Fächer).* Sind wir einander wirklich schon früher begegnet, Lady Chiltern? Ich kann mich nicht erinnern, wo. Ich bin so lange im Ausland gewesen.

LADY CHILTERN. Wir sind miteinander zur Schule gegangen.

MRS. CHEVELEY *(hochmütig).* Tatsächlich! Meine Schulzeit habe ich restlos vergessen. Ich habe den vagen Eindruck, daß sie abscheulich war.

LADY CHILTERN *(kalt).* Das wundert mich nicht.

MRS. CHEVELEY *(mit übertriebener Liebenswürdigkeit).* Wissen Sie, ich freue mich darauf, Ihren gescheiten Gatten kennenzulernen, Lady Chiltern. Seit er im Auswärtigen Amt tätig ist, war in Wien sehr viel von ihm die Rede. Die Zeitungen bringen es sogar fertig, seinen Namen richtig zu schreiben. Auf dem Kontinent bedeutet das an und für sich, daß man eine Berühmtheit ist.

LADY CHILTERN. Ich glaube kaum, daß es zwischen Ihnen und meinem Mann viel Gemeinsames geben wird, Mrs. Cheveley. *(Entfernt sich)*

VICOMTE DE NANJAC. Ah, chère Madame, quelle surprise. Ich habe Sie seit Berlin nicht mehr gesehen.

MRS. CHEVELEY. Nicht seit Berlin, Vicomte. Es ist fünf Jahre her.

VICOMTE DE NANJAC. Und Sie sehen jünger und schöner aus denn je. Wie bringen Sie das fertig?

MRS. CHEVELEY. Ich mache es mir zur Regel, mich nur mit Leuten zu unterhalten, die so vollendet charmant sind wie Sie.

VICOMTE DE NANJAC. Ach, Sie schmeicheln mir. Sie schmieren mir Honig um den Bart, wie es hierzulande heißt.

MRS. CHEVELEY. Heißt es hierzulande so? Wie schrecklich!

VICOMTE DE NANJAC. Ja, eine wunderschöne Sprache. Sie sollte in weiteren Kreisen bekannt sein.

(Sir Robert Chiltern tritt auf. Vierzig Jahre alt, sieht aber jünger aus. Glattrasiert, mit feingeschnittenen Zügen; schwarzes Haar und schwarze Augen. Eine markante Persönlichkeit. Nicht sehr beliebt – wenige Persönlichkeiten sind es. Aber tief bewundert von den wenigen und hoch geachtet von den vielen. Vollendete Vornehmheit, mit einem Anflug von Stolz, prägt seine Haltung. Man spürt, daß er sich seines Erfolges bewußt ist. Ein nervöses Temperament, müde Miene. Der scharfgeschnittene Mund und das Kinn bilden einen auffallenden Kontrast zu dem romantischen Ausdruck in den tiefliegenden Augen. Dieser Gegensatz läßt auf eine fast restlose Trennung von Gefühl und Verstand schließen, als wären sie durch einen gewaltigen Willensakt jeweils in ihre eigene Sphäre verwiesen worden. Nervosität spricht aus den Nasenflügeln und den blassen, mageren, spitz zulaufenden Händen. Es wäre nicht recht zutreffend, seine Erscheinung pittoresk zu nennen. Pittoreske Erscheinungen überleben nicht eine einzige Session des Unterhauses. Van Dyck aber würde seinen Kopf gerne gemalt haben)

SIR ROBERT CHILTERN. Guten Abend, Lady Markby. Hoffentlich haben Sie Sir John mitgebracht.

LADY MARKBY. Ich habe eine viel charmantere Person mitgebracht als Sir John. Seit Sir John sich ernsthaft der Politik zugewandt hat, ist seine Laune ganz unerträglich geworden. Tatsächlich – jetzt, da das Unterhaus sich nützlich zu machen versucht, richtet es sehr viel Schaden an.

SIR ROBERT CHILTERN. Das will ich nicht hoffen, Lady Markby. Auf jeden Fall geben wir uns alle Mühe, das Geld der Steuerzahler zum Fenster hinauszuwerfen. Aber wer ist die reizende Person, die Sie netterweise mitgebracht haben?

LADY MARKBY. Sie heißt Mrs. Cheveley. Eine Cheveley aus Dorset, wie ich vermute. Eigentlich aber weiß ich es nicht. Heutzutage sind die Familien durcheinandergewürfelt. In der Regel entpuppt sich jeder als ein ganz anderer.

SIR ROBERT CHILTERN. Mrs. Cheveley? Der Name klingt mir bekannt.

LADY MARKBY. Sie ist soeben aus Wien eingetroffen.

SIR ROBERT CHILTERN. Ach ja! Ich glaube zu wissen, wen Sie meinen.

LADY MARKBY. Sie ist dort zu Hause und weiß über alle ihre Bekannten so hübsche Skandalgeschichten zu berichten. Ich muß wirklich nächsten Winter nach Wien fahren. Hoffentlich hat die dortige Botschaft einen guten Koch.

SIR ROBERT CHILTERN. Wenn nicht, dann bleibt uns nichts übrig, als den Botschafter abzuberufen. Bitte, zeigen Sie mir Mrs. Cheveley. Ich möchte sie gerne sehen.

LADY MARKBY. Darf ich vorstellen ... *(Zu Mrs. Cheveley)* Meine Liebe, Sir Robert Chiltern brennt darauf, Sie kennenzulernen.

SIR ROBERT CHILTERN *(verbeugt sich).* Alle Welt brennt darauf, die geistreiche Mrs. Cheveley kennenzulernen. Unsere Attachés in Wien wissen über nichts anderes mehr zu schreiben.

MRS. CHEVELEY. Schönen Dank, Sir Robert. Eine Bekanntschaft, die mit einem Kompliment beginnt, wird sich bestimmt zu einer echten Freundschaft entwickeln. Sie fängt richtig an. Und ich habe festgestellt, daß ich Lady Chiltern bereits kenne.

SIR ROBERT CHILTERN. Tatsächlich?

MRS. CHEVELEY. Ja. Sie hat mich soeben daran erinnert, daß wir zusammen zur Schule gingen. Jetzt entsinne ich mich wieder ganz genau. Sie bekam immer den Preis für gutes Betragen. Ja, ich erinnere mich deutlich, daß Lady Chiltern immer den Preis für gutes Betragen erhalten hat.

SIR ROBERT CHILTERN. Und welche Preise haben Sie erhalten, Mrs. Cheveley?

MRS. CHEVELEY. Meine Preise sind mir erst im späteren Leben zugefallen. Ich glaube nicht, daß ich auch einen für gutes Betragen bekommen habe. Vergessen!

SIR ROBERT CHILTERN. Sicherlich aber für etwas Charmantes.

MRS. CHEVELEY. Ich wüßte nicht, daß Frauen immer für ihren Charme belohnt werden. Ich fürchte, meistens werden sie für ihn bestraft. Heutzutage macht nichts die Frauen so alt wie die Treue ihrer Bewunderer. Anders kann ich mir zumindest nicht das furchtbar verhärmte Aussehen der meisten hübschen Frauen in London erklären.

SIR ROBERT CHILTERN. Was für eine erschreckende Philosophie! Sie klassifizieren zu wollen, Mrs. Cheveley, wäre eine Impertinenz. Aber darf ich Sie fragen: Sind Sie im Grunde Ihres Herzens Optimistin oder Pessimistin? Das scheinen die beiden einzigen modischen Religionen zu sein, die uns geblieben sind.

MRS. CHEVELEY. Weder noch. Der Optimismus beginnt mit einem breiten Lächeln, der Pessimismus endet mit einer blauen Brille. Außerdem ist das eine wie das andere nur eine Pose.

SIR ROBERT CHILTERN. Sie ziehen es vor, natürlich zu sein?

MRS. CHEVELEY. Zuweilen. Aber *diese* Pose aufrechtzuerhalten ist sehr schwer.

SIR ROBERT CHILTERN. Was würden die modernen psychologisierenden Romanschriftsteller, von denen so viel die Rede ist, zu Ihrer These sagen?

MRS. CHEVELEY. Ach, wir Frauen beziehen unsere Stärke aus der Tatsache, daß die Psychologie uns nicht erklären kann. Männer kann man analysieren, Frauen nur – vergöttern.

SIR ROBERT CHILTERN. Sie meinen also, daß das Problem Frau wissenschaftlich nicht zu bewältigen sei.

MRS. CHEVELEY. Nie ist das Irrationale wissenschaftlich zu bewältigen. Deshalb hat die Wissenschaft in dieser Welt keine Zukunft.

SIR ROBERT CHILTERN. Und Frauen repräsentieren das Irrationale.

MRS. CHEVELEY. Gut gekleidete Frauen.

SIR ROBERT CHILTERN *(mit einer höflichen Verbeugung)*. Leider kann ich Ihnen in diesem Punkt nicht zustimmen. Aber nehmen Sie doch Platz. Und nun sagen Sie mir, was hat Sie veranlaßt, das strahlende Wien mit unserem düsteren London zu vertauschen – oder ist diese Frage am Ende indiskret?

MRS. CHEVELEY. Fragen sind nie indiskret. Antworten zuweilen.

SIR ROBERT CHILTERN. Dürfte ich immerhin erfahren, ob es die Politik oder das Vergnügen ist?

MRS. CHEVELEY. Mein einziges Vergnügen ist die Politik. Sehen Sie, heutzutage ist es nicht Mode, vor dem vierzigsten Lebensjahr zu flirten oder vor dem fünfundvierzigsten romantische Neigungen zu hegen – also bleibt uns armen Frauen, die wir noch keine dreißig sind oder es behaupten, nichts übrig, als uns der Politik oder der Philanthropie zu widmen. Und die Philanthropie scheint mir ganz einfach die Zuflucht der Leute geworden zu sein, die ihre Mitmenschen ärgern wollen. Ich bevorzuge die Politik. Ich finde, sie – steht mir besser zu Gesicht.

SIR ROBERT CHILTERN. Sein Leben der Politik zu weihen ist eine edle Laufbahn.

MRS. CHEVELEY. ... Manchmal ein Hazardspiel, Sir Robert. Und manchmal eine Plage.

SIR ROBERT CHILTERN. Was ist sie Ihnen?

MRS. CHEVELEY. Eine Mischung aus allen dreien. *(Läßt ihren Fächer fallen)*

SIR ROBERT CHILTERN *(hebt den Fächer auf)*. Gestatten Sie ...

MRS. CHEVELEY. Danke.

SIR ROBERT CHILTERN. Aber Sie haben mir noch immer nicht verraten, was Sie veranlaßt, London so plötzlich mit Ihrer Anwesenheit zu beehren. Unsere Saison ist schon fast zu Ende.

MRS. CHEVELEY. Ach, ich mache mir nichts aus der Londoner Saison. Sie steht mir zu sehr im Zeichen der Ehe. Die Frauen sind auf der Jagd nach Ehemännern – oder sie verkriechen sich vor ihnen. Ich wollte *Sie* kennenlernen. Ungelogen. Sie wissen, wie neugierig Frauen sind! Fast so neugierig wie die Männer. Ich habe mir brennend gewünscht, Sie kennenzulernen – und Sie um einen Gefallen zu bitten.

SIR ROBERT CHILTERN. Hoffentlich ist es keine Kleinigkeit. Ich finde, Kleinigkeiten sind so überaus beschwerlich.

MRS. CHEVELEY *(nachdem sie einen Moment überlegt hat)*. Nein, ich glaube nicht, daß es eine Kleinigkeit ist.

SIR ROBERT CHILTERN. Das freut mich sehr. Sagen Sie mir doch, worum es sich handelt.

MRS. CHEVELEY. Später. *(Steht auf)* Darf ich jetzt einen Rundgang durch das schöne Haus machen? Wie ich gehört habe, ist Ihre Gemäldesammlung exquisit. Der arme Baron Arnheim – erinnern Sie sich an ihn? – hat mir oft erzählt, daß Sie einige großartige Corots besitzen.

SIR ROBERT CHILTERN *(zuckt fast unmerklich zusammen)*. Haben Sie Baron Arnheim gut gekannt?

MRS. CHEVELEY *(lächelnd). Sehr gut. Und Sie?*

SIR ROBERT CHILTERN. Vor längerer Zeit.

MRS. CHEVELEY. Ein wunderbarer Mensch, nicht wahr?

SIR ROBERT CHILTERN *(nach einer Pause)*. Er war in vieler Hinsicht bemerkenswert.

MRS. CHEVELEY. Ich denke mir oft, es ist jammerschade, daß er nie seine Memoiren geschrieben hat. Sie wären sehr interessant gewesen.

SIR ROBERT CHILTERN. Ja. Er kannte Menschen und Städte – wie jener alte Grieche.

MRS. CHEVELEY. Ohne den schrecklichen Nachteil, daß zu Haus eine Penelope auf ihn wartete.

MASON. Lord Goring.

(Lord Goring tritt auf. Vierunddreißig Jahre alt. Aber er behauptet stets, jünger zu sein. Wohlerzogene, ausdruckslose Miene. Er ist gescheit, will aber nicht als gescheit gelten. Für ihn, den makellosen Dandy, wäre es ärgerlich, für romantisch gehalten zu werden. Er tändelt mit dem Leben und steht mit der Welt auf denkbar bestem Fuße. Er läßt sich gerne mißverstehen. Das verschafft ihm eine vorteilhafte Position)

SIR ROBERT CHILTERN. Guten Abend, mein lieber Arthur! Mrs. Cheveley, gestatten Sie mir, Sie mit Lord Goring bekannt zu machen, dem größten Müßiggänger in ganz London.

MRS. CHEVELEY. Ich kenne Lord Goring von früher.

LORD GORING *(verbeugt sich)*. Ich hätte nicht gedacht, daß Sie sich an mich erinnern, Mrs. Cheveley.

MRS. CHEVELEY. Ich habe mein Gedächtnis fest in der Hand. Sind Sie noch immer Junggeselle?

LORD GORING. Ich – ich glaube, ja.

MRS. CHEVELEY. Wie romantisch!

LORD GORING. O nein – ich bin durchaus kein Romantiker. Dazu bin ich nicht alt genug. Romantische Schwärmereien überlasse ich den älteren Herren.

SIR ROBERT CHILTERN. Lord Goring ist das Produkt des Boodle-Clubs, Mrs. Cheveley.

MRS. CHEVELEY. Er macht dem Institut alle Ehre.

LORD GORING. Darf ich fragen, ob Sie lange in London bleiben?

MRS. CHEVELEY. Das hängt zum Teil vom Wetter, zum Teil von der Küche und zum Teil von Sir Robert ab.

SIR ROBERT CHILTERN. Sie werden uns doch hoffentlich nicht in einen europäischen Krieg verwickeln.

MRS. CHEVELEY. Keine Gefahr – vorläufig! *(Sie wirft Lord Goring einen belustigten Blick zu und geht mit Sir Robert Chiltern ab. Lord Goring schlendert zu Mabel Chiltern hinüber)*

MABEL CHILTERN. Sie sind sehr verspätet!

LORD GORING. Haben Sie mich vermißt?

MABEL CHILTERN. Schrecklich!

LORD GORING. Dann bereue ich, daß ich nicht länger weggeblieben bin. Ich lasse mich gerne vermissen.

MABEL CHILTERN. Wie egoistisch!

LORD GORING. Ich bin ein Egoist.

MABEL CHILTERN. Immer erzählen Sie mir von Ihren schlechten Eigenschaften, Lord Goring.

LORD GORING. Bisher habe ich Ihnen nur die Hälfte erzählt, Miß Mabel.

MABEL CHILTERN. Sind die anderen sehr schlimm?

LORD GORING. Geradezu fürchterlich. Wenn ich nachts an sie denke, schlafe ich sofort ein.

MABEL CHILTERN. Ich bin entzückt von Ihren schlechten Eigenschaften. Es wäre mir nicht recht, wenn Sie auch nur eine einzige ablegen würden.

LORD GORING. Wie nett von Ihnen! Aber Sie sind ja immer nett. Übrigens wollte ich Sie etwas fragen, Miß Mabel. Wer hat Mrs. Cheveley mitgebracht? Die Frau in dem blauroten Kleid, die so eben zusammen mit Ihrem Bruder das Zimmer verlassen hat ...

MABEL CHILTERN. Ach, ich glaube, Lady Markby hat sie mitgebracht. Warum fragen Sie?

LORD GORING. Weil ich sie seit Jahren nicht gesehen habe.

MABEL CHILTERN. Ein absurder Grund!

LORD GORING. Alle Gründe sind absurd.

MABEL CHILTERN. Was ist sie denn für eine Frau?

LORD GORING. Bei Tag ein Genie – nachts eine Schönheit.

MABEL CHILTERN. Ich kann sie schon jetzt nicht leiden.

LORD GORING. Daran erkennt man Ihren bewundernswert guten Geschmack.

VICOMTE DE NANJAC *(nähert sich)*. Ah, die junge Engländerin ist die Patronin des guten Geschmacks, nicht wahr? Sie hütet ihn wie den heiligen Gral.

LORD GORING. Das predigen uns ständig die Zeitungen.

VICOMTE DE NANJAC. Ich lese sämtliche englischen Zeitungen. Ich finde sie *so* amüsant.

LORD GORING. Dann müssen Sie aber bestimmt zwischen den Zeilen lesen, mein lieber Nanjac.

VICOMTE DE NANJAC. Das würde ich gerne tun, aber mein Sprachlehrer verbietet es mir. *(Zu Mabel Chiltern)* Darf ich das Vergnügen haben, Sie ins Musikzimmer zu begleiten, Mademoiselle?

MABEL CHILTERN *(mit sehr enttäuschter Miene)*. Ich bitte darum, Vicomte, ich bitte darum. *(Wendet sich zu Lord Goring)* Kommen Sie nicht mit ins Musikzimmer?

LORD GORING. Nicht, wenn dort musiziert wird, Miß Mabel.

MABEL CHILTERN *(streng)*. Es ist deutsche Musik. Sie würden sie nicht verstehen. *(Ab mit dem Vicomte de Nanjac)*

LORD CAVERSHAM *(tritt zu seinem Sohn)*. Na, Sir! Was machst denn du hier? Vergeudest wie gewöhnlich dein Leben! Du solltest im Bett liegen, Sir! Du bleibst zu lange auf. Ich habe mir sagen lassen, daß du neulich bei Lady Rufford bis vier Uhr morgens getanzt hast.

LORD GORING. Nur bis drei Viertel vier, Papa.

LORD CAVERSHAM. Ich begreife nicht, wie du die Londoner gute Gesellschaft ausstehen kannst. Sie ist längst vor die Hunde gegangen. Eine Schar erbärmlicher Nullen, die sich über nichts unterhalten.

LORD GORING. Ich liebe es, mich über nichts zu unterhalten, Papa. Das einzige, wovon ich etwas verstehe.

LORD CAVERSHAM. Du scheinst mir nur deinem Vergnügen zu leben.

LORD GORING. Wofür sonst lohnt es sich zu leben, Papa? Nichts macht so schnell alt wie das häusliche Glück.

LORD CAVERSHAM. Du hast kein Herz.

LORD GORING. Das will ich nicht hoffen ... Guten Abend, Lady Basildon!

LADY BASILDON *(zieht ihre hübschen Brauen hoch). Sie* sind hier? Ich hatte keine Ahnung, daß Sie politische Abende frequentieren.

LORD GORING. Ich schwärme für politische Abende. Sie sind die einzigen, an denen nicht von Politik die Rede ist.

LADY BASILDON. Ich rede liebend gerne über Politik. Den ganzen Tag. Aber ich ertrage es nicht zuzuhören. Ich weiß nicht, wie die Unglücklichen im Unterhaus diese langen Debatten aushalten.

LORD GORING. Indem sie nicht zuhören.

LADY BASILDON. Wirklich?

LORD GORING *(todernst)*. Selbstverständlich. Sehen Sie, Zuhören ist sehr gefährlich. Wenn man zuhört, kann es passieren, daß man sich überzeugen läßt – und wer sich durch Argumente überzeugen läßt, ist ein durchaus unvernünftiger Mensch.

LADY BASILDON. Ah – daraus erklärt sich bei den Männern so vieles, das ich nie begriffen habe, und bei den Frauen so vieles, das ihre Männer nie an ihnen zu schätzen wissen.

MRS. MARCHMONT *(mit einem Seufzer)*. Unsere Männer wissen nie etwas an uns zu schätzen. Das müssen wir uns bei den anderen holen.

LADY BASILDON *(mit Nachdruck)*. Ja, immer bei den andern, nicht wahr?

LORD GORING *(lächelnd)*. Und das sind die Ansichten der beiden Damen, die dafür bekannt sind, daß sie die bewundernswertesten Gatten in ganz London haben.

MRS. MARCHMONT. Das ist es ja eben, was wir nicht ausstehen können. Mein Reginald ist hoffnungslos einwandfrei – manchmal bis zum Exzeß! Wer ihn kennt, wird nie auch nur die kleinste Aufregung erleben.

LORD GORING. Wie entsetzlich! Nein, das sollte sich herumsprechen.

LADY BASILDON. Basildon ist nicht um ein Jota besser. Er ist so häuslich, als wäre er Junggeselle.

MRS. MARCHMONT *(drückt ihr die Hand)*. Meine arme Olivia! Wir haben perfekte Ehemänner geheiratet und sind dafür streng bestraft worden.

LORD GORING. Ich hätte gedacht, daß es die Ehemänner zu büßen haben.

MRS. MARCHMONT *(richtet sich auf)*. O du meine Güte – nein! Sie könnten nicht glücklicher sein. Und was für ein Vertrauen sie zu uns haben! Es ist geradezu tragisch.

LADY BASILDON. Absolut tragisch.

LORD GORING. Oder komisch, Lady Basildon?

LADY BASILDON. Alles eher als komisch, Lord Goring. Wie unfreundlich von Ihnen, so etwas zu unterstellen!

MRS. MARCHMONT. Ich fürchte, Lord Goring steht wie gewöhnlich im Lager des Feindes. Ich habe ihn mit Mrs. Cheveley sprechen sehen.

LORD GORING. Eine schöne Frau, diese Mrs. Cheveley.

LADY BASILDON *(steif)*. Bitte, loben Sie nicht in unserer Anwesenheit andere Frauen. Warten Sie, bis wir es tun.

LORD GORING. Ich habe gewartet.

MRS. MARCHMONT. Also, wir denken nicht daran, ihr Lob zu singen. Sie soll am Montag in der Oper gewesen sein und nachher beim Souper zu Tommy Rufford gesagt haben, daß die gute Gesellschaft Londons, soweit sie es beurteilen könne, aus lauter Schlampen und Dandys bestehe.

LORD GORING. Sie hat auch völlig recht. Die Männer sind schlampig und die Frauen schick.

MRS. MARCHMONT *(nach einer Pause)*. Oh – glauben Sie wirklich, daß es so gemeint war?

LORD GORING. Selbstverständlich. Und es ist noch dazu eine sehr *vernünftige* Bemerkung unserer Mrs. Cheveley.

MABEL CHILTERN *(tritt auf und gesellt sich zu der Gruppe)*. Warum sprecht ihr über Mrs. Cheveley? Alle sprechen über Mrs. Cheveley! Lord Goring sagt – was sagten Sie über Mrs. Cheveley, Lord Goring? Ach ja, es fällt mir ein: Sie sei bei Tag ein Genie und bei Nacht eine Schönheit.

LADY BASILDON. Was für eine greuliche Kombination! So unnatürlich!

MRS. MARCHMONT *(in ihrer verträumtesten Art)*. Ich sehe mir gerne Genies an und höre gerne schönen Menschen zu.

LORD GORING. Das ist morbid, Mrs. Marchmont!

MRS. MARCHMONT *(ehrlich erfreut)*. Ach, ich bin froh, daß Sie das sagen! Seit sieben Jahren bin ich mit Marchmont verheiratet, und nicht ein einziges Mal hat er zu mir gesagt, ich sei morbid. Was doch die Männer für schlechte Beobachter sind! Und von einer geradezu verletzenden Unaufmerksamkeit.

LADY BASILDON *(wendet sich zu ihr)*. Ich habe schon immer gesagt, Margaret, daß du die morbideste Person in ganz London bist.

MRS. MARCHMONT. Ja, du, Olivia! Aber du hast seit jeher ein mitfühlendes Herz.

MABEL CHILTERN. Ist es morbid, Hunger zu haben? Ich habe schrecklichen Hunger. Lord Goring, wollen Sie mich zu Tisch begleiten?

LORD GORING. Mit Vergnügen, Miß Mabel. *(Die beiden nähern sich der Treppe)*

MABEL CHILTERN. Sie haben sich abscheulich benommen. Den ganzen Abend haben Sie kein Wort mit mir geredet.

LORD GORING. Ja, wie hätte ich denn mit Ihnen reden können? Sie sind mir ja mit dem Diplomatenbürschchen weggelaufen.

MABEL CHILTERN. Warum sind Sie nicht hinterhergelaufen? Das wäre ein Gebot der Höflichkeit gewesen. Ich glaube, heute abend gefallen Sie mir überhaupt nicht.

LORD GORING. Sie gefallen mir ungeheuer gut.

MABEL CHILTERN. Schade, daß Sie sich's nicht deutlicher anmerken lassen. *(Beide gehen die Treppe hinunter)*

MRS. MARCHMONT. Olivia, mir ist ganz kurios zumute. Ich fühle mich schwach. Ich glaube, ein kleiner Imbiß würde mir gut bekommen. Ich weiß, daß er mir gut bekommen würde.

LADY BASILDON. Ich vergehe vor Hunger, Margaret!

MRS. MARCHMONT. Männer sind schreckliche Egoisten. An so etwas denken sie nicht.

LADY BASILDON. Männer sind Materialisten, rohe Materialisten.

(Der Vicomte de Nanjac erscheint zusammen mit anderen Gästen aus dem Musikzimmer. Nachdem er sämtliche Anwesenden sorgfältig gemustert hat, nähert er sich Lady Basildon)

VICOMTE DE NANJAC. Gräfin, darf ich die Ehre haben, Sie zum Souper hinunterzugeleiten?

LADY BASILDON *(kalt)*. Ich soupiere nie – danke, Vicomte. *(Der Vicomte will sich zurückziehen. Lady Basildon merkt es, steht sofort auf und nimmt seinen Arm)* Aber ich gehe gerne mit Ihnen nach unten.

VICOMTE DE NANJAC. Ich esse furchtbar gern! Ich habe in jeder Hinsicht den Geschmack eines Engländers.

LADY BASILDON. Sie sehen auch aus wie ein Engländer, Vicomte.

(Sie gehen ab. Mr. Montford, ein geschniegelter junger Dandy, nähert sich Mrs. Marchmont)

MR. MONTFORD. Ein kleiner Imbiß, Mrs. Marchmont?

MRS. MARCHMONT *(gleichgültig)*. Danke, Mr. Montford, ich soupiere nie. *(Erhebt sich hastig und nimmt seinen Arm)* Aber ich werde mich zu Ihnen setzen und Ihnen zuschauen.

MR. MONTFORD. Ich weiß nicht, ob es mir gefällt, wenn man mir beim Essen zuschaut.

MRS. MARCHMONT. Dann werde ich jemand anderem zuschauen.

MR. MONTFORD. Ich weiß auch nicht, ob mir das gefallen würde.

MRS. MARCHMONT *(streng)*. Bitte, Mr. Montford, machen Sie mir nicht in aller Öffentlichkeit peinliche Eifersuchtsszenen!

(Sie gehen zusammen mit den übrigen Gästen die Treppe hinunter und kommen an Sir Robert Chiltern und Mrs. Cheveley vorbei, die soeben zurückkehren)

SIR ROBERT CHILTERN. Beabsichtigen Sie, auch einen unserer Landsitze zu besuchen, bevor Sie England verlassen, Mrs. Cheveley?

MRS. CHEVELEY. Ach nein! Ich kann eure englischen Wochenendpartien nicht ausstehen. Hausgäste! Menschen, die sich in der Tat nicht scheuen, am Frühstückstisch geistreich sein zu wollen. Was für eine schreckliche Sitte! Nur Dummköpfe sind am Frühstückstisch geistreich. Und im Keller wimmert das Schloßgespenst. Mein Aufenthalt in England gilt wirklich nur Ihnen, Sir Robert. *(Sie setzt sich aufs Sofa)*

SIR ROBERT CHILTERN *(setzt sich zu ihr)*. Im Ernst?

MRS. CHEVELEY. Im Ernst. Ich möchte mich mit Ihnen über ein großes politisches und finanzielles Projekt unterhalten – nämlich über die geplante Argentinien-Kanal-Gesellschaft.

SIR ROBERT CHILTERN. Und Sie interessieren sich für ein so langweiliges pragmatisches Thema, Mrs. Cheveley?

MRS. CHEVELEY. Oh, ich liebe langweilige, pragmatische Themen. Zum Unterschied von langweiligen, pragmatischen Menschen. Der Unterschied ist sehr groß. Außerdem weiß ich, daß *Sie* sich für internationale Kanalprojekte interessieren. Als die Regierung die Suezkanal-Aktien kaufte, waren Sie Lord Radleys Sekretär.

SIR ROBERT CHILTERN. Ja. Aber der Suezkanal war ein kolossales und glänzendes Unternehmen. Er hat uns eine direkte Route nach Indien gebracht. Er ist von größtem Wert für das Empire. Wir mußten unseren Einfluß sichern. Dieses Argentinien-Projekt aber ist ein ganz gewöhnlicher Börsenschwindel.

MRS. CHEVELEY. Eine Spekulation, Sir Robert! Eine brillante, gewagte Spekulation.

SIR ROBERT CHILTERN. Glauben Sie, Mrs. Cheveley, es handelt sich um ein Schwindelmanöver. Nennen wir die Dinge beim rechten Namen. Das vereinfacht die Sache. Das Auswärtige Amt besitzt alle erforderlichen Informationen. De facto habe ich eine Sonderkommission beauftragt, die Angelegenheit in aller Stille zu prüfen, und mir wurde berichtet, daß die Arbeit kaum erst begonnen hat. Was das gezeichnete Kapital betrifft, scheint kein Mensch zu wissen, was aus ihm geworden ist. Das Ganze ist ein zweites Panama und hat nicht einmal ein Viertel soviel Erfolgschancen, wie diese miserable Affäre je gehabt hat. Hoffentlich haben Sie nichts investiert. Dazu sind Sie sicherlich viel zu schlau.

MRS. CHEVELEY. Ich habe mich sehr stark engagiert.

SIR ROBERT CHILTERN. Wer kann Ihnen zu so einer Dummheit geraten haben?

MRS. CHEVELEY. Ein gemeinsamer alter Freund.

SIR ROBERT CHILTERN. Wer?

MRS. CHEVELEY. Baron Arnheim.

SIR ROBERT CHILTERN *(runzelt die Stirn)*. Ach ja. Ich erinnere mich. Um die Zeit seines Todes habe ich gehört, daß er in die Angelegenheit verwickelt war.

MRS. CHEVELEY. Es war sein letztes Liebesabenteuer. Sein vorletztes – um ihm nicht unrecht zu tun.

SIR ROBERT CHILTERN *(steht auf)*. Aber Sie haben meine Corots noch nicht gesehen. Sie hängen im Musikzimmer. Corot und Musik passen gut zueinander, nicht wahr? Darf ich sie Ihnen zeigen?

MRS. CHEVELEY *(schüttelt den Kopf)*. Ich bin heute abend nicht in der richtigen Stimmung für silbriges Zwielicht und rosenrote Morgendämmerung. Ich will über Geschäfte reden. *(Bedeutet ihm mit ihrem Fächer, sich wieder zu ihr zu setzen)*

SIR ROBERT CHILTERN. Leider kann ich Ihnen keinen Rat geben, Mrs. Cheveley. Nur eines: Interessieren Sie sich für etwas weniger Riskantes. Natürlich hängt der Erfolg des Kanalprojekts von der Haltung Englands ab, und ich beabsichtige, morgen abend dem Unterhaus den Bericht der Kommissionsmitglieder zu unterbreiten.

MRS. CHEVELEY. Das dürfen Sie nicht tun ... In Ihrem eigenen Interesse, Sir Robert – von mir ganz zu schweigen – dürfen Sie es nicht tun.

SIR ROBERT CHILTERN *(sieht sie verwundert an)*. In meinem eigenen Interesse? Meine liebe Mrs. Cheveley, was soll das heißen? *(Setzt sich zu ihr)*

MRS. CHEVELEY. Sir Robert, ich will kein Blatt vor den Mund nehmen. Ich ersuche Sie, den Bericht, den Sie dem Unterhaus vorlegen wollten, zurückzuziehen – mit der Begründung, Sie hätten Anlaß zu der Vermutung, die Mitglieder der Kommission seien voreingenommen gewesen oder falsch informiert worden – oder so ähnlich. Dann möchte ich, daß Sie ein paar Worte hinzufügen: Die Regierung beabsichtige, die Frage zu überprüfen, und Sie hätten allen Grund zu der Annahme, der Kanal werde nach seiner Fertigstellung von großem internationalem Nutzen sein. Sie wissen ja, was Minister in Fällen dieser Art zu äußern pflegen. Ein paar gewöhnliche Plattitüden werden genügen. Im heutigen Leben ist nichts so wirksam wie eine solide Plattitüde. Da ist man mit der ganzen Welt auf du und du. Wollen Sie mir diesen Gefallen erweisen?

SIR ROBERT CHILTERN. Mrs. Cheveley, es kann nicht Ihr Ernst sein, mir mit einem solchen Vorschlag zu kommen.

MRS. CHEVELEY. Es ist mein voller Ernst.

SIR ROBERT CHILTERN *(kalt).* Bitte, gestatten Sie mir anzunehmen, daß es nicht ernst gemeint war.

MRS. CHEVELEY *(mit Bedacht und Nachdruck).* O doch! Und wenn Sie mir meinen Wunsch erfüllen, werde ich Sie – sehr anständig bezahlen.

SIR ROBERT CHILTERN. Mich bezahlen?

MRS. CHEVELEY. Ja.

SIR ROBERT CHILTERN. Ich fürchte, ich verstehe nicht recht, was damit gemeint ist.

MRS. CHEVELEY *(lehnt sich zurück und mustert ihn).* Sie enttäuschen mich. Da habe ich eigens die weite Reise aus Wien hierher unternommen, damit Sie mich recht verstehen.

SIR ROBERT CHILTERN. Leider verstehe ich Sie nicht.

MRS. CHEVELEY *(in ihrer nonchalantesten Art).* Mein lieber Sir Robert, Sie sind ein Mann von Welt und haben, wie ich annehme, Ihren Preis. Heutzutage hat jeder seinen Preis. Das hat nur einen Nachteil: Die meisten Leute sind schrecklich teuer. Ich zum Beispiel. Hoffentlich werden Ihre Ansprüche bescheidener sein.

SIR ROBERT CHILTERN *(erhebt sich entrüstet).* Wenn Sie gestatten, werde ich Ihren Wagen vorfahren lassen. Sie haben so lange im Ausland gelebt, Mrs. Cheveley, daß Sie nicht zu wissen scheinen, wie man mit einem englischen Gentleman spricht.

MRS. CHEVELEY *(hält ihn zurück, indem sie seinen Arm mit ihrem Fächer berührt, und während sie zu ihm spricht, behält sie die Berührung bei).* Ich weiß nur, wie der Mann, mit dem ich spreche, den Grundstein seines Vermögens gelegt hat – nämlich dadurch, daß er einem Börsenspekulanten ein Kabinettsgeheimnis verkaufte.

SIR ROBERT CHILTERN *(beißt sich auf die Lippe).* Was soll das heißen?

MRS. CHEVELEY *(steht auf und schaut ihn an).* Das soll heißen, daß ich den eigentlichen Ursprung Ihres Reichtums und Ihrer Karriere kenne. Außerdem besitze ich Ihren Brief.

SIR ROBERT CHILTERN. Welchen Brief?

MRS. CHEVELEY *(verachtungsvoll).* Den Brief, den Sie an Baron Arnheim geschrieben haben, als Sie Lord Radleys Sekretär waren, und in dem Sie ihm raten, Suez-Aktien zu kaufen –

den Brief, geschrieben drei Tage, bevor die Regierung ihren Ankauf bekanntgab.

SIR ROBERT CHILTERN *(heiser)*. Das ist nicht wahr.

MRS. CHEVELEY. Sie haben sich eingebildet, der Brief sei vernichtet. Wie dumm von Ihnen! Er befindet sich in meinem Besitz.

SIR ROBERT CHILTERN. Die Angelegenheit, auf die Sie anspielen, war eine reine Spekulation. Das Unterhaus hatte die Gesetzesvorlage noch nicht gebilligt. Es hätte sie ablehnen können.

MRS. CHEVELEY. Es war ein Schwindel, Sir Robert. Nennen wir doch die Dinge beim rechten Namen. Das vereinfacht alles. Jetzt werde ich Ihnen den Brief verkaufen. Der Preis, den ich verlange? Daß Sie das Argentinien-Projekt öffentlich unterstützen. Sie selber haben Ihr Vermögen mit einem Kanal verdient. Jetzt müssen Sie mir und meinen Freunden helfen, mit einem anderen Kanal ein Vermögen zu verdienen.

SIR ROBERT CHILTERN. Was Sie mir vorschlagen, ist infam – infam!

MRS. CHEVELEY. O nein! Das ist das Hazardspiel des Lebens, wie wir alle es zu spielen haben – früher oder später.

SIR ROBERT CHILTERN. Ich kann Ihnen Ihren Wunsch nicht erfüllen.

MRS. CHEVELEY. Sie meinen, daß Ihnen nichts anderes übrigbleibt. Sie wissen, daß Sie am Rande eines Abgrundes stehen. Nicht Sie haben Bedingungen zu stellen. Sie haben meine Bedingungen zu akzeptieren. Gesetzt den Fall, daß Sie sich weigern ...

SIR ROBERT CHILTERN. Was geschieht dann?

MRS. CHEVELEY. Was dann geschieht, lieber Sir Robert? Sie sind ruiniert, weiter nichts! Bedenken Sie, wie weit ihr es mit eurem Puritanismus in England gebracht habt. Früher einmal hat kein Mensch so getan, als sei er ein bißchen besser als sein Nächster. Ja, ein bißchen besser zu sein als sein Nächster, galt sogar als überaus vulgär und spießig. Heutzutage, seit die bürgerliche Moral zu einer Manie geworden ist, muß jeder als ein Ausbund von Reinheit, Unbestechlichkeit posieren – nebst den übrigen sieben Todsünden mit umgekehrtem Vorzeichen. Was ist das Ergebnis? Alle purzelt ihr wie die Kegel – einer nach dem anderen. In England vergeht kein Jahr, ohne daß jemand von der Bildfläche verschwindet. Früher einmal hat ein Skandal den Betroffenen charmant oder zumindest interessant gemacht – heute richtet er ihn zugrunde. Und der Skandal, der Ihnen droht, ist sehr häßlich. Sie würden ihn nicht überleben. Wenn bekannt wird, daß Sie als junger Mensch, als der Sekretär eines mächtigen und bedeutenden Ministers, ein Kabinettsgeheimnis für eine große Summe verkauft haben und daß das der Ursprung Ihres Reichtums und Ihrer Karriere war, wird man Sie aus dem öffentlichen Leben davonjagen – Sie werden spurlos verschwinden. Und warum, Sir Robert, sollten Sie schließlich Ihre gesamte Zukunft opfern, statt mit dem Feind diplomatisch zu verhandeln? Momentan bin ich Ihr Feind. Ich gebe es zu! Und ich bin viel stärker als Sie. Ich habe die stärkeren Bataillone auf meiner Seite. *Sie* haben eine glänzende Stellung – aber just diese glänzende Stellung macht Sie so verwundbar. Sie können sie nicht verteidigen. Und ich greife an! Natürlich habe ich Ihnen keine Moralpredigt gehalten. Wenn Sie gerecht sein wollen, müssen Sie zugeben, daß ich Ihnen das erspart habe. Vor Jahren haben Sie einen frechen, skrupellosen Schritt getan. Er hat sich als äußerst erfolgreich erwiesen. Ihm verdanken Sie Ihr Vermögen und Ihre Stellung. Und jetzt müssen Sie dafür zahlen. Früher oder später müssen wir alle das bezahlen, was wir getan haben. Jetzt sind *Sie* an der Reihe. Bevor ich Sie heute abend verlasse, müssen Sie mir versprechen, Ihren Bericht unter den Tisch fallen zu lassen und im Unterhaus für das Projekt einzutreten.

SIR ROBERT CHILTERN. Was Sie verlangen, ist unmöglich.

MRS. CHEVELEY. Sie müssen es ermöglichen. Sie werden es ermöglichen. Sir Robert, Sie kennen die englische Presse. Angenommen, ich fahre von Ihrer Haustür zu einer Zeitungsredaktion und liefere ihr den Skandal samt den Beweisen. Denken Sie daran, mit welch widerwärtigem Jubel, mit welchem Vergnügen man Sie von Ihrem Sockel stürzen und durch den Dreck ziehen würde! Sehen Sie nicht den Heuchler mit seinem schmierigen Lächeln vor sich, wie er seinen Leitartikel schreibt und die niederträchtigen Schlagzeilen für den Aushang arrangiert?

SIR ROBERT CHILTERN. Halt! Ich soll also den Bericht zurückziehen und in einer kurzen Rede erklären, daß ich dem Projekt gewisse Chancen gebe?

MRS. CHEVELEY *(setzt sich aufs Sofa).* Das sind meine Bedingungen.

SIR ROBERT CHILTERN *(mit gedämpfter Stimme).* Ich biete Ihnen jede beliebige Summe an.

MRS. CHEVELEY. Nicht einmal Sie, Robert, sind reich genug, um Ihre Vergangenheit zurückzukaufen. Kein Mensch ist so reich.

SIR ROBERT CHILTERN. Ich weigere mich, Ihren Wunsch zu erfüllen. Ich weigere mich.

MRS. CHEVELEY. Es bleibt Ihnen nichts anderes übrig. Sonst ... *(Sie erhebt sich)*

SIR ROBERT CHILTERN *(verwirrt und entmutigt).* Warten Sie einen Augenblick! Was haben Sie mir vorgeschlagen? Sie sagten, daß Sie mir meinen Brief zurückgeben würden, nicht wahr?

MRS. CHEVELEY. Ja. Das ist abgemacht. Morgen nacht um halb zwölf werde ich mich auf der Damengalerie befinden. Wenn Sie bis dahin – und es wird sich oft Gelegenheit dazu bieten – das Haus in dem von mir gewünschten Sinne informiert haben, werde ich Ihnen mit dem schönsten Dank oder auf jeden Fall mit dem passendsten Kompliment, das mir einfällt, Ihren Brief zurückgeben. Ich habe die Absicht, fair zu spielen. Man sollte immer fair spielen – wenn man die Trümpfe in der Hand hat. Das hat mich der Baron gelehrt – unter vielem anderen.

SIR ROBERT CHILTERN. Ich brauche Zeit, um über Ihren Vorschlag nachzudenken.

MRS. CHEVELEY. Nein – Sie müssen sich sofort entscheiden!

SIR ROBERT CHILTERN. Bewilligen Sie mir eine Woche – drei Tage.

MRS. CHEVELEY. Ausgeschlossen! Ich muß heute nacht nach Wien telegrafieren.

SIR ROBERT CHILTERN. Mein Gott! Welcher Teufel hat Sie mir in den Weg geführt!

MRS. CHEVELEY. Der Teufel des Zufalls. *(Steuert auf die Tür zu)*

SIR ROBERT CHILTERN. Bleiben Sie ... Ich willige ein. Ich werde den Bericht zurückziehen und dafür sorgen, daß man eine kleine Anfrage an mich richtet.

MRS. CHEVELEY. Danke. Ich wußte, wir würden zu einer freundschaftlichen Einigung gelangen. Ich habe Sie vom ersten Augenblick an durchschaut. Ich habe Ihren Charakter seziert – obwohl Sie mich nicht gerade anbeten. Und jetzt können Sie meinen Wagen vorfahren lassen, Sir Robert. Ich sehe, daß Ihre Gäste vom Souper zurückkehren. Engländer werden nach dem Essen romantisch, und das ödet mich fürchterlich an. *(Sir Robert Chiltern ab)*

(Lady Chiltern und Gäste treten auf: Lady Markby, Lord Caversham, Lady Basildon, Mrs. Marchmont, Vicomte de Nanjac, Mr. Montford)

LADY MARKBY. Nun, liebe Mrs. Cheveley, hoffentlich haben Sie sich gut amüsiert. Sir Robert ist sehr unterhaltsam, nicht wahr?

MRS. CHEVELEY. Sehr unterhaltsam! Unser Gespräch war äußerst amüsant.

LADY MARKBY. Er hat eine interessante und strahlende Karriere gemacht – und eine bewundernswerte Frau geheiratet. Zu meiner Freude muß ich sagen, daß Lady Chiltern eine hochmoralische Frau ist. Ich selber bin schon ein wenig zu alt, um mir die Mühe zu machen und mit gutem Beispiel voranzugehen, aber ich bewundere die Menschen, die es tun. Lady Chiltern übt einen sehr veredelnden Einfluß aus – wenn auch ihre Abendgesellschaften manchmal recht langweilig sind. Aber man darf von einem Menschen nicht alles verlangen, nicht wahr? Und jetzt muß ich gehen, meine Liebe. Soll ich Sie morgen abholen?

MRS. CHEVELEY. Danke.

LADY MARKBY. Wir könnten um fünf im Park spazierenfahren. Jetzt sieht dort alles so frisch aus.

MRS. CHEVELEY. Bis auf die Leute.

LADY MARKBY. Die Leute sind vielleicht ein bißchen abgehetzt. Ich habe oft bemerkt, daß jede Saison im Laufe der Zeit eine Art von Gehirnerweichung verursacht. Aber meiner Meinung nach ist nichts so schlimm wie ein mit Hochdruck arbeitender Verstand. Es gibt nichts Unbekömmlicheres. Die Nasen der jungen Mädchen werden davon merkwürdig lang. Und nichts ist schwieriger zu verheiraten als eine lange Nase. Die Männer mögen sie nicht. Gute Nacht, meine Liebe! *(Zu Lady Chiltern*

Gute Nacht, Gertrude! *(Geht an Lord Cavershams Arm ab)*

MRS. CHEVELEY. Was haben Sie doch für ein bezauberndes Haus, Lady Chiltern! Ich habe einen köstlichen Abend verbracht. Es war so interessant, Ihren Gatten kennenzulernen.

LADY CHILTERN. Warum lag Ihnen daran, meinen Mann kennenzulernen, Mrs. Cheveley?

MRS. CHEVELEY. Ach, das will ich Ihnen sagen. Ich wollte ihn für das Argentinien-Projekt interessieren, von dem Sie bestimmt schon gehört haben. Und ich fand ihn sehr zugänglich – Vernunftgründen zugänglich. Bei Männern ist das selten. Binnen zehn Minuten hatte ich ihn bekehrt. Morgen abend wird er im Unterhaus eine Rede halten und den Plan billigen. Wir müssen uns auf die Damengalerie setzen und zuhören! Es wird eine einmalige Gelegenheit sein.

LADY CHILTERN. Ich glaube, Sie haben ihn mißverstanden. Nie wird mein Mann dieses Projekt befürworten.

MRS. CHEVELEY. Ach, seien Sie versichert – alles ist geregelt. Jetzt brauche ich die ermüdende Reise nicht zu bedauern. Sie war ein großer Erfolg. Aber für die nächsten vierundzwanzig Stunden ist das Ganze natürlich ein tiefes Geheimnis.

LADY CHILTERN *(sanft)*. Ein Geheimnis? Zwischen wem?

MRS. CHEVELEY *(mit einem belustigten Ausdruck in den Augen)*. Zwischen Ihrem Gatten und mir.

SIR ROBERT CHILTERN *(kehrt zurück)*. Ihr Wagen ist vorgefahren, Mrs. Cheveley.

MRS. CHEVELEY. Danke ... Gute Nacht, Lady Chiltern – gute Nacht, Lord Goring ... Ich wohne im Claridge. Meinen Sie nicht, daß Sie dort Ihre Karte abgeben könnten?

LORD GORING. Wenn Sie es wünschen, Mrs. Cheveley.

MRS. CHEVELEY. Ach, seien Sie doch nicht so feierlich – sonst werde ich mich genötigt sehen, meine Karte bei Ihnen abzugeben. In England würde das wohl schwerlich als *en règle* gelten. Im Ausland ist man zivilisierter ... Wollen Sie mich hinunterbegleiten, Sir Robert? Jetzt, da uns beiden die gleichen Interessen am Herzen liegen, werden wir hoffentlich gute Freunde sein.

(Segelt an Sir Robert Chilterns Arm davon. Lady Chiltern tritt an die Treppe heran und blickt ihnen nach. Ihre Miene ist be-

unruhigt. Nach einer Weile gesellen sich andere Gäste zu ihr, und sie begibt sich mit ihnen in einen anstoßenden Empfangsraum)

MABEL CHILTERN. Was für eine gräßliche Person!

LORD GORING. Sie sollten zu Bett gehen, Miß Mabel.

MABEL CHILTERN. Lord Goring!

LORD GORING. Mein Vater hat mich schon vor einer Stunde ermahnt, ins Bett zu gehen. Ich sehe nicht ein, warum ich nicht Ihnen denselben Rat erteilen sollte. Gute Ratschläge gebe ich stets weiter. Was anderes kann man nicht mit ihnen anfangen. Einem selber nützen sie nichts.

MABEL CHILTERN. Lord Goring, immer wieder fordern Sie mich auf, das Zimmer zu verlassen. Ich finde das sehr kühn. Zumal ich noch stundenlang nicht zu Bett gehen werde. *(Nähert sich dem Sofa)* Wenn Sie wollen, dürfen Sie sich zu mir setzen und über alles in der Welt plaudern – nur nicht über die Königliche Akademie, Mrs. Cheveley oder schottische Heimatromane. Das sind keine erbaulichen Gesprächsgegenstände. *(Sieht etwas auf dem Sofa liegen. Es ist durch ein Kissen halb verdeckt)* Was ist denn das? Jemand hat eine Brillantbrosche verloren. Nicht übel, nein? *(Zeigt sie ihm)* Schade, daß sie nicht mir gehört, aber Gertrude erlaubt mir nicht, anderen Schmuck zu tragen als Perlen. Ich habe Perlen gründlich satt. Man sieht immer gleich so unansehnlich, so brav und so intellektuell aus. Wem mag die Brosche gehören?

LORD GORING. Wer mag sie verloren haben?

MABEL CHILTERN. Es ist eine schöne Brosche.

LORD GORING. Ein schönes Armband.

MABEL CHILTERN. Es ist kein Armband. Es ist eine Brosche.

LORD GORING. Sie kann als Armband getragen werden. *(Nimmt ihr das Schmuckstück weg, legt es in eine grüne Brieftasche, die er gezückt hat, und steckt das Ganze kaltblütig ein)*

MABEL CHILTERN. Was machen Sie denn?

LORD GORING. Miß Mabel, ich werde jetzt eine recht seltsame Bitte an Sie richten.

MABEL CHILTERN *(eifrig)*. Oh, bitte – ja! Ich warte schon den ganzen Abend darauf.

LORD GORING *(ist ein wenig verdutzt – faßt sich aber schnell)*. Erwähnen Sie keinem Menschen gegenüber, daß ich diese Brosche an mich genommen habe. Sollte jemand schreiben und sie reklamieren, dann verständigen Sie mich sofort.

MABEL CHILTERN. Das ist eine merkwürdige Bitte.

LORD GORING. Ja, sehen Sie, diese Brosche habe ich vor Jahren jemandem geschenkt.

MABEL CHILTERN. Tatsächlich?

LORD GORING. Ja.

(Lady Chiltern tritt allein auf. Die übrigen Gäste haben sich bereits entfernt)

MABEL CHILTERN. Dann werde ich Ihnen gute Nacht sagen ... Gute Nacht, Gertrude. *(Ab)*

LADY CHILTERN. Gute Nacht, liebe Mabel ... *(Zu Lord Goring)* Haben Sie gesehen, wen Lady Markby mitgebracht hat?

LORD GORING. Ja. Es war eine unliebsame Überraschung. Was wollte sie?

LADY CHILTERN. Anscheinend Robert dazu verleiten, ein Betrugsmanöver zu befürworten, an dem sie interessiert ist. Es handelt sich um den Argentinien-Kanal.

LORD GORING. Dann ist sie aber an den Falschen geraten, nicht wahr?

LADY CHILTERN. Sie ist nicht fähig, eine aufrechte Natur wie die meines Mannes zu verstehen.

LORD GORING. Ja. Ich kann mir vorstellen, daß es schiefgegangen ist, wenn sie versucht hat, Robert in ihre Schlingen zu locken. Unverständlich, was für Fehler kluge Frauen begehen können!

LADY CHILTERN. Frauen dieser Art bezeichne ich nicht als klug. Ich nenne sie dumm.

LORD GORING. Oft ist es ein und dasselbe. Gute Nacht, Lady Chiltern!

LADY CHILTERN. Gute Nacht!

(Sir Robert Chiltern tritt auf)

SIR ROBERT CHILTERN. Mein lieber Arthur, du willst doch nicht schon gehen? Bleib doch noch eine Weile.

LORD GORING. Danke, aber es geht leider nicht. Ich habe versprochen, bei den Hartlocks vorbeizuschauen. Ich glaube, sie haben eine lila Zigeunerkapelle engagiert, die lila ungarische Musik spielt. Wir sehen uns bald wieder! Gute Nacht! *(Ab)*

SIR ROBERT CHILTERN. Wie schön du heute abend aussiehst, Gertrude!

LADY CHILTERN. Robert, es ist doch nicht wahr – oder? Du wirst doch nicht diese argentinische Spekulation unterstützen! Das kann ich mir nicht vorstellen.

SIR ROBERT CHILTERN *(stutzt)*. Wer hat dir gesagt, daß ich es beabsichtige?

LADY CHILTERN. Diese Frau, die soeben weggegangen ist – Mrs. Cheveley, wie sie sich neuerdings nennt. Anscheinend wollte sie mich verhöhnen. Robert, ich kenne sie. Du kennst sie nicht. Wir haben zusammen die Schule besucht. Sie war verlogen, unehrlich, hatte einen schlechten Einfluß auf alle, deren Vertrauen oder Freundschaft sie gewinnen konnte. Ich habe sie gehaßt, ich habe sie verachtet. Sie stahl, sie war eine Diebin. Wegen eines Diebstahls wurde sie fortgeschickt. Warum läßt du dich durch sie beeinflussen?

SIR ROBERT CHILTERN. Gertrude, was du sagst, mag stimmen – aber es hat sich vor vielen Jahren ereignet. Schwamm drüber. Vielleicht ist Mrs. Cheveley seit damals ein anderer Mensch geworden. Niemand sollte nur nach seiner Vergangenheit beurteilt werden.

LADY CHILTERN *(betrübt)*. Zeig mir deine Vergangenheit, und ich sage dir, wer du bist. *Nur* nach ihrer Vergangenheit sollte man die Menschen beurteilen.

SIR ROBERT CHILTERN. Das ist ein hartes Wort, Gertrude.

LADY CHILTERN. Es ist ein wahres Wort, Robert. Und was hat sie damit gemeint, als sie sich rühmte, sie hätte dich bewogen, eine Sache zu unterstützen, einer Sache deinen Namen zu leihen, die du selber mir als das schändlichste Betrugsmanöver geschildert hast, das jemals im politischen Leben vorgekommen sei?

SIR ROBERT CHILTERN *(beißt sich auf die Lippe)*. Ich hatte mir ein falsches Bild gemacht. Wir alle irren uns zuweilen.

LADY CHILTERN. Aber erst gestern hast du mir erzählt, daß der Kommissionsbericht vorliegt und daß er die ganze Angelegenheit glattweg verwirft!

SIR ROBERT CHILTERN *(geht auf und ab)*. Ich habe jetzt gute Gründe anzunehmen, daß die Kommission voreingenommen oder auf jeden Fall falsch informiert war. Außerdem, Gertrude, sind das öffentliche und das Privatleben zwei verschiedene Dinge. Sie unterliegen verschiedenen Gesetzen und bewegen sich in verschiedenen Bahnen.

LADY CHILTERN. Beide sollten das Beste im Menschen widerspiegeln. Ich sehe da keinen Unterschied.

SIR ROBERT CHILTERN *(bleibt stehen).* Im vorliegenden Fall – in einer praktisch politischen Frage – habe ich meinen Standpunkt geändert. Das ist alles.

LADY CHILTERN. Alles!

SIR ROBERT CHILTERN *(schroff).* Ja!

LADY CHILTERN. Robert ... Es ist furchtbar, daß ich dir so eine Frage stellen muß ... Robert, sagst du mir die volle Wahrheit?

SIR ROBERT CHILTERN. Warum stellst du mir diese Frage?

LADY CHILTERN *(nach einer Pause).* Warum beantwortest du sie nicht?

SIR ROBERT CHILTERN *(setzt sich).* Gertrude, die Wahrheit ist eine sehr komplizierte Sache und die Politik ein sehr kompliziertes Geschäft. Viele Räder greifen ineinander. Es kann passieren, daß man gewissen Leuten gegenüber gewisse Verpflichtungen hat, denen man nachkommen muß. Im politischen Leben ist man früher oder später zu Kompromissen gezwungen. Das bleibt keinem erspart.

LADY CHILTERN. Kompromisse? Robert, warum redest du heute so anders, als ich dich bisher habe reden hören? Warum hast du dich verändert?

SIR ROBERT CHILTERN. *Ich* habe mich nicht verändert. Es sind die Umstände, die man berücksichtigen muß.

LADY CHILTERN. Nicht, wenn es um Grundsätze geht.

SIR ROBERT CHILTERN. Aber wenn ich dir sagen würde ...

LADY CHILTERN. Was?

SIR ROBERT CHILTERN. ... daß es notwendig war – lebenswichtig?

LADY CHILTERN. Was unehrenhaft ist, kann nie notwendig sein. Oder – *wenn* es notwendig sein sollte – ja, woran habe ich dann meine Liebe verschwendet? Aber nein, Robert, sag mir, daß es *nicht* notwendig ist! *Warum* sollte es notwendig sein? Was hast du dabei zu gewinnen? Geld? Wir brauchen es nicht. Und Geld, das aus einer schmutzigen Quelle stammt, entwürdigt den Empfänger. Macht? Aber Macht an und für sich bedeutet nichts. Macht ist nur dann etwas Schönes, wenn sie einem ermöglicht, Gutes zu tun – nur dann, ausschließlich dann! Was also steckt dahinter? Robert, sag mir, warum du dich zu diesem unehrenhaften Schritt entschlossen hast.

SIR ROBERT CHILTERN. Gertrude, du hast kein Recht, diesen Ausdruck zu benützen. Ich habe dir gesagt, daß es sich um einen vernünftigen Kompromiß handelt. Mehr steckt nicht dahinter.

LADY CHILTERN. Robert, das mag anderen Männern genügen, Männern, die das Leben nur als eine üble Spekulation betrachten. Nicht aber dir, Robert, nicht dir! Du bist anders als die anderen. Dein Leben lang hast du dich von den anderen unterschieden. Nie hast du dich mit dem Schmutz der Welt besudelt. In den Augen der Welt bist du – genauso wie in meinen Augen – immer ein Ideal gewesen. Ach, bleib, was du bist – ein Ideal. Wirf nicht dieses stolze Erbe weg – zerstör nicht diesen Elfenbeinturm! Männer finden sich mit allem ab – sie bringen es fertig, das Unwürdige, das Unsaubere, das Ehrlose zu lieben. Wenn wir Frauen lieben, ist unsere Liebe Verehrung. Und wenn wir den Gegenstand unserer Liebe nicht länger verehren können, dann ist alles verloren. Bitte – töte nicht meine Liebe zu dir – ich bitte dich darum.

SIR ROBERT CHILTERN. Gertrude!

LADY CHILTERN. Ich weiß, daß es Menschen gibt, die ein schreckliches Geheimnis mit sich herumtragen – Menschen, die etwas Schändliches begangen haben und es in einem kritischen Augenblick durch eine neue Schandtat büßen müssen ... Sag nicht, daß auch du zu ihnen gehörst! Robert, gibt es in deinem Leben irgendeine geheime Schande oder Ehrlosigkeit? Sag mir, sag mir sofort, ob ...

SIR ROBERT CHILTERN. Ob ...?

LADY CHILTERN *(ganz langsam)*. ... ob unsere Wege vielleicht auseinandergehen.

SIR ROBERT CHILTERN. Auseinandergehen?

LADY CHILTERN. Ob sie sich vielleicht endgültig trennen werden. Es wäre für uns beide besser.

SIR ROBERT CHILTERN. Gertrude, in meinem vergangenen Leben gibt es nichts, das du nicht erfahren dürftest.

LADY CHILTERN. Davon war ich überzeugt, Robert – davon war ich überzeugt. Warum aber hast du etwas so Schreckliches gesagt – etwas, das so gar nicht zu *dir* paßt – zu dem wirklichen Robert? Wir wollen nie wieder auf dieses Thema zu sprechen kommen. Du wirst – nicht wahr? – Mrs. Cheveley schreiben und ihr mitteilen, daß du ihr skandalöses Projekt nicht befürworten kannst. Wenn du ihr etwas versprochen hast, mußt du dein Versprechen zurücknehmen, das ist alles!

SIR ROBERT CHILTERN. Muß ich ihr das schriftlich mitteilen?

LADY CHILTERN. Freilich, Robert! Was bleibt dir anderes übrig?

SIR ROBERT CHILTERN. Ich könnte sie aufsuchen. Das wäre besser.

LADY CHILTERN. Du darfst sie nie mehr wiedersehen, Robert. Mit so einer Frau spricht man nicht. Und sie verdient es nicht, mit einem Mann wie dir zu sprechen. Nein, du mußt ihr sofort schreiben, auf der Stelle, augenblicklich – und aus deinem Brief muß hervorgehen, daß dein Entschluß unwiderruflich ist.

SIR ROBERT CHILTERN. Augenblicklich schreiben?

LADY CHILTERN. Ja.

SIR ROBERT CHILTERN. Es ist ja schon so spät. Fast zwölf.

LADY CHILTERN. Das spielt keine Rolle. Sie muß sofort erfahren, daß sie sich in dir getäuscht hat – daß du nicht der Mann dazu bist, etwas Niedriges oder Hinterhältiges oder Unehrenhaftes zu tun. Setz dich hin und schreib, Robert. Schreib ihr, daß du es ablehnst, ihren Plan zu unterstützen, da du ihn für unredlich hältst. Ja – schreib ›unredlich‹! Sie weiß, was dieses Wort bedeutet. *(Sir Robert Chiltern setzt sich und schreibt einen Brief. Seine Frau nimmt den Brief und liest ihn durch)* Ja – das reicht. *(Klingelt)* Und jetzt den Umschlag. *(Bedächtig schreibt sie die Adresse. Mason tritt auf)* Schicken Sie diesen Brief sofort ins Hotel Claridge. Eine Antwort erübrigt sich. *(Mason ab. Lady Chiltern kniet neben ihrem Mann nieder und legt die Arme um ihn)* Robert, die Liebe schärft unseren Instinkt. Heute abend habe ich das Gefühl, daß es mir gelungen ist, dich vor einem falschen Schritt zu bewahren – einem Schritt, der dir hätte gefährlich werden können – der die Gefahr heraufbeschworen hätte, daß man dir weniger Ehre erweist als heute. Du bist dir, glaube ich, nicht genügend im klaren darüber, daß du das politische Leben unserer Zeit um eine edlere Atmosphäre bereichert hast – um eine vornehmere Haltung – um die reinere Luft uneigennütziger Ziele und höherer Ideale ... Ich weiß es, und deshalb liebe ich dich, Robert.

SIR ROBERT CHILTERN. Hör nicht auf, mich zu lieben, Gertrude – hör nicht auf, mich zu lieben.

LADY CHILTERN. Ich werde nie aufhören, dich zu lieben, weil du es immer verdienen wirst. Wenn wir dem Besten begegnen, müssen wir es lieben. *(Küßt ihn, steht auf und geht ab)*

(Sir Robert Chiltern geht eine Weile auf und ab. Dann setzt er sich und schlägt die Hände vors Gesicht. Mason tritt ein und beginnt die Beleuchtung auszuschalten. Sir Robert Chiltern blickt auf)

SIR ROBERT CHILTERN. Machen Sie das Licht aus, Mason – machen Sie das Licht aus!

(Mason geht von Schalter zu Schalter. Es wird beinahe finster. Zuletzt brennt nur noch der große Lüster über dem Treppenhaus, der den Gobelin ›Triumph der Liebe‹ beleuchtet)

Vorhang

Zweiter Akt

Wohnzimmer in Sir Robert Chilterns Haus.

(Lord Goring, nach neuester Mode gekleidet, fläzt sich in einem Sessel. Sir Robert Chiltern steht vor dem Kamin. Er befindet sich sichtlich in einem Zustand starker seelischer Erregung. Im Verlauf der Szene geht er nervös auf und ab)

LORD GORING. Mein lieber Robert, das ist eine peinliche Geschichte – sehr peinlich. Du hättest deiner Frau alles erzählen sollen. Den Frauen anderer Männer etwas zu verheimlichen, ist im heutigen Leben ein unentbehrlicher Luxus – wenigstens erzählen mir das im Klub immerzu Leute, die kahlköpfig genug sind, um es wissen zu müssen. Kein Mann aber sollte vor seiner eigenen Frau Geheimnisse haben. Sie kommt ihm unweigerlich dahinter. Frauen haben einen unerhört guten Instinkt. Sie entdecken alles – bis auf das Augenscheinlichste.

SIR ROBERT CHILTERN. Arthur, ich *konnte* es ihr nicht sagen. Wann hätte ich es ihr sagen sollen? Jedenfalls nicht gestern abend. Es hätte die Trennung fürs Leben bedeutet – ich hätte die Liebe der einzigen Frau auf der Welt verloren, die ich anbete, der einzigen Frau, für die je mein Herz geschlagen hat. Gestern abend wäre es ganz unmöglich gewesen. Sie hätte sich entsetzt von mir abgewandt, entsetzt und voller Verachtung.

LORD GORING. So vollkommen ist Lady Chiltern?

SIR ROBERT CHILTERN. Ja – so vollkommen ist meine Frau.

LORD GORING *(zieht den linken Handschuh aus)*. Wie schade ...! Ich bitte um Verzeihung, lieber Freund – es war nicht ganz so gemeint ... Aber wenn das stimmt, was du sagst, möchte ich mich gerne einmal mit Lady Chiltern ernsthaft über das Leben unterhalten.

SIR ROBERT CHILTERN. Es wäre völlig zwecklos.

LORD GORING. Darf ich's versuchen?

SIR ROBERT CHILTERN. Ja. Aber sie läßt sich durch nichts in ihren Ansichten beirren.

LORD GORING. Na ja, im schlimmsten Falle würde es eben nur ein psychologisches Experiment sein.

SIR ROBERT CHILTERN. Experimente dieser Art sind furchtbar gefährlich.

LORD GORING. Alles ist gefährlich, mein lieber Freund. Sonst wäre ja das Leben nicht lebenswert ... Nun, ich muß sagen – du hättest es ihr schon vor Jahren erzählen sollen.

SIR ROBERT CHILTERN. Wann? Als wir verlobt waren? Glaubst du, sie würde mich geheiratet haben, wenn sie den Ursprung meines Vermögens, die eigentliche Grundlage meiner Karriere, gekannt hätte – wenn sie gewußt hätte, daß ich etwas getan hatte, was die meisten Menschen als schändlich und unehrenhaft bezeichnen würden?

LORD GORING *(langsam)*. Ja – die meisten Menschen würden es häßlich finden. Ganz ohne Zweifel ...

SIR ROBERT CHILTERN *(erbittert)*. Menschen, die Tag für Tag selber etwas Ähnliches tun. Menschen, von denen jeder schlimmere Geheimnisse mit sich herumschleppt.

LORD GORING. Deshalb macht es ihnen so viel Vergnügen, die Geheimnisse der anderen herauszufinden. Es lenkt das Augenmerk der Öffentlichkeit von ihren eigenen ab.

SIR ROBERT CHILTERN. Und wem habe ich denn schließlich durch meine Handlungsweise geschadet? Keinem Menschen.

LORD GORING *(sieht ihn fest an)*. Außer dir selbst, Robert.

SIR ROBERT CHILTERN *(nach einer Pause)*. Freilich hatte ich geheime Informationen über eine bestimmte, von der damaligen Regierung geplante Transaktion erhalten – und ich habe mich dieser Informationen bedient. Geheime Informationen sind praktisch die Quelle aller großen heutigen Vermögen.

LORD GORING *(klopft mit einem Spazierstock gegen den Schuh)*. Und öffentliche Skandale das unvermeidliche Ergebnis.

SIR ROBERT CHILTERN *(geht auf und ab)*. Arthur, meinst du, was ich vor fast achtzehn Jahren getan habe, sollte mir heute zum Vorwurf gemacht werden? Hältst du es für gerecht, die ganze Karriere eines Menschen wegen eines Fehltritts zu zerstören, den er in seiner Jugend begangen hat? Damals war ich zweiundzwanzig Jahre alt und hatte das doppelte Pech, aus guter Familie und arm zu sein. Beides ist heutzutage unverzeihlich. Hältst du es für gerecht, daß eine Dummheit, eine Jugendsünde – wenn die Menschen es als eine Sünde bezeichnen wollen – ein Leben wie das meine ruiniert, mich an den Pranger stellt – alles zerschlägt, wofür ich gearbeitet habe – alles, was ich aufgebaut habe? Ist das gerecht, Arthur?

LORD GORING. Das Leben ist nie gerecht, Robert. Und das ist vielleicht für die meisten von uns nur gut.

SIR ROBERT CHILTERN. Jeder ehrgeizige Mensch muß sein Jahrhundert mit dessen eigenen Waffen bekämpfen. Unser Jahrhundert beweihräuchert den Reichtum. Reichtum ist die Gottheit dieses Jahrhunderts. Um Erfolg zu haben, muß man reich sein – um jeden Preis reich sein.

LORD GORING. Du unterschätzt dich, Robert. Glaube mir, ohne deinen Reichtum hättest du genausoviel Erfolg gehabt.

SIR ROBERT CHILTERN. Im späten Alter vielleicht. Als ein alter Mann, der die Macht nicht mehr begehrt oder sie nicht mehr anwenden kann. Müde, verbraucht, enttäuscht. Ich wollte als junger Mensch Erfolg haben. Die Jugend ist die richtige Zeit für den Erfolg. Ich konnte nicht warten.

LORD GORING. Also, du hast wirklich mit jungen Jahren Erfolg gehabt. Keiner unserer Zeitgenossen hat eine so glänzende Karriere gemacht. Als Vierzigjähriger Unterstaatssekretär für Auswärtige Angelegenheiten – ich sollte meinen, das würde jedem reichen.

SIR ROBERT CHILTERN. Und wenn mir jetzt alles entrissen wird? Wenn ich alles durch einen entsetzlichen Skandal verliere? Wenn man mich aus dem öffentlichen Leben verjagt?

LORD GORING. Robert, wie konntest du dich nur für Geld verkaufen?

SIR ROBERT CHILTERN *(erregt)*. Ich habe mich nicht verkauft. Ich habe mir den Erfolg um einen hohen Preis erkauft. Das ist alles.

LORD GORING *(ernst)*. Ja. Du hast wirklich einen hohen Preis gezahlt. Aber wer hat dich denn auf diesen Gedanken gebracht?

SIR ROBERT CHILTERN. Baron Arnheim.

LORD GORING. Der gottverdammte Lump!

SIR ROBERT CHILTERN. Nein. Er war ein Mann von scharfem und geschliffenem Verstand. Ein kultivierter, charmanter und vornehmer Mann. Einer der klügsten Menschen, denen ich je begegnet bin.

LORD GORING. Ach! Ein anständiger Dummkopf ist mir jederzeit lieber. Zugunsten der Dummheit spricht mehr, als die Leute ahnen. Ich persönlich bin ein großer Bewunderer der Dummheit. Vermutlich ist das eine Art von Wahlverwandtschaft. Aber wie hat er es denn geschafft? Erzähl mir alles.

SIR ROBERT CHILTERN *(wirft sich in einen Sessel neben dem Schreibtisch).* Eines Abends nach dem Essen im Hause Lord Radleys kam der Baron auf das Thema des Erfolgs zu sprechen. Er behauptete, im heutigen Leben sei der Erfolg wissenschaftlich zu definieren. Mit seiner wunderbar faszinierenden, ruhigen Stimme entwickelte er die schrecklichste aller Philosophien, die Philosophie der Macht – predigte uns das herrlichste aller Evangelien, das Evangelium des Goldes. Ich glaube, er hat gespürt, wie tief seine Worte auf mich gewirkt hatten – denn ein paar Tage später schrieb er mir einen Brief und bat mich, ihn aufzusuchen. Er wohnte damals in der Park Lane, in dem Haus, das jetzt Lord Woolcomb gehört. Ich erinnere mich noch so gut, wie er mich mit einem seltsamen Lächeln auf seinen bleichen, geschwungenen Lippen durch seine wunderschöne Gemäldegalerie führte, mir seine Gobelins, seine Emailarbeiten, seine Juwelen, sein geschnitztes Elfenbein zeigte – wie er mich durch den eigenartigen Luxus, in dem er lebte, in Erstaunen versetzte. Nachher sagte er zu mir, dieser Luxus sei nichts weiter als eine Kulisse, eine Theaterdekoration. Macht – Macht über andere Menschen – Macht über die Welt, sei der einzige erstrebenswerte Besitz, die höchste Freude, die zu erleben sich lohnt, die einzige Lust, derer man nicht überdrüssig wird – und die in unserem Jahrhundert nur die Reichen besitzen.

LORD GORING *(sehr bedächtig).* Ein durchaus seichtes Credo.

SIR ROBERT CHILTERN *(erhebt sich).* Damals war ich anderer Meinung – und bin es heute noch. Der Reichtum hat mir kolossale Macht verliehen. Er hat mir schon auf der Schwelle meines Lebens Freiheit geschenkt – und Freiheit bedeutet alles. Du bist nie arm gewesen – du hast nie gewußt, was Ehrgeiz ist. Du kannst nicht verstehen, wie wunderbar die Chance war, die der Baron mir bot – eine Chance, wie sie nur wenigen Menschen je geboten wird.

LORD GORING. Ein wahres Glück – nach den Ergebnissen zu urteilen … Aber sag mir, wie hat der Baron dich schließlich dazu bewogen – nun, den Schritt zu tun, den du getan hast?

SIR ROBERT CHILTERN. Als ich wegging, sagte er zu mir: Wenn ich je in der Lage wäre, ihm wirklich wertvolle geheime Informationen zukommen zu lassen, würde er mich zu einem sehr reichen Mann machen. Von diesem Aspekt war ich geblendet. Mein Ehrgeiz und meine Machtgier waren damals grenzenlos. Sechs Wochen später gingen gewisse Geheimdokumente durch meine Hände.

LORD GORING *(den Blick starr auf den Teppich gerichtet)*. Staatspapiere?

SIR ROBERT CHILTERN. Ja.

(Lord Goring seufzt, fährt sich mit der Hand über die Stirn und blickt auf)

LORD GORING. Ich hätte nie gedacht, daß gerade du, Robert, gerade du so schwach sein könntest, einer Versuchung nachzugeben, wie Baron Arnheim sie dir bereitet hat.

SIR ROBERT CHILTERN. Schwach? Ich habe diese Phrase satt! Ob sie mir oder anderen gilt … Schwach! Glaubst du denn wirklich, Arthur, daß es Schwäche ist, einer Versuchung zu widerstehen? Ich sage dir, es gibt fürchterliche Versuchungen, denen zu widerstehen Stärke – Stärke und Mut – erfordert. Das ganze Leben in einem einzigen Augenblick aufs Spiel zu setzen, alles auf einen Wurf zu wagen, egal, ob es um die Macht oder um das Vergnügen geht – das ist nicht Schwäche. Dazu gehört Mut. Erschreckender, desperater Mut. Ich hatte Mut. Noch am selben Nachmittag setzte ich mich hin und schrieb den Brief, den jetzt diese Frau besitzt. Arnheim hat durch die Transaktion drei Viertel Millionen verdient.

LORD GORING. Und du?

SIR ROBERT CHILTERN. Ich erhielt hundertzehntausend Pfund.

LORD GORING. Warst du nicht mehr wert?

LORD ROBERT CHILTERN. Nein. Dieses Geld hat mir das gebracht, was ich mir wünschte – Macht über andere Menschen. Ich ließ mich sogleich ins Unterhaus wählen. Der Baron beriet mich von Zeit zu Zeit in finanziellen Angelegenheiten. Binnen fünf Jahren hatte ich mein Vermögen beinahe verdreifacht. Seither ist mir alles gelungen, was ich anfaßte. In allem, was mit Geld zusammenhing, hatte ich ein so außerordentliches Glück, daß mir zuweilen fast angst und bange wurde. Ich erinnere mich, irgendwo – in einem merkwürdigen Buch – gelesen zu haben, daß die Götter, wenn sie uns strafen wollen, unsere Gebete erhören.

LORD GORING. Aber sag mir, Robert, hast du deine Handlungsweise nie bereut?

SIR ROBERT CHILTERN. Nie. Ich hatte das Jahrhundert mit seinen eigenen Waffen bekämpft – und gesiegt.

LORD GORING *(betrübt)*. Du glaubst gesiegt zu haben.

SIR ROBERT CHILTERN. Ich habe es mir eingebildet. *(Nach einer langen Pause)* Arthur – verachtest du mich?

LORD GORING *(mit tiefem Mitgefühl)*. Du tust mir sehr leid, Robert – wirklich sehr leid.

SIR ROBERT CHILTERN. Ich kann nicht behaupten, daß ich's bereut habe. Jedenfalls nicht in dem üblichen, recht albernen Sinn des Wortes. Aber ich habe oft Reuegeld gezahlt. Ich gab mich der irren Hoffnung hin, das Schicksal entwaffnen zu können. Die Summe, die mir Baron Arnheim geschenkt hat, habe ich seither in doppelter Höhe öffentlichen Wohlfahrtseinrichtungen zufließen lassen.

LORD GORING *(blickt auf)*. Öffentlichen Wohlfahrtseinrichtungen? Du meine Güte – wie viel Unheil mußt du angerichtet haben, Robert!

SIR ROBERT CHILTERN. Ach, sag das nicht, Arthur – rede nicht so daher.

LORD GORING. Kümmere dich nicht darum, was ich sage, Robert. Ich sage immer Dinge, die ich nicht sagen sollte. Eigentlich sage ich meistens das, was ich mir denke. Das ist heutzutage ein schwerer Fehler. Man läuft Gefahr, richtig verstanden zu werden ... Was diese schreckliche Affäre betrifft, werde ich dir helfen, so gut ich kann. Das weißt du natürlich.

SIR ROBERT CHILTERN. Ich danke dir, Arthur, ich danke dir. Aber was soll geschehen? Was kann geschehen?

LORD GORING *(lehnt sich zurück, die Hände in den Hosentaschen)*. Also, Menschen, die stets behaupten, im Recht zu sein, können die Engländer nicht ausstehen, aber sie lieben den Mann, der zugibt, er habe unrecht gehandelt. Das ist eine ihrer besten Seiten ... In deinem Falle aber, Robert, wäre eine Beichte nicht angebracht. Dazu ist das Geld, wenn du mir den Ausdruck gestattest, zu übelriechend. Ferner: *Wenn* du ein Bekenntnis ablegst, bist du nie mehr in der Lage, Moral zu predigen. Und in England ist ein Mann, der nicht zweimal wöchentlich einer vielköpfigen, biederen und unmoralischen Zuhörerschaft Moral predigen kann, als ernst zu nehmender Politiker erledigt. Es bleibt ihm kein anderer Beruf mehr übrig als der eines Botanikers oder eines Geistlichen. Eine Beichte würde nichts nützen. Sie würde dich zugrunde richten.

SIR ROBERT CHILTERN. Sie würde mich zugrunde richten ... Arthur, ich habe keine Wahl – ich muß es ausfechten.

LORD GORING *(erhebt sich)*. Darauf habe ich gewartet, Robert. Es ist im Augenblick der einzig denkbare Weg. Und zuallererst mußt du deiner Frau die ganze Geschichte erzählen.

SIR ROBERT CHILTERN. Das kommt nicht in Frage.

LORD GORING. Robert, glaube mir, du hast unrecht.

SIR ROBERT CHILTERN. Ich bringe es nicht über mich. Es würde ihre Liebe töten... Und nun zu dieser Person, dieser Mrs. Cheveley. Wie kann ich mich gegen sie wehren? Anscheinend kennst du sie von früher, Arthur.

LORD GORING. Ja.

SIR ROBERT CHILTERN. Hast du sie näher gekannt?

LORD GORING *(zieht seine Krawatte zurecht)*. Flüchtig. So flüchtig, daß ich mich einmal, als wir bei den Tenbys zu Gast waren, mit ihr verlobt habe. Die Affäre dauerte drei Tage – beinahe.

SIR ROBERT CHILTERN. Warum ging die Verlobung in die Brüche?

LORD GORING *(leichthin)*. Ach, das habe ich vergessen. Zumindest spielt es keine Rolle ... Hast du es übrigens schon mit Geld versucht? Sie war früher einmal verdammt hinterm Geld her.

SIR ROBERT CHILTERN. Ich habe ihr jede beliebige Summe geboten. Sie hat mein Angebot abgelehnt.

LORD GORING. Dann bricht also das herrliche Evangelium des Geldes manchmal in sich zusammen. Die Reichen können doch nicht alles schaffen.

SIR ROBERT CHILTERN. Nicht alles. Du dürftest recht haben, Arthur – ich habe das Gefühl, das sichere Gefühl, daß sich ein öffentlicher Skandal nicht vermeiden läßt. Bisher habe ich nicht gewußt, was Angst ist. Jetzt weiß ich es. Als ob eine eiskalte Hand das Herz anfaßte – als ob das Herz in einer leeren Höhle dem Tod entgegenpochte ...

LORD GORING *(schlägt auf den Tisch).* Robert, du mußt dich wehren – du mußt dich wehren.

SIR ROBERT CHILTERN. Aber wie?

LORD GORING. Das kann ich dir vorläufig nicht sagen. Ich habe nicht die blasseste Ahnung. Aber jeder Mensch hat seine Achillesferse. Keiner von uns ist fehlerfrei. *(Schlendert zum Kamin und schaut in den Spiegel)* Mein Vater behauptet, daß sogar *ich* Fehler habe. Vielleicht. Ich weiß es nicht.

SIR ROBERT CHILTERN. Wenn ich mich gegen Mrs. Cheveley wehre – bin ich dann berechtigt, mich jeder Waffe zu bedienen, die ich auftreiben kann?

LORD GORING *(betrachtet sich noch immer im Spiegel).* Ich glaube nicht, daß ich an deiner Stelle auch nur die geringsten Skrupel hegen würde. Sie ist durchaus imstande, sich zu verteidigen.

SIR ROBERT CHILTERN *(setzt sich an den Tisch und nimmt eine Feder zur Hand).* Ich werde ein Kodetelegramm an die Botschaft in Wien schicken und mich erkundigen, ob dort etwas gegen sie vorliegt. Vielleicht gibt es einen verborgenen Skandal, vor dem sie Angst hat.

LORD GORING *(rückt seine Knopflochblume zurecht).* Ich kann mir denken, daß Mrs. Cheveley zu den sehr modernen Frauen unserer Zeit gehört, die einen neuen Skandal so kleidsam finden wie einen neuen Hut und beide jeden Nachmittag um halb sechs im Park spazierenfahren. Ich bin sicher, daß sie für Skandale schwärmt ... Momentan ist es ihr ärgster Kummer, daß sie keinen genügend großen Vorrat sammeln kann.

SIR ROBERT CHILTERN *(schreibt).* Wie kommst du darauf?

LORD GORING. Sie hatte gestern abend viel zuviel Rouge aufgelegt und sich viel zu spärlich angezogen. Das ist bei einer Frau immer das Zeichen tiefer Verzweiflung.

SIR ROBERT CHILTERN *(läutet mit einem Glöckchen).* Aber es lohnt die Mühe, nach Wien zu telegrafieren, ja?

LORD GORING. Fragen zu stellen lohnt sich immer – wenn es sich auch nicht immer lohnt, sie zu beantworten.

(Mason tritt ein)

SIR ROBERT CHILTERN *(legt das Geschriebene in einen Umschlag, den er sorgfältig zuklebt).* Er soll das sofort chiffrieren und abschicken. Es ist kein Augenblick zu verlieren.

MASON. Ja, Sir Robert.

SIR ROBERT CHILTERN. Ach, geben Sie es noch einmal her!

(Schreibt etwas auf den Umschlag. Dann geht Mason mit dem Brief ab)

SIR ROBERT CHILTERN *(fährt fort).* Sie muß einen sonderbaren Einfluß auf Baron Arnheim besessen haben. Woran mag es gelegen haben?

LORD GORING *(lächelnd).* Das frage auch ich mich.

SIR ROBERT CHILTERN. Ich werde sie bis aufs Messer bekämpfen – solange meine Frau nichts ahnt . . .

LORD GORING *(mit Nachdruck).* Wehre dich auf jeden Fall – auf jeden Fall!

SIR ROBERT CHILTERN *(mit einer verzweifelten Handbewegung).* Wenn meine Frau es erfährt, bleibt mir wenig, wofür es sich zu kämpfen lohnte . . . Also, sobald ich etwas aus Wien höre, verständige ich dich. Es ist eine Chance, nichts als eine Chance – aber ich glaube an sie. Und so, wie ich das Zeitalter mit seinen eigenen Waffen bekämpft habe, so werde ich diese Frau mit ihren eigenen Waffen bekämpfen. Das ist nur gerecht – und sie sieht aus wie eine Frau mit einer Vergangenheit, meinst du nicht?

LORD GORING. Wie die meisten hübschen Frauen. Aber die Vergangenheit einer Frau ist genauso eine Modesache wie ihre Roben. Vielleicht ist Mrs. Cheveleys Vergangenheit nur ganz leicht dekolletiert – eine heutzutage äußerst populäre Mode. Außerdem, mein lieber Robert, würde ich mir keine zu große Hoffnung machen, Mrs. Cheveley ins Bockshorn jagen zu können. Ich kann mir nicht vorstellen, daß Mrs. Cheveley ein Mensch ist, der sich leicht ins Bockshorn jagen läßt. Sie hat alle ihre Gläubiger überlebt und legt eine bewundernswerte Geistesgegenwart an den Tag.

SIR ROBERT CHILTERN. Ich zehre jetzt nur noch von der Hoffnung. Ich greife nach jeder Chance. Mir ist zumute wie einem Menschen auf einem sinkenden Schiff. Das Wasser reicht mir bis zu den Knöcheln, und die Luft riecht nach Sturm. Still – ich höre die Stimme meiner Frau.

(Lady Chiltern tritt auf. Sie trägt Straßenkleidung)

LADY CHILTERN. Guten Tag, Lord Goring!

LORD GORING. Guten Tag, Lady Chiltern! Waren Sie im Park?

LADY CHILTERN. Nein. Ich komme aus einer Sitzung des Liberalen Frauenvereins. Übrigens wurde dort dein Name, Robert, mit lautem Beifall begrüßt. Und jetzt will ich meinen Tee haben. *(Zu Lord Goring)* Sie bleiben doch, nicht wahr?

LORD GORING. Danke. Ich bleibe noch eine Weile.

LADY CHILTERN. Ich bin gleich wieder da. Ich gehe nur den Hut ablegen.

LORD GORING *(mit ernstestem Ton)*. Oh, bitte nicht! Er ist so hübsch. Einer der hübschesten Hüte, die ich je gesehen habe. Hoffentlich hat der Liberale Frauenverein ihn mit lautem Beifall begrüßt.

LADY CHILTERN *(mit einem Lächeln)*. Wir haben Wichtigeres zu tun, als uns gegenseitig zu bewundern, Lord Goring.

LORD GORING. Tatsächlich? Womit beschäftigt man sich?

LADY CHILTERN. Ach, mit langweiligen, nützlichen, charmanten Fragen, als da sind: Fabrikgesetze, Achtstundentag, Frauenwahlrecht ... Kurz, mit allem, was *Sie* nicht im geringsten interessieren würde.

LORD GORING. Nie mit Hüten?

LADY CHILTERN *(mit gespielter Entrüstung)*. Nie mit Hüten – nie!

(Lady Chiltern entfernt sich durch die Tür, die zu ihrem Boudoir führt)

SIR ROBERT CHILTERN *(nimmt Lord Gorings Hand)*. Du bist mir ein sehr guter Freund gewesen, Arthur, ein durch und durch guter Freund.

LORD GORING. Ich wüßte nicht, daß ich bisher sehr viel für dich hätte tun können, Robert. Eigentlich habe ich, soweit ich es beurteilen kann, überhaupt noch nie etwas für dich getan. Ich bin von mir tief enttäuscht.

SIR ROBERT CHILTERN. Du hast mir ermöglicht, die Wahrheit zu sagen. Das ist schon etwas. Ich wäre fast an ihr erstickt.

LORD GORING. Ach, ich bin immer bemüht, die Wahrheit so schnell wie nur möglich loszuwerden. Übrigens ist das eine schlechte Angewohnheit. Man macht sich unbeliebt. Im Klub – bei den älteren Mitgliedern. Sie nennen es Selbstgefälligkeit. Vielleicht haben sie recht.

SIR ROBERT CHILTERN. Wollte Gott, ich wäre fähig gewesen, immer die Wahrheit zu sagen – und der Wahrheit zu leben. Es ist etwas Großes, der Wahrheit zu leben. *(Seufzt und geht zur Tür)* Wir sehen uns bald wieder, Arthur, ja?

LORD GORING. Freilich. Wann du willst. Ich werde heute abend beim Junggesellenball vorbeischauen, falls sich nichts Besseres ergibt. Aber morgen früh besuche ich dich. Solltest du mich zufällig im Laufe des heutigen Abends brauchen, dann gib mir Nachricht in die Curzon Street.

SIR ROBERT CHILTERN. Danke.

(Als er an der Tür angelangt ist, kehrt Lady Chiltern aus ihrem Boudoir zurück)

LADY CHILTERN. Du gehst doch nicht, Robert?

SIR ROBERT CHILTERN. Ich habe ein paar Briefe zu schreiben.

LADY CHILTERN *(auf ihn zu)*. Du arbeitest zu viel, Robert. Du scheinst nie an dich zu denken – und du siehst sehr müde aus.

SIR ROBERT CHILTERN. Nicht der Rede wert, mein Kind, nicht der Rede wert.

(Küßt ihr die Hand und geht ab)

LADY CHILTERN *(zu Lord Goring)*. Nehmen Sie Platz. Ich bin so froh, daß Sie gekommen sind. Ich habe mit Ihnen zu sprechen – nein, nicht über Hüte oder den Liberalen Frauenverein. Sie interessieren sich viel zu sehr für das eine Thema und viel zuwenig für das andere.

LORD GORING. Sie wollen sich mit mir über Mrs. Cheveley unterhalten.

LADY CHILTERN. Ja, Sie haben es erraten. Nachdem Sie gestern abend weggegangen waren, habe ich festgestellt, daß das stimmt, was sie zu mir gesagt hatte. Natürlich habe ich Robert veranlaßt, ihr sofort zu schreiben und sein Versprechen zurückzunehmen.

LORD GORING. Das hat er mir zu verstehen gegeben.

LADY CHILTERN. Dieses Versprechen zu halten, wäre der erste Makel auf einer bisher makellosen Karriere gewesen. Robert muß über jeden Vorwurf erhaben sein. Er ist nicht wie andere Menschen. Er kann sich nicht erlauben, so zu handeln wie andere Menschen. *(Sie sieht Lord Goring an, der beharrlich schweigt)* Sind Sie nicht auch dieser Meinung? Sie sind Roberts bester Freund. Sie sind unser bester Freund, Lord Goring. Niemand außer mir kennt Robert besser als Sie. Er hat keine Geheimnisse vor mir – und ich glaube, daß er auch Ihnen nichts verheimlicht.

LORD GORING. Vor mir hat er bestimmt keine Geheimnisse. Zumindest glaube ich's nicht.

LADY CHILTERN. Ist denn dann nicht meine Einschätzung richtig? Ich weiß, daß ich recht habe. Aber sprechen Sie offen mit mir.

LORD GORING *(schaut sie fest an)*. Ganz offen?

LADY CHILTERN. Freilich. Sie haben doch nichts zu verbergen, oder?

LORD GORING. Nichts. Aber, meine liebe Lady Chiltern, ich bin der Meinung – wenn Sie mir gestatten, es zu behaupten –, daß im praktischen Leben ...

LADY CHILTERN *(lächelnd)*. Das Sie so wenig kennen, Lord Goring ...

LORD GORING. ... das ich zwar nicht aus Erfahrung, aber einigermaßen aus Beobachtung kenne ... Ich bin der Meinung, daß im praktischen Leben Erfolg, der wirkliche Erfolg, oft mit einer gewissen Skrupellosigkeit Hand in Hand geht – und der Ehrgeiz *immer*. Wenn ein Mensch erst einmal Herz und Seele dareinsetzt, ein bestimmtes Ziel zu erreichen, wird er, wenn es eine Klippe zu erklettern gilt, die Klippe erklettern. Ist es nötig, einen Sumpf zu durchwaten, dann ...

LADY CHILTERN. Dann?

LORD GORING. ... watet er im Sumpf ... Natürlich spreche ich nur über das Leben im allgemeinen.

LADY CHILTERN *(ernst)*. Hoffentlich. Warum sehen Sie mich so merkwürdig an, Lord Goring?

LORD GORING. Lady Chiltern, ich habe mir manchmal gedacht – vielleicht sind Sie ein wenig zu streng in Ihren Ansichten. Ich habe mir gedacht – Sie üben oft nicht genug Nachsicht. Jeder Charakter hat seine Schwächen – oder noch schlimmere Eigenschaften. Angenommen zum Beispiel, daß – daß ein Mann der Öffentlichkeit, mein Vater oder Lord Merton oder Robert – sagen wir, daß er vor Jahren einen dummen Brief geschrieben hat …

LADY CHILTERN. Was verstehen Sie unter einem dummen Brief?

LORD GORING. Einen Brief, der die Stellung des Absenders ernsthaft gefährdet. Einen kompromittierenden Brief … Ich setze nur den Fall.

LADY CHILTERN. Robert ist ebenso außerstande, etwas Dummes zu tun, wie er außerstande ist, etwas Unrechtes zu tun.

LORD GORING *(nach einer langen Pause)*. Niemand ist außerstande, eine Dummheit zu begehen. Niemand ist außerstande, etwas Unrechtes zu tun.

LADY CHILTERN. Sind Sie ein Pessimist? Was werden die anderen Dandys dazu sagen? Sie werden alle Trauer tragen müssen.

LORD GORING *(erhebt sich)*. Nein, Lady Chiltern, ich bin kein Pessimist. Eigentlich weiß ich nicht einmal genau, was das Wort bedeutet. Ich weiß nur, daß man ohne Barmherzigkeit das Leben nicht verstehen – daß man es ohne Barmherzigkeit nicht meistern kann. Liebe – nicht die deutsche Philosophie – ist der Schlüssel zu dieser Welt – wie auch immer die nächste sich erklären lassen mag. Und sollten Sie je in Schwierigkeiten geraten, Lady Chiltern, haben Sie dann, bitte, restloses Vertrauen zu mir. Ich werde Ihnen in jeder Weise behilflich sein. Wenn Sie mich brauchen, wenden Sie sich an mich – ich werde Sie nicht im Stich lassen. Wenden Sie sich sofort an mich.

LADY CHILTERN *(sieht ihn verwundert an)*. Lord Goring, das klingt völlig ernst. Ich glaube, ich habe Sie noch nie so ernsthaft reden hören.

LORD GORING *(lachend)*. Sie müssen mich entschuldigen, Lady Chiltern. Soweit es an mir liegt, soll es nie wieder vorkommen.

LADY CHILTERN. Aber mir gefällt es, wenn Sie ernst sind.

(Mabel Chiltern tritt auf. Sie hat ein hinreißendes Kleid an)

MABEL CHILTERN. Liebe Gertrude, so etwas Schreckliches darfst du nicht sagen. Ernsthaftigkeit würde ihm gar nicht zu Gesicht stehen. Guten Tag, Lord Goring. Bitte, seien Sie doch so trivial wie nur möglich.

LORD GORING. Gerne würde ich Ihnen diesen Gefallen tun, Miß Mabel, aber ich bin heute leider – ein wenig aus der Übung. Außerdem muß ich jetzt gehen.

MABEL CHILTERN. Jetzt, da ich gerade gekommen bin! Was haben Sie doch für schreckliche Manieren! Sie haben sicherlich eine sehr schlechte Erziehung genossen.

LORD GORING. Das stimmt.

MABEL CHILTERN. Wenn bloß ich Sie erzogen hätte!

LORD GORING. Schade.

MABEL CHILTERN. Jetzt ist es wohl schon zu spät.

LORD GORING *(lächelnd)*. Das bleibe dahingestellt.

MABEL CHILTERN. Werden Sie morgen früh ausreiten?

LORD GORING. Ja – um zehn.

MABEL CHILTERN. Vergessen Sie es nicht.

LORD GORING. Natürlich nicht. Übrigens, Lady Chiltern, die heutige Morningpost enthält kein Verzeichnis Ihrer Gäste. Anscheinend ist es durch die Tagung des Städterats oder die Synodalkonferenz oder etwas ähnlich Langweiliges verdrängt worden. Könnten Sie mir eine Liste zur Verfügung stellen? Meine Bitte hat einen besonderen Grund.

LADY CHILTERN. Mr. Trafford wird Ihnen bestimmt eine geben können.

LORD GORING. Vielen Dank.

MABEL CHILTERN. Tommy ist der brauchbarste Mensch in ganz London.

LORD GORING *(wendet sich ihr zu)*. Und der dekorativste?

MABEL CHILTERN *(triumphierend)*. Ich!

LORD GORING. Wie klug von Ihnen, daß Sie es gleich erraten haben! *(Greift nach Hut und Stock)* Leben Sie wohl, Lady Chiltern! Sie werden sich merken, was ich zu Ihnen gesagt habe, nicht wahr?

LADY CHILTERN. Ja, aber ich weiß nicht, warum Sie es gesagt haben.

LORD GORING. Ich weiß es selber kaum. Auf Wiedersehen, Miß Mabel!

MABEL CHILTERN *(verzieht enttäuscht den Mund)*. Wenn Sie doch nicht schon weglaufen würden! Ich habe heute vier wunderbare Abenteuer erlebt – eigentlich vierundeinhalb. Sie könnten sich Zeit lassen, mir zuzuhören.

LORD GORING. Wie egoistisch von Ihnen, vierundeinhalb Abenteuer zu erleben! Da bleibt ja keines für mich übrig.

MABEL CHILTERN. Sie sollen keine Abenteuer erleben. Die würden Ihnen nicht gut bekommen.

LORD GORING. Das ist das erste Mal, daß Sie etwas Unfreundliches zu mir gesagt haben. Wie reizend Sie es gesagt haben! Morgen vormittag um zehn.

MABEL CHILTERN. Pünktlich.

LORD GORING. Auf die Minute. Aber bringen Sie nicht Mr. Trafford mit.

MABEL CHILTERN *(wirft den Kopf leicht zurück)*. Natürlich werde ich Tommy Trafford nicht mitbringen. Tommy Trafford ist bei mir in Ungnade gefallen.

LORD GORING. Das höre ich gern.

(Verbeugt sich und geht ab)

MABEL CHILTERN. Gertrude, tu mir den Gefallen und sprich mit Tommy Trafford.

LADY CHILTERN. Was hat der arme Trafford diesmal angestellt? Robert sagt, er sei der beste Sekretär, den er je gehabt hat.

MABEL CHILTERN. Also, Tommy hat mir schon wieder einen Heiratsantrag gemacht. Eigentlich tut er überhaupt nichts anderes mehr. Gestern abend im Musikzimmer hat er mir einen Antrag gemacht – ich war wehrlos, weil gerade ein kompliziertes Trio gespielt wurde. Ich brauche nicht zu erwähnen, daß ich nicht wagte, mir auch nur die kleinste Replik zu erlauben. Die Musiker hätten sofort aufgehört. Musiker sind so furchtbar unvernünftig. Immer soll man gerade dann schweigen, wenn man so gerne stocktaub sein möchte. Dann hat er mir heute früh am hellichten Tage einen Heiratsantrag gemacht – vor der abscheulichen Achilles-Statue. Nein, es ist erschrekkend, was sich vor diesem Kunstwerk alles abspielt! Die Polizei müßte eingreifen. Während des Mittagessens ersah ich aus seinem funkelnden Blick, daß er drauf und dran war, mir wieder einen Antrag zu machen. Ich konnte es gerade noch rechtzeitig dadurch verhindern, daß ich ihm versicherte, ich sei eine glühende Anhängerin des Bimetallismus. Zum Glück weiß ich nicht, was Bimetallismus ist. Und ich glaube auch nicht, daß andere es wissen. Aber meine Bemerkung hat Tommy für zehn Minuten die Rede verschlagen. Er sah recht schockiert drein. Und außerdem ist mir seine Art, mir einen Heiratsantrag zu machen, so überaus lästig. Wenn er es laut hinaussagen würde, hätte ich gar nicht soviel dagegen. Es würde vielleicht seine Wirkung auf die Zuhörer nicht ganz verfehlen. Aber er schlägt einen so entsetzlich vertraulichen Ton an. Wenn Tommy romantisch wird, redet er zu einem wie der Onkel Doktor. Ich habe Tommy sehr gern, aber seine Methoden sind veraltet. Ich bitte dich, Gertrude, sprich mit ihm und sag ihm, es genügt durchaus, wenn jemand einmal wöchentlich seinen Antrag macht – und dann hat es so zu geschehen, daß es einiges Aufsehen erregt.

LADY CHILTERN. Liebes Kind, sag das nicht. Außerdem hält Robert große Stücke auf Trafford. Seiner Meinung nach hat der Mann eine glänzende Zukunft vor sich.

MABEL CHILTERN. Ach, um nichts in der Welt würde ich einen Mann heiraten, der eine Zukunft vor sich hat.

LADY CHILTERN. Mabel!

MABEL CHILTERN. Ich weiß, liebe Gertrude – du hast einen Mann mit Zukunft geheiratet. Robert aber war schließlich ein Genie, und *du* hast einen edlen, opferwilligen Charakter. Du kannst Genies vertragen. Ich bin total charakterlos, und Robert ist das einzige Genie, das ich je aushalten konnte. In der Regel finde ich sie ganz unmöglich. Genies reden soviel, nein? Eine so üble Angewohnheit! Und immerzu denken sie an sich, statt an mich zu denken. Jetzt muß ich zu Lady Basildon und proben. Du erinnerst dich, daß wir lebende Bilder inszenieren ›Der Triumph‹ – na, ich weiß nicht, *was* da triumphiert Hoffentlich werde ich es sein. Das ist der einzige Triumph, der mich momentan interessiert. *(Küßt Lady Chiltern, geht ab kommt zurückgerannt)* Oh, Gertrude, weißt du, wer dich besuchen kommt? Diese schreckliche Mrs. Cheveley in einem bezaubernden Kleid. Hast du sie eingeladen?

LADY CHILTERN *(erhebt sich)*. Mrs. Cheveley? Sie will *mich* besuchen? Ausgeschlossen.

MABEL CHILTERN. Glaube mir, sie kommt die Treppe herauf, in Lebensgröße und nicht annähernd so echt.

LADY CHILTERN. Du brauchst nicht zu bleiben, Mabel. Vergiß nicht, daß Lady Basildon dich erwartet.

MABEL CHILTERN. Oh, ich muß Lady Markby die Hand geben. Sie ist reizend. Ich lasse mich so gerne von ihr herunterputzen.

(Mason tritt auf)

MASON. Lady Markby – Mrs. Cheveley.

(Lady Markby und Mrs. Cheveley treten auf)

LADY CHILTERN *(geht ihnen entgegen)*. Liebe Lady Markby, wie nett von Ihnen, mich zu besuchen! *(Reicht ihr die Hand und nickt Mrs. Cheveley etwas kühl zu)* Wollen Sie nicht Platz nehmen, Mrs. Cheveley?

MRS. CHEVELEY. Danke. Ist das Miß Chiltern? Ich möchte sie so gerne kennenlernen.

LADY CHILTERN. Mabel, Mrs. Cheveley möchte dich kennenlernen. *(Mabel Chiltern nickt kurz)*

MRS. CHEVELEY *(setzt sich)*. Ich fand gestern abend Ihr Kleid so hübsch, Miß Chiltern. So schlicht und – so angemessen.

MABEL CHILTERN. Wirklich? Das muß ich meiner Schneiderin erzählen. Sie wird sich wundern. Auf Wiedersehen, Lady Markby!

LADY MARKBY. Gehen Sie schon?

MABEL CHILTERN. Tut mir leid, aber es läßt sich nicht ändern. Ich bin zu einer Probe unterwegs. Ich muß in einem Tableaux kopf stehen.

LADY MARKBY. Kopf stehen! Oh – das will ich doch nicht hoffen! Ich glaube, daß so etwas sehr ungesund ist. *(Sie setzt sich zu Lady Chiltern aufs Sofa)*

MABEL CHILTERN. Aber es geschieht zu einem wohltätigen Zweck. Wir unterstützen Leute, die es nicht verdienen – die einzigen, die mich wirklich interessieren. Ich bin Sekretärin – Tommy Trafford ist Schatzmeister.

MRS. CHEVELEY. Und Lord Goring?

MABEL CHILTERN. Lord Goring ist unser Vorsitzender.

MRS. CHEVELEY. Dieses Amt müßte gut zu ihm passen – falls es nicht mit ihm bergab gegangen ist.

LADY MARKBY *(nachdenklich)*. Sie sind ein bemerkenswert moderner Mensch, Mabel. Vielleicht ein bißchen zu modern. Nichts ist gefährlicher, als zu modern zu sein. Man riskiert, ganz plötzlich altmodisch zu werden. Ich habe viele Beispiele erlebt.

MABEL CHILTERN. Was für schreckliche Aussichten!

LADY MARKBY. Ach, liebes Kind, Sie brauchen nicht nervös zu werden. Sie werden immer hübsch sein. Das ist die allerbeste Mode – und die einzige, in der England tonangebend ist.

MABEL CHILTERN. Ich bedanke mich, Lady Markby – in meinem und im Namen Englands. *(Geht ab)*

LADY MARKBY. Liebe Gertrude, wir sind nur gekommen, um uns zu erkundigen, ob Mrs. Cheveleys Brillantbrosche gefunden worden ist.

LADY CHILTERN. Hier?

MRS. CHEVELEY. Ja. Nach meiner Rückkehr ins Claridge habe ich sie vermißt. Ich dachte, vielleicht könnte ich sie hier verloren haben.

LADY CHILTERN. Mir ist nichts zu Ohren gekommen. Aber ich werde den Butler fragen. *(Drückt auf die Klingel)*

MRS. CHEVELEY. Bemühen Sie sich nicht, Lady Chiltern. Wahrscheinlich habe ich sie schon vorher in der Oper verloren.

LADY MARKBY. Ach ja, es muß wohl in der Oper gewesen sein. Heutzutage ist überall das Gedränge so groß – man wundert sich, daß man zuletzt überhaupt noch einen Faden am Leibe hat. Ich selber weiß, daß ich immer das Gefühl habe, nackt dazustehen – bis auf ein kleines Feigenblatt des Anstands, das gerade genügt, damit nicht die Plebs durch die Fenster der Kutsche peinliche Bemerkungen fallenläßt. Unsere gute Gesellschaft ist übervölkert. Man sollte wirklich eine systematische Auswanderung finanzieren. Das wäre eine Wohltat.

MRS. CHEVELEY. Ich stimme Ihnen vorbehaltlos zu, Lady Markby. Seit fast sechs Jahren habe ich keine Saison mehr in London erlebt, und ich muß sagen, es ist eine sehr gemischte Gesellschaft geworden. Überall stößt man auf die sonderbarsten Typen.

LADY MARKBY. Sehr wahr, meine Liebe. Aber man braucht sie nicht kennenzulernen. Bestimmt kenne ich die Hälfte der Leute nicht, die in meinem Hause aus und ein gehen. Nach allem, was ich höre, möchte ich sie auch gar nicht kennen.

(Mason tritt auf)

LADY CHILTERN. Was ist es denn für eine Brosche, die Sie verloren haben, Mrs. Cheveley?

MRS. CHEVELEY. Eine Brillantbrosche mit einem Rubin, einem ziemlich großen Rubin. Eine Schlangenbrosche.

LADY MARKBY. Sagten Sie nicht, daß im Kopf der Schlange ein Saphir sitzt?

MRS. CHEVELEY *(lächelnd)*. Nein, Lady Markby – ein Rubin.

LADY MARKBY *(nickt)*. Sicherlich sehr kleidsam.

LADY CHILTERN. Wurde heute früh in irgendeinem der Räume eine Brillanten-und-Rubin-Brosche gefunden, Mason?

MASON. Nein, Mylady.

MRS. CHEVELEY. Es spielt wirklich keine Rolle, Lady Chiltern. Verzeihen Sie, daß ich Ihnen Ungelegenheiten bereitet habe.

LADY CHILTERN *(kalt)*. Von Ungelegenheiten kann gar keine Rede sein ... Schon gut, Mason. Servieren Sie den Tee.

(Mason ab)

LADY MARKBY. Also, ich muß sagen, etwas zu verlieren ist äußerst ärgerlich. Ich erinnere mich, wie ich einmal vor Jahren in Bath in der Trinkhalle ein ungewöhnlich hübsches Kameenarmband verloren habe, ein Geschenk Sir Johns. Seither hat er mir leider nie mehr etwas geschenkt. Mit ihm geht es bergab. Ein trauriger Verfall. Meiner Meinung nach ist das der bei weitem schwerste Schlag, den das Eheleben seit der Erfindung jener schrecklichen Pest, der sogenannten Frauenemanzipation, erlitten hat.

LADY CHILTERN. So etwas in diesen vier Wänden zu sagen, ist reine Ketzerei, Lady Markby. Robert ist ein eifriger Anhänger der Frauenemanzipation – und ich muß es leider auch von mir behaupten.

MRS. CHEVELEY. Ich möchte gerne einmal die Männer emanzipiert sehen. Sie hätten es bitter nötig.

LADY MARKBY. Allerdings, meine Liebe. Leider würde es undurchführbar sein. Ich glaube nicht, daß der Mann entwicklungsfähig ist. Er ist so weit gekommen, wie er kann – und das ist nicht weit. Was die Frauen betrifft – na ja, liebe Gertrude,

Sie gehören der jüngeren Generation an, da ist es sicherlich ganz richtig, wenn Sie ihre Emanzipation und höhere Bildung billigen. Zu meiner Zeit freilich wurden wir angehalten, nichts zu verstehen. Das war das alte System – und es war äußerst interessant. Ich kann Ihnen versichern – was man mir und meiner armen lieben Schwester *nicht* beigebracht hat, war kolossal! Die moderne Frau aber, heißt es, weiß und versteht alles.

MRS. CHEVELEY. Mit Ausnahme ihres Gatten. Ihn wird die moderne Frau nie verstehen.

LADY MARKBY. Da kann ich nur sagen: Gott sei Dank! Andernfalls würde so manches traute Heim in die Brüche gehen. Natürlich nicht das Ihre, Gertrude – das brauche ich wohl kaum zu betonen. Sie haben einen Mustergatten geheiratet. Wenn ich das nur auch von mir behaupten könnte! Aber seit Sir John sich angewöhnt hat, den Debatten regelmäßig beizuwohnen – in der guten alten Zeit war das nicht seine Gewohnheit –, ist sein Umgangston ganz unmöglich geworden. Er scheint sich immerzu einzubilden, daß er eine Rede hält. Wenn er dann auf die Lage der Landarbeiter oder die walisische Kirche oder etwas ähnlich Unpassendes zu sprechen kommt, muß ich die Dienerschaft aus dem Zimmer schicken. Es ist kein angenehmer Anblick, wenn der eigene Butler, der einem dreiundzwanzig Jahre lang treu gedient hat, am Büfett puterrot wird und die Lakaien sich in allen Ecken wie die Zirkusakrobaten winden. Glauben Sie mir, wenn Sir John nicht bald ins Oberhaus befördert wird, ist mein Leben zerstört. Dann nämlich wird er sich nicht mehr für Politik interessieren, nicht wahr? Das Oberhaus ist eine vernünftige Einrichtung. Seine Mitglieder sind Gentlemen. In seinem jetzigen Zustand aber ist Sir John wirklich ein wahres Hauskreuz. Heute früh zum Beispiel, noch bevor das Frühstück halb vorbei war, hat er sich vor den Kamin hingestellt und, die Hände in den Hosentaschen, mit schallender Stimme einen Appell an das englische Volk gerichtet. Kaum hatte ich meine zweite Tasse Tee getrunken, habe ich den Tisch verlassen – das versteht sich wohl von selbst. Aber seine Kraftausdrücke waren im ganzen Haus zu hören! Ich hoffe doch sehr, Gertrude, daß Sir Robert nicht auch solche Unarten hat?

LADY CHILTERN. Aber ich interessiere mich für Politik, Lady Markby. Ich höre Robert gerne über politische Fragen reden.

LADY MARKBY. Hoffentlich ist er nicht so sehr auf Blaubücher versessen wie Sir John. Ich kann mir nicht vorstellen, daß das eine besonders erbauliche Lektüre ist.

MRS. CHEVELEY *(gelangweilt)*. Ich habe noch nie ein Blaubuch gelesen. Ich bevorzuge Bücher in – gelbem Einband.

LADY MARKBY *(ahnungslos heiter)*. Gelb ist eine viel lustigere Farbe, nicht wahr? In meiner Jugend habe ich viel Gelb getragen. Ich würde es noch heute tun, wenn nicht Sir John immer mit seinen peinlichen persönlichen Anspielungen käme, und sowie ein Mann sich über Kleidung äußert, macht er sich lächerlich, oder?

MRS. CHEVELEY. Keineswegs. Meiner Meinung nach sind Männer in Modefragen die einzige Autorität.

LADY MARKBY. Wirklich? Aus den Hüten, die sie tragen, ist das nicht zu ersehen.

(Der Butler tritt ein, ihm folgt ein Lakai. Auf einem Tischchen ganz in der Nähe Lady Chilterns wird der Tee serviert)

LADY CHILTERN. Eine Tasse Tee, Mrs. Cheveley?

MRS. CHEVELEY. Danke.

(Der Butler reicht Mrs. Cheveley eine gefüllte Tasse auf einem Tablett)

LADY CHILTERN. Tee, Lady Markby?

LADY MARKBY. Danke, nein, liebe Gertrude. *(Die beiden Diener ab)* Ich habe nämlich der armen Lady Brancaster versprochen, für zehn Minuten bei ihr vorbeizuschauen. Sie hat große Sorgen. Ihre Tochter – noch dazu ein wohlerzogenes junges Mädchen – hat sich allen Ernstes mit einem Kuraten in Shropshire verlobt. Das ist traurig, wirklich sehr traurig. Ich verstehe diese moderne Manie für Kuraten nicht. Natürlich haben auch zu meiner Zeit wir jungen Mädchen sie wie die Kaninchen überall herumhuschen sehen. Aber ich brauche nicht zu betonen, daß wir sie überhaupt nicht beachteten. Dagegen habe ich mir sagen lassen, daß heutzutage auf dem Lande die besten Häuser von ihnen nur so wimmeln. Das finde ich geradezu gotteslästerlich. Außerdem hat sich der älteste Sohn mit seinem Vater verzankt, und es heißt, wenn sie einander im Klub begegnen, verstedkt sich Lord Brancaster hinter dem Wirtschaftsteil der ›Times‹. Das dürfte aber neuerdings ganz und gar üblich sein. Ich glaube, sämtliche Klubs an der St. James's Street waren bereits gezwungen, zusätzliche Exemplare der ›Times‹ zu abonnieren. Es gibt so viele Söhne, die nichts mit ihren Vätern zu tun haben wollen, und so viele Väter, die nicht mehr mit ihren Söhnen sprechen. Ich persönlich finde das sehr bedauerlich.

MRS. CHEVELEY. Auch ich. Väter haben heutzutage so viel von ihren Söhnen zu lernen.

LADY MARKBY. Tatsächlich, meine Liebe? Was denn?

MRS. CHEVELEY. Die Lebenskunst. Die einzige schöne Kunst, die die Neuzeit hervorgebracht hat.

LADY MARKBY *(kopfschüttelnd)*. Ach, ich fürchte, davon hat Lord Brancaster allerlei verstanden. Mehr als seine arme Frau. *(Zu Lady Chiltern)* Sie kennen doch Lady Brancaster, nicht wahr, mein Liebe?

LADY CHILTERN. Nur flüchtig. Sie war im vorigen Herbst in Langton – gleichzeitig mit uns.

LADY MARKBY. Wie alle dicken Frauen sieht sie wie die verkörperte Zufriedenheit aus. Es ist Ihnen sicherlich aufgefallen. Doch abgesehen von der Affäre mit dem Kuraten haben sich in ihrer Familie zahlreiche Tragödien ereignet. Ihre Schwester, Mrs. Jekyyl, hat ein sehr unglückliches Leben geführt – ohne bedauerlicherweise selber daran schuld zu sein. Zuletzt war sie so niedergeschmettert, daß sie ins Kloster ging – oder zur Bühne, ich habe vergessen, was es war. Nein, ich glaube, sie hat sich der Kunststickerei zugewandt. Ich weiß nur, daß ihr jede Freude am Leben vergangen war. *(Steht auf)* Und jetzt, Gertrude, werde ich, wenn Sie gestatten, Mrs. Cheveley in Ihrer Obhut zurücklassen und sie in einer Viertelstunde abholen. Vielleicht aber, liebe Mrs. Cheveley, hätten Sie nichts dagegen, im Wagen zu warten, während ich bei Lady Brancaster bin? Da es sich um eine Kondolenzvisite handelt, wird es nicht lange dauern.

MRS. CHEVELEY *(erhebt sich)*. Ich habe gar nichts dagegen, im Wagen zu warten, vorausgesetzt, daß jemand durchs Fenster guckt.

LADY MARKBY. Also, der Kurat soll den ganzen Tag ums Haus herumschleichen.

MRS. CHEVELEY. Leider habe ich nichts für die Liebhaber junger Mädchen übrig.

LADY CHILTERN *(steht auf).* Ich hoffe doch, daß Mrs. Cheveley eine Weile bei mir bleibt. Ich würde mich gerne ein paar Minuten mit ihr unterhalten.

MRS. CHEVELEY. Das ist aber lieb von Ihnen, Lady Chiltern. Glauben Sie mir, nichts könnte mir ein größeres Vergnügen sein.

LADY MARKBY. Ach ja, zweifellos haben die Damen viele gemeinsame nette Erinnerungen an die Schulzeit zu besprechen. Auf Wiedersehen, liebe Gertrude. Treffen wir uns heute abend bei Lady Bonar? Sie hat ein wunderbares neues Genie entdeckt. Er macht – gar nichts, wie ich glaube. Das ist ein großer Trost, nicht wahr?

LADY CHILTERN. Robert und ich essen heute abend allein zu Hause, und ich glaube kaum, daß ich nachher Lust haben werde auszugehen. Robert muß natürlich ins Parlament. Aber es steht nichts Interessantes auf der Tagesordnung.

LADY MARKBY. Allein zu Hause essen? Ist das vernünftig? Ach, ich vergesse ganz, daß Ihr Mann eine Ausnahme ist. Meiner ist der Normalfall, und keine Frau altert so schnell wie die Frau, die einen Normalfall geheiratet hat. *(Ab)*

MRS. CHEVELEY. Eine bemerkenswerte Frau, unsere Lady Markby. Ich kenne keinen Menschen, der mehr redet und weniger sagt. Sie ist zur Volksrednerin geschaffen. Weit eher als ihr Mann – obwohl Sir John ein typischer Engländer ist, immer sterbenslangweilig und meistens rabiat.

LADY CHILTERN *(bleibt stehen, ohne zu antworten. Pause. Dann begegnen einander die Blicke der beiden Frauen. Lady Chiltern sieht streng und blaß aus. Mrs. Cheveley macht eher einen belustigten Eindruck).* Mrs. Cheveley, ich halte es für richtig, Ihnen offen zu sagen – wenn ich gewußt hätte, wer Sie eigentlich sind, würde ich Sie gestern abend nicht in mein Haus eingeladen haben.

MRS. CHEVELEY *(mit einem unverschämten Lächeln).* Wirklich nicht?

LADY CHILTERN. Es wäre mir ganz unmöglich gewesen.

MRS. CHEVELEY. Wie ich sehe, haben Sie sich in all den Jahren nicht im geringsten verändert, Gertrude.

LADY CHILTERN. Ich verändere mich nicht.

MRS. CHEVELEY *(zieht die Brauen hoch)*. Dann hat also das Leben Sie nichts gelehrt?

LADY CHILTERN. Eines hat es mich gelehrt. Ein Mensch, der sich einmal eine unehrliche und unehrenhafte Handlung hat zuschulden kommen lassen, wird dazu auch ein zweites Mal fähig sein – deshalb sollte man ihm aus dem Wege gehen.

MRS. CHEVELEY. Würden Sie diese Regel auf jeden Menschen anwenden?

LADY CHILTERN. Ja, auf jeden – ohne Ausnahme.

MRS. CHEVELEY. Dann tun Sie mir sehr leid, Gertrude, sehr leid.

LADY CHILTERN. Jetzt begreifen Sie wohl, daß aus vielerlei Gründen während Ihres Aufenthalts in London jeder weitere Umgang zwischen uns ausgeschlossen ist.

MRS. CHEVELEY *(lehnt sich zurück)*. Wissen Sie, Gertrude, ich habe gar nichts dagegen, daß Sie mir Moral predigen. Das macht man ganz einfach immer dann, wenn man jemanden nicht leiden kann. Sie können mich nicht leiden. Darüber bin ich mir durchaus im klaren. Und ich habe Sie seit eh und je verabscheut. Trotzdem bin ich gekommen, um Ihnen einen Dienst zu erweisen.

LADY CHILTERN *(voller Verachtung)*. Wahrscheinlich einen ähnlichen Dienst, wie Sie ihn gestern abend meinem Mann erweisen wollten. Gott sei Dank habe ich ihn davor bewahrt.

MRS. CHEVELEY *(springt auf)*. Sie also waren es, die ihn veranlaßt hat, mir diesen impertinenten Brief zu schreiben! *Sie* haben ihn veranlaßt, sein Wort zu brechen!

LADY CHILTERN. Ja.

MRS. CHEVELEY. Dann müssen Sie ihn zwingen, es zu halten. Ich setze Ihnen eine Frist bis morgen früh – nicht länger. Wenn sich bis dahin Ihr Mann nicht feierlich verpflichtet hat, mir bei dem größten Projekt, an dem ich interessiert bin, behilflich zu sein ...

LADY CHILTERN. Diesem Betrugsmanöver ...

MRS. CHEVELEY. Nennen Sie es, wie Sie wollen. Ich habe Ihren

Mann in der Hand, und wenn Sie klug sind, werden Sie ihn veranlassen, mir meinen Wunsch zu erfüllen.

LADY CHILTERN *(steht auf und geht auf sie zu)*. Sie sind tolldreist. Was hat mein Mann mit Ihnen zu tun? Mit einer Frau wie Sie?

MRS. CHEVELEY *(mit einem bitteren Lachen)*. Gleich und gleich gesellt sich gern. Warum passen wir so gut zusammen, Ihr Mann und ich? Weil er selber unehrlich und ein Betrüger ist. Da liegen Abgründe zwischen Ihnen und ihm. Er und ich aber sind mehr als enge Freunde. Wir sind Feinde, durch das Schicksal aneinandergekettet. Uns bindet die gleiche Sünde.

LADY CHILTERN. Wie können Sie es wagen, meinen Mann mit Ihnen auf die gleiche Stufe zu stellen? Wie können Sie es wagen, ihm oder mir zu drohen? Verlassen Sie mein Haus! Sie sind nicht wert, es zu betreten.

(Sir Robert Chiltern aus dem Hintergrund. Er hört die letzten Worte seiner Frau und sieht, an wen sie gerichtet sind. Er wird todbleich)

MRS. CHEVELEY. Ihr Haus! Ein mit einer Schandtat erkauftes Haus! Ein Haus, in dem alles durch Betrügereien bezahlt wurde. *(Dreht sich um und erblickt Sir Robert Chiltern)* Fragen Sie ihn nach dem Ursprung seines Vermögens! Er soll Ihnen erzählen, wie er einem Börsenmakler ein Kabinettsgeheimnis verkauft hat. Erfahren Sie doch aus seinem Mund, welchen Machenschaften Sie Ihre Stellung verdanken.

LADY CHILTERN. Das ist nicht wahr, Robert – das ist nicht wahr!

MRS. CHEVELEY *(zeigt mit ausgestrecktem Zeigefinger auf ihn)*. Schauen Sie ihn an! Kann er es bestreiten? Wagt er es zu bestreiten?

SIR ROBERT CHILTERN. Gehen Sie! Gehen Sie sofort! Jetzt haben Sie Ihr Ärgstes getan.

MRS. CHEVELEY. Mein Ärgstes? Ich bin noch nicht fertig mit euch beiden. Ich lasse euch bis morgen, zwölf Uhr mittags, Zeit. Wenn bis dahin nicht geschehen ist, was ich verlange, wird die ganze Welt von den Ursprüngen Robert Chilterns erfahren.

(Sir Robert Chiltern klingelt. Mason tritt ein)

SIR ROBERT CHILTERN. Führen Sie Mrs. Cheveley hinaus.

(Mrs. Cheveley zuckt zusammen. Dann verbeugt sie sich mit

übertriebener Höflichkeit vor Lady Chiltern, die nicht reagiert. Während sie an Sir Robert Chiltern vorbeikommt, der an der Tür steht, bleibt sie einen Augenblick stehen und blickt ihm fest ins Gesicht. Dann verläßt sie den Raum. Mason folgt ihr und macht die Tür hinter sich zu. Mann und Frau bleiben allein miteinander. Lady Chiltern steht erstarrt da, wie von einem Alptraum befallen. Dann dreht sie sich um und betrachtet ihren Mann. Sie betrachtet ihn mit seltsamer Miene, als sähe sie ihn zum erstenmal vor sich)

LADY CHILTERN. Du hast ein Kabinettsgeheimnis verkauft! Du hast dein Leben mit einem Betrug begonnen! Du hast deine Karriere auf einer Schandtat aufgebaut! Oh – sag, daß es nicht wahr ist! Lüg mich an! Lüg mich an! Sag, daß es nicht wahr ist!

SIR ROBERT CHILTERN. Was diese Frau behauptet, stimmt. Aber hör zu, Gertrude – du kannst dir nicht vorstellen, wie groß die Versuchung war. Laß mich berichten ... *(Geht auf sie zu)*

LADY CHILTERN. Komm mir nicht in die Nähe. Rühr mich nicht an. Ich fühle mich durch dich für immer beschmutzt. Oh, was für eine Maske hast du in all diesen Jahren getragen! Eine abscheulich übertünchte Maske! Du hast dich verkauft! Ein gewöhnlicher Dieb wäre mir lieber. Du hast dich dem Höchstbietenden zum Kauf angeboten! Du hast dich auf dem Markt kaufen lassen. Die ganze Welt hast du belogen. Trotzdem weigerst du dich, mich zu belügen.

SIR ROBERT CHILTERN *(eilt auf sie zu)*. Gertrude! Gertrude!

LADY CHILTERN *(stößt ihn mit ausgestreckten Händen von sich)*. Nein, schweig! Sag nichts! Deine Stimme ruft schreckliche Erinnerungen wach – Erinnerungen an Dinge, die mich verlockt haben, dich zu lieben – an Worte, die mich verlockt haben, dich zu lieben – Erinnerungen, die mir jetzt ein Grauen sind. Wie habe ich dich verehrt! In meinen Augen warst du über das alltägliche Leben erhaben – etwas Sauberes, Edles, Ehrliches – fleckenlos. Die Welt kam mir schöner vor, nur weil es dich gibt – und menschliche Güte echter, nur weil du lebst. Und jetzt – ach, wenn ich bedenke, daß ich einen Menschen wie dich zu meinem Ideal gemacht habe – zu dem Ideal meines Lebens!

SIR ROBERT CHILTERN. Das war dein Fehler. Das war dein Irrtum. Der Irrtum, den alle Frauen begehen. Warum könnt ihr Frauen uns nicht mit allen unseren Fehlern lieben? Warum stellt ihr uns auf ein monströses Piedestal? Alle stehen wir auf tönernen Füßen, Männer wie Frauen. Aber wenn wir Männer Frauen lieben, dann lieben wir sie im Bewußtsein ihrer Schwächen, ihrer Torheiten, ihrer Mängel – aber wir lieben sie darum nur noch inniger. Nicht die Vollkommenen, die Unvollkommenen brauchen Liebe. Wenn wir uns selber – oder wenn andere uns verwundet haben, dann sollte die Liebe zur Stelle sein, um uns zu heilen. Was hätte sie denn sonst für einen Zweck? Alle Sünden sollte sie verzeihen – solange man sich nicht an ihr selber versündigt. Wahre Liebe verzeiht alles im Leben – nur nicht die Lieblosigkeit. So liebt der Mann. Seine Liebe ist umfassender, größer, menschlicher als die der Frau. Die Frauen glauben, daß sie aus den Männern Ideale machen. Aber sie machen hohle Götzen aus uns. Du hast mich zu Unrecht vergöttert, und ich hatte nicht den Mut, von meinem Sockel herabzusteigen, dir meine Wunden zu zeigen, dir meine Schwächen zu bekennen. Ich hatte Angst, deine Liebe zu verlieren – so wie ich sie jetzt verloren habe. Und so hast du gestern nacht mein Leben zerstört – ja, mein Leben zugrunde gerichtet. Was diese Frau von mir verlangte, war ein Nichts im Vergleich zu dem, was sie mir angeboten hat. Sie hat mir Sicherheit, Frieden, Bestand angeboten. Die Jugendsünde, die ich begraben glaubte, ist vor mir auferstanden, gräßlich, abscheulich – und packt mich bei der Gurgel. Ich wäre in der Lage gewesen, sie für immer zu vernichten, sie in ihr Grab zurückzustoßen, ihre Spuren auszulöschen, das einzige Zeugnis gegen mich zu verbrennen. Du hast mich daran gehindert. Du allein – das weißt du. Und was steht mir jetzt anderes bevor als der öffentliche Skandal, der Ruin, die ärgste Schande, das Gespött der Welt, ein einsames, ehrloses Leben und vielleicht, eines Tages, ein ehrloser Tod? Mögen die Frauen doch die Männer nicht länger idealisieren! Sie nicht länger auf den Altar stellen und sich vor ihnen neigen, sonst werden die anderen das Leben so völlig zerstören, wie du – du, die ich so wahnsinnig liebe – das meine zugrunde gerichtet hast!

(Er verläßt den Raum. Lady Chiltern läuft ihm nach, aber die Tür fällt zu, bevor sie sie erreicht hat. Bleich vor Kummer, verstört, ratlos schwankt sie wie eine Blume im Wasser. Ihre ausgestreckten Hände scheinen in der Luft zu zittern wie Blüten im Wind. Dann wirft sie sich neben einem Sofa zu Boden und schlägt die Hände vors Gesicht. Sie schluchzt wie ein Kind)

Vorhang

Dritter Akt

Die Bibliothek in Lord Gorings Haus an der Curzon Street, London. Adam-Stil. Rechts die Tür zur Diele, links die Tür zum Rauchzimmer. Im Hintergrund führt eine Flügeltür zum Salon. Im Kamin brennt ein Feuer. Phipps, der Butler, ordnet Zeitungen auf dem Schreibtisch. Phipps zeichnet sich durch seine stoische Haltung aus. Enthusiasten haben ihn als den idealen Butler bezeichnet. Selbst die Sphinx ist nicht so verschlossen. Eine Maske mit Manieren. Von seinem Gefühls- oder Geistesleben ist der Geschichte nichts bekannt. Er repräsentiert die Dominanz der Form.

(Lord Goring tritt auf. Abendanzug mit einem Sträußchen im Knopfloch. Zylinder und Cape. Weiße Handschuhe und ein Louis-Seize-Spazierstock. Von Kopf bis Fuß der geckenhafte Elegant. Man merkt ihm an, daß er die engste Beziehung zum heutigen Leben hat, ihm eigentlich sein Gepräge verleiht und es dadurch meistert. Er ist der erste gutgekleidete Philosoph in der Geschichte des menschlichen Denkens)

LORD GORING. Haben Sie mir mein frisches Sträußchen besorgt, Phipps?

PHIPPS. Ja, Mylord. *(Nimmt Hut, Stock und Mantel entgegen und überreicht auf einem Tablett ein neues Sträußchen.*

LORD GORING. Sehr distinguiert, Phipps. Ich bin momentan der einzige auch nur einigermaßen bedeutende Mensch in London, der ein Sträußchen im Knopfloch trägt.

PHIPPS. Ja, Mylord. Es ist mir aufgefallen.

LORD GORING. Sehen Sie, Phipps, elegant ist, was man selber trägt – unelegant, was andere Leute tragen.

PHIPPS. Ja, Mylord.

LORD GORING. So wie Vulgarität ganz einfach nur das Benehmen anderer Leute ist.

PHIPPS. Ja, Mylord.

LORD GORING *(steckt das neue Sträußchen ins Knopfloch)*. Und Lüge, was andere Leute für wahr halten.

PHIPPS. Ja, Mylord.

LORD GORING. Die anderen sind unausstehlich. Die einzig mögliche Gesellschaft ist man selbst.

PHIPPS. Ja, Mylord.

LORD GORING. Eigenliebe ist der Beginn einer lebenslangen Schwärmerei, Phipps.

PHIPPS. Ja, Mylord.

LORD GORING *(schaut in den Spiegel)*. Glauben Sie ja nicht, daß mir dieses Sträußchen so richtig gefällt, Phipps. Es macht mich ein wenig zu alt. Ich sehe fast so aus wie in der Blüte meiner Jahre, Phipps.

PHIPPS. Ich merke keine Veränderung im Aussehen Eurer Lordschaft.

LORD GORING. Nein, Phipps?

PHIPPS. Nein, Mylord.

LORD GORING. Ich bin nicht ganz sicher. In Zukunft, Phipps, am Donnerstagabend ein alltäglicheres Sträußchen.

PHIPPS. Ich werde mit der Blumenhändlerin sprechen. Sie hat vor kurzem einen nahen Angehörigen verloren – vielleicht erklärt sich daraus der Mangel an Alltäglichkeit, über den Eure Lordschaft sich beklagen.

LORD GORING. Es ist merkwürdig mit den unteren Schichten in England: Immerzu verlieren sie ihre Angehörigen.

PHIPPS. Ja, Mylord. In dieser Beziehung dürfen sie von Glück sagen.

(Lord Goring dreht sich um und mustert ihn. Phipps verzieht keine Miene)

LORD GORING. Hm ... Post, Phipps?

PHIPPS. Drei Briefe, Mylord. *(Überreicht die Briefe auf einem Tablett)*

LORD GORING *(nimmt die Briefe zur Hand)*. In zwanzig Minuten soll mein Wagen vor der Tür stehen.

PHIPPS. Ja, Mylord. *(Geht auf die Tür zu)*

LORD GORING *(zeigt ihm einen Brief in einem rosa Kuvert)*. He, Phipps – wann ist dieser Brief angekommen?

PHIPPS. Er wurde durch einen Boten überbracht, kurz nachdem Eure Lordschaft sich in den Klub begeben hatten.

LORD GORING. Schon gut. *(Phipps ab)* Lady Chilterns Handschrift auf Lady Chilterns rosa Briefpapier. Das ist recht eigenartig. Ich dachte, Robert würde mir schreiben. Was mag Lady Chiltern mir zu sagen haben? *(Setzt sich an den Schreibtisch, öffnet den Brief und liest ihn)* ›Ich brauche Hilfe. Mein Vertrauen ist grenzenlos. Ich komme. Gertrude.‹ *(Mit verdutzter Miene legt er den Brief weg, nimmt ihn abermals zur Hand und liest ihn langsam durch)* ›Ich brauche Hilfe. Mein Vertrauen ist grenzenlos. Ich komme ...‹ Sie hat alles herausbekommen ... Arme Frau ... Arme Frau ... *(Schaut auf seine Taschenuhr)* Aber was ist das für eine Besuchsstunde! Zehn Uhr. Ich werde darauf verzichten müssen, bei den Berkshires zu erscheinen. Aber es ist immer nett, wenn man erwartet wird und sich nicht blicken läßt. Auf dem Junggesellenball erwartet man mich nicht, also werde ich dort bestimmt erscheinen ... Na schön, ich werde sie veranlassen, zu ihrem Mann zu halten. Dazu ist jede Frau verpflichtet. Durch das wachsende Verantwortungsgefühl der Frauen ist die Ehe zu einer hoffnungslos einseitigen Institution geworden. Zehn Uhr. Sie dürfte bald kommen. Ich muß Phipps sagen, daß ich für niemand anderen zu sprechen bin.

(Nähert sich der Klingel)

(Phipps tritt auf)

PHIPPS. Lord Caversham!

LORD GORING. Ach, warum müssen Eltern immer im unrechten Augenblick auftauchen! Da hat wohl die Natur einen Kunstfehler begangen. *(Lord Caversham tritt ein)* Ich freue mich, dich zu sehen, lieber Vater. *(Geht ihm entgegen)*

LORD CAVERSHAM. Hilf mir aus dem Mantel.

LORD GORING. Lohnt es sich, Papa?

LORD CAVERSHAM. Natürlich lohnt es sich, Sir. Welcher Sessel ist der bequemste?

LORD GORING. Dieser hier. Es ist der Sessel, Papa, den ich selber benütze, wenn ich Besuch habe.

LORD CAVERSHAM. Danke. Hoffentlich zieht es nicht in diesem Zimmer?

LORD GORING. Nein, Papa.

LORD CAVERSHAM *(setzt sich)*. Das höre ich gern. Kann Zugluft nicht vertragen. Zu Hause zieht es nie.

LORD GORING. Aber es geht zuweilen stürmisch zu, Papa.

LORD CAVERSHAM. Äh? Äh? Ich verstehe nicht, was damit gemeint ist. Ich habe ein ernstes Gespräch mit dir zu führen, Sir.

LORD GORING. Mein lieber Vater – um diese Zeit?

LORD CAVERSHAM. Also, Sir, es ist erst zehn. Was hast du gegen diesen Zeitpunkt einzuwenden? Ich finde, daß dieser Zeitpunkt ein ganz ausgezeichneter Zeitpunkt ist.

LORD GORING. Es ist nämlich so, Papa, daß das nicht der Tag ist, an dem ich ernste Gespräche führe. Bedaure sehr, aber es ist nicht mein Tag.

LORD CAVERSHAM. Was soll das heißen, Sir?

LORD GORING. Während der Saison, Papa, führe ich ernste Gespräche nur am ersten Dienstag jeden Monats zwischen vier und sieben.

LORD CAVERSHAM. Na, dann nehmen wir an, daß heute Dienstag ist, Sir.

LORD GORING. Aber es ist schon nach sieben, Papa, und meine Ärzte haben mir ernste Gespräche nach sieben Uhr abends verboten. Ich spreche sonst im Schlaf.

LORD CAVERSHAM. Du sprichst im Schlaf, Sir? Was spielt das für eine Rolle? Du bist ja nicht verheiratet.

LORD GORING. Nein, Papa, ich bin nicht verheiratet.

LORD CAVERSHAM. Hm! Just darüber wollte ich mit dir sprechen, Sir. Du mußt heiraten, und zwar sofort. In deinem Alter, Sir, war ich seit drei Monaten ein untröstlicher Witwer und machte bereits deiner bewundernswerten Mama den Hof. Gottverdammich, Sir, es ist deine Pflicht, zu heiraten. Du kannst nicht immer nur deinem Vergnügen leben. Jeder Mann von Rang ist heutzutage verheiratet. Junggesellen sind nicht mehr in Mode. Sie können kaum noch krauchen. Man kennt sie zu gut. Du mußt dir eine Frau nehmen, Sir. Schau, wie weit dein Freund Robert Chiltern es durch Rechtschaffenheit, Fleiß und die vernünftige Heirat mit einer braven Frau gebracht hat! Warum eiferst du ihm nicht nach, Sir? Warum nimmst du dir nicht an ihm ein Beispiel?

LORD GORING. Ich glaube, ich werde mir an ihm ein Beispiel nehmen, Papa.

LORD CAVERSHAM. Gott gebe es, Gott gebe es! Da würde ich endlich zufrieden sein. Momentan mache ich deiner Mutter deinetwegen das Leben zur Hölle. Du bist herzlos, Sir, total herzlos.

LORD GORING. Das will ich nicht hoffen, Papa.

LORD CAVERSHAM. Und es ist höchste Zeit, daß du dich verheiratest. Du bist vierunddreißig Jahre alt, Sir.

LORD GORING. Ja, Papa, aber ich gebe nur zweiunddreißig zu – einunddreißigeinhalb, wenn ich ein besonders schönes Sträußchen im Knopfloch trage. Dieses Sträußchen ist nicht – alltäglich genug.

LORD CAVERSHAM. Ich sage dir, du bist vierunddreißig. Außerdem zieht es in diesem Zimmer. Das wirft ein noch schlechteres Licht auf dein Benehmen. Warum hast du behauptet, daß es hier nicht zieht, Sir? Ich spüre, daß es zieht, Sir, ich spüre es deutlich.

LORD GORING. Auch ich, Papa. Es zieht fürchterlich. Ich suche dich morgen auf, Papa. Da können wir uns dann über alles mögliche unterhalten. Darf ich dir in den Mantel helfen, Papa?

LORD CAVERSHAM. Nein, Sir. Mich hat ein ganz bestimmter Zweck zu dir geführt, und diesen Zweck werde ich erreichen, koste es, was es wolle – meine und deine Gesundheit. Leg meinen Mantel weg, Sir.

LORD GORING. Gewiß, Papa. Aber gehen wir doch in ein anderes Zimmer. *(Klingelt)* Hier zieht es fürchterlich. *(Phipps tritt ein)* Phipps, brennt im Rauchzimmer ein ordentliches Feuer?

PHIPPS. Ja, Mylord.

LORD GORING. Komm, wir gehen ins Rauchzimmer. Dein Niesen ist herzzerreißend.

LORD CAVERSHAM. Ich habe doch wohl das Recht, Sir, zu niesen, wo und wann es mir beliebt!

LORD GORING *(beflissen)*. Durchaus, Papa. Ich wollte dir nur mein Mitgefühl ausdrücken.

LORD CAVERSHAM. Hol der Kuckuck das Mitgefühl. Davon ist heutzutage viel zuviel da.

LORD GORING. Ich stimme dir vorbehaltlos zu, Papa. Gäbe es weniger Mitgefühl auf der Welt, dann gäbe es weniger Unheil auf der Welt.

LORD CAVERSHAM *(geht auf das Rauchzimmer zu)*. Das ist ein Paradoxon, Sir. Ich verabscheue Paradoxa.

LORD GORING. Genau wie ich, Papa. Heutzutage ist jeder Mensch, dem man begegnet, ein Paradoxon. Es ödet mich an. Auf Schritt und Tritt nichts als Plattitüden.

LORD CAVERSHAM *(dreht sich um und mustert seinen Sohn unter buschigen Brauen).* Verstehst du wirklich immer, was du sagst, Sir?

LORD GORING *(nach einigem Zögern).* Ja, Papa, wenn ich aufmerksam zuhöre.

LORD CAVERSHAM *(indigniert).* Wenn du aufmerksam zuhörst ... Du eingebildeter Laffe ...

(Begibt sich brummend ins Rauchzimmer. Phipps tritt ein)

LORD GORING. Phipps, eine Dame wird mich noch heute abend in einer besonderen Angelegenheit besuchen. Führen Sie sie in den Salon. Haben Sie mich verstanden?

PHIPPS. Ja, Mylord.

LORD GORING. Es handelt sich um eine äußerst schwerwiegende Angelegenheit, Phipps.

PHIPPS. Ich verstehe, Mylord.

LORD GORING. Niemand anderer ist einzulassen – unter keinen Umständen.

PHIPPS. Ich verstehe, Mylord.

(Die Türklingel ertönt)

LORD GORING. Aha, das dürfte die Dame sein. Ich werde ihr selber entgegengehen.

(Gerade als er sich der Tür nähert, kehrt Lord Caversham aus dem Rauchzimmer zurück)

LORD CAVERSHAM. Nun, Sir – läßt du mich antichambrieren?

LORD GORING *(sehr verlegen).* Ich komme sofort, Papa. Entschuldige ... *(Lord Caversham verschwindet ins Rauchzimmer)* Also, vergessen Sie nicht meine Weisungen, Phipps. In diesen Raum!

PHIPPS. Ja, Mylord.

(Lord Goring geht ins Rauchzimmer ab. Harold, der Lakai, führt Mrs. Cheveley herein. Sie trägt ein grünsilbernes Kleid – wie die blutsaugerische Lamia der griechischen Mythologie – und über dem Kleid einen mit mattroter Seide gefütterten, schwarzen Satinmantel)

HAROLD. Wen darf ich melden, gnädige Frau?

MRS. CHEVELEY *(zu Phipps, der ihr entgegengeht).* Wo ist Lord Goring? Man hat mir gesagt, er sei zu Hause.

PHIPPS. Seine Lordschaft ist momentan mit Lord Caversham beschäftigt, gnädige Frau. *(Wirft Harold einen kalten, glasigen Blick zu. Der Lakai zieht sich schleunigst zurück)*

MRS. CHEVELEY *(für sich).* Ein braver Sohn ...

PHIPPS. Seine Lordschaft hat mich beauftragt, die gnädige Frau zu bitten, daß die gnädige Frau die Güte haben möchte, im Salon auf ihn zu warten. Seine Lordschaft wird sich dort einfinden.

MRS. CHEVELEY *(mit erstaunter Miene).* Lord Goring erwartet meinen Besuch?

PHIPPS. Ja, gnädige Frau.

MRS. CHEVELEY. Sind Sie dessen ganz sicher?

PHIPPS. Seine Lordschaft hat mir ausdrücklich befohlen, die Dame, die zu Besuch kommt, in den Salon zu bitten. *(Geht zur Salontür und öffnet sie)* Die Weisungen seiner Lordschaft in diesem Punkt waren sehr präzise.

MRS. CHEVELEY *(für sich).* Wie aufmerksam von ihm! Das Unerwartete zu erwarten, zeugt von einem durchaus modernen Verstand. *(Geht zur Tür und wirft einen Blick in den Salon)* Hu! Warum sieht der Salon eines Junggesellen immer so düster aus? Das muß anders werden. *(Phipps hat die Lampe vom Schreibtisch geholt)* Nein, diese Lampe mag ich nicht. Ihr Licht ist viel zu grell. Zünden Sie ein paar Kerzen an.

PHIPPS *(stellt die Lampe wieder auf den Schreibtisch).* Gewiß, gnädige Frau.

MRS. CHEVELEY. Hoffentlich haben die Kerzen kleidsame Schirme.

PHIPPS. Bisher hat sich noch niemand beschwert, gnädige Frau. *(Geht in den Salon und beginnt die Kerzen anzuzünden)*

MRS. CHEVELEY *(für sich).* Ich möchte wissen, welche Frau er heute abend erwartet! Es wird mir ein Vergnügen sein, ihn zu ertappen. Männer sehen immer so albern drein, wenn sie ertappt worden sind. Und sie lassen sich immer wieder ertappen. *(Schaut sich um und tritt an den Schreibtisch)* Was für ein interessantes Zimmer! Was für ein interessantes Bild! Wie mag seine Korrespondenz aussehen? *(Nimmt Briefe zur Hand)* Oh, was für eine uninteressante Korrespondenz! Rechnungen und

Einladungen, Gläubiger und Witwen mit heiratsfähigen Töchtern ... Wer in aller Welt schreibt ihm auf rosa Papier? Wie albern, auf rosa Papier zu schreiben! Das sieht ja aus wie der Beginn einer kleinbürgerlichen Liebelei. Liebeleien sollten nie mit dem Gefühl beginnen, sondern mit einer wissenschaftlichen Analyse – und mit einer Abfindung enden. *(Legt den Brief weg, nimmt ihn noch einmal zur Hand)* Ich kenne die Handschrift. Es ist Gertrude Chilterns Schrift. Ich erinnere mich genau an sie. In jedem Federstrich die Zehn Gebote und über die ganze Seite weg das Sittengesetz in der Brust. Was hat Gertrude ihm mitzuteilen? Vermutlich macht sie mich schlecht. Wie ich diese Person verabscheue! *(Liest den Brief)* ›Ich brauche Hilfe. Mein Vertrauen ist grenzenlos. Ich komme. Gertrude.‹ *(Ein triumphierendes Lächeln huscht über ihre Züge. Gerade will sie den Brief entwenden, da kehrt Phipps zurück)*

PHIPPS. Die Kerzen im Salon brennen, gnädige Frau – Ihrem Wunsch gemäß.

MRS. CHEVELEY. Danke ... *(Steht hastig auf und schiebt den Brief unter eine große, mit Silber beschlagene Schreibunterlage, die auf dem Tisch liegt.)*

PHIPPS. Hoffentlich werden der gnädigen Frau die Schirme gefallen. Es sind die kleidsamsten, die wir besitzen, dieselben Schirme, die seine Lordschaft benützt, wenn seine Lordschaft sich zum Abendessen umzieht.

MRS. CHEVELEY *(lächelnd)*. Dann werden sie sicherlich perfekt sein.

PHIPPS *(ernst)*. Danke, gnädige Frau.

(Mrs. Cheveley geht in den Salon ab. Phipps macht die Tür zu und zieht sich zurück. Dann wird die Tür ein wenig geöffnet. Mrs. Cheveley schiebt sich ins Zimmer und schleicht auf den Schreibtisch zu. Plötzlich hört man Stimmen aus dem Rauchzimmer. Mrs. Cheveley erblaßt und bleibt stehen. Die Stimmen werden lauter. Sie beißt sich auf die Lippe und kehrt in den Salon zurück)

(Lord Goring und Lord Caversham treten auf)

LORD GORING *(vorwurfsvoll)*. Mein lieber Vater, wenn ich schon heirate, wirst du mir wohl gestatten, mir den Zeitpunkt, den Ort und die Person selber auszusuchen. Vor allem die Person.

LORD CAVERSHAM *(gereizt)*. Das ist meine Sache, Sir. Wahrscheinlich würdest du eine jämmerliche Wahl treffen. Mich muß man fragen, nicht dich. Es geht ums Geld, nicht um die Gefühle. Die Gefühle stellen sich im Eheleben erst später ein.

LORD GORING. Ja. Wenn Mann und Frau einander nicht mehr ausstehen können, nicht wahr, Papa? *(Hilft Lord Caversham in den Mantel)*

LORD CAVERSHAM. Natürlich, Sir – natürlich nicht! Du redest heute lauter dummes Zeug daher. Was ich sagen wollte: Heiraten ist eine Frage des gesunden Menschenverstandes.

LORD GORING. Frauen mit gesundem Menschenverstand sind aber merkwürdigerweise so häßlich, Papa. Natürlich spreche ich nur vom Hörensagen.

LORD CAVERSHAM. Keine Frau, ob häßlich oder hübsch, besitzt gesunden Menschenverstand, Sir. Der gesunde Menschenverstand ist ein Vorrecht unseres Geschlechts.

LORD GORING. Absolut. Und wir Männer sind so selbstaufopfernd, daß wir nie von ihm Gebrauch machen.

LORD CAVERSHAM. Ich schon. Ich mache *nur* von meinem gesunden Menschenverstand Gebrauch.

LORD GORING. Das hat Mama mir erzählt.

LORD CAVERSHAM. Es ist das Geheimnis ihres Glücks. Und du bist ein herzloser Mensch, Sir, ein völlig herzloser Mensch.

LORD GORING. Das will ich nicht hoffen, Papa.

(Lord Goring verläßt zusammen mit seinem Vater das Zimmer, kehrt dann recht konsterniert mit Sir Robert Chiltern zurück)

SIR ROBERT CHILTERN. Mein lieber Arthur, was für ein Glück, dir auf der Schwelle zu begegnen! Dein Diener hatte mir soeben gesagt, du seist nicht zu Hause. Wie merkwürdig!

LORD GORING. Die Sache ist die, Robert, ich habe furchtbar viel zu tun. Deshalb habe ich Weisung erteilt, daß ich für niemanden zu sprechen bin. Sogar mein Vater wurde verhältnismäßig kühl empfangen. Er hat sich die ganze Zeit über Zugluft beklagt.

SIR ROBERT CHILTERN. Für mich mußt du zu sprechen sein, Arthur. Du bist mein bester Freund. Vielleicht von morgen an mein einziger. Meine Frau hat alles erfahren.

LORD GORING. Aha – ich habe es geahnt . . .

SIR ROBERT CHILTERN *(sieht ihn an).* Wirklich? Wieso?

LORD GORING *(nach einigem Zögern).* Ich habe es an deiner Miene gemerkt, als du zur Tür hereinkamst ... Wer hat es ihr erzählt?

SIR ROBERT CHILTERN. Mrs. Cheveley selbst ... Die Frau, die ich liebe, weiß, daß ich meine Karriere mit einer gemeinen Schandtat begonnen habe, daß ich mein Leben auf Sand gebaut habe – daß ich wie ein gewöhnlicher Höker das Geheimnis verschachert habe, das mir als einem Ehrenmann anvertraut worden war. Dem Himmel sei Dank, daß der arme Lord Radley gestorben ist, ohne zu wissen, daß ich ihn betrogen hatte. Wollte Gott, *ich* wäre gestorben, bevor ich in eine so fürchterliche Versuchung geraten oder so tief gesunken war. *(Er schlägt die Hände vors Gesicht)*

LORD GORING *(nach einer Pause).* Hast du schon aus Wien eine Antwort auf dein Telegramm erhalten?

SIR ROBERT CHILTERN *(blickt auf).* Ja. Gestern abend um acht kam ein Telegramm des ersten Botschaftssekretärs.

LORD GORING. Und?

SIR ROBERT CHILTERN. Es liegt nichts gegen sie vor. Im Gegenteil, sie ist in der guten Gesellschaft ziemlich hoch angesehen. Es ist ein offenes Geheimnis, daß Baron Arnheim ihr den größten Teil seines Vermögens hinterlassen hat. Darüber hinaus konnte ich nichts erfahren.

LORD GORING. Sie hat sich also nicht als Spionin entpuppt?

SIR ROBERT CHILTERN. Ach, Spione sind heutzutage nicht mehr gebräuchlich. Ihr Metier ist veraltet. Ihre Tätigkeit haben die Zeitungen übernommen.

LORD GORING. Und schaffen es verteufelt gut.

SIR ROBERT CHILTERN. Arthur, ich verdurste. Darf ich mir etwas bestellen? Ein Glas Weißwein mit Selter?

LORD GORING. Freilich. Laß mich das besorgen. *(Klingelt)*

SIR ROBERT CHILTERN. Danke ... Ich weiß nicht, was ich machen soll, Arthur, ich weiß nicht, was ich machen soll – und du bist mein einziger Freund. Aber was für ein Freund – der einzige Mensch, zu dem ich Vertrauen haben kann! Ich kann mich doch restlos auf dich verlassen, nicht wahr?

(Phipps tritt ein)

LORD GORING. Mein lieber Robert – selbstverständlich! *(Zu Phipps)* Bringen Sie ein Glas Weißwein mit Selters.

PHIPPS. Ja, Mylord.

LORD GORING. Und – Phipps ...

PHIPPS. Ja, Mylord?

LORD GORING. Entschuldigst du mich einen Augenblick, Robert? Ich muß meinem Diener eine Weisung erteilen.

SIR ROBERT CHILTERN. Bitte ...

LORD GORING *(beiseite zu Phipps)*. Wenn die Dame erscheint, dann sagen Sie ihr, daß ich heute nicht mehr zurückerwartet werde. Sagen Sie ihr, ich hätte plötzlich verreisen müssen. Verstanden?

PHIPPS. Die Dame befindet sich bereits im bewußten Zimmer, Mylord. Sie haben mir befohlen, sie in das bewußte Zimmer zu führen, Mylord.

LORD GORING. Das war völlig in Ordnung. *(Phipps ab)* Da hat man mir etwas Schönes eingebrockt. Aber ich glaube, ich werde mich herauswursteln. Ich werde ihr durch die Tür eine Lektion erteilen. Aber es wird nicht leicht sein ...

SIR ROBERT CHILTERN. Arthur, sag mir, was ich machen soll. Mein Leben scheint rund um mich herum in Trümmer gesunken zu sein. Ich bin ein Schiff ohne Steuer in einer sternenlosen Nacht.

LORD GORING. Du liebst deine Frau, Robert, ja?

SIR ROBERT CHILTERN. Ich liebe sie mehr als alles in der Welt. Ich habe mir eingebildet, Ehrgeiz sei das Höchste. Nein. Das Höchste auf Erden ist die Liebe. Nichts geht über die Liebe, und ich liebe Gertrude. Aber in ihren Augen bin ich diffamiert. In ihren Augen bin ich ein schlechter Mensch. Heute liegt ein Abgrund zwischen uns. Sie hat mich durchschaut, Arthur, sie hat mich durchschaut.

LORD GORING. Hat sie nie in ihrem Leben etwas Dummes gemacht – etwas Unüberlegtes? –, daß sie dir deine Sünde nicht verzeihen kann.

SIR ROBERT CHILTERN. Meine Frau? Nie! Sie weiß nicht, was Willensschwäche oder Versuchung ist. Ich bin ein Lehmkloß wie alle Menschen. *Sie* steht über uns, wie alle braven Frauen – erbarmungslos in ihrer Vollkommenheit – kalt und streng und ohne Gnade. Aber ich liebe sie, Arthur. Unsere Ehe ist kinderlos, und ich habe niemanden anderen, den ich liebe – niemand anderen, der mich liebt – nur sie. Wenn Gott uns Kinder geschenkt hätte, wäre sie vielleicht gütiger. Aber unser Haus ist verwaist. Und sie hat mein Herz zerfleischt. Sprechen wir nicht mehr darüber. Ich habe sie heute abend brutal behandelt. Aber wenn Sünder mit Heiligen hadern, sind sie wohl immer brutal. Ich habe Dinge zu ihr gesagt, die erschreckend wahr sind – von meinem Standpunkt, vom Standpunkt der Männer aus. Aber auch darüber wollen wir nicht mehr reden.

LORD GORING. Deine Frau wird dir verzeihen. Vielleicht hat sie dir in diesem Augenblick verziehen. Sie liebt dich, Robert. Warum sollte sie dir nicht verzeihen?

SIR ROBERT CHILTERN. Das gebe Gott! Das gebe Gott! *(Schlägt die Hände vors Gesicht)* Aber ich habe dir noch mehr zu sagen, Arthur.

(Phipps mit Getränken)

PHIPPS *(reicht Sir Robert Chiltern ein Glas Weißwein mit Selter).* Weißwein mit Selter, Sir.

SIR ROBERT CHILTERN. Danke.

LORD GORING. Steht dein Wagen draußen, Robert?

SIR ROBERT CHILTERN. Nein. Ich bin vom Klub zu Fuß hierhergegangen.

LORD GORING. Sir Robert wird meinen Wagen nehmen, Phipps.

PHIPPS. Ja, Mylord. *(Ab)*

LORD GORING. Robert, du hast doch nichts dagegen, wenn ich dich wegschicke?

SIR ROBERT CHILTERN. Laß mich noch fünf Minuten bleiben, Arthur. Ich habe einen Entschluß gefaßt. Ich weiß, was ich in der heutigen Nachtsitzung sagen werde. Die Debatte über den Argentinienkanal beginnt um elf Uhr. *(Im Salon fällt ein Stuhl um)* Was war das?

LORD GORING. Nichts.

SIR ROBERT CHILTERN. Ich habe im Nebenzimmer einen Stuhl umfallen hören. Jemand hat uns belauscht.

LORD GORING. Nein, nein, es ist niemand dort.

SIR ROBERT CHILTERN. Doch – es ist jemand im Nebenzimmer. Es brennt Licht, die Tür steht halb offen. Arthur, was soll das bedeuten?

LORD GORING. Du bist aufgeregt – verstört. Ich sage dir, es ist niemand im Nebenzimmer. Setz dich, Robert.

SIR ROBERT CHILTERN. Gibst du mir dein Wort darauf?

LORD GORING. Ja.

SIR ROBERT CHILTERN. Dein Ehrenwort? *(Setzt sich).*

LORD GORING. Ja.

SIR ROBERT CHILTERN *(springt auf).* Laß mich nachsehen.

LORD GORING. Nein, nein ...

SIR ROBERT CHILTERN. Wenn niemand im Nebenzimmer ist, warum darf ich dann nicht einen Blick hineintun? Arthur, du mußt mir gestatten, hineinzugehen und mich davon zu überzeugen, daß niemand zugehört hat – daß niemand das Geheimnis meines Lebens erfahren hat. Arthur, du bist dir nicht im klaren darüber, was ich durchmache.

LORD GORING. Robert, mach Schluß! Ich habe dir gesagt, daß niemand im Nebenzimmer ist – das genügt.

SIR ROBERT CHILTERN *(stürzt auf die Tür zu).* Es genügt mir nicht. Ich bestehe darauf, einen Blick in dieses Zimmer zu tun. Du behauptest, daß niemand drin ist – was für einen Grund hast du, es mir zu verwehren?

LORD GORING. Um Gottes willen, laß es sein! Es ist jemand drin. Jemand, den du nicht sehen darfst.

LORD ROBERT CHILTERN. Aha – das habe ich mir gedacht!

LORD GORING. Ich verbiete dir, dieses Zimmer zu betreten.

SIR ROBERT CHILTERN. Zurück! Mein Leben steht auf dem Spiel. Mich kümmert nicht, wer dort drin ist. Ich will wissen, wem ich mein Geheimnis und meine Schande erzählt habe. *(Geht in den Salon ab)*

LORD GORING. Allmächtiger Himmel! Seine eigene Frau ...

(Sir Robert Chiltern kehrt zurück. Verachtung und Zorn spiegeln sich in seinen Mienen)

SIR ROBERT CHILTERN. Wie erklärst du mir die Anwesenheit dieser Dame?

LORD GORING. Robert, ich schwöre bei meiner Ehre, daß sie untadelig ist – daß sie sich dir gegenüber nichts hat zuschulden kommen lassen.

SIR ROBERT CHILTERN. Sie ist ein gemeines, ein niederträchtiges Geschöpf!

LORD GORING. Sag das nicht, Robert! Deinetwegen ist sie hierhergekommen. Um dich zu retten, ist sie hierhergekommen. Sie liebt dich und keinen anderen.

SIR ROBERT CHILTERN. Du bist wahnsinnig. Was geht mich eure Liebschaft an? Sie soll ruhig deine Mätresse bleiben. Ihr paßt gut zueinander. Sie, korrupt und schändlich – du, treulos als Freund, verräterisch sogar als Feind ...

LORD GORING. Es ist nicht wahr, Robert. Es ist bei Gott nicht wahr. In deiner und ihrer Anwesenheit werde ich dir alles erklären.

SIR ROBERT CHILTERN. Lassen Sie mich vorbei, Sir. Sie haben mir genug auf Ihr Ehrenwort vorgelogen.

(Sir Robert Chiltern geht ab. Lord Goring eilt zur Tür des Salons. Da erscheint Mrs. Cheveley mit strahlender und belustigter Miene)

MRS. CHEVELEY *(mit einem spöttischen Knicks)*. Guten Abend, Lord Goring!

LORD GORING. Mrs. Cheveley! Du lieber Gott ... Darf ich Sie fragen, was Sie in meinem Salon zu suchen hatten?

MRS. CHEVELEY. Ich habe nur zugehört. Durch Schlüssellöcher zu horchen, ist meine größte Leidenschaft. Man bekommt immer so fabelhafte Dinge zu hören.

LORD GORING. Heißt das nicht die Vorsehung in Versuchung führen?

MRS. CHEVELEY. Ach, die Vorsehung wird inzwischen gelernt haben, den Versuchungen zu widerstehen. *(Sie bedeutet ihm, ihr aus dem Mantel zu helfen. Er gehorcht ihrem Wink)*

LORD GORING. Ich bin froh, daß Sie mich aufgesucht haben. Ich werde Ihnen einen guten Rat geben.

MRS. CHEVELEY. Bitte nicht! Man sollte einer Frau nie etwas geben, das sie nicht abends tragen kann.

LORD GORING. Wie ich sehe, sind Sie noch immer genauso eigenwillig wie früher.

MRS. CHEVELEY. Noch viel eigenwilliger! Ich habe große Fortschritte gemacht. Ich habe Erfahrungen gesammelt.

LORD GORING. Allzu viele Erfahrungen sind gefährlich. Bitte, nehmen Sie sich eine Zigarette. Die Hälfte aller hübschen Frauen in London raucht Zigaretten. Ich ziehe die andere Hälfte vor.

MRS. CHEVELEY. Danke. Ich rauche nie. Meiner Schneiderin würde es nicht recht sein, und die erste Pflicht einer Frau gilt ihrer Schneiderin. Wem die zweite gilt, hat bisher noch niemand herausgefunden.

LORD GORING. Sie sind gekommen, um mir Robert Chilterns Brief zu verkaufen, oder?

MRS. CHEVELEY. Um Ihnen den Brief unter gewissen Bedingungen anzubieten. Wieso haben Sie das erraten?

LORD GORING. Weil Sie es unterließen, das Thema zu berühren. Haben Sie ihn bei sich?

MRS. CHEVELEY *(setzt sich)*. O nein! Ein gutsitzendes Kleid hat keine Taschen.

LORD GORING. Welchen Preis fordern Sie?

MRS. CHEVELEY. Ihr absurden Engländer! Ihr bildet euch ein, daß jedes Problem mit Hilfe eines Scheckbuchs zu lösen sei. Mein lieber Arthur, ich habe viel mehr Geld als Sie und ebensoviel, wie Robert Chiltern an sich gerafft hat. Mir geht es nicht ums Geld.

LORD GORING. Worum also geht es Ihnen, Mrs. Cheveley?

MRS. CHEVELEY. Warum sagen Sie nicht Laura zu mir?

LORD GORING. Ich mag den Namen nicht.

MRS. CHEVELEY. Sie haben für ihn geschwärmt.

LORD GORING. Ebendeshalb ... *(Mrs. Cheveley bedeutet ihm, sich zu ihr zu setzen. Er lächelt und gehorcht)*

MRS. CHEVELEY. Arthur, Sie haben mich einmal geliebt.

LORD GORING. Ja.

MRS. CHEVELEY. Und mich um meine Hand gebeten.

LORD GORING. Das war das natürliche Ergebnis meiner Verliebtheit.

MRS. CHEVELEY. Und Sie haben mich sitzenlassen, weil Sie – angeblich – gesehen hatten, wie der arme alte Lord Mortlake im Gewächshaus von Tenby heftig mit mir zu flirten versuchte.

LORD GORING. Ich glaube mich dunkel zu erinnern, daß mein Anwalt diese Angelegenheit unter gewissen Bedingungen mit Ihnen geordnet hat – Bedingungen, die Sie selber diktiert haben.

MRS. CHEVELEY. Damals war ich arm. Sie waren reich.

LORD GORING. Richtig. Deshalb gaben Sie vor, mich zu lieben.

MRS. CHEVELEY *(zuckt die Achseln).* Der arme alte Lord Mortlake, der nur zwei Gesprächsthemen kannte – seine Gicht und seine Frau! Ich konnte nie so recht schlau daraus werden, wovon gerade die Rede war. Er äußerte sich über beide in den abscheulichsten Worten. Ach, waren Sie dumm, Arthur! Lord Mortlake hat mir nie mehr bedeutet als ein flüchtiges Amüsement. Eines jener äußerst langweiligen Amüsements, wie man sie nur auf einem englischen Landsitz an einem englischen Landsonntag erleben kann. Meiner Meinung nach ist niemand voll verantwortlich dafür, was er – oder sie – auf einem englischen Landsitz tut.

LORD GORING. Ja, ich weiß, daß viele Leute dieser Meinung sind.

MRS. CHEVELEY. Ich habe Sie geliebt, Arthur.

LORD GORING. Meine liebe Mrs. Cheveley, Sie waren schon immer viel zu klug, um etwas von Liebe zu verstehen.

MRS. CHEVELEY. Doch – ich habe Sie geliebt. Und Sie haben mich geliebt. Sie wissen, daß Sie mich geliebt haben. Und die Liebe ist etwas Wunderbares. Ich nehme an, wenn ein Mann einmal eine Frau geliebt hat, wird er bereit sein, alles für sie zu tun – bis auf das eine: sie weiterhin zu lieben. *(Legt ihre Hand auf die seine)*

LORD GORING *(entzieht ihr gelassen seine Hand).* Ja – bis auf das eine ...

MRS. CHEVELEY. Ich habe es satt, im Ausland zu leben. Ich möchte nach London zurückkehren. Ich möchte ein hübsches Haus haben. Einen Salon. Wenn man den Engländern das Reden und den Irländern das Zuhören beibringen könnte, würde die hiesige gute Gesellschaft einigermaßen zivilisiert sein. Außerdem habe ich das romantische Stadium erreicht. Als ich Sie gestern abend bei den Chilterns wiedersah, da wußte ich, daß Sie der einzige Mann sind, aus dem ich mir je etwas gemacht habe ... Deshalb werde ich Ihnen am Morgen nach unserem Hochzeitstag Robert Chilterns Brief überreichen. Das ist mein Angebot. Wenn Sie mir versprechen, mich zu heiraten, bekommen Sie ihn sofort.

LORD GORING. Sofort?

MRS. CHEVELEY *(lächelnd).* Morgen.

LORD GORING. Ist das Ihr Ernst?

MRS. CHEVELEY. Ja, mein voller Ernst.

LORD GORING. Ich würde einen schlechten Ehemann abgeben.

MRS. CHEVELEY. Ich habe nichts gegen schlechte Ehemänner. Ich habe zwei konsumiert. Sie haben mich glänzend amüsiert.

LORD GORING. Das soll heißen, daß *Sie* sich glänzend amüsiert haben, nicht wahr?

MRS. CHEVELEY. Was wissen denn Sie von meinem Eheleben?

LORD GORING. Nichts. Aber ich kann darin lesen wie in einem aufgeschlagenen Buch.

MRS. CHEVELEY. Und was sollte das für ein Buch sein?

LORD GORING *(erhebt sich)*. Das Einmaleins.

MRS. CHEVELEY. Finden Sie es nett, in Ihrem eigenen Haus eine Frau so unhöflich zu behandeln?

LORD GORING. Im Falle einer faszinierenden Frau ist das Geschlecht keine Barriere, sondern eine Herausforderung.

MRS. CHEVELEY. Das soll wohl ein Kompliment sein. Mein lieber Arthur, Frauen sind nie durch Komplimente zu entwaffnen. Nur Männer. Das ist der Unterschied zwischen den beiden Geschlechtern.

LORD GORING. Soweit ich die Frauen kenne, sind sie durch nichts zu entwaffnen.

MRS. CHEVELEY *(nach einer Pause)*. Sie werden also lieber Ihren besten Freund, Robert Chiltern, zugrunde gehen lassen, als eine Frau zu heiraten, deren Reize eigentlich noch recht gut erhalten sind. Ich dachte, Sie hätten den Gipfel der Selbstaufopferung erklommen. Ich würde es Ihnen empfehlen. Sie könnten dann den Rest Ihrer Tage mit der Betrachtung Ihrer eigenen Vollkommenheit verbringen.

LORD GORING. Ach, so weit bin ich ohnedies schon. Und Selbstaufopferung sollte polizeilich verboten sein. Sie demoralisiert die Menschen, für die man sich aufopfert. Die Armen gehen vor die Hunde.

MRS. CHEVELEY. Als ob Robert Chiltern zu demoralisieren wäre! Sie scheinen zu vergessen, daß ich seinen wahren Charakter kenne.

LORD GORING. Nicht seinen wahren Charakter. Sie wissen nur, daß er in seiner Jugend einen törichten Schritt getan hat – einen unehrenhaften Schritt, das gebe ich zu – einen schändlichen Schritt, das gebe ich zu – einen Schritt, der – auch das gebe ich zu – seiner unwürdig war und gerade deshalb keine Schlüsse auf seinen wahren Charakter zuläßt.

MRS. CHEVELEY. Wie ihr Männer doch füreinander in die Bresche springt!

LORD GORING. Wie ihr Frauen doch einander in den Haaren liegt!

MRS. CHEVELY *(erbittert)*. Ich habe nur eine Feindin, Gertrude Chiltern. Ich hasse sie. Ich hasse sie jetzt bitterer denn je.

LORD GORING. Wohl deshalb, weil Sie eine wahre Tragödie in ihr Leben hineingetragen haben.

MRS. CHEVELEY *(höhnisch)*. Im Leben einer Frau gibt es nur eine wahre Tragödie – daß ihre Vergangenheit dem Liebhaber und ihre Zukunft unweigerlich dem Ehemann gehört.

LORD GORING. Das Leben, auf das Sie anspielen, ist Lady Chiltern fremd.

MRS. CHEVELEY. Einer Frau mit der Handschuhgröße siebendreiviertel ist das meiste fremd. Sie wissen, daß Gertrude seit jeher siebendreiviertel trägt? Das ist einer der Gründe, warum es zwischen uns nie auch nur die geringste Sympathie gegeben hat ... Nun, Arthur, ich nehme an, daß das romantische Intermezzo beendet ist. Sie müssen aber zugeben, daß es romantisch war. Für das Vorrecht, Ihre Frau zu sein, war ich bereit, einen großen Preis zu zahlen – den Höhepunkt meiner diplomatischen Laufbahn zu opfern. Sie haben abgelehnt. Schön. Wenn Sir Robert nicht mein argentinisches Projekt unterstützt, werde ich ihn bloßstellen. *Voilà tout.*

LORD GORING. Das dürfen Sie nicht tun. Es wäre gemein, abscheulich, schändlich.

MRS. CHEVELEY *(achselzuckend)*. Ersparen Sie sich die großen Worte. Sie besagen so wenig. Es handelt sich um eine geschäftliche Transaktion. Das ist alles. Es hat keinen Zweck, sentimental zu werden. Ich habe Robert Chiltern ein Angebot gemacht. Wenn er den geforderten Preis nicht zahlen will, muß er der Welt einen höheren Preis zahlen. Mehr ist nicht dazu zu sagen. Ich muß aufbrechen. Leben Sie wohl. Wollen Sie mir nicht die Hand reichen?

LORD GORING. Ihnen? Nein. Ihre geschäftliche Transaktion mag als das widerliche Gebaren eines widerlich kommerzialisierten

Zeitalters hingehen. Aber Sie scheinen vergessen zu haben, daß Sie hierhergekommen sind, um von Liebe zu sprechen – Sie, deren Lippen das Wort Liebe entweihen ... Sie, für die Liebe ein Buch mit sieben Siegeln ist, waren heute nachmittag im Hause einer der edelmütigsten und gütigsten Frauen von der Welt, um ihren Mann in ihren Augen zu degradieren, ihre Liebe zu ihm auszulöschen, ihr Herz zu vergiften, ihr das Leben zu verbittern, ihr Idol zu zertrümmern und – vielleicht – ihre Seele zu verderben. Das kann ich Ihnen nicht verzeihen. Das war grauenhaft. Dafür gibt es keine Verzeihung.

MRS. CHEVELEY. Arthur, Sie tun mir unrecht. Glauben Sie mir, Sie tun mir unrecht. Ich hatte überhaupt nicht die Absicht, Gertrude zu verhöhnen. Nicht im Traum habe ich daran gedacht! Ich ging zusammen mit Lady Markby zu den Chilterns, um mich zu erkundigen, ob ein Schmuckstück, ein Juwel, das ich gestern abend irgendwo verloren hatte, im Haus gefunden worden sei. Wenn Sie mir nicht glauben, können Sie Lady Markby fragen. Sie wird es bestätigen. Zu dem Auftritt kam es erst, nachdem Lady Markby sich entfernt hatte. Er wurde mir durch Gertrudes Unhöflichkeit und höhnische Art aufgezwungen. Na ja, vielleicht war von Anfang an ein wenig Bosheit mit dabei ... Eigentlich aber wollte ich mich *nur* erkundigen, ob eine Brillantbrosche, die mir gehört, gefunden worden sei. So hat es sich ergeben.

LORD GORING. Eine Brillantbrosche mit einem Rubin?

MRS. CHEVELEY. Ja. Wieso wissen Sie es?

LORD GORING. Weil sie gefunden worden ist. De facto habe ich selber sie gefunden und dummerweise vergessen, vor dem Weggehen den Butler zu informieren. *(Tritt an den Schreibtisch und öffnet Schubladen)* In dieser Lade liegt sie, nein, hier. Das ist die Brosche, nicht wahr? *(Zeigt ihr das Schmuckstück)*

MRS. CHEVELEY. Ich bin so froh, daß ich sie wiederhabe. Sie ist ein – Geschenk.

LORD GORING. Wollen Sie sie nicht tragen?

MRS. CHEVELEY. Freilich ... Wenn Sie sie mir anstecken? *(Lord Goring legt ihr das Schmuckstück unversehens ums Handgelenk)* Warum ums Handgelenk? Ich wußte gar nicht, daß diese Brosche als Armband getragen werden kann.

LORD GORING. Ach?

MRS. CHEVELEY *(streckt ihren schönen Arm aus)*. Nein. Aber sie macht sich auch als Armband sehr gut an mir, nicht wahr?

LORD GORING. Ja – viel besser als dort, wo ich sie zuletzt gesehen habe.

MRS. CHEVELEY. Wann haben Sie sie zuletzt gesehen?

LORD GORING *(gelassen)*. Ach, vor zehn Jahren – bei Lady Berkshire, der Sie sie gestohlen haben.

MRS. CHEVELEY *(zuckt zusammen)*. Was soll das heißen?

LORD GORING. Das soll heißen, daß Sie dieses Schmuckstück meiner Kusine, Mary Berkshire, gestohlen haben, der ich es zu ihrer Hochzeit geschenkt hatte. Der Verdacht fiel auf einen armen Dienstboten, der Knall und Fall entlassen wurde. Gestern nacht habe ich die Brosche wiedererkannt. Ich beschloß zu schweigen, bis ich den Dieb – oder die Diebin – gefunden haben würde. Jetzt habe ich die Diebin gefunden – und habe ihr Geständnis gehört.

MRS. CHEVELEY *(wirft den Kopf zurück)*. Das stimmt nicht.

LORD GORING. Sie wissen genau, daß es stimmt. In diesem Augenblick steht das Wort ›Diebin‹ auf Ihrem Gesicht geschrieben.

MRS. CHEVELEY. Ich werde alles von Anfang bis Ende bestreiten. Ich werde erklären, daß ich diesen miserablen Firlefanz nie gesehen habe – daß er sich nie in meinem Besitz befunden hat.

(Mrs. Cheveley versucht, das Armband abzulegen, aber es gelingt ihr nicht. Lord Goring sieht ihr belustigt zu. Vergebens zerren ihre schmalen Finger an dem Juwel. Sie stößt einen Fluch aus)

LORD GORING. Stehlen hat *einen* Nachteil, Mrs. Cheveley: Man weiß nie, wie großartig der Gegenstand ist, den man stiehlt. Wenn Sie nicht wissen, wo die Feder sitzt, werden Sie dieses Armband nicht wieder los. Sie ist ziemlich schwer zu finden.

MRS. CHEVELEY. Sie Scheusal! Sie Feigling! *(Wieder versucht sie den Verschluß zu öffnen – wieder mißlingt es ihr)*

LORD GORING. Ach, ersparen Sie sich die großen Worte. Sie besagen so wenig.

MRS. CHEVELEY *(zerrt in wilder Raserei an dem Armband. Unartikulierte Laute kommen von ihren Lippen. Dann hält sie inne und sieht Lord Goring an)*. Was haben Sie vor?

LORD GORING. Ich werde nach meinem Diener klingeln. Er ist

ein hervorragender Diener. Sowie man klingelt, kommt er zur Tür herein. Ich werde ihn beauftragen, die Polizei zu holen.

MRS. CHEVELEY *(zitternd)*. Die Polizei? Weshalb?

LORD GORING. Morgen werden die Berkshires Anzeige erstatten. Deshalb muß ich die Polizei verständigen.

(Mrs. Cheveley wird von physischer Angst geschüttelt. Ihr Gesicht ist verzerrt, ihr Mund steht halb offen. Eine Maske ist von ihr abgefallen. In diesem Moment bietet sie einen schrecklichen Anblick)

MRS. CHEVELEY. Nein – bitte nicht! Ich tue, was Sie von mir verlangen – was auch immer Sie von mir verlangen!

LORD GORING. Geben Sie mir Robert Chilterns Brief.

MRS. CHEVELEY. Halt! Halt ...! Lassen Sie mich nachdenken.

LORD GORING. Geben Sie mir Robert Chilterns Brief.

MRS. CHEVELEY. Ich habe ihn nicht bei mir. Sie bekommen ihn morgen.

LORD GORING. Sie wissen genau, daß das eine Lüge ist. Geben Sie ihn mir sofort. *(Mrs. Cheveley zieht den Brief hervor und reicht ihn Lord Goring. Sie ist leichenblaß)* Ist er das?

MRS. CHEVELEY *(mit heiserer Stimme)*. Ja.

LORD GORING *(nimmt den Brief, betrachtet ihn, seufzt und verbrennt ihn über der Lampe)*. Für eine so gutangezogene Frau, Mrs. Cheveley, haben Sie Momente bewundernswert gesunden Menschenverstandes. Ich beglückwünsche Sie.

MRS. CHEVELEY *(erblickt Lady Chilterns Brief, dessen Rand unter der Schreibunterlage hervorschaut)*. Bitte, geben Sie mir ein Glas Wasser.

LORD GORING. Gerne. *(Geht in eine Ecke des Zimmers und füllt ein Glas mit Wasser. Während er Mrs. Cheveley den Rücken kehrt, stiehlt sie Lady Chilterns Brief. Dann lehnt sie das Glas Wasser mit einer Handbewegung ab)*

MRS. CHEVELEY. Danke. Würden Sie so freundlich sein, mir in den Mantel zu helfen?

LORD GORING. Mit Vergnügen. *(Hilft ihr in den Mantel)*

MRS. CHEVELEY. Danke. Ich werde nie wieder auch nur den geringsten Versuch machen, Robert Chiltern zu schaden.

LORD GORING. Zum Glück haben Sie keine Chance mehr.

MRS. CHEVELEY. Nun, auch wenn ich eine Chance hätte – ich

würde sie nicht ausnützen. Im Gegenteil – ich werde ihm einen großen Dienst erweisen.

LORD GORING. Das höre ich mit Freuden. Was für ein Gesinnungswandel!

MRS. CHEVELEY. Ja. Ich kann nicht ertragen, daß ein so aufrechter Gentleman, ein so ehrenhafter britischer Gentleman, so schändlich hintergangen wird – so …

LORD GORING. Ja?

MRS. CHEVELEY. Es stellt sich heraus, daß Gertrude Chilterns letzte Worte und ihr stammelndes Geständnis sich irgendwie in meine Tasche verirrt haben.

LORD GORING. Was soll das heißen?

MRS. CHEVELEY *(in bitter triumphierendem Ton)*. Das soll heißen, daß ich Robert Chiltern den Liebesbrief zusenden werde, den seine Frau Ihnen heute abend geschrieben hat.

LORD GORING. Liebesbrief?

MRS. CHEVELEY *(lachend)*. Ich brauche Hilfe. Mein Vertrauen ist grenzenlos. Ich komme. Gertrude …

(Lord Goring stürzt zum Schreibtisch, greift nach dem Umschlag, sieht, daß er leer ist, und dreht sich um)

LORD GORING. Elendiges Frauenzimmer – können Sie das Stehlen nicht lassen? Geben Sie mir den Brief zurück. Sonst werde ich Gewalt anwenden! Sie verlassen das Zimmer nicht, bevor ich den Brief wiederhabe.

(Er stürzt auf sie zu, aber sie drückt schnell auf die elektrische Tischklingel, deren schrille Töne durch den Raum hallen. Phipps tritt ein)

MRS. CHEVELEY *(nach einer Pause)*. Lord Goring hat nur geklingelt, damit Sie mich hinausbegleiten. Gute Nacht, Lord Goring!

(Sie geht ab. Phipps folgt ihr. Boshafte Siegesfreude leuchtet aus ihren Zügen. Ihre Augen funkeln. Sie scheint mit einem Male wieder jung geworden zu sein. Ihr letzter Blick ist wie ein schneller Pfeil. Lord Goring beißt sich auf die Lippe und zündet sich eine Zigarette an)

Vorhang

Vierter Akt

Der gleiche Schauplatz wie im zweiten Akt.

(Lord Goring steht am Kamin, die Hände in den Hosentaschen. Er macht einen recht gelangweilten Eindruck)

LORD GORING *(schaut auf seine Taschenuhr, klingelt).* Das ist doch zu ärgerlich! Ich kann in diesem Haus keinen Menschen auftreiben, mit dem sich reden läßt. Dabei bin ich vollgepfropft mit interessanten Neuigkeiten. Ich komme mir vor wie die Spätausgabe dieser oder jener Tageszeitung.

(James tritt ein)

JAMES. Sir Robert ist nach wie vor im Auswärtigen Amt, Mylord.

LORD GORING. Ist Lady Chiltern noch nicht nach unten gekommen?

JAMES. Mylady hat ihr Zimmer noch nicht verlassen. Miß Chiltern ist soeben von ihrem Morgenritt zurückgekehrt.

LORD GORING *(für sich).* Ah – das ist immerhin etwas ...

JAMES. Lord Caversham wartet schon seit einiger Zeit in der Bibliothek auf Sir Robert. Ich habe ihm mitgeteilt, daß Eure Lordschaft hier sind.

LORD GORING. Danke. Würden Sie so freundlich sein und ihm mitteilen, daß ich gegangen bin.

JAMES *(mit einer Verbeugung).* Sehr wohl, Mylord. *(Ab)*

LORD GORING. Ich habe wirklich keine Lust, meinen Vater drei Tage hintereinander zu treffen. Das wäre für jeden Sohn viel zu aufregend. Ich hoffe zu Gott, daß er nicht heraufmarschiert. Väter soll man weder sehen noch hören. Das ist die einzig richtige Grundlage für ein harmonisches Familienleben. Mütter sind ein anderes Kapitel. Sie sind immer lieb und nett. *(Setzt sich in einen Sessel und beginnt Zeitung zu lesen)*

(Lord Caversham tritt auf)

LORD CAVERSHAM. Na, Sir, was machst denn *du* hier? Vergeudest wohl wie gewöhnlich deine Zeit.

LORD GORING *(wirft die Zeitung weg und steht auf).* Mein lieber Vater, wenn man einen Besuch macht, geschieht es, um anderer Leute Zeit zu vergeuden, nicht die eigene.

LORD CAVERSHAM. Hast du dir überlegt, was ich gestern abend zu dir gesagt habe?

LORD GORING. Ich habe an nichts anderes mehr gedacht.

LORD CAVERSHAM. Schon verlobt?

LORD GORING *(vergnügt)*. Noch nicht. Aber ich hoffe es vor dem Mittagessen zu sein.

LORD CAVERSHAM *(säuerlich)*. Wenn es dir bequemer ist, kannst du dir bis zum Abendessen Zeit lassen.

LORD GORING. Heißen Dank, aber ich werde mich wohl lieber schon vor dem Mittagessen verloben.

LORD CAVERSHAM. Hm! Ich weiß nie, ob du etwas ernst meinst oder nicht.

LORD GORING. Auch ich nicht, Papa. *(Pause)*

LORD CAVERSHAM. Ich nehme an, daß du heute früh die ›Times‹ gelesen hast.

LORD GORING *(von oben herab)*. Die ›Times‹? Natürlich nicht. Ich lese die ›Morningpost‹. Man braucht nur zu erfahren, wo die Herzoginnen sich herumtreiben. Alles andere ist demoralisierend.

LORD CAVERSHAM. Soll das heißen, daß du den Leitartikel der ›Times‹ über Robert Chilterns Laufbahn nicht gelesen hast?

LORD GORING. Himmel, nein! Was steht drin?

LORD CAVERSHAM. Was wird denn drinstehen? Natürlich lauter Lobgesänge. Chilterns gestrige Rede über das Argentinien-Kanal-Projekt sei eine der größten oratorischen Leistungen gewesen, die das Unterhaus seit Canning erlebt hat.

LORD GORING. Ach! Nie von Canning gehört. Habe auch nie was von ihm hören wollen. Und hat – hat Chiltern das Projekt befürwortet?

LORD CAVERSHAM. Befürwortet, Sir? Wie wenig du ihn kennst! Er hat es rundweg verworfen und mit ihm das gesamte heutige System politisch orientierter Finanzmanipulationen. Die ›Times‹ betont, daß diese Rede der Wendepunkt seiner Karriere sei. Du müßtest den Artikel lesen, Sir. *(Schlägt die ›Times‹ auf)* ›Sir Robert Chiltern ... Keiner unserer jüngeren Staatsmänner in so strahlendem Aufstieg begriffen wie er ... Glänzender Redner ... Makellose Laufbahn ... Untadeliger Charakter ... Repräsentiert das Beste im öffentlichen Leben

Englands ... Edler Kontrast zu der laxen Moral, die unter ausländischen Politikern gang und gäbe ist ...‹ Von dir wird man nie so etwas sagen, Sir.

LORD GORING. Ich hoffe es von ganzem Herzen, Papa. Aber was du mir da erzählst, freut mich wirklich – freut mich sehr. Es zeigt, daß Robert mutig ist.

LORD CAVERSHAM. Mehr als mutig – genial.

LORD GORING. Ach, Mut ist mir lieber. Er ist heutzutage nicht so alltäglich wie die Genialität.

LORD CAVERSHAM. Ich bedaure, daß du dich nicht auch ins Unterhaus wählen läßt.

LORD GORING. Mein lieber Vater, nur Leute, die dumm aussehen, werden ins Unterhaus gewählt – und nur die Dummen kommen dort voran.

LORD CAVERSHAM. Warum versuchst du nicht, etwas Nützliches im Leben auszurichten?

LORD GORING. Dazu bin ich viel zu jung.

LORD CAVERSHAM *(gereizt)*. Ich kann diese Ziererei nicht leiden, Sir – diese Affektiertheit, sich jung zu gebärden –, der man heutzutage auf Schritt und Tritt begegnet.

LORD GORING. Jungsein ist keine Affektiertheit, sondern eine Kunst.

LORD CAVERSHAM. Warum hältst du nicht um die Hand der hübschen Miß Chiltern an?

LORD GORING. Ich bin ein sehr nervöser Mensch – besonders am Vormittag.

LORD CAVERSHAM. Es besteht wohl nicht die geringste Chance, daß sie dich nimmt.

LORD GORING. Ich weiß nicht, wie die Odds heute stehen.

LORD CAVERSHAM. Wenn sie dich nimmt, ist sie die hübscheste dumme Gans in ganz England.

LORD GORING. Das wäre gerade das Richtige zum Heiraten ... Eine durch und durch vernünftige Frau würde mich binnen sechs Monaten in einen Zustand restloser Verblödung versetzen.

LORD CAVERSHAM. Du verdienst sie nicht, Sir.

LORD GORING. Mein lieber Vater, wenn wir Männer die Frauen heiraten würden, die wir verdienen, wären wir übel daran.

(Mabel Chiltern tritt auf)

MABEL CHILTERN. Oh ...! Guten Morgen, Lord Caversham! Hoffentlich geht es Lady Caversham gut.

LORD CAVERSHAM. Wie üblich, wie üblich.

LORD GORING. Guten Morgen, Miß Mabel!

MABEL CHILTERN *(nimmt überhaupt keine Notiz von ihm und wendet sich ausschließlich an Lord Caversham)*. Und Lady Cavershams Hüte – hat ihr Zustand sich gebessert?

LORD CAVERSHAM. Ich muß leider sagen, daß sie einen ernsten Rückfall erlitten haben.

LORD GORING. Guten Morgen, Miß Mabel.

MABEL CHILTERN *(zu Lord Caversham)*. Hoffentlich wird sich eine Operation vermeiden lassen.

LORD CAVERSHAM *(quittiert ihre schnippische Bemerkung mit einem Lächeln)*. Wenn nicht, dann werden wir Lady Caversham narkotisieren müssen. Sonst wird sie nicht dulden, daß man auch nur die kleinste Feder anrührt.

LORD GORING *(mit gesteigertem Nachdruck)*. Guten Morgen, Miß Mabel!

MABEL CHILTERN *(dreht sich mit gespielter Verwunderung zu ihm um)*. Ach, Sie sind auch da? Natürlich haben Sie begriffen, daß ich nie wieder mit Ihnen reden werde, nachdem Sie unsere Verabredung nicht eingehalten haben.

LORD GORING. Ach, bitte, sagen Sie das nicht. Sie sind der einzige Mensch in ganz London, von dem ich mir aufrichtig wünsche, daß er mir zuhört.

MABEL CHILTERN. Lord Goring, was *Sie* zu *mir* sagen – und was *ich* zu *Ihnen* sage –, da glaube ich kein Wort!

LORD CAVERSHAM. Sie haben ganz recht, meine Liebe, ganz recht – ich meine, soweit es ihn betrifft.

MABEL CHILTERN. Glauben Sie, daß Sie möglicherweise Ihren Herrn Sohn bewegen könnten, sich ab und zu ein wenig besser zu benehmen – nur der Abwechslung halber?

LORD CAVERSHAM. Ich bedaure sagen zu müssen, Miß Chiltern, daß ich überhaupt keinen Einfluß auf ihn habe. Leider Gottes. Andernfalls wüßte ich schon, wozu ich ihn bewegen würde.

MABEL CHILTERN. Ich fürchte, er gehört zu den erschreckend schwachen Charakteren, die sich nicht beeinflussen lassen.

LORD CAVERSHAM. Er ist ein herzloser, ein sehr herzloser Mensch.

LORD GORING. Ich scheine hier ein bißchen im Wege zu sein.

MABEL CHILTERN. Es wird Ihnen ganz gut bekommen, im Wege zu sein und zu erfahren, was die Leute hinter Ihrem Rücken über Sie sagen.

LORD GORING. Ich erfahre gar nicht gern, was die Leute hinter meinem Rücken über mich sagen. Es macht mich viel zu eitel.

LORD CAVERSHAM. Nach dieser Bemerkung, liebe Miß Mabel, muß ich mich wirklich von Ihnen verabschieden.

MABEL CHILTERN. Oh! Hoffentlich werden Sie mich nicht mit Lord Goring allein lassen! Noch dazu so früh am Tage.

LORD CAVERSHAM. Leider kann ich ihn nicht in die Downing Street mitnehmen. Es ist heute nicht der Tag, an dem der Premierminister die Arbeitslosen empfängt. *(Reicht Mabel Chiltern die Hand, nimmt Hut und Stock, wirft Lord Goring zum Abschied einen entrüsteten Blick zu und geht ab)*

MABEL CHILTERN *(nimmt Rosen zur Hand und arrangiert sie in einer Schale)*. Leute, die ihre Verabredungen im Park nicht einhalten, finde ich gräßlich.

LORD GORING. Verabscheuungswürdig.

MABEL CHILTERN. Ich bin froh, daß Sie es zugeben. Aber Sie sollten dabei nicht so vergnügt dreinschauen.

LORD GORING. Ich kann nichts dafür. Ich schaue immer vergnügt drein, wenn ich mit Ihnen beisammen bin.

MABEL CHILTERN *(bekümmert)*. Dann wäre es wohl meine Pflicht, bei Ihnen zu bleiben.

LORD GORING. Selbstverständlich.

MABEL CHILTERN. Nun, meine Pflicht tue ich grundsätzlich nicht. Es ist mir viel zu deprimierend. Also muß ich Sie leider verlassen.

LORD GORING. Bitte nicht, Miß Mabel! Ich habe Ihnen etwas ganz Besonderes mitzuteilen.

MABEL CHILTERN *(hingerissen)*. Oh – ist es ein Heiratsantrag?

LORD GORING *(ein wenig verdutzt)*. Also, ja, es ist – ich muß zugeben, daß es ein Heiratsantrag ist.

MABEL CHILTERN *(mit einem frohen Seufzer)*. Wie mich das freut! Dann ist es heute schon der zweite.

LORD GORING *(indigniert)*. Heute schon der zweite? Welcher eingebildete Esel ist so frech, daß er es gewagt hat, um Ihre Hand anzuhalten, bevor *ich* um Ihre Hand angehalten habe?

MABEL CHILTERN. Natürlich Tommy Trafford. Heute hatte er wieder einmal seinen Tag. Während der Saison hält er jeden Dienstag und Donnerstag um meine Hand an.

LORD GORING. Sie haben ihm hoffentlich nicht Ihr Jawort gegeben.

MABEL CHILTERN. Ich mache es mir zur Regel, Tommy nie mein Jawort zu geben. Deshalb hält er immer wieder um meine Hand an. Heute früh allerdings – als Sie sich nicht blicken ließen –, hätte ich beinahe ja gesagt. Es wäre eine ausgezeichnete Lektion gewesen – für Sie wie für ihn. Es hätte euch beiden bessere Manieren beigebracht.

LORD GORING. Ach, hol der Teufel Tommy Trafford! Tommy Trafford ist ein alberner Esel. Ich liebe dich.

MABEL CHILTERN. Das weiß ich. Und ich bin der Meinung, Sie hätten es schon längst erwähnen können. Bestimmt habe ich Ihnen dazu reichlich Gelegenheit geboten.

LORD GORING. Mabel, sei ernst. Bitte, sei ernst!

MABEL CHILTERN. Ach, so etwas sagt jeder Mann zu einem jungen Mädchen, bevor er mit ihr verheiratet ist. Nachher nie wieder.

LORD GORING *(nimmt ihre Hand)*. Mabel, ich habe dir gesagt, daß ich dich liebe. Kannst du mir nicht ein bißchen Gegenliebe schenken?

MABEL CHILTERN. Arthur, du Dummkopf! Wenn du etwas von dem verstündest – wovon du nichts verstehst –, dann würdest du wissen, daß ich für dich schwärme. Das weiß in London jeder Mensch außer dir. Es ist geradezu ein öffentlicher Skandal. Seit sechs Monaten erzähle ich überall herum, daß ich für dich schwärme. Mich wundert, daß du dich herbeiläßt, überhaupt noch mit mir zu reden. Ich bin völlig charakterlos. Nur ein charakterloser Mensch kann so glücklich sein wie ich.

LORD GORING *(nimmt sie in seine Arme und küßt sie. Dann schweigen sie beide verzückt. Dann sagt er)*. Liebste! Weißt du, daß ich schreckliche Angst gehabt habe, du würdest mir einen Korb geben?

MABEL CHILTERN *(blickt zu ihm auf)*. Aber dir hat doch wohl noch nie eine Frau einen Korb gegeben, Arthur? So etwas kann ich mir gar nicht vorstellen.

LORD GORING *(nachdem er sie abermals geküßt hat)*. Natürlich bin ich lange nicht gut genug für dich, Mabel.

MABEL CHILTERN *(schmiegt sich eng an ihn an)*. Ach, wie schön! Gerade vor dem Gegenteil hätte ich Angst.

LORD GORING *(nach einigem Zögern)*. Und ich bin – ich bin ein wenig über dreißig.

MABEL CHILTERN. Lieber Arthur, du siehst um Wochen jünger aus.

LORD GORING *(begeistert)*. Wie lieb von dir, daß du das sagst! – ... Und um ganz fair zu sein, muß ich dir offen gestehen, daß ich an Verschwendungssucht leide.

MABEL CHILTERN. Ich doch auch, Arthur! Also werden wir uns bestimmt einigen. Und jetzt muß ich mit Gertrude sprechen.

LORD GORING. Ist das unbedingt nötig? *(Küßt sie)*

MABEL CHILTERN. Ja.

LORD GORING. Dann sag ihr, daß ich besonders dringend mit ihr zu sprechen wünsche. Ich warte hier schon den ganzen Vormittag auf eine Gelegenheit, mit ihr oder mit Robert zu sprechen.

MABEL CHILTERN. Soll das heißen, daß du nicht eigens hierhergeeilt bist, um mir einen Heiratsantrag zu machen?

LORD GORING *(triumphierend)*. Nein – das war ein Geistesblitz!

MABEL CHILTERN. Dein erster.

LORD GORING *(entschlossen)*. Mein letzter.

MABEL CHILTERN. Das höre ich gern. Rühr dich jetzt nicht vom Fleck. In fünf Minuten bin ich wieder da. Und gerate nicht in Versuchung, während ich weg bin.

LORD GORING. Liebe Mabel, solange du weg bist, bin ich gegen jede Versuchung gefeit – und deshalb ganz von dir abhängig.

(Lady Chiltern tritt auf)

LADY CHILTERN. Guten Morgen, Kind! Wie hübsch du aussiehst!

MABEL CHILTERN. Wie blaß du bist, Gertrude! Es steht dir gut.

LADY CHILTERN. Guten Morgen, Lord Goring.

LORD GORING *(mit einer Verbeugung)*. Guten Morgen, Lady Chiltern.

MABEL CHILTERN *(beiseite zu Lord Goring)*. Ich warte im Wintergarten, unter der zweiten Palme links.

LORD GORING. Unter der zweiten links?

MABEL CHILTERN *(mit gespielter Verwunderung).* Ja – unter der üblichen Palme.

(Ohne daß Lady Chiltern es merkt, wirft sie ihm eine Kußhand zu und geht ab)

LORD GORING. Lady Chiltern, ich habe Ihnen eine ganze Menge guter Nachrichten mitzuteilen. Gestern abend hat Mrs. Cheveley mir Roberts Brief ausgehändigt, und ich habe ihn verbrannt. Robert hat nichts mehr zu befürchten.

LADY CHILTERN *(sinkt aufs Sofa).* Er hat nichts mehr zu befürchten! Oh! Ich bin so froh. Was sind Sie ihm doch für ein guter Freund – ihm – uns . . .!

LORD GORING. Es gibt jetzt nur noch eine Person, von der man behaupten könnte, sie sei gefährdet.

LADY CHILTERN. Nämlich?

LORD GORING *(setzt sich zu ihr).* Sie.

LADY CHILTERN. Ich! Gefährdet? Was soll das heißen?

LORD GORING. Gefährdet ist ein zu großes Wort. Ein Wort, das ich nicht hätte gebrauchen dürfen. Aber ich gestehe, daß ich Ihnen etwas zu erzählen habe, das Ihnen vielleicht Sorge machen wird – das mir schreckliche Sorge bereitet. Gestern abend haben Sie mir einen sehr schönen, fraulichen Brief geschrieben und mich um Hilfe gebeten. Sie schrieben an mich als an einen Ihrer ältesten Freunde, einen der ältesten Freunde Ihres Mannes. Mrs. Cheveley hat den Brief aus meiner Wohnung gestohlen.

LADY CHILTERN. Was nützt er ihr denn? Warum soll sie ihn nicht haben?

LORD GORING *(steht auf).* Lady Chiltern, ich will ganz offen sein. Mrs. Cheveley gibt dem Brief eine gewisse Deutung und beabsichtigt, ihn Ihrem Mann zuzusenden.

LADY CHILTERN. Aber welche Deutung könnte sie ihm geben . . .? Oh, nur das nicht – nur das nicht! Wenn ich – in Bedrängnis bin – Ihre Hilfe brauche, Vertrauen zu Ihnen habe, Sie aufsuchen will – damit Sie mich beraten, mir behilflich sind . . Oh, gibt es so abscheuliche Frauen? Sie beabsichtigt, den Brief meinem Mann zuzusenden? Berichten Sie, was geschehen ist Alles . . .

LORD GORING. Mrs. Cheveley befand sich ohne mein Wissen in einem Zimmer neben meiner Bibliothek. Ich dachte, die Person, die dort auf mich wartete, wären Sie, Lady Chiltern. Unversehens taucht Robert auf. Ein Stuhl fällt um. Robert erzwingt sich Zutritt zu diesem Zimmer und erblickt Mrs. Cheveley. Es kommt zu einer heftigen Szene zwischen uns. Ich glaube noch immer, daß Sie es sind. Wütend läuft er weg. Zuallerletzt bemächtigt sich Mrs. Cheveley Ihres Briefes – stiehlt ihn – ich weiß nicht, wann oder wie ...

LADY CHILTERN. Um welche Zeit hat sich das abgespielt?

LORD GORING. Um halb elf. Und jetzt schlage ich vor, daß wir beide Robert sofort die ganze Geschichte erzählen.

LADY CHILTERN *(sieht ihn mit einem Staunen an, das an Entsetzen grenzt)*. Ich soll Robert erzählen, daß die Frau, die Sie erwarteten, nicht Mrs. Cheveley war – daß ich es war? Daß Sie glaubten, *ich* sei die Frau, die sich um halb elf Uhr nachts in einem Zimmer Ihres Hauses versteckt hatte? Das soll *ich* ihm erzählen?

LORD GORING. Ich halte es für das beste, ihm reinen Wein einzuschenken.

LADY CHILTERN *(steht auf)*. Nein, das bringe ich nicht fertig ... Das bringe ich nicht fertig ...

LORD GORING. Darf *ich* es ihm erzählen?

LADY CHILTERN. Nein.

LORD GORING *(ernst)*. Sie begehen einen Fehler, Lady Chiltern.

LADY CHILTERN. Nein. Der Brief muß abgefangen werden. Das ist alles. Aber wie? Jeden Augenblick kommen Briefe an – von früh bis Abend. Seine Sekretäre öffnen sie und legen sie ihm vor. Ich kann nicht die Dienstboten bitten, mir seine Briefe zu bringen. Das ist ausgeschlossen ... Warum sagen Sie mir nicht, was ich tun soll?

LORD GORING. Bitte, beruhigen Sie sich, Lady Chiltern, und beantworten Sie die Fragen, die ich Ihnen stellen werde. Sie sagten, daß seine Sekretäre die Briefe öffnen.

LADY CHILTERN. Ja.

LORD GORING. Wer hat heute Dienst? Mr. Trafford, nein?

LADY CHILTERN. Nein – ich glaube, Mr. Montford.

LORD GORING. Können Sie sich auf ihn verlassen?

LADY CHILTERN *(mit einer verzweifelten Handbewegung).* Ach, woher soll ich das wissen?

LORD GORING. Wenn Sie ihn um etwas bitten – wird er es tun?

LADY CHILTERN. Ich nehme es an ...

LORD GORING. Ihr Brief ist auf rosa Papier geschrieben. Er könnte ihn ohne weiteres erkennen, ohne zu lesen, was drinsteht. An der Farbe, nicht wahr?

LADY CHILTERN. Vermutlich.

LORD GORING. Ist er momentan im Hause?

LADY CHILTERN. Ja.

LORD GORING. Dann werde ich selber mit ihm sprechen und ihm sagen, daß ein gewisser, auf rosa Papier geschriebener Brief heute an Robert abgesandt worden ist und ihn um keinen Preis erreichen darf. *(Geht zur Tür und öffnet sie)* Oh – Robert kommt die Treppe herauf. Der Brief hat ihn schon erreicht.

LADY CHILTERN *(mit einem gedämpften Schmerzensruf).* Ach – ihm haben Sie das Leben gerettet – aber was haben Sie mit dem meinen gemacht?

(Sir Robert Chiltern tritt auf. Er hält den Brief in der Hand und liest ihn. Ohne Lord Gorings Anwesenheit zu bemerken, geht er auf seine Frau zu)

SIR ROBERT CHILTERN. ›Ich brauche Hilfe. Mein Vertrauen ist grenzenlos. Ich komme. Gertrude.‹ – Ist das wahr, Gertrude, ist das wahr? Hast du wirklich Vertrauen zu mir – brauchst du mich und meine Hilfe? Da muß *ich* zu *dir* kommen – da mußt doch nicht du schreiben, daß du zu mir kommst! Dieser Brief, Gertrude, macht mich glücklich. Jetzt habe ich das Gefühl – was auch die Welt mir antun mag, es berührt mich nicht mehr. Du brauchst mich, Gertrude.

(Lord Goring, dessen Anwesenheit Sir Robert Chiltern noch immer nicht bemerkt hat, gibt Lady Chiltern ein flehentliches Zeichen, die Situation und Roberts Irrtum zu akzeptieren)

LADY CHILTERN. Ja.

SIR ROBERT CHILTERN. Du hast Vertrauen zu mir.

LADY CHILTERN. Ja.

SIR ROBERT CHILTERN. Warum hast du nicht hinzugefügt, daß du mich liebst?

LADY CHILTERN *(nimmt seine Hand).* Weil ich dich liebe.

(Lord Goring verschwindet in den Wintergarten)

SIR ROBERT CHILTERN *(küßt sie)*. Gertrude, du weißt nicht, wie mir zumute ist. Als Montford mir deinen Brief über den Tisch reichte – er hatte ihn wohl aus Versehen geöffnet, ohne die Handschrift auf dem Umschlag zu beachten –, und ich ihn las – oh! da hat es mir nichts mehr ausgemacht, ob Schande oder Strafe auf mich wartet – da hatte ich nur den einen Gedanken: Sie liebt mich noch immer.

LADY CHILTERN. Es wartet keine Strafe auf dich – und auch keine öffentliche Schande. Mrs. Cheveley hat das Dokument, das in ihrem Besitz war, Lord Goring ausgehändigt. Er hat es vernichtet.

SIR ROBERT CHILTERN. Bist du dessen sicher, Gertrude?

LADY CHILTERN. Ja. Lord Goring hat es mir soeben erzählt.

SIR ROBERT CHILTERN. Dann bin ich gerettet! Oh, was für ein herrliches Gefühl! Zwei Tage lang habe ich gezittert. Jetzt kann mir nichts mehr passieren. Sag mir – wie hat Arthur den Brief vernichtet?

LADY CHILTERN. Er hat ihn verbrannt.

SIR ROBERT CHILTERN. Ach, wie gern hätte ich zugeschaut, wie meine einzige Jugendsünde zu Asche wird. Wie viele würden ach so gern ihre Vergangenheit zu weißer Asche werden sehen! Ist Arthur noch hier?

LADY CHILTERN. Ja, im Wintergarten.

SIR ROBERT CHILTERN. Ich bin so froh, daß ich gestern im Unterhaus die Rede gehalten habe – heilfroh. Ich rechnete damit, daß sie mir einen öffentlichen Skandal eintragen würde. Es ist anders gekommen.

LADY CHILTERN. Sie wird dir öffentliche Ehrungen eintragen.

SIR ROBERT CHILTERN. Das glaube ich auch. Ich befürchte es fast. Denn, Gertrude – obwohl ich keine Bloßstellung mehr zu befürchten habe, obwohl alle Beweise vernichtet sind, nehme ich an, daß ich verpflichtet bin – verpflichtet bin, mich aus dem öffentlichen Leben zurückzuziehen … *(Fragend sieht er seine Frau an)*

LADY CHILTERN *(eifrig)*. Ja, Robert, ich halte es für richtig – ich halte es für deine Pflicht.

SIR ROBERT CHILTERN. Ein großer Verzicht.

LADY CHILTERN. Nein, ein großer Gewinn.

(Sir Robert Chiltern geht mit beunruhigter Miene auf und ab. Dann bleibt er bei seiner Frau stehen und legt ihr die Hand auf die Schulter)

SIR ROBERT CHILTERN. Und du wärst es zufrieden, irgendwo allein mit mir zu leben, vielleicht im Ausland oder auf dem Lande – fern von London, fern vom öffentlichen Leben? Du würdest es nicht bedauern?

LADY CHILTERN. O nein, Robert.

SIR ROBERT CHILTERN *(betrübt)*. Und dein Ehrgeiz, der mir gegolten hat? Ich sollte eine große Rolle spielen – das war früher einmal dein Ehrgeiz.

LADY CHILTERN. Ach, mein Ehrgeiz! Ich habe keinen mehr – oder nur noch den einen: daß wir einander lieben. *Dein* Ehrgeiz hat dich irregeführt. Reden wir nie mehr vom Ehrgeiz.

(Lord Goring kehrt aus dem Wintergarten zurück, er schaut selbstzufrieden drein und trägt im Knopfloch ein Sträußchen, das ihm jemand zurechtgemacht hat)

SIR ROBERT CHILTERN *(geht ihm entgegen)*. Arthur, ich muß mich bei dir bedanken. Ich weiß nicht, wie ich dir das je vergelten kann. *(Drückt ihm die Hand)*

LORD GORING. Mein lieber Freund, das werde ich dir sofort sagen. In diesem Augenblick – unter der üblichen Palme – ich meine, im Wintergarten ...

(Mason tritt auf)

MASON. Lord Caversham.

LORD GORING. Mein bewundernswerter Vater macht es sich tatsächlich zur Gewohnheit, im unrechten Augenblick hereinzuschneien. Das ist sehr herzlos von ihm, wirklich sehr herzlos.

(Lord Caversham tritt auf. Mason geht ab)

LORD CAVERSHAM. Guten Morgen, Lady Chiltern. Meinen wärmsten Glückwunsch, Chiltern, zu Ihrer brillanten Rede in der gestrigen Unterhaussitzung. Ich war soeben beim Premierminister. Sie erhalten den vakanten Sitz im Kabinett.

SIR ROBERT CHILTERN *(Freude und Triumph im Blick)*. Einen Sitz im Kabinett?

LORD CAVERSHAM. Ja. Hier ist der Brief des Premierministers. *(Überreicht den Brief)*

SIR ROBERT CHILTERN *(nimmt den Brief zur Hand und liest ihn).* Einen Sitz im Kabinett!

LORD CAVERSHAM. Freilich, und Sie haben ihn auch redlich verdient. Sie besitzen, was wir heutzutage in der Politik so oft vermissen – Charakter, Sittenstrenge, Prinzipien. *(Zu Lord Goring)* All das, was du nicht hast, Sir, und nie haben wirst.

LORD GORING. Ich mag Prinzipien nicht, Papa. Vorurteile sind mir lieber.

(Sir Robert Chiltern ist nahe dran, das Angebot des Premierministers zu akzeptieren, da merkt er, wie seine Frau ihn mit klarem, offenem Blick betrachtet. Er begreift, was sie meint)

SIR ROBERT CHILTERN. Ich kann das Angebot nicht akzeptieren, Lord Caversham. Ich bin entschlossen, es abzulehnen.

LORD CAVERSHAM. Ablehnen, Sir?

SIR ROBERT CHILTERN. Ich habe die Absicht, mich unverzüglich aus dem öffentlichen Leben zurückzuziehen.

LORD CAVERSHAM *(ärgerlich).* Einen Ministersessel ablehnen und sich aus dem öffentlichen Leben zurückziehen? Das ist der größte Unsinn, den ich je in meinem Dasein gehört habe, gottverdammich! Verzeihung, Lady Chiltern ... Chiltern, ich bitte um Verzeihung. *(Zu Lord Goring)* Lach nicht, Sir!

LORD GORING. Nein, Papa.

LORD CAVERSHAM. Lady Chiltern. Sie sind eine vernünftige Frau. Die vernünftigste Frau in ganz London, die vernünftigste Frau, die ich kenne. Wollen Sie gütigst Ihren Gatten davon abhalten, so was – hm – zu tun – so was – hm – zu sagen ...? Ich bitte Sie darum, Lady Chiltern.

LADY CHILTERN. Ich halte den Entschluß meines Mannes für richtig. Ich billige ihn.

LORD CAVERSHAM. Sie billigen ihn? Allmächtiger Himmel!

LADY CHILTERN *(nimmt ihren Mann bei der Hand).* Ich bewundere meinen Mann. Ich habe ihn nie zuvor so aufrichtig bewundert. Er ist doch bewundernswerter, als ich je geglaubt habe, *(Zu Sir Robert Chiltern)* Du schreibst sofort an den Premierminister, nicht wahr? Schieb es nicht auf, Robert.

SIR ROBERT CHILTERN *(mit einem bitteren Unterton).* Ja, es ist wohl am besten, wenn ich sofort schreibe. Solche Angebote werden nicht wiederholt. Ich bitte Sie, mich für einen Augenblick zu entschuldigen, Lord Caversham.

LADY CHILTERN. Darf ich mitkommen, Robert, darf ich ...?

SIR ROBERT CHILTERN. Ja, Gertrude.

(Lady Chiltern geht mit ihm ab)

LORD CAVERSHAM. Was ist denn mit dieser Familie los? Hier oben nicht ganz richtig, wie? *(Klopft sich an die Schläfe).* Idiotie? Vielleicht erblich. Noch dazu beide. Frau und Mann. Sehr traurig. Wirklich sehr traurig! Dabei ist es gar keine alte Familie. Ich verstehe es nicht.

LORD GORING. Es ist nicht Idiotie, Papa, das darfst du mir glauben.

LORD CAVERSHAM. Was denn sonst, Sir?

LORD GORING *(nach einigem Zögern).* Das, was man heutzutage Charakter, Sittenstrenge, Prinzipien nennt, Papa. Weiter nichts.

LORD CAVERSHAM. Ich kann diese neumodischen Ausdrücke nicht leiden. Vor fünfzig Jahren hat man es schlecht und recht als Idiotie bezeichnet. In diesem Haus bleibe ich nicht länger.

LORD GORING *(nimmt ihn beim Arm).* Ach, geh doch mal schnell dort hinein, Papa. Zweite Palme links, die übliche Palme.

LORD CAVERSHAM. Wie bitte, Sir?

LORD GORING. Verzeihung, Papa – ich vergaß ... Im Wintergarten, Papa – im Wintergarten ist jemand, mit dem du reden sollst.

LORD CAVERSHAM. Worüber, Sir?

LORD GORING. Über mich, Papa.

LORD CAVERSHAM *(ingrimmig).* Ein Thema, das nicht viel Beredsamkeit erfordert.

LORD GORING. Nein, Papa – aber die Dame ist wie ich. Sie macht sich nicht viel aus der Beredsamkeit anderer Leute. Und findet sie aufdringlich.

(Lord Caversham begibt sich in den Wintergarten. Lady Chiltern tritt auf)

LORD GORING. Lady Chiltern, warum spielen Sie mit Mrs. Cheveleys Karten?

LADY CHILTERN *(stutzt).* Ich verstehe nicht, was Sie meinen.

LORD GORING. Mrs. Cheveley hat versucht, Ihren Mann zugrunde zu richten – ihn entweder aus dem öffentlichen Leben zu verjagen oder ihm eine unehrenhafte Handlungsweise aufzuzwingen. Vor der einen Tragödie haben Sie ihn bewahrt. In die andere wollen Sie ihn jetzt hineinhetzen. Warum tun Sie ihm das Unrecht an, das Mrs. Cheveley ihm antun wollte, ohne daß es ihr geglückt ist?

LADY CHILTERN. Lord Goring?

LORD GORING *(nimmt alle Kraft zusammen und kehrt den Philosophen hervor, der hinter dem Dandy steckt).* Lady Chiltern, gestatten Sie ... Gestern abend haben Sie mir einen Brief geschrieben, in dem es heißt, daß Ihr Vertrauen zu mir keine Grenzen kennt und daß Sie meine Hilfe brauchen. Jetzt ist der Augenblick da, wo Sie wirklich meine Hilfe brauchen, jetzt ist es an der Zeit, mir Ihr Vertrauen zu schenken, sich auf meinen Rat und auf mein Urteil zu verlassen. Sie lieben Robert. Wollen Sie *seine* Liebe auslöschen? Was für ein Dasein steht ihm bevor, wenn Sie ihm die Früchte seines Ehrgeizes rauben, wenn Sie ihn um den Glanz einer stolzen politischen Laufbahn bringen, wenn Sie ihm die Tore des öffentlichen Lebens verschließen, wenn Sie ihn zu einem sterilen Vegetieren verdammen, ihn, der für den Sieg und den Erfolg geschaffen ist? Die Frauen sind nicht dazu da, den Stab über uns zu brechen, sondern uns zu verzeihen, wenn wir Verzeihung nötig haben. Gnade, nicht Strafe ist ihre Mission. Warum ihn für eine Sünde geißeln, die er in seiner Jugend begangen hat – bevor er Sie kannte, bevor er sich selber kannte? Das Leben eines Mannes ist wertvoller als das Leben einer Frau. Er setzt sich höhere Ziele, hat einen weiteren Gesichtskreis und größeren Ehrgeiz. Das Leben einer Frau dreht sich im Kreis der Gefühle. Auf den Bahnen der Vernunft schreitet das Leben des Mannes voran. Begehen Sie nicht einen schrecklichen Fehler, Lady Chiltern. Eine Frau, die die Liebe eines Mannes behalten kann und sie erwidert, hat alles getan, was die Welt von den Frauen verlangen darf oder verlangen sollte.

LADY CHILTERN *(verwirrt und zögernd).* Aber Robert selbst will sich aus dem öffentlichen Leben zurückziehen. Er fühlt sich dazu verpflichtet. Er hat es gesagt.

LORD GORING. Um Ihre Liebe nicht zu verlieren, wäre Robert zu allem bereit. Er würde ohne Zögern seine Laufbahn opfern – wie er es schon beschlossen hat. Es ist ein erschreckendes Opfer, das er Ihnen bringt. Folgen Sie meinem Rat, Lady Chiltern – nehmen Sie ein so großes Opfer nicht an. Sonst werden Sie es bitter bereuen. Wir Menschen sind nicht dazu geschaffen, uns von unseren Mitmenschen solche Opfer bringen zu lassen. Wir verdienen sie nicht. Außerdem ist Robert schon genug bestraft worden.

LADY CHILTERN. Wir sind beide bestraft worden. Ich hatte zu viel von ihm gehalten.

LORD GORING *(mit tiefer Empfindung).* Halten Sie nicht aus diesem Grunde jetzt allzuwenig von ihm. Wenn er vom Altar gestürzt ist – stoßen Sie ihn nicht in den Sumpf des Verzichts. Er würde es als beschämend empfinden, seine Karriere gescheitert zu sehen. Macht ist seine Leidenschaft. Er würde alles verlieren, auch die Fähigkeit zu lieben. Sie haben in diesem Augenblick das Leben Ihres Mannes in der Hand – Sie haben seine Liebe in der Hand – zerstören Sie ihm nicht beides!

(Sir Robert Chiltern tritt auf)

SIR ROBERT CHILTERN. Gertrude, hier ist der Entwurf meines Briefes. Soll ich ihn dir vorlesen?

LADY CHILTERN. Gib ihn mir.

(Sir Robert reicht ihr den Brief. Sie liest ihn und zerreißt ihn dann mit einer heftigen Handbewegung)

SIR ROBERT CHILTERN. Was fällt dir ein?

LADY CHILTERN. ›Das Leben eines Mannes ist wertvoller als das einer Frau. Er setzt sich höhere Ziele, hat einen weiteren Gesichtskreis und größeren Ehrgeiz. Unser Leben bewegt sich im Kreis der Gefühle. Auf den Bahnen der Vernunft schreitet der Mann voran ...‹ Das – und noch so manches andere – habe ich soeben von Lord Goring gelernt. Ich denke nicht daran, dir dein Leben zu zerstören oder zu dulden, daß du es zerstörst, um mir ein Opfer zu bringen – ein nutzloses Opfer.

SIR ROBERT CHILTERN. Gertrude – Gertrude!

LADY CHILTERN. Du wirst alles vergessen. Männer vergessen leicht. Und ich verzeihe dir alles. So helfen die Frauen der Welt. Das habe ich eingesehen.

SIR ROBERT CHILTERN *(umarmt sie, von seinen Gefühlen über-*

wältigt). Meine Gertrude! Meine Gertrude! *(Zu Lord Goring)* Arthur, mir scheint, ich werde ewig in deiner Schuld stehen.

LORD GORING. Ach, du lieber Gott, nein, Robert. Deiner Frau bist du Dank schuldig, nicht mir.

SIR ROBERT CHILTERN. Ich verdanke dir viel. Und sag mir jetzt, was du mich fragen wolltest, bevor Lord Caversham hereinkam.

LORD GORING. Robert, du bist der Vormund deiner Schwester, und ich bitte dich, in meine Heirat mit ihr einzuwilligen. Das ist alles.

LADY CHILTERN. Oh, wie mich das freut! Wie mich das freut! *(Sie drückt Lord Goring die Hand)*

SIR ROBERT CHILTERN *(bestürzt).* Meine Schwester soll deine Frau werden?

LORD GORING. Ja.

SIR ROBERT CHILTERN *(mit fester Stimme).* Arthur, es tut mir sehr leid – aber so etwas kommt nicht in Frage. Ich muß an Mabels künftiges Glück denken. Und ich glaube nicht, daß ihr Glück an deiner Seite gesichert sein würde. Ich kann sie nicht opfern.

LORD GORING. Opfern!

SIR ROBERT CHILTERN. Ja, opfern. Eine lieblose Ehe ist etwas Fürchterliches. Aber es gibt noch Schlimmeres als eine völlig lieblose Ehe. Eine Ehe, in der zwar Liebe da ist, aber nur bei dem einen Partner – Treue, aber nur bei dem einen Partner – Hingabe, aber nur bei dem einen Partner: Da wird unweigerlich eines der beiden Herzen brechen.

LORD GORING. Ich liebe Mabel. Keine andere Frau spielt eine Rolle in meinem Leben.

LADY CHILTERN. Wenn sie einander lieben, Robert, warum sollen sie dann nicht heiraten?

SIR ROBERT CHILTERN. Arthur kann Mabel nicht die Liebe schenken, die sie verdient.

LORD GORING. Was berechtigt dich zu dieser Behauptung?

SIR ROBERT CHILTERN *(nach einer Pause).* Verlangst du wirklich von mir, daß ich es sage?

LORD GORING. Selbstverständlich.

SIR ROBERT CHILTERN. Wie du willst ... Als ich dich gestern abend aufsuchte, hattest du Mrs. Cheveley in deiner Wohnung versteckt. Es war zwischen zehn und halb elf Uhr nachts. Mehr möchte ich nicht sagen. Deine Beziehung zu Mrs. Cheveley hat, wie ich schon gestern betonte, nichts mit mir zu tun. Ich weiß, daß du einmal mit ihr verlobt warst. Jetzt scheinst du wieder in ihren Bannkreis geraten zu sein. Du hast sie mir gegenüber gestern abend als einen reinen und untadeligen Menschen bezeichnet – als eine Frau, die du achtest und ehrst. Gut und schön. Aber ich kann dir unmöglich das Leben meiner Schwester anvertrauen. Das wäre falsch. Und ein Unrecht an ihr, ein schändliches Unrecht ...

LORD GORING. Ich habe nichts dazu zu sagen.

LADY CHILTERN. Robert – es war nicht Mrs. Cheveley, die Lord Goring gestern abend erwartete.

SIR ROBERT CHILTERN. Nicht Mrs. Cheveley? Wer denn?

LORD GORING. Lady Chiltern.

LADY CHILTERN. Ja, deine Frau, Robert ... Gestern nachmittag hatte Lord Goring zu mir gesagt, wenn ich je in Schwierigkeiten geriete, dürfe ich mich an ihn wenden, da er unser ältester und bester Freund sei. Später – nach dem schrecklichen Auftritt, der sich in diesem Zimmer abgespielt hat – schrieb ich ihm, daß ich ihn brauchte, daß ich grenzenloses Vertrauen zu ihm hätte, daß ich ihn aufsuchen würde, um seine Hilfe und seinen Rat zu erbitten ... *(Sir Robert Chiltern zieht den Brief aus der Tasche)* Ja, diesen Brief ... Dann aber ging ich doch nicht zu ihm. Ich hatte das Gefühl, daß nur wir selber uns helfen können. Das sagte mir mein Stolz. Mrs. Cheveley hat Lord Goring aufgesucht. Sie hat meinen Brief gestohlen und ihn dir heute früh anonym zugesandt, damit du dir einbildest ... Ach, Robert, ich mag es nicht aussprechen ...

SIR ROBERT CHILTERN. Wie? War ich in deinen Augen so tief gesunken? Hast du mir auch nur eine Sekunde lang zugetraut, daß ich an deiner Anständigkeit zweifle? Gertrude, Gertrude, für mich bist du die Verkörperung alles Guten. An dich kann die Sünde nicht heran ... Arthur, geh zu Mabel. Meine besten Wünsche begleiten dich ... Ach – einen Augenblick! Der Brief beginnt ohne Anrede. Das scheint der schlauen Mrs. Cheveley entgangen zu sein! Es müßte ein Name dastehen.

LADY CHILTERN. Ich will deinen Namen schreiben. Du bist es, dem ich vertraue, den ich brauche. Du und kein anderer.

LORD GORING. Also, Lady Chiltern, ich finde, Sie sollten mir meinen Brief zurückgeben.

LADY CHILTERN *(lächelnd)*. Nein. Sie bekommen Mabel. *(Nimmt den Brief zur Hand und schreibt den Namen ihres Mannes)*

LORD GORING. Hoffentlich hat sie sich nicht anders besonnen. Es ist fast eine Viertelstunde her, seit ich sie zuletzt gesehen habe.

(Mabel Chiltern und Lord Caversham treten auf)

MABEL CHILTERN. Lord Goring, ich finde die Konversation Ihres Vaters viel lehrreicher als die Ihre. In Zukunft werde ich mich nur noch mit Lord Caversham unterhalten – und zwar stets unter der üblichen zweiten Palme.

LORD GORING. Darling! *(Küßt sie)*

LORD CAVERSHAM *(reichlich verdutzt)*. Was soll das bedeuten, Sir? Du willst doch wohl nicht behaupten, daß diese reizende, kluge junge Dame so dumm war, dich zu akzeptieren?

LORD GORING. Aber ja, Papa! Und Chiltern war klug genug, den Kabinettssitz zu akzeptieren.

LORD CAVERSHAM. Das höre ich mit Freuden, Chiltern. Ich gratuliere, Sir. Wenn das Land nicht vor die Hunde geht oder den Radikalen in die Hände fällt, werden wir Sie eines Tages als Premierminister begrüßen.

(Mason tritt auf)

MASON. Das Mittagessen ist serviert, Mylady! *(Ab)*

MABEL CHILTERN. Sie essen doch bei uns, Lord Caversham?

LORD CAVERSHAM. Mit Vergnügen ... Nachher fahre ich Sie in die Downing Street, Chiltern. Sie haben eine große Zukunft vor sich – eine große Zukunft. *(Zu Lord Goring)* Wenn ich das nur auch von dir sagen könnte, Sir! Aber deine Karriere wird sich auf den engsten Familienkreis beschränken.

LORD GORING. Ja, Papa – das ist mir bedeutend lieber.

LORD CAVERSHAM. Und wenn du dieser jungen Dame kein idealer Gatte bist, enterbe ich dich.

MABEL CHILTERN. Ein idealer Gatte! So etwas wäre mir gar nicht recht. Es klingt nach einer Stimme aus dem Jenseits.

LORD CAVERSHAM. Wie also wünschen Sie sich Ihren Gatten, liebes Kind?

MABEL CHILTERN. Wie es ihm beliebt. Ich habe nur einen Wunsch: ihm – ach ja, ihm eine richtige Gattin zu sein.

LORD CAVERSHAM. Auf mein Wort, da steckt viel gesunder Menschenverstand dahinter, Lady Chiltern.

(Alle ab bis auf Sir Robert Chiltern. Er setzt sich, in Gedanken versunken. Nach einer Weile kehrt Lady Chiltern zurück, um zu sehen, wo er bleibt)

LADY CHILTERN *(beugt sich über die Rücklehne des Sessels).* Kommst du nicht zu Tisch, Robert?

SIR ROBERT CHILTERN *(nimmt ihre Hand).* Gertrude, was du für mich empfindest – ist es Liebe oder nur Mitleid?

LADY CHILTERN *(küßt ihn).* Es ist Liebe, Robert. Liebe – nichts als Liebe. Für uns beide fängt ein neues Leben an.

Vorhang

Salome

Tragödie in einem Akt

Personen

Herodes Antipas, *Tetrarch von Judäa*
Jochanaan, *der Prophet*
Der junge Syrier, *Hauptmann der Wache*
Tigellinus, *ein junger Römer*
Ein Kappadozier
Ein Nubier
Erster Soldat
Zweiter Soldat
Der Page der Herodias
Ein Sklave
Juden
Nazarener
Naaman, *der Scharfrichter*
Herodias, *Gemahlin des Tetrarchen*
Salome, *Tochter der Herodias*
Die Sklavinnen der Salome

Eine große Terrasse im Palast des Herodes, die an den Bankettsaal stößt. Einige Soldaten lehnen sich über die Brüstung. Rechts eine mächtige Treppe, links im Hintergrund eine alte Zisterne mit einer Einfassung aus grüner Bronze. Der Mond scheint sehr hell.

DER JUNGE SYRIER. Wie schön ist die Prinzessin Salome heute nacht!

DER PAGE DER HERODIAS. Sieh die Mondscheibe! Wie seltsam sie aussieht. Wie eine Frau, die aus dem Grab aufsteigt. Wie eine tote Frau. Man könnte meinen, sie blickt nach toten Dingen aus.

DER JUNGE SYRIER. Sie ist sehr seltsam. Wie eine kleine Prinzessin, die einen gelben Schleier trägt und deren Füße von Silber sind. Wie eine kleine Prinzessin, deren Füße weiße Tauben sind. Man könnte meinen, sie tanzt.

DER PAGE DER HERODIAS. Wie eine Frau, die tot ist. Sie gleitet langsam dahin.

(Lärm im Bankettsaal)

ERSTER SOLDAT. Was für ein Aufruhr! Was sind das für wilde Tiere, die da heulen?

ZWEITER SOLDAT. Die Juden. Sie sind immer so. Sie streiten über ihre Religion.

ERSTER SOLDAT. Warum streiten sie über ihre Religion?

ZWEITER SOLDAT. Ich weiß es nicht. Sie tun das immer. Die Pharisäer zum Beispiel sagen, daß es Engel gibt, und die Sadduzäer behaupten, daß es keine gibt.

ERSTER SOLDAT. Ich finde es lächerlich, über solche Dinge zu streiten.

DER JUNGE SYRIER. Wie schön ist die Prinzessin Salome heute abend!

DER PAGE DER HERODIAS. Du siehst sie immer an. Du siehst sie zuviel an. Es ist gefährlich, Menschen auf diese Art anzusehn. Schreckliches kann geschehen.

DER JUNGE SYRIER. Sie ist sehr schön heute abend.

ERSTER SOLDAT. Der Tetrarch sieht finster drein.

ZWEITER SOLDAT. Ja, er sieht finster drein.

ERSTER SOLDAT. Er blickt auf etwas.

ZWEITER SOLDAT. Er blickt auf jemanden.

ERSTER SOLDAT. Auf wen blickt er?

ZWEITER SOLDAT. Ich weiß nicht.

DER JUNGE SYRIER. Wie blaß die Prinzessin ist. Niemals habe ich sie so blaß gesehen. Sie ist wie der Schatten einer weißen Rose in einem silbernen Spiegel.

DER PAGE DER HERODIAS. Du mußt sie nicht ansehn. Du siehst sie zuviel an.

ERSTER SOLDAT. Herodias hat den Becher des Tetrarchen gefüllt.

DER KAPPADOZIER. Ist das die Königin Herodias dort mit dem perlenbesetzten schwarzen Kopfputz und dem blauen Puder im Haar?

ERSTER SOLDAT. Ja, das ist Herodias, die Frau des Tetrarchen.

ZWEITER SOLDAT. Der Tetrarch liebt den Wein sehr. Er hat drei Sorten Wein. Den einen bringt man von der Insel Samothrake, er ist purpurn wie der Mantel des Cäsar.

DER KAPPADOZIER. Ich habe Cäsar nie gesehn.

ZWEITER SOLDAT. Der zweite kommt aus einer Stadt namens Zypern und ist gelb wie Gold.

DER KAPPADOZIER. Ich liebe Gold.

ZWEITER SOLDAT. Und der dritte ist ein Wein aus Sizilien. Dieser Wein ist rot wie Blut.

DER NUBIER. Die Götter meines Landes lieben Blut sehr. Zweimal im Jahr opfern wir ihnen Jünglinge und Jungfrauen: fünfzig Jünglinge und fünfzig Jungfrauen. Aber ich fürchte, wir geben ihnen nie genug, denn sie sind sehr hart gegen uns.

DER KAPPADOZIER. In meinem Lande sind keine Götter mehr. Die Römer haben sie ausgetrieben. Einige sagen, sie hielten sich in den Bergen versteckt, aber ich glaube es nicht. Drei Nächte bin ich in den Bergen gewesen und habe sie überall gesucht. Ich fand sie nicht, und zuletzt rief ich sie beim Namen, aber sie kamen nicht. Sie sind wohl tot.

ERSTER SOLDAT. Die Juden beten einen Gott an, den man nicht sehen kann.

DER KAPPADOZIER. Ich kann das nicht verstehen.

ERSTER SOLDAT. Wirklich, sie glauben nur an Dinge, die man nicht sehen kann.

DER KAPPADOZIER. Das finde ich ganz und gar lächerlich.

DIE STIMME DES JOCHANAAN. Nach mir wird einer kommen, der ist stärker als ich. Ich bin nicht wert, ihm die Riemen an seinen Schuhen zu lösen. Wenn er kommt, werden die verödeten Stätten frohlocken. Sie werden aufblühen wie die Rosen. Die Augen der Blinden werden den Tag sehen, und die Ohren der Tauben werden geöffnet. Das Kind wird an der Höhle des Drachen spielen, es wird die Löwen an ihren Mähnen führen.

ZWEITER SOLDAT. Heiß ihn schweigen! Er sagt immer lächerliche Dinge.

ERSTER SOLDAT. Nein, nein, er ist ein heiliger Mann. Und er ist sehr sanft. Jeden Tag, wenn ich ihm zu essen gebe, dankt er mir.

DER KAPPADOZIER. Wer ist es?

ERSTER SOLDAT. Ein Prophet.

DER KAPPADOZIER. Wie ist sein Name?

ERSTER SOLDAT. Jochanaan.

DER KAPPADOZIER. Woher kommt er?

ERSTER SOLDAT. Aus der Wüste, wo er sich von Heuschrecken und wildem Honig nährte. Er trug ein Kleid von Kamelhaaren und um die Lenden einen ledernen Gürtel. Er war sehr schrecklich anzusehn. Eine große Schar war immer um ihn. Er hatte auch Jünger, die ihm folgten.

DER KAPPADOZIER. Wovon redet er?

ERSTER SOLDAT. Das kann man nie wissen. Manchmal sagt er Dinge, die einen erschrecken, aber es ist unmöglich zu verstehen, was er sagt.

DER KAPPADOZIER. Kann man ihn sehen?

ERSTER SOLDAT. Nein, der Tetrarch hat es verboten.

DER JUNGE SYRIER. Die Prinzessin verbirgt ihr Gesicht hinter dem Fächer. Ihre kleinen weißen Hände flattern wie Tauben, wenn sie in den Schlag fliegen. Sie sind wie weiße Schmetterlinge. Sie sind genau wie weiße Schmetterlinge.

DER PAGE DER HERODIAS. Was geht es dich an? Warum siehst du sie an? Du sollst sie nicht ansehn ... Schreckliches kann geschehen.

DER KAPPADOZIER *(auf die Zisterne zeigend).* Ein sonderbares Gefängnis.

ZWEITER SOLDAT. Es ist eine alte Zisterne.

DER KAPPADOZIER. Eine alte Zisterne? Das muß ein mörderischer Ort zum Wohnen sein.

ZWEITER SOLDAT. O nein! Zum Beispiel, des Tetrarchen Bruder, sein älterer Bruder, der erste Mann der Königin Herodias, war da zwölf Jahre gefangen. Es hat ihn nicht umgebracht. Nach Verlauf der zwölf Jahre mußte man ihn erdrosseln.

DER KAPPADOZIER. Erdrosseln? Wer wagte das?

ZWEITER SOLDAT *(deutet auf den Henker, einen riesigen Neger).* Der Mann dort, Naaman.

DER KAPPADOZIER. Fürchtete er sich nicht?

ZWEITER SOLDAT. O nein, der Tetrarch sandte ihm den Ring.

DER KAPPADOZIER. Was für einen Ring?

ZWEITER SOLDAT. Den Todesring. Da fürchtete er sich nicht.

DER KAPPADOZIER. Es ist aber doch etwas Schreckliches, einen König zu erdrosseln.

ERSTER SOLDAT. Wieso? Könige haben auch nur einen Hals wie andere Leute.

DER KAPPADOZIER. Ich finde es schrecklich.

DER JUNGE SYRIER. Die Prinzessin erhebt sich! Sie verläßt die Tafel. Sie ist sehr erregt. Sie kommt hierher. Ja, sie kommt auf uns zu. Wie blaß sie ist. Ich habe sie nie so blaß gesehn.

DER PAGE DER HERODIAS. Sieh sie nicht an. Ich bitte dich, sieh sie nicht an.

DER JUNGE SYRIER. Sie ist wie eine Taube, die sich verirrt hat .. Sie ist wie eine Narzisse, die im Winde zittert ... Sie ist wie eine silberne Blume.

(Salome tritt ein)

SALOME. Ich will nicht bleiben. Ich kann nicht bleiben. Warum sieht mich der Tetrarch fortwährend so an mit seinen Maulwurfsaugen unter den zuckenden Lidern? Es ist seltsam, daß der Mann meiner Mutter mich so ansieht. Ich weiß nicht, was es heißen soll. In Wahrheit – ich weiß es nur zu gut.

DER JUNGE SYRIER. Ihr habt das Fest verlassen, Prinzessin?

SALOME. Wie süß die Luft hier ist. Hier kann ich atmen. Da drinnen sitzen Juden aus Jerusalem, die sich einander übe ihre närrischen Gebräuche in Stücke reißen, und Barbaren, die trinken und trinken und ihren Wein auf den Estrich schütten, und Griechen aus Smyrna mit bemalten Augen und Backen, mit ihrem gekräuselten Haar und ihren Säulenlocken, und schweigsame, listige Ägypter mit langen Achatnägeln und rostbraunen Mänteln, und brutale ungeschlachte Römer mit ihrer plumpen Sprache. Oh, wie ich diese Römer hasse! Sie sind grob und gemein und geben sich das Ansehen, als ob sie Fürsten wären.

DER JUNGE SYRIER. Wollt Ihr nicht sitzen, Prinzessin?

DER PAGE DER HERODIAS. Warum sprichst du zu ihr? Oh, es wird Schreckliches geschehen. Warum siehst du sie an?

SALOME. Wie gut ist es, in den Mond zu sehen. Er ist wie eine silberne Blume. Kühl und keusch. Wie eine Jungfrau. Ja, wie die Schönheit einer Jungfrau. Gewiß, wie eine Jungfrau, die rein geblieben ist. Die sich nie Männern preisgegeben hat wie die andern Göttinnen.

DIE STIMME DES JOCHANAAN. Siehe! Der Herr ist gekommen. Des Menschen Sohn ist nahe. Die Zentauren haben sich in die Ströme geflüchtet, und die Nymphen haben die Ströme verlassen und liegen unter den Blättern des Waldes begraben.

SALOME. Wer war das, der hier gerufen hat?

ZWEITER SOLDAT. Der Prophet, Prinzessin.

SALOME. Ach, der Prophet! Der, vor dem der Tetrach Angst hat?

ZWEITER SOLDAT. Wir wissen davon nichts, Prinzessin. Es war der Prophet Jochanaan, der gerufen hat.

DER JUNGE SYRIER. Beliebt es Euch, daß ich Eure Sänfte holen lasse, Prinzessin? Die Nacht ist schön im Garten.

SALOME. Er sagt schreckliche Dinge über meine Mutter, nicht wahr?

ZWEITER SOLDAT. Wir verstehen nie, was er sagt, Prinzessin.

SALOME. Ja, er sagt schreckliche Dinge über sie.

(Ein Sklave tritt ein)

DER SKLAVE. Prinzessin, der Tetrarch ersucht Euch, wieder zum Fest hineinzugehn.

SALOME. Ich will nicht hineingehn.

DER JUNGE SYRIER. Verzeihung, Prinzessin, aber wenn Ihr nicht hineingeht, kann Schlimmes geschehen.

SALOME. Ist dieser Prophet ein alter Mann?

DER JUNGE SYRIER. Prinzessin, es wäre besser, hineinzugehen. Gestattet, daß ich Euch führe.

SALOME. Ist der Prophet ein alter Mann?

ERSTER SOLDAT. Nein, Prinzessin, er ist ganz jung.

ZWEITER SOLDAT. Man kann es nicht sicher wissen. Welche sagen, es sei Elias.

SALOME. Wer ist Elias?

ZWEITER SOLDAT. Ein Prophet dieses Landes aus vergangenen Tagen, Prinzessin.

DER SKLAVE. Welche Antwort soll ich dem Tetrarchen von der Prinzessin bringen?

DIE STIMME DES JOCHANAAN. Jauchze nicht, du Land Palästina, weil der Stab dessen, der dich schlug, zerbrochen ist. Denn aus dem Samen der Schlange wird ein Basilisk kommen, und seine Brut wird die Vögel verschlingen.

SALOME. Welch seltsame Stimme! Ich möchte mit ihm sprechen.

ERSTER SOLDAT. Ich fürchte, das kann nicht sein, Prinzessin. Der Tetrarch duldet nicht, daß irgendwer mit ihm spricht. Er hat selbst dem Hohenpriester verboten, mit ihm zu sprechen.

SALOME. Ich wünsche mit ihm zu sprechen.

ERSTER SOLDAT. Es ist unmöglich, Prinzessin.

SALOME. Ich will mit ihm sprechen.

DER JUNGE SYRIER. Wäre es nicht besser, wieder zum Bankett zu gehen?

SALOME. Bringt diesen Propheten heraus.

(Der Sklave geht ab)

ERSTER SOLDAT. Wir dürfen nicht, Prinzessin.

SALOME *(tritt an die Zisterne heran und blickt hinunter).* Wie schwarz es da drunten ist! Es muß schrecklich sein, in so einer schwarzen Höhle zu leben. Es ist wie eine Gruft ... *(Zu den Soldaten)* Habt ihr nicht gehört? Bringt den Propheten heraus. Ich möchte ihn sehen.

ZWEITER SOLDAT. Prinzessin, ich bitte Euch, verlangt das nicht von uns.

SALOME. Ich soll wohl warten, bis es euch beliebt?

ERSTER SOLDAT. Prinzessin, unser Leben gehört Euch, aber wir können nicht tun, was Ihr von uns begehrt. Und Ihr solltet das wirklich von uns nicht verlangen.

SALOME *(einen Blick auf den jungen Syrier werfend).* Ah!

DER PAGE DER HERODIAS. Oh, was wird geschehen? Ich weiß, es wird Schreckliches geschehen.

SALOME *(tritt an den jungen Syrier heran).* Du wirst das für mich tun, Narraboth, nicht wahr? Du wirst das für mich tun. Ich war dir immer gewogen. Du wirst es für mich tun. Ich möchte ihn bloß sehen, diesen seltsamen Propheten. Die Leute haben so viel von ihm gesprochen. Ich habe den Tetrarchen oft von ihm sprechen hören. Ich glaube, der Tetrarch hat Angst vor ihm. Hast du auch Angst vor ihm, Narraboth, du auch?

DER JUNGE SYRIER. Ich fürchte ihn nicht, Prinzessin; ich fürchte niemanden. Aber der Tetrarch hat es ausdrücklich verboten, daß irgendwer den Deckel zu diesem Brunnen aufhebt.

SALOME. Du wirst das für mich tun, Narraboth, und morgen, wenn ich in meiner Sänfte an dem Torweg, wo die Götzenbildhändler stehen, vorbeikomme, werde ich eine kleine Blume für dich fallen lassen, ein kleines grünes Blümchen.

DER JUNGE SYRIER. Prinzessin, ich kann nicht, ich kann nicht.

SALOME *(lächelnd).* Du wirst das für mich tun, Narraboth. Du weißt, daß du das für mich tun wirst. Und morgen früh, wenn ich in meiner Sänfte an der Brücke vorbeikomme, wo man Götzenbilder kauft, werde ich unter den Musselinschleiern dir einen Blick zuwerfen, Narraboth, ich werde dich ansehn, kann sein, ich werde dir zulächeln. Sieh mich an, Narraboth, sieh mich an. Ah! wie gut du weißt, daß du tun wirst, um was ich dich bitte! Wie du es weißt ... Ich weiß, du wirst das tun.

DER JUNGE SYRIER *(gibt dem dritten Soldaten ein Zeichen).* Laß den Propheten herauskommen ... Die Prinzessin Salome wünscht ihn zu sehen.

SALOME. Ah!

DER PAGE DER HERODIAS. Oh, wie seltsam der Mond aussieht! Wie die Hand einer toten Frau, die das Laken über sich ziehen will.

DER JUNGE SYRIER. Ja, sehr seltsam! Wie eine kleine Prinzessin, mit Augen wie Bernsteinaugen. Durch die Wolken von Musselin lächelt das Gesicht hervor wie eine kleine Prinzessin.

Der Prophet kommt aus der Zisterne. Salome sieht ihn an und weicht langsam zurück)

JOCHANAAN. Wo ist er, dessen Sündenbecher jetzt voll ist? Wo ist er, der eines Tages im Angesichte alles Volkes in einem Silbermantel sterben wird? Heißt ihn herkommen, auf daß er die Stimme dessen höre, der in den Wüsten und in den Häusern der Könige gekündet hat.

SALOME. Von wem spricht er?

DER JUNGE SYRIER. Niemand kann es sagen, Prinzessin.

JOCHANAAN. Wo ist sie, die vor den gemalten Männerbildern gestanden hat, vor den buntgemalten Bildern der Chaldäer, die sich hingab der Lust ihrer Augen und Gesandte ins Land der Chaldäer schickte?

SALOME. Er spricht von meiner Mutter.

DER JUNGE SYRIER. O nein, Prinzessin.

SALOME. Ja, er spricht von meiner Mutter.

JOCHANAAN. Wo ist sie, die sich den Hauptleuten Assyriens gab, mit ihren Wehrgehängen und bunten Kronen auf dem Kopf? Wo ist sie, die sich den jungen Männern der Ägypter gegeben hat, die in feinem Leinen und Hyazinthgesteinen prangen, deren Schilde von Gold sind und die Helme von Silber und die Leiber wie von Riesen? Geht, heißt sie aufstehn von dem Bett ihrer Greuel, vom Bett ihrer Blutschande; auf daß sie die Worte dessen vernehme, der dem Herrn die Wege bereitet, und ihre Missetaten bereue. Und wenn sie gleich nicht bereut, sondern verstockt bleibt in ihren Sündengreueln, heißt sie herkommen, denn die Geißel des Herrn ist in seiner Hand.

SALOME. Oh, er ist schrecklich, er ist wirklich schrecklich!

DER JUNGE SYRIER. Bleibt nicht hier, Prinzessin, ich bitte Euch.

SALOME. Seine Augen sind von allem das Schrecklichste. Sie sind als ob schwarze Löcher mit Fackeln in einen tyrischen Teppich gebrannt worden wären. Sie sind wie die schwarzen Höhlen, wo die Drachen leben, die schwarzen Höhlen Ägyptens, wo die Drachen hausen. Sie sind wie schwarze Seen, aus denen irres Mondlicht flackert … Glaubt ihr, daß er noch einmal sprechen wird?

DER JUNGE SYRIER. Bleibt nicht hier, Prinzessin. Ich bitte inständig, bleibt nicht hier.

SALOME. Wie abgezehrt er ist! Er ist wie eine dünne Elfenbeinfigur. Er ist wie ein Bildnis aus Silber. Gewiß ist er keusch wie der Mond. Er ist wie ein Mondenstrahl, wie ein Silberschaft. Sein Fleisch muß sehr kühl sein, kühl wie Elfenbein ... Ich möchte ihn näher besehen.

DER JUNGE SYRIER. Nein, nein, Prinzessin.

SALOME. Ich muß ihn näher besehen.

DER JUNGE SYRIER. Prinzessin! Prinzessin!

JOCHANAAN. Wer ist dieses Weib, das mich ansieht? Ich will ihre Augen nicht auf mir haben. Warum sieht sie mich an mit ihren Goldaugen unter den gleißenden Lidern? Ich weiß nicht, wer sie ist. Ich will nicht wissen, wer sie ist. Heißt sie gehen. Zu ihr will ich nicht sprechen.

SALOME. Ich bin Salome, die Tochter der Herodias, Prinzessin von Judäa.

JOCHANAAN. Zurück, Tochter Babylons! Komm dem Erwählten des Herrn nicht nahe! Deine Mutter hat die Erde erfüllt mit dem Wein ihrer Lüste, und das Unmaß ihrer Sünden schreit zu Gott.

SALOME. Sprich mehr, Jochanaan. Deine Stimme ist wie Musik in meinen Ohren.

DER JUNGE SYRIER. Prinzessin! Prinzessin! Prinzessin!

SALOME. Sprich mehr! Sprich mehr! Jochanaan, und sage mir, was ich tun soll.

JOCHANAAN. Tochter Sodoms, komm mir nicht nahe! Vielmehr bedecke dein Gesicht mit einem Schleier und streue Asche auf deinen Kopf und mach dich auf in die Wüste und suche des Menschen Sohn.

SALOME. Wer ist das, des Menschen Sohn? Ist er so schön wie du, Jochanaan?

JOCHANAAN. Weiche von mir! Ich höre die Flügel des Todesengels im Palaste rauschen.

DER JUNGE SYRIER. Prinzessin, ich flehe: geh hinein.

JOCHANAAN. Engel des Herrn meines Gottes, was tust du hier mit deinem Schwert? Wen suchst du in diesem Palast? Der Tag dessen, der im Silbermantel sterben soll, ist noch nicht gekommen.

SALOME. Jochanaan!

JOCHANAAN. Wer spricht hier?

SALOME. Ich bin verliebt in deinen Leib, Jochanaan! Dein Leib ist weiß wie die Lilien auf einem Felde, das nie die Sichel berührt hat. Dein Leib ist weiß wie der Schnee, der auf den Bergen Judäas liegt und in die Täler herabkommt. Die Rosen im Garten der Königin von Arabien sind nicht so weiß wie dein Leib. Nicht die Rosen im Garten der Königin von Arabien, im Gewürzgarten der Königin von Arabien, nicht die Füße der Dämmerung, wenn sie auf die Blätter herabsteigt, nicht die Brüste des Mondes, wenn er auf dem Meere liegt ... Nichts in der Welt ist so weiß wie dein Leib ... Laß mich ihn berühren, deinen Leib!

JOCHANAAN. Zurück, Tochter Babylons! Durch das Weib kam das Übel in die Welt. Sprich nicht zu mir. Ich will dich nicht anhören. Ich höre nur auf die Stimme des Herrn, meines Gottes.

SALOME. Dein Leib ist grauenvoll. Er ist wie der Leib eines Aussätzigen. Er ist wie eine getünchte Wand, wo Nattern gekrochen sind; wie eine getünchte Wand, wo die Skorpione ihr Nest gebaut haben. Er ist wie ein übertünchtes Grab, voll widerlicher Dinge. Er ist gräßlich, dein Leib ist gräßlich. In dein Haar bin ich verliebt, Jochanaan. Dein Haar ist wie Weintrauben, wie Büschel schwarzer Trauben, die an den Weinstöcken Edoms hängen im Lande der Edomiter. Dein Haar ist wie die Zedern vom Libanon, wie die großen Zedern vom Libanon, die den Löwen und Räubern ihren Schatten spenden, wenn sie sich am Tage verbergen wollen. Die langen schwarzen Nächte, wenn der Mond sein Gesicht verbirgt, wenn den Sternen bange ist, sind nicht so schwarz wie dein Haar. Das Schweigen, das im Walde wohnt, ist nicht so schwarz. Nichts in der Welt ist so schwarz wie dein Haar ... Laß mich es berühren, dein Haar!

JOCHANAAN. Zurück, Tochter Sodoms! Berühre mich nicht. Entweihe nicht den Tempel des Herrn, meines Gottes.

SALOME. Dein Haar ist gräßlich. Es starrt von Staub und Unrat. Es ist wie eine Dornenkrone auf deinen Kopf gesetzt. Es ist wie ein Schlangenknoten um deinen Hals gewickelt. Ich liebe dein Haar nicht ... Deinen Mund begehre ich, Jochanaan. Dein Mund ist wie ein Scharlachband an einem Turm von Elfenbein. Er ist wie ein Granatapfel von einem Elfenbeinmesser zerteilt. Die Granatapfelblüten, die in den Gärten von Tyrus wachsen, die glühender sind als Rosen, sind nicht so rot. Die roten Fanfaren der Trompeten, die das Nahen von Königen künden und vor denen der Feind erzittert, sind nicht so rot. Dein Mund ist röter als die Füße der Männer, die den Wein in der Kelter stampfen. Er ist röter als die Füße der Tauben, die in den Tempeln wohnen und von den Priestern ihr Futter bekommen. Er ist röter als die Füße des Mannes, der aus dem Walde kommt, wo er einen Löwen erschlagen und goldfarbige Tiger erblickt hat. Dein Mund ist wie ein Korallenzweig, den die Fischer in der Dämmerung des Meeres gefunden haben, wie die Koralle, die sie für Könige bewahren ...! Er ist wie der Purpur, den die Moabiter in den Gruben von Moab finden, wie der Purpur, den die Könige von ihnen haben. Er ist wie der Bogen des Perserkönigs, der mit Purpur bemalt und mit Korallen besetzt ist. Nichts in der Welt ist so rot wie dein Mund ... Laß mich ihn küssen, deinen Mund!

JOCHANAAN. Niemals! Tochter Babylons! Tochter Sodoms! Niemals!

SALOME. Ich will deinen Mund küssen, Jochanaan. Ich will deinen Mund küssen.

DER JUNGE SYRIER. Prinzessin, Prinzessin, die wie ein Garten von Myrrhen ist, die die Taube aller Tauben ist, sieh diesen Mann nicht an, sieh ihn nicht an. Sprich nicht solche Worte zu ihm. Ich kann es nicht ertragen ... Prinzessin, sprich nicht solche Dinge.

SALOME. Ich will deinen Mund küssen, Jochanaan.

DER JUNGE SYRIER. Ah! *(Er tötet sich und fällt zwischen Salome und Jochanaan)*

DER PAGE DER HERODIAS. Der junge Syrier hat sich getötet. Der junge Hauptmann hat sich getötet. Der mein Freund war, hat sich getötet. Ich habe ihm eine kleine Nardenbüchse und silberne Ohrringe geschenkt, und nun hat er sich getötet. Ach, sagte er nicht, es wird Schlimmes geschehen? Ich sagte es auch, und es ist eingetroffen. Wohl wußte ich, daß der Mond etwas Totes suchte, aber ich wußte nicht, daß er es war, den er suchte. Ach, warum barg ich ihn nicht vor dem Mond! Hätte ich ihn in einer Höhle verborgen, dann hätte er ihn nicht gesehen.

ERSTER SOLDAT. Prinzessin, der junge Hauptmann hat sich getötet.

SALOME. Laß mich deinen Mund küssen, Jochanaan!

JOCHANAAN. Wird dir nicht bange, Tochter der Herodias? Habe ich dir nicht gesagt, daß ich im Palaste den Flügelschlag des Todesengels gehört habe, und ist er nicht gekommen, der Engel des Todes?

SALOME. Laß mich deinen Mund küssen!

JOCHANAAN. Tochter der Unzucht, es lebt nur Einer, der dich retten kann. Er ist Der, von dem ich sprach. Geh, such ihn. Er ist in einem Nachen auf dem See von Galiläa und redet zu seinen Jüngern. Knie nieder am Ufer des Sees, rufe ihn an und nenne ihn beim Namen. Wenn er zu dir kommt, und er kommt zu allen, die ihn anrufen, dann bücke dich zu seinen Füßen, daß er dir deine Sünden vergebe.

SALOME. Laß mich deinen Mund küssen!

JOCHANAAN. Sei verflucht! Tochter einer blutschänderischen Mutter, sei verflucht!

SALOME. Ich will deinen Mund küssen, Jochanaan!

JOCHANAAN. Ich will dich nicht ansehn. Du bist verflucht, Salome, du bist verflucht. *(Er geht in die Zisterne hinab)*

SALOME. Ich will deinen Mund küssen. Jochanaan, ich will deinen Mund küssen!...

ERSTER SOLDAT. Wir müssen den Leichnam an einen andern Ort tragen. Der Tetrarch mag keine Toten sehen, außer wenn er selbst gemordet hat.

DER PAGE DER HERODIAS. Er war mein Bruder, ja er war mir näher als ein Bruder. Ich gab ihm eine kleine Nardenbüchse und einen Achatring, den er immer an der Hand trug. Abends gingen wir oft am Fluß spazieren und unter den Mandelbäumen, und er erzählte mir gern von seiner Heimat. Er sprach immer sehr leise. Der Klang seiner Stimme war wie der Klang der Flöte, wie wenn einer auf der Flöte spielt. Er hatte auch große Freude daran, im Fluß sein Bild zu betrachten. Ich habe ihn oft darum getadelt.

ZWEITER SOLDAT. Du hast recht, wir müssen den Leichnam verstecken. Der Tetrarch darf ihn nicht sehen.

ERSTER SOLDAT. Der Tetrarch wird nicht hierherkommen. Er

kommt nie auf die Terrasse. Er hat zu große Angst vor dem Propheten.

(Herodes, Herodias und der ganze Hof treten ein)

HERODES. Wo ist Salome, wo ist die Prinzessin? Warum kam sie nicht wieder zum Bankett, wie ich ihr befohlen hatte? Ah! Hier ist sie!

HERODIAS. Du sollst sie nicht ansehen! Fortwährend siehst du sie an!

HERODES. Wie der Mond heute nacht aussieht! Es steckt Seltsames in ihm. Ist es nicht ein seltsames Bild? Es sieht aus wie ein wahnsinniges Weib, ein wahnsinniges Weib, das überall nach Buhlen sucht. Und nackt ist, ganz nackt. Die Wolken wollen seine Nacktheit bekleiden, aber das Weib läßt sie nicht. Es stellt sich nackt am Himmel zur Schau, wie ein betrunkenes Weib, das durch die Wolken taumelt ... Gewiß, es sucht nach Buhlen. Sieht es nicht aus wie ein betrunkenes Weib? Es steckt heut etwas im Mond wie ein wahnsinniges Weib, nicht?

HERODIAS. Nein, der Mond ist wie der Mond, das ist alles. Wir wollen hineingehen ... Wir haben hier nichts zu tun.

HERODES. Ich will hierbleiben! Manasseh, leg Teppiche hierher! Zündet Fackeln an! Bringt die Elfenbeintische heraus und die Tische von Jaspis! Die Luft ist süß hier. Ich will noch Wein mit meinen Gästen trinken. Wir müssen den Gesandten des Cäsar alle Ehren erweisen.

HERODIAS. Nicht um ihretwillen willst du bleiben.

HERODES. Doch; die Luft ist sehr süß. Komm, Herodias, unsere Gäste warten auf uns. Ah! Ich bin ausgeglitten! Ich bin in Blut getreten! Das ist ein böses Zeichen, das ist ein sehr böses Zeichen. Warum ist hier Blut ...? Und dieser Tote? Was soll dieser Tote hier? Denkt ihr, ich sei wie der König von Ägypten, der seinen Gästen kein Fest gibt, ohne ihnen einen Leichnam zu zeigen? Wer ist der Tote? Ich will ihn nicht sehen.

ERSTER SOLDAT. Es ist unser Hauptmann, Herr. Es ist der junge Syrier, den Ihr erst vor drei Tagen zum Hauptmann der Leibwache ernannt habt.

HERODES. Ich erließ keinen Befehl, daß er getötet würde.

ERSTER SOLDAT. Er hat sich selbst getötet, Herr.

HERODES. Aus welchem Grund? Ich hatte ihn zum Hauptmann meiner Leibwache ernannt!

ZWEITER SOLDAT. Wir wissen es nicht, Herr. Aber mit eigener Hand hat er sich getötet.

HERODES. Das scheint mir seltsam. Ich habe gedacht, nur die römischen Philosophen töteten sich selbst. Nicht wahr, Tigellinus, die Philosophen in Rom töten sich selbst?

TIGELLINUS. Es gibt dort einige, die sich selbst töten. Es sind die Stoiker. Die Stoiker sind Leute ohne Bildung. Es sind lächerliche Leute. Ich für meinen Teil halte sie für ganz und gar lächerlich.

HERODES. Ich auch. Es ist lächerlich, sich selbst zu töten.

TIGELLINUS. Alle Welt in Rom lacht über sie. Der Kaiser hat eine Satire gegen sie geschrieben. Man trägt sie überall vor.

HERODES. Ah! Er hat eine Satire gegen sie geschrieben? Cäsar ist erstaunlich. Er kann alles ... Es ist seltsam, daß der junge Syrier sich getötet hat. Es tut mir leid, daß er sich getötet hat. Es tut mir sehr leid. Denn er war schön zu sehen. Er war sehr schön. Er hatte so schmachtende Augen. Ich erinnere mich, ich sah seine schmachtenden Augen, wenn er Salome ansah. Wahrhaftig, ich dachte: er sieht sie zuviel an.

HERODIAS. Es gibt noch andere, die sie zuviel ansehen.

HERODES. Sein Vater war ein König. Ich vertrieb ihn aus seinem Reich. Und seine Mutter, die eine Königin war, machtest du zur Sklavin, Herodias. Er war also sozusagen mein Gast, und darum ernannte ich ihn zu meinem Hauptmann. Es tut mir leid, daß er tot ist. He! Warum habt ihr den Leichnam hier liegenlassen? Er muß fortgebracht werden. Ich will ihn nicht sehen – fort mit ihm! *(Sie tragen den Leichnam weg)* Es ist kalt hier. Es weht ein Wind. Weht nicht ein Wind?

HERODIAS. Nein, es weht kein Wind.

HERODES. Ich sage euch, es weht ein Wind – Und in der Luft höre ich etwas wie das Rauschen von Flügeln, wie das Rauschen von mächtigen Flügeln. Hört ihr es nicht?

HERODIAS. Ich höre nichts.

HERODES. Jetzt höre ich es nicht mehr. Aber ich habe es gehört. Es war das Wehen des Windes. Es ist vorüber. Horch, jetzt höre ich es wieder. Hört ihr es nicht? Es ist genau wie ein Rauschen von Flügeln.

HERODIAS. Ich sage dir, es ist nichts daran. Du bist krank. Wir wollen hineingehen.

HERODES. Ich bin nicht krank. Aber deine Tochter ist krank zu Tode. Niemals habe ich sie so blaß gesehen.

HERODIAS. Ich habe dir gesagt, du sollst sie nicht ansehen.

HERODES. Schenkt mir Wein ein. *(Es wird Wein gebracht)* Salome, komm, trink Wein mit mir. Ich habe hier einen köstlichen Wein. Cäsar hat ihn mir selbst geschickt. Tauche deine kleinen roten Lippen hinein, dann will ich den Becher leeren.

SALOME. Ich bin nicht durstig, Tetrarch.

HERODES. Hörst du, wie sie mir antwortet, diese deine Tochter?

HERODIAS. Sie hat recht. Warum stierst du sie immer an?

HERODES. Bringt reife Früchte. *(Es werden Früchte gebracht)* Salome, komm, iß mit mir von diesen Früchten. Ich sehe den Abdruck deiner kleinen Zähne in einer Frucht so gern. Beiß nur ein wenig von dieser Frucht hier ab, dann will ich essen, was übrig ist.

SALOME. Ich bin nicht hungrig, Tetrarch.

HERODES *(zu Herodias)*. Du siehst, wie du diese deine Tochter erzogen hast.

HERODIAS. Meine Tochter und ich stammen aus königlichem Blut. Du aber, weißt du, dein Vater war Kameltreiber! Dein Vater war ein Dieb und ein Räuber obendrein!

HERODES. Du lügst!

HERODIAS. Du weißt wohl, daß es wahr ist.

HERODES. Salome, komm, setz dich zu mir. Du sollst auf dem Thron deiner Mutter sitzen.

SALOME. Ich bin nicht müde, Tetrarch.

HERODIAS. Du siehst, wie sie dich achtet.

HERODES. Bringt mir – Was wünsch ich denn? Ich hab es vergessen. Ah! Ah! Ich erinnere mich.

DIE STIMME DES JOCHANAAN. Siehe, die Zeit ist gekommen! Was ich vorhersagte, ist eingetroffen. Der Tag, von dem ich sprach, ist da.

HERODIAS. Heiß ihn schweigen. Ich will seine Stimme nicht hören. Dieser Mensch beschimpft mich fortwährend.

HERODES. Er hat nichts gegen dich gesagt. Überdies ist er ein sehr großer Prophet.

HERODIAS. Ich glaube nicht an Propheten. Kann jemand sagen, was sich in Zukunft ereignen wird? Niemand weiß das. Auch beschimpft er mich fortwährend. Aber ich glaube, du hast Angst vor ihm. Ich weiß wohl, daß du Angst vor ihm hast.

HERODES. Ich habe keine Angst vor ihm. Ich habe vor niemand Angst.

HERODIAS. Ich sage dir, du hast Angst vor ihm. Wenn du keine Angst vor ihm hast, warum lieferst du ihn nicht den Juden aus, die seit sechs Monaten nach ihm schreien?

EIN JUDE. Wahrhaftig, Herr, es wäre besser, ihn in unsere Hände zu geben.

HERODES. Genug davon. Ich habe euch meine Antwort schon gegeben. Ich werde ihn nicht in eure Hände geben. Er ist ein heiliger Mann. Er ist ein Mann, der Gott geschaut hat.

EIN JUDE. Das kann nicht sein. Seit dem Propheten Elias hat niemand Gott gesehen. Er war der letzte, der Gott von Angesicht zu Angesicht geschaut hat. In unseren Tagen zeigt Gott sich nicht. Gott verbirgt sich. Darum ist großes Übel über das Land gekommen.

EIN ANDERER JUDE. In Wahrheit weiß niemand, ob Elias in der Tat Gott gesehen hat. Möglicherweise war es nur der Schatten Gottes, was er sah.

EIN DRITTER JUDE. Gott ist zu keiner Zeit verborgen. Er zeigt sich zu allen Zeiten und an allen Orten. Gott ist in dem Schlimmen ebenso wie in dem Guten.

EIN VIERTER JUDE. Du solltest das nicht sagen. Es ist eine sehr gefährliche Lehre. Es ist eine Lehre, die aus Alexandria kommt, wo die griechische Philosophie gelehrt wird. Und die Griechen sind Heiden. Sie sind nicht einmal beschnitten.

EIN FÜNFTER JUDE. Niemand kann sagen, wie Gott wirkt. Seine Wege sind sehr dunkel. Es kann sein, daß die Dinge, die wir schlimm nennen, gut sind, und daß die Dinge, die wir gut nennen, schlimm sind. Wir wissen von nichts etwas. Wir können nur unser Haupt unter seinen Willen beugen, denn Gott ist sehr stark. Er bricht den Starken in Stücke wie den Schwachen, denn jeder gilt ihm gleich.

ERSTER JUDE. Du sagst die Wahrheit. Fürwahr, Gott ist furchtbar. Er bricht den Starken und den Schwachen in Stücke, wie man Körner in einem Mörser zerreibt. Aber was diesen Menschen angeht, der hat Gott nie gesehen. Seit dem Propheten Elias hat niemand Gott gesehen.

HERODIAS. Heiß sie schweigen. Sie langweilen mich!

HERODES. Doch hab ich davon sprechen hören. Jochanaan sei in Wahrheit euer Prophet Elias.

DER JUDE. Das kann nicht sein. Seit den Tagen des Propheten Elias sind mehr als dreihundert Jahre vergangen.

HERODES. Welche sagen, der Mann sei der Prophet Elias.

EIN NAZARENER. Mir ist es sicher, daß er der Prophet Elias ist.

DER JUDE. Keineswegs, es ist nicht der Prophet Elias.

DIE STIMME DES JOCHANAAN. Siehe, der Tag ist nahe, der Tag des Herrn, und ich höre auf den Bergen die Schritte Dessen, der der Erlöser der Welt sein wird.

HERODES. Was soll das heißen: der Erlöser der Welt?

TIGELLINUS. Es ist ein Titel, den Cäsar führt.

HERODES. Aber Cäsar kommt nicht nach Judäa. Erst gestern hatte ich Briefe von Rom. Es stand nichts von dieser Sache darin. Und Ihr, Tigellinus, Ihr wart ja den Winter über in Rom. Ihr habt nichts von dieser Sache gehört, was?

TIGELLINUS. Herr, ich habe nichts von der Sache gehört. Ich wollte nur den Titel erklären. Es ist einer von Cäsars Titeln.

HERODES. Aber Cäsar kann nicht kommen. Er wird zu sehr von der Gicht geplagt. Es heißt, seine Füße seien wie die eines Elefanten. Es sprechen auch politische Erwägungen mit. Wer Rom verläßt, hat Rom verloren. Er wird nicht kommen. Indessen, Cäsar ist der Herr, er wird kommen, wenn es ihm so beliebt. Trotzdem glaube ich, er wird nicht kommen.

ERSTER NAZARENER. Herr, die Worte, die der Prophet sprach, haben sich nicht auf Cäsar bezogen.

HERODES. Wie? Nicht auf Cäsar bezogen?

ERSTER NAZARENER. Nein, Herr.

HERODES. Auf wen bezogen sie sich denn?

ERSTER NAZARENER. Auf den Messias, der gekommen ist.

EIN JUDE. Der Messias ist nicht gekommen.

ERSTER NAZARENER. Er ist gekommen, und allenthalben tut er Wunder.

HERODIAS. Oho! Wunder! Ich glaube nicht an Wunder. Ich habe ihrer zu viele gesehen. *(Zu dem Pagen)* Meinen Fächer.

ERSTER NAZARENER. Der Mann tut wirkliche Wunder. Zum Beispiel hat er bei einer Hochzeit, die in einer kleinen Stadt in

Galiläa stattfand, Wasser in Wein verwandelt. Zuverlässige Leute, die dabei waren, haben es mir berichtet. Ferner heilte er zwei Aussätzige, die vor dem Tor von Kapernaum saßen, durch einfaches Berühren.

ZWEITER NAZARENER. Nein, zwei Blinde heilte er in Kapernaum.

ERSTER NAZARENER. Nein, es waren Aussätzige. Aber er hat auch Blinde geheilt, und man hat ihn auf einem Berg im Gespräch mit Engeln gesehen.

EIN SADDUZÄER. Es gibt keine Engel.

EIN PHARISÄER. Es gibt Engel, aber ich glaube nicht, daß der Mann mit ihnen gesprochen hat.

ERSTER NAZARENER. Eine große Menge Volkes hat ihn gesehen, wie er mit Engeln sprach.

HERODIAS. Wie diese Menschen mich langweilen! Sie sind lächerlich! Sie sind alle miteinander lächerlich. *(Zu dem Pagen)* Nun! Mein Fächer? *(Der Page gibt ihr den Fächer)* Du blickst drein wie ein Träumer. Du sollst nicht träumen. Nur kranke Menschen träumen. *(Sie schlägt den Pagen mit ihrem Fächer)*

ZWEITER NAZARENER. Dann geschah ferner das Wunder mit der Tochter des Jairus.

ERSTER NAZARENER. Jawohl, das ist gewiß. Niemand kann es bestreiten.

HERODIAS. Diese Menschen sind verrückt. Sie haben zu lange in den Mond gesehen. Befiehl ihnen, daß sie schweigen!

HERODES. Was ist das für ein Wunder mit der Tochter des Jairus?

ERSTER NAZARENER. Die Tochter des Jairus war tot. Der Mann erweckte sie von den Toten.

HERODES. Wie! Er erweckt die Menschen vom Tode?

ERSTER NAZARENER. Jawohl, Herr, er erweckt die Toten.

HERODES. Ich will nicht, daß er das tue. Ich verbiete ihm, das zu tun. Ich erlaube niemandem, die Toten zu erwecken. Der Mann muß gefunden werden, und man soll ihm sagen, daß ich ihm verbiete, die Toten zu erwecken. Wo ist der Mann zur Zeit?

ZWEITER NAZARENER. Herr, er ist überall, aber es ist schwer, ihn zu finden.

ERSTER NAZARENER. Es heißt, er sei jetzt in Samaria.

EIN JUDE. Man kann leicht sehen, daß er nicht der Messias ist wenn er in Samaria ist. Nicht zu den Leuten von Samaria sol der Messias kommen. Die von Samaria sind verflucht. Sie bringen keine Opfer zum Tempel.

ZWEITER NAZARENER. Vor ein paar Tagen verließ er Samaria. Ich glaube, im Augenblick ist er in der Nähe von Jerusalem.

ERSTER NAZARENER. Nein, dort ist er nicht. Ich bin erst aus Jerusalem gekommen. In zwei Monaten haben sie keine Nachricht von ihm gehabt.

HERODES. Tut nichts! Er soll gefunden werden, und man soll ihm sagen: So spricht Herodes, der König: ›Ich will nicht dulden, daß du die Toten erweckest.‹ – Wasser in Wein verwandeln, Aussätzige und Blinde heilen ... derlei Dinge mag er tun, wenn er will. Ich sage nichts gegen diese Dinge. In Wahrheit, ich halte es für eine gute Tat, einen Aussätzigen zu heilen. Aber niemand soll die Toten erwecken ... Es müßte schrecklich sein, wenn die Toten wiederkämen.

DIE STIMME DES JOCHANAAN. O über dies geile Weib! Diese Hure! Ha! die Tochter Babylons mit ihren Goldaugen und ihren gleißenden Lidern! So sagt der Herr unser Gott: Eine Menge Menschen werden sich gegen sie sammeln. Und sie werden Steine nehmen und sie steinigen ...

HERODIAS. Befiehl ihm, er soll schweigen!

DIE STIMME DES JOCHANAAN. Die Kriegshauptleute werden sie mit ihren Schwertern durchbohren, sie werden sie unter ihren Schilden zermalmen.

HERODIAS. Wahrhaftig, es ist schändlich!

DIE STIMME DES JOCHANAAN. Es ist so, daß ich alle Verruchtheit von der Erde austilgen werde und daß alle Weiber lernen werden, nicht auf den Wegen ihrer Greuel zu wandeln.

HERODIAS. Du hörst, was er gegen mich sagt? Du duldest es, daß er die schmähe, die dein Weib ist!

HERODES. Er hat deinen Namen nicht genannt.

HERODIAS. Was tut das zur Sache? Du weißt wohl, daß ich es bin, die er zu schmähen sucht. Und ich bin dein Weib – oder nicht?

HERODES. In der Tat, teure und vieledle Herodias, du bist mein Weib, und zuvor warst du das Weib meines Bruders.

HERODIAS. Nämlich du rissest mich aus seinen Armen.

HERODES. In der Tat war ich stärker als er ... Aber wir wollen von dieser Sache nicht reden. Ich wünsche nicht, davon zu reden. Es handelt sich um die schrecklichen Worte, die der Prophet gesprochen hat. Am Ende bedeuten diese Worte, daß Schlimmes geschehen wird. Wir wollen von dieser Sache nicht reden. Edle Herodias, wir sind gegen unsere Gäste nicht aufmerksam. Füll du mein Glas, Vielgeliebte. He! Füllt die großen Pokale von Silber und die großen Pokale von Glas mit Wein. Ich will auf Cäsar trinken. Es sind Römer hier, wir müssen auf Cäsar trinken!

ALLE. Cäsar! Cäsar!

HERODES. Siehst du nicht, wie blaß deine Tochter ist?

HERODIAS. Was kümmert es dich, ob sie blaß ist oder nicht?

HERODES. Nie hab ich sie so blaß gesehen.

HERODIAS. Du brauchst sie nicht anzusehen.

DIE STIMME DES JOCHANAAN. Es kommt ein Tag, da wird die Sonne finster werden wie Blut, und die Sterne des Himmels werden auf die Erde fallen wie unreife Feigen vom Feigenbaum, und die Könige der Erde werden erzittern.

HERODIAS. Haha! Den Tag möcht ich sehen, von dem er spricht, wenn der Mond wie Blut wird und die Sterne wie unreife Feigen zur Erde fallen. Dieser Prophet schwatzt wie ein Betrunkener ... aber ich kann den Klang seiner Stimme nicht ertragen. Ich hasse seine Stimme. Befiehl ihm, er soll schweigen.

HERODES. Ich will nicht. Ich kann nicht verstehen, was das sein soll, wovon er spricht, aber vielleicht ist es ein Zeichen.

HERODIAS. Ich glaube nicht an Zeichen. Er spricht wie ein Betrunkener.

HERODES. Kann sein, er ist trunken vom Weine Gottes.

HERODIAS. Was ist das für ein Wein, der Wein Gottes? Auf was für Weinbergen ist er gewachsen? In welcher Kelter findet man ihn?

HERODES *(sieht von diesem Augenblick ab fortwährend Salome an).* Tigellinus, als Ihr jüngst in Rom wart, sprach der Kaiser mit Euch über ...?

TIGELLINUS. Worüber, Herr?

HERODES. Worüber? Ach, ich fragte Euch etwas, nicht? Ich habe vergessen, was ich Euch fragen wollte ...

HERODIAS. Du fängst wieder an, meine Tochter anzusehn. Du sollst sie nicht ansehn. Ich habe es schon gesagt.

HERODES. Du sagst nichts anderes.

HERODIAS. Ich sage es nochmals.

HERODES. Und dann der Ausbau des Tempels, von dem sie so viel geredet haben, wird da etwas geschehn? Sie sagen, der Vorhang zum Allerheiligsten sei verschwunden, nicht wahr?

HERODIAS. Du hast ihn selber gestohlen. Du schwatzest in den Tag hinein und sinnloses Zeug. Ich will nicht hierbleiben. Wir wollen hineingehn.

HERODES. Tanz für mich, Salome.

HERODIAS. Ich will nicht haben, daß sie tanzt.

SALOME. Ich habe keine Lust zu tanzen, Tetrarch.

HERODES. Salome, Tochter der Herodias, tanz für mich.

HERODIAS. Sei still! Laß sie in Frieden.

HERODES. Ich befehle dir zu tanzen, Salome.

SALOME. Ich will nicht tanzen, Tetrarch.

HERODIAS *(lachend)*. Du siehst, wie sie dir gehorcht.

HERODES. Was kümmert es mich, ob sie tanzt oder nicht? Das gilt mir gleich. Heut nacht bin ich glücklich. Ich bin ausnehmend glücklich. Ich bin nie so glücklich gewesen ...

ERSTER SOLDAT. Der Tetrarch blickt finster drein. Sieht er nicht finster drein?

ZWEITER SOLDAT. Ja, er sieht finster drein.

HERODES. Warum sollte ich nicht glücklich sein? Cäsar, der der Herr der Welt ist, Cäsar, der der Herr über alles ist, liebt mich gar sehr. Er hat mir höchst kostbare Geschenke übersandt. Auch hat er mir versprochen, den König von Kappadozien, der mein Feind ist, nach Rom vorzuladen. Kann sein, daß er ihn in Rom ans Kreuz schlagen läßt, denn er ist imstande, alles zu tun, wonach ihm der Sinn steht. Cäsar ist in Wahrheit ein Herr. Darum tue ich wohl daran, glücklich zu sein. Ich bin sehr glücklich, nie bin ich so glücklich gewesen. Nichts in der Welt kann mein Glück stören.

DIE STIMME DES JOCHANAAN. Er wird auf seinem Throne sitzen. Er wird gekleidet sein in Scharlach und Purpur. In seiner Hand wird er einen goldenen Becher halten, der voll ist seiner Lästerungen. Und der Engel des Herrn wird ihn darniederschlagen. Er wird von den Würmern gefressen werden.

HERODIAS. Du hörst, was er über dich sagt. Er sagt, du wirst von den Würmern gefressen werden.

HERODES. Er spricht nicht von mir. Er spricht nie gegen mich. Er spricht von dem König von Kappadozien, der mein Feind ist. Der wird von den Würmern gefressen werden. Ich bin es nicht. Nie hat er ein Wort gegen mich gesprochen, dieser Prophet, außer daß ich sündigte, als ich das Weib meines Bruders zum Weibe nahm. Kann sein, er hat recht. Denn in der Tat, du bist unfruchtbar.

HERODIAS. Ich bin unfruchtbar, ich? Das sagst du, du, der fortwährend meine Tochter ansieht, du, der sich an ihrem Tanze weiden möchte? Du sprichst wie ein Narr. Ich habe ein Kind geboren. Du hast kein Kind gezeugt, nein, nicht mit einer einzigen deiner Sklavinnen. An dir liegt es, nicht an mir!

HERODES. Still, Weib! Ich sage, du bist unfruchtbar. Du hast mir kein Kind geboren, und der Prophet sagt, daß unsere Ehe keine rechte Ehe ist. Er sagt, daß es eine Ehe der Blutschande ist, eine Ehe, die Unheil bringen wird ... Ich fürchte, er hat recht; es ist mir sicher, daß er recht hat. Aber es ist nicht die Stunde, von diesen Dingen zu sprechen. Ich möchte glücklich sein heute. Wahrhaftig, ich bin glücklich. Es gibt nichts, was ich misse.

HERODIAS. Ich bin froh, daß du heut nacht so gut gelaunt bist. Es kommt nicht oft vor bei dir. Aber es ist spät. Wir wollen hineingehen. Vergiß nicht, daß wir bei Sonnenaufgang zur Jagd gehen. Alle Ehren müssen Cäsars Gesandten erwiesen werden, nicht?

ZWEITER SOLDAT. Der Tetrarch blickt finster drein.

ERSTER SOLDAT. Ja, er blickt finster drein.

HERODES. Salome, Salome, tanz für mich. Ich bitte dich, tanz für mich. Ich bin traurig heut nacht. Als ich hierherkam, bin ich in Blut getreten, und das ist ein böses Zeichen; auch hört ich in der Luft ein Rauschen von Flügeln, ein Rauschen von riesengroßen Flügeln. Ich weiß nicht, worauf das deuten mag ... Ich bin traurig heut nacht. Drum tanz für mich. Tanz für mich, Salome, ich bitte gar sehr. Wenn du für mich tanzest, kannst du von mir begehren, was du willst, ich werde es dir geben. Ja, tanz für mich, Salome, und was du immer von mir begehren magst, das will ich dir geben, und wär's die Hälfte meines Königreichs.

SALOME *(steht auf)*. Willst du mir wirklich alles geben, was ich von dir begehre, Tetrarch?

HERODIAS. Tanze nicht, meine Tochter!

HERODES. Alles, was du von mir begehren wirst, und wär's die Hälfte meines Königreichs.

SALOME. Du schwörst es, Tetrarch?

HERODES. Ich schwöre es, Salome!

HERODIAS. Tanze nicht, meine Tochter!

SALOME. Wobei willst du das beschwören, Tetrarch?

HERODES. Bei meinem Leben, bei meiner Krone, bei meinen Göttern. Verlange, was du willst, ich will es dir geben, und wär's die Hälfte meines Königreichs, wenn du nur für mich tanzen willst. O Salome, Salome, tanz für mich!

SALOME. Du hast einen Eid geschworen, Tetrarch!

HERODES. Ich habe einen Eid geschworen!

HERODIAS. Meine Tochter, tanze nicht!

HERODES. Und wär's die Hälfte meines Königreichs. Du wirst unermeßlich schön sein als Königin, Salome, wenn es dir gefällt, die Hälfte meines Königreichs zu begehren. Wird sie nicht schön sein als Königin? Ah, es ist kalt hier! Es geht ein eisiger Wind, und ich höre ... warum hör ich in der Luft dies Rauschen von Flügeln? Ah! Es ist doch so, als ob ein ungeheurer schwarzer Vogel über die Terrasse schwebte. Warum kann ich ihn nicht sehen, diesen Vogel? Das Rauschen seiner Flügel ist schrecklich. Der sausende Wind von diesen Flügelschlägen ist schrecklich. Es ist ein schneidender Wind. Aber nein, er ist nicht kalt, er ist heiß. Es ist zum Ersticken. Gießt mir Wasser über die Hände. Gebt mir Schnee zu essen. Macht mir den Mantel los! Schnell, schnell, macht mir den Mantel los! Doch nein, laßt ihn. Mein Kranz drückt mich, die Rosen meines Kranzes. Die Blumen sind wie Feuer. Sie haben mir die Stirn verbrannt. *(Er reißt das Gewinde vom Kopf und wirft es auf den Tisch)* Ah! Jetzt kann ich atmen. Wie rot diese Rosenblätter sind! Sie sind wie Blutflecken auf einem Gewande. Doch lassen wir's. Es ist töricht, in allem, was man sieht, nach Bedeutung zu spüren. Es bringt zu viel Entsetzen ins Leben. Es wäre besser zu sagen, daß Blutflecken so lieblich wie Rosenblätter sind. Es wäre ferner besser zu sagen, daß ...

Aber wir wollen nicht davon sprechen. Ich bin jetzt glücklich. Ich bin über die Maßen glücklich. Hab ich nicht das Recht, glücklich zu sein? Deine Tochter will für mich tanzen. Wirst du nicht für mich tanzen, Salome? Du hast versprochen, für mich zu tanzen.

HERODIAS. Ich will nicht haben, daß sie tanzt.

SALOME. Ich will für dich tanzen, Tetrarch.

HERODES. Du hörst, was deine Tochter sagt. Sie will für mich tanzen. Du hast recht, wenn du für mich tanzest, Salome. Und wenn du für mich getanzt hast, vergiß nicht, von mir zu begehren, was zu begehren dir in den Sinn kommen mag. Alles, was du verlangst, werde ich dir geben, und wär's die Hälfte meines Königreichs. Ich habe es geschworen – oder nicht?

SALOME. Du hast es geschworen, Tetrarch.

HERODES. Und ich habe immer mein Wort gehalten. Ich bin keiner von denen, die ihre Eide brechen. Ich verstehe mich nicht aufs Lügen. Ich bin der Sklave meines Worts, und mein Wort ist das Wort eines Königs. Der König von Kappadozien trug immer Lügen im Mund, aber er ist kein echter König. Er ist ein Wicht. Er schuldet mir auch Geld, das er nicht heimzahlt. Er hat sogar meine Gesandten beleidigt. Er hat Worte gesprochen, die kränkend waren. Aber Cäsar wird ihn ans Kreuz schlagen lassen, wenn er nach Rom kommt. Ich weiß, Cäsar wird ihn kreuzigen lassen. Und wenn er ihn nicht kreuzigen läßt, wird er doch sterben und von den Würmern gefressen werden. Der Prophet hat es prophezeit. Nun! Warum zögerst du, Salome?

SALOME. Ich warte, bis meine Sklavinnen mir Salbe und die sieben Schleier bringen und die Sandalen von meinen Füßen lösen. *(Sklavinnen bringen Salben und die sieben Schleier und nehmen Salome die Sandalen ab)*

HERODES. Ah, du wirst mit nackten Füßen tanzen! 's ist gut! 's ist gut! Deine kleinen Füße werden wie weiße Tauben sein. Sie werden wie kleine weiße Blumen sein, die auf den Bäumen tanzen ... Nein, nein, sie wird auf Blut tanzen! Da auf dem Boden ist Blut vergossen! Sie soll nicht auf Blut tanzen! Es wäre ein böses Zeichen.

HERODIAS. Was kümmert es dich, ob sie auf Blut tanzt? Du hast tief genug darin gewatet ...

HERODES. Was kümmert es mich? Ah, sieh den Mond an! Er ist rot geworden. Er ist rot geworden wie Blut. Ah, der Prophet hat wahr prophezeit. Er prophezeite, daß der Mond wie Blut werden würde. Hat er das nicht prophezeit? Ihr alle habt gehört, wie er es prophezeite. Und jetzt ist der Mond wie Blut geworden. Seht ihr es nicht?

HERODIAS. O ja, ich sehe es gut, und die Sterne fallen wie unreife Feigen, nicht? Und die Sonne wird finster wie ein schwarzes Tuch, und die Könige der Erde erzittern. Das wenigstens kann man sehen. Darin wenigstens hat der Prophet recht behalten mit seinem Wort, denn fürwahr, die Könige der Erde zittern ... Wir wollen hineingehen. Du bist krank. Sie werden in Rom sagen, daß du verrückt bist. Wir wollen hineingehen, sage ich.

DIE STIMME DES JOCHANAAN. Wer ist Der, der von Edom kommt, wer ist Der, der von Bozra kommt, dessen Kleid mit Purpur gefärbt ist, der in der Schönheit seiner Gewänder leuchtet, der mächtig in seiner Größe wandelt? Warum ist dein Kleid mit Scharlach gefleckt?

HERODIAS. Wir wollen hineingehen. Die Stimme dieses Menschen macht mich wahnsinnig. Ich will nicht haben, daß meine Tochter tanzt, während er fortwährend dazwischenschreit. Ich will nicht, daß sie tanzt, während du sie auf solche Art ansiehst. Mit einem Wort, ich will nicht haben, daß sie tanzt.

HERODES. Steh nicht auf, mein Weib, meine Königin, es wird dir nichts helfen. Ich gehe nicht hinein, bevor sie getanzt hat. Tanze, Salome, tanze für mich!

HERODIAS. Tanze nicht, meine Tochter!

SALOME. Ich bin bereit, Tetrarch. *(Salome tanzt den Tanz der sieben Schleier)*

HERODES. Ah! Wundervoll! Wundervoll! Siehst du, sie hat für mich getanzt, deine Tochter. Komm her, Salome, komm her, du sollst deinen Lohn haben. Ah! Ich zahle denen königlichen Preis, die mir zur Lust tanzen wollen. Ich will dich königlich belohnen. Ich will dir alles geben, was dein Herz begehrt. Was willst du haben? Sprich!

SALOME *(kniend)*. Ich möchte, daß sie mir gleich in einer Silberschüssel ...

HERODES *(lachend)*. In einer Silberschüssel? Gewiß doch, in einer Silberschüssel! Sie ist reizend, nicht? Was ist es, das du in einer Silberschüssel haben möchtest, o süße, schöne Salome, du, die schöner ist als alle Töchter Judäas? Was sollen sie dir in einer Silberschüssel bringen? Sag es mir! Was es auch sein mag, du sollst es erhalten. Meine Reichtümer gehören dir. Was ist es, das du haben möchtest, Salome?

SALOME *(steht auf)*. Den Kopf des Jochanaan.

HERODIAS. Ah! Das sagst du gut, meine Tochter.

HERODES. Nein, nein!

HERODIAS. Das sagst du gut, meine Tochter.

HERODES. Nein, nein, Salome. Das ist es nicht, was du begehrst. Hör nicht auf die Stimme deiner Mutter. Sie hat dir immer schlechten Rat gegeben. Achte nicht auf sie.

SALOME. Ich achte nicht auf die Stimme meiner Mutter. Zu meiner eigenen Lust will ich den Kopf des Jochanaan in einer Silberschüssel haben. Du hast einen Eid geschworen, Herodes. Vergiß es nicht, du hast einen Eid geschworen!

HERODES. Ich weiß es. Ich habe einen Eid geschworen, bei meinen Göttern habe ich geschworen. Ich weiß es wohl. Aber ich beschwöre dich, Salome, verlange etwas anderes von mir. Verlange die Hälfte meines Königreichs von mir. Ich will sie dir geben. Aber verlange nicht von mir, was deine Lippen verlangt haben.

SALOME. Ich verlange von dir den Kopf des Jochanaan.

HERODES. Nein, nein, ich will ihn dir nicht geben.

SALOME. Du hast einen Eid geschworen, Herodes.

HERODIAS. Ja, du hast einen Eid geschworen. Alle haben es gehört. Du hast es vor allen geschworen.

HERODES. Still, Weib! Zu dir spreche ich nicht.

HERODIAS. Meine Tochter hat wohl daran getan, den Kopf des Jochanaan zu verlangen. Er hat mich mit Schimpf und Schande bedeckt. Er hat unsägliche Dinge gegen mich gesagt. Man kann sehen, daß sie ihre Mutter lieb hat. Gib nicht nach, meine Tochter. Er hat einen Eid geschworen, er hat einen Eid geschworen.

HERODES. Still! Sprich nicht zu mir!... Salome, ich beschwöre dich, sei nicht trotzig. Ich bin immer gut zu dir gewesen. Ich habe dich immer lieb gehabt ... Kann sein, ich habe dich zu lieb gehabt. Darum verlange das nicht von mir. Das ist etwas Schreckliches, etwas Grauenvolles, was du von mir verlangst. Sicher, ich glaube, du willst scherzen. Der Kopf eines Mannes, der vom Rumpf getrennt ist, das ist ein übler Anblick, nicht? Es ziemt sich nicht, daß die Augen eines Mädchens auf so etwas fallen. Was für eine Lust könntest du darin finden? Du könntest keine Lust darin finden. Nein, nein, das begehrst du nicht. Horch, was ich sage. Ich habe einen Smaragd, einen großen Smaragd, einen runden, den Cäsars Freundin mir hergeschickt hat. Wenn du durch diesen Smaragd siehst, kannst du sehen, was weit weg vor sich geht. Cäsar selbst trägt solch einen Smaragd, wenn er in den Zirkus geht. Aber mein Smaragd ist der größere. Ich weiß es, er ist der größere. Er ist der größte Smaragd in der ganzen Welt. Den willst du haben, nicht wahr? Verlange ihn von mir, ich werde ihn dir geben.

SALOME. Ich fordere den Kopf des Jochanaan.

HERODES. Du hörst nicht zu. Du hörst nicht zu. Laß mich zu dir reden, Salome.

SALOME. Den Kopf des Jochanaan.

HERODES. Nein, nein, du möchtest das nicht haben. Du sagst das nur, um mich zu quälen, weil ich dich so angesehen und es den ganzen Abend nicht gelassen habe. Es ist wahr, ich habe dich angesehen und hab's den ganzen Abend nicht gelassen. Deine Schönheit hat mich verwirrt. Deine Schönheit hat mich maßlos verwirrt, und ich habe dich allzuviel angesehen. Aber ich will dich wahrhaftig nicht mehr ansehen. Man sollte gar nichts ansehen. Weder Dinge noch Menschen sollte man ansehen. Nur in Spiegeln sieht es sich gut, denn Spiegel zeigen uns bloß Masken. Oh, oh! Bringt Wein! Mich dürstet! ... Salome, Salome, laß uns wie Freunde zueinander sein. Bedenk dich! ... Ah, was wollte ich sagen? Was war's! Ah! Ich weiß es wieder! ... Salome – komm doch näher her zu mir, ich fürchte, du hörst sonst meine Worte nicht – Salome, du kennst meine weißen Pfauen, meine schönen weißen Pfauen, die im Garten zwischen den Myrten und den hohen Zypressenbäumen wandeln. Ihre Schnäbel sind mit Gold bemalt, und die Körner, die sie fressen, sind vergoldet, und ihre Füße sind mit Purpur gefärbt. Wenn sie ihren Schrei ausstoßen, kommt Regen, und der Mond zeigt sich am Himmelszelt, wenn sie ihr Rad entfalten. Zwei und zwei wandeln sie zwischen den Zypressenbäumen und den dunklen Myrten, und für jeden ist ein Sklave da, der ihn pflegt. Manchmal fliegen sie über die Bäume weg, und zuweilen ruhen sie im Gras und rund um die Teiche. In der ganzen Welt gibt es keine so wunderbaren Vögel. Ich weiß, Cäsar selbst hat nicht so schöne Vögel, wie meine Vögel sind. Ich will dir fünfzig von meinen Pfauen geben. Sie werden dir folgen, wohin du gehen willst, und inmitten ihrer Schar wirst du wie der Mond sein in einer großen weißen Wolke ... Ich will sie dir geben, alle. Ich habe bloß hundert, und in der ganzen Welt lebt kein König, der Pfauen hat, wie meine Pfauen sind. Aber ich will sie dir alle geben. Nur mußt du mich von meinem Eid entbinden und mußt nicht von mir verlangen, was deine Lippen von mir verlangt haben. *(Er leert seinen Becher)*

SALOME. Gib mir den Kopf des Jochanaan!

HERODIAS. Gut gesagt, meine Tochter! Und du, du bist lächerlich mit deinen Pfauen!

HERODES. Still! Was kreischest du denn immer? Du kreischest wie ein Raubvogel. Du mußt nicht so kreischen. Deine Stimme peinigt mich. Still, sag ich dir! ... Salome, bedenke, was du tun willst. Es kann sein, daß der Mann von Gott gesandt ist. Er ist ein heiliger Mann. Der Finger Gottes hat ihn berührt. Gott hat schreckliche Worte in seinen Mund gelegt. Im Palast wie in der Wüste ist immer Gott bei ihm ... Es kann wenigstens sein, daß er bei ihm ist. Man kann es nicht sagen, aber es ist möglich, daß Gott bei ihm ist und ihm beisteht. Wenn er daher stirbt, kann mich vielleicht ein Unheil treffen. Er hat wirklich gesagt, an dem Tage, da er stirbt, wird irgend jemanden Unheil treffen. Wen sollte es treffen, wenn nicht mich? Denk daran, ich trat in Blut, als ich hierher kam. Und hörte ich nicht auch in der Luft ein Rauschen von Flügeln, ein Rauschen von ungeheuren Flügeln? Das sind schlimme Zeichen. Und es war noch anderes da. Ich bin sicher, es war noch anderes da, ich habe es nur nicht gesehen. Du möchtest nicht, daß mich ein Unheil trifft, Salome? Hör jetzt auf mich.

SALOME. Gib mir den Kopf des Jochanaan!

HERODES. Ach! Du willst nicht auf mich hören. Sei ruhig. Ich, siehst du, ich bin ruhig. Ich bin ganz und gar ruhig. Höre. Ich habe an diesem Ort Juwelen versteckt – Juwelen, die selbst deine Mutter nie gesehen hat! Juwelen, die wundervoll zu sehen sind. Ich habe ein Halsband mit vier Reihen Perlen. Sie sind wie Monde, die an silberne Strahlen gekettet sind. Ja, sie sind wie ein halbes Hundert Monde, die man in goldenem Netz gefangen hat. Auf der Elfenbeinbrust einer Königin haben sie geruht. Du sollst schön sein wie eine Königin, wenn du sie trägst. Ich habe zwei Arten Amethyste; die einen sind wie dunkelschwarzer Wein, und die andern sind rot wie Wein, den man mit Wasser vermengt hat. Ich habe Topase, gelb wie die Augen der Tiger, und Topase, die sind hellrot wie die Augen einer Waldtaube, und grüne Topase, die sind wie Katzenaugen. Ich habe Opale, die immer funkeln, mit einem Feuer, das kalt wie Eis ist, Opale, die den Geist der Menschen traurig stimmen und die das Dunkel nicht ertragen können. Ich habe Onyxe gleich den Augäpfeln einer toten Frau. Ich habe Mondsteine, die ihre Farbe wechseln, wenn der Mond wechselt, und erblassen, wenn sie die Sonne sehen. Ich habe Saphire, so groß wie ein Ei und so blau wie blaue Blumen. Das Meer wogt in ihnen, und der Mond wandelt nie das Blau ihrer Wellen. Ich habe Chrysolithe und Berylle und Chrysoprase und Rubine, ich habe Sardonyx- und Hyazinthsteine und Steine von Chalzedon – und ich will sie dir alle geben, alle, und will noch andere Dinge dazutun. Der König von Indien hat mir jetzt eben erst vier Fächer geschickt, die aus Papageifedern gefertigt sind, und der König von Numidien ein Gewand von Straußfedern. Ich habe einen Kristall, in den zu schauen keinem Weibe erlaubt ist, und junge Männer dürfen ihn nur betrachten, wenn sie vorher mit Ruten gestrichen wurden. In einem Perlmutterkästchen habe ich drei wunderbare Türkise. Wer sie an seiner Stirn trägt, kann Dinge schauen, die nicht wirklich sind, und wer sie in der Hand trägt, kann einer Frau die Fruchtbarkeit benehmen. Das sind große Schätze. Es sind unbezahlbare Schätze. Aber das ist nicht alles. In einem Kästchen aus Ebenholz habe ich zwei Becher aus

Bernstein, die sind wie Äpfel von reinem Gold. Wenn ein Feind Gift in diese Becher gießt, werden sie Äpfel von Silber. In einem Kästchen, das mit Bernstein verziert ist, habe ich Sandalen, die mit Glas eingelegt sind. Ich habe Mäntel, die man aus dem Lande der Serer gebracht hat, und Armspangen, rundum mit Karfunkeln und Achaten besetzt, die aus der Stadt Euphrates kommen ... Was begehrst du noch sonst, Salome? Sage mir, was du begehrst, ich will es dir geben. Alles, was du verlangst, will ich dir geben – nur eines nicht. Ich will dir alles geben, was mein ist – nur nicht das Leben dieses einen Mannes. Ich will dir den Mantel des Hohenpriesters geben. Ich will dir den Vorhang des Allerheiligsten geben ...

DIE JUDEN. Oh, oh!

SALOME. Gib mir den Kopf des Jochanaan!

HERODES *(sinkt auf seinen Sitz zurück)*. Man soll ihr geben, was sie verlangt! Sie ist in Wahrheit ihrer Mutter Kind!

(Der erste Soldat tritt näher. Herodias zieht dem Tetrarchen den Todesring vom Finger und gibt ihn dem Soldaten, der ihn auf der Stelle dem Henker überbringt. Der Henker sieht erschrocken drein)

HERODES. Wer hat meinen Ring genommen? Ich hatte einen Ring an der rechten Hand. Wer hat meinen Wein getrunken? Es war Wein in meinem Becher. Er war mit Wein gefüllt. Es hat ihn jemand ausgetrunken! Oh! Gewiß wird Unheil über einen kommen. *(Der Henker geht in die Zisterne hinunter)* Oh! Warum hab ich einen Eid geschworen? Von jetzt ab soll kein König mehr einen Eid schwören. Wenn er ihn nicht hält, ist es schrecklich, und wenn er ihn hält, ist es auch schrecklich.

HERODIAS. Meine Tochter hat recht getan.

HERODES. Ich bin sicher, es wird ein Unheil geschehen.

SALOME *(lehnt sich über die Zisterne und horcht)*. Es ist kein Laut zu vernehmen. Ich höre nichts. Warum schreit er nicht, der Mann? Ah! Wenn einer mich zu töten käme, ich würde schreien, ich würde mich wehren, ich würde es nicht dulden ... Schlag zu, schlag zu, Naaman, schlag zu, sag ich dir ... Nein, ich höre nichts. Es ist alles still, eine schreckliche Stille. Ah! Es ist etwas zu Boden gefallen. Ich hörte etwas fallen. Es war das Schwert des Henkers. Er hat Angst, dieser Sklave. Er hat das Schwert fallen lassen. Er traut sich nicht, ihn zu töten. Er ist eine Memme, dieser Sklave! Schickt Soldaten hin. *(Sie sieht den Pagen der Herodias und redet ihn an)* Komm hierher. Du warst der Freund des Toten, nicht? Wohlan, ich sage dir, es sind noch nicht genug Tote. Geh zu den Soldaten und befiehl ihnen, hinabzusteigen und mir zu holen, was ich verlange, was mir der Tetrarch versprochen hat, was mein ist. *(Der Page weicht zurück, sie wendet sich den Soldaten zu)* Hierher, ihr Soldaten! Geht ihr in diese Zisterne hinunter und holt mir den Kopf des Mannes. Tetrarch, Tetrarch, befiehl deinen Soldaten, daß sie mir den Kopf des Jochanaan holen.

(Ein riesengroßer schwarzer Arm, der Arm des Henkers, streckt sich aus der Zisterne heraus, auf einem silbernen Schild den Kopf des Jochanaan haltend. Salome greift danach. Herodes verhüllt sein Gesicht mit dem Mantel. Herodias fächelt sich zu und lächelt. Die Nazarener sinken in ihre Knie und beginnen zu beten)

SALOME. Ah! Du wolltest mich deinen Mund nicht küssen lassen, Jochanaan. Wohl! Ich will ihn jetzt küssen. Ich will mit meinen Zähnen hineinbeißen, wie man in eine reife Frucht beißen mag. Ja, ich will ihn küssen, deinen Mund, Jochanaan. Ich hab es gesagt. Ah, ich will ihn jetzt küssen ... Aber warum siehst du mich nicht an, Jochanaan? Deine Augen, die so schrecklich waren, so voller Wut und Verachtung, sind jetzt geschlossen. Warum sind sie geschlossen? Öffne doch deine Augen! Erhebe deine Lider, Jochanaan! Warum siehst du mich nicht an? Hast du Angst vor mir, Jochanaan, daß du mich nicht ansehn willst? ... Und deine Zunge, die wie eine rote, giftsprühende Schlange war, sie bewegt sich nicht mehr, sie spricht kein Wort, Jochanaan, diese Scharlachnatter, die ihren Geifer auf mich spie. Es ist seltsam, nicht? Wie kommt es, daß die rote Natter sich nicht mehr rührt? ... Du wolltest mich nicht haben, Jochanaan! Du wiesest mich von dir. Du sprachst böse Worte gegen mich. Du benahmst dich gegen mich wie gegen eine Hure, wie gegen ein geiles Weib, gegen mich, Salome, die Tochter der Herodias, Prinzessin von Judäa! Nun wohl, ich lebe noch, aber du bist tot, und dein Kopf gehört mir. Ich kann mit ihm tun, was ich will. Ich kann ihn den Hunden vorwerfen und den Vögeln in der Luft. Was die

Hunde übriglassen, sollen die Vögel der Luft verzehren ... Ah! Jochanaan, Jochanaan, du warst der Mann, den ich allein von allen Männern liebte! Alle andern Männer waren mir verhaßt. Doch du warst schön! Dein Leib war eine Elfenbeinsäule auf silbernen Füßen. Er war ein Garten voller Tauben und Silberlilien. Er war ein silberner Turm, mit Elfenbeinschilden gedeckt. Nichts in der Welt war so weiß wie dein Leib. Nichts in der Welt war so schwarz wie dein Haar. In der ganzen Welt war nichts so rot wie dein Mund. Deine Stimme war ein Weihrauchgefäß, das seltene Düfte verbreitete, und wenn ich dich ansah, hörte ich geheimnisvolle Musik. Oh! Warum hast du mich nicht angesehen, Jochanaan! Mit deinen Händen als Mantel und mit dem Mantel deiner Lästerworte verhülltest du dein Gesicht. Du legtest über deine Augen die Binde eines, der seinen Gott schauen wollte. Wohl, du hast deinen Gott gesehen, Jochanaan, aber mich, mich, mich hast du nie gesehen! Hättest du mich gesehen, so hättest du mich geliebt! Ich sah dich, und ich liebte dich! Oh, wie liebte ich dich! Ich liebe dich noch, Jochanaan! Ich liebe nur dich ... Ich dürste nach deiner Schönheit; ich hungre nach deinem Leib; nicht Wein noch Äpfel können mein Verlangen stillen. Was soll ich jetzt tun, Jochanaan? Nicht die Fluten noch die großen Wasser können dies brünstige Begehren löschen. Ich war eine Fürstin, und du verachtetest mich, eine Jungfrau, und du nahmst mir meine Keuschheit. Ich war rein und züchtig, und du hast Feuer in meine Adern gegossen ... Ah! Ah! Warum sahst du mich nicht an? Hättest du mich angesehen, du hättest mich geliebt. Ich weiß es wohl, du hättest mich geliebt, und das Geheimnis der Liebe ist größer als das Geheimnis des Todes ...

HERODES. Sie ist ein Ungeheuer, deine Tochter; ich sage dir, sie ist ein Ungeheuer. In Wahrheit, was sie getan hat, ist ein großes Verbrechen. Mir ist gewiß, es ist ein Verbrechen gegen einen unbekannten Gott.

HERODIAS. Ich bin ganz zufrieden mit meiner Tochter. Sie hat recht getan. Und ich möchte jetzt hierbleiben.

HERODES *(steht auf)*. Ah! Da spricht meines Bruders Weib! Komm! Ich will nicht an diesem Ort bleiben. Komm, sag ich dir! Sicher, es wird Schreckliches geschehen. Manasseh, Issachar, Osias, löscht die Fackeln aus! Ich will all die Dinge nicht sehen, ich will nicht leiden, daß all die Dinge mich sehen. Löscht die Fackeln aus! Verbergt den Mond! Verbergt die Sterne! Wir wollen uns selber im Palast verbergen, Herodias. Ich fange an zu erzittern.

(Die Sklaven löschen die Fackeln aus. Die Sterne verschwinden. Eine große Wolke zieht über den Mond und verhüllt ihn völlig. Die Bühne wird ganz dunkel. Der Tetrarch beginnt die Treppe hinaufzusteigen)

DIE STIMME DER SALOME. Ah, ich habe deinen Mund geküßt, Jochanaan; ich hab ihn geküßt, deinen Mund. Es war ein bitterer Geschmack auf deinen Lippen. Hat es nach Blut geschmeckt? ... Nein; doch schmeckte es vielleicht nach Liebe ... Sie sagen, daß die Liebe bitter schmecke ... Doch, was tut's, was tut's? Ich habe deinen Mund geküßt, Jochanaan, ich hab ihn geküßt, deinen Mund! *(Ein Strahl des Mondlichts fällt auf Salome und beleuchtet sie)*

HERODES *(wendet sich um und erblickt Salome)*. Man töte dieses Weib!

(Die Soldaten stürzen vor und zermalmen Salome, die Tochter der Herodias, Prinzessin von Judäa, unter ihren Schilden)

Die heilige Hure

oder

Das mit Edelsteinen behangene Weib

Schauplatz ist ein Talwinkel in der Thebais. Auf der Bühne rechts eine Höhle. Vor der Höhle steht ein Kruzifix. Links Sanddünen. Der Himmel ist blau wie die Innenseite einer Schale aus Lapislazuli. Auf den roten Sandhügeln wächst hier und dort Dornengestrüpp.

ERSTER MANN. Wer ist sie? Mir wird angst und bange. Sie trägt einen Purpurmantel, und ihre Haare sind wie goldene Fäden. Sie muß die Tochter des Kaisers sein. Ich habe die Ruderer sagen hören, daß der Kaiser eine Tochter hat, die einen Purpurmantel trägt.

ZWEITER MANN. Sie hat Vogelschwingen an ihren Sandalen, und ihr Gewand ist grün wie der junge Mais, ist wie der Mais im Frühling, sobald sie stille steht, und wie der junge Mais im Schatten der huschenden Falken, sobald sie sich bewegt. Die Perlen auf ihrem Gewand sind wie lauter Monde.

ERSTER MANN. Sie sind wie die Monde, die man im Wasser sieht, wenn der Wind aus den Bergen weht.

ZWEITER MANN. Ich glaube, sie ist eine Gottheit. Ich glaube, sie kommt aus Nubien.

ERSTER MANN. Bestimmt ist sie die Tochter des Kaisers. Ihre Nägel sind mit Henna gefärbt. Sie sind wie die Blütenblätter einer Rose. Sie ist gekommen, um Adonis zu beweinen.

ZWEITER MANN. Sie ist eine Gottheit. Ich weiß nicht, warum sie ihren Tempel verlassen hat. Die Götter sollten ihre Tempel nicht verlassen. Wenn sie uns anredet, so wollen wir nicht antworten, und sie wird vorbeigehen.

ERSTER MANN. Sie wird uns nicht anreden. Sie ist die Tochter des Kaisers.

MYRRHINA. Wohnt er nicht hier, der schöne junge Eremit, er, der kein Frauenantlitz ansehen will?

ERSTER MANN. Wahrhaftig, hier wohnt der Eremit.

MYRRHINA. Warum will er kein Frauenantlitz ansehen?

ZWEITER MANN. Das wissen wir nicht.

MYRRHINA. Warum seht ihr mich nicht an?

ERSTER MANN. Du bist mit funkelnden Steinen behangen. Sie blenden unsere Augen.

ZWEITER MANN. Wer in die Sonne schaut, erblindet. Du leuchtest zu sehr, als daß man dich ansehen könnte. Es ist nicht ratsam, etwas anzusehen, das sehr hell leuchtet. Viele Tempelpriester sind blind und werden von Sklaven geführt.

MYRRHINA. Wo wohnt er, der schöne junge Eremit, der kein Frauenantlitz ansehen will? Hat er ein Haus aus Schilf oder ein Haus aus gebranntem Lehm, oder lagert er auf dem Hügelhang? Oder bettet er sich in den Binsen?

ERSTER MANN. Er wohnt in der Höhle dort drüben.

MYRRHINA. Was für eine sonderbare Wohnstätte?

ERSTER MANN. Früher hauste hier ein Kentaur. Als er den Eremiten kommen sah, stieß er einen gellenden Schrei aus, weinte und wehklagte und galoppierte davon.

ZWEITER MANN. Nein. Es war ein weißes Einhorn, das in der Höhle hauste. Als es den Eremiten kommen sah, kniete das Einhorn nieder und betete ihn an. Viele Leute haben es gesehen.

ERSTER MANN. Ich habe mit Leuten gesprochen, die es gesehen haben.

...

ZWEITER MANN. Manche sagen, er sei ein Holzhauer gewesen und habe sich verdungen. Aber das ist vielleicht nicht wahr.

...

MYRRHINA. Was für Götter verehrt ihr denn? Habt ihr überhaupt Götter, die ihr verehrt? Es gibt Menschen, die haben keine Götter, die sie verehren. Die Philosophen mit ihren langen Bärten und braunen Mänteln haben keine Götter, die sie verehren. Sie hadern miteinander in den Säulengängen Die – lachen sie aus.

ERSTER MANN. Wir verehren sieben Götter. Ihre Namen dürfen wir nicht nennen. Es ist sehr gefährlich, die Namen der Götter zu nennen. Kein Mensch sollte je den Namen seines Gottes nennen. Sogar die Priester, welche den ganzen lieben Tag lang die Götter preisen und ihre Nahrung mit ihnen teilen, nennen sie nicht bei ihren rechten Namen.

MYRRHINA. Wo sind diese Götter, die ihr verehrt?

ERSTER MANN. Wir verbergen sie in den Falten unserer Gewänder

Wir zeigen sie niemandem. Wenn wir sie jemandem zeigten, würden sie uns vielleicht verlassen.

MYRRHINA. Wo seid ihr ihnen begegnet?

ERSTER MANN. Ein Totenbalsamierer hat sie uns geschenkt. Er hatte sie in einem Grab gefunden. Wir frohnten ihm sieben Jahre lang.

MYRRHINA. Die Toten sind fürchterlich. Ich habe Angst vor dem Tod.

ERSTER MANN. Der Tod ist kein Gott. Er dient nur den Göttern.

MYRRHINA. Er ist der einzige Gott, den ich fürchte. Habt ihr viele Götter gesehen?

ERSTER MANN. Wir haben ihrer viele gesehen. Man sieht sie hauptsächlich nachts. Sie huschen schnell vorbei. Einmal haben wir etliche Götter bei Tagesanbruch gesehen. Sie wanderten über eine Ebene.

MYRRHINA. Als ich einmal auf den Markt kam, hörte ich einen Sophisten aus Kilikien behaupten, es gebe nur einen Gott. Er hat es vor vielen Leuten behauptet.

ERSTER MANN. Das kann nicht stimmen. Wir selber haben viele gesehen, obwohl wir gewöhnliche und unbedeutende Leute sind. Als ich sie sah, versteckte ich mich in einem Gebüsch. Sie haben mir nichts zuleide getan.

...

MYRRHINA. Erzählt mir mehr von dem schönen jungen Eremiten. Berichtet von dem schönen jungen Eremiten, der kein Frauenantlitz ansehen will. Wie lautet die Geschichte seines Lebens? Wie ist seine Lebensweise?

ERSTER MANN. Wir verstehen dich nicht.

MYRRHINA. Was tut er, der schöne junge Eremit? Sät oder erntet er? Pflanzt er einen Garten, oder fängt er Fische im Netz? Webt er Linnen auf einem Webstuhl? Legt er die Hand an den hölzernen Pflug und schreitet hinter den Ochsen einher?

ZWEITER MANN. Da er ein heiliger Mann ist, tut er nichts. Wir sind gewöhnliche und unbedeutende Leute. Wir plagen uns den ganzen lieben Tag lang in der Sonne. Manchmal ist der Boden sehr hart.

MYRRHINA. Ernähren ihn die Vögel der Luft? Teilen die Schakale ihre Beute mit ihm?

ERSTER MANN. Allabendlich bringen wir ihm etwas zu essen. Wir glauben nicht, daß die Vögel der Luft ihn ernähren.

MYRRHINA. Warum ernährt ihr ihn? Was bringt es euch für einen Gewinn?

ZWEITER MANN. Er ist ein heiliger Mann. Einer der Götter, die er gekränkt hat, hat ihn mit Wahnsinn geschlagen. Wir glauben, daß er den Mond gekränkt hat.

MYRRHINA. Geht hin und meldet ihm, jemand, der aus Alexandria gekommen ist, wünscht mit ihm zu sprechen.

ERSTER MANN. Das wagen wir ihm nicht zu melden. Um diese Stunde betet er zu seinem Gott. Bitte, verzeih uns, wenn wir deinem Gebot nicht gehorchen.

MYRRHINA. Habt ihr Angst vor ihm?

ERSTER MANN. Wir haben Angst vor ihm.

MYRRHINA. Warum habt ihr Angst vor ihm?

ERSTER MANN. Das wissen wir nicht.

MYRRHINA. Wie heißt er?

ERSTER MANN. Die Stimme, die nachts in der Höhle mit ihm redet, nennt ihn Honorius. Auch die drei Aussätzigen, die einmal hier auftauchten, haben ihn Honorius genannt. Wir glauben, daß er Honorius heißt.

MYRRHINA. Warum haben die drei Aussätzigen ihn aufgesucht?

ERSTER MANN. Damit er sie heile.

MYRRHINA. Hat er sie geheilt?

ZWEITER MANN. Nein. Sie hatten irgendeine Sünde begangen. Aus diesem Grund hatte der Aussatz sie befallen. Ihre Hände und Gesichter waren wie Salz. Einer trug eine Leinenmaske. Er war ein Königssohn.

MYRRHINA. Was ist das für eine Stimme, die nachts in der Höhle mit ihm redet?

ERSTER MANN. Wir wissen nicht, wessen Stimme es ist. Wir glauben, es ist die Stimme Gottes. Denn wir haben keinen Menschen die Höhle betreten oder verlassen sehen.

...

MYRRHINA. Honorius!

HONORIUS *(von drinnen)*. Wer ruft Honorius?

MYRRHINA. Komm heraus, Honorius.

Mein Gemach hat ein Dach aus Zedernholz und duftet nach

Myrrhen. Die Pfosten meines Bettes sind aus Zedernholz und die Wandbehänge aus Purpur. Mein Bett ist mit Purpur bestreut, und die Stufen sind aus Silber. Die Wandbehänge sind mit silbernen Granatäpfeln bestickt und die silbernen Stufen mit Safran und Myrrhen bestreut. Meine Liebhaber hängen Girlanden an die Säulen meines Hauses. Nachts kommen sie mit den Flötenspielern und den Harfenisten. Sie umwerben mich mit Äpfeln und schreiben meinen Namen mit Wein auf das Pflaster meines Hofes.

Aus den entferntesten Winkeln der Welt kommen meine Liebhaber zu mir. Die Könige der Erde kommen zu mir und bringen mir Geschenke.

Als der Kaiser von Byzanz meinen Namen hörte, verließ er sein Porphyrgemach und befahl seinen Galeeren, in See zu stechen. Seine Sklaven trugen keine Fackeln, damit niemand von seinem Kommen erfahre. Als der König von Zypern meinen Namen hörte, schickte er Gesandte zu mir. Die beiden Könige von Libyen, welche Brüder sind, brachten mir Ambra als Gabe.

Ich habe dem Cäsar seinen Günstling geraubt und ihn zu meinem Spielgefährten gemacht. Nachts kam er in einer Sänfte zu mir. Er war bleich wie Narzissus, und sein Leib war wie Honig.

Der Sohn des Präfekten hat sich mir zu Ehren entleibt, und der Tetrarch von Kilikien geißelt sich zu meinem Vergnügen vor den Augen meiner Sklaven.

Der König von Hierapolis, der ein Priester und ein Räuber ist, läßt mich auf Teppichen schreiten.

Manchmal sitze ich im Zirkus, und zu meinen Füßen kämpfen die Gladiatoren. Einmal wurde ein Thrakier, der mein Liebhaber war, im Netz gefangen. Ich gab das Zeichen, ihn zu töten, und das ganze Theater klatschte Beifall. Manchmal schlendere ich durchs Gymnasium und schaue den Jünglingen zu, wie sie miteinander ringen oder um die Wette laufen. Ihre Leiber glänzen von Öl, ihre Stirnen sind mit Weidenreis und Myrrhen bekränzt. Wenn sie ringen, stampfen sie mit den Füßen auf, und wenn sie laufen, folgt ihnen der Sand wie eine kleine Wolke. Derjenige, welchem ich zulächle, verläßt seine

Gefährten und folgt mir in mein Haus. Ein andermal gehe ich an den Hafen hinunter und sehe den Kaufleuten zu, wie sie ihre Fahrzeuge entladen. Diejenigen, welche aus Tyrus kommen, tragen seidene Mäntel und Ohrgehänge aus Smaragd. Diejenigen, die aus Massilia kommen, tragen Mäntel aus feiner Wolle und Ohrgehänge aus Messing. Wenn sie mich kommen sehen, treten sie in den Bug ihrer Schiffe und rufen meinen Namen, aber ich antworte nicht. Ich gehe in die kleinen Schenken, wo die Seeleute den ganzen Tag lang liegen und dunkelroten Wein trinken und würfeln, und ich setze mich zu ihnen.

Ich habe den Fürsten zu meinem Sklaven und seinen Sklaven, der ein Tyrer war, für die Spanne eines Mondes zu meinem Herrn gemacht.

Ich steckte ihm einen verzierten Ring an den Finger und holte ihn in mein Haus. Ich habe herrliche Dinge in meinem Hause.

Der Wüstenstaub liegt auf deinem Haar, deine Füße sind von Dornen zerschunden, dein Leib von der Sonne versengt. Komm mit mir, Honorius, ich werde dich in ein seidenes Gewand kleiden. Ich werde deinen Leib mit Myrrhen salben und dir Lavendelöl ins Haar gießen. Ich werde dich in ein hyazinthrotes Gewand hüllen und Honig in deinen Mund träufeln. Liebe ...

HONORIUS. Es gibt keine Liebe außer der Liebe Gottes.

MYRRHINA. Wer ist er, dessen Liebe größer ist als die der Sterblichen?

HONORIUS. Er ist es, den du am Kreuze siehst, Myrrhina. Er ist der Sohn Gottes und wurde von einer Jungfrau geboren. Drei Weise, welche Könige waren, brachten ihm Opfergaben, und die Hirten, die auf den Hügeln lagerten, wurden durch ein helles Licht aus dem Schlaf geweckt.

Die Sibyllen wußten von seinem Kommen. Die Haine und die Orakel sprachen von ihm. David und die Propheten verkündeten ihn. Keine Liebe kommt der Liebe Gottes gleich – keine Liebe läßt sich mit ihr vergleichen.

Der Leib ist wertlos, Myrrhina. Gott wird dich mit einem neuen Leib auferstehen lassen, einem Leib, der keine Fäulnis kennt, du wirst in den Wohnungen des Herrn weilen und ihn erblicken, ihn, dessen Haar wie feine Wolle ist und dessen Füße aus Messing sind.

MYRRHINA. Die Schönheit ...

HONORIUS. Die Schönheit der Seele wächst, bis sie Gott zu sehen vermag. Bereue deshalb deine Sünden, Myrrhina. Den Schächer, der neben ihm gekreuzigt wurde, hat er ins Paradies geholt.

(Geht ab)

MYRRHINA. Wie seltsam er zu mir geredet hat. Mit welcher Verachtung er mich angesehen hat. Warum mag er so seltsam zu mir geredet haben?

...

HONORIUS. Myrrhina, mir ist es wie Schuppen von den Augen gefallen. Jetzt sehe ich deutlich, was ich vorher nicht gesehen habe. Nimm mich nach Alexandria mit und laß mich von den sieben Sünden kosten.

MYRRHINA. Spotte nicht meiner, Honorius, rede auch nicht mit so bitteren Worten zu mir. Denn ich habe meine Sünden bereut und suche eine Höhle in der Wüste, wo ich wohnen kann, damit meine Seele würdig werde, Gott zu sehen.

HONORIUS. Die Sonne sinkt, Myrrhina. Komm mit mir nach Alexandria.

MYRRHINA. Ich will nicht nach Alexandria.

HONORIUS. Leb wohl, Myrrhina.

MYRRHINA. Honorius, leb wohl. Nein, nein, geh nicht.

...

Ich habe meine Schönheit verflucht ob des Unheils, das sie dir angetan hat, ich habe die Herrlichkeit meines Leibes verflucht ob des Bösen, das sie auf dich herabbeschworen hat.

Herr, dieser Mann hat mich zu dir geführt, daß ich dir zu Füßen liege. Er hat mir von deiner Ankunft auf Erden, von dem Wunder deiner Geburt und auch von dem großen Wunder deines Todes berichtet. Durch ihn, o Herr, wurdest du mir geoffenbart.

HONORIUS. Du redest wie ein Kind, Myrrhina, und ohne Wissen. Falte nicht länger die Hände. Warum bist du in all deiner Schönheit in dieses Tal gekommen?

MYRRHINA. Der Gott, den du verehrst, hat mich hierhergeführt, damit ich meine Schandtaten bereue und in ihm den Herrn erkenne.

HONORIUS. Warum hast du mich mit Worten in Versuchung geführt?

MYRRHINA. Damit du die Sünde in ihrer übertünchten Maske und den Tod in seinem schändlichen Gewand erblickst.

Briefe

Übersetzt von Hedda Soellner

Ein Brief aus dem Zuchthaus zu Reading
(De Profundis)

An Lord Alfred Douglas

[Januar-März 1897] H. M. Prison, Reading

Lieber Bosie, nach langem, vergeblichem Warten habe ich mich nun entschlossen, Dir zu schreiben, nicht nur in Deinem, sondern auch in meinem Interesse, denn mich schmerzt der Gedanke, daß ich in zwei langen Jahren der Gefangenschaft keine einzige Zeile von Dir erhielt und daß Deine spärlichen Botschaften und die wenigen Berichte über Dich mir nur Kummer bereitet haben.

Unsere verhängnisvolle und unselige Freundschaft endete für mich in Zusammenbruch und öffentlicher Schande, und doch läßt mich die Erinnerung an unsere einstige Zuneigung nicht los, stimmt der Gedanke, daß Ekel, Bitterkeit und Verachtung in meinem Herzen für immer den Platz einnehmen sollten, den einst die Liebe innehatte, mich traurig: und sicher wird auch Dir Dein Herz sagen, daß Du besser daran tätest, mir in die Einsamkeit des Kerkerdaseins zu schreiben, als ohne meine Erlaubnis meine Briefe zu veröffentlichen oder mir, ohne zu fragen, Gedichte zu widmen, wenn auch die Welt dann nicht erfahren wird, welche Worte des Leids oder der Leidenschaft, der Reue oder der Gleichgültigkeit Du für Deine Antwort oder Deinen Anruf wähltest.

Zweifellos wird manches in diesem Brief, der von Deinem Leben und meinem sprechen muß, von Vergangenheit und Zukunft, von Süßem, das sich in Bitterkeit wandelte, und von Bitterem, das sich vielleicht einmal in Freude verkehrt, Deine Eitelkeit im Innersten treffen. Wenn Du das spürst, so lies diesen Brief immer wieder, bis er Deine Eitelkeit vernichtet hat. Wenn Du auf etwas stößt, das Dir als ungerechte Anklage erscheint, so bedenke, man sollte dankbar dafür sein, daß es Fehler gibt, deren man zu Unrecht angeklagt werden kann. Wenn Du zu einer einzigen Stelle kommen solltest, die Dir Tränen entlockt, dann weine, so wie wir im Kerker weinen, wo der Tag wie die Nacht für Tränen geschaffen sind. Sie sind Deine einzige Rettung. Wenn Du Deiner Mutter Dein Herz ausschüttest, damit sie Dir recht gibt und Deinem Dünkel und Deiner Arroganz das Wort redet wie damals, als ich in meinem Brief an Robbie meine Verachtung für Dich kundtat, so bist Du verloren. Wenn Du *eine* heuchlerische Ausrede für Dich findest, dann wirst Du bald auch hundert finden und genau das sein, was Du vorher warst. Sagst Du noch immer wie in Deiner Antwort an Robbie, daß ich Dir *»unwürdige Motive unterstellte«?* Ach, in Deinem Leben gab es keine Motive. Da gab es nur Gelüste. Ein Motiv ist eine geistige Zielsetzung. Daß Du *»sehr jung«* gewesen seist, als unsere Freundschaft begann? Dein Fehler war nicht, daß Du so wenig vom Leben wußtest, sondern daß Du so viel wußtest. Die Morgenfrische der Kindheit mit ihrem zarten Hauch, ihrem klaren, reinen Licht, ihrer unschuldigen, erwartungsvollen Freude hattest Du weit hinter Dir gelassen. Leichten, behenden Fußes warst Du von der Romantik zum Realismus geeilt. Schon faszinierte Dich die Gosse und ihre Welt. Daraus erwuchs die Not, in der Du meine Hilfe suchtest, und ich, so unklug gemessen an der Weisheit dieser Welt, gewährte sie Dir aus Mitleid und Güte. Du mußt diesen Brief zu Ende lesen, auch wenn jedes Wort zum Glüheisen oder Skalpell wird, unter dem das wunde Fleisch brennt oder blutet. Bedenke, ein Tor sein in den Augen der Götter, und ein Tor sein in den Augen der Menschen, ist nicht das gleiche. Einem Menschen, der nichts weiß vom stürmischen Formwandel in der Kunst und vom stetigen Fortschritt des Denkens, nichts weiß vom Prunk des lateinischen Verses noch von toskanischer Bildkunst und der Lyrik der Elisabethaner, kann dennoch süßeste Weisheit innewohnen. Der wahre Tor, den Hohn und Haß der Götter trifft, ist der Mensch, der sich selbst nicht kennt. Allzulang war ich ein solcher Narr. Schon allzu lange bist Du es.

Laß es genug sein. Fürchte Dich nicht. Das schlimmste Laster ist die Seichtheit. Alles ist gut, was man geistig erfaßt hat. Bedenke auch, daß alles, was Dich beim Lesen mit Elend erfüllt, mir beim Schreiben noch größeres Elend gebracht hat. Die unsichtbaren Mächte waren sehr gut zu Dir. Sie haben Dich die seltsamen und tragischen Erscheinungen des Lebens so sehen lassen, wie man Schatten in einer Kristallkugel sieht. Das Haupt der Medusa, bei dessen Anblick lebende Menschen zu Stein erstarren, durftest Du gefahrlos im Spiegel betrachten. Du wandelst unter Blumen. Mir ist die schöne Welt der Farbe und der Bewegung genommen.

Als erstes möchte ich Dir sagen, daß ich bittere Anklage gegen mich erhebe. Ich sitze hier in meiner dunklen Zelle, in Sträflingskleidung, ein entehrter, zugrunde gerichteter Mann, und klage mich an. In den qualvollen, angstfiebernden Nächten, den langen, eintönigen Tagen der Pein klage ich mich an. Ich klage mich an, weil ich es zuließ, daß eine ungeistige Freundschaft, eine Freundschaft, die nicht die Erschaffung und Betrachtung des Schönen zum obersten Ziel hatte, mein Leben völlig beherrschte. Von allem Anfang an klaffte zwischen uns eine zu breite Kluft. Du warst schon in der Schule träge gewesen und an der Universität mehr als träge. Du machtest Dir nicht klar, daß ein Künstler, und zumal ein Künstler wie ich es bin, das heißt einer, bei dem die Qualität seines Werkes von der Vervollkommnung seiner Persönlichkeit abhängt, für die Entfaltung seiner Kunst den Umgang mit Ideen braucht und eine geistige Atmosphäre und Ruhe, Frieden und Einsamkeit. Du hast meine Arbeit bewundert, wenn sie vollendet war: hast die glänzenden Erfolge meiner Premieren genossen und die glänzenden Soupers, die ihnen folgten: Du warst stolz, versteht sich, der beste Freund eines so prominenten Künstlers zu sein: aber die unerläßlichen Voraussetzungen für die Schaffung eines Kunstwerks konntest Du nicht begreifen. Ich drechsle keine rhetorischen Phrasen, sondern bleibe auf dem Boden der durch Tatsachen erhärteten Wahrheit, wenn ich Dich daran erinnere, daß ich während der ganzen Zeit, die wir zusammen waren, keine einzige Zeile geschrieben habe. Ob in Torquay, Goring, London, Florenz oder anderswo, immer war mein Leben unfruchtbar, unschöpferisch, solange Du bei mir warst. Und mit nur wenigen Unterbrechungen warst Du leider immer bei mir.

Um nur ein Beispiel von vielen herauszugreifen: ich erinnere mich, daß ich im September '93 ein paar Zimmer mietete, nur um ungestört arbeiten zu können, denn ich hatte meinen Vertrag mit John Hare, für den ich ein Stück schreiben sollte, gebrochen, und er drängte mich. In der ersten Woche ließest Du mich in Ruhe. Wir hatten uns – kein Wunder – über den künstlerischen Wert Deiner *Salome*-Übersetzung gestritten, und Du beschränktest Dich deshalb darauf, mir törichte Briefe zu schicken. In dieser Woche schrieb ich den ganzen ersten Akt von *An Ideal Husband* fertig, bis ins Detail so, wie er schließlich aufgeführt wurde. In der zweiten Woche kamst Du wieder, und mit meiner Arbeit war es praktisch vorbei. Jeden Vormittag fuhr ich um halb zwölf zum St. James's Place, um dort denken und schreiben zu können, ohne Angst vor Störungen wie sie selbst ein so stiller und friedlicher Haushalt wie der meine mit sich bringt. Doch der Versuch scheiterte. Um zwölf Uhr kamst Du vorgefahren und bliebst Zigaretten rauchend und schwatzend bis halb zwei, dann mußte ich Dich zum Lunch ins Café Royal oder ins Berkeley führen. Lunch plus *liqueurs* dauerten meist bis halb vier. Auf eine Stunde zogst Du Dich in den Club zurück. Zur Teezeit warst Du wieder da und bliebst, bis es Zeit war, sich fürs Abendessen umzuziehen. Dann warst Du mein Gast zum Dinner, entweder im Savoy oder in der Tite Street. Meist trennten wir uns nach Mitternacht, da ein Souper bei Willis den entzückenden Tag würdig beschließen mußte. So lebte ich diese drei Monate hindurch, Tag für Tag, bis auf die vier Tage, die Du verreist warst. Natürlich mußte ich nach Calais hinüber und Dich abholen. Für einen Menschen meiner Art und meines Temperaments war dieses Leben grotesk und tragisch zugleich.

Du mußt Dir das doch inzwischen klargemacht haben? Du mußt doch jetzt einsehen, daß Dein Unvermögen, allein zu sein, Dein Glaube, ständig und völlig die Zeit und die Aufmerksamkeit anderer beanspruchen zu dürfen, Dein völliger Mangel an geistiger Konzentrationsfähigkeit, der unglückliche Zufall – ich möchte gerne an diese Auslegung glauben –, daß Du im Umgang mit geistigen Dingen noch immer nicht den »Oxford-Stil« entwickelt hattest, ich meine, daß Du nie elegant mit Ideen spielen, sondern nur mit radikalen Ansichten auftrumpfen konntest – daß dies alles, zusammen mit der Tatsache, daß Deine Wünsche und Interessen dem Leben galten, nicht der Kunst, die Entwicklung Deiner Persönlichkeit genauso hemmte wie meine Arbeit als Künstler. Wenn ich unsere Freundschaft mit der Freundschaft vergleiche, die mich mit noch jüngeren Männern wie John Gray und Pierre Louÿs verband, so schäme ich mich. Mein wahres Leben, mein Leben im höheren Sinn, verbrachte ich mit ihnen und ihresgleichen.

Ich spreche jetzt nicht von den verheerenden Folgen meiner Freundschaft mit Dir. Ich spreche nur von dem, was sie war, solange sie bestand. Für mich bedeutete sie geistige Erniedrigung. Der Keim zu künstlerischem Temperament war in Dir angelegt. Aber ich bin Dir entweder zu spät oder zu früh begegnet, welche von diesen beiden Möglichkeiten zutrifft, weiß ich nicht. Wenn Du weg warst, ging alles gut. Als ich Anfang Dezember jenes Jahres, auf das ich vorhin anspielte, Deine Mutter dazu bewegen konnte, Dich ins Ausland zu schicken, ordnete ich zugleich das zerrissene, wirre Gespinst meiner schöpferischen Phantasie, bekam mein Leben wieder fest in die Hand und beendete nicht nur die drei letzten Akte von *An Ideal Husband,* sondern ersann auch in ihrem Charakter völlig verschiedene Stücke, die *Florentine Tragedy* und *La Sainte Courtisane,* und hatte sie fast fertig, als Du plötzlich ungebeten, unwillkommen und unter Umständen, die meinen Seelenfrieden gefährdeten, wieder auftauchtest. Die Arbeit an den beiden Stücken konnte ich nie wieder aufnehmen. Die Stimmung, aus der sie entstanden waren, konnte ich nicht wiederfinden. Jetzt, nachdem Du selbst einen Gedichtband veröffentlicht hast, wirst Du die Wahrheit dessen erkennen, was ich hier schreibe. Doch ob Du sie erkennst oder nicht, sie bleibt als häßliche Wahrheit auf dem Grunde unserer Freundschaft. Solange Du bei mir warst, machtest Du meine Kunst zuschanden, und daß ich Dir erlaubte, Dich ständig zwischen mich und meine Kunst zu drängen, dafür muß ich Schuld und Schande voll auf mich nehmen. Du konntest es nicht wissen, Du konntest es nicht verstehen, Du konntest es nicht beurteilen. Ich hatte kein Recht, es überhaupt von Dir zu erwarten. Du interessiertest Dich ausschließlich für Deinen Magen und Deine Marotten. Dir stand der Sinn nur nach Vergnügungen, nach gängigen oder weniger gängigen Lustbarkeiten. Scheinbar oder wirklich brauchte Dein Temperament damals weiter nichts. Ich hätte Dir verbieten sollen, mein Haus und meine Räume ohne ausdrückliche Einladung zu betreten. Ich mache mir die schwersten Vorwürfe wegen meiner Schwäche. Denn es war reine Schwäche. Eine halbe Stunde mit der Kunst gab mir stets mehr als jede noch so lange Zeit mit Dir. In keinem Abschnitt meines Lebens war jemals irgend etwas von annähernd solcher Bedeutung für mich wie die Kunst. Doch bei einem Künstler ist Schwäche ein Verbrechen, wenn diese Schwäche die schöpferische Phantasie lähmt.

Und ich klage mich an, weil ich mich von Dir in den völligen und schimpflichen finanziellen Ruin treiben ließ. Ich denke an jenen Morgen in den ersten Oktobertagen des Jahres '92, als ich mit Deiner Mutter in den herbstlichen Wäldern von Bracknell saß. Damals kannte ich Deine wahre Natur noch kaum. Ich war übers Wochenende bei Dir in Oxford gewesen. Du warst zehn Tage lang bei mir zum Golfspielen in Cromer gewesen. Das Gespräch kam auf Dich, und Deine Mutter klärte mich über Deinen Charakter auf. Sie erzählte mir von Deinen beiden Hauptfehlern, Deiner Eitelkeit und Deiner, wie sie es ausdrückte, »Beziehungslosigkeit zum Geld«. Ich erinnere mich genau, wie ich lachte. Ich ahnte nicht, daß die erste Eigenschaft mich ins Gefängnis und die zweite in den Bankrott stürzen sollte. Eitelkeit hielt ich für eine Art eleganter Knopflochblume für junge Leute; und was Leichtfertigkeit in Gelddingen anlangt – denn ich glaubte, sie meine nur Leichtfertigkeit –, so lagen die Tugenden des Einteilens und Sparens auch nicht in meiner Natur oder in meiner Art. Doch ehe unsere Freundschaft einen Monat älter geworden war, dämmerte mir, was Deine Mutter meinte. Dein Verlangen nach einem Leben in bedenkenloser Verschwendung: Deine ständigen Geldforderungen; das Ansinnen, daß ich für alle Deine Vergnügungen aufkommen müsse, ob ich dabei war oder nicht, brachten mich bald in ernste Geldverlegenheit, und je nachhaltiger Du mein Leben mit Beschlag belegtest, um so langweiliger und uninteressanter wurden diese Extravaganzen für mich, da das Geld kaum für andere Freuden als die des Essens, Trinkens und dergleichen ausgegeben wurden. Von Zeit zu Zeit macht es Vergnügen, die Tafel rot zu decken, mit Wein und Rosen. Du jedoch kanntest weder Sitte noch Maß. Du fordertest ohne Anmut und nahmst ohne Dank. Bald glaubtest Du, eine Art Anspruch auf ein Leben zu meinen Lasten und in verschwenderischem Luxus zu haben, der Dir neu war und daher Deine

Begierde immer mehr reizte; und wenn Du in einem Spielcasino in Algier Geld verlorst, dann depeschiertest Du mir einfach am nächsten Morgen nach London, ich solle den verspielten Betrag auf Dein Bankkonto überweisen, und damit war der Fall für Dich erledigt.

Wenn ich Dir sage, daß ich vom Herbst 1892 bis zu meiner Inhaftierung mehr als £ 5 000 in barem Geld mit Dir und für Dich ausgegeben habe, und obendrein noch Schulden machte, dann wird Dir aufgehen, welchen Lebensstil Du mir aufzwangst. Glaubst Du, ich übertreibe? Meine gewöhnlichen Ausgaben für einen gewöhnlichen Tag mit Dir in London – Lunch, Dinner, Souper, Vergnügungen, Droschken und alles übrige – beliefen sich auf £ 12 bis £ 20, und die Ausgaben für eine Woche betrugen dementsprechend zwischen £ 80 und £ 130. Unsere drei Monate in Goring haben mich (einschließlich Miete natürlich) £ 1 340 gekostet. Mit dem Konkursverwalter mußte ich jeden Posten meines Lebens einzeln durchgehen. Es war gräßlich. *»Einfach leben und edel denken«* war natürlich ein Ideal, mit dem Du damals noch nichts anfangen konntest, aber solche Vergeudung war für uns beide eine Schande. Eines der reizendsten Dinners, an die ich mich erinnere, habe ich zusammen mit Robbie in einem kleinen Café in Soho eingenommen, es kostete etwa so viel in Shilling, wie meine Dinners mit Dir in Pfund zu kosten pflegten. Auf mein Dinner mit Robbie geht mein erster und bester Essay zurück. Idee, Titel, Aufbau, Form, alles ist bei einem Menu zu 3 Francs 50 herausgekommen. Von den üppigen Dinners mit Dir bleibt nur die Erinnerung an zu viele Speisen und zu viele Getränke. Und daß ich Dir in allem nachgab, war schlecht für Dich. Du weißt es jetzt. Es hat Dich noch gieriger gemacht: gelegentlich recht skrupellos: und immer unliebenswürdig. Bei viel zu häufigen Gelegenheiten war es weder ein Vergnügen noch ein Vorzug, Dein Gastgeber zu sein. Es fehlte – ich will nicht sagen die formelle Höflichkeit Deines Dankes, denn formelle Höflichkeiten belasten eine enge Freundschaft –, es fehlte einfach die Atmosphäre vertrauten Beisammenseins, der Zauber angenehmer Unterhaltung, das *τερπνὸν κακόν*, wie die Griechen es nannten, und jene feine Bildung, die das Leben verschönt, es begleitet wie Musik, die Dinge in Harmonie bringt und grelle oder stumme Stellen mit Wohlklang überbrückt. Es befremdet Dich vielleicht, daß ein Mensch in meiner schrecklichen Lage einen Unterschied zwischen der einen Schande und der anderen findet; daß ich jedoch so viel Geld an Dich wegwarf und Dich widerstandslos mein Vermögen zu meinem und Deinem Schaden verschleudern ließ, diese Torheit, ich muß es offen gestehen, verleiht meinem Bankrott in meinen Augen den Anstrich einer vulgären Liederlichkeit, die mich den Zusammenbruch als doppelt beschämend empfinden läßt. Ich war für andere Dinge geschaffen.

Doch mein bitterster Vorwurf gegen mich selbst geht dahin, daß ich Dich meine sittliche Persönlichkeit völlig untergraben ließ. Die Basis des Charakters ist die Willenskraft, und meine ganze Willenskraft ordnete sich der Deinen unter. Es klingt grotesk, ist aber darum nicht weniger wahr. Die ständigen Szenen, die für Dich beinahe ein physisches Bedürfnis zu sein schienen und die Deinen Sinn und Deine Züge verzerrten und Dein Bild und Deine Worte gleich abstoßend machten: die abscheuliche Manie, die Du von Deinem Vater geerbt hast, die Manie, empörende und gemeine Briefe zu schreiben: die völlige Unbeherrschtheit Deiner Gefühle, die sich bald in langem, schmollendem Schweigen äußerte, bald in jähen, fast epileptischen Wutanfällen: alle diese Dinge, derentwegen ich Dich in einem meiner Briefe beschwor, den Du im Savoy oder in einem anderen Hotel herumliegen ließest und den der Anwalt Deines Vaters dem Gericht vorlegte, eine Beschwörung, die nicht frei war von Pathos, doch Du warst damals unfähig, Pathos in seinem Wesen oder seinen Äußerungen zu erkennen: – alle diese Dinge waren Grund und Anlaß meiner fatalen Nachgiebigkeit gegen Deine täglich wachsenden Forderungen. Du hast mich mürbe gemacht. Es war der Triumph der kleineren über die größere Natur. Es war ein Fall jener Tyrannei des Schwachen über den Starken, von der ich irgendwo in einem meiner Stücke sage, daß sie »die einzige Tyrannei ist, die sich auf die Dauer hält«.

Und sie war unvermeidlich. In jeder engen menschlichen Beziehung muß man ein *moyen de vivre* finden. In Deinem Fall hatte man nur die Möglichkeit, Dir entweder nachzugeben oder Dich aufzugeben. Eine andere Alternative gab es nicht. Aus tiefer, wenn auch verfehlter Zuneigung zu Dir: aus großer Nachsicht mit Deiner Unausgeglichenheit und Deinen Schwächen: aus der mir eigenen sprichwörtlichen Gutmütigkeit und keltischen Trägheit: aus der Aversion des Künstlers gegen derbe Auftritte und rüde Ausdrücke: aus der für mich damals typischen Unfähigkeit, jemandem etwas nachzutragen: aus Abneigung, mir das Leben verbittern und entstellen zu lassen durch Dinge, die mir, dessen Augen auf ganz andere Dinge gerichtet waren, als bloße Lappalien erschienen, zu unwichtig, um mehr als flüchtige Überlegung und Beachtung zu verdienen – aus all diesen Gründen, die im einzelnen einfältig klingen mögen, gab ich Dir schließlich immer nach. Kein Wunder, daß Deine Ansprüche, Deine Herrschsucht, Deine Erpressungen ins Maßlose wuchsen. Die niedrigste Regung, das banalste Gelüst, die vulgärste Leidenschaft wurde Dir zum Gesetz, dem das Leben anderer sich stets zu beugen hatte und dem sie notfalls skrupellos geopfert wurden. Das Wissen, daß Du bloß eine Szene zu machen brauchtest, um jederzeit alles zu erzwingen, stachelte Dich natürlicherweise und zweifellos beinah unbewußt zu Exzessen gemeiner Gewalttätigkeit an. Am Ende wußtest Du nicht mehr, was Du wolltest oder warum Du es wolltest. Nachdem Du mein Genie, meine Willenskraft und mein Vermögen in Beschlag genommen hattest, verlangtest Du in blinder, unersättlicher Gier meine ganze Existenz. Und nahmst sie. In dem im wahrsten und tragischsten Sinne kritischen Augenblick meines Lebens, kurz ehe ich den verhängnisvollen Schritt tat und mich auf jenen absurden Prozeß einließ, attakkierte mich von der einen Seite Dein Vater mit widerlichen Karten, die er in meinem Club abgab, und auf der anderen Seite attackiertest Du mich mit nicht minder ekelhaften Briefen. Am Morgen des Tages, an dem ich mich von Dir zum Polizeigericht schleppen ließ, um den lächerlichen Haftbefehl gegen Deinen Vater zu erwirken, hatte ich einen der übelsten und beschämendsten Briefe erhalten, die Du jemals geschrieben hast. Zwischen euch beide gestellt, verlor ich den Kopf. Meine Urteilsfähigkeit verließ mich. Panik trat an ihre Stelle. Ich sah, offen gestanden, keine Möglichkeit mehr, einem von Euch zu entfliehen. Blind tappte ich dahin, wie ein Ochse zum Schlachthaus. Ich hatte einen gewaltigen psychologischen Irrtum begangen. Ich hatte die ganze Zeit geglaubt, mein Nachgeben in unwichtigen Dingen hätte nichts zu bedeuten: ich könnte im entscheidenden Augenblick meiner Willenskraft wieder zu ihrer natürlichen Überlegenheit verhelfen. Das stimmte nicht. Im entscheidenden Augenblick ließ meine Willenskraft mich im Stich. Im Leben gibt es tatsächlich nichts Entscheidendes oder Unwichtiges. Alle Dinge sind gleichwertig und gleichgewichtig. Meine – zunächst hauptsächlich auf Gleichgültigkeit beruhende – Gewohnheit, Dir in allem nachzugeben, war unbemerkt ein Teil meines Wesens geworden. Ohne daß ich es wußte, hatte sie mein Temperament auf eine einzige verhängnisvolle Stimmung festgelegt. Deshalb sagt Pater in dem subtilen Epilog zur ersten Auflage seiner Essays, »Scheitern heißt, Gewohnheiten annehmen«. Das stumpfsinnige Volk von Oxford deutete diesen Ausspruch als bloße eigenwillige Umkehrung der recht langweiligen aristotelischen Auffassung von der Ethik, tatsächlich birgt er jedoch eine wunderbare, eine schreckliche Wahrheit. Ich hatte zugelassen, daß Du meine Moral untergrubst, und die Annahme einer Gewohnheit führte bei mir nicht nur zum Scheitern, sondern zum Untergang. In moralischer Hinsicht hast Du mich noch weit mehr gelähmt als in künstlerischer.

Sobald der Haftbefehl ausgestellt war, lenkte Dein Wille selbstverständlich alles Weitere. Während ich mich in London um kundigen Rat bemühen und in Ruhe die gemeine Falle hätte studieren sollen, in der ich mich hatte fangen lassen – die Gimpelfalle, wie Dein Vater sie noch heute nennt –, mußte ich unbedingt mit Dir nach Monte Carlo fahren, ausgerechnet an diesen abstoßendsten aller Orte auf Gottes weiter Welt, damit Du Tag und Nacht, solange das Casino geöffnet war, am Spieltisch sitzen konntest. Ich konnte mir – da das Bakkarat mich nicht reizt – draußen die Zeit vertreiben. Du warst nicht dazu zu bewegen, auch nur fünf Minuten lang mit mir die Lage zu beraten, in die Ihr, Du und Dein Vater, mich gebracht hattet. Ich hatte lediglich Deine Hotelrechnung und Deine Spielschulden zu bezahlen. Die kleinste Anspielung auf die Feuerprobe, die mir bevorstand, ödete Dich an, eine neue Champagnermarke, die uns empfohlen wurde, interessierte Dich mehr.

Als wir nach London zurückkehrten, beschworen mich Freunde,

die wirklich um mein Wohl besorgt waren, ich solle ins Ausland gehen, mich nicht auf einen unmöglichen Prozeß einlassen. Weil sie mir diesen Rat gaben, unterstelltest Du ihnen niedrige Motive, und mich nanntest Du feige, weil ich ihn anhörte. Du zwangst mich zu bleiben und die Sache mit allen Mitteln durchzufechten, wenn möglich im Zeugenstand durch Leistung von absurden und dummen Meineiden. Am Ende wurde ich natürlich festgenommen, und Dein Vater war der Held des Tages: ja, mehr als der Held des Tages: Deine Familie hat sich jetzt, so komisch das ist, unter die Unsterblichen gereiht: denn durch jene groteske Unberechenbarkeit, die gewissermaßen ein gotisches Element in der Geschichte darstellt und Klio zur unseriösesten aller Musen macht, wird Dein Vater in der Schar der gütigen, reingesinnten Eltern aus den Erbauungsgeschichten fortleben und Du an der Seite des Knaben Samuel, ich aber sitze im tiefsten Kot des Malebolge zwischen Gilles de Retz und dem Marquis de Sade.

Natürlich hätte ich mit Dir brechen sollen. Ich hätte Dich aus meinem Leben schleudern sollen, wie man ein stechendes Insekt von seinem Anzug schleudert. Im schönsten seiner Dramen erzählt Aischylos uns von jenem Hirtenkönig, der ein Löwenjunges, *λέοντος ἶνιν,* in seinem Hause aufzieht und es liebt, weil es freudig seinem Rufe folgt und wedelnd seinen Hunger kundtut: *φαιδρωπὸς ποτὶ λεῖρα, σαίνων τε γαστρὸς ἀνάγκαις*. Doch es wird größer und zeigt seine wahre Natur *ἦθος τὸ πρόσθε τοκήων*, vernichtet den König und sein Haus und seine ganze Habe. Mir ging es ähnlich wie diesem König. Doch mein Fehler war nicht, daß ich mich nicht von Dir trennte, sondern daß ich mich zu oft von Dir trennte. Soweit ich mich entsinne, kündigte ich Dir regelmäßig alle drei Monate die Freundschaft, und jedesmal brachtest Du es fertig, sei es durch Bitten, Telegramme, Briefe, durch Vermittlung Deiner oder auch meiner Freunde und auf sonstige Art, daß ich Dich wieder aufnahm. Als Du Ende März '93 mein Haus in Torquay verließest, war ich entschlossen, nie mehr mit Dir zu sprechen und Dich unter keinen Umständen mehr in meine Nähe zu lassen, so empörend war der Auftritt gewesen, den Du am Vorabend Deiner Abreise gemacht hattest. Aus Bristol batest Du mich in Briefen und Telegrammen um

Verzeihung und um ein Wiedersehen. Dein Hauslehrer, der in Torquay geblieben war, sagte mir, daß Du seiner Meinung nach manchmal einfach nicht verantwortlich seist für das, was Du sagtest und tätest, und daß die meisten, wenn nicht alle Studenten des Magdalen College diese Meinung teilten. Ich willigte ein, Dich wiederzusehen, und verzieh Dir natürlich. Auf der Fahrt nach London batest Du mich, mit Dir ins Savoy zu gehen. Das wurde mein Verhängnis.

Drei Monate später, im Juni, waren wir in Goring. Einige Deiner Freunde aus Oxford kamen übers Wochenende auf Besuch. Am Morgen ihrer Abreise machtest Du eine so fürchterliche, so peinliche Szene, daß ich Dir sagte, wir müßten uns trennen. Ich weiß noch gut, wie wir auf dem gepflegten Rasen des ebenen Krockettplatzes standen und ich Dir auseinandersetzte, daß wir einander nur das Leben schwermachten, daß Du meines völlig ruiniertest und daß ich Dich offensichtlich nicht wirklich glücklich machte und daß unwiderrufliche Trennung, ein endgültiger Schlußstrich, die einzig kluge und philosophische Lösung sei. Du reistest nach dem Lunch schmollend ab, nicht ohne dem Butler einen Deiner kränkendsten Briefe mit der Anweisung hinterlassen zu haben, ihn mir nach Deiner Abreise auszuhändigen. Vor Ablauf von drei Tagen telegrafiertest Du aus London, ich möge Dir verzeihen und Dich zurückkommen lassen. Ich hatte das Haus nur Dir zuliebe gemietet. Ich hatte auf Dein Verlangen Deine eigenen Diener engagiert. Es tat mir immer mehr leid, daß Du ein Opfer dieser gräßlichen Launenhaftigkeit warst. Ich hatte Dich gern. Und so ließ ich Dich zurückkommen und verzieh Dir. Drei Monate später, im September, kam es zu neuerlichen Szenen, weil ich Dich auf die Schuljungenschnitzer in Deinem Übersetzungsentwurf von *Salome* aufmerksam gemacht hatte. Inzwischen kannst Du genug Französisch und weißt, daß diese Übersetzung eines Oxford-Studenten, der Du ja warst, ebenso unwürdig war wie des Werkes, das sie wiedergeben sollte. Damals wußtest Du das natürlich noch nicht, und in einem Deiner ausfallenden Briefe, die Du mir in dieser Sache schriebst, sagtest Du, Du seist mir in »intellektueller Hinsicht nicht verpflichtet«. Als ich das las, spürte ich, daß es der einzige wahre Satz war, den Du mir im Laufe unserer ganzen Freundschaft geschrieben hattest. Ich sah ein, daß eine weniger kultivierte Natur viel besser zu Dir gepaßt hätte. Ich sage das jetzt nicht aus Verbitterung, sondern stelle es einfach als Tatsache fest. Die Voraussetzung für jede menschliche Bindung, sei es Ehe oder Freundschaft, ist letztlich das Gespräch; dieses Gespräch muß eine gemeinsame Basis haben, und bei zwei Menschen von sehr verschiedenem Bildungsniveau kann diese Basis nur auf der niedrigsten Ebene liegen. Trivialität in Wort und Tat ist bezaubernd. Ich hatte sie zum Grundstein einer geistreichen Philosophie gemacht, die ich in meinen Theaterstücken und Paradoxen zum Ausdruck brachte. Aber den Tand und die Torheit unseres gemeinsamen Lebens empfand ich oft als öde: nur im Morast begegneten wir uns: und so faszinierend, schrecklich faszinierend das einzige Thema war, um das Deine Reden beharrlich kreisten, am Ende langweilte es mich nur noch. Es langweilte mich oft tödlich, doch ich nahm es hin, wie ich Deine Leidenschaft für Varietévorstellungen hinnahm oder Deine Manie für sinnloses Prassen oder Deine sonstigen, für mich noch weniger anziehenden Eigenheiten: als etwas nämlich, womit man sich eben abzufinden hatte, als einen Teil des hohen Preises, den man für Deine Bekanntschaft bezahlen mußte. Als ich nach unserem Aufenthalt in Goring für zwei Wochen nach Dinard fuhr, warst Du mir sehr böse, weil ich Dich nicht mitnahm, machtest mir deshalb vor meiner Abreise mehrere sehr unerquickliche Szenen im Albemarle Hotel und schicktest mir ebenso unerquickliche Telegramme in das Landhaus, in dem ich ein paar Tage zu Gast war. Ich weiß noch, daß ich Dir sagte, es sei Deine Pflicht, eine Weile bei Deinen Angehörigen zu bleiben, nachdem Du den ganzen Sommer fern von ihnen verbracht hattest. Doch um die Wahrheit zu sagen, ich hätte Dich unter keinen Umständen um mich haben können. Wir waren fast zwölf Wochen lang zusammen gewesen. Ich brauchte Ruhe und mußte mich von den schrecklichen Strapazen Deiner Gesellschaft erholen. Ich mußte eine Weile mit mir allein sein. Es war eine intellektuelle Notwendigkeit. Und so sah ich, offen gestanden, in Deinem eben zitierten Brief eine treffliche Gelegenheit, die verhängnisvolle Freundschaft, die sich zwischen uns entwickelt hatte, zu beenden, sie ohne Bitterkeit zu beenden, wie ich es schon drei Monate früher an jenem strahlenden Junimorgen in Goring versucht hatte. Ich wurde jedoch darauf aufmerksam gemacht – wie ich zugeben muß, von einem meiner Freunde, an den Du Dich in Deiner Bedrängnis gewandt hattest –, daß Du tief verletzt sein würdest, vielleicht sogar gedemütigt, wenn Du Deine Arbeit wie einen Schulaufsatz zurückerhieltest; daß ich Dich geistig überfordere; und daß Du mir, was immer Du schreiben oder tun würdest, aufrichtig ergeben seist. Ich wollte nicht der erste sein, der Deine literarischen Gehversuche hemmte oder geringschätzte: ich wußte genau, daß Farbe und Rhythmus meines Werkes nur in der Übersetzung eines Dichters erhalten bleiben würden: doch Ergebenheit war und ist für mich noch immer etwas sehr Schönes, das man nicht leichthin abtun sollte: und so nahm ich die Übersetzung und Dich wieder an. Genau drei Monate danach, nach einer Reihe von Auftritten, die ihren Höhepunkt in einer besonders abstoßenden Szene fanden, als Du an einem Montagabend in Begleitung zweier Freunde bei mir auftauchtest, flüchtete ich buchstäblich am nächsten Morgen vor Dir ins Ausland. Ich nannte meinen Angehörigen irgendeinen albernen Grund für meine plötzliche Abreise und hinterließ meinem Diener eine falsche Adresse, da ich fürchtete, Du könntest sonst mit dem nächsten Zug nachkommen. Ich weiß noch, wie ich an jenem Nachmittag zum Zug nach Paris eilte und darüber nachdachte, wie unmöglich, wie schrecklich, wie völlig verfahren mein Leben sein mußte, wenn ich, ein Mann von weltweiter Berühmtheit, buchstäblich zur Flucht aus England gezwungen war, um von einer Freundschaft loszukommen, die in mir alles geistig und sittlich Gute zerstörte: dabei floh ich nicht vor einem Fabelwesen, das aus Schlamm und Unrat in unsere moderne Welt gestiegen war und in dessen Fängen ich mich verstrickt hatte, sondern vor Dir, einem jungen Mann meiner eigenen Gesellschaftsschicht, der wie ich in Oxford studiert hatte und ständiger Gast in meinem Hause gewesen war. Es folgten die üblichen Bitt- und Reue-Telegramme: ich ignorierte sie. Schließlich drohtest Du, nicht nach Ägypten zu reisen, wenn ich nicht in ein Treffen einwilligte. Ich selbst hatte aber, mit Deinem Wissen und Willen, Deine Mutter gebeten, Dich aus England wegzuschicken, nach Ägypten, da Du in London Dein Leben zerstörtest. Ich wußte, daß es für Deine

Mutter eine schreckliche Enttäuschung gewesen wäre, wenn Du nicht gingest, und ihr zuliebe traf ich mich mit Dir und in einer großen Gefühlsaufwallung, die selbst Du nicht vergessen haben kannst, verzieh ich das Vergangene; von der Zukunft jedoch sprach ich kein Wort.

Ich weiß noch, wie ich nach meiner Rückkehr am nächsten Tag traurig in meinem Zimmer in London saß und ernstlich zu ergründen versuchte, ob Du wirklich so seist, wie Du mir erschienst, so voll schrecklicher Fehler, so verderbenbringend für Dich selbst wie für andere, ein Mensch, dessen Gesellschaft, ja dessen bloße Bekanntschaft einem zum Verhängnis wird. Eine ganze Woche lang dachte ich darüber nach, fragte mich, ob ich Dich nicht doch ungerecht oder falsch einschätzte. Und am Ende der Woche wird ein Brief Deiner Mutter abgegeben. Er spiegelte bis ins einzelne den gleichen Eindruck, den auch ich von Dir hatte. Deine Mutter schrieb von Deiner blinden, maßlosen Eitelkeit, die Schuld daran sei, daß Du Dein Zuhause gering achtetest und Deinen älteren Bruder – diese *candidissima anima* – »wie einen Philister« behandeltest: von Deiner Unbeherrschtheit, die sie davor zurückschrecken ließ, mit Dir über Dein Leben zu sprechen, über das Leben, das Du, wie sie fühlte und wußte, führtest: über Dein Verhalten in Gelddingen, das sie in mehr als einer Hinsicht betrübte: von der Veränderung zu Deinen Ungunsten, die mit Dir vorgegangen sei. Sie sah natürlich ein, daß Du mit einem schrecklichen Erbe belastet bist, und gab es offen zu, gab es voll Entsetzen zu: er ist »dasjenige meiner Kinder, das den unseligen Douglas-Charakter geerbt hat«, schrieb sie. Und abschließend stellte sie fest, sie fühle sich zu der Bemerkung verpflichtet, ihrer Ansicht nach habe Deine Freundschaft mit mir Deine Eitelkeit in einem solchen Maße gesteigert, daß sie zur Quelle all Deiner Fehler wurde, und sie bat mich ernstlich, ich möge mich nicht im Ausland mit Dir treffen. Ich beantwortete ihren Brief umgehend und schrieb ihr, daß ich jedem ihrer Worte beipflichte. Ich schrieb noch viel mehr. Ich ging so weit, wie ich irgend gehen konnte. Ich schrieb ihr, unsere Freundschaft datiere von Deiner Studentenzeit in Oxford, als Du mich gebeten hättest, Dir aus einer Kalamität heikelster Art zu helfen. Ich schrieb ihr, daß Dein Leben schon immer von dem gleichen Problem überschattet gewesen sei. Die Verantwortung für Deine Reise nach Belgien hattest Du Deinem Gefährten zugeschoben, und Deine Mutter machte mir Vorwürfe, daß ich Dich mit ihm bekannt gemacht hatte. Ich legte die Verantwortung dem auf die Schultern, dem sie zukam, nämlich Dir. Schließlich versicherte ich Deiner Mutter, daß ich nicht die geringste Absicht hätte, Dich im Ausland zu treffen, und bat sie, sie möge dafür sorgen, daß Du für mindestens zwei oder drei Jahre dort bliebest, vielleicht als ehrenamtlicher Attaché oder, falls das nicht ginge, zur Erlernung neuerer Sprachen oder unter irgendeinem beliebigen Vorwand; das wäre für Dich und für mich das Beste.

Inzwischen schriebst Du mir mit jeder Post aus Ägypten. Ich reagierte auf keine dieser Mitteilungen. Ich las sie und zerriß sie. Ich hatte endgültig mit Dir Schluß gemacht. Meine Entscheidung stand fest, und freudig widmete ich mich wieder der Kunst, von deren Vervollkommnung ich mich durch Dich so lange abhalten ließ. Nach Ablauf von drei Monaten schreibt mir doch tatsächlich Deine Mutter – zweifellos auf Dein Bestreben – aus jener unglückseligen Willensschwäche heraus, die ihr eigen ist und die in der Tragödie meines Lebens eine nicht minder verhängnisvolle Rolle spielt als die Gewalttätigkeit Deines Vaters, und teilt mir mit, Du wartest sehnlichst auf eine Nachricht von mir, und damit ich keinen Vorwand hätte, Dir nicht zu schreiben, gibt sie mir Deine Adresse in Athen, die ich natürlich genau kannte. Ich gestehe, daß ihr Brief mich überraschte. Ich verstand nicht, wie sie nach dem, was sie mir im Dezember geschrieben und was ich ihr darauf geantwortet hatte, den Versuch machen konnte, meine unglückselige Freundschaft mit Dir zu kitten oder zu erneuern. Selbstverständlich bestätigte ich ihren Brief und riet ihr dringend zu dem Versuch, Dich doch bei einer ausländischen Gesandtschaft unterzubringen, damit Du nicht nach England zurückkehrtest; Dir jedoch schrieb ich nicht und nahm nach wie vor keine Notiz von Deinen Telegrammen. Schließlich gingst Du soweit, an meine Frau zu depeschieren, sie solle doch ihren Einfluß auf mich geltend machen und mich veranlassen, Dir zu schreiben. Unsere Freundschaft war für sie schon immer eine Quelle der Betrübnis gewesen: nicht nur, weil sie Dich persönlich nie mochte, sondern weil sie sah, wie der Umgang mit Dir mich veränderte, und zwar nicht zu meinem Vorteil: dennoch, sie war nicht nur immer liebenswürdig und gastfreundlich zu Dir, sie konnte auch den Gedanken nicht ertragen, daß ich eine Unfreundlichkeit – als solche betrachtete sie es – gegen einen meiner Freunde beging. Sie glaubte, ja sie wußte, daß das meinem Charakter zuwiderlief. Auf ihre Bitte hin nahm ich mit Dir Verbindung auf. Ich erinnere mich noch an den Wortlaut meines Telegramms. Ich schrieb, die Zeit heile alle Wunden, doch müßten noch viele Monate vergehen, ehe ich Dir wieder schreiben oder Dich sehen könne. Du reistest unverzüglich nach Paris ab und schicktest mir von unterwegs leidenschaftliche Telegramme, in denen Du um ein Zusammentreffen batest, um ein einziges nur. Ich lehnte ab. Du trafst an einem späten Samstagabend in Paris ein und fandest in Deinem Hotel meinen kurzen Brief mit der Mitteilung, daß ich Dich nicht sehen wolle. Am nächsten Morgen traf in der Tite Street ein zehn oder elf Seiten langes Telegramm von Dir ein. Darin sagtest Du, Du könntest einfach nicht glauben, daß ich Dich, ganz gleich, was Du mir angetan habest, um keinen Preis sehen wolle: Du hieltest mir vor, daß Du sechs Tage und sechs Nächte ohne Aufenthalt quer durch ganz Europa gefahren seist, nur um mich wenigstens für eine Stunde zu sehen: Dein Hilferuf war, wie ich zugeben muß, höchst eindrucksvoll aufgemacht und schloß mit einer kaum verhüllten Selbstmorddrohung. Jedenfalls mußte ich es so auffassen. Denn Du hattest mir oft erzählt, daß viele Deiner Ahnen die Hand mit dem eigenen Blut befleckt hatten; Dein Onkel ganz bestimmt, Dein Großvater höchstwahrscheinlich; und viele andere aus dem hohlen, morschen Stamm, der Dich hervorgebracht hat. Mitleid, meine alte Neigung zu Dir, Rücksicht auf Deine Mutter, für die Dein Tod unter so gräßlichen Umständen ein kaum zu ertragender Schicksalsschlag gewesen wäre, der schreckliche Gedanke, daß ein so junges Leben, das bei all seinen häßlichen Fehlern doch Schönes verhieß, ein so entsetzliches Ende nehmen sollte, reine Menschlichkeit, all diese Regungen müssen mir als Entschuldigung dafür dienen – falls es einer Entschuldigung bedarf –, daß ich Dir eine letzte Zusammenkunft gewährte. Ich kam nach Paris: und Du brachst den ganzen Abend immer wieder in Tränen aus, die wie Regen über Deine Wangen flossen, zuerst während des Diners bei Voisin, anschließend beim Souper bei Paillard: Du zeigtest Freude über das Wiedersehen, faßtest so oft es ging nach meiner Hand wie ein braves, reuiges Kind: Du warst an diesem Abend voll ungekünstelter aufrichtiger Zerknirschung: und so gab ich nach und erneuerte unsere Freundschaft. Zwei Tage nach unserer Ankunft in London sah Dein Vater Dich mit mir beim Lunch im Café Royal, kam an meinen Tisch, trank von meinem Wein, und am gleichen Nachmittag holte er durch einen an Dich gerichteten Brief zu seinem ersten Schlag gegen mich aus.

Seltsamerweise sah ich mich noch einmal, ich will nicht sagen vor die glückliche Möglichkeit, sondern geradezu vor die Pflicht gestellt, mich von Dir zu trennen. Ich brauche Dich wohl kaum daran zu erinnern, daß ich Dein Benehmen mir gegenüber während unseres Aufenthalts in Brighton vom 10. bis 13. Oktober 1894 meine. Dich über drei Jahre zurückzuerinnern, dürfte Dir schwerfallen. Wir jedoch im Kerker, deren Leben kein Ereignis kennt, nur Gram, wir müssen die Zeit nach dem Pochen des Leids und der Erinnerung an bittere Augenblicke messen. Wir haben sonst nichts, woran wir denken könnten. Das Leid ist – so wunderlich Dir das klingen mag – das Mittel, durch das wir existieren, weil es das einzige Mittel ist, das uns die eigene Existenz noch bewußt macht; und die Erinnerung an frühere Leiden brauchen wir als Gewähr, als Beweis dafür, daß wir noch immer wir selbst sind. Zwischen mir und meinen freudigen Erinnerungen liegt ein Abgrund, der nicht minder tief ist als der Abgrund zwischen mir und den wirklichen Freuden des Daseins. Wäre unser gemeinsames Leben so gewesen, wie die Welt es sich vorstellt, ein Leben in Vergnügungen, Üppigkeit und Freude, dann könnte ich mich an keine Einzelheit mehr erinnern. Weil es aber so viele Augenblicke und Tage gab, die tragisch, bitter und gespenstisch waren mit ihren Anzeichen kommenden Unheils, öde oder qualvoll mit ihren immer wiederkehrenden Auftritten und häßlichen Streitereien, darum sehe oder höre ich jeden einzelnen Vorfall noch heute in aller Schärfe, ja ich sehe oder höre kaum etwas anderes. An diesem Ort lebt man so ausschließlich vom Schmerz, daß meine Freundschaft mit Dir, so wie sie sich meiner Erinnerung aufzwingt, mir immer wie ein stimmiges Präludium zu dem Chor der Angststimmen erscheint, den ich Tag für Tag hören, nein, schlimmer noch: selbst dirigieren muß; als wäre mein Leben, was immer ich selbst und andere darin gesehen haben, die ganze Zeit über eine wahre Symphonie des Schmerzes gewesen, eine Suite rhythmisch verbundener Sätze, die ihrem sicheren Schlußfall mit jener Zwangsläufigkeit zueilen, die in der Kunst für die Behandlung eines jeden großen Themas charakteristisch ist.

Es war die Rede von Deinem Benehmen mir gegenüber an drei aufeinanderfolgenden Tagen vor drei Jahren gewesen, nicht wahr? Ich versuchte, mein letztes Theaterstück in Worthing zu vollenden. Du warst soeben nach Deinem zweiten Besuch dort abgereist. Nun tauchtest Du plötzlich ein drittes Mal auf, und zwar mit einem Begleiter, der nach Deinem eigenen Vorschlag im Hause wohnen sollte. Ich lehnte entschieden (und wie Du jetzt zugeben mußt, zu recht) ab. Du warst selbstverständlich mein Gast – in dem Punkt hatte ich keine Wahl –, aber nicht in meinem Haus: ich brachte Dich anderswo unter. Am nächsten Tag, einem Montag, kehrte Dein Gefährte zu seinen beruflichen Pflichten zurück, und Du bliebst bei mir. Du findest Worthing langweilig und erst recht meine nutzlosen Versuche, mich auf mein Stück zu konzentrieren, auf das Einzige, was mich im Augenblick wirklich interessierte, und zwingst mich, mit Dir nach Brighton ins Grand Hotel zu übersiedeln. Am Abend unserer Ankunft erkrankst Du an dem gräßlichen, tückischen Fieber, das man fälschlicherweise Influenza nennt. Es war Dein zweiter oder sogar dritter Anfall. Ich brauche Dich nicht daran zu erinnern, wie ich Dich hegte und pflegte, nicht nur mit allem Luxus, den Geld beschaffen kann, Früchte, Blumen, Geschenke, Bücher und dergleichen, sondern auch mit jener Hingabe, Zärtlichkeit und Liebe, die man, wie immer Du darüber denken magst, nicht für Geld bekommt. Nur zu einem einstündigen Spaziergang am Morgen und einer einstündigen Ausfahrt am Nachmittag verließ ich das Hotel. Ich ließ Dir aus London die erlesensten Trauben kommen, denn die Trauben, die es im Hotel gab, mochtest Du nicht, erfand allerlei Zeitvertreib für Dich, blieb bei Dir oder im anstoßenden Zimmer und saß jeden Abend an Deinem Bett, um Dich zu beruhigen oder aufzuheitern.

Nach vier oder fünf Tagen bist Du wieder gesund, und ich

miete eine Wohnung, um endlich mein Stück fertigzuschreiben. Selbstverständlich begleitest Du mich. Am Morgen nach unserem Einzug fühle ich mich schwer krank. Du mußt geschäftlich nach London, versprichst aber, nachmittags zurück zu sein. In London triffst Du einen Bekannten und kommst erst am späten Abend des folgenden Tages nach Brighton zurück. Inzwischen habe ich hohes Fieber, und die Ärzte stellen fest, daß ich mir von Dir die Influenza geholt habe. Und die Unterkunft erweist sich als denkbar unbequem für einen Kranken. Mein Wohnzimmer ist im Erdgeschoß, mein Schlafzimmer im zweiten Stock. Es gibt keinen Diener, der eine Handreichung tun, nicht einmal jemand, den man auf einen Botengang oder in die Apotheke schicken könnte. Aber Du bist ja da. Ich brauche mich nicht zu beunruhigen. Die beiden nächsten Tage läßt Du mich ohne Pflege, ohne Bedienung, ohne alles. Es ging nicht um Trauben, Blumen und reizende Geschenke: es ging um das Allernötigste: ich konnte nicht einmal die Milch bekommen, die der Arzt mir verordnet hatte: Zitronenwasser war angeblich nicht zu haben: und als ich Dich bat, mir ein bestimmtes Buch in der Buchhandlung zu besorgen oder, falls es nicht vorrätig wäre, etwas anderes auszusuchen, machst Du Dir nicht einmal die Mühe, hinzugehen. Und nachdem ich so den ganzen Tag nichts zu lesen hatte, erklärst Du in aller Ruhe, Du habest das Buch gekauft und man habe Dir versprochen, es mir zu schicken, eine Behauptung, die, wie ich später zufällig feststellte, Wort für Wort erlogen war. Die ganze Zeit lebst Du natürlich auf meine Kosten, fährst aus, dinierst im Grand Hotel und erscheinst nur, wenn Du Geld brauchst. Am Samstagabend, nachdem Du mich den ganzen Tag hilflos und allein gelassen hattest, bat ich Dich, nach dem Dinner zurückzukommen und mir ein Weilchen Gesellschaft zu leisten. Ungehalten und in gereiztem Ton versprichst Du mir es. Ich warte bis elf, vergebens. Daraufhin hinterließ ich ein paar Zeilen für Dich in Deinem Zimmer, nur um Dich an Dein Versprechen zu erinnern und daran, wie Du es gehalten hattest. Um drei Uhr morgens schlief ich noch immer nicht, der Durst quälte mich, und ich tastete mich im Dunkeln und in der Kälte hinunter ins Wohnzimmer, wo ich Wasser zu finden hoffte. Ich fand *Dich*. Du fielst mit allen Beschimpfungen über mich her, die unbeherrschte

Laune und ein ungebärdiges und ungebändigtes Naturell sich ausdenken können. Durch die schreckliche Alchimie des Egotismus verwandeltest Du Deine Gewissensbisse in Wut. Weil ich Dich in meiner Krankheit um mich haben wollte, warfst Du mir vor, ich sei selbstsüchtig, ich gönnte Dir kein Vergnügen; ich wollte Dich hindern, Dein Leben zu genießen. Du sagtest, und ich weiß, daß es stimmte, Du seist um Mitternacht nur zurückgekommen, um Dich umzukleiden und erneut auszugehen, neuen Freuden entgegen, doch der Brief, den Du vorfandest und worin ich Dich daran erinnert hatte, daß Du mich den ganzen Tag und den ganzen Abend vernachlässigt hattest, habe Dir jede Lust an weiteren Vergnügungen verdorben, ja Deine Aufnahmefähigkeit für neue Genüsse vermindert. Voller Ekel ging ich wieder hinauf, lag schlaflos bis zum Morgen, und erst lange nach Tagesanbruch konnte ich meinen Fieberdurst löschen. Um elf Uhr kamst Du in mein Zimmer. Während unseres Auftritts konnte ich mir nicht verkneifen, zu bemerken, daß mein Brief wenigstens den Ausschweifungen einer Nacht, die über das übliche Maß hinausgingen, ein Ende gesetzt hatte. Am Morgen warst Du unverändert. Ich wartete natürlich, was Du zu Deiner Entschuldigung vorbringen und mit welchen Worten Du um Vergebung bitten würdest, die Dir, wie Du genau wußtest, völlig gewiß war, ganz gleich, was Du getan hattest; Deine unerschütterliche Überzeugung, daß ich Dir immer verzeihen würde, war ja gerade das, was ich am meisten an Dir liebte, vielleicht überhaupt das Liebenswerteste an Dir. Doch weit gefehlt, Du machtest Miene, die gleiche Szene in noch heftigerem Tone und anmaßenderer Ausfälligkeit zu wiederholen. Schließlich befahl ich Dir, mein Zimmer zu verlassen; Du sagtest, Du wolltest gehen, doch als ich den Kopf von dem Kissen hob, worin ich ihn vergraben hatte, warst Du noch immer da und kamst plötzlich mit brutalem Gelächter und in hysterischer Wut auf mich zu. Grauen überkam mich, warum, konnte ich nicht genau sagen: aber ich stand sofort auf und schleppte mich, barfuß, wie ich war, die beiden Stockwerke zum Wohnzimmer hinunter, das ich nicht mehr verließ, bis der Hausbesitzer – nach dem ich geklingelt hatte – mir versicherte, Du hättest mein Schlafzimmer verlassen, und versprach, sich für den Notfall in Rufweite zu halten. Eine

Stunde verging, der Arzt war dagewesen und hatte mich natürlich in einem Zustand völliger nervöser Erschöpfung und mit höherem Fieber als bei Ausbruch der Krankheit angetroffen, da kamst Du heimlich zurück, um Dir Geld zu holen: nahmst Dir, was Du auf Kommode und Kaminsims finden konntest und verließest das Haus mitsamt Deinem Gepäck. Muß ich Dir sagen, was ich während der zwei folgenden elenden, einsamen Krankheitstage von Dir dachte? Muß ich wirklich aussprechen, daß ich es als Schmach empfand, mit dem Menschen, als den Du Dich erwiesen hattest, weiterhin auch nur bekannt zu sein? Daß ich den Augenblick der Trennung gekommen sah und ihn wirklich mit großer Erleichterung begrüßte? Und daß ich wußte, in Zukunft würden meine Kunst und mein Leben in jeder Hinsicht freier, besser und schöner sein? So krank ich war, ich fühlte mich wohl. Daß die Trennung endgültig sein würde, brachte mir Frieden. Am Dienstag war das Fieber gewichen, und ich aß zum erstenmal unten. Mittwoch war mein Geburtstag. Unter den Telegrammen und Glückwünschen auf meinem Tisch war ein Brief mit Deiner Handschrift. Ich öffnete ihn, und Wehmut ergriff mich. Ich wußte, daß die Zeit vorüber war, in der ein hübscher Satz, eine zärtliche Wendung, ein Wort des Bedauerns genügt hätten, damit ich Dich wieder aufnehme. Aber ich hatte mich gründlich getäuscht. Ich hatte Dich unterschätzt. Dein Geburtstagsbrief war eine abgefeimte Wiederholung der beiden Szenen, perfid und methodisch schwarz auf weiß festgehalten! Du hast Dich auf billige Art über mich mokiert. Du schriebst, für Dich habe die ganze Sache nur das eine Gute gehabt, daß Du hättest ins Grand Hotel übersiedeln und mir den Lunch, den Du vor Deiner Abreise nach London dort noch einnahmst, auf die Rechnung setzen lassen können. Du gratuliertest mir zu meinem klugen Einfall, vom Krankenlager aufzustehen, zu meiner panischen Flucht über die Treppen. *»Es war ein kritischer Augenblick für Dich«*, schriebst Du, *»kritischer, als Du Dir vorstellen kannst.«* Ach! ich fühlte es nur zu genau. Wenn ich auch nicht wußte, was es wirklich zu bedeuten hatte: ob Du die Pistole bei Dir trugst, die Du gekauft hattest, um Deinen Vater damit zu erschrecken, und die Du schon einmal, in der Annahme, daß sie nicht geladen sei, in einem Restaurant in meiner Gegenwart abgefeuert hattest: ob Deine Hand sich auf ein Messer zubewegte, das zufällig auf dem Tisch zwischen uns lag: ob Du in Deiner Wut vergessen hattest, wie klein und schwächlich Du bist und mir einen ganz besonderen, persönlichen Schimpf antun oder gar mich angreifen wolltest, der ich krank dalag: ich wußte es nicht. Ich weiß es noch heute nicht. Ich weiß nur, daß mich äußerstes Entsetzen packte und daß ich das Gefühl hatte, ich müsse schleunigst aus dem Zimmer und weg von Dir, um Dich vor einer Tat zu bewahren, die selbst für Dich zeitlebens eine Quelle der Scham sein würde. Nur ein einziges Mal in meinem Leben hatte ich vorher solches Grauen vor einem Menschen empfunden. Es war in der Tite Street, als Dein Vater in meiner Bibliothek stand – zwischen uns sein Freund oder Leibwächter – und in epileptischer Wut mit seinen kleinen Händen in der Luft herumfuchtelte, alle zotigen Wörter hervorstieß, die sein zotiges Hirn ausdenken konnte und die gemeinen Drohungen kreischte, die er später hinterlistig ausführte. In diesem Fall war natürlich er derjenige, der das Zimmer als erster verließ. Ich wies ihm die Tür. In Deinem Fall mußte ich weichen. Es war nicht das erste Mal, daß ich Dich vor Dir selbst bewahrte.

Du schlossest Deinen Brief mit den Sätzen: *»Wenn Du nicht auf Deinem Podest stehst, bist Du uninteressant. Wenn Du wieder einmal krank wirst, verschwinde ich sofort.«* Ach! welch ein grobschlächtiges Naturell verrät sich da! Welch ein völliger Mangel an Phantasie! Wie gefühllos, wie gemein war da schon der Ton geworden! *»Wenn Du nicht auf Deinem Podest stehst, bist Du uninteressant. Wenn Du wieder einmal krank wirst, verschwinde ich sofort.«* Wie oft hallten diese Worte in den elenden Einzelzellen der verschiedenen Gefängnisse wider, in die man mich geschafft hat. Ich wiederhole sie unablässig und sehe in ihnen, zu Unrecht, wie ich noch immer hoffe, eines der Geheimnisse Deines unerklärlichen Schweigens. Daß ausgerechnet Du mir etwas so Rüdes und Krudes schriebst, nachdem ich mir die Krankheit und das Fieber, woran ich litt, bei Deiner Pflege zugezogen hatte, war natürlich empörend; ja, jeder Mensch auf der ganzen Welt beginge eine unverzeihliche Sünde, wenn er so an einen anderen Menschen schriebe – sollte es so etwas wie unverzeihliche Sünden geben.

Ich gestehe, daß ich mich nach der Lektüre Deines Briefes wie besudelt fühlte, als hätte ich durch den Umgang mit einem Menschen wie Dir mein Leben ein für allemal beschmutzt und geschändet. Und das traf auch zu, doch erst sechs Monate später sollte ich erfahren, wie sehr es zutraf. Ich hatte beschlossen, am Freitag nach London zurückzufahren, Sir George Lewis persönlich aufzusuchen und ihn zu bitten, er möge Deinem Vater schreiben, daß ich entschlossen sei, Dich nie wieder und unter keinen Umständen mein Haus betreten, an meinem Tisch sitzen, mit mir plaudern und ausgehen zu lassen, noch irgendwo oder irgendwann Dich um mich zu dulden. Danach wollte ich Dir schreiben, lediglich um Dich von meinem Vorgehen in Kenntnis zu setzen; die Gründe dafür wären Dir ganz von selbst klargeworden. Am Donnerstagabend war alles in die Wege geleitet. Am Freitagmorgen, als ich kurz vor meinem Aufbruch beim Frühstück saß, warf ich zufällig noch einen Blick in die Zeitung und las, daß Dein älterer Bruder, das eigentliche Familienoberhaupt und der Erbe des Titels, die Säule des Hauses, tot in einem Graben aufgefunden worden war, das abgefeuerte Gewehr neben sich. Die grauenvollen Begleitumstände der Tragödie, die jetzt als Unfall erwiesen ist, die damals aber den Makel eines düsteren Verdachts trug; das Pathos des plötzlichen Todes eines Menschen, der allgemein beliebt war und nun praktisch am Vorabend seiner Hochzeit sterben mußte; der Gedanke, wie tief Dein Schmerz sein würde oder sein sollte; die Vorstellung von dem Leid, das Deine Mutter erwartete, nachdem sie den Sohn verloren hatte, der ihr einziger Trost und ihre einzige Freude im Leben gewesen war und der, wie sie mir einmal erzählt hatte, ihr vom Tag seiner Geburt an nicht eine Stunde lang Kummer bereitet hatte; die Vorstellung, wie verloren Du sein müßtest, da Deine beiden anderen Brüder sich fern von Europa aufhielten und Du daher der einzige Mensch sein würdest, an den Deine Mutter und Deine Schwester sich wenden könnten, nicht nur um Trost zu suchen, sondern auch Hilfe bei der Erledigung all der traurigen großen und kleinen Pflichten, die der Tod immer mit sich bringt; das Gefühl für die *lacrimae rerum*, die Tränen, aus denen die Welt gemacht ist, und die Traurigkeit alles Menschlichen – aus all diesen Gedanken und Regungen, die mich durchströmten und sich mir aufdrängten, entsprang unendliches Mitleid mit Dir und den Deinen. Was Du mir an Kränkendem und Bitterem zugefügt hattest, vergaß ich. Ich konnte Dich in Deinem Kummer nicht so behandeln, wie Du mich während meiner Krankheit behandelt hattest. Ich depeschierte Dir sogleich mein tiefstes Mitgefühl und ließ einen Brief folgen, in dem ich Dich einlud, sobald wie möglich in mein Haus zu kommen. Ich hätte es als Grausamkeit empfunden, Dir gerade in diesem Augenblick meine Freundschaft aufzukündigen, noch dazu in aller Form durch einen Anwalt.

Als Du vom Schauplatz der Tragödie, wohin man Dich gerufen hatte, nach London zurückkehrtest, kamst Du sogleich zu mir, sehr süß, sehr schlicht, im Trauergewand und mit tränenfeuchten Augen. Wie ein Kind suchtest Du Trost und Hilfe. Ich öffnete Dir mein Haus und mein Herz. Ich machte Deinen Schmerz auch zu dem meinen, half ihn Dir tragen. Nie, mit keinem Wort, kam ich auf Dein Verhalten mir gegenüber zu sprechen, auf die empörenden Szenen und den empörenden Brief. Dein Kummer, der echt war, schien Dich mir näher zu bringen, als Du mir je gewesen warst. Die Blumen, die Du von mir aufs Grab Deines Bruders legtest, sollten nicht nur die Schönheit seines Lebens symbolisieren, sondern die Schönheit, die in jedem Leben schlummert und auf Erweckung wartet.

Die Götter sind rätselhaft. Nicht nur aus unseren Lüsten erschaffen sie das Werkzeug, uns zu geißeln. Sie verderben uns durch das, was in uns gut ist, edel, menschlich, liebenswert. Weil ich mit Dir gefühlt, Dich und die Deinen geliebt habe, darum fließen meine Tränen jetzt an diesem Schreckensort.

Natürlich weiß ich jetzt, daß unsere Beziehungen nicht allein vom Schicksal, sondern vom Unheil gelenkt wurden: einem Unheil, das immer schnell dahinschreitet, da es Blutopfer fordert. Durch Deinen Vater entstammst Du einem Geschlecht, das die Ehe zum Schrecken, Freundschaft zum Verhängnis macht, das gewaltsam Hand anlegt ans eigene Leben oder an das Leben anderer. Allem – jeder Gelegenheit, bei der unsere Bahnen sich kreuzten; jedem Vorfall von großer oder scheinbar trivialer Bedeutung, der Dich auf der Suche nach Vergnügungen oder Hilfe zu mir führte; den kleinen Zufällen, den Nebensächlichkeiten, die am ganzen Leben gemessen nur wie Stäubchen erscheinen, die im Sonnenstrahl tanzen wie Blätter, die vom Baum wehen – folgte die Katastrophe wie das Echo eines Wehlauts, wie der Schatten eines reißenden Raubtiers. Unsere Freundschaft beginnt doch damit, daß Du mich in einem höchst rührenden und reizenden Brief um Beistand in einer Sache bittest, die für jeden schlimm gewesen wäre, und doppelt schlimm war für einen jungen Mann in Oxford: ich helfe Dir, mit dem Ergebnis, daß Du mich bei Sir George Lewis als Deinen Freund ausgibst, wodurch ich seine Wertschätzung und Freundschaft verliere, eine Freundschaft, die seit fünfzehn Jahren bestanden hatte. Als mir sein Rat und Beistand und seine Achtung verlorengingen, verlor ich die einzige große Stütze meines Lebens.

Du schickst mir ein recht hübsches Gedicht, aus der Unterstufe der Verskunst, zur Begutachtung: ich antworte mit einem Brief voll phantastischer literarischer Manierismen: Ich vergleiche Dich mit Hylas oder Hyakinthos, Jonquil oder Narzissus, jedenfalls mit einem, dem der große Gott der Dichtkunst huldvoll seine Liebe schenkte. Dieser Brief ist wie eine Stelle aus einem Shakespeare-Sonett, nach Moll transponiert. Er ist nur denen verständlich, die Platons *Gastmahl* gelesen oder den Geist jener Schwermut erfaßt haben, deren Schönheit uns die griechischen Statuen enthüllen. Es war, offen gesagt, genau der Brief, den ich in einer glücklichen Stimmung oder Laune, wenn man so will, an jeden liebenswürdigen jungen Mann an jeder beliebigen Universität geschrieben hätte, von dem mir ein selbstverfaßtes Gedicht zugegangen wäre, in der sicheren Überzeugung, daß er genügend Witz und Bildung besäße, die phantastischen Wendungen richtig zu interpretieren. Schau Dir die Geschichte dieses Briefes an! Von Dir gelangt er in die Hände eines widerlichen Kumpanen: von ihm an eine Erpresserbande: Abschriften werden an meine Freunde in ganz London verschickt und an den Direktor des Theaters, wo gerade mein Stück läuft: er erfährt jede mögliche Auslegung, nur nicht die richtige: die Gesellschaft delektiert sich an dem absurden Gerücht, ich hätte eine Riesensumme bezahlen müssen, weil ich Dir einen infamen Brief geschrieben hätte: daraus konstruiert Dein Vater seine übelste Anklage: ich selbst lege den Originalbrief dem Gericht vor, um zu zeigen, was wirklich an ihm ist: der Anwalt Deines Vaters brandmarkt ihn als empörenden und heimtückischen Versuch, die Unschuld zu verführen: schließlich wird er zum Gegenstand einer Strafanzeige: der Staatsanwalt bemächtigt sich seiner: der Richter läßt sich mit wenig Wissen und viel Moral über ihn aus: und zum Schluß wandere ich seinetwegen ins Gefängnis. Und das alles, weil ich Dir einen netten Brief geschrieben habe.

Während ich bei Dir in Salisbury zu Besuch bin, beunruhigst Du Dich über einen Drohbrief eines früheren Bekannten: Du bittest mich, den Schreiber aufzusuchen, Dir zu helfen: ich tue es: das Ergebnis ist für mich katastrophal. Ich werde gezwungen, alles, was Du tatest, auf meine Schultern zu nehmen und zu verantworten. Als Du bei der Abschlußprüfung in Oxford durchfällst und von der Universität mußt, telegrafierst Du mir nach London, ich solle zu Dir kommen. Ich komme sofort: Du bittest mich, Dich nach Goring mitzunehmen, weil Du unter den gegebenen Umständen nicht nach Hause möchtest: in Goring siehst Du ein Haus, das Dich entzückt: ich miete es für Dich: das Ergebnis ist für mich in jeder Hinsicht katastrophal. Eines Tages kommst Du zu mir und erbittest von mir als ganz persönlichen Gefallen, ich möge etwas für eine Oxforder Studentenzeitschrift schreiben, die ein Freund von Dir gründen wolle, von dem ich nie im Leben gehört hatte und nicht das mindeste wußte. Dir zu Gefallen – was habe ich Dir zu Gefallen nicht alles getan? – schickte ich ihm eine Seite Aphorismen, die ursprünglich für die *Saturday Review* bestimmt waren. Ein paar Monate später finde ich mich auf der Anklagebank von Old Bailey dank des Rufes der Zeitschrift, die als Belastungsmaterial gegen mich dient. Ich werde aufgerufen, die Prosa Deines Freundes und Deine Verse zu verteidigen. Ersterer ist beim besten Willen nicht zu helfen, letztere verteidigte ich mit allen Mitteln, halte Deiner jugendlichen Literatur und Deinem jugendlichen Leben die Treue bis zum bitteren Ende, will nichts davon hören, daß Du pornographische Gedichte schreiben solltest. Gleichviel, ich gehe ins Gefängnis für die Studentenzeitschrift Deines Freundes und für »die Liebe, die ihren Namen nicht zu nennen wagt«. Zu Weihnachten mache ich Dir ein »sehr hübsches Geschenk«, wie Du es in Deinem Dankbrief bezeichnest, etwas, was Du Dir von Herzen gewünscht hattest, im Werte von höchstens £ 40 bis £ 50.

Dann geht mein Leben in Trümmer, ich bin ruiniert, der Gerichtsvollzieher pfändet und versteigert meine gesamte Bibliothek und bezahlt damit dieses »sehr hübsche Geschenk«. Dafür war mein Haus unter den Hammer gekommen. Im letzten und schrecklichen Augenblick, als ich durch Sticheleien, ganz besonders von Deiner Seite, so weit gebracht werden soll, Deinen Vater zu verklagen und verhaften zu lassen, führe ich in meinem verzweifelten Bestreben, mich aus der Schlinge zu ziehen, die ungeheuren Kosten ins Treffen. Ich sage dem Anwalt in Deiner Gegenwart, daß ich kein Kapital besäße, daß ich für die immensen Unkosten unmöglich aufkommen könnte, daß ich kein Geld zur Verfügung hätte. Damit sagte ich, wie Du wußtest, die reine Wahrheit. Statt in Humphreys' Büro schwächlich in meinen eigenen Untergang einzuwilligen, wäre ich an jenem fatalen Freitag glücklich und frei in Frankreich gewesen, weg von Dir und Deinem Vater, unbehelligt von seinen ekelhaften Karten und gleichgültig gegen Deine Briefe, wenn ich das Avondale Hotel hätte verlassen können. Aber die Leute vom Hotel weigerten sich entschieden, mich gehen zu lassen. Du warst dort zehn Tage lang mein Gast gewesen: ja, zuletzt brachtest Du noch zu meiner großen und, wie Du zugeben wirst, gerechten Entrüstung einen Kumpan mit, der ebenfalls auf meine Kosten dort wohnte: meine Rechnung für zehn Tage belief sich auf annähernd £ 140. Der Besitzer sagte, er könne mein Gepäck nicht freigeben, bis ich den vollen Betrag entrichtet hätte. Darum mußte ich in London bleiben. Wäre die Hotelrechnung nicht gewesen, ich hätte am Donnerstagmorgen nach Paris reisen können.

Als ich dem Anwalt mitteilte, ich sei solchen Riesenspesen finanziell nicht gewachsen, griffest Du sofort ein. Du sagtest, Deine eigene Familie werde nur zu gern alle notwendigen Kosten übernehmen: Dein Vater laste wie ein Alb auf ihnen allen: sie hätten schon oft die Möglichkeit erwogen, ihn in eine Irrenanstalt zu bringen, um ihn loszuwerden: er sei Deiner Mutter und allen anderen Leuten eine tägliche Quelle des Ärgers und der Qual: wenn ich es nur übernähme, ihn einsperren zu lassen, so würde die Familie in mir ihren Ritter und Wohltäter sehen: die reichen Verwandten Deiner Mutter würden es als die reine Wonne betrachten, alle anfallenden Kosten und Spesen tragen zu dürfen. Der Anwalt hakte sofort ein, und ich wurde eilends zum Polizeigericht geschleppt. Jetzt hatte ich keine Ausrede mehr. Ich mußte hingehen. Natürlich zahlt Deine Familie die Kosten nicht, und ich werde für bankrott erklärt, und zwar auf Betreiben Deines Vaters und *eben wegen* der Gebühren – wegen des schäbigen Rests – von einigen £ 700. Im gegenwärtigen Augenblick betreibt meine Frau, die mir durch die wichtige Frage entfremdet wurde, ob mir wöchentlich £ 3 oder £ 3 und 10 Shilling zum Leben ausgesetzt werden sollen, die Scheidung, wozu natürlich ganz neues Beweismaterial und eine neuerliche Verhandlung nötig sein werden, danach womöglich noch weitere Gerichtsverfahren. Ich bin natürlich über die Einzelheiten nicht im Bilde. Ich kenne lediglich den Namen des Zeugen, auf dessen Aussage die Anwälte meiner Frau sich stützen. Es ist Dein eigener Diener aus Oxford, den ich auf Deinen besonderen Wunsch während unseres gemeinsamen Sommers in Goring beschäftigt hatte.

Doch ich brauche wirklich keine weiteren Beispiele für das seltsame Unheil anzuführen, das Du im großen wie im kleinen über mich gebracht zu haben scheinst. Manchmal ist mir, als wärst Du selbst nur eine Marionette gewesen, von verborgener, unsichtbarer Hand geführt, um schreckliche Dinge zu einem schrecklichen Ende zu bringen. Doch auch Puppen haben ihre Leidenschaften. Sie bringen einen neuen Zug in das Stück, das sie darstellen, verdrehen den jeweils vorgegebenen Ausgang nach eigener Lust und Laune. Völlig frei zu sein und zugleich völlig unter der Herrschaft des Gesetzes zu stehen, ist das ewige Paradoxon des Menschenlebens, das jeder Augenblick uns spürbar macht, und darin liegt auch, wie ich oft denke, die einzig mögliche Erklärung Deines Charakters, wenn es für die tiefen und schrecklichen Geheimnisse einer Menschenseele überhaupt eine Erklärung gibt, die das Mysterium nicht nur noch wunderbarer machte.

Natürlich hattest Du Deine Illusionen, ja Du lebtest in ihnen und sahst durch ihre wogenden Nebel und bunten Schleier alle Dinge verändert. Daß Du Dich ganz mir widmetest, völlig auf Deine Familie und Dein Familienleben verzichtetest, hieltest Du, das weiß ich noch genau, für einen Beweis Deiner wunderbaren

Wertschätzung für mich, Deiner großen Liebe zu mir. Zweifellos erschien es Dir wirklich so. Doch erinnere Dich, daß ich Dir Luxus bot, Wohlleben, Vergnügen ohne Einschränkung, Geld ohne Maß. Dein Familienleben langweilte Dich. Der »kalte, billige Wein von Salisbury«, um einen Ausdruck Deiner eigenen Prägung zu gebrauchen, schmeckte Dir nicht. Ich bot Dir nicht nur geistige Genüsse, ich bot Dir auch die Fleischtöpfe Ägyptens. Wenn Du meiner nicht habhaft werden konntest, so suchtest Du Dir einen wenig schmeichelhaften Ersatz.

Auch dachtest Du, das ritterliche Ideal der Freundschaft zu verwirklichen, den edelsten Ton der Selbstverleugnung anzuschlagen, wenn Du Deinem Vater durch einen Anwalt schreiben ließest, Du wollest lieber auf das Taschengeld von jährlich £ 250 verzichten, das er Dir damals, glaube ich, abzüglich Deiner Schulden in Oxford aussetzte, als Deine ewige Freundschaft mit mir lösen. Doch der Verzicht auf Deine kleine Rente bedeutete nicht, daß Du auch nur eine Deiner höchst überflüssigen Aufwendigkeiten oder höchst unnötigen Extravaganzen aufgegeben hättest. Im Gegenteil. Nie war Deine Gier nach Luxus so unersättlich gewesen. Meine Ausgaben für acht Tage in Paris für mich, Dich und Deinen italienischen Diener betrugen annähernd £ 150: allein Paillard verschlang davon £ 85. Bei Deinem Lebensstil hätte Dein gesamtes Jahreseinkommen, selbst wenn Du Deine Mahlzeiten allein eingenommen hättest und besonders haushälterisch in der Wahl Deiner wohlfeileren Vergnügungen gewesen wärst, kaum drei Wochen ausgereicht. Daß Du in einer Anwandlung von Großzügigkeit Dein sogenanntes Taschengeld geopfert hattest, lieferte Dir schließlich einen plausiblen Grund zu der Annahme, Du könntest ein Leben auf meine Kosten beanspruchen; oder das, was Du für einen plausiblen Grund hieltest: und bei vielen Gelegenheiten machtest Du ihn ernstlich geltend und bedientest Dich seiner recht gründlich: und die ständigen Aderlasse, die Du vor allem bei mir, aber auch, wie ich weiß, bis zu einem gewissen Grade bei Deiner Mutter vornahmst, waren besonders schmerzlich, da sie, zumindest in meinem Fall, auch nicht vom kleinsten Wort des Dankes oder von der kleinsten Mäßigung begleitet waren.

Ferner dachtest Du, wenn Du Deinen Vater mit abscheulichen

Briefen, beleidigenden Telegrammen und kränkenden Postkarten bombardiertest, kämpftest Du wirklich für Deine Mutter, trätest als ihr Ritter in die Schranken und rächtest die zweifellos schrecklichen Unbillen und Leiden ihrer Ehe. Es war reine Illusion Deinerseits; eine Deiner schlimmsten sogar. Es gab ein Mittel, die Leiden Deiner Mutter an Deinem Vater zu rächen, falls Du das für einen Teil Deiner Sohnespflicht hieltest: Du hättest Deiner Mutter ein besserer Sohn sein müssen, als Du ihr warst: Du hättest ihr nicht den Mut nehmen dürfen, ernsthaft mit Dir zu sprechen: Du hättest keine Wechsel unterschreiben dürfen, deren Einlösung dann ihr zufiel: Du hättest freundlicher zu ihr sein, ihr keinen Kummer bereiten sollen. Dein Bruder Francis linderte während der kurzen Jahre seines blumenhaften Lebens ihre Leiden durch seine Liebenswürdigkeit und Güte. An ihm hättest Du Dir ein Beispiel nehmen sollen. Selbst Deine Vermutung war irrig, es wäre für Deine Mutter eitel Wonne und Freude gewesen, wenn Du auf dem Umweg über mich Deinen Vater tatsächlich ins Gefängnis gebracht hättest. Ich bin überzeugt, daß Du Dich irrtest. Und wenn Du wissen willst, wie einer Frau wirklich zumute ist, wenn ihr Mann, der Vater ihrer Kinder, Gefängniskleidung trägt, in einer Gefängniszelle sitzt, dann schreibe meiner Frau. Sie wird es Dir sagen.

Auch ich hatte meine Illusionen. Ich glaubte, das Leben würde sich abspielen wie eine geistreiche Komödie und Du würdest eine der vielen anmutigen Personen darin darstellen. Es erwies sich als abscheuliches, abstoßendes Trauerspiel, und Du entpupptest Dich als der unselige Auslöser der großen Katastrophe, unselig durch die Besessenheit und Stoßkraft eines Willens, der nur ein einziges Ziel kennt, die Maske der Freude und Lust fiel von Dir ab, von der Du Dich nicht minder als ich hattest täuschen und in die Irre führen lassen.

Nun verstehst Du – Du verstehst doch? – einiges von meinen Leiden. Eine Zeitung, ich glaube, es war die *Pall Mall Gazette*, sprach in ihrer Rezension der Generalprobe eines meiner Stücke von Dir als von meinem Schatten, der mir überallhin folge: die Erinnerung an unsere Freundschaft ist der Schatten, der mich hier begleitet: der sich nie von mir zu trennen scheint: der mich nachts aufweckt, um mir immer wieder die gleiche Geschichte zu erzählen, bis das quälende Geleier den Schlaf für den Rest der Nacht verscheucht: bei Tagesgrauen ist er auch schon wach: er folgt mir in den Gefängnishof und zwingt mich, mit mir selbst zu reden, während ich im Kreis trotte: jede Einzelheit eines jeden schrecklichen Augenblicks fällt mir wieder ein: nichts hat sich in jenen Unglücksjahren ereignet, was ich nicht in jenem Fach meines Hirns reproduzieren könnte, wo Leid und Verzweiflung ihren Sitz haben: jeder gespannte Ton Deiner Stimme, jede Zuckung und Geste Deiner nervösen Hände; jedes bittere Wort, jeder vergiftende Satz wird wieder gegenwärtig: ich sehe die Straße oder den Fluß, die wir entlanggingen, die Wand oder Waldung, die uns umgab, die Ziffer, bei der die Uhrzeiger angekommen waren, die Richtung, in der die Schwingen des Windes flogen, Gestalt und Farbe des Mondes.

Ich weiß, auf alles, was ich Dir sage, gibt es eine gemeinsame Antwort, nämlich, daß Du mich liebtest: daß Du mich diese zweieinhalb Jahre hindurch, als die Parzen die Fäden unserer beiden Leben zu einem scharlachroten Muster verwoben, wirklich geliebt hast. Ja: ich weiß, daß Du mich liebtest. Wie immer Du Dich mir gegenüber benahmst, ich fühlte stets, daß Du mich im Grunde Deines Herzens liebtest. Ich sah wohl, daß meine Stellung in der Welt der Kunst, das Interesse, das meine Person immer und überall erregte, mein Geld, der Luxus, in dem ich lebte, die tausend und ein Dinge, die zusammen ein so zauberhaft und wunderbar unwahrscheinliches Leben wie das meine ausmachten, jedes für sich und alle zusammen Elemente waren, die Dich faszinierten und zu mir hinzogen: und doch war da noch mehr, ein weiterer seltsamer Anziehungspunkt für Dich: Du hast mich weit mehr geliebt als irgendeinen anderen Menschen. Doch auch Dein Leben birgt, genau wie meines, eine schreckliche Tragödie, wenn auch von gänzlich entgegengesetzter Art. Soll ich Dir sagen, welche? Ich sage es Dir. In Dir war der Haß stets stärker als die Liebe, Dein Haß auf den Vater war so groß, daß er Deine Liebe zu mir weit übertraf, überwog, überragte. Es kam zwischen ihnen gar nicht oder kaum zum Kampf; so abgrundtief war Dein Haß und so riesengroß. Du machtest Dir nicht klar, daß eine Seele nicht Raum hat für beide Leidenschaften. Sie können in dem reichgeschnitzten Schrein nicht zusammen hausen. Die Liebe nährt sich von der Phantasie, die uns weiser macht, als wir wissen, besser, als wir fühlen, edler, als wir sind: durch die wir das Leben als Einheit sehen können: durch die, und durch die allein, wir andere in ihren realen und ideellen Bindungen verstehen können. Nur Schönes und schön Erdachtes kann die Liebe nähren. Den Haß aber nährt alles. Kein Glas Champagner, das Du in all den Jahren trankst, kein üppiges Gericht, von dem Du aßest, das nicht Deinen Haß genährt und gemästet hätte. Um ihn zu sättigen, verspieltest Du mein Leben, wie Du mein Geld verspieltest, sorglos, achtlos, gleichgültig gegen die Folgen. Solltest Du verlieren, so hattest nicht Du den Verlust zu tragen, meintest Du. Solltest Du gewinnen, dann gehörten Dir, das wußtest Du, der Triumph und die Früchte des Sieges.

Haß macht die Menschen blind. Das merktest Du nicht. Liebe kann die Inschrift auf dem fernsten Stern entziffern, doch der Haß blendete Dich so sehr, daß Du über den engen, ummauerten und wollustwelken Garten Deiner niederen Gelüste nicht hinaussahst. Deine schreckliche Phantasielosigkeit, Dein einziger wirklich fataler Charakterfehler, war ausschließlich die Folge des Hasses, der in Dir lebte. Listig, lautlos, langsam nagte der Haß an Deinem Wesen – so wie die Flechte an der Wurzel einer fahlen Pflanze zehrt –, bis Du nur noch den dürftigsten Eigennutz und die schäbigsten Ziele wahrnehmen konntest. Die Fähigkeiten, die von der Liebe gediehen wären, vergiftete und lähmte in Dir der Haß. Seine ersten Angriffe richtete Dein Vater gegen mich als Deinen persönlichen Freund, und zwar in einem persönlichen Brief an Dich. Sobald ich diesen Brief mit seinen obszönen Drohungen und plumpen Ausfällen gelesen hatte, sah ich eine schreckliche Gefahr am Horizont meiner unruhigen Tage aufsteigen: ich sagte Dir, ich wolle nicht für Euch beide den Prügelknaben abgeben, an dem ihr Euren alten Haß austoben könntet: daß ich in London für ihn natürlich eine fettere Beute sei als ein Außenminister in Bad Homburg: daß es unfair gegen mich wäre, mich auch nur einen Augenblick lang in eine derartige Lage zu bringen: und daß ich mit meinem Leben Besseres vorhätte, als mich mit einem Trunkenbold, *déclassé* und Halbirren wie ihm herumzuschlagen. Du wolltest das nicht einsehen. Der

Haß blendete Dich. Du beharrtest auf der Ansicht, daß der Zwist überhaupt nichts mit mir zu tun habe: daß Du Dir von Deinem Vater Deine Freundschaften nicht vorschreiben lassen wolltest: daß es höchst unfair von mir wäre, mich einzumischen. Ohne mich zu fragen, schicktest Du an Deinen Vater ein albernes und ordinäres Telegramm. Damit warst Du natürlich auch im folgenden auf ein albernes und ordinäres Vorgehen festgelegt. Die verhängnisvollen Irrtümer des Lebens entspringen nicht der menschlichen Unvernunft: ein unvernünftiger Augenblick kann der schönste Augenblick unseres Lebens sein. Sie entspringen der menschlichen Logik. Das ist ein gewaltiger Unterschied. Dieses Telegramm bestimmte Dein ganzes ferneres Verhältnis zu Deinem Vater und folglich auch mein ganzes Leben. Und das Groteske daran ist, daß es sich um ein Telegramm handelte, dessen der gewöhnlichste Gassenjunge sich geschämt hätte. Die natürliche Entwicklung führte von flegelhaften Telegrammen zu arroganten Anwaltsbriefen, und die Briefe Deines Anwalts hatten weitere Schritte Deines Vaters zur Folge. Er mußte immer weitergehen, Du ließest ihm keine andere Wahl. Du zwangst es ihm als Ehrensache, oder besser gesagt als Unehrensache auf, damit Deine Herausforderung desto mehr wirken sollte. Also attackiert er mich das nächste Mal nicht mehr in einem persönlichen Brief und als Deinen persönlichen Freund, sondern in der Öffentlichkeit und als einen Mann der Öffentlichkeit. Ich muß ihn aus meinem Hause jagen. Er geht von einem Restaurant zum anderen und sucht mich, um mich vor aller Welt zu beschimpfen, und zwar in einer solchen Art und Weise, daß ich erledigt war, wenn ich es ihm heimzahlte, und wenn ich es ihm nicht heimzahlte, ebenfalls erledigt war. *Das* war zweifellos der Zeitpunkt, an dem *Du* hättest einschreiten und erklären müssen, Du wolltest mich nicht um Deinetwillen derart widerlichen Angriffen und infamen Belästigungen aussetzen, sondern lieber unverzüglich jeden Anspruch auf meine Freundschaft aufgeben. Heute weißt Du es vermutlich selbst. Damals jedoch kamst Du gar nicht auf diese Idee. Der Haß blendete Dich. Du kamst lediglich auf den Gedanken (abgesehen davon natürlich, daß Du Deinem Vater beleidigende Briefe und Telegramme schicktest), Dir eine lächerliche Pistole zu kaufen, die im Berkeley losgeht und auf Grund der besonderen Begleitumstände einen Skandal auslöst, der *Dir* im vollen Ausmaß nie zu Ohren kam. Ja, Du warst offenbar sogar entzückt darüber, Gegenstand einer schrecklichen Auseinandersetzung zwischen Deinem Vater und einem Mann meiner Stellung zu sein. Ich darf wohl annehmen, daß es Deiner Eitelkeit guttat und Deinem Dünkel schmeichelte. Deinem Vater Deine leibliche Existenz zu überlassen, die mich nicht interessierte, und mir Deine Seele, die ihn nicht interessierte, wäre für Dich eine deprimierende Lösung des Falles gewesen. Du hattest die Möglichkeit eines öffentlichen Skandals gewittert und stürztest Dich darauf. Die Aussicht auf einen Kampf, in dem Du nichts riskieren würdest, entzückte Dich. Ich erinnere mich, Dich nie besserer Stimmung gesehen zu haben als zu Ende dieses Sommers. Du schienst nur ein wenig darüber enttäuscht zu sein, daß nichts wirklich passierte und daß es zwischen uns zu keinem weiteren Treffen oder Krawall kam. Du tröstetest Dich mit der Absendung derart beleidigender Telegramme, daß der erbärmliche Mensch Dir schließlich schrieb, er habe seinen Dienstboten befohlen, ihm unter keinem Vorwand auch nur irgendein Telegramm auszuhändigen. Du gabst Dich nicht geschlagen. Du sahst die ungeheuren Möglichkeiten, die eine offene Postkarte bietet, und machtest ausgiebig davon Gebrauch. Du hast seine Jagdwut noch angestachelt. Ich glaube nicht, daß er je abgelassen hätte. Die Familieninstinkte waren stark in ihm verwurzelt. Sein Haß gegen Dich war genauso zäh wie Dein Haß gegen ihn, und ich war für euch beide Pirschpferd, Angriffswaffe und Deckung zugleich. Seine Sucht, von sich reden zu machen, war kein persönlicher Zug, sondern ein Familienmerkmal. Und wäre sein Interesse dennoch einen Augenblick erlahmt, so hättest Du es mit Briefen und Karten schleunigst wieder zur alten Glut entfacht. Tatest es auch. Und natürlich ging er dann noch weiter. Nachdem er mich als Privatmann privatim, als Mann der Öffentlichkeit öffentlich attackiert hatte, beschließt er nun, seinen letzten und entscheidenden Angriff gegen mich als Künstler zu führen und an dem Ort, wo meine Kunst zur Darstellung gelangt. Er verschafft sich durch Betrug einen Platz zur Premiere eines meiner Stücke und schmiedet den Plan, die Vorstellung zu stören, dem Publikum eine verleumderische Rede über mich zu halten, meine Schauspieler zu insultieren, verletzende oder anstößige Geschosse nach mir zu schleudern, wenn ich am Schluß der Vorstellung vor den Vorhang gerufen würde, also mich auf gemeine Weise durch mein Werk zu vernichten. Rein zufällig, in einer flüchtigen Anwandlung von Aufrichtigkeit, die ihn ankam, weil er betrunkener war als gewöhnlich, rühmt er sich vor anderen dieses Einfalls. Die Polizei wird benachrichtigt, und man läßt ihn nicht ins Theater. Damals hattest Du Deine Chance. Das war Deine große Gelegenheit. Bist Du Dir jetzt darüber klar, daß Du sie hättest sehen und ergreifen müssen, hättest sagen müssen, Du wollest nicht, daß auch noch meine Kunst um Deinetwillen zugrunde gehe? Du wußtest, was meine Kunst mir bedeutete, die große Dominante, durch die ich mich erst mir selbst und dann der ganzen Welt zu Bewußtsein brachte; die wahre Passion meines Lebens; die Liebe, neben der jede andere Liebe war wie Sumpfwasser neben rotem Wein, wie der Leuchtkäfer im Sumpf neben dem Zauberspiegel des Mondes. Verstehst Du denn jetzt, daß Deine Phantasielosigkeit Deinen wahrhaft fatalen Charakterfehler darstellte? Was Du zu tun hattest, war ganz einfach und stand deutlich vor Dir, doch der Haß hatte Dich geblendet, und Du konntest nichts sehen. Ich konnte mich nicht bei Deinem Vater dafür entschuldigen, daß er mich fast neun Monate lang in der gemeinsten Weise beleidigt und belästigt hatte. Ich konnte Dich nicht aus meinem Leben verbannen. Immer wieder hatte ich es versucht. Ich hatte sogar England verlassen und war ins Ausland gereist in der Hoffnung, Dir zu entkommen. Alles vergebens. Du warst der einzige Mensch, der etwas hätte unternehmen können. Du allein besaßest den Schlüssel zu allem Geschehen. Es war Deine große Chance, Dich für all meine Liebe und Zuneigung, Freundlichkeit und Großzügigkeit und Rücksicht ein wenig erkenntlich zu zeigen. Hättest Du meinen Wert als Künstler auch nur zu einem Zehntel zu schätzen gewußt, Du hättest es getan. Doch der Haß blendete Dich. Die Fähigkeit, »durch die und durch die allein wir andere in ihren realen und ideellen Bindungen verstehen können«, war in Dir gestorben. Du dachtest nur noch daran, wie Du Deinen Vater ins Gefängnis bringen könntest. Ihn auf der »Arme-Sünderbank«, wie Du zu sagen pflegtest, zu sehen, war Dein einziges Bestreben. Der Ausdruck wurde zu einer der vielen *scies* Deiner Alltagsgespräche. Man bekam ihn bei jeder Mahlzeit serviert. Nun, Dein Wunsch ging in Erfüllung. Der Haß gewährte Dir bis ins kleinste alles, was Du verlangt hattest. Er war Dir ein milder Herr. Das ist er allen seinen Dienern. Zwei Tage lang saßest Du mit den Richtern auf der Estrade, und es war Dir eine Augenweide, Deinen Vater auf der Anklagebank des Obersten Kriminalgerichts zu sehen. Und am dritten Tag nahm ich seinen Platz ein. Was war geschehen? In dem widerlichen Spiel Eures gegenseitigen Hasses hattet Ihr um meine Seele gewürfelt, und zufällig hattest Du verloren. Weiter nichts.

Du siehst, daß ich Dir Dein Leben beschreiben muß und daß Du es geistig erfassen mußt. Wir kennen einander nun seit über vier Jahren. Die Hälfte dieser Zeit haben wir zusammen verbracht: die andere Hälfte mußte ich im Kerker zubringen, wohin diese Freundschaft mich gebracht hat. Wo dieser Brief Dich erreichen wird, wenn er Dich überhaupt erreicht, weiß ich nicht. In Rom, Neapel, Paris, Venedig, in irgendeiner schönen Stadt am Meer oder an einem Fluß hältst Du Dich zweifellos auf. Wenn Dich vielleicht auch nicht der verschwenderische Luxus umgibt, den ich Dir geboten habe, so doch wohl alles, was Auge, Ohr und Geschmack ergötzt. Du führst ein recht schönes Leben. Und doch, wenn Du klug bist und das Leben noch weit schöner finden möchtest, und schön in einem anderen Sinne, dann wirst Du bei der Lektüre dieses schrecklichen Briefes – ich weiß, daß er schrecklich ist – dasselbe Gefühl einer entscheidenden Krisis und eines wichtigen Wendepunkts haben, das ich bei seiner Niederschrift habe. Dein blasses Gesicht haben Wein und Freude immer schnell gerötet. Wenn es bei der Lektüre dieser Zeilen von Zeit zu Zeit vor Scham entbrennt wie in der Glut des Schmelzwerks, dann freue Dich. Das schlimmste Laster ist die Seichtheit. Alles ist gut, was man geistig erfaßt hat.

Hiermit wäre ich beim Untersuchungsgefängnis angelangt, nicht wahr? Nach einer Nacht in der Polizeizelle werde ich im Gefangenenwagen hingebracht. Du warst sehr aufmerksam und freundlich. Wenn auch nicht gerade jeden, so doch beinahe jeden Nachmittag vor Deiner Abreise ins Ausland nahmst Du Dir die Mühe, nach Holloway zu fahren und mich zu besuchen. Du schriebst auch die reizendsten und freundlichsten Briefe. Doch daß nicht Dein Vater mich ins Gefängnis gebracht hatte, sondern Du selbst es warst, daß Du von Anfang bis Ende die Verantwortung dafür trugst, daß ich durch Dich, für Dich und Deinetwegen dort war, kam Dir auch nicht einen Augenblick in den Sinn. Nicht einmal das Schauspiel, das sich Dir bot, als ich hinter den Stäben eines hölzernen Käfigs saß, vermochte Deine tote Phantasie zu beleben. Du brachtest soviel Sympathie und Sentiment auf wie der Zuschauer bei einem Rührstück. Daß Du selbst der Urheber der entsetzlichen Tragödie warst, merktest Du nicht. Ich sah, daß Du Dir nicht im geringsten klarmachtest, was Du angerichtet hattest. Nicht ich wollte Dir sagen, was Dein Herz Dir hätte sagen sollen und was es Dir auch gesagt hätte, wenn der Haß es nicht hätte verhärten und abstumpfen dürfen. Alle Erkenntnis muß aus einem selbst kommen. Es ist sinnlos, einem Menschen etwas zu sagen, was er nicht selbst empfindet, nicht verstehen kann. Wenn ich Dir jetzt dennoch diesen Brief schreibe, so weil Dein Schweigen und Dein Verhalten während meiner langen Gefangenschaft es nötig machten. Zudem hatte, wie sich herausstellte, der Vernichtungsschlag nur mich allein getroffen. Das war mir eine Quelle des Trostes. Aus vielen Gründen fand ich mich mit meinem Leiden ab, obgleich meine Augen, wenn sie Dir folgten, in Deiner völligen und vorsätzlichen Blindheit etwas nicht wenig Verächtliches sahen. Ich erinnere mich, wie Du voll Stolz einen Brief hervorzogst, den Du in einem Groschenblatt über mich veröffentlicht hattest. Es war ein sehr vorsichtiges, mäßiges, ja banales Produkt. Du appelliertest an den »englischen Sinn für *fair play*«, oder sonst etwas in dieser traurigen Kategorie, zugunsten »eines Mannes, der am Boden lag«. Es war die Art Brief, die Du hättest schreiben können, wenn eine peinliche Anklage gegen irgendeinen Dir persönlich ganz unbekannten Ehrenmann erhoben worden wäre. Aber Du fandest den Brief wundervoll. Du betrachtetest ihn als Beweis einer fast quijotehaften Ritterlichkeit. Ich weiß, daß Du weitere Briefe an weitere Zeitungen schriebst, die sie aber nicht veröffentlichten. Darin stand jedoch nur, daß Du Deinen Vater haßtest. Und das interessierte keinen Menschen. Der Haß ist, das mußt Du erst noch lernen, intellektuell betrachtet, die Ewige Verneinung. Vom

Standpunkt der Emotionen aus betrachtet, ist er eine Art Auszehrung, die alles tötet, nur nicht sich selbst. An Zeitungen zu schreiben, daß man irgend jemanden hasse, ist das gleiche, wie wenn man an Zeitungen schriebe, daß man an einer unaussprechlichen, peinlichen Krankheit leide: daß der Mann, den Du haßtest, Dein eigener Vater war und daß er dieses Gefühl von ganzem Herzen erwiderte, veredelte oder verschönte Deinen Haß in keiner Weise. Es kennzeichnete ihn lediglich als Erbübel.

Weiter erinnere ich mich, daß ich, als über mein Haus die Zwangsversteigerung verhängt wurde, meine Bücher und Möbel beschlagnahmt und zum Verkauf ausgeschrieben wurden und der Bankrott drohte, Dir natürlich darüber schrieb. Ich erwähnte mit keinem Wort, daß das Haus, dessen Gastfreundschaft Du so oft genossen hattest, unter den Hammer kam, damit ein paar Geschenke bezahlt werden konnten, die ich Dir gemacht hatte. Ich dachte, zu recht oder zu unrecht, daß diese Eröffnung Dich vielleicht ein wenig schmerzen würde. Ich schrieb Dir nur die nackten Tatsachen. Ich fand es korrekt, Dir davon Mitteilung zu machen. Du antwortetest aus Boulogne mit einem Erguß fast lyrischen Frohlockens. Du schriebst, daß Dein Vater »knapp bei Kasse« sei und £ 1500 für die Gerichtskosten habe borgen müssen und daß mein bevorstehender Bankrott eine »köstliche Schlappe« für ihn sei, denn nun könne er sich wegen seiner Spesen nicht mehr an mich halten! Ist Dir jetzt klargeworden, warum man sagt, der Haß mache blind? Siehst Du jetzt ein, daß meine Beschreibung des Hasses als einer Auszehrung, die alles zerstört, nur nicht sich selbst, die wissenschaftliche Beschreibung einer bestehenden psychologischen Tatsache war? Daß alle meine hübschen Besitztümer verkauft werden sollten: meine Zeichnungen von Burne-Jones, von Whistler, mein Monticelli: meine Simeon Solomons: mein Porzellan: meine Bibliothek mit ihrer Sammlung von dedizierten Exemplaren nahezu aller Dichter meiner Zeit von Hugo bis Whitman, von Swinburne bis Mallarmé, von Morris bis Verlaine; mit den schön gebundenen Ausgaben der Werke meines Vaters und meiner Mutter; ihrem wundervollen Aufgebot von Universitäts- und Schulpreisen, ihren *éditions de luxe* und dergleichen mehr; das alles sagte Dir absolut nichts. Du bezeichnetest es als lästig: weiter nichts. Du sahst in dem Ganzen nur die Möglichkeit, daß Dein Vater schließlich ein paar hundert Pfund einbüßen würde, und diese erbärmliche Erwägung erfüllte Dich mit ekstatischer Freude. Was die Gerichtskosten anlangt, so interessiert es Dich vielleicht, daß Dein Vater im Orleans Club ganz offen erklärte, selbst wenn der Prozeß ihn £ 20 000 gekostet hätte, so fände er, er habe sein Geld gut angelegt, denn die ganze Sache sei für ihn ein großartiger Zeitvertreib, Genuß und Triumph gewesen. Daß er mich nicht nur für zwei Jahre ins Gefängnis bringen, sondern mich auch noch für einen Tag herausholen und in aller Öffentlichkeit zum Bankrotteur erklären lassen konnte, war eine zusätzliche Würze seines Genusses, die er nicht erwartet hatte. Es war der Gipfel meiner Demütigung und die Krönung seines Sieges. Wäre dieser Kostenanspruch Deines Vaters an mich nicht gewesen, so hättest Du, wie ich sehr wohl weiß, zumindest in Worten größten Anteil an dem Verlust meiner Bibliothek genommen, für einen Literaten ein unersetzlicher Verlust, die traurigste aller meiner materiellen Einbußen. Eingedenk der Summen, die ich mit vollen Händen für Dich verschleudert hatte, und des Lebens, das Du jahrelang auf meine Kosten geführt hattest, wärst Du vielleicht sogar so weit gegangen, einige meiner Bücher für mich zu ersteigern. Die besten gingen für insgesamt nicht ganz £ 150 weg: etwa soviel, wie ich in einer normalen Woche für Dich ausgegeben habe. Doch die hämische Schadenfreude darüber, daß Dein Vater ein paar Pence zusetzen würde, verdrängte in Dir jeden Wunsch, mir einen kleinen Gegendienst zu erweisen, der ebenso geringfügig, leicht, billig und naheliegend für Dich wie wichtig und hochwillkommen für mich gewesen wäre. Stimmst Du mir zu, daß der Haß die Menschen blind macht? Siehst Du es jetzt ein? Wenn nicht, dann versuche es wenigstens.

Wie klar ich es damals sah und heute sehe, brauch ich Dir nicht zu sagen. Doch ich sagte mir: »*Um jeden Preis muß ich in meinem Herzen die Liebe bewahren. Wenn ich ins Gefängnis gehe ohne Liebe, was soll aus meiner Seele werden?*« Die Briefe, die ich Dir damals aus Holloway schrieb, waren meine Versuche, meinem Wesen die Liebe als Dominante zu erhalten. Es wäre mir ein leichtes gewesen, Dich mit bitteren Vorwürfen zu zermalmen. Ich hätte Dich mit meinem Fluch zerschmettern können.

Ich hätte Dir einen Spiegel vorhalten und Dir ein Bild zeigen können, das Du nur dadurch als Dein eigenes erkannt hättest, daß es dieselben Gebärden des Abscheus ausführte wie Du; dann hättest Du gewußt, wessen Gestalt es wiedergab und Dein Bild und Dich selbst auf ewig gehaßt. Ja, mehr noch. Die Sünden eines anderen wurden mir zur Last gelegt. Wenn ich gewollt hätte, ich hätte mich bei jeder Verhandlung auf seine Kosten retten können, wenn auch nicht vor der Schande, so doch vor dem Kerker. Hätte ich den Beweis antreten wollen, daß den Kronzeugen – den drei wichtigsten – von Deinem Vater und Deinen Anwälten sorgfältig eingetrichtert worden war, nicht nur was sie verschweigen, sondern auch was sie aussagen, wie sie nach genau ausgeheckten und geprobtem Plan die Handlungen und Taten eines anderen buchstäblich mir in die Schuhe schieben sollten, so hätte ich erreichen können, daß der Richter sie allesamt noch weit prompter aus dem Zeugenstand gewiesen hätte als den meineidigen Lumpen Atkins. Ich hätte mir ins Fäustchen lachen und, die Hände in den Taschen, als freier Mann den Gerichtssaal verlassen können. Man wollte mich förmlich dazu zwingen. Ich wurde ernstlich dazu aufgefordert, gedrängt, genötigt von Leuten, denen es einzig um mein Wohl und das Wohl meiner Familie ging. Aber ich weigerte mich. Ich wollte nicht. Ich habe meinen Entschluß nie auch nur einen Augenblick lang bereut, auch nicht in den bittersten Zeiten meiner Kerkerhaft. Ein solches Vorgehen wäre unter meiner Würde gewesen. Die Sünden des Fleisches bedeuten nichts. Sie sind Krankheiten, die der Arzt heilen soll, wenn sie überhaupt geheilt werden müssen. Allein die Sünden der Seele sind beschämend. Ein Freispruch, den ich mir durch solche Mittel erwirkt hätte, hätte lebenslängliche Folter für mich bedeutet. Doch glaubst Du wirklich, daß Du die Liebe wert gewesen bist, die ich Dir damals bewies, oder daß ich Dich auch nur einen Augenblick lang ihrer für würdig hielt? Glaubst Du wirklich, daß Du zu irgendeiner Zeit unserer Freundschaft der Liebe würdig warst, die ich Dir zeigte, oder daß ich Dich auch nur einen Augenblick lang ihrer würdig gehalten hätte? Ich wußte, daß Du sie nicht verdientest. Doch die Liebe feilscht nicht auf dem Markte und rechnet nicht nach der Krämerwaage. Ihre Freude besteht wie die Freuden des Intellekts darin, daß sie sich lebendig weiß. Das Ziel der Liebe ist zu lieben: nicht mehr und nicht weniger. Du warst mein Feind: ein Feind, wie kein Mensch ihn je gehabt hat. Ich hatte Dir mein Leben geschenkt, und um die niedrigsten aller menschlichen Leidenschaften zu befriedigen, Haß, Eitelkeit und Gier, warfst Du es weg. In weniger als drei Jahren hattest Du mich in jeder Hinsicht völlig ruiniert. Um meiner selbst willen blieb mir nichts anderes übrig als Dich zu lieben. Ich wußte, wenn ich mich zum Haß gegen Dich hinreißen ließe, würde in der dürren Wüste des Daseins, die ich durchqueren mußte und noch durchquere, jeder Fels seinen Schatten verlieren, jede Palme verwelkt und jede Wasserstelle an der Quelle vergiftet sein. Beginnst Du jetzt zu verstehen? Erwacht Deine Phantasie aus ihrer langen Lethargie? Du weißt, was der Haß ist. Dämmert Dir nun, was die Liebe, was das Wesen der Liebe ist? Noch hast Du Zeit, es zu lernen, ich aber mußte in die Sträflingszelle ziehen, um es Dich lehren zu können.

Nach meiner Verurteilung, als ich Gefängniskleidung trug, das Gefängnistor sich hinter mir geschlossen hatte, saß ich auf den Trümmern meines wundervollen Lebens, von Angst zermalmt, von Grauen geschüttelt, von Schmerz betäubt. Doch ich wollte Dich nicht hassen. Tag für Tag sagte ich mir: *»Heute muß ich meinem Herzen die Liebe erhalten, wie soll ich sonst den Tag überstehen?«* Ich sagte mir immer wieder, daß Du nichts Böses im Sinn hattest, jedenfalls nicht gegen mich: ich redete mir ein, Du habest von ungefähr den Bogen gespannt und mit Deinem Pfeil einen König zwischen Panzer und Wehrgehänge getroffen. Dich abzuwägen gegen das kleinste meiner Leiden, den geringsten meiner Verluste hätte ich als unfair empfunden. Ich beschloß, auch in Dir einen Leidenden zu sehen. Ich zwang mich zu dem Glauben, daß Dir endlich die Schuppen von den lange verblendeten Augen gefallen seien. Immer wieder stellte ich mir voll Schmerz das Grauen vor, das Dich angesichts Deines schrecklichen Werkes erfaßt haben mußte. Sogar in diesen dunklen Tagen, den dunkelsten meines Lebens, überkam mich zuzeiten wirklich das Verlangen, Dich zu trösten. So sicher war ich, daß Du endlich wußtest, was Du getan hattest.

Nie wäre ich damals auf den Gedanken gekommen, Du könntest mit dem abscheulichsten aller Laster behaftet sein, der Seichtheit. Ja, ich war aufrichtig bekümmert, als ich Dir mitteilen mußte, daß der erste Brief, den ich hier in Empfang nehmen dürfe, meinen Familienangelegenheiten vorbehalten sein müsse: aber mein Schwager hatte mir geschrieben, wenn ich nur ein einziges Mal an meine Frau schriebe, so wolle sie, um meinet- und unserer Kinder willen, nicht auf Ehescheidung klagen. Ich hielt es für meine Pflicht, das zu tun. Von sonstigen Gründen abgesehen, konnte ich den Gedanken nicht ertragen, von Cyril getrennt zu werden, meinem schönen, liebevollen und liebenswerten Kind, diesem Freund aller Freunde, Gefährten aller Gefährten; ein einziges Haar seines Goldköpfchens hätte mir teuerer und wertvoller sein sollen als, ich will nicht sagen Du vom Scheitel bis zur Sohle, aber doch als aller Chrysolith der ganzen Welt: war es mir auch immer gewesen, nur begriff ich es erst, als es zu spät war.

Zwei Wochen nach Deinem Gesuch hörte ich von Dir. Robert Sherard, dieser tapferste und ritterlichste aller Prachtmenschen, besucht mich und erzählt mir unter anderem, Du wollest in diesem lächerlichen *Mercure de France*, der sich absurderweise damit brüstet, das eigentliche Zentrum der literarischen Korruption zu sein, einen Artikel über mich, mit Auszügen aus meinen Briefen, veröffentlichen. Er fragt mich, ob das wirklich meinem Wunsch entspreche. Ich war tief bestürzt und sehr ärgerlich und gab Auftrag, die Sache sofort niederzuschlagen. Du hast meine Briefe herumliegen lassen, so daß sie von Deinen Erpresserfreunden gestohlen, von Hausknechten entwendet, von Zimmermädchen verkauft werden konnten. Das war einfach Deine gedankenlose Geringschätzung dessen, was ich Dir geschrieben hatte. Doch daß Du allen Ernstes vorhaben solltest, Auszüge aus dem Restbestand zu veröffentlichen, konnte ich kaum glauben. Und um welche Briefe mochte es sich handeln? Ich konnte nichts erfahren. Das also war das erste, was ich von Dir hörte. Ich hörte es ungern.

Die zweite Nachricht folgte wenig später. Die Anwälte Deines Vaters waren im Gefängnis erschienen, um mir persönlich den Gerichtsbeschluß zuzustellen, wonach wegen lumpiger £ 700, ihres Gebührenanspruchs, das Konkursverfahren gegen mich eröffnet werden sollte. Ich wurde zum zahlungsunfähigen Schuldner erklärt und vor Gericht geladen. Ich war entschieden der Meinung, und bin es noch und werde auch noch darauf zurückkommen, daß diese Kosten von Deiner Familie hätten bezahlt werden müssen. Du hattest persönlich dafür eingestanden, daß Deine Familie sie übernehmen würde. Unter diesen Voraussetzungen hatte der Anwalt den Fall so übernommen, wie er ihn auch vertreten hat. Du warst entschieden verantwortlich. Selbst unabhängig von der Zusage, die Du im Namen Deiner Angehörigen gegeben hattest, hättest Du, als der Urheber meines Unglücks, mir wenigstens die zusätzliche Schmach eines Bankrotts wegen einer absolut lächerlichen Summe ersparen sollen, einer Summe, die halb so groß war wie der Betrag, den ich während der drei kurzen Sommermonate in Goring für Dich ausgab. Doch davon nun nichts weiter. Es stimmt, daß ich durch den Schreiber des Anwalts in dieser Sache oder zumindest im Zusammenhang damit eine Botschaft von Dir erhalten habe. Als er mich aufsuchte, um meine Erklärungen und Angaben entgegenzunehmen, beugte er sich über den Tisch – denn der Wärter war zugegen – und sagte, nachdem er ein Stück Papier aus seiner Tasche gezogen und studiert hatte, mit leiser Stimme: »Prinz Fleur-de-Lys läßt Sie grüßen.« Ich starrte ihn an. Er wiederholte die Botschaft. Ich wußte nicht, was er meinte. »Der Herr befindet sich zur Zeit im Ausland«, fügte er geheimnisvoll hinzu. Jetzt begriff ich blitzartig, und ich erinnere mich, daß ich zum ersten und letzten Male während meiner ganzen Gefangenschaft lachte. Dieses Lachen enthielt alle Verachtung der Welt. In diesem Lachen lag aller Hohn der Welt. Prinz Fleur-de-Lys! Ich sah – und die folgenden Ereignisse bewiesen mir, daß ich richtig sah –, daß Du von allem, was geschehen war, nicht das mindeste begriffen hattest. In Deinen eigenen Augen warst Du noch immer der schöne Prinz einer trivialen Komödie, nicht die düstere Figur eines tragischen Schauspiels. Alles Geschehene war bloß eine Feder für das Barett, das einen beschränkten Kopf ziert, eine Ansteckblume für das Wams, unter dem ein Herz schlägt, das nur der Haß allein erwärmt und das allein die Liebe eisig findet. Prinz Fleur-de-Lys! Gewiß hattest Du ganz recht, unter einem Decknamen mit mir in Verbindung zu treten. Ich selbst hatte zu jener Zeit überhaupt keinen Namen. In dem großen Gefängnis, in dem ich damals eingekerkert war, war ich nur die Nummer und der Buchstabe einer kleinen Zelle an einem langen Gang, eine von tausend leblosen Chiffren, eines von tausend leblosen Leben. Doch gewiß hätten sich viele echte Namen in der wirklichen Geschichte gefunden, die besser zu Dir gepaßt hätten und an denen ich Dich unschwer sofort erkannt hätte. Hinter dem Flitter eines Fastnachtsvisiers, wie man es nur zur kurzweiligen Maskerade trägt, suchte ich Dich nicht. Ach! wäre Deine Seele nur, wie es zu ihrer Rettung nötig gewesen wäre, vom Leid verwundet, von Reue gebeugt und demütig gewesen vor Gram, dann hätte sie eine andere Maske gewählt, um unter ihrem Schutz in das Schmerzenshaus Einlaß zu suchen! Die großen Dinge im Leben sind das, was sie zu sein scheinen, und gerade darum, so seltsam es Dir klingen mag, oft schwer zu deuten. Doch die kleinen Dinge des Lebens sind Symbole. Die bitteren Lehren unseres Lebens erhalten wir meistens durch sie. Deine scheinbar zufällige Wahl eines Decknamens war und bleibt symbolisch. Sie zeigt Dich, wie Du wirklich bist.

Sechs Wochen später trifft zum drittenmal Nachricht ein. Man ruft mich aus dem Krankenrevier, wo ich elend darniederlag, um mir durch den Gefängnisdirektor eine besondere Botschaft von Dir zu übermitteln. Er liest mir einen Brief vor, den Du an ihn gerichtet hattest und in dem Du schriebst, daß Du im *Mercure de France* (»einer Zeitschrift«, so fügtest Du aus irgendeinem besonderen Grund hinzu, »die unserer englischen *Fortnightly Review* entspricht«) einen Artikel »über den Fall Oscar Wilde« veröffentlichen wollest, und um meine Zustimmung nachsuchtest, Auszüge und Stellen aus – welchen? – Briefen zu veröffentlichen. Aus den Briefen, die ich Dir aus dem Gefängnis von Holloway geschrieben hatte! Den Briefen, die Dir heiliger und unveräußerlicher hätten sein sollen als alles in der Welt! Und ausgerechnet diese Briefe wolltest Du veröffentlichen, damit der abgetakelte *décadent* etwas zu bestaunen, der geile *feuilletoniste* etwas zu besabbern, die kleinen Löwen des *Quartier Latin* etwas zu beglotzen und zu bekläffen hätten! Wenn schon Dein eigenes Herz nicht gegen eine so vulgäre Entweihung aufschrie, so hättest Du wenigstens an das Sonett denken können, das jener schrieb, der mit soviel Schmerz und Verachtung zusah, wie John Keats'

Briefe in London öffentlich versteigert wurden, hättest wenigstens die wahre Bedeutung meiner Verse begreifen sollen:

> I think they love not Art
> Who break the crystal of a poet's heart
> That small and sickly eyes may glare or gloat *.

Denn was sollte Dein Artikel beweisen? Daß ich Dich zu sehr geliebt hatte? Dem Pariser *gamin* war dies ohnehin bekannt. Sie alle lesen die Zeitungen, und die meisten von ihnen schreiben für die Presse. Daß ich ein Genie war? Die Franzosen verstanden das und die Besonderheit meines Genies weit besser, als Du es verstandest oder billigerweise verstehen konntest. Daß Leidenschaften und Lüste beim Genie oft eigentümlich pervertiert sind? Vortrefflich: doch dies ist Lombrosos Thema, nicht Deines. Zudem tritt das betreffende pathologische Phänomen auch bei Menschen auf, die durchaus keine Genies sind. Daß ich in Deinem Haßfeldzug gegen Deinen Vater euch beiden zugleich Schild und Schwert war? Mehr noch: daß er mich bei der scheußlichen Jagd um mein Leben, die einsetzte, als der Feldzug vorbei war, nie hätte einholen können, wenn Du nicht bereits die Schlingen für meine Füße gelegt hättest? Ganz richtig: aber wie ich höre, hat Henri Bauër das bereits eindeutig festgestellt. Und um seine Ansicht zu erhärten, falls das Deine Absicht gewesen sein sollte, brauchtest Du meine Briefe nicht zu veröffentlichen; jedenfalls nicht die Briefe, die ich aus Holloway schrieb.

Willst Du mir auf meine Frage erwidern, ich selbst hätte Dich in einem meiner Briefe aus Holloway gebeten, Du möchtest mich nach Deinen Kräften vor einem kleinen Teil der Welt ein wenig mehr ins rechte Licht rücken? Ja, das tat ich. Bedenke, in welchem Zustand und warum ich heute hier bin. Glaubst Du, ich sei hier wegen meiner Beziehungen zu den Zeugen in meinem Prozeß? Meine wirklichen oder mutmaßlichen Beziehungen zu Leuten dieser Art interessierten weder die Regierung noch die Gesellschaft. Sie wußten nichts davon und scherten sich noch weniger darum. Ich bin hier, weil ich versucht habe, Deinen Va-

* Der liebt die Kunst nicht, glaube ich, / Der den Kristall eines Dichterherzens zerschlägt, / Damit dürftige und kranke Augen etwas zu starren und zu glotzen haben.

ter ins Gefängnis zu bringen. Mein Versuch mußte fehlschlagen. Meine eigenen Anwälte gaben auf. Dein Vater drehte den Spieß um und brachte *mich* ins Gefängnis, und da bin ich noch immer. Dafür verachtet man mich. Darum verhöhnt man mich. Darum muß ich meine schreckliche Haft bis zum letzten Tag, zur letzten Stunde, zur letzten Minute ableisten. Darum werden meine Gesuche verworfen.

Du allein hättest, und zwar ohne Dich in irgendeiner Weise der Verachtung oder Gefahr oder einem Tadel auszusetzen, der ganzen Angelegenheit eine andere Färbung geben, die Sache in ein anderes Licht rücken, bis zu einem gewissen Grad den wirklichen Stand der Dinge beweisen können. Selbstverständlich hätte ich nicht erwartet, nicht einmal gewünscht, daß Du aussagen solltest, wie und aus welchem Grund Du meinen Beistand suchtest, als Du in Oxford in Schwierigkeiten geraten warst: und wie oder aus welchem Grund, falls Du überhaupt einen Grund hattest, Du mir drei Jahre lang praktisch nicht mehr von der Seite gewichen warst. Meine ständigen Versuche, eine Freundschaft abzubrechen, die für mich als Künstler wie als einem Mann von Rang und sogar als einem Mitglied der guten Gesellschaft so verhängnisvoll war, brauchten nicht mit der Genauigkeit verzeichnet zu werden, mit der ich sie hier dargetan habe. Ich hätte auch nicht verlangt, daß Du die Szenen beschreiben solltest, die Du mit fast monotoner Regelmäßigkeit wiederholtest: oder daß Du die wundervolle Folge Deiner Telegramme an mich mit ihrer kuriosen Mischung aus Romanzen und Finanzen abdrucken ließest: oder daß Du die besonders empörenden und herzlosen Stellen aus Deinen Briefen zitiertest, wie ich es tun mußte. Kurzum, ich meine, es wäre für Dich und für mich besser gewesen, wenn Du gegen die Auslegung protestiert hättest, die Dein Vater unserer Freundschaft gab, eine ebenso groteske wie giftige Auslegung und ebenso absurd, soweit sie Dich, wie entehrend, soweit sie mich betraf. Diese Auslegung ist nun in die Geschichte eingegangen: sie wird zitiert, geglaubt, aufgezeichnet: der Prediger benutzt sie als Text, der Moralist als Thema seiner trockenen Abhandlung: und ich, der zu allen Generationen sprechen konnte, mußte mir von einem Affen und Hanswursten das Urteil sprechen lassen. Ich sagte in diesem Brief bereits, und wie ich zugebe mit einiger Erbitterung, daß die Ironie des Schicksals Deinen Vater zum unsterblichen Helden von Sonntagsschul-Traktätchen gemacht hat: Dich mit dem Knaben Samuel auf eine Stufe stellte: und mir den Platz zwischen Gilles de Retz und dem Marquis de Sade anwies. Ich behaupte, das ist gut so. Ich will nicht klagen. Eine der vielen Lehren, die das Gefängnis erteilt, lautet: die Dinge sind, was sie sind, und werden sein, was sie sein werden. Ich zweifle auch nicht, daß der von der Schwarzen Magie Zerfressene und der Autor der *Justine* angenehmere Nachbarn sind als *Sandford and Merton.*

Doch als ich Dir damals schrieb, hielt ich es in unser beider Interesse für gut, angemessen, richtig, die Darstellung *nicht* zu akzeptieren, die Dein Vater durch seine Anwälte zur Erbauung der Philister gegeben hatte, und deshalb bat ich Dich, eine der Wahrheit näher kommende Fassung zu entwerfen und niederzuschreiben. Auf jeden Fall wäre es für Dich besser gewesen, als Deine für französische Zeitungen bestimmten Kritzeleien über das häusliche Leben Deiner Eltern. Was kümmerte es die Franzosen, ob Deine Eltern ein glückliches Familienleben geführt haben oder nicht? Ein für sie noch uninteressanteres Thema gibt es gar nicht. Dagegen interessiert es sie, wie ein Künstler meines Ranges, der durch die Schule und die literarische Bewegung, die er verkörperte, das französische Geistesleben entscheidend beeinflußt hatte, erst ein solches Leben und dann einen solchen Prozeß hat führen können. Hättest Du zur Veröffentlichung in Deinem Artikel die – wie ich fürchte – zahllosen Briefe vorgeschlagen, in denen ich von dem Unheil sprach, das Du über mein Leben brachtest, von dem Wahnsinn der Wutausbrüche, denen Du Dich zu Deinem und zu meinem Schaden überließest, und von meinem Wunsch, nein, meinem Entschluß, eine für mich in jeder Hinsicht so verhängnisvolle Freundschaft zu beenden, dann hätte ich das verstanden, wenn ich auch eine Veröffentlichung dieser Briefe nicht gestattet hätte: als der Anwalt Deines Vaters in der Absicht, mich in einen Widerspruch zu verstricken, dem Gericht plötzlich einen Brief vorlegte, den ich Dir im März '93 geschrieben hatte und worin ich sagte, ehe ich mich weiteren Wiederholungen der abstoßenden Szenen aussetzte, an denen Du offenbar so schrecklichen Gefallen fändest, würde ich mich damit abfinden, mich »von jedem ›renter‹ in London erpressen zu lassen«, da schmerzte es mich aufrichtig, daß damit dieser Aspekt meiner Freundschaft mit Dir dem gemeinen Blick enthüllt wurde: daß Du jedoch so begriffsstutzig, so stumpfsinnig und allem Seltenen, Erlesenen und Schönen so unzugänglich sein konntest, daß Du die Briefe zu veröffentlichen gedachtest, in denen und durch die ich versuchte, Geist und Seele der Liebe lebendig zu erhalten, damit sie in meinem Körper während der langen Jahre der Demütigung dieses Körpers wohnen bliebe – das war und ist noch heute für mich eine Quelle tiefsten Schmerzes, grausamster Enttäuschung. Warum Du es tatest, weiß ich wohl leider allzu gut. Wenn der Haß Deine Augen blendete, so nähte die Eitelkeit Deine Lider mit eisernen Fäden zusammen. Die Fähigkeit, »durch die und durch die allein man andere in ihren realen und ideellen Bindungen verstehen kann«, hatte Dein bornierter Egoismus abgestumpft, sie war lahm geworden vom langen Brachliegen. Deine Phantasie war genauso eingekerkert wie ich es bin. Die Eitelkeit hatte die Fenster vergittert, und Wärter war der Haß!

Das alles ereignete sich Anfang November vorletzten Jahres. Ein breiter Strom Leben fließt zwischen Dir und einer so fernen Zeit. Über einen solchen Abstand hinweg reicht Dein Auge wohl schwerlich. Mir jedoch ist, als wäre es nicht gestern, sondern erst heute geschehen. Das Leiden ist ein einziger langer Augenblick. Wir können ihn nicht in Jahreszeiten aufteilen. Wir können nur seine Phasen festhalten und deren Wiederkehr verzeichnen. Die Zeit selbst schreitet für uns nicht fort. Sie rotiert. Sie scheint um die Achse des Schmerzes zu kreisen. Die lähmende Starrheit eines Lebens, das bis ins kleinste nach einer festen Schablone geregelt ist, so daß wir nach den unbeugsamen Gesetzen einer eisernen Formel essen und trinken und gehen und uns hinlegen und beten oder doch zum Gebet niederknien: diese Unbeweglichkeit, die jeden grauenvollen Tag bis ins kleinste Detail seinem Bruder gleichen läßt, scheint sich jenen äußeren Kräften mitzuteilen, die nur aus dem ständigen Wechsel leben können. Wir wissen nichts von Saatzeit und Ernte, vom Schnitter, der sich über das Korn neigt, noch vom Winzer, der sich durch den Weinberg müht, vom Gras unter den Bäumen, das weiß ist von abgefallenen

Blüten oder bestreut mit reifen Früchten – wir können nichts davon wissen. Für uns hier gibt es nur eine Jahreszeit, die Jahreszeit des Grams. Selbst Sonne und Mond scheinen uns verwehrt. Draußen mag der Tag blau sein und golden, das Licht, das durch das trübe Glas des Gitterfensterchens zu uns herunterkriecht, ist grau und karg. In der Zelle herrscht immer Dämmerung, in unseren Herzen Mitternacht. Und wie der Lauf der Zeit, so stockt auch der Lauf des Denkens. Was Du längst vergessen hast oder leicht vergessen kannst, stößt mir heute zu und wird mir morgen wieder zustoßen. Wenn Du das bedenkst, dann wirst Du eher verstehen können, warum ich Dir schreibe und warum ich so schreibe.

Eine Woche danach werde ich hierher gebracht. Drei weitere Monate vergehen, und meine Mutter stirbt. Niemand weiß besser als Du, wie innig ich meine Mutter geliebt und verehrt habe. Ihr Tod war für mich so furchtbar, daß ich, einst ein Meister der Sprache, keine Worte finde, meine Bedrängnis und Scham zu schildern. Niemals, nicht einmal auf dem Höhepunkt meiner künstlerischen Schaffenskraft, hätte ich Worte gefunden, die eine so erhabene Bürde hätten tragen oder mit angemessen hohem Klang über die purpurne Szene meines unsagbaren Wehs hätten schreiten können. Sie und mein Vater hatten mir einen Namen vererbt, dem sie nicht nur in Literatur, Kunst, Archäologie und Wissenschaft Ansehen und Geltung verschafft hatten, sondern auch in der Geschichte der Entwicklung meines Heimatlandes zur Nation. Diesen Namen habe ich auf ewig entehrt. Ich habe ihn zum gemeinen Schimpfwort gemeiner Leute gemacht. Ich habe ihn in den Schmutz gezerrt. Ich habe ihn den Schandmäulern ausgeliefert, damit sie ihn schänden, den Narren, damit sie daraus ein anderes Wort für Narrheit machen. Was ich damals litt und noch leide, kann keine Feder niederschreiben, kein Buch vermelden. Meine Frau, die in jenen Tagen gut und freundlich zu mir war und nicht wollte, daß ich die Nachricht von gleichgültigen oder fremden Lippen hören müsse, reiste trotz ihrer Krankheit von Genua bis hierher, um mir die Botschaft von dem unersetzlichen, unwiederbringlichen Verlust zu überbringen. Alle, die mich noch gern hatten, drückten mir ihr Beileid aus. Selbst Leute, die mich persönlich nicht kannten, jedoch von dem neuen Kummer gehört hatten, der mein zerbrochenes Leben heimgesucht hatte, baten brieflich, man möge mir ihre Teilnahme übermitteln. Du allein hieltest Dich abseits, schicktest mir kein Wort, schriebst mir keine Zeile. Zu solchem Verhalten kann man nur sagen, was Vergil zu Dante über die Seelen sagt, deren dumpfes Leben nie von edlen Antrieben entflammt worden ist, die Unentschiedenen, die Tatenlosen: *»Non ragioniam di lor, ma guarda, e passa.«*

Drei Monate vergehen. Der Kalender draußen an meiner Zellentür, auf dem mein Name und mein Urteil stehen und auf dem täglich meine Führung und Arbeitsleistung eingetragen werden, sagt mir, daß es Mai ist. Wieder besuchen mich meine Freunde. Wie immer erkundige ich mich nach Dir. Man berichtet mir, Du seist in Deiner Villa in Neapel mit den Vorbereitungen zur Herausgabe eines Gedichtbandes beschäftigt. Am Schluß der Unterredung wird beiläufig erwähnt, Du werdest ihn mir widmen. Bei dieser Nachricht stieg Lebensekel in mir hoch. Ich sagte nichts, ging nur schweigend in meine Zelle zurück, Verachtung und Abscheu im Herzen. Wie konntest Du Dir träumen lassen, mir einen Gedichtband zu widmen, ohne zunächst meine Erlaubnis einzuholen? Träumen, sage ich? Wie konntest Du Dich unterstehen? Willst Du mir antworten, ich hätte in den Tagen meines Glanzes und Ruhms die Zueignung Deiner frühen Arbeiten akzeptiert? Gewiß; genauso, wie ich die Huldigung eines jeden anderen jungen Mannes akzeptiert hätte, der sich der schweren und schönen Kunst des Schreibens widmen wollte. Jede Huldigung ist köstlich für den Künstler, doppelt süß, wenn die Jugend sie darbringt. Lorbeer und Kränze welken, wenn eine greise Hand nach ihnen greift. Nur die Jugend hat das Recht, den Künstler zu krönen. Dies ist das wahre Vorrecht des Jungseins, wenn die Jugend es nur erkennen würde. Doch die Tage der Erniedrigung und der Schmach haben nichts gemein mit der Zeit des Ruhms und des Glanzes. Du mußt erst noch lernen, daß Glück, Luxus und Erfolg grobmaschig in der Textur, billig in der Faser sein können, das Leid jedoch ist das allerzarteste Gespinst. Jede geringste Bewegung irgendwo in der Welt der Gedanken und Taten versetzt das Leid in schreckliche, wiewohl erlesene Schwingung. Wie plump sind dagegen die hauchdünnen

Goldblättchen, deren Vibrieren Kraftströme anzeigt, die das Auge nicht wahrnehmen kann. Das Leid ist eine Wunde, die unter der Berührung einer fremden Hand zu bluten anfängt, ja selbst unter der Hand der Liebe von neuem aufbricht, wenn auch nicht schmerzt.

Du konntest dem Direktor des Gefängnisses von Wandsworth schreiben und meine Genehmigung zum Abdruck meiner Briefe im *Mercure de France*, »der unserer englischen *Fortnightly Review* entspricht«, einholen. Warum konntest Du nicht an den Direktor des Zuchthauses von Reading schreiben und anfragen, ob Du mir Deine Gedichte widmen dürftest, ganz gleich, was für eine phantastische Beschreibung Du für sie gewählt hättest? Tatest Du es deshalb nicht, weil ich im ersten Fall der Zeitschrift verboten hatte, meine Briefe zu veröffentlichen, deren Urheberrechte, wie Du natürlich sehr wohl weißt, ausschließlich bei mir lagen und liegen, und weil Du nun in diesem Fall dachtest, Du könntest eigenmächtig vorgehen und mir so lange nichts davon sagen, bis es zu spät wäre, noch einzugreifen? Allein daß ich ein entehrter, ruinierter Mann war und im Gefängnis saß, hätte Dir gebieten müssen, die Erlaubnis, meinen Namen auf die Titelseite Deines Werkes setzen zu dürfen, von mir als eine Gunst, eine Ehre, ein Privileg zu erbitten. Nur so sollte man an Menschen herantreten, die in Elend und Schande schmachten.

Wo das Leid herrscht, dort ist geweihte Erde. Eines Tages wirst Du begreifen, was das heißt. Bis dahin weißt Du nichts vom Leben. Als ich zwischen zwei Polizisten aus dem Zuchthaus zum Konkursgericht geführt wurde, wartete Robbie auf dem langen, düsteren Korridor, nur um im Angesicht einer Menge, die vor einer so freundlichen und schlichten Tat ehrfürchtig verstummte, ernst vor mir den Hut zu ziehen, als ich in Handschellen und gesenkten Hauptes an ihm vorüberging. Um geringerer Verdienste willen sind Menschen in den Himmel gekommen. In dem gleichen Geiste, in der gleichen Liebe knieten die Heiligen nieder, um den Armen die Füße zu waschen, beugten sich zur Wange des Aussätzigen, um sie zu küssen. Ich habe nie mit ihm darüber gesprochen. Ich weiß bis zum heutigen Tage nicht, ob er ahnt, daß ich es überhaupt bemerkt habe. Es ist unmöglich, dafür in förmlichen Worten einen förmlichen Dank auszusprechen. Ich bewahre es in der Schatzkammer meines Herzens. Ich betrachte es als eine heimliche Schuld und freue mich, daß ich sie wohl nie werde begleichen können. In ihrer ganzen Lieblichkeit frisch erhalten durch Myrrhe und Cassia vieler Tränen. Als die Weisheit mir nichts nützte, die Philosophie mir nicht fruchtete, und die Sprüche und Reden derer, die mich zu trösten suchten, in meinem Munde wie Staub und Asche waren, da hat bei mir der Gedanke an diesen kleinen, demütigen, stummen Akt der Liebe bewirkt, daß alle Brunnen des Mitleids wieder flossen, daß die Wüste aufblühte wie eine Rose, daß ich aus der Bitternis meines einsamen Exils in die Harmonie mit dem wunden, gebrochenen und großen Herzen der Welt fand. Sobald Du nicht nur verstehst, wie schön Roberts Tat war, sondern auch warum sie mir soviel bedeutete und mir in aller Zukunft soviel bedeuten wird, wird Dir klarwerden, wie und in welchem Geist Du mich um die Erlaubnis hättest bitten müssen, mir Deine Verse widmen zu dürfen.

Der Gerechtigkeit halber will ich zugeben, daß ich eine solche Widmung nicht zugelassen hätte. Wenn ich mich unter veränderten Umständen auch vielleicht über Deine Bitte gefreut hätte, so hätte ich sie Dir doch um *Deinetwillen* abgeschlagen, ohne Rücksicht auf meine eigenen Gefühle. Der erste Gedichtband, den ein junger Mensch im Frühling seiner Mannesjahre in die Welt schickt, soll wie eine Blüte oder eine Frühlingsblume sein, wie der Weißdorn auf der Wiese vom Magdalen oder die Primeln auf den Feldern von Cumnor. Er sollte nicht belastet werden mit dem Gewicht einer schrecklichen, empörenden Tragödie, eines schrecklichen, empörenden Skandals. Hätte ich einem solchen Buch meinen Namen als Herold vorangestellt, so wäre das ein schwerer künstlerischer Fehler gewesen. Die ganze Atmosphäre des Werkes wäre dadurch verfälscht worden, und in der modernen Kunst bedeutet die Atmosphäre so viel. Das moderne Leben ist komplex und relativ. Das sind seine beiden Grundtöne. Um den ersten wiederzugeben, brauchen wir die künstlerische Atmosphäre mit aller Feinheit der *nuances*, der Impressionen, der neuen Perspektiven: für das zweite brauchen wir einen Hintergrund. Deshalb gehört die Plastik heute nicht mehr zu den darstellenden Künsten; deshalb ist die Musik sehr wohl eine darstellende Kunst; und deshalb ist, war und bleibt die Literatur die höchste unter den darstellenden Künsten.

Dein Bändchen hätte die Luft Siziliens und Arkadiens atmen müssen, nicht den Pesthauch der Strafgerichte oder den dumpfen Brodem der Kerkerzelle. Zudem wäre eine Widmung, wie Du sie vorschlugst, nicht nur ein künstlerischer Fauxpas gewesen; auch in anderer Hinsicht wäre sie völlig unziemlich gewesen. Sie hätte den Eindruck erweckt, als wolltest Du nach meiner Verhaftung in Deiner früheren Haltung verharren. Das Publikum hätte darin einen Versuch törichter Prahlsucht gesehen: ein Beispiel für jene Art Mut, die in den Straßen der Schande billig verkauft und billig erstanden wird. In unserer Freundschaft hat die Nemesis uns beide wie Fliegen zerquetscht. Mir Verse zu widmen, während ich im Gefängnis saß, hätte wie der Versuch zu einer schlagfertigen Erwiderung gewirkt, eine Fähigkeit, auf die Du Dir in den alten Tagen Deiner schrecklichen Briefschreibe-Sucht – in Tagen, die hoffentlich zu Deinem eigenen Besten nicht wiederkehren werden – in aller Öffentlichkeit viel zugute tatest und mit der Du Dich so gern gebrüstet hast. Von der ernsthaften und schönen Wirkung, die Dir bestimmt – daran glaube ich fest – vorschwebte, wäre keine Rede gewesen. Hättest Du mich um Rat gefragt, so hätte ich Dir nahegelegt, mit der Veröffentlichung Deiner Verse noch ein wenig zu warten; oder sie, falls Du Dich dazu nicht bereitfinden könntest, zunächst anonym herauszubringen und erst dann, wenn Du Deinem Lied Freunde gewonnen hättest – die einzige Art Freunde, deren Gewinnung die Mühe wert ist –, der Welt Dein Gesicht zu zeigen und ihr zu sagen: »Die Blumen, die ihr bewundert, habe ich gepflanzt, und nun bringe ich sie Einem dar, den ihr zum Paria und Ausgestoßenen gemacht habt, und sie sollen mein Tribut an alles das sein, was ich an ihm liebe, verehre und bewundere.« Doch Du hast den falschen Weg und die falsche Stunde gewählt. Es gibt einen Takt in der Liebe, wie es einen Takt in der Literatur gibt. Du hast sie beide verletzt.

Ich verbreite mich so ausführlich über diesen Punkt, weil ich möchte, daß Du seine ganze Tragweite erfaßt, daß Du verstehst, warum ich sofort an Robbie schrieb und mich so ablehnend und geringschätzig über Dich äußerte, die Zueignung strikt untersagte und verlangte, er solle alles, was ich über Dich geschrieben hatte, genau abschreiben und Dir zuschicken. Nach meinem Dafürhalten war es höchste Zeit, Dir zu zeigen, klarzumachen, zu Bewußtsein zu bringen, was Du getan hattest. Man kann die Verblendung so weit treiben, daß sie grotesk wird, und eine phantasielose Natur, die durch nichts aufgerüttelt wird, versteinert am Ende zu völliger Fühllosigkeit. Mag der Körper auch weiterhin essen und trinken und sein Vergnügen genießen, die Seele, die er beherbergt, wird wie die Seele des Branca d'Oria bei Dante in Stein verkehrt. Mein Brief scheint keinen Augenblick zu früh gekommen zu sein. Er traf Dich, soweit ich das beurteilen kann, wie ein Blitzschlag. In Deiner Antwort an Robbie nennst Du Dich »aller Kraft des Denkens und Formulierens beraubt«. Ja, offenbar, denn es fällt Dir nichts Besseres ein, als einen Klagebrief an Deine Mutter zu schreiben. Und sie natürlich, blind wie immer für Dein wahres Wohl, eine Blindheit, die ihr und Dir zum bösen Schicksal wurde, tröstet Dich, so gut sie es vermag, und macht Dir Deinen früheren unglücklichen, unwürdigen Zustand wieder schmackhaft; was dagegen mich anlangt, so ließ sie meine Freunde wissen, sie sei »höchst betroffen« ob meiner schonungslosen Äußerungen über Dich. Ja, sie teilt ihre Betroffenheit nicht nur meinen Freunden mit, sondern auch solchen Leuten – weit größer an der Zahl, wie ich Dir kaum zu sagen brauche –, die nicht meine Freunde sind: und ich erfahre jetzt über Leute, die Dir und den Deinen durchaus wohlwollen, daß mir durch dieses Vorgehen viel von der Sympathie, die auf Grund meiner hervorragenden Gaben und meiner schrecklichen Leiden langsam, aber stetig für mich aufkam, für immer verlorenging. Es heißt: »Ah! Zuerst hat er versucht, den guten Vater ins Gefängnis zu bringen, das schlug fehl: jetzt hält er sich an seinen unschuldigen Sohn und läßt ihn seinen Fehlschlag entgelten. Wie recht wir hatten, ihn zu verabscheuen! Wie sehr verdient er unsere Verachtung!« Wenn mein Name in Gegenwart Deiner Mutter erwähnt wird und sie schon kein Wort des Kummers oder Bedauerns über ihren – gar nicht so kleinen – Anteil am Ruin meines Hauses findet, dann sollte sie wenigstens so viel Anstand haben zu schweigen. Und Du – meinst Du jetzt nicht auch, daß Du, statt Dich bei *ihr* zu beklagen, in jeder Hinsicht besser daran getan hättest, *mir* direkt zu schreiben und den Mut aufzubringen, mir zu sagen, was Du sagen mußtest oder glaubtest, sagen zu müssen? Es ist fast ein Jahr her, daß ich diesen Brief schrieb, Du kannst nicht während dieser ganzen Zeit »aller Kraft des Denkens und Formulierens beraubt« gewesen sein. Warum hast Du mir nicht geschrieben? Du sahst an meinem Brief, wie tief Dein Verhalten mich verletzt und gekränkt hatte. Mehr noch: Deine ganze Freundschaft mit mir war Dir endlich im rechten Licht gezeigt worden, und zwar in nicht mißzuverstehender Weise. Oft hatte ich Dir in vergangenen Tagen gesagt, Du ruiniertest mein Leben. Du hast immer gelacht. Als ganz zu Beginn unserer Freundschaft Edwin Levy mitansah, wie Du mich vorschobst, damit ich für alle Folgen, Widrigkeiten, ja selbst für die Kosten Deines Oxforder, sagen wir: Mißgeschicks, einstehen sollte – er war in dieser Sache um Rat und Beistand zugezogen worden –, da redete er eine volle Stunde lang auf mich ein, um mich vor dem Umgang mit Dir zu warnen; ich berichtete Dir in Bracknell von meinem langen und eindringlichen Gespräch mit ihm, und Du lachtest. Als ich Dir erzählte, wie selbst der unglückliche junge Mensch, der am Ende neben mir auf der Anklagebank saß, mir mehr als einmal prophezeite, Du würdest mich weit sicherer und gründlicher ruinieren als irgendeiner der Durchschnittsjungen, mit denen ich mich törichterweise abgegeben hatte, lachtest Du, wenn auch nicht ganz so belustigt. Als meine klügeren oder weniger gutmütigen Freunde mich entweder warnten oder wegen meiner Bekanntschaft mit Dir verließen, lachtest Du verächtlich. Du lachtest unbändig, als Dein Vater Dir den ersten von Beleidigungen gegen mich strotzenden Brief schrieb und ich zu Dir sagte, ich wisse, daß ich bei Eurem abscheulichen Zwist bloß den Prügelknaben abgeben sollte und zwischen Euch zu Schaden kommen würde. Doch alles und jedes kam genauso, wie ich sagte, daß es kommen werde – wie das Ergebnis zeigt. Es gibt keine Entschuldigung dafür, daß Du nicht gesehen hast, wie die Dinge sich entwickelt hatten. Warum hast Du mir nicht geschrieben? Aus Feigheit? Aus Dumpfsinn? Aus welchem Grunde? Daß ich über Dich empört war und dieser Empörung Ausdruck verliehen hatte, wäre erst recht ein Grund zum Schreiben gewesen. Wenn Du meinen Brief für ungerecht ansahst, hättest Du schreiben müssen. Wenn Du ihn auch nur im kleinsten Punkt für ungerecht hieltest, hättest Du schreiben müssen. Ich wartete auf einen Brief. Wenn schon alte Zuneigung, vielbeschworene Liebe, die tausend Taten schlechtvergoltener Freundschaft, mit denen ich Dich überschüttete, die tausend unbezahlten Dankesschulden – wenn schon das alles Dir nichts bedeuten sollte, so war ich doch überzeugt, daß schieres Pflichtgefühl, das dürftigste aller Bande von Mensch zu Mensch, Dich zum Schreiben veranlassen würde. Du kannst nicht behaupten, daß Du allen Ernstes geglaubt habest, ich dürfe ausschließlich geschäftliche Mitteilungen von seiten meiner Angehörigen empfangen. Du wußtest genau, daß Robbie mir alle zwölf Wochen eine kleine Zusammenstellung der literarischen Neuigkeiten schrieb. Es gibt nichts Reizenderes als seine Briefe in ihrem Witz, ihrer klug gefaßten Kritik, ihrem leichten Ton: sie sind wirkliche Briefe: sie sind wie Gespräche: sie besitzen die Qualität einer französischen *causerie intime*: und in seiner diskreten Ehrerbietung, in der Art, wie er bald an meine Urteilsfähigkeit appelliert, bald an meinen Humor, bald an meinen Instinkt für Schönheit oder an meine Bildung, mich auf hunderterlei Weise zart daran erinnert, daß ich einst vielen als Autorität in künstlerischen Stilfragen galt, manchen sogar als oberste Autorität, zeigt er, daß er den Takt der Liebe und literarisches Taktgefühl besitzt. Seine Briefe sind die kleinen Boten zwischen mir und der schönen, unwirklichen Welt der Kunst, in der ich einst König war und auch König geblieben wäre, wenn ich mich nicht in die armselige Welt grober, unvollkommener Leidenschaft, wahlloser Gier, unmäßiger und gemeiner Lüste hätte locken lassen. Bleibt noch zu sagen: Du hättest verstehen oder Dir zumindest sagen müssen, daß es für mich allein schon aus Gründen rein psychologischer Neugier interessanter gewesen wäre, von *Dir* zu hören, als zu erfahren, daß Alfred Austin einen Gedichtband veröffentlichen wolle, oder daß Street Theaterkritiken im *Daily Chronicle* schreibe, oder daß jemand, der keine Laudatio aufsagen kann, ohne steckenzubleiben, Mrs. Meynell zur neuen Sibylle der Stilistik erklärte.

Ach! wärst Du im Gefängnis gewesen – ich will nicht sagen, durch meine Schuld, denn ich hätte diesen Gedanken niemals ertragen, sondern durch eigenes Verschulden, durch eigene Irrung, durch Deinen Glauben an einen unwürdigen Freund, einen Fehltritt im Sumpf der Sinne, schlecht verschenktes Vertrauen, irregeleitete Liebe oder aus keinem von diesen Gründen oder aus allen zusammen – glaubst Du, ich hätte zugelassen, daß Du Dich in Dunkel und Einsamkeit verzehrtest, ohne auch nur im geringsten zu versuchen, Dir die bittere Bürde Deiner Schmach tragen zu helfen? Glaubst Du nicht, ich hätte Dich wissen lassen, wenn Du littest, so litte ich mit Dir? Wenn Du weintest, so flössen auch meine Tränen? Und wenn Du hinter Gefängnismauern lägst, verachtet von den Menschen, so hätte auch ich aus meinem Schmerz eine Mauer um mich gezogen, hinter der ich weilen würde, bis Du wiederkämst, und hinter der alle Güter, die die Menschen Dir vorenthielten, für Deine Heilung mit hundertfachem Zins verwahrt lägen. Wenn die bittere Notwendigkeit, oder was ich als noch bitterer empfinde, die Vorsicht, mir verwehrt hätte, Dir zu nahen, mich Deiner Gegenwart beraubt hätte, die mir selbst durch Kerkerstäbe und im Gewand der Schande noch zur Freude gereichte, so hätte ich zur gegebenen und nicht gegebenen Zeit an Dich geschrieben in der Hoffnung, daß eine bloße Wendung, ein einziges Wort, ein gebrochenes Echo der Liebe Dich erreichen möge. Hättest Du meine Briefe zurückgewiesen, ich hätte dennoch weitergeschrieben, damit Du zumindest wüßtest, daß immer ein Brief auf Dich wartete. Viele haben so an mir gehandelt. Sie schreiben mir alle drei Monate oder stellen Anträge, mir schreiben zu dürfen. Ihre Briefe und Mitteilungen werden verwahrt. Man wird sie mir bei meiner Entlassung aushändigen. Ich weiß, daß sie da sind. Ich kenne die Namen der Leute, die sie geschrieben haben. Ich weiß, daß sie voller Mitgefühl und Liebe und Güte sind. Das genügt mir. Mehr brauche ich nicht zu wissen. Dein Schweigen war entsetzlich. Dein Schweigen währte nicht nur Wochen und Monate, sondern Jahre; Jahre, die sogar für jene zählen, die wie Du eilends im Glück dahinleben und kaum die goldenen Füße der Tage im Vorübertanzen erhaschen können und atemlos hinter dem Vergnügen herjagen. Für dieses Schweigen gibt es keine Ausflucht; es ist ein Schweigen ohne mildernde Umstände. Ich wußte, daß Du tönerne Füße hast. Wer wußte es besser als ich?

Als ich in einem meiner Aphorismen schrieb, erst die tönernen Füße machen das Gold der Bildsäule so kostbar, dachte ich natürlich an Dich. Aber Du hast aus Dir kein goldenes Bild mit tönernen Füßen gemacht. Aus dem Staub der ausgetretenen Straßen, den die Hufe des Hornviehs zu Kot zerstampfen, hast Du für meine Blicke Dein Ebenbild geformt, und wonach immer ich mich heimlich gesehnt haben mag, jetzt wäre es mir unmöglich, etwas anderes als Verachtung und Hohn für Dich zu empfinden, etwas anderes als Verachtung und Hohn auch für mich selbst. Und die besonderen Umstände, die meinen Fall begleiteten oder ihm folgten, machten – abgesehen von allen anderen Gründen – Deine Gleichgültigkeit, Deine Weltschlauheit, Deinen Dumpfsinn, Deine Vorsicht, oder wie immer Du es nennen willst, noch bitterer für mich.

Andere Unglückliche, die im Kerker schmachten, werden wohl auch der Schönheit dieser Welt beraubt, doch sind sie dafür wenigstens auch ziemlich sicher vor den tödlichsten Schlingen, den tückischsten Pfeilen dieser Welt. Sie können ins Dunkel ihrer Zellen tauchen und aus ihrer Schande eine Freistatt machen. Die Welt hat erreicht, was sie wollte, und nimmt weiter ihren Lauf, man überläßt die Opfer ungestört ihren Leiden. Nicht so bei mir. Ein Leid nach dem anderen hat auf seiner Suche nach mir ans Gefängnistor gepocht. Jedem hat man alle Türen weit geöffnet und es eingelassen. Meine Freunde durften mich selten oder gar nicht besuchen. Doch meine Feinde haben immer Zutritt zu mir. Zweimal bei meinem öffentlichen Erscheinen vor dem Konkursgericht, und wiederum zweimal, als ich öffentlich von einem Zuchthaus in ein anderes gebracht wurde, hat man mich unter unsagbar erniedrigenden Umständen dem Geglotze und Gespött der Menge ausgesetzt. Der Todesbote brachte mir seine Kunde und zog weiter, und ich mußte in völliger Einsamkeit, abgeschieden von allem, was mich hätte trösten oder mir Linderung hätte bringen können, die unmenschliche Bürde des Elends und der Reue tragen, die der Gedanke an meine Mutter mir auferlegte und noch immer auferlegt. Kaum hat die Zeit diese Wunde fühllos gemacht – nicht geheilt –, da schickt meine Frau mir durch ihren Anwalt heftige, bittere und schroffe Briefe. Man droht mir mit der Armut und wirft sie mir zugleich vor. Das kann ich ertragen. Ich kann mich in Schlimmeres fügen. Doch man nimmt mir meine beiden Kinder durch Gerichtsbeschluß. Das ist u[illegible]t für mich eine Quelle unendlicher Betrübnis, unendlich[illegible]erzes, unendlichen, grenzenlosen Grams. Daß das Gesetz bestimmen kann, sich anmaßen kann, zu bestimmen, daß ich für meine eigenen Kinder kein Umgang sei, das ist für mich fürchterlich. Die Schande des Kerkers ist nichts dagegen. Ich beneide die anderen Männer, die mit mir im Hofe ihre Runden traben. Gewiß warten ihre Kinder auf sie, freuen sich auf ihr Kommen, werden lieb zu ihnen sein.

Die Armen sind klüger, barmherziger, freundlicher, gefühlvoller als wir. In ihren Augen ist das Gefängnis ein tragischer Unfall im Leben eines Menschen, ein Unglück, ein Mißgeschick, etwas, womit man Mitleid haben muß. Wenn jemand im Gefängnis ist, sagen sie, er seit »in Schwierigkeiten«, habe »Pech gehabt«. Diesen Ausdruck gebrauchen sie immer, er spricht von der höchsten Weisheit der Liebe. Bei Leuten unseres Standes ist das anders. Aus uns macht das Gefängnis Parias. Ich und meinesgleichen haben kaum noch ein Recht auf Luft und Sonne. Unsere Gegenwart verdirbt den anderen jedes Vergnügen. Wenn wir herauskommen, heißt niemand uns willkommen. Wir dürfen nicht aufs neu' des Mondes Dämmerschein besuchen. Die eigenen Kinder nimmt man uns weg. Diese holden Bande zur Menschheit werden zerrissen. Wir sind dazu verdammt, einsam zu bleiben, während unsere Söhne noch am Leben sind. Man verwehrt uns das einzige, was uns heilen und helfen könnte und Balsam bringen unseren wunden Herzen und Frieden der gequälten Seele.

Und zu alldem kam noch erschwerend der geringfügige Umstand hinzu, daß Du mir durch Dein Handeln und Dein Schweigen, durch alles, was Du tatest und unterließest, jeden Tag meiner langen Gefangenschaft noch unerträglicher gemacht hast. Selbst die Gefängniskost aus Brot und Wasser hast Du durch Dein Verhalten entstellt. Vergällt das eine, schal gemacht das andere. Das Leid, das Du hättest teilen sollen, hast Du verdoppelt, den Schmerz zur Qual vertieft, statt ihn zu lindern gesucht. Ich zweifle nicht daran, daß Du es nicht mit Absicht tatest. Ich weiß, es war nicht Deine Absicht. Es war einfach Dein »einzig wirklicher Charakterfehler, Deine völlige Phantasielosigkeit«.

Und das alles endet damit, daß ich Dir vergeben muß. Ich muß es tun. Ich schreibe diesen Brief nicht, um Bitternis in Dein Herz zu senken, sondern um sie aus dem meinen zu reißen. Um meiner selbst willen muß ich Dir vergeben. Man kann nicht ständig eine Natter am Busen nähren, nicht allnächtlich aufstehen, um Dornen im Garten der eigenen Seele zu säen. Es wird nicht schwer für mich sein, wenn Du mir ein wenig hilfst. Ich habe Dir immer gern alles verziehen, was Du mir in den vergangenen Tagen antatest. Es hat Dir damals nicht zum Guten gereicht. Nur ein Mensch, dessen eigenes Leben fleckenlos ist, darf Sünden vergeben. Doch jetzt, da ich in Erniedrigung und Schande schmachte, ist alles anders. Jetzt sollte meine Vergebung Dir viel bedeuten. Eines Tages wirst Du es begreifen. Ob das früh oder spät sein wird, bald oder gar nicht, mein Weg liegt klar vor mir. Ich kann nicht zulassen, daß Du Dein ganzes Leben lang die Bürde im Herzen trägst, einen Mann wie mich vernichtet zu haben. Der Gedanke könnte Dich bis zur Fühllosigkeit abstumpfen oder zu Tode traurig machen. Ich muß die Bürde von Dir nehmen und sie mir selbst auf die Schulter laden.

Ich muß mir sagen, daß weder Du noch Dein Vater, und wenn man Euch vertausendfachte, einen Mann wie mich hättet zugrunde richten können: daß ich mich selbst zugrunde richtete: und daß niemand, ob hoch oder niedrig, von anderer Hand als von seiner eigenen zugrunde gerichtet werden kann. Ich bin bereit, mir das zu sagen. Ich versuche es, wenn Du es auch im gegenwärtigen Augenblick vielleicht nicht glaubst. Wenn ich diese schonungslose Anklage gegen Dich vorgebracht habe, so bedenke, welche Anklage ich ohne jede Schonung gegen mich selbst vorbringe. So schrecklich das war, was Du mir antatest – was ich selbst mir antat, war weitaus schrecklicher.

Ich war ein Mann, der Kunst und Kultur seiner Zeit symbolisierte. Ich selbst hatte das schon an der Schwelle meines Mannesalters erkannt, und später zwang ich die ganze Welt, es zu erkennen. Selten nimmt ein Mensch zu Lebzeiten einen so unbestrittenen Rang ein. Er wird zumeist erst, wenn überhaupt, vom Historiker oder vom Kritiker zugewiesen, lange nachdem dieser Mensch und seine Zeit dahingegangen sind. Mein Fall lag anders. Ich fühlte das und teilte dieses Gefühl anderen mit. Byron war eine symbolische Figur, doch er symbolisierte die Leidenschaft seiner Zeit und ihre Abkehr von der Leidenschaft. Ich vertrat etwas Edleres, Bleibenderes, das tiefer wurzelte und weiter reichte.

Die Götter hatten mir beinahe alles gegeben. Ich besaß Genie, einen angesehenen Namen, eine Stellung in der Gesellschaft, Witz, intellektuellen Mut: ich machte aus der Kunst eine Philosophie und aus der Philosophie eine Kunst: ich änderte das Denken der Menschen und die Farbe der Dinge: was immer ich tat oder sagte, wirkte erstaunlich: ich nahm das Drama, die objektivste Kunstform, und schuf daraus eine ebenso subjektive Ausdrucksform wie Lied oder Sonett, während ich zugleich seinen Geltungsbereich erweiterte und seine Möglichkeiten vervielfachte. Drama, Roman, Versdichtung, Prosadichtung, subtiler oder phantastischer Essay, was immer ich anfaßte, wurde durch mich schön in einer neuen Art Schönheit: der Wahrheit selbst wies ich das Falsche und das Wahre als ihr legitimes Reich zu und zeigte auf, daß das Falsche wie das Wahre lediglich geistige Seins-Formen sind. In der Kunst sah ich die höchste Form der Realität, im Leben nur eine Spielart des Romans: ich weckte die Phantasie meines Jahrhunderts, und es umwob mich mit Mythen und Legenden: alle Systeme faßte ich in einen Satz, die ganze Existenz in ein Epigramm.

Doch zu diesen Dingen kamen andere. Ich ließ mich in lange Perioden sinnlosen, sinnlichen Behagens locken. Ich amüsierte mich damit, als *flâneur* aufzutreten, als Dandy, als Modeheld. Ich umgab mich mit dürftigeren Naturen, geringeren Geistern. Ich wurde zum Verschleuderer meines eigenen Genies; eine ewige Jugend zu vergeuden, bereitete mir ein prickelndes Vergnügen. Müde, auf den Höhen zu wandeln, stieg ich absichtlich in die Tiefe und suchte dort neue Reize. Was das Paradoxe mir im Bereich des Denkens war, wurde mir im Reich der Leidenschaften die Perversion. Am Ende war die Begierde zu Krankheit oder Wahnsinn oder zu beidem geworden. Ich nahm keine Rücksicht mehr auf andere. Ich nahm die Freuden, wo sie sich mir boten, und ging meines Wegs. Ich vergaß, daß jede kleine Alltagshandlung den Charakter formt oder verformt und daß man daher eines Tages laut vom Dache ausschreit, was man bislang im verschwiegenen Zimmer tat. Ich war nicht mehr Herr über mich selbst. Ich war nicht mehr Steuermann meiner Seele, und ich wußte es nicht. Ich ließ mich von Dir beherrschen und von Deinem Vater einschüchtern. Ich endete in grauenvoller Schmach. Mir bleibt nur noch eines, äußerste Demut: genau wie Dir nur noch eines bleibt, äußerste Demut. Wirf Dich in den Staub und lerne sie an meiner Seite.

Seit beinahe zwei Jahren liege ich nun im Kerker. Mein Wesen machte sich Luft in wilder Verzweiflung; in der Hingabe an den Gram, dessen Anblick allein Mitleid erregte: in schrecklicher und ohnmächtiger Wut: in Bitterkeit und Verachtung: in Angst, die laut weinte: in Elend, das keinen Laut finden konnte: in stummem Leid. Jede erdenkliche Phase des Leidens habe ich durchlebt. Besser als Wordsworth selbst weiß ich, was Wordsworths Verse besagen:

Das Leiden ist beständig, trüb und finster
Und hat das Wesen der Unendlichkeit.

Zuzeiten labte mich sogar der Gedanke, daß meine Leiden endlos sein mochten, doch daß sie bedeutungslos sein sollten, konnte ich nicht ertragen. Jetzt entdecke ich auf dem verborgenen Grund meines Wesens etwas, das mir sagt, nichts in der Welt sei bedeutungslos, am wenigsten das Leiden. Dieses Etwas, das wie ein Schatz auf dem Grunde meines Wesens verborgen liegt, ist die Demut.

Sie ist das Letzte, was noch in mir lebt, und das Beste: die endliche Entdeckung, bei der ich angelangt bin: der Ausgangspunkt für eine neue Entwicklung. Sie ist aus mir selbst gekommen, daher weiß ich, daß sie zur rechten Zeit kam. Sie hätte nicht früher kommen können und nicht später. Hätte mir jemand davon gesprochen, ich hätte abgewehrt. Hätte man sie mir gebracht, ich hätte sie zurückgewiesen. Da ich selbst sie fand, will ich sie behalten. Ich muß sie behalten. Sie ist das einzige, was das Element des Lebens in sich trägt, eines neuen Lebens, meiner *Vita Nuova*. Sie ist das seltsamste aller Dinge. Man kann sie nicht wegschenken, niemand kann sie einem geben. Man kann sie nicht erwerben, wenn man nicht alles hingibt, was man besitzt. Erst wenn man alles andere verloren hat, dann weiß man, daß man sie besitzt.

Jetzt, da ich weiß, daß sie in mir wohnt, sehe ich ganz klar, was ich zu tun habe, unbedingt tun muß. Und wenn ich mich so ausdrücke, brauche ich Dir nicht zu sagen, daß ich nicht von äußerem Zwang oder Gebot spreche. Ich unterwerfe mich keinem von beiden. Mehr denn je bin ich Individualist. Mir erscheint alles wertlos, was nicht aus dem eigenen Innern kommt. Mein Wesen sucht eine neue Möglichkeit der Selbstverwirklichung. Das ist mein einziges Bestreben. Und daher muß ich mich vor allem anderen von aller etwaigen Bitterkeit gegen Dich freimachen.

Ich bin völlig mittellos, ich habe kein Zuhause mehr. Und doch gibt es auf der Welt Schlimmeres als das. Ich meine es ernst, wenn ich Dir sage, lieber gehe ich von Tür zu Tür und erbettle mein Brot, als daß ich dieses Gefängnis mit einem Herzen voll Groll gegen Dich und die Welt verlasse. Wenn ich im Hause der Reichen nichts bekäme, so würden doch die Armen mir eine Gabe reichen. Wer viel besitzt, ist oft geizig. Wer wenig hat, teilt immer. Warum sollte ich nicht im Sommer auf dem kühlen Rasen schlafen und im Winter in den warmen, strohdichten Schober schlüpfen oder unters Dach einer großen Scheune, wenn ich nur Liebe im Herzen hätte? Die Äußerlichkeiten des Lebens scheinen mir jetzt bedeutungslos. Du siehst, welchen Grad von Individualismus ich erreicht habe, oder vielmehr anstrebe, denn der Weg ist weit, »und wo ich gehe, sind Dornen«.

Natürlich weiß ich, daß es nicht mein Los sein wird, auf den Landstraßen zu betteln, und sollte ich je nachts im kühlen Gras liegen – dann nur, um Sonette an den Mond zu schreiben. Wenn ich das Gefängnis verlasse, wird Robbie jenseits des großen Eisentors auf mich warten, und er ist nicht nur das Symbol seiner eigenen Zuneigung zu mir, sondern auch das der Zuneigung vieler anderer. Ich glaube, ich werde auf jeden Fall für etwa anderthalb Jahre genug zum Leben haben, so daß ich, wenn ich auch vielleicht keine schönen Bücher schreiben werde, doch schöne Bücher lesen kann, und welche Freude könnte größer sein? Danach werde ich hoffentlich meine schöpferischen Kräfte wiedererlangen. Doch stünden die Dinge anders: hätte ich keinen Freund mehr in der Welt: stünde kein Haus mir mehr offen, und sei's auch nur aus Mitleid; müßte ich Ränzel und Lumpenrock der bittersten Armut anlegen: so lange ich frei bleibe von Rachsucht, Härte und Verachtung, könnte ich dem Leben ruhiger und zuversichtlicher ins Auge blicken, als wenn mein Leib in Purpur und feines Linnen gehüllt, die Seele darin jedoch krank wäre vor Haß. Und es wird mir wirklich nicht schwerfallen, Dir zu verzeihen. Doch damit es mir zur Freude wird, muß Du selbst spüren, daß Du meine Vergebung brauchst. Wenn Du sie wirklich ersehnst, wirst Du sie auch finden.

Ich brauche nicht zu sagen, daß meine Aufgabe damit nicht zu Ende ist. Sonst wäre sie vergleichsweise leicht. Mir steht Schwereres bevor. Ich habe weit steilere Hügel zu erklimmen, viel dunklere Täler zu durchwandern. Und ich muß das alles aus eigener Kraft bewältigen. Weder die Religion noch Moral oder Vernunft können mir dabei helfen.

Die Moral ist mir keine Stütze. Ich bin der geborene Antinomist. Ich gehöre zu denen, die für die Ausnahmen geschaffen sind, nicht für die Regel. Doch während ich weiß, daß in dem, was man tut, nie ein Unrecht liegt, sehe ich ein, daß in dem, was man wird, Unrecht liegen kann. Es ist gut, das gelernt zu haben.

Die Religion ist mir keine Stütze. Andere glauben an das Unsichtbare, ich glaube an das, was man berühren und betrachten kann. Meine Götter wohnen in Tempeln, die von Menschenhand erbaut sind, und mein Credo erfüllt und weitet sich ständig im Radius meiner lebendigen Erfahrung: zu sehr vielleicht, denn wie Viele oder Alle, die ihren Himmel auf dieser Erde erreichten, habe ich darin nicht nur die Schönheit des Himmels, sondern auch die Schrecken der Hölle gefunden. Wenn ich überhaupt an die Religion denke, dann mit dem Gefühl, daß ich einen Orden stiften möchte für die, die nicht glauben können: die Bruderschaft der Vaterlosen könnte man ihn nennen, und an seinem Altar, wo keine Kerzen brennen, würde ein Priester, in dessen Herzen nicht der Friede wohnte, mit ungeweihtem Brot und leerem Kelch die Messe lesen. Alles, was wahr sein soll, muß zur Religion werden. Genau wie der Glaube sollte der Unglaube sein Ritual haben. Auch er hat seine Märtyrer ausgesät, darum sollte auch er seine Heiligen ernten und Gott täglich dafür danken, daß Er sich dem Menschen verbirgt. Doch ob Glaube oder Unglaube, nichts darf mir von außen zukommen. Alle Symbole müssen meine eigenen Schöpfungen sein. Das Spirituelle muß seine eigene Form erschaffen können. Wenn ich sein Geheimnis nicht in mir selbst finde, so finde ich es nie. Wenn es nicht bereits in mir ist, so wird es mir nie zuteil werden.

Die Vernunft ist mir keine Stütze. Sie sagt mir, daß die Gesetze, kraft deren ich verurteilt wurde, falsche und ungerechte Gesetze sind und das System, unter dem ich leide, ein falsches und ungerechtes System ist. Ich aber habe die Aufgabe, diese beiden Dinge für mich recht und gerecht zu machen. In der ethischen Entwicklung des Charakters geht es, genau wie in der Kunst, nur darum, was einem eine ganz bestimmte Sache zu einem ganz bestimmten Zeitpunkt bedeutet. Ich muß alles, was mir widerfahren ist, als gut für mich bejahen. Die Pritsche, die ekle Kost, die rauhen Stricke, die man zu Werg zupft, bis die Fingerspitzen fühllos werden vor Schmerz, die Frondienste, mit denen jeder Tag beginnt und endet, die schroffen Weisungen, die der Routine unerläßlich scheinen, die abscheuliche Kleidung, die dem Leid ein groteskes Aussehen verleiht, das Schweigen, die Einsamkeit, die Schande – jedes dieser Dinge und alle zusammen muß ich der geistigen Erfahrung einverwandeln. Ich muß versuchen, jede einzelne Demütigung des Leibes zu einem Erlebnis der Seele zu machen.

Ich möchte dahin kommen, schlicht und leidenschaftslos sagen zu können, daß es in meinem Leben zwei große Wendepunkte gegeben hat: als mein Vater mich nach Oxford schickte, und als die Gesellschaft mich ins Gefängnis schickte. Ich will nicht sagen, daß mir gar nichts Besseres hätte passieren können, denn dieser Ausspruch würde zu sehr nach Bitterkeit gegen mich selbst schmecken. Lieber würde ich sagen, oder andere über mich sagen hören, ich sei ein so typisches Kind meiner Zeit gewesen, daß ich in meiner Perversität und um dieser Perversität willen das Gute in meinem Leben in Schlechtes und das Schlechte in Gutes verkehrt habe. Doch was ich selbst oder andere über mich sagen, zählt gering. Wichtig dagegen ist die Aufgabe, die vor mir liegt, die ich zu lösen habe, wenn ich nicht den kurzen Rest meiner Tage als Unglücklicher, als Krüppel und halber Mensch hinbringen soll, nämlich alles, was mir widerfahren ist, meiner Natur einzuverwandeln, zu einem Teil meiner selbst zu machen, es ohne Klage, Furcht und Zaudern anzunehmen. Das größte Laster ist die Seichtheit. Was geistig erfaßt ist, ist gut.

Damals, als ich ins Gefängnis kam, rieten mir einige Leute, ich solle zu vergessen suchen, wer ich bin. Es war ein schlimmer Rat. Nur indem ich mir klarmachte, was ich bin, habe ich überhaupt Trost finden können. Nun geben andere mir den Rat, ich solle nach meiner Entlassung zu vergessen suchen, daß ich jemals im Gefängnis war. Ich weiß, daß dies genauso verhängnisvoll wäre. Es würde bedeuten, daß mich mein Leben lang ein unerträgliches Schuldgefühl verfolgen würde, und alles, was genausogut für mich da ist wie für irgendeinen anderen – die Schönheit von Sonne und Mond, der Festzug der Jahreszeiten, die Musik der Frühe und das Schweigen hoher Nächte, der Regen, der durchs Laub rieselt, und der Tau, der das Gras mit Silber überzieht –, all das wäre für mich entstellt, würde seine heilende und freudespendende Kraft verlieren. Wer seine eigenen Erfahrungen verneint, hemmt seine Entwicklung. Die eigenen Erfahrungen leugnen, heißt dem eigenen Leben eine Lüge in den Mund legen. Es ist nicht weniger schlimm als eine Verneinung der Seele. Denn genauso, wie der Körper sich alle möglichen Dinge einverleibt, gewöhnliche und unreine Dinge ebenso wie solche, die der Priester oder die Vision geläutert haben, und sie in Energie und Kraft umsetzt, in das Spiel schöner Muskeln und die Rundungen gesunden Fleisches, in die Linien und Farben des Haares, der Lippen, des Auges: so hat auch die Seele eine nährende Funktion und kann in hohen Gedankenflug, in tiefste Leidenschaft umwandeln, was im Grunde gemein, grausam und entwürdigend ist: mehr noch, sie kann gerade darin ihren erhabensten Ausdruck finden, kann sich in ihrer ganzen Vollendung oft gerade erst mit Hilfe dessen zeigen, was sie hätte entweihen, sie hätte zerstören sollen.

Ich muß das Faktum, daß ich ein ganz gewöhnlicher Sträfling in einem ganz gewöhnlichen Gefängnis bin, ohne Beschönigung hinnehmen, und ich muß überdies so weit kommen (was Dir sonderbar erscheinen mag), mich dessen nicht zu schämen. Ich muß es als Strafe hinnehmen, und wer sich seiner Strafe schämt, an dem ist diese Strafe verloren. Natürlich bin ich für viele Dinge verurteilt worden, die ich nicht begangen habe, aber ich wurde auch für viele Dinge verurteilt, die ich begangen habe, und für noch mehr Dinge, die ich im Leben beging, bin ich nie vor Gericht gekommen Und da die Götter, wie ich an früherer Stelle dieses Briefes schrieb, rätselhaft sind und uns für das Gute und Menschliche in uns ebenso strafen wie für das Böse und Perverse, so muß ich mich damit abfinden, daß man für das Gute, das man tut, genauso gestraft wird wie für das Böse, das man tut. Und zweifellos ganz zu Recht. Es hilft einem, oder sollte einem helfen, beides geistig zu erfassen und sich auf keines von beiden allzuviel einzubilden. Und dann, wenn ich, wie ich hoffe, mich meiner Strafe nicht mehr schäme, werde ich in Freiheit denken und wandeln und leben können.

Viele nehmen bei ihrer Entlassung ihr Gefängnis mit sich ins Freie hinaus, verstecken es als heimliche Schmach in ihrem Herzen, und am Ende kriechen sie wie arme Opfer eines schleichenden Gifts in ein Loch und sterben. Wie niederträchtig, daß ihnen nichts anderes übrigbleiben sollte, wie unrecht, schrecklich unrecht tut die Gesellschaft, sie dazu zu zwingen. Die Gesellschaft maßt sich einerseits das Recht an, dem Individuum die haarsträubendsten Strafen aufzuerlegen, und ist andererseits dem schlimmsten Laster der Seichtheit verfallen und macht sich nicht klar, was sie getan hat. Wenn der Mensch seine Strafe abgebüßt hat, überläßt sie ihn seinem Geschick: das heißt, sie wendet sich genau in dem Moment von ihm ab, wo ihre vornehmste Pflicht gegen ihn einsetzen würde. In Wahrheit schämt sie sich ihres Vorgehens und weicht denjenigen aus, die sie bestraft hat, wie die Leute einem Gläubiger ausweichen, den sie nicht bezahlen können, oder einem Menschen, dem sie unermeßliches, nicht gutzumachendes Unrecht zugefügt haben. Wenn ich meinerseits mir klarmache, was ich gelitten habe, so fordere ich auch, daß die Gesellschaft sich klarmacht, was sie mir angetan hat: und daß auf keiner Seite mehr Haß oder Bitterkeit herrsche.

Natürlich weiß ich, daß in einer Hinsicht alles für mich schwieriger sein wird als für andere; ja schwieriger sein muß, denn das liegt in der Natur des Falles. Die armen Diebe und Schelme, die hier mit mir gefangensitzen, sind in vieler Hinsicht glücklicher daran als ich. Die Gasse in der grauen Stadt, der Pfad im grünen Feld, die ihre Sünde sahen, sind eng: wenn sie Menschen suchen, die nichts von ihren Taten wissen, so brauchen sie nicht weiter zu gehen, als der Vogel fliegen kann zwischen Frühlicht und Morgenrot: für mich jedoch ist »die Welt zu einer Spanne eingeschrumpft«, und wohin ich mich auch wende, steht mein Name in bleiernen Lettern an den Fels geschrieben. Denn nicht aus dem Dunkel trat ich für Sekunden ins Licht krimineller Berühmtheit, sondern aus einer Art unsterblichen Ruhms in eine Art unsterblicher Schmach, und manchmal scheint mir, als hätte ich den Beweis erbracht, wenn ein Beweis vonnöten ist, daß von berühmt zu berüchtigt nur ein Schritt ist, höchstens ein Schritt.

Doch selbst in der Tatsache, daß die Leute mich erkennen werden, wohin ich auch gehe, und mein ganzes Leben kennen, jedenfalls seine Torheiten, kann ich noch etwas Gutes für mich entdecken. Ich werde dadurch gezwungen sein, mich aufs neue als Künstler durchzusetzen, und so schnell wie ich irgend kann. Wenn mir nur noch ein weiteres Kunstwerk gelingt, so werde ich der Bosheit ihr Gift, der Feigheit ihr Grinsen austreiben und der Verachtung die Zunge an der Wurzel ausreißen können. Und wenn das Leben für mich ein Problem sein wird, was es sicherlich sein wird, so werde auch ich für das Leben ein Problem sein. Die Leute müssen sich zu irgendeinem Verhalten gegen mich entschließen und damit sich und mir das Urteil sprechen. Ich brauche nicht zu sagen, daß ich nicht von bestimmten Personen spreche. Mir liegt jetzt nur noch am Umgang mit Künstlern und mit solchen Menschen, die gelitten haben: solchen, die wissen, was Schönheit ist, und solchen, die wissen, was Leid ist: andere interessieren mich nicht mehr. Auch fordere ich nichts mehr vom Leben. Alles, was ich hier sage, betrifft lediglich meine eigene geistige Einstellung zum Leben in seiner Ganzheit: und ich bin überzeugt, daß ich als eines der ersten Ziele anstreben muß, mich meiner Strafe nicht zu schämen, um meiner Vervollkommnung willen, und weil ich so unvollkommen bin.

Danach muß ich lernen, glücklich zu sein. Früher konnte ich es instinktiv, oder glaubte es zu können. Früher war in meinem Herzen ewiger Frühling. Mein Temperament war der Freude verwandt. Ich füllte mein Leben bis zum Rande mit Vergnügungen, wie man einen Becher bis zum Rande mit Wein füllt. Jetzt gehe ich aus ganz neuer Sicht an das Leben heran, oft fällt es mir sogar äußerst schwer, mir vorzustellen, daß ich glücklich sein könnte. Ich erinnere mich, daß ich in meinem ersten Semester in Oxford in Paters *Renaissance* las – diesem Buch, das einen so seltsamen Einfluß auf mein Leben ausgeübt hat –, wie tief in der Hölle Dante die Trübseligen ansiedelt, die grämlich ihr Leben vertrauern, und daß ich in der Universitätsbibliothek die Stelle der *Divina Commedia* aufschlug, wo im trüben Schlamm die Sünder stecken, die »grämlich war'n im süßen Sonnenlicht«, und nun in Ewigkeit seufzen:

Tristi fummo
nell' aer dolce che dal sol s'allegra.

Ich wußte, daß die Kirche die *accidia* verurteilt, dennoch schien mir die ganze Idee phantastisch, genau die Art Sünde, meinte ich, die ein lebensfremder Priester erfinden würde. Ebensowenig begriff ich, wie Dante, der doch sagt: »Der Schmerz vereint uns wieder mit Gott«, so hart mit jenen verfahren konnte, die in Traurigkeit schwelgten, falls es solche je gegeben hatte. Ich ahnte nicht, daß diese Versuchung eines Tages mit solcher Macht an mich herantreten würde.

Im Gefängnis von Wandsworth sehnte ich den Tod herbei. Sterben war mein einziger Wunsch. Als ich nach zweimonatigem Aufenthalt in der Krankenabteilung hierher gebracht wurde und meine körperliche Verfassung sich allmählich besserte, erfüllte mich Zorn. Ich beschloß, am Tage meiner Entlassung Selbstmord zu begehen. Nach einiger Zeit legte sich diese Erbitterung, und ich entschloß mich zum Leben, aber ich würde Trübsal tragen, wie ein König Purpur trägt: nie wieder lächeln: jedes Haus, das ich betreten würde, zum Trauerhaus machen: meine Freunde zwingen, langsam und betrübt neben mir zu schreiten: sie lehren, daß die Melancholie das wahre Geheimnis des Lebens ist: ihre Freuden durch fremdes Leid vergällen: ihnen mit meinem eigenen Schmerz weh tun. Jetzt denke ich ganz anders. Ich sehe ein, daß es undankbar und unfreundlich von mir wäre, ein so langes Gesicht zu ziehen, daß meine Freunde, wenn sie mich besuchen anstandshalber ein noch längeres ziehen müßten, oder sie, wenn ich sie wieder bewirten wollte, zu schweigendem Leichenmahl mit bitteren Kräutern zu laden.

Während der beiden letzten Besuche meiner Freunde, die ich

hier empfangen durfte, versuchte ich, so heiter wie möglich zu sein, und meine Heiterkeit zu zeigen, um sie ein wenig dafür zu entschädigen, daß sie den weiten Weg von London bis hierher gekommen waren. Ich weiß, es ist eine geringe Entschädigung, aber gewiß diejenige, die ihnen am meisten Freude macht. Samstag vor einer Woche sprach ich eine Stunde lang mit Robbie und versuchte, der großen Freude über unser Zusammensein deutlichen Ausdruck zu verleihen. Und daß ich mit den Ansichten und Ideen, die ich mir hier bilde, auf dem rechten Weg bin, zeigt mir die Tatsache, daß ich zum erstenmal seit meiner Gefangennahme wieder Verlangen nach dem Leben habe.

Vor mir liegen so viele Aufgaben, daß ich es als schreckliche Tragik ansehen würde, wenn ich sterben müßte, ohne vorher wenigstens einige davon zu erfüllen. Ich sehe neue Entwicklungsmöglichkeiten in Kunst und Leben, von denen jede einen unbeschrittenen Weg zur Vollkommenheit darstellt. Ich möchte leben, damit ich eine Welt erforschen kann, die für mich ganz neu ist. Willst Du wissen, welche Welt das ist? Ich glaube, Du kannst es erraten. Es ist die Welt, in der ich jetzt lebe.

Das Leid also und alles, was es uns lehrt, ist meine neue Welt. Früher lebte ich ausschließlich dem Vergnügen, Leid und Schmerzen jeglicher Art ging ich aus dem Weg. Beide haßte ich. Ich hatte beschlossen, sie soweit wie irgend möglich zu ignorieren, das heißt, sie als Formen des Unvollkommenen abzutun. Sie gehörten nicht in meinen Lebensplan. Sie hatten keinen Platz in meiner Philosophie. Meine Mutter, die das Leben so gut kannte, zitierte mir oft Goethes Verse – die Carlyle ihr in ein Buch geschrieben hat, das er ihr vor vielen Jahren schenkte – und die er, glaube ich, auch übersetzt hat:

Wer nie sein Brot mit Tränen aß,
Wer nie die kummervollen Nächte
Auf seinem Bette weinend saß,
Der kennt euch nicht, ihr himmlischen Mächte.

Diese Verse zitierte die edle Königin von Preußen, die von Napoleon mit so brutaler Rücksichtslosigkeit behandelt wurde, in ihrer Erniedrigung und ihrem Exil: diese Verse zitierte meine Mutter oft an trüben Tagen ihres späteren Lebens: ich lehnte es entschieden ab, die ungeheure Wahrheit, die in ihnen liegt, hinzunehmen oder anzuerkennen. Ich verstand sie nicht. Ich erinnere mich gut, wie ich meiner Mutter immer wieder sagte, ich hätte keine Lust, mein Brot mit Tränen zu essen oder auch nur eine Nacht auf meinem Bette weinend zu sitzen. Ich ahnte nicht, daß das Schicksal mir gerade das als eine seiner besonderen Gaben zugedacht hatte; ja, daß ich ein volles Jahr meines Lebens wenig anderes tun sollte. Doch so ist mir mein Teil zugemessen worden; und während der letzten Monate habe ich nach schrecklichen Kämpfen und Widerständen einige der Lehren erfaßt, die im Herzen des Kummers verborgen liegen. Prediger und andere Leute, die Phrasen ohne Sinn und Verstand gebrauchen, sprechen manchmal vom Leiden als einem Geheimnis. Es ist vielmehr eine Offenbarung. Man sieht Dinge, die man früher nie gesehen hat. Man betrachtet die ganze Weltgeschichte mit anderen Augen. Was man über die Kunst bisher rein instinktiv ahnte, wird nun vom Verstand mit äußerster Schärfe definiert und von der Seele mit größter Intensität erfaßt.

Ich habe erkannt, daß das Leid als vornehmste Gemütsbewegung, deren der Mensch fähig ist, zugleich Urform und Prüfstein aller großen Kunst ist. Der Künstler sucht ständig nach einer Lebensform, bei der Leib und Seele eins und unteilbar sind: bei der das Äußere der Ausdruck des Innern ist: bei der die Form den Inhalt enthüllt. Solche Daseinsformen sind nicht gering an Zahl: die Jugend und Kunstformen, die sich der Jugend verschreiben, können uns zu einem bestimmten Zeitpunkt als Vorbild dienen: zu einem anderen Zeitpunkt neigen wir vielleicht eher zu der Ansicht, daß dank der Subtilität und Sensitivität ihrer Eindrücke, dank der morbiden Harmonie ihrer Stimmungen, Töne und Farben die moderne Landschaftsmalerei für uns im Bild verwirklicht, was die Griechen in der Perfektion ihrer Plastiken zu verwirklichen verstanden. Die Musik, die den Gegenstand ganz in Ausdruck umsetzt, bis beides nicht mehr voneinander zu trennen ist, bietet ein komplexes Beispiel, und eine Blume oder ein Kind ein einfaches Beispiel für das, was ich sagen will: doch im Leid finden Leben und Kunst ihren gültigsten Ausdruck.

Hinter Frohsinn und Lachen kann sich ein grobes, hartes und dumpfes Temperament verbergen: hinter dem Leid dagegen findet man immer nur Leid. Der Schmerz trägt keine Maske wie die Freude. Die Wahrheit in der Kunst bedeutet nicht eine gewisse Übereinstimmung zwischen der wesenhaften Idee und der zufälligen Existenz; nicht die Ähnlichkeit zwischen Gestalt und Schatten, oder zwischen dem Bild der Form, wie der Kristall es spiegelt, und der Form selbst: sie ist nicht Echo, das vom hohlen Hügel tönt, und nicht der Silberborn im Tal, der dem Mond den Mond zeigt und Narzissus den Narzissus. Die Wahrheit in der Kunst ist die Identität eines Dinges mit sich selbst: das Äußere, das zum Ausdruck des Innern geworden: die fleischgewordene Seele: der vergeistigte Leib. Und darum kann keine Wahrheit dem Leid gleichkommen. Zuzeiten scheint mir das Leid die einzige Wahrheit zu sein. Andere Erscheinungen mögen Trugbilder des Auges oder des Hungers sein, die das eine blenden und den anderen zügeln sollen, doch aus Leid sind die Welten geschaffen, und Schmerz begleitet die Geburt der Kinder und der Sterne.

Mehr noch, das Leid ist von intensiver, äußerster Realität. Ich sagte von mir selbst, ich symbolisierte die Kunst und Kultur meiner Zeit. Es gibt keinen Elenden hier an diesem Elendsort, der nicht das innerste Geheimnis des Lebens symbolisierte. Denn das Geheimnis des Lebens heißt Leiden. Hinter allem verbirgt sich nur dies. Zu Anfang unseres Lebens schmeckt das Süße uns so süß, das Bittere so bitter, daß wir unweigerlich unser ganzes Streben auf den Genuß richten und nicht nur »einen Monat oder zwei von Honig leben«, sondern am liebsten unser Leben lang keine andere Nahrung kosten möchten und dabei nicht wissen, daß wir unsere Seele Hunger leiden lassen.

Ich erinnere mich, daß ich darüber einst mit einem der herrlichsten Wesen sprach, das ich je gekannt habe: mit meiner Frau, die mir vor und seit meiner tragischen Gefangenschaft ein Übermaß an Mitgefühl und edler Güte erwies: die mir wirklich mehr als irgend jemand sonst auf der Welt geholfen hat – wenn sie es auch nicht weiß –, die Bürde meiner Sorgen zu tragen: und das alles durch die bloße Tatsache, daß sie existiert: daß sie das ist, was sie ist, teils ein Ideal, teils eine wirkende Kraft, ein Bild dessen, was man werden könnte, zugleich eine echte Hilfe auf dem Wege dorthin; eine Seele, die der Erdenluft Süßigkeit verleiht und alles Geistige schlicht und natürlich erscheinen läßt wie Sonne und See, für die Schönheit und Leid Hand in Hand gehen und die gleiche Aussagekraft haben. Ich weiß noch genau, wie ich bei der Gelegenheit, auf die ich anspiele, zu ihr sagte, das Elend in einer einzigen Londoner Gasse beweise hinlänglich, daß Gott die Menschen nicht liebe und daß überall dort, wo Leid herrsche, und sei es nur das Leid eines Kindes, das in einem Gärtchen wegen eines Vergehens weinte, das es begangen oder nicht begangen habe, das Antlitz der Schöpfung völlig entstellt werde. Ich hatte gänzlich unrecht. Sie sagte es mir, aber ich konnte es nicht glauben. Ich lebte nicht in jenen Sphären, wo man zu solchem Glauben gelangen kann. Nun scheint mir, daß das Übermaß an Leiden in dieser Welt nur durch irgendeine Art von Liebe zu erklären ist. Ich kann mir keine andere Erklärung denken. Ich bin überzeugt, daß es keine andere gibt und daß die Welten, wenn sie wirklich, wie ich sagte, aus Leid geschaffen sind, von der Hand der Liebe geschaffen wurden, denn anders könnte die Seele des Menschen, für den die Welt geformt ist, nie zu ihrer höchsten Vollendung gelangen. Freude für den schönen Leib, doch Schmerz für die schöne Seele.

Wenn ich sage, ich sei von diesen Dingen überzeugt, so spreche ich mit übermäßigem Stolz. In weiter Ferne kann man wie eine makellose Perle die Stadt Gottes sehen. So wundervoll, daß man meint, ein Kind könne sie an einem Sommertag erreichen. Und ein Kind könnte es auch. Doch mit mir und meinesgleichen verhält es sich anders. In einem einzigen Augenblick kann der Geist etwas in seiner ganzen Wahrheit erfassen, doch in den langen Stunden, die mit bleiernen Füßen folgen, verliert man es wieder. Es ist so schwer, »Höh'n zu halten, darauf allein die Seele wandeln darf«. Wir denken in Ewigkeiten, doch wir bewegen uns langsam in der Zeit: und wie langsam die Zeit für uns vergeht, die wir im Kerker liegen, davon brauche ich nicht noch einmal zu sprechen, auch nicht von der Müdigkeit und Verzweiflung, die immer wieder in die Zelle gekrochen kommen und in die Zelle unseres Herzens, mit solch seltener Beharrlichkeit, daß man gewissermaßen das Haus für sie schmücken und fegen muß, wie für einen unerwünschten Gast oder einen strengen Herrn oder einen Sklaven, dessen Sklave man durch Zufall oder aus eigenem Antrieb geworden ist. Und wenn Du es jetzt auch schwer verständlich findest, so stimmt es darum doch, daß es für Dich, der

Du in Freiheit, Müßiggang und Wohlstand lebst, leichter ist, die Lehren der Demut anzunehmen, als für mich, der ich den Tag damit beginne, auf meinen Knien den Boden meiner Zelle aufzuwaschen. Denn das Kerkerleben mit seinen endlosen Entbehrungen und Beschränkungen macht einen rebellisch. Das Schrecklichste daran ist nicht, daß es einem das Herz bricht – Herzen sind dazu da, gebrochen zu werden –, sondern daß es das Herz zu Stein verwandelt. Oft spürt man, daß man den Tag nur mit eherner Stirn und höhnenden Lippen überstehen kann. Und wer sich auflehnt, kann nicht der Gnade teilhaftig werden – um einen Ausdruck zu gebrauchen, den die Kirche so schätzt (zu Recht schätzt, möchte ich sagen) –, denn im Leben wie in der Kunst verschließt die Auflehnung die Kanäle der Seele und sperrt die Luft des Himmels aus. Und doch muß ich diese Lehren hier beherzigen lernen, wenn es überhaupt geschehen soll, und muß mich freuen, wenn mein Fuß auf dem rechten Weg wandelt und mein Angesicht »des Tempels Tür, die da heißt die schöne« zugewandt ist, mag ich auch oft ausgleiten im Schlamm und irregehen im Nebel.

Dieses Neue Leben, wie ich es in meiner Liebe zu Dante bisweilen nenne, ist natürlich kein neues Leben, sondern nur Weiterentwicklung, also Fortsetzung meines früheren Lebens. Ich erinnnere mich, daß ich in Oxford zu einem Freund sagte, als wir eines Junimorgens kurz vor meinem Examen auf den schmalen, von Vögeln umflatterten Wegen des Magdalen College wandelten, ich wolle von den Früchten aller Bäume im Garten der Welt essen und ich ginge hinaus in die Welt mit diesem leidenschaftlichen Wunsch in der Seele. Und so ging ich auch hinaus, und so lebte ich auch. Ich beging nur den Fehler, mich so ausschließlich den Bäumen des scheinbar sonnenhellen Teils des Gartens zuzuwenden und den anderen Teil zu meiden, der mir kalt und düster schien. Scheitern und Schande, Armut, Leid, Verzweiflung, Schmerzen, selbst Tränen, die gebrochenen Worte, die von den Lippen der Pein kommen, Reue, die den Pfad mit Dornen bestreut, das richtende Gewissen, strafende Selbsterniedrigung, das Elend, das sich Asche aufs Haupt streut, die Seelenangst im härenen Gewand, die sich Galle in den Becher mischt – all das hatte ich immer gefürchtet. Ich hatte nichts von ihnen wissen wollen, und nun werde ich gezwungen, eines nach dem anderen zu kosten, mich von ihnen zu nähren, ja eine Weile keine andere Kost zu kennen. Nicht eine Sekunde lang bereue ich, dem Genuß gelebt zu haben. Ich tat es in vollen Zügen, wie man alles, was man tut, in vollen Zügen tun soll. Es gibt keinen Genuß, den ich nicht gekannt hätte. Ich warf die Perle meiner Seele in einen Becher Wein. Ich wandelte bei Flötenklang den Rosenpfad der Jugend entlang. Ich nährte mich von Honig. Doch dieses Leben fortzuführen, wäre falsch gewesen, weil es Stillstand bedeutet hätte. Ich mußte weiter. Auch die andere Hälfte des Gartens barg Geheimnisse für mich.

Natürlich ist dies alles in meiner Kunst vorgeahnt und vorgeformt. Einiges in »The Happy Prince«: einiges in »The Young King«, insbesondere die Stelle, wo der Bischof zu dem knienden Knaben sagt: »Ist Er, der das Elend schuf, nicht weiser als du?« Worte, die mich, als ich sie niederschrieb, wenig mehr dünkten als eben Worte: vieles davon birgt sich in der Stimme der Verdammnis, die sich wie ein Purpurfaden durch das Goldgewirk des *Dorian Gray* zieht: in »The Critic as Artist« schillert es in vielen Farben: in *The Soul of Man* steht es schlicht und in allzu lesbaren Lettern: es ist einer der Refrains, deren immer wiederkehrende *motifs* aus *Salome* eine Art Symphonie machen und es balladenhaft zusammenfügen: in dem Prosagedicht von dem Mann, der das Erz der Statue »Freude, die einen Augenblick lebt« umbilden muß in die Statue »Leid, das ewig währet«, ist es verkörpert. Es hätte nicht anders sein können. In jedem Augenblick des Lebens ist man gleichermaßen das, was man gewesen ist, und das, was man sein wird. Die Kunst ist ein Symbol, weil der Mensch ein Symbol ist.

Wenn ich dieses Ziel erreichen kann, so bedeutet das die höchste Verwirklichung meines Lebens als Künstler. Denn das Leben des Künstlers ist einfach Entwicklung des Ich. Demut heißt beim Künstler, daß er jede Erfahrung offen bejaht, so wie Liebe beim Künstler einfach jener Schönheitssinn ist, der der Welt ihren Leib und ihre Seele enthüllt. In *Marius the Epicurean* versucht Pater, das künstlerische Leben mit dem religiösen Leben in der tiefen, süßen und strengen Bedeutung des Wortes in Einklang zu bringen. Doch Marius ist kaum mehr als ein Zuschauer: allerdings ein idealer Zuschauer, einer, dem es gegeben ist, »dem Schauspiel des Lebens mit angemessenen Gefühlen zu folgen«, was Wordsworth als das wahre Ziel des Dichters definiert: aber doch nur ein Zuschauer und vielleicht ein wenig zu sehr mit der Erlesenheit des Tempelgeräts beschäftigt, um zu bemerken, daß er den Tempel des Leids vor Augen hatte.

Ich sehe eine viel engere und direktere Verbindung zwischen dem Leben Christi und dem Leben des Künstlers, und ich empfinde besondere Freude bei dem Gedanken, daß ich, lange ehe das Leid sich meiner Tage bemächtigte und mich auf sein Rad flocht, in *The Soul of Man* geschrieben habe, wer ein christushaftes Leben führen wolle, müsse ganz und gar er selbst sein, und daß ich als Archetypen nicht nur den Schäfer auf den Hügeln und den Gefangenen in seiner Zelle hingestellt habe, sondern auch den Maler, dem die Welt ein Schau-Stück und den Dichter, dem die Welt ein Lied ist. Ich entsinne mich, daß ich einst zu André Gide sagte, als wir zusammen in einem Pariser Café saßen, für die Metaphysik hätte ich nur wenig wirkliches Interesse und für die Moral gar keines, dagegen lasse sich alles, was Platon oder Christus je gesagt hätten, unmittelbar in die Sphäre der Kunst transponieren und finde dort seine letzte Erfüllung. Eine Verallgemeinerung, die ebenso tief wie neu war.

Wir wissen nicht nur, daß in Christus Persönlichkeit und Perfektion jene enge Verbindung eingegangen sind, die das unterscheidende Merkmal zwischen klassischer und romantischer Kunst bildet und Christus zum wahren Vorläufer der romantischen Bewegung im Leben macht, wir wissen auch, daß sein Wesen auf der gleichen Grundlage basierte wie das Wesen des Künstlers gründet: auf einer kraftvollen, flammenden Phantasie. Er brachte im gesamten Bereich der menschlichen Beziehungen jene Fähigkeit des Mitempfindens zur Geltung, die im Bereich der Kunst das Geheimnis des Schaffens bildet. Er verstand den Aussatz des Aussätzigen, das Dunkel des Blinden, das wilde Elend derer, die dem Genuß leben, die schwer verständliche Armut der Reichen. Jetzt verstehst Du doch wohl – oder nicht? –, daß Du damals, als Du mir in meinem Unglück schriebst: »Wenn Du nicht auf Deinem Podest stehst, bist Du nicht interessant. Bei

Deiner nächsten Krankheit verschwinde ich sofort«, ebensoweit vom wahren Temperament des Künstlers entfernt warst wie von dem, was Matthew Arnold »das Geheimnis Jesu« nennt. Jeder hätte Dir sagen können, daß alles, was einen anderen trifft, uns selbst trifft, und wenn Du ein Motto brauchst, das Du morgens und abends, in Freude und Leid lesen kannst, dann schreibe an die Mauer Deines Hauses in Lettern, die die Sonne vergolde und der Mond versilbere, *»Alles, was einen anderen trifft, trifft auch mich selbst«*, und sollte jemand Dich fragen, was eine solche Inschrift wohl bedeuten mag, so kannst Du antworten, sie bedeute »Unseres Herrn Jesu Herz und Shakespeares Hirn«.

Ja, Christi Platz ist bei den Dichtern. Sein Menschheitsbild entsprang direkt seiner Vorstellungskraft und kann nur durch sie verwirklicht werden. Was dem Pantheisten Gott war, war ihm der Mensch. Er hat als erster die aufgespaltenen Rassen als Einheit gesehen. Ehe er kam, gab es Götter und Menschen. Er allein sah, daß es auf dem Hügel des Lebens nur Gott und den Menschen gibt, und da seine mystische Fähigkeit des Mitempfindens ihm sagt, daß in ihm beide Fleisch geworden waren, nennt er sich bald Gottessohn, bald Menschensohn. Mehr als jede andere Gestalt in der Geschichte weckt er in uns den Sinn für das Wunderbare, an den die Romantik immer appelliert. Immer noch scheint es mir kaum faßbar, daß ein junger Galiläer sich vorstellt, er könne sich die Last der ganzen Welt auf seine Schultern legen: alles, was bisher getan und gelitten worden war, und alles, was noch zu tun und zu erleiden blieb: die Sünden Neros, Cesare Borgias, Alexanders VI. und des Mannes, der Kaiser von Rom und Priester des Sonnengottes war: und die Leiden der vielen, die Legion heißen und die bei den Gräbern wohnen, die Leiden der geknechteten Völker, der Kinder in den Fabriken, der Diebe, der Sträflinge, der Parias, derer, die stumm sind unterm Joch und deren Schweigen Gott allein hört: und daß er sich das nicht nur vorstellte, sondern es wirklich tat, so daß noch heute jeder, der mit seiner Person in Berührung kommt, auch wenn er sich nicht vor seinem Altar neigt noch vor seinem Priester kniet, doch spürt, wie der Makel der Sünden von ihm genommen und die Schönheit des Leids ihm offenbart wird.

Ich sagte von ihm, er zähle zu den Dichtern. Das stimmt. Shelley und Sophokles sind seine Gefährten. Doch auch sein ganzes Leben ist das wunderbarste Gedicht. An »Furcht und Mitleid« hat die ganze Welt der griechischen Tragödie nicht desgleichen. Die makellose Reinheit der Hauptfigur erhebt das ganze Drama auf eine Höhe romantischer Kunst, zu der die Leiden des »Hauses Theben und der Pelopiden« gerade durch ihre Grausigkeit nicht aufsteigen können, und beweist, wie unrecht Aristoteles hatte, als er in seiner Schrift über das Drama sagte, die Darstellung eines schuldlos Leidenden sei unerträglich. Auch bei Aischylos oder Dante, den strengen Meistern der Zartheit, bei Shakespeare, dem menschlichsten aller großen Künstler, im gesamten keltischen Mythen- und Legendenkreis, wo der Liebreiz der Welt durch einen Tränenschleier gezeigt wird und das Leben des Menschen nicht mehr gilt als das Leben einer Blume, findet sich nichts, wovon sich sagen ließe, es reiche in der Verbindung und Verschmelzung reinsten, schlichtesten Pathos mit der äußersten Erhabenheit des tragischen Effekts auch nur entfernt an den letzten Akt der Passion Christi heran. Das Abendmahl mit seinen Jüngern, von denen einer ihn bereits um Geld verschachert hat: die Todesangst im stillen, mondhellen Olivenhain: der falsche Freund, der dicht an ihn herantritt, um ihn mit einem Kuß zu verraten: der Freund, der noch an ihn glaubte und auf den er, wie auf einen Fels, eine Zuflucht für den Menschen zu bauen gehofft hatte und der ihn verleugnete, als der Hahn im Frühlicht krähte: seine äußerste Verlassenheit, seine Unterwerfung, sein Ja zu allen Leiden: und dazu solche Szenen wie die vom Hohenpriester der Rechtgläubigen, der im Zorn seine Kleider zerreißt, und die vom kaiserlichen Landpfleger, der sich Wasser bringen läßt in der eitlen Hoffnung, er könne seine Hände reinwaschen von dem unschuldigen Blut, das ihn zur Henkersfigur der Geschichte macht: die Dornenkrönung des Schmerzensmannes, eine der wunderbarsten Begebenheiten, die das Buch der Geschichte verzeichnet: die Kreuzigung des Schuldlosen vor den Augen seiner Mutter und seines Lieblingsjüngers: die Soldaten, die um seine Kleider spielen und würfeln: der schreckliche Tod, durch den er der Welt ihr ewiges Symbol gab: und schließlich die Grablegung in der Gruft des reichen Mannes, der Leichnam mit kostbaren Spezereien gesalbt, mit Wohlgerüchen besprengt und in ägyptisches Linnen gehüllt wie der Leichnam eines Königssohnes – wenn man das alles rein vom Standpunkt der Kunst aus betrachtet, dann muß man dankbar sein, daß der höchste Gottesdienst der Kirche im Nachspielen der Tragödie ohne Blutvergießen besteht, in der mystischen Darstellung der Passion ihres Herrn nur mit den Mitteln des Dialogs, des Kostüms und der Geste, und mich erfüllt der Gedanke mit Freude und Ehrfurcht, daß der griechische Chor, der überall sonst in der Kunst verstummt ist, noch in dem Ministranten weiterlebt, der dem Priester bei den Meßgebeten antwortet.

Und doch ist das Leben Christi – so vollständig können Leid und Schönheit in Bedeutung und Ausdruck eins werden – im Grunde eine Idylle, auch wenn am Ende der Vorhang im Tempel zerreißt, Finsternis das Antlitz der Erde bedeckt und der Stein vor den Eingang des Grabes gewälzt wird. Man stellt ihn sich immer als einen jungen Bräutigam im Kreise seiner Gefährten vor, wie er selbst sich auch beschreibt, oder als Schäfer, der auf der Suche nach einer grünen Weide oder dem kühlen Fluß mit seiner Herde durchs Tal zieht; oder als Sänger, der die Mauern der Stadt Gottes aus Musik erbauen möchte, oder als Liebenden, für dessen Liebe die ganze Welt viel zu eng war. Seine Wunder dünken mich so erlesen wie das Nahen des Frühlings und ebenso natürlich. Es macht mir überhaupt keine Schwierigkeiten, den Zauber seiner Person für so groß zu halten, daß seine Gegenwart allein schon der gequälten Seele Frieden bringen konnte und daß diejenigen, die sein Gewand oder seine Hände berührten, ihre Schmerzen vergaßen: oder Leute, die bisher blind gewesen waren für die Mysterien des Lebens, sie plötzlich klar erkannten, wenn er auf der Straße des Lebens an ihnen vorüberschritt, und daß andere, die taub waren für jede Stimme, nur nicht für die Stimme des Genusses, nun zum erstenmal die Stimme der Liebe hörten und sie »lieblich fanden wie Apollons Leier«: oder daß böse Leidenschaften flohen, wenn er sich näherte, und Menschen, deren stumpfes, phantasieloses Dasein nur eine Form des Todes war, bei seinem Anruf aus ihrem Grab auferstanden: oder daß die Menge, der er auf dem Berg predigte, Hunger und Durst und alle Sorgen dieser Welt vergaß, und daß seinen Freunden, die ihm beim Mahle lauschten, die karge Speise wohlschmeckte und das Wasser wie edler Wein mundete und das ganze Haus sich mit der Narden Duft und Süße erfüllte.

Renan sagt irgendwo in seinem *Vie de Jésus* – diesem köstlichen Fünften Evangelium, dem Thomas-Evangelium, wie man es nennen könnte –, Christi größte Tat bestehe darin, daß er es verstanden habe, nach seinem Tode ebenso geliebt zu werden, wie er zu Lebzeiten geliebt wurde. Ja, ihm gebührt ein Platz unter den Dichtern, unter den Liebenden aber ist er der Erste. Er erkannte, daß die Liebe das verlorene Geheimnis der Welt ist, nach dem die Weisen suchen, und daß man nur durch die Liebe dem Herzen des Aussätzigen und den Füßen Gottes nahekommen kann.

Und vor allem ist Christus der höchste Individualist. Seine Demut ist, wie die Unterwerfung des Künstlers unter jede Art von Erfahrung, nur eine Möglichkeit zur Selbstdarstellung. Christus ist immer auf der Suche nach der Seele des Menschen. Er nennt sie »das Reich Gottes« – ἡ βασιλεία τοῦ θεοῦ – und findet sie bei jedem. Er vergleicht sie mit kleinen Gegenständen: mit einem winzigen Saatkorn, einer Handvoll Sauerteig, einer Perle. Er tut das, weil man sich der eigenen Seele nur dadurch bewußt wird, daß man sich aller fremden Leidenschaften entäußert, aller angelernten Bildung und aller irdischen Güter, mögen sie gut sein oder schlecht.

Ich lehnte mich mit aller Hartnäckigkeit meines Willens und der großen Spontaneität meines Herzens gegen alles auf, bis mir nichts mehr in der Welt geblieben war – außer Cyril. Ich hatte meinen Namen verloren, mein Ansehen, mein Glück, meine Freiheit, mein Vermögen. Ich war gefangen und bettelarm. Doch ein Gut war mir noch geblieben, mein ältester Sohn. Plötzlich nahm das Gesetz ihn mir weg. Der Schlag war so betäubend, daß ich mir keinen Rat wußte, und so warf ich mich auf die Knie und neigte den Kopf und weinte und sprach: »Der Leib eines Kindes ist dem Leib des Herrn gleich; ich bin beider unwürdig.« Dieser Augenblick muß meine Rettung gewesen sein. Damals erkannte ich, daß mir nur noch eines blieb: alles hinzunehmen. Seitdem – so sonderbar das für Dich klingen mag – bin ich glücklicher.

Denn ich war bis zum innersten Wesen meiner Seele vorgestoßen. Ich war in so vielem ihr Feind gewesen, und doch erwartete sie mich wie einen Freund. Die Berührung mit der eigenen Seele macht den Menschen einfältig wie ein Kind, was er nach Christi Wort sein soll. Es ist tragisch, wie viele Menschen bis zu ihrem Tode nie »ihre Seele besaßen«. »Nichts ist so selten beim Menschen«, sagt Emerson, »wie eine eigene Handlung«. Das stimmt. Die meisten Leute sind andere Leute. Ihr Leben ist eine Kopie, ihre Gedanken sind die Meinungen anderer, ihre Leidenschaften Zitate. Christus war nicht nur der größte Individualist der Geschichte, er war auch der erste. Man hat versucht, in ihm einen gewöhnlichen Philanthropen zu sehen, ähnlich den gräßlichen Menschenfreunden des neunzehnten Jahrhunderts, oder hat ihn als Altruisten unter die Ungebildeten und Sentimentalen eingereiht. Aber er war weder das eine noch das andere. Freilich hat er Mitleid mit den Armen, mit denen, die in Gefängnissen schmachten, mit den Geringen und den Elenden, doch er hat weit mehr Mitleid mit den Reichen, mit den hartnäckigen Hedonisten, mit denen, die ihre Freiheit vergeuden und sich zu Sklaven der Könige machen, mit denen, die weiche Gewänder tragen und in Palästen leben. Reichtum und Genuß scheinen ihm in Wahrheit weitaus tragischer zu sein als Armut und Leid. Und was seinen Altruismus anlangt: wer wußte besser als er, daß die Berufung, nicht der Wille uns zu dem macht, was wir sind, und daß man nicht Trauben ernten kann von den Dornen oder Feigen von den Disteln?

Seine Lehre fordert nicht ein Leben für andere als letztes, selbstgestecktes Ziel. Das war nicht die Grundlage seiner Lehre. Wenn er sagt »Vergebet euren Feinden«, so meint er nicht, den Feinden zuliebe, sondern sich selbst zuliebe und weil die Liebe schöner ist als der Haß. Mit der Aufforderung an den reichen Jüngling, den er ansah und sofort liebte, »Verkaufe alles, was du hast und gib's den Armen«, will er nicht den Armen helfen, sondern der Seele des jungen Mannes, der lieblichen Seele, die der Reichtum verdorben hat. Er sieht das Leben, wie der Künstler es sieht, der weiß, daß kraft des unabweisbaren Gesetzes der Selbstvollendung der Dichter singen, der Bildhauer in Bronze denken und der Maler die Welt zum Spiegel seiner Empfindungen machen muß, so unbedingt und sicher, wie der Weißdorn im

Frühling blühen und das Korn zur Erntezeit zu Gold reifen und der Mond auf seiner vorbestimmten Bahn vom Schild zur Sichel und von der Sichel zum Schilde werden muß.

Christus sprach nicht zu den Menschen »Lebt für andere«, er hat vielmehr dargetan, daß es zwischen dem Leben der anderen und dem eigenen Leben gar keinen Unterschied gibt. Dadurch verlieh er dem Menschen eine grenzenlose, eine titanische Persönlichkeit. Seit seinem Erscheinen wird die Geschichte jedes einzelnen Individuums zur Weltgeschichte, kann zumindest dazu werden. Natürlich hat die Kultur die Persönlichkeit des Menschen intensiviert. Die Kunst hat unserem Geist tausend Facetten verliehen. Wer das Temperament des Künstlers hat, geht mit Dante ins Exil und erfährt, wie salzig das Brot der Fremde schmeckt und wie steil ihre Treppen sind; einen Augenblick lang erfaßt er die Heiterkeit und Gelassenheit Goethes und weiß doch nur zu gut, warum Baudelaire zu Gott aufschrie:

> Ah, Herr, verleih mir Kraft und Mut, meinen Körper
> und mein Herz ohne Ekel zu betrachten.

Shakespeares Sonetten entnimmt er, vielleicht zum eigenen Schaden, das Geheimnis von Shakespeares Liebe und macht es sich zu eigen: mit neuen Augen sieht er das moderne Leben, weil er ein Nocturno Chopins gehört oder mit griechischen Dingen umgegangen ist oder die Geschichte der Leidenschaft eines Toten zu einer Toten gelesen hat, deren Haar wie gesponnenes Gold war und deren Mund einem Granatapfel glich. Doch die Sympathie des künstlerischen Temperaments gehört notwendig dem, was zu Ausdruck gelangt ist. In Worten oder Farben, in Musik oder Marmor, hinter den bemalten Masken einer Aischyleischen Tragödie und durch das geschnitzte und gefügte Schilfrohr eines sizilianischen Hirten müssen Mensch und Botschaft sich ihm offenbaren.

Für den Künstler ist der geformte Ausdruck die einzige Möglichkeit, das Leben zu begreifen. Alles Stumme ist für ihn tot. Nicht so für Christus. Mit einer Vorstellungskraft von beinahe erschreckender Weite und Tiefe erkor er sich die ganze Welt des Unartikulierten, die stimmlose Welt der Qual zu seinem Reich und machte sich selbst zu ihrem ewigen Sprecher. Die, von denen ich sprach, die stumm sind unterm Joch, und die, »deren Schweigen Gott allein hört«, erwählte er sich zu Brüdern. Er wollte dem Blinden Auge sein, dem Tauben Ohr und der Schrei auf den Lippen dessen, dem die Zunge gebunden ist. Den Myriaden, die keiner Sprache mächtig sind, wollte er Posaune sein, durch die sie den Himmel anrufen könnten. Seine Künstlernatur, der Sorge und Leid Möglichkeiten waren, seine Auffassung vom Schönen zu verwirklichen, sagt ihm, daß eine Idee so lange wertlos ist, wie sie nicht Fleisch geworden und zum Bild gemacht ist, und so macht er sich selbst zum Bild des Schmerzensmannes, und dieses Bild fasziniert und beherrscht die Kunst in einem Maße, wie es keinem griechischen Gott je gelang.

Denn die griechischen Götter waren trotz des Weiß und Rot ihrer schönen, geschmeidigen Glieder nicht wirklich das, was sie zu sein schienen. Apollons geschwungene Braue war wie die Sonnenscheibe, die im Frühlicht über dem Hügel aufwächst, und seine Füße waren wie die Schwingen des Morgens, doch er selber war grausam gewesen gegen Marsyas und hatte Niobe ihrer Kinder beraubt: in den stählernen Schilden der Augen Pallas Athenes leuchtete kein Erbarmen mit Arachne: die Pracht und die Pfauen der Hera waren das einzige wirklich Edle an ihr: und der Göttervater selbst hatte die Menschentöchter allzusehr geliebt. Die beiden wirklich fruchtbaren Gestalten der griechischen Mythologie waren für die Religion Demeter, eine Erdgöttin, die nicht zu den Olympiern gehörte, und für die Kunst Dionysos, der Sohn einer Sterblichen, die im Augenblick seiner Geburt den Tod fand.

Doch das Leben selbst brachte aus seinen tiefsten Niederungen Einen hervor, wunderbarer als die Mutter der Proserpina oder der Sohn der Semele. Aus der Zimmermannswerkstatt zu Nazareth war eine Persönlichkeit hervorgegangen, unendlich größer als irgendeine, die Mythos oder Sage geschaffen hatten, und – seltsam genug – dazu bestimmt, der Welt die mystische Bedeutung des Weins und die wahre Schönheit der Lilien zu lehren, wie es vor ihm keiner getan hat, nicht auf dem Kithäron und nicht zu Enna.

Das Lied des Jesajas, »Er war der Allerverachtetste und Unwerteste, voller Schmerzen und Krankheit. Er war so verachtet, daß man das Angesicht vor ihm verbarg...«, erschien ihm wie eine Ankündigung seiner selbst, und der Spruch erfüllte sich an ihm. Wir brauchen vor einem solchen Satz nicht zu scheuen. Jedes Kunstwerk ist die Erfüllung einer Prophezeiung. Denn jedes Kunstwerk ist die Umsetzung einer Idee in ein Bild. Jedes menschliche Wesen sollte die Erfüllung einer Prophezeiung sein. Denn jedes menschliche Wesen sollte die Verwirklichung eines Ideals sein, sei es nach dem Sinne Gottes oder nach dem Sinn der Menschen. Christus fand den Typus und legte ihn fest, und der Traum eines vergilischen Dichters in Jerusalem oder Babylon verkörperte sich nach langen Jahrhunderten in ihm, auf den die Welt wartete. *»... weil seine Gestalt häßlicher ist denn anderer Leute und sein Ansehen denn der Menschenkinder«,* gehört zu den typischen Merkmalen des neuen Ideals, wie Jesajas sie aufzeichnete, und sobald die Kunst seine Bedeutung verstanden hatte, erblühte sie wie eine Blume in der Gegenwart des Einen, in dem die Wahrheit in der Kunst zutage trat wie nie zuvor. Denn ist nicht, wie ich schon sagte, die Wahrheit in der Kunst erreicht, wenn »das Äußere Ausdruck des Innern ist; wenn die Seele Fleisch geworden und der Leib vom Geiste beseelt ist: wenn die Form den Inhalt offenbart«?

Für mich gehört es zu den bedauerlichsten Fakten der Geschichte, daß die wahrhaft christliche Renaissance, der wir die Kathedrale von Chartres verdanken, die Artus-Sagen, das Leben des heiligen Franz von Assisi, die Kunst Giottos und Dantes *Divina Commedia,* sich nicht in ihrem eigenen Sinn weiterentwickeln durfte, sondern von der öden klassischen Renaissance verdrängt und verdorben wurde, die uns Petrarca bescherte und Raffaels Fresken und die Architektur des Palladio, die formenstrenge französische Tragödie und die St. Pauls-Kathedrale und Popes Dichtung und alles, was von außen her und nach starren Regeln gemacht wird, statt von innen her, aus der Eingebung zu kommen. Überall jedoch, wo sich in der Kunst eine romantische Bewegung zeigt, ist auch, in irgendeiner Form, unter irgendeiner Gestalt, Christus oder die Seele Christi. So in *Romeo und Julia,* in *Das Wintermärchen,* in der provenzalischen Lyrik, in »The Ancient Mariner«, in »La Belle Dame sans Merci« und in Chattertons »Ballad of Charity«.

Ihm verdanken wir die verschiedensten Dinge und Menschen.

Les Misérables von Hugo, Baudelaires *Fleurs du Mal,* das Mit-Leiden im russischen Roman, das bunte Glas, die Gobelins und Quattrocento-Arbeiten von Burne-Jones und Morris, Verlaine und Verlaines Gedichte gehen genauso auf ihn zurück wie Giottos Glockenturm, Lancelot und Ginevra, Tannhäuser, die leidbewegten romantischen Plastiken Michelangelos, die gotische Spitzbogenarchitektur und die Liebe zu Kindern und Blumen, für die in der klassischen Kunst ja wenig Platz war, kaum so viel, daß sie darin wachsen und spielen konnten, wenn sie auch vom zwölften Jahrhundert an bis in unsere Tage in der Kunst immer wieder auftraten, unter verschiedenen Formen und zu verschiedenen Zeiten, sprunghaft und eigenwillig, wie das die Art der Kinder und der Blumen ist – scheint es uns im Frühling nicht jedesmal, als hätten die Blumen sich versteckt gehalten und kämen nur heraus in die Sonne, weil sie fürchteten, diese Erwachsenen da könnten müde werden, nach ihnen auszuschauen und die Suche aufgeben, und ist nicht das Leben eines Kindes bloß ein Apriltag, der für die Narzisse Regen und Sonnenschein zugleich bereithält.

Und dank der Vorstellungskraft seiner Natur wird Christus zum pulsierenden Herz der Romantik. Die wundersamen Gestalten erdichteter Dramen und Balladen wurden aus der Phantasie anderer geboren, Jesus von Nazareth jedoch schuf sich selbst aus seiner eigenen Phantasie. Jesajas Ruf hatte mit seinem Kommen nicht mehr zu tun als der Gesang der Nachtigall mit dem Aufgang des Mondes – nicht mehr, wenn auch vielleicht nicht weniger. Er war zugleich Widerlegung und Bestätigung des Prophetenworts. Für jede Erwartung, die er erfüllte, zerstörte er eine andere. Alles Schöne, sagt Bacon, zeige »ungewohnte Proportionen«, und Christus sagt von denen, die aus dem Geiste geboren, von denen, die wie er selbst dynamische Kräfte sind, sie glichen dem Wind, der »bläst, wo er will, aber du weißt nicht, woher er kommt und wohin er fährt«. Darum ist er so faszinierend für den Künstler. Er vereint alle Farbelemente des Lebens: Geheimnis, Neuheit, Pathos, Ahnung, Ekstase, Liebe. Er spricht den Sinn für das Wunderbare an und schafft die Empfänglichkeit, die allein zum Verständnis seiner Person führt.

Und ich werde froh bei dem Gedanken, daß, wenn er »aus

Einbildung besteht«, die ganze Welt aus diesem Stoff gemacht sein muß. In *Dorian Gray* habe ich gesagt, die größten Sünden der Welt würden im Gehirn vollzogen, doch es vollzieht sich alles Geschehen ausschließlich im Gehirn. Wir wissen jetzt, daß wir nicht mit den Augen sehen oder mit den Ohren hören. Sie sind nur mehr oder weniger taugliche Leitungskanäle für Sinneseindrücke. Erst im Gehirn ist der Klatschmohn rot, duftet der Apfel und trillert die Lerche. Seit kurzem studiere ich eifrig die vier Prosagedichte über Christus. Zu Weihnachten konnte ich eines griechischen Testaments habhaft werden, und jeden Morgen, wenn ich meine Zelle gefegt und mein Blechgeschirr gereinigt habe, lese ich ein wenig in den Evangelien, ein Dutzend Verse irgendwo herausgegriffen. Es ist ein köstlicher Tagesbeginn. Für Dich, in Deinem turbulenten, ungeregelten Leben, wäre das ebenfalls eine glänzende Idee. Es würde Dir unendlich guttun, und das Griechisch ist ganz einfach. Endlose Wiederholung, zur rechten und zur unrechten Zeit, hat uns die *naïveté*, die Frische, den schlichten, romantischen Zauber der Evangelien verleidet. Sie werden uns viel zu oft und viel zu schlecht vorgelesen, und jede Wiederholung ist ungeistig. Kehrt man zum Griechischen zurück, so meint man, aus einem engen, dunklen Haus in einen Garten voller Lilien zu treten.

Und für mich wird die Lektüre zum doppelten Genuß, wenn ich bedenke, daß wir aller Wahrscheinlichkeit nach die von Christus wirklich gebrauchten Ausdrücke, die *ipsissima verba*, vor uns haben. Man nahm immer an, Christus habe aramäisch gesprochen. Selbst Renan glaubte das. Jetzt aber wissen wir, daß die galiläischen Bauern, genau wie heutzutage die irischen, zwei Sprachen redeten und daß in ganz Palästina, wie ja in der ganzen östlichen Welt, das Griechische die Umgangssprache war. Mir war der Gedanke immer unsympathisch, daß wir Christi eigene Worte nur in der Übersetzung einer Übersetzung kennen sollten. Nun freut mich um so mehr der Gedanke, daß Charmides ihm gelauscht und Sokrates mit ihm philosophiert und Platon ihn verstanden haben könnte: daß er wirklich gesagt hat: *ἐγώ εἰμι ὁ ποιμὴν ὁ καλός*, daß er in dem Gleichnis von den Lilien auf dem Felde, die nicht arbeiten, auch nicht spinnen, genau das gesagt hat: *καταμάθετε τὰ κρίνα τοῦ ἀγροῦ πῶς αὐξάνει . οὐ κοπιᾷ οὐδὲ νήθει,* und daß sein letztes Wort, sein Ausruf: »Mein Leben ist abgeschlossen, hat seine Erfüllung gefunden, ist vollendet«, genauso lautete, wie Johannes es uns mitteilt *τετέλεσται*: nichts weiter.

Und während ich die Evangelien studiere – zumal das des heiligen Johannes oder irgendeines frühen Gnostikers, der sich hinter seinem Namen verbarg –, finde ich darin dauernd die Phantasie als Grundlagen alles spirituellen und materiellen Lebens bestätigt, finde auch, daß für Christus die Phantasie nur eine Form der Liebe und die Liebe in des Wortes voller Bedeutung Der Herr war. Vor etwa sechs Wochen wurde mir vom Arzt Weißbrot verordnet statt des groben schwarzen oder braunen Brotes, der üblichen Gefängniskost. Es ist eine wahre Delikatesse. Für Dich wird es seltsam klingen, daß trockenes Brot irgend jemand als Delikatesse vorkommen sollte. Ich versichere Dir, für mich ist es eine solche Köstlichkeit, daß ich nach jeder Mahlzeit sorgsam alle Krumen esse, die etwa noch auf meinem Blechteller liegen geblieben oder auf das grobe Handtuch gefallen sind, das man als Tischdecke benutzt, um den Tisch nicht zu beschmutzen: und nicht aus Hunger – ich bekomme jetzt genug zu essen –, sondern nur, damit nichts von dieser Gabe verlorengehe. So sollte man es auch mit der Liebe machen.

Christus besaß, wie alle faszinierenden Persönlichkeiten, nicht nur die Fähigkeit, schöne Dinge zu sagen, sondern auch andere dazu anzuregen, daß sie ihm Schönes sagten; und ich liebe die Geschichte, die der heilige Markus uns von der griechischen Frau erzählt – der *γυνὴ Ἑλληνίς* –: als er ihr, um ihren Glauben zu erproben, sagte, er könne ihr nicht das Brot der Kinder Israels geben, da antwortete sie, daß dennoch die Hündlein – *κυνάρια*, »kleine Hunde« müßte es heißen – unter dem Tisch von den Brosamen der Kinder äßen. Die meisten Menschen leben *für* die Liebe und die Bewunderung, doch wir sollten *durch* die Liebe und die Bewunderung leben. Wenn uns Liebe geschenkt wird, so sollten wir wissen, daß wir ihrer gänzlich unwürdig sind. Niemand ist würdig, geliebt zu werden. Daß Gott die Menschen liebt, zeigt, daß in der göttlichen Ordnung der idealen Dinge geschrieben steht, ewige Liebe solle dem ewig Unwürdigen geschenkt werden. Oder, wenn dieser Satz Dir zu bitter klingt sagen wir so: jeder ist der Liebe würdig, nur der nicht, der sich selbst für würdig hält. Die Liebe ist ein Sakrament und sollte kniend empfangen werden, und die Lippen und Herzen derer, die es entgegennehmen, sollten sprechen *Domine, non sum dignus*. Ich wünschte von Herzen, daß Du manchmal daran dächtest. Du hast es bitter nötig.

Sollte ich jemals wieder schreiben, ich meine künstlerische Arbeit leisten, so möchte ich mich über und durch zwei Themen äußern: das eine ist »Christus als Vorläufer der romantischen Bewegung im Leben«, das andere »das Leben des Künstlers und wohin es führt«. Das erste Thema ist natürlich ausgesprochen faszinierend, denn ich sehe in Christus nicht nur die Wesensmerkmale des gehobensten romantischen Typus, sondern auch alle Zufälligkeiten, sogar Eigenwilligkeiten des romantischen Temperaments. Er forderte als erster die Menschen auf, ein »blumenhaftes« Leben zu führen. Er prägte das Wort. Er sagte den Menschen, sie sollten wie die Kinder werden. Er hielt die Kinder den Älteren als Beispiel vor, und darin habe auch ich stets den schönsten Daseinszweck der Kinder gesehen, wenn das Vollendete überhaupt einen Zweck haben muß. Dante beschreibt die Seele, wie sie aus der Hand des Schöpfers hervorgeht, als »weinend und lachend wie ein kleines Kind«, und auch Christus wollte die Seele eines jeden Menschen *»a guisa di fanciulla, che piangendo e ridendo pargoleggia«* (nach des Kindes Weise bald mit Weinen, bald mit Lachen tändelnd). Er spürte, daß das Leben wechselreich, fließend, aktiv ist und daß Erstarrung in jeder Form den Tod bedeutet. Er sagte, die Menschen sollten die materiellen, alltäglichen Interessen nicht zu ernst nehmen: es sei etwas Großes, unpraktisch zu sein: man solle sich nicht allzu viele Sorgen machen. »Wenn's die Vögel nicht tun, warum der Mensch?« Wie bezaubernd ist sein Wort: »Sorget nicht für den anderen Morgen. Ist nicht das *Leben* mehr denn die Speise? und der *Leib* mehr denn die Kleidung?« Der letzte Satz könnte von einem Griechen stammen. Aus ihm spricht das griechische Lebensgefühl. Doch beides zusammen konnte nur Christus sagen und darin für uns die Summe des Lebens fassen.

Seine Moral besteht im Mitgefühl; genau darin sollte die Moral bestehen. Hätte er weiter nichts gesagt als: »Ihr sind viele

Sünden vergeben, denn sie hat viel geliebt«, so wäre dieses Wort den Tod wert. Seine Gerechtigkeit ist dichterische Gerechtigkeit, eben das, was die Gerechtigkeit sein sollte. Der Bettler kommt in den Himmel, weil er unglücklich gewesen ist. Ich kann mir keinen besseren Grund für die Aufnahme in den Himmel denken. Die Leute, die am kühlen Abend eine Stunde im Weinberg arbeiten, erhalten den gleichen Lohn wie die anderen, die sich den ganzen Tag lang in der heißen Sonne abgeplackt haben. Warum auch nicht? Wahrscheinlich hat keiner einen Lohn verdient. Oder vielleicht waren es verschiedene Arten von Leuten. Christus mochte die stumpfen, leblosen mechanischen Systeme nicht, die Menschen wie Dinge behandeln, also jedermann gleich: als gäbe es zwei Menschen oder Dinge auf dieser Welt, die völlig gleich wären. Für ihn galten nicht Regeln, nur Ausnahmen.

Dieser Grundton der romantischen Kunst war für ihn auch die Grundlage des realen Lebens. Eine andere Grundlage sah er nicht. Und als man das Weib zu ihm brachte, das auf frischer Tat beim Ehebruch ertappt worden war, und man ihm ihr Urteil nach dem Gesetz vorwies und ihn fragte, was zu tun sei, da schrieb er mit dem Finger auf die Erde, als hörte er sie nicht, und schließlich, als sie immer wieder in ihn drangen, blickte er auf und sprach zu ihnen: »Wer unter euch ohne Sünde ist, der werfe den ersten Stein auf sie.« Dieses Wort war ein Leben wert.

Wie alle Dichternaturen liebte er die Unwissenden. Er wußte, daß die Seele eines Unwissenden immer Raum hat für eine große Idee. Die Dummen dagegen konnte er nicht ausstehen, besonders diejenigen, die durch Erziehung verdummt wurden. Leute, die voller Ansichten stecken, von denen sie keine einzige verstehen, ein vornehmlich moderner Typus, den Christus treffsicher als den Typus beschreibt, der den Schlüssel zum Wissen hat, ihn aber selbst nicht gebrauchen kann und nun auch anderen den Gebrauch verwehrt, wenngleich es der Schlüssel zum Himmelreich ist. Vor allem zog er gegen die Philister zu Felde. Diesen Krieg muß jedes Kind des Lichtes führen. Das Philistertum kennzeichnete die Zeit und die Gesellschaft, in der er lebte. In ihrer plumpen Unempfänglichkeit für Ideen, ihrer muffigen Ehrbarkeit, ihrer selbstzufriedenen Rechtgläubigkeit, ihrer Ehrfurcht vor billigem Erfolg, ihrer ausschließlichen Sorge um die materielle

Seite des Lebens und ihrer lächerlichen Selbstbeweihräucherung waren die Juden im Jerusalem der Tage Christi die genaue Entsprechung der britischen Philister von heute. Christus spottete über die »übertünchten Gräber« der Ehrbarkeit und prägte damit eine feststehende Wendung. Weltlichen Erfolg tat er als etwas ganz Verächtliches ab. Er bedeutete ihm gar nichts. Er sah im Reichtum nur eine Last für den Menschen. Er wollte nichts davon wissen, daß man das Leben irgendeinem philosophischen oder moralischen System opferte. Er tat dar, daß Formen und Riten für den Menschen geschaffen seien, nicht der Mensch für Formen und Riten. Die Sabbatheiligung gehörte für ihn zu den Dingen, die abgeschafft werden sollten. Die kalte Menschheitsbeglückung, die ostentative öffentliche Wohltätigkeit, die Öde der äußeren Formen, die dem Spießbürgergemüt so teuer sind, entlarvte er mit beißender, unerbittlicher Verachtung. Für uns ist die sogenannte Orthodoxie nur ein bequemes, geistloses Mittun, für sie jedoch und in ihren Händen war sie eine furchtbare und lähmende Macht. Christus fegte sie vom Thron. Er zeigte, daß allein der Geist Wert besitze. Mit großem Vergnügen tat er ihnen dar, daß sie zwar ständig das Gesetz und die Propheten läsen, in Wahrheit jedoch nicht die geringste Ahnung hätten, was beide sagen wollten. Als Antithese zu ihrer Regel, jeden einzelnen Tag aufzuzehnteln in starre Routine und bestimmte Pflichten, so wie sie von Minze und Raute den Zehnten abzwackten, predigte er die ungeheuere Wichtigkeit eines in jedem Augenblick neu erfüllten Lebens.

Die er von ihren Sünden lossprach, verdankten ihre Lossprechung einfach schönen Augenblicken in ihrem Leben. Als Maria Magdalena Christus erblickt, zerbricht sie die kostbare Alabastervase, die einer ihrer sieben Liebhaber ihr geschenkt hat, und gießt die duftenden Salben über seine müden, staubigen Füße, und um dieses Augenblicks willen sitzt sie in Ewigkeit mit Ruth und Beatrice im Blütenfächer der schneeweißen Himmelsrose. Liebevoll mahnt Christus uns, daß *jeder* Augenblick schön sein sollte, und die Seele *allezeit* bereit, den Bräutigam zu empfangen, *immer* in Erwartung der Stimme des Geliebten. Das Philistertum ist ihm einfach der Teil der Menschennatur, den die Phantasie nicht erhellt, er sieht alle schönen Aspekte des Lebens als Formen des Lichts: die Phantasie selbst ist das Welt-Licht, *τὸφῶς τοῦ κοσμοῦ*: aus ihm ist die Welt erschaffen, doch die Welt kann es nicht verstehen: denn die Phantasie ist eine Erscheinungsform der Liebe, und durch die Liebe und die Fähigkeit zur Liebe unterscheiden sich die Menschen voneinander.

Aber Christus ist dann am romantischsten, sprich: am realsten, wenn er mit einem Sünder zu tun hat. Von jeher hat die Welt den Heiligen geliebt, da er der göttlichen Vollkommenheit am nächsten kommt. Christus scheint kraft eines göttlichen Instinkts immer den Sünder geliebt zu haben, weil er der menschlichen Vollendung am nächsten kommt. Sein höchster Wunsch war nicht, die Menschen zu bessern, so wenig, wie es sein höchster Wunsch war, Leiden zu lindern. Er trachtete nicht, aus einem interessanten Dieb einen langweiligen Ehrenmann zu machen. Von der »Gesellschaft für entlassene Strafgefangene« und ähnlichen modernen Einrichtungen hätte er wenig gehalten. Die Bekehrung eines Zöllners zum Pharisäer wäre ihm keineswegs als löbliches Werk erschienen. Nein, auf eine Weise, die von der Welt noch nicht begriffen worden ist, betrachtete er Sünde und Leiden als etwas an sich Schönes, Heiliges und als Varianten der Vollendung. Dieser Gedanke *klingt* sehr gefährlich. Und er ist es auch. *Alle* großen Ideen sind gefährlich. Daß Christus an sie geglaubt hat, steht über jedem Zweifel. Daß dieser Glaube der wahre ist, daran zweifle ich nicht.

Natürlich muß der Sünder bereuen. Aber warum? Einfach weil er sich sonst nicht klarmachen könnte, was er getan hat. Der Augenblick der Reue ist auch der Augenblick der Weihung. Mehr noch. Er ist die Voraussetzung für die Überwindung der Vergangenheit. Die Griechen glaubten, man könne seine Vergangenheit nicht ändern. In ihren Sinnsprüchen sagen sie oft: »Nicht einmal die Götter können Vergangenes ändern.« Christus hat gezeigt, daß der gewöhnlichste Sünder es kann. Daß es das einzige ist, was er kann. Hätte man Christus gefragt, er hätte – dessen bin ich sicher – gesagt, in dem Augenblick, da der verlorene Sohn auf die Knie fiel und weinte, machte er aus der Vergeudung seines Vermögens mit den Dirnen, aus seinem Dasein als Schweinehirt, als er vor Hunger nach den Trebern gierte, schöne und heilige Begebnisse seines Lebens. Den meisten Menschen wird die

Idee schwer faßlich sein. Ich möchte sogar sagen, man muß ins Gefängnis gehen, um sie zu begreifen. Das ist den Aufenthalt im Gefängnis wert.

Die Christusgestalt hat etwas Einzigartiges. Freilich, genau wie vor der eigentlichem Dämmerung ein trügerischer Schein zu sehen ist, wie manche Wintertage mit jäher Sonnenwärme den klugen Krokus dazu verleiten, sein Gold zur Unzeit zu verschwenden und ein paar törichte Vögel zu Lockruf und Nestbau auf den kahlen Zweigen, so gab es auch schon Christen, ehe Christus kam. Wir sollten dafür dankbar sein. Leider hat es nach ihm keine mehr gegeben. Mit einer Ausnahme, Franz von Assisi. Ihm aber hatte Gott bei seiner Geburt die Seele eines Dichters mitgegeben, und er selbst hatte in früher Jugend in mystischer Ehe die Armut zu seiner Braut erkoren; und mit der Seele eines Dichters und dem Leib eines Bettlers fand er den Weg zur Vollendung nicht mühsam. Er verstand Christus, und so wurde er ihm ähnlich. Wir brauchen kein *Liber Conformitatum*, um zu wissen, daß das Leben des heiligen Franziskus die wahre *Imitatio Christi* war: ein Gedicht, neben dem das Buch dieses Namens bare Prosa ist. Ja, darin liegt letztlich der Zauber Christi. Er ist selbst einem Kunstwerk gleich. Er lehrt einen nichts direkt, doch durch die Berührung werden wir verwandelt. Und jeder ist dazu bestimmt, mit ihm in Berührung zu kommen. Zumindest einmal in seinem Leben wandert jeder mit Christus nach Emmaus.

Was das zweite Thema angeht, »das Leben des Künstlers und wohin es führt«, so wird Dir diese Wahl sonderbar vorkommen. Die Leute deuten auf das Zuchthaus zu Reading und sagen: »Dorthin führt das Künstlerleben.« Nun, es könnte zu schlimmeren Orten führen. Praktische Naturen, für die das Leben eine schlaue Spekulation ist, die von der sorgfältigen Berechnung aller Mittel und Wege abhängt, wissen immer, wohin sie gehen, und dahin gehen sie auch. Sie gehen aus von dem Wunsch, Kirchendiener zu werden, und einerlei, mit welchen Lebenssphären sie in Berührung kommen, sie werden wirklich Kirchendiener und sonst nichts. Wer danach trachtet, etwas zu werden, was nichts mit seiner Persönlichkeit zu tun hat, Parlamentsmitglied oder erfolgreicher Gemischtwarenhändler oder ein bekannter Rechtsanwalt oder Richter oder sonst etwas Langweiliges, wird unweigerlich dieses Ziel erreichen. Das ist seine Strafe. Wer eine Maske haben will, muß sie auch tragen.

Ganz anders verhält es sich mit den dynamischen Lebenskräften und mit den Menschen, in denen diese dynamischen Kräfte lebendig sind. Wer einzig nach Selbstverwirklichung strebt, weiß nie, wohin er geht. Er kann es nicht wissen. In einem bestimmten Sinn des Wortes ist es natürlich nötig, daß man, wie das griechische Orakel sagte, sich selbst erkennt. Darin besteht die erste Stufe des Wissens. Und die letzte Stufe der Weisheit ist die Erkenntnis, daß die Menschenseele unerforschlich ist. Das letzte Geheimnis sind wir selbst. Wir mögen das Gewicht der Sonne bestimmen, die Bahn des Mondes messen und die sieben Himmel Stern für Stern auf Karten verzeichnen, dann bleiben immer noch wir selbst. Wer kann den Lauf der eigenen Seele berechnen? Als der Sohn des Kis sich aufmachte, seines Vaters Eselinnen zu suchen, wußte er nicht, daß ein Mann Gottes mit dem Salböl der Könige auf ihn wartete und daß seine Seele bereits die Seele eines Königs war.

Ich hoffe, lange genug zu leben und ein Werk zu schaffen, das mich am Ende meiner Tage zu der Bemerkung berechtigt: »Seht, dahin führt das Leben des Künstlers.« Zwei vollendete Beispiele für ein solches Leben kenne ich aus eigener Anschauung: Verlaine und den Fürsten Kropotkin. Beide Männer waren jahrelang im Gefängnis: der eine war der einzige christliche Dichter seit Dante, der andere ist ein Mann mit der Seele jenes schönen, weißen Christus, der in Rußland beheimatet scheint. Und seit sieben oder acht Monaten komme ich, trotz größter Widrigkeiten, die mich fast pausenlos von der Außenwelt her heimsuchen, direkt mit einem neuen Geist in Berührung, der durch Menschen und Dinge in diesem Gefängnis wirkt und mir mehr hilft, als sich in Worten ausdrücken läßt; während ich im ersten Jahre meiner Kerkerhaft nichts anderes tat, mich heute an nichts erinnere, als daß ich meine Hände in ohnmächtiger Verzweiflung rang und ausrief: »Was für ein Ende! Was für ein schreckliches Ende!«, versuche ich mir jetzt selbst zuzurufen, rufe mir wirklich und wahrhaftig manchmal zu, wenn ich der Selbstquälerei müde bin: »Was für ein Anfang! Was für ein wunderbarer Anfang!« Vielleicht ist es das wirklich. Vielleicht wird es das wirklich.

Wenn ja, dann verdanke ich viel der neuen Persönlichkeit, die unser aller Leben an diesem Ort verändert hat.

Die Dinge an sich sind von geringer Bedeutung, ja sie haben – und hier können wir wenigstens einmal der Metaphysik für eine Lehre danken – keine reale Existenz. Von Bedeutung ist allein der Geist. Eine Strafe kann so erteilt werden, daß sie heilend wirkt, nicht Wunden schlägt, genau wie man Almosen so geben kann, daß das Brot in der Hand des Gebers zu Stein wird. Wie groß die Veränderung ist – nicht in den Vorschriften, denn die sind nach ehernen Regeln festgelegt, sondern in dem Geist, durch den sie zum Ausdruck kommen –, kannst Du ermessen, wenn ich Dir sage: wäre ich im vergangenen Mai entlassen worden, wie ich es versuchte, so wäre ich mit einem Abscheu gegen diesen Ort und alle, die hier tätig sind, geschieden, mit einem Haß von solcher Bitterkeit, daß er mein Leben vergiftet hätte. Ich mußte zwar ein weiteres Jahr im Kerker bleiben, doch edle Menschlichkeit hat mit uns zusammen hier geweilt, und wenn ich jetzt hinausgehe, werde ich immer der großen Freundlichkeit gedenken, die mir von fast allen hier entgegengebracht worden ist, und am Tage meiner Entlassung werde ich vielen Leuten die Hand schütteln und sie bitten, auch sie möchten mitunter meiner gedenken.

Das System des Strafvollzugs ist durch und durch falsch. Ich würde alles dafür geben, daß ich nach meiner Entlassung hier eine Änderung bewirken könnte. Ich will es versuchen. Doch nichts in der Welt ist so falsch, daß nicht der Geist edler Menschlichkeit, der gleich ist dem Geist der Liebe, dem Geiste Christi, den man nicht in Kirchen findet, es, wenn auch nicht richtig, so doch erträglich machen, die Bitterkeit des Herzens lindern könnte.

Ich weiß auch, daß draußen viel Schönes auf mich wartet: angefangen von dem, was der heilige Franz von Assisi *»mein Bruder, der Wind«* und *»meine Schwester, der Regen«* nennt, beides wundervolle Dinge, bis hin zu den Schaufenstern und Sonnenuntergängen der großen Städte. Wollte ich eine Liste aller Dinge aufstellen, die mir noch immer verbleiben, ich wüßte nicht, wo ich aufhören sollte: denn wahrlich, Gott schuf die Welt für mich so gut wie für alle anderen. Vielleicht nehme ich sogar etwas mit hinaus, was ich vorher nicht besessen habe. Ich brauche Dir nicht zu sagen, daß ich Reformen in der Moral genauso sinnlos und abgeschmackt finde, wie Reformationen in der Theologie. Doch während der Vorsatz, ein besserer Mensch zu werden, nur gedankenloser Heuchelei entspringt, ist es das Vorrecht dessen, der gelitten hat, ein *tieferer* Mensch zu werden. Und das bin ich, glaube ich, geworden. Du kannst es selbst beurteilen.

Wenn nach meiner Entlassung einer meiner Freunde ein Fest gäbe und mich nicht einlüde, so würde ich mich nicht grämen. Ich kann mit mir selbst völlig glücklich sein. In Freiheit mit Blumen, Büchern und dem Mond – wer könnte da nicht glücklich sein? Zudem sind Feste nichts mehr für mich. Ich habe selbst in meinem Leben allzu viele Feste gegeben und mache mir nichts mehr daraus. Dieser Teil des Lebens ist für mich abgeschlossen, glücklicherweise, möchte ich sagen. Doch wenn nach meiner Entlassung einer meiner Freunde einen Kummer hätte und mich nicht daran mittragen lassen wollte, so würde mich das zutiefst schmerzen. Wenn er die Tür des Trauerhauses vor mir verschlösse, so würde ich immer wieder kommen und Einlaß begehren, und den Anteil fordern, der mir zusteht. Wenn er mich für unwürdig hielte, unwert, mit ihm zu weinen, so würde ich das als die schmerzlichste Demütigung empfinden, die grausamste Art, mir einen Schimpf anzutun. Doch das wäre unmöglich. Ich habe ein Recht, mitzuleiden, und wer die Lieblichkeit der Welt ansehen und ihr Leid mitleiden und etwas von dem Wunderbaren, das in beidem liegt, erfassen kann, der pflegt Umgang mit dem Göttlichen und ist Gottes Geheimnis so nah gekommen, wie ein Mensch es irgend vermag.

Vielleicht wird auch meine Kunst, genau wie mein Leben, auf eine tiefere Note gestimmt, die meinen Leidenschaften einen volleren Klang verleiht und meinen Impulsen eine größere Spontaneität. Nicht die Breite, die Tiefe ist das wahre Ziel der modernen Kunst. In der Kunst beschäftigt uns nicht mehr das Typische. Wir müssen uns mit der Ausnahme auseinandersetzen. Ich kann meine Leiden in keine der Formen bringen, die sie wirklich angenommen hatten, das brauche ich wohl kaum zu sagen. Die Kunst beginnt erst dort, wo die Nachahmung endet. Doch in irgendeiner Form müssen sie in mein Werk eingehen: als vollere

Harmonie des Wortes vielleicht, als reichere Kadenzen, als kühnere Farbeffekte, als größere Schlichtheit in der Architektonik, als irgendeine ästhetische Qualität auf jeden Fall.

Als Marsyas »aus seiner Glieder Scheide ward gezogen« – *dalla vagina delle membre sue*, um eines von Dantes schrecklichsten, taciteischen Bildern zu gebrauchen –, war sein Lied verstummt, sagten die Griechen. Apollon war Sieger geblieben. Die Leier hatte die Hirtenflöte besiegt. Doch vielleicht irrten die Griechen. Ich hörte in der modernen Kunst oft den Schrei des Marsyas. Er klingt bitter bei Baudelaire, süß und klagend bei Lamartine, mystisch bei Verlaine. Er schwingt mit in den verzögerten Auflösungen der Chopinschen Musik. Er tönt aus dem Mißvergnügen, das auf allen Frauengesichtern bei Burne-Jones wiederkehrt. Selbst Matthew Arnold, dessen Lied des Kallikles vom »Triumph der süß verführerischen Leier« und vom »glänzend vielgerühmten Sieg« in so hohen Tönen lyrischer Schönheit erzählt – selbst er bringt in der von Zweifel und Verzweiflung erregten Nebenstimme, die in seinen Versen mitschwingt, mehr als eine Ahnung davon. Weder Goethe noch Wordsworth konnten ihn heilen, wiewohl er erst dem einen, dann dem anderen folgte, und wenn er um »Thyrsis« trauern, vom »Zigeuner-Studenten« singen will, so muß er zur Hirtenflöte greifen, um seine Weise zu Gehör zu bringen. Mag der phrygische Faun nun stumm sein oder nicht, ich kann nicht schweigen. Selbstäußerung ist so notwendig für mich, wie die Blätter und Blüten für die schwarzen Äste der Bäume, die über die Gefängnismauer ragen und so ruhelos im Winde schwanken. Zwischen meiner Kunst und der Welt klafft jetzt ein breiter Abgrund, doch nicht zwischen der Kunst und mir. Ich hoffe es jedenfalls.

Jedem von uns ist ein anderes Los zugeteilt. Freiheit, Genuß, Vergnügen, ein angehmes Leben sind Dein Los, und Du bist seiner nicht würdig. Mein Los ist öffentliche Schande, lange Gefangenschaft, Elend, Ruin, Ehrlosigkeit, und auch ich bin seiner nicht würdig – jedenfalls noch nicht. Ich erinnere mich, daß ich zu sagen pflegte, ich könne vermutlich eine große Tragödie ertragen, wenn sie sich mir in Purpur und unter der Maske edlen Schmerzes nahe, doch das Furchtbare an der Moderne sei, daß sie die Tragödie in das Gewand der Komödie stecke, so daß die großen, wesenhaften Dinge vulgär oder grotesk oder stillos erschienen. Das trifft auf die Moderne wirklich zu. Wahrscheinlich hat es zu allen Zeiten auf das Leben in der Zeit zugetroffen. Es heißt, dem Zuschauer komme jedes Martyrium schäbig vor. Das neunzehnte Jahrhundert macht von der allgemeinen Regel keine Ausnahme.

An meiner eigenen Tragödie ist alles häßlich, schäbig, abstoßend, stillos. Allein unsere Kleidung macht uns grotesk. Wir sind die Witzfiguren des Leids. Clowns mit gebrochenem Herzen. Wir sind Karikaturen, die die Lachmuskeln reizen. Am 13. November 1895 wurde ich von London hierhergebracht. An diesem Tag mußte ich von zwei Uhr bis halb drei Uhr auf dem mittleren Bahnsteig der Station Clapham Junction stehen, in Sträflingskleidung und mit Handschellen, als Schauspiel für die Umstehenden. Man hatte mich aus der Krankenabteilung geholt, ohne mir auch nur eine Minute vorher Bescheid zu sagen. Etwas Groteskeres als mich kann man sich nicht vorstellen. Die Leute lachten bei meinem Anblick. Mit jedem neuen Zug, der einlief, wurde die Zahl der Gaffer größer. Sie amüsierten sich maßlos. Da wußten sie natürlich noch nicht, wer ich war. Als sie es erfahren hatten, lachten sie noch mehr. Eine halbe Stunde lang stand ich da im grauen Novemberregen, umringt von einem johlenden Mob. Ein volles Jahr lang, nachdem man mir das angetan hatte, weinte ich jeden Tag zur gleichen Zeit, gleich lange. Das ist nicht so tragisch, wie es für Dich klingen mag. Im Gefängnis gehören Tränen zum täglichen Leben. Ein Tag im Gefängnis, an dem man nicht weint, ist ein Tag, an dem das Herz verhärtet ist, nicht ein Tag, an dem das Herz besonders glücklich wäre.

Und heute bin ich so weit, daß ich mehr Mitleid habe mit den Leuten, die damals lachten, als mit mir. Als sie mich sahen, stand ich natürlich nicht auf meinem Podest. Ich stand am Pranger. Doch nur sehr phantasielose Naturen legen ausschließlich Wert auf Leute, die auf einem Podest stehen. Ein Podest kann etwas sehr Unreales sein. Ein Pranger ist furchtbare Realität. Sie hätten auch das Leid besser interpretieren sollen. Ich sagte schon, hinter dem Leid verberge sich stets nur Leid. Noch klüger wäre es, zu sagen, hinter dem Leid verberge sich stets eine Seele. Und es ist furchtbar, über eine Seele in Not zu spotten. Wer das tut, dessen Leben ist unschön. In der merkwürdig einfachen Ökonomie der Welt bekommt jeder nur, was er gibt, und wer nicht genügend Vorstellungskraft aufbringt, durch die Oberfläche der Dinge zu dringen und Mitleid zu empfinden, welches andere Mitleid kann dem zuteil werden als das Mitleid der Verachtung?

Ich habe Dir die Geschichte erzählt, wie ich hierher überführt wurde, nur damit Du Dir klarmachen kannst, wie schwer es für mich ist, meiner Strafe etwas anderes als Bitterkeit und Verzweiflung abzugewinnen. Und doch muß ich es tun, und zuweilen habe ich Anwandlungen von Ergebung und Fügsamkeit. Der ganze Frühling kann in einer einzigen Knospe versteckt sein, und das Ackernest der Lerche kann die Freude beherbergen, die den Füßen manches rosenroten Morgens vorauseilt, und so ist vielleicht auch die Schönheit, die mir noch verbleiben soll, in einem Augenblick der Hingabe, der Erniedrigung und Demütigung enthalten. Wie dem auch sei, ich kann nur in der Bahn meiner eigenen Entwicklung weiterschreiten und mich dessen, was mir widerfuhr, nur dadurch würdig erweisen, daß ich es bejahe.

Man sagte mir gewöhnlich nach, ich sei ein zu großer Individualist. Ich muß ein noch viel größerer Individualist werden, als ich je war. Ich muß mir selbst weit mehr abverlangen denn je und weit weniger von der Welt erwarten. Denn mein Verderben war in Wahrheit nicht die Folge eines zu großen Individualismus, sondern eines zu geringen. Die einzige schändliche, unverzeihliche und für alle Zeit verächtliche Handlung meines Lebens beging ich, als ich mich dazu zwingen ließ, die Gesellschaft um Hilfe und Schutz gegen Deinen Vater anzurufen. Eine solche Bitte um Schutz vor irgend jemandem wäre, vom individualistischen Standpunkt aus, schon schlimm genug gewesen, welche Entschuldigung aber kann es für jemanden geben, der vor einem Menschen von der Veranlagung und dem Aussehen Deines Vaters Schutz sucht?

Sobald ich die Kräfte der Gesellschaft einmal in Bewegung gebracht hatte, machte die Gesellschaft natürlich gegen mich Front und sagte: »Du hast dich die ganze Zeit über meine Gesetze hinweggesetzt, und nun appellierst du an diese Gesetze zu deinem Schutz? Du sollst die ganze Schwere dieser Gesetze zu spüren kriegen. Du sollst nicht umsonst an sie appelliert haben.«

Ergebnis: ich sitze im Zuchthaus. Und wie bitter empfand ich die Ironie und Unwürdigkeit meiner Position, als ich im Verlauf meiner drei Prozesse, angefangen mit der Verhandlung vor dem Polizeigericht, Deinen Vater geschäftig hin und her eilen sah in der Hoffnung, die Aufmerksamkeit des Publikums auf sich zu ziehen, als ob irgendwer diese Gestalt mit dem Auftreten und dem Anzug eines Stallburschen, den Säbelbeinen, den fuchtelnden Händen, der hängenden Unterlippe, dem bestialischen und schwachsinnigen Grinsen übersehen oder je wieder vergessen könnte. Selbst wenn er nicht anwesend oder gerade nicht zu sehen war, spürte ich seine Gegenwart, und an den kahlen, düsteren Mauern des großen Gerichtssaals, selbst in der Luft schienen mir zuweilen die mannigfachsten Masken dieser äffischen Fratze zu hängen. Bestimmt ist nie ein Mensch so schmählich und durch so schmähliche Werkzeuge zu Fall gebracht worden wie ich. Irgendwo in *Dorian Gray* sage ich, »man kann in der Wahl seiner Feinde nicht vorsichtig genug sein«. Ich ließ mir nicht träumen, daß ein Paria mich eines Tages zum Paria machen sollte.

Daß Du mich drängtest, zwangst, die Gesellschaft zu Hilfe zu rufen, ist einer der Gründe, warum ich Dich so sehr verachte, mich selber so sehr verachte, weil ich Dir nachgab. Daß Du mich als Künstler nicht zu schätzen wußtest, war durchaus entschuldbar. Es lag in Deinem Temperament. Du konntest nichts dafür. Aber Du hättest mich als Individualisten schätzen müssen. Dazu bedurfte es keiner besonderen Bildung. Aber auch das tatest Du nicht und brachtest so das philisterhafte Element in ein Leben, das ein einziger Protest gegen dieses Element gewesen war und es in mancher Hinsicht ad absurdum führte. Das Philisterhafte im Leben besteht nicht darin, daß jemand nichts von Kunst versteht. Es gibt reizende Menschen, Fischer, Hirten, Landarbeiter, Bauern und dergleichen, die nichts von Kunst wissen und doch das Salz der Erde sind. Ein Philister ist ein Mensch, der die plumpen, zähen, blinden, mechanischen Kräfte der Gesellschaft trägt und stützt und die dynamische Kraft, wenn sie ihm in einem Menschen oder einer Bewegung begegnet, nicht erkennt.

Man hat es mir schrecklich verübelt, daß ich die bösen Dinge des Lebens an meinen Tisch lud und an ihrer Gesellschaft Gefallen fand. Doch von dem Standpunkt aus, von dem ich, auch im

Leben ein Künstler, ihnen nahte, waren sie wunderbar anregend und reizvoll. Es waren Gelage mit Panthern. In der Gefahr lag der größte Reiz. Ich fühlte mich immer, wie der Schlangenbeschwörer sich fühlen muß, wenn er die Kobra von dem bunten Tuch oder aus dem Weidenkorb lockt, daß sie sich hochstemmt und auf sein Geheiß ihr Schild breitet und sich in der Luft hin- und herwiegt, wie eine Pflanze gelassen in der Strömung schaukelt. Sie waren für mich die goldschimmerndsten Schlangen. Ihr Gift war ein Teil ihrer Vollkommenheit. Als sie nach mir stießen, wußte ich nicht, daß sie nach Deiner Pfeife und für das Geld Deines Vaters tanzten. Ich schäme mich überhaupt nicht meiner Bekanntschaft mit ihnen. Sie waren höchst interessant. Aber ich schäme mich der ekligen Philisterwelt, in die Du mich brachtest. Als Künstler hatte ich mich mit Ariel zu messen. Du ließest mich zum Ringkampf mit Caliban antreten. Statt schöne, farbenprächtige Werke zu schaffen, wie *Salome* und *Florentine Tragedy* und *La Sainte Courtisane*, sah ich mich gezwungen, lange Advokatenbriefe an Deinen Vater zu schicken, und genötigt, gerade an die Kräfte zu appellieren, gegen die ich immer protestiert hatte. Clibborn und Atkins waren wundervoll in ihrem infamen Krieg gegen das Leben. Es war ein riskantes Abenteuer, sie zu bewirten. Dumas père, Cellini, Goya, Edgar Allan Poe oder Baudelaire hätten genau das gleiche getan. Verhaßt dagegen ist mir die Erinnerung an die endlosen Besuche, die ich in Deiner Begleitung dem Rechtsanwalt Humphreys abstattete, wo ich mit Dir in der gespenstischen Beleuchtung eines düsteren Zimmers saß und einem Kahlkopf mit gewichtiger Miene gewichtige Lügen auftischte, bis ich selbst vor lauter *ennui* ächzte und gähnte. *Dort* war ich nach zweijähriger Freundschaft mit Dir angelangt, im Herzen Philistäas, fern von allem, was schön und glänzend oder wunderbar oder kühn war. Und am Ende mußte ich Deinetwegen als Verfechter der Wohlanständigkeit im Wandel, des Puritanismus im Leben und der Moralität in der Kunst antreten. *Voilà où mènent les mauvais chemins!*

Und das Erstaunlichste für mich bleibt Dein Versuch, Deinen Vater in seinen wesentlichen Charakterzügen nachzuahmen. Ich verstehe nicht, warum er Dir zum Vorbild wurde, wo er Dir ein abschreckendes Beispiel hätte sein sollen, es sei denn, daß auch der Haß zwischen zwei Menschen eine Art von brüderlichem Band darstellt. Ich vermute, ihr haßtet einander kraft des sonderbaren Gesetzes, wonach gleich und gleich einander abstößt, also nicht weil ihr in vielem so verschieden, sondern weil ihr in einigem so ähnlich seid. Als Du im Juni 1893 von Oxford abgingst, ohne Examen und mit Schulden, die an sich unbedeutend, für einen Mann vom Vermögen Deines Vaters jedoch beträchtlich waren, schrieb Dein Vater Dir einen höchst vulgären, barschen und beleidigenden Brief. Dein Antwortbrief an ihn war in jeder Hinsicht noch übler und natürlich weit weniger entschuldbar, und daher warst Du sehr stolz darauf. Ich erinnere mich noch gut, wie Du zu mir mit Deiner eingebildetsten Miene sagtest, Du könntest Deinen Vater »mit seinen eigenen Mitteln schlagen«. Stimmt. Aber welche Mittel! Welcher Wettkampf! Du lachtest und mokiertest Dich über Deinen Vater, weil er sich aus dem Hause Deines Vetters, wo er wohnte, in ein nahes Hotel begab, um von dort aus an ihn schmutzige Briefe zu schreiben. Genauso machtest Du es mit mir. Du aßest ständig mit mir in einem öffentlichen Restaurant, schmolltest oder machtest Szenen während des Essens und zogst Dich dann in den White's Club zurück, um mir Briefe übelster Art zu schreiben. Du unterschiedest Dich nur darin von Deinem Vater, daß Du ein paar Stunden, nachdem Du mir Deinen Brief durch einen Boten hattest zustellen lassen, selbst in meinem Hause erschienst, nicht um Dich zu entschuldigen, sondern um zu erfahren, ob ich das Abendessen im Savoy bestellt hätte, und wenn nicht, warum ich es nicht getan hätte. Manchmal trafst Du tatsächlich schon ein, ehe ich Deinen Schmähbrief gelesen hatte. Ich erinnere mich, wie Du mich einmal gebeten hattest, zwei Deiner Freunde, von denen ich den einen nie im Leben gesehen hatte, zum Lunch ins Café Royal einzuladen. Ich tat es und bestellte auf Deinen besonderen Wunsch ein besonders erlesenes Menu. Ich weiß noch, daß der *chef* herbeizitiert wurde und daß detaillierte Anweisungen wegen der Weine erteilt wurden. Statt zum Lunch zu erscheinen, schicktest Du mir einen beleidigenden Brief ins Café, dessen Zustellung Du so berechnet hattest, daß er ankam, nachdem wir eine halbe Stunde auf Dich gewartet hatten. Ich las die erste Zeile und wußte Bescheid, steckte den Brief in die Tasche, erklärte Deinen Freunden, Du seist plötzlich erkrankt, und der Rest des Briefes handle von den Symptomen Deiner Krankheit. Tatsächlich las ich den Brief erst, als ich mich an diesem Abend in der Tite Street zum Dinner umzog. Als ich inmitten dieses Schlamms steckte, mich voll unendlicher Traurigkeit fragte, wie Du Briefe schreiben konntest, die dem Schaum und Geifer auf den Lippen eines Epileptikers glichen, da meldete mir mein Diener, Du seist in der Diele und möchtest mich unbedingt ein paar Minuten sprechen. Ich ließ Dich sogleich heraufbitten. Du tratest ein, verstört und blaß, wie ich zugeben muß, und erbatest meinen Rat und Beistand, da Dir hinterbracht worden sei, ein Mann aus dem Büro des Anwalts Lumley habe sich nach Dir am Cadogan Place erkundigt, und Du befürchtetest, daß die Oxford-Affäre oder irgendeine neue Sache Dich in Schwierigkeiten bringen könnte. Ich beruhigte Dich, sagte Dir, daß es sich wahrscheinlich nur um die Rechnung eines Lieferanten handle, was sich nachher auch als zutreffend herausstellte, und lud Dich ein, zum Essen zu bleiben und den Abend mit mir zu verbringen. Du erwähntest Deinen gemeinen Brief mit keinem Wort, ich auch nicht. Ich behandelte ihn einfach als unglückliches Symptom eines unglücklichen Temperaments. Die Sache kam nie aufs Tapet. Mir um 2 Uhr 30 einen häßlichen Brief zu schreiben und am gleichen Nachmittag um ein Viertel nach sieben zu mir zu eilen, um Hilfe und Mitgefühl zu suchen, war in Deinem Leben ein durchaus gewöhnliches Ereignis. In solchen Gepflogenheiten übertrafst Du noch Deinen Vater, in manchen anderen übrigens auch. Als seine empörenden Briefe an Dich vor Gericht verlesen wurden, schämte er sich natürlich und tat, als weinte er. Wären von seinem Anwalt Deine Briefe an ihn verlesen worden, so hätten alle Zuhörer noch weit mehr Entsetzen und Abscheu empfunden. Und nicht nur stilistisch schlugst Du ihn »in seinem eigenen Fach«, auch in der Art des Angriffs ließest Du ihn weit hinter Dir. Du bedientest Dich des öffentlichen Telegramms und der offenen Postkarte. Ich meine, solche Formen der Behelligung hättest Du Alfred Wood überlassen können, der ausschließlich davon lebte. Nicht wahr? Für ihn und seinesgleichen war es ein Beruf, für Dich ein Vergnügen, und zwar ein niederträchtiges. Auch hast Du die abscheuliche Angewohnheit, beleidigende Briefe zu schreiben, keineswegs abgelegt, nachdem Du gesehen hast, was mir durch sie und um ihretwillen widerfahren ist. Du siehst darin noch immer eine Deiner ausgeprägtesten Fähigkeiten und übst sie an meinen Freunden, an denen, die mir im Gefängnis Gutes tun wie Robert Sherard und andere. Du solltest Dich schämen. Als Robert Sherard von mir erfuhr, daß ich die Veröffentlichung Deines Artikels über mich im *Mercure de France* nicht wünschte – mit Briefen oder ohne Briefe –, hättest Du ihm dankbar dafür sein sollen, daß er Dir meine Wünsche in dieser Sache dartat und Du so davor bewahrt wurdest, mir, ohne es zu wollen, noch mehr Schmerz zuzufügen, als Du ohnehin schon getan hattest. Du mußt bedenken, daß ein gönnerhafter und philiströser Brief über »fair play« für einen »Mann, der am Boden liegt«, in einer englischen Zeitung am Platz ist. Er setzt, was die Einstellung zu Künstlern angeht, die alte englische Journalistentradition fort. In Frankreich dagegen hätte ein solcher Ton mich der Lächerlichkeit und Dich der Verachtung preisgegeben. Ich hätte keinen Artikel zulassen können, dessen Ziel, Tonart, Tendenz und dergleichen ich nicht kannte. In der Kunst haben gute Absichten nicht den geringsten Wert. Alle schlechte Kunst entstammt guten Absichten.

Auch ist Robert Sherard nicht der einzige unter meinen Freunden, an den Du ätzende und bittere Briefe richtetest, weil er fand, man müsse meine Meinung einholen, wo es sich um Angelegenheiten handelte, die mich unmittelbar betrafen, wie die Veröffentlichung von Artikeln über mich, die Zueignung Deiner Gedichte, die Rückgabe meiner Briefe und Geschenke und dergleichen. Du hast auch andere beleidigt oder zu beleidigen versucht.

Kommt Dir je in den Sinn, wie übel ich in den vergangenen zwei Jahren, während meiner entsetzlichen Strafe, daran gewesen wäre, wenn ich mich auf Deine Freundestreue hätte verlassen müssen? Denkst Du jemals daran? Empfindest Du jemals die geringste Dankbarkeit denjenigen gegenüber, die durch unerschöpfliche Güte, grenzenlose Anhänglichkeit, durch heitere Freude am Geben mir meine schwarze Last erleichtert, mich immer wieder besucht haben, mir schöne und mitfühlende Briefe schrieben, sich meiner Interessen annahmen, mein künftiges Leben für mich planten, zu mir standen, aller Verleumdung, Stichelei, offenen Geringschätzung, ja Beleidigung zum Trotz? Ich danke Gott jeden Tag, daß er mir andere Freunde gegeben hat, als Du einer bist. Ich verdanke ihnen alles. Selbst die Bücher in meiner Zelle hat Robbie von seinem Taschengeld bezahlt. Aus der gleichen Quelle sollen mir nach meiner Entlassung Kleider beschafft werden. Ich schäme mich nicht, anzunehmen, was Liebe und Zuneigung mir schenken. Ich bin stolz darauf. Doch hast Du je überlegt, was meine Freunde wie More Adey, Robbie, Robert Sherard, Frank Harris und Arthur Clifton für mich tun, indem sie mir Trost, Hilfe, Liebe, Mitgefühl entgegenbringen? Daran hast Du wohl noch nie gedacht. Und doch – wenn Du einen Funken Vorstellungskraft in Dir hättest, wüßtest Du, daß es nicht einen Menschen gibt unter all denen, die während meiner Gefängnisjahre gut zu mir waren, bis hinunter zu dem Wärter, der mir vielleicht ein »Guten Morgen« oder ein »Gute Nacht« sagt, obgleich das nicht zu seinen dienstlichen Pflichten gehört – bis hinunter zu den gewöhnlichen Polizisten, die mich auf ihre schlichte, rauhe Art zu trösten suchten, als ich unter schrecklichen seelischen Qualen mehrmals vom Gefängnis zum Konkursgericht und zurück gebracht wurde – bis hinunter zu dem armen Dieb, der mich erkannte, als wir im Gefängnishof zu Wandsworth unsere Runde machten und mir mit der heiseren Kerkerstimme, die man vom langen, erzwungenen Schweigen bekommt, zuflüsterte: *»Sie tun mir leid: Leute wie Sie trifft's härter als unsereinen«* – daß nicht einer unter ihnen ist, sage ich, dem Du nicht danken müßtest, wenn er Dir erlaubte, vor ihm niederzuknien und den Schmutz von seinen Schuhen zu putzen.

Hast Du genügend Phantasie, zu verstehen, wie tragisch es für mich war, Deiner Familie begegnet zu sein? Wie tragisch es für jeden Menschen gewesen wäre, der eine angesehene Stellung, einen angesehenen Namen, irgendwas von Bedeutung zu verlieren hatte? Unter Deinen erwachsenen Angehörigen ist kaum einer – mit Ausnahme von Percy, der wirklich ein guter Junge ist –, der nicht auf seine Weise zu meinem Ruin beigetragen hätte.

Ich habe Dir von Deiner Mutter gesprochen, nicht ohne Bitterkeit, und ich rate Dir dringend, ihr – vor allem um Deinetwillen –

diesen Brief zu zeigen. Wenn es sie schmerzt, eine solche Anklage gegen einen ihrer Söhne zu lesen, so soll sie daran denken, daß *meine* Mutter, der im Geistesleben der Platz neben Elizabeth Barrett Browning und in der Geschichte der Platz neben Madame Roland gebührt, an gebrochenem Herzen starb, weil der Sohn, auf dessen Genie und Werk sie so stolz war und in dem sie immer den würdigen Träger eines geachteten Namens sah, zu zwei Jahren Zwangsarbeit verurteilt worden war. Du wirst mich fragen, wie Deine Mutter zu meinem Umtergang beigetragen hat. Ich will es Dir sagen. Genau wie Du versuchtest, die ganze Verantwortung für Deine Unmoral auf mich zu schieben, so bemühte sich Deine Mutter, ihre ganze moralische Verantwortung Dir gegenüber auf mich zu schieben. Statt offen mit Dir über Dein Leben zu sprechen, wie es die Pflicht einer Mutter ist, schrieb sie immer heimlich an mich und beschwor mich zugleich eindringlich und furchtsam, Dir nichts von ihrem Brief an mich zu sagen. Du siehst, in welche Stellung zwischen Dir und Deiner Mutter ich gedrängt wurde. Sie war ebenso falsch, ebenso absurd und ebenso tragisch wie meine Stellung zwischen Dir und Deinem Vater. Im August 1892 und am 8. November des gleichen Jahres führte ich mit Deiner Mutter zwei lange Gespräche über Dich. Beide Male fragte ich sie, warum sie nicht direkt mit Dir spreche. Beide Male erhielt ich die gleiche Antwort: *»Ich wage es nicht, er wird so ärgerlich, wenn man ihm gut zuredet.«* Das erste Mal kannte ich Dich erst so flüchtig, daß ich nicht begriff, was sie meinte. Das zweite Mal kannte ich Dich so gut, daß ich vollauf begriff. (In der Zwischenzeit hattest Du einen Anfall von Gelbsucht gehabt und auf Anraten des Arztes eine Woche in Bournemouth verbringen müssen, Du hattest mich überredet, mitzukommen, weil Du nicht allein sein wolltest.) Doch die erste Pflicht einer Mutter ist es, vor einem ernsten Gespräch mit ihrem Sohn keine Angst zu haben. Hätte Deine Mutter ernstlich mit Dir über die mißliche Geschichte gesprochen, in der Du im Juli 1892 stecktest, und Dein Vertrauen gewonnen, es wäre letztlich für Euch beide viel besser und viel glücklicher gewesen. Alle diese verstohlenen, geheimen Mitteilungen an mich waren falsch. Welchen Zweck hatten die zahllosen Briefchen, die Deine Mutter mir schickte, mit dem Vermerk »Persönlich« auf dem Umschlag, in denen sie mich bat, Dich nicht so oft zum Essen einzuladen und Dir kein Geld zu geben, jedes mit der gewichtigen Nachschrift: *»Lassen Sie Alfred auf keinen Fall wissen, daß ich Ihnen geschrieben habe.«* Was konnte bei einer solchen Korrespondenz herauskommen? Hast Du jemals gewartet, bis man Dich zum Essen einlud? Niemals. Mit schöner Selbstverständlichkeit nahmst Du alle Mahlzeiten an meinem Tisch ein. Wenn ich Einspruch erhob, hattest Du stets die Erwiderung: *»Wenn ich nicht mit dir esse, mit wem soll ich dann essen? Denkst du vielleicht zu Hause?«* Darauf gab es keine Antwort. Und wenn ich mich strikt weigerte, Dich mit mir essen zu lassen, dann drohtest Du jedesmal, irgendeine Dummheit anzustellen, und tatest es auch. Welche Wirkung konnten Briefe haben, wie Deine Mutter sie mir dauernd schrieb, außer der, die dann auch eintrat: daß die moralische Verantwortung in törichter und verhängnisvoller Weise auf mich abgeschoben wurde. Ich will nicht weiter über die Einzelheiten sprechen, in denen die Schwäche und Feigheit Deiner Mutter sich so verderblich für sie, für Dich und für mich erwies, doch als sie erfuhr, daß Dein Vater in mein Haus eindrang, um eine widerliche Szene zu machen und einen öffentlichen Skandal zu erregen, hätte sie wahrhaftig begreifen können, daß eine ernste Krise bevorstand, und entsprechende Schritte unternehmen sollen, um sie nach Möglichkeit zu vermeiden. Statt dessen fiel ihr nichts Besseres ein, als den glatten George Wyndham herzuschicken, der mir mit seiner glatten Zunge vorschlagen sollte – was wohl? Ich solle Dich »schön langsam abhängen«!

Als hätte ich eine Möglichkeit gehabt, Dich schön langsam abzuhängen! Ich hatte auf alle mögliche Art versucht, unserer Freundschaft ein Ende zu setzen, war so weit gegangen, England zu verlassen und eine falsche Adresse im Ausland anzugeben, in der Hoffnung, mit einem Streich ein Band zu zerschneiden, das mir lästig, verhaßt und verderblich geworden war. Glaubst Du, ich hätte Dich »schön langsam abhängen« *können?* Glaubst Du, Dein Vater hätte sich damit zufriedengegeben? Du weißt, daß das nicht der Fall gewesen wäre. Dein Vater wollte nicht den Abbruch unserer Freundschaft erreichen, sondern einen öffentlichen Skandal. Darum ging es ihm. Seit Jahren war sein Name nicht mehr in den Zeitungen gestanden. Er sah die Möglichkeit, sich dem britischen Publikum in einer völlig neuen Rolle vorzustellen, in der Rolle des liebenden Vaters. Sein Sinn für Humor war erwacht. Wenn ich meine Freundschaft mit Dir gelöst hätte, wäre er furchtbar enttäuscht gewesen, und das bißchen Klatsch um seine zweite Ehescheidung, wenn auch im einzelnen und dem Anlaß nach empörend, wäre ihm nur eine geringe Entschädigung gewesen. Alle Welt sollte von ihm sprechen, er wollte, wie man so sagt, als Vorkämpfer der Sittenreinheit gelten, denn das ist bei der heutigen Geistesverfassung der britischen Öffentlichkeit das sicherste Mittel, der Held des Tages zu werden. Von dieser Öffentlichkeit habe ich in einem meiner Stücke gesagt, sie sei in der einen Hälfte des Jahres Caliban und Tartuffe in der anderen, und Dein Vater, in dem beide Figuren verkörpert waren, war prädestiniert zum typischen Vertreter des Puritanismus in seiner aggressivsten und ausgeprägtesten Form. Dich langsam abzuhängen hätte gar nichts genützt, selbst wenn es praktisch durchführbar gewesen wäre. Fühlst Du jetzt, daß es die Pflicht Deiner Mutter gewesen wäre, mich zu sich zu bitten und Dich und Deinen Bruder dazu und mit aller Entschiedenheit zu erklären, mit dieser Freundschaft sei ein für allemal Schluß? Sie hätte in mir ihre wärmste Stütze gefunden und in Drumlanrigs und meiner Anwesenheit auch ruhig wagen können, Dir gut zuzureden. Sie tat es nicht. Sie hatte Angst vor ihrer Verantwortung und versuchte, sie auf mich abzuwälzen. Es stimmt, daß sie mir einen Brief geschrieben hat. Ein paar Zeilen nur, worin sie mich bat, das Schreiben des Anwalts, das Deinen Vater vor weiteren Unternehmungen warnen sollte, nicht abzuschicken. Sie hatte völlig recht. Es war lächerlich von mir, Anwälte zu konsultieren und bei ihnen Schutz zu suchen. Doch sie zerstörte jede Wirkung, die ihr Brief hätte haben können, durch ihren üblichen Nachsatz: *»Lassen Sie Alfred auf keinen Fall wissen, daß ich Ihnen geschrieben habe.«*

Die Idee, daß auch ich, genau wie Du, Advokatenbriefe an Deinen Vater schicken sollte, fandest Du hinreißend. Es war Dein Vorschlag. Ich konnte nicht einwenden, daß Deine Mutter entschieden dagegen war, denn sie hatte mir das feierliche, bindende Versprechen abgenommen, Dir nie etwas von ihren Briefen an mich zu sagen, und ich war töricht genug, dieses Versprechen zu halten. Siehst Du nicht ein, wie unrecht sie daran getan hat, nicht direkt mit Dir zu sprechen? Daß all das Hintertreppen-Getuschel mit mir und die ganze Hintertür-Korrespondenz falsch waren? Niemand kann seine Verantwortung auf einen anderen abwälzen. Am Ende fällt sie immer auf ihren Träger zurück. Du hattest eine einzige Lebensauffassung, eine einzige Philosophie – falls man Dir überhaupt eine Philosophie zutrauen darf –, und zwar, daß für alles, was Du tatest, ein anderer bezahlen müsse: ich meine nicht nur im finanziellen Sinn – das war einfach die praktische Anwendung Deiner Philosophie auf den Alltag –, sondern im weitesten, vollsten Sinn der abgeschobenen Verantwortung. Das machtest Du zu Deinem Glaubensbekenntnis. Es hatte den größten Erfolg, solange es dauerte. Du drängtest mich in einen Prozeß, weil Du wußtest, daß Dein Vater keinesfalls Dich oder Dein Leben angreifen und daß ich beides bis zum äußersten verteidigen würde, daß ich alles, was man mir auflud, auf meine Schultern nehmen würde. Du hattest recht. Dein Vater und ich handelten, jeder natürlich aus anderen Motiven, genau so, wie Du es erwartet hattest. Und doch bist Du, trotz allem, nicht wirklich davongekommen. Die »Theorie vom Knäblein Samuel«, wie man sie der Kürze halber nennen kann, ist gut und schön, soweit die Welt der kleinen Leute im Spiel ist. In London mag man weidlich darüber spotten, in Oxford ein bißchen die Nase rümpfen, doch auch das nur, weil es an beiden Orten ein paar Leute gibt, die Dich kennen, und weil Du an jedem dieser Orte die Spuren Deines Wandelns zurückließest. Abgesehen von einem kleinen Grüppchen in jeder dieser beiden Städte sieht die Welt in Dir den anständigen jungen Mann, der um ein Haar von dem bösen und unmoralischenKünstler zur Sünde verführt worden wäre, wenn ihn nicht im letzten Augenblick der gütige und liebende Vater gerettet hätte. Das klingt ganz plausibel. Und doch weißt Du, daß Du nicht davongekommen bist. Ich spreche jetzt nicht von einer dummen Frage, die ein dummer Geschworener stellte und die selbstverständlich vom Staatsanwalt und vom Richter geringschätzig abgetan wurde. Niemand interessierte sich dafür. Ich spreche jetzt vielmehr von Deiner grundsätzlichen Einstellung. In Deinem Innersten, und eines Tages wirst Du über Dein Verhalten nachdenken müssen, bist Du nicht zufrieden, kannst Du nicht zufrieden sein damit, wie die Dinge sich entwickelten. Insgeheim mußt Du Dich vor Dir selbst schämen. Es eine feine Sache, der Welt eine eherne Stirn zu zeigen, doch dann und wann, wenn Du allein bist und kein Publikum hast, wirst Du wohl die Maske abnehmen müssen, und sei es nur, um Atem zu schöpfen. Sonst wärst Du bestimmt schon erstickt.

Und genauso muß Deine Mutter manchmal bedauern, daß sie versucht hat, ihre ernste Verantwortung auf einen anderen Menschen zu schieben, einen, der schon schwer genug zu tragen hatte. Sie hätte Dir Mutter und Vater sein sollen. Hat sie auch nur eine dieser beiden Pflichten erfüllt? Wenn ich Nachsicht hatte mit Deiner Launenhaftigkeit, Deiner Rücksichtslosigkeit und Deinen Szenen, so hätte auch sie sich damit abfinden können. Als ich meine Frau zum letztenmal sah – vor vierzehn Monaten –, sagte ich zu ihr, sie müsse Cyril nun Mutter und Vater sein. Ich erzählte ihr, wie Deine Mutter sich in allen Stücken Dir gegenüber verhalten hat, so wie ich es in diesem Brief niedergeschrieben habe, natürlich nur ausführlicher. Ich sagte ihr, was es mit den zahllosen Briefen auf sich hatte, die alle auf dem Umschlag den Vermerk »Persönlich« trugen, mit den Briefen, die Deine Mutter immer in die Tite Street schickte, und das mit solcher Beharrlichkeit, daß meine Frau schon lachte und sagte, wir müßten wohl gemeinsam an einem Gesellschaftsroman oder dergleichen arbeiten. Ich beschwor sie, an Cyril nicht so zu handeln, wie Deine Mutter an Dir gehandelt hatte. Ich sagte ihr, sie solle ihn so erziehen, daß er, falls er je unschuldiges Blut vergießen sollte, zu ihr kommen und sich ihr anvertrauen würde, damit sie es ihm zuerst von den Händen waschen und ihn dann lehren möge, wie er es danach durch Reue oder Sühne auch von seiner Seele waschen könne. Ich sagte ihr, wenn sie davor zurückschrecke, die Verantwortung für ein anderes Leben zu übernehmen, selbst wenn es das Leben ihres eigenen Kindes sei, so müsse sie einen Vormund bestellen lassen, der ihr helfen würde. Das hat sie auch getan, und ich bin froh darüber. Sie hat Adrian Hope gewählt, einen Mann von hoher Abkunft und Bildung und edlem Charakter, ihren Vetter, den Du einmal in der Tite Street getroffen hast, und er bietet Cyril und Vyvyan alle Aussicht auf eine schöne Zukunft. Wenn Deine Mutter schon Angst hatte, ernsthaft mit Dir zu sprechen, so hätte sie einen ihrer eigenen Verwandten darum bitten sollen, auf den Du vielleicht gehört hättest. Aber sie hätte überhaupt keine Angst haben sollen. Sie hätte sich mit Dir aussprechen sollen. Sieh doch selbst, was dabei herausgekommen ist. Ist sie jetzt glücklich und zufrieden?

Ich weiß, daß sie mir die Schuld gibt. Ich höre es, nicht von Leuten, die Dich kennen, sondern von Leuten, die Dich nicht kennen und auch nicht kennenlernen wollen. Ich höre es oft. Sie spricht zum Beispiel vom Einfluß eines älteren auf einen jüngeren Menschen. Es ist der Aspekt, unter dem sie das Problem am liebsten angeht und ein Appell an das landläufige Vorurteil und die allgemeine Ignoranz, der seine Wirkung nie verfehlt. Ich brauche Dich nicht zu fragen, welchen Einfluß ich auf Dich hatte. Du weißt, daß ich keinen hatte. Du prahltest häufig damit, daß ich keinen hatte, ausnahmsweise eine Prahlerei, die begründet war. Was war denn auch in Dir, was ich hätte beeinflussen können? Dein Verstand? Er war nicht entwickelt. Deine Phantasie? Sie war tot. Dein Herz? Es war noch nicht geboren. Von allen Menschen, die jemals meinen Lebensweg gekreuzt haben, warst Du derjenige, der einzige, den ich in keiner Weise und in keiner Richtung zu beeinflussen vermochte. Als ich krank und hilflos an einem Fieber darniederlag, das ich mir bei Deiner Pflege zugezogen hatte, reichte mein Einfluß nicht einmal aus, Dich zu bewegen, daß Du mir einen Becher Milch zu trinken holtest oder dafür sorgtest, daß mein Krankenzimmer mit den nötigsten Utensilien ausgestattet wurde oder daß Du Dir die Mühe gemacht hättest, ein paar hundert Meter weit bis zu einem Buchladen zu fahren, um mir auf meine Kosten ein Buch zu besorgen. Als ich auf der Höhe meiner schriftstellerischen Laufbahn war, Komödien schrieb, die Congreve an Geist und Dumas fils an philosophischem Gehalt übertrafen, und ich glaube auch jeden anderen in jeder anderen Hinsicht, reichte mein Einfluß auf Dich nicht aus, mir Ruhe vor Dir zu verschaffen, wie jeder Künstler sie braucht. Wo immer ich meine Arbeitsstätte aufschlug, für Dich war sie eine Art Clubhalle, ein Raum, wo man raucht, Weißwein mit Soda trinkt und über albernes Zeug plaudert. Der »Einfluß eines älteren auf einen jüngeren Menschen« ist eine großartige Theorie, solange sie mir nicht zu Ohren kommt.

Dann wird sie grotesk. Wenn sie Dir zu Ohren kommt, dann lächelst Du wohl – insgeheim. Dazu hast Du gewiß allen Grund. Ich höre auch viel davon, was Deine Mutter über Geld sagt. Sie behauptet, und das mit vollem Recht, daß sie mich unermüdlich beschworen habe, Dir kein Geld mehr zu geben. Das stimmt. Ihre Briefe waren zahllos, und die Nachschrift: *»Bitte lassen Sie Alfred nicht wissen, daß ich Ihnen geschrieben habe«*, tragen sie alle. Aber für mich war es kein Vergnügen, alles und jedes für Dich bezahlen zu müssen, vom Rasieren am Morgen bis zur Droschke um Mitternacht. Es war außerordentlich lästig. Wie oft habe ich Dir deswegen Vorhaltungen gemacht. Wie oft sagte ich – Du weißt es doch noch? –, wie widerlich es mir sei, daß Du mich als »nützlichen« Menschen betrachtetest und daß kein Künstler so betrachtet oder behandelt werden wolle; denn der Künstler ist, wie die Kunst selbst, seinem Wesen nach völlig nutzlos. Wenn ich das zu Dir sagte, wurdest Du jedesmal sehr ärgerlich. Ja, die Wahrheit ist eben höchst schmerzlich zu hören und höchst schmerzlich auszusprechen. Dennoch änderte sie weder Deine Ansichten noch Deine Lebensführung. Jeden Tag mußte ich für alles und jedes bezahlen, was Du den ganzen Tag über tatest. Nur ein absurd gutmütiger oder unbeschreiblich törichter Mensch hätte so etwas getan. Unglücklicherweise vereinigte ich beide Eigenschaften in mir. Sooft ich anregte, Deine Mutter solle Dich mit dem nötigen Geld versorgen, wußtest Du eine sehr hübsche und elegante Erwiderung. Du sagtest, das ihr von Deinem Vater ausgesetzte Einkommen – einige £ 1 500 pro Jahr, glaube ich – sei für die Bedürfnisse einer Dame ihres Standes völlig unzureichend, und Du könntest sie nicht um mehr Geld angehen, als Du bereits bekämst. Du hattest völlig recht damit, daß ihr Einkommen für eine Dame ihres Standes und Geschmacks durchaus indiskutabel war, aber das hätte Dir nicht zum Vorwand dienen sollen, auf meine Kosten im Überfluß zu leben: im Gegenteil, es hätte Dich zur Sparsamkeit in Deiner eigenen Lebenshaltung mahnen sollen. Tatsache ist, daß Du ausgesprochen sentimental warst und es wohl noch bist. Denn ein sentimentaler Mensch ist einer, der sich den Luxus eines Gefühls leisten möchte, ohne dafür zu bezahlen. Es war schön von Dir, daß Du Deiner Mutter nicht auf der Tasche liegen wolltest. Daß Du Dich dafür an mir schadlos hieltest, war häßlich. Du glaubst, Gefühle seien gratis. Weit gefehlt. Selbst für die schönsten und selbstlosesten Gefühle muß man bezahlen. Seltsamerweise macht gerade das sie schön. Das intellektuelle und emotionelle Leben der Masse ist etwas sehr Verächtliches. Genau wie sie ihre Ideen einer Art Leihbücherei des Denkens entlehnen – dem seelenlosen *Zeitgeist* der Epoche – und sie an jedem Wochenende beschmutzt zurückgeben, so versuchen sie auch stets, ihre Gefühle auf Kredit zu kriegen und verweigern die Zahlung, wenn die Rechnung präsentiert wird. Über diese Lebensauffassung solltest Du hinauswachsen. Sobald Du für ein Gefühl zahlen mußt, kennst Du seinen Wert und wirst um diesen Betrag mehr wert sein. Und bedenke, daß der sentimentale Mensch im Herzen immer ein Zyniker ist. Ja, Sentimentalität ist bloß der Bankfeiertag des Zynismus. Und so reizvoll die intellektuelle Seite des Zynismus ist, jetzt, nachdem er die Tonne mit dem Club vertauscht hat, kann er nur noch die passende Philosophie für einen Menschen ohne Seele abgeben. Er hat seine gesellschaftlichen Meriten, und für den Künstler ist jede Ausdrucksmöglichkeit interessant, doch an sich ist er nur eine armselige Sache, denn dem wahren Zyniker wird nichts je geoffenbart.

Ich glaube, wenn Du jetzt rückblickend Deine Einstellung zum Geld Deiner Mutter und Deine Einstellung zu meinem Geld betrachtest, so wirst Du nicht stolz auf Dich sein. Du wirst Deiner Mutter vielleicht eines Tages, falls Du ihr diesen Brief nicht zeigst, erklären, die Frage, ob es mir recht sei, daß Du aus meiner Tasche lebtest, sei nie gestellt worden. Es war einfach eine besondere und für mich persönlich höchst betrübliche Form, die Deine Neigung zu mir angenommen hatte. Daß Du Dich in kleinsten wie in größten Summen von mir abhängig machtest, verlieh Dir in Deinen eigenen Augen den ganzen Zauber des Kindseins, und in dem Verfahren, mich für jede Deiner Vergnügungen zahlen zu lassen, glaubtest Du, das Geheimnis der ewigen Jugend gefunden zu haben. Ich gestehe, daß es mich schmerzt, wenn ich von den Bemerkungen Deiner Mutter über mich höre, und ich bin überzeugt, daß Du mir bei einigem Nachdenken darin recht gibst: wenn sie schon kein Wort des Bedauerns oder Mitleids findet für das Verderben, das Deine Familie über die meine gebracht hat, so wäre es besser, sie hüllte sich in Schweigen. Es besteht natürlich keine Veranlassung, ihr die Abschnitte dieses Briefes zu zeigen, die sich auf die geistige Wandlung beziehen, die sich in mir vollzogen hat, oder auf neue Ansätze, zu denen ich zu gelangen hoffe. Das würde sie nicht interessieren. Doch die Abschnitte, die sich ausschließlich mit Deinem Leben befassen, würde ich ihr an Deiner Stelle zeigen.

Ja, an Deiner Stelle würde ich keinen Wert darauf legen, unter Vorspiegelung falscher Tatsachen geliebt zu werden. Es hat keinen Sinn, daß man sein Leben vor aller Welt bloßlegt. Die Welt versteht nichts. Anders ist es bei Menschen, nach deren Liebe man sich sehnt. Ein guter Freund – ein Freund, der seit zehn Jahren zu mir hält – besuchte mich vor einiger Zeit und sagte mir, er glaube nicht ein Wort von dem, was mir vorgeworfen werde, und wolle mir zu wissen geben, daß er mich für unschuldig halte, für das Opfer eines abscheulichen Komplotts, das Dein Vater ausgeheckt habe. Ich brach über seine Worte in Tränen aus und sagte ihm, von den entscheidenden Anschuldigungen Deines Vaters sei zwar vieles völlig unwahr gewesen und mir mit empörender Bosheit unterstellt worden, doch es stimme, daß mein Leben von perversen Genüssen und abwegigen Leidenschaften erfüllt gewesen sei, und er müsse sich diese Tatsache, die von mir nicht zu trennen sei, im vollen Umfang klarmachen, sonst könne ich sein Freund nicht mehr sein, nicht einmal mehr mit ihm zusammenkommen. Es war ein schrecklicher Schock für ihn, doch wir sind Freunde geblieben, und ich habe seine Freundschaft nicht unter Vorspiegelung falscher Tatsachen erschlichen. Ich sagte Dir, es schmerze, die Wahrheit zu sagen. Zum Lügen gezwungen sein, schmerzt noch viel mehr.

Ich erinnere mich, wie ich bei meinem letzten Prozeß auf der Anklagebank saß und mir Lockwoods vernichtende Anklage gegen mich anhören mußte – wie ein Kapitel aus Tacitus, wie eine Stelle aus Dante, wie eine von Savonarolas Brandreden wider die Päpste in Rom – und ich krank war vor Ekel über das, was ich hörte. Plötzlich fuhr mir der Gedanke durch den Kopf: »Wie großartig wäre es, wenn ich selbst das alles über mich sagte!« Damals erkannte ich mit einem Schlag, daß es nichtig ist, was über einen gesagt wird. Es kommt darauf an, wer es sagt. Der Mensch, daran zweifle ich nicht, erhebt sich dann am höchsten, wenn er im Staub kniet, sich an die Brust schlägt und alle Sünden seines Lebens bekennt. Das trifft auch auf Dich zu. Du würdest viel glücklicher sein, wenn Du Deiner Mutter wenigstens einen kleinen Einblick in Dein Leben gewährtest. Ich erzählte ihr im Dezember 1893 allerlei, doch ich war selbstverständlich zu Auslassungen und Verallgemeinerungen gezwungen. Es hat ihr offenbar nicht Mut gemacht, Dir offener als bisher gegenüberzutreten. Im Gegenteil. Beharrlicher denn je vermied sie es, der Wahrheit ins Auge zu blicken. Wenn Du selber mit ihr sprächest, wäre es anders. Meine Worte mögen Dir oft allzu bitter klingen. Doch die Tatsachen kannst Du nicht leugnen. Die Dinge waren wirklich so, wie ich sie dargestellt habe, und wenn Du diesen Brief so sorgfältig lesen wirst, wie Du ihn lesen sollst, dann bist Du Dir selbst Aug' in Auge gegenübergestanden.

Ich habe Dir das alles mit so großer Ausführlichkeit geschrieben, um Dir klarzumachen, was Du mir vor meiner Inhaftierung, während jener drei Jahre einer verhängnisvollen Freundschaft, gewesen bist: was Du mir während meiner Inhaftierung warst, die jetzt nur noch zwei Monde vor ihrem Ablauf steht: und was ich hoffe, für mich und andere zu sein, wenn ich aus meiner Haft entlassen sein werde. Ich kann meinen Brief nicht umformen oder umschreiben. Du mußt ihn so nehmen, wie er ist, an vielen Stellen von Tränen verwischt, an manchen von Leidenschaft und Leid gezeichnet; entziffere ihn, so gut Du kannst, seine undeutlichen Stellen und Korrekturen. Die Korrekturen und *errata* habe ich gemacht, um Worte zu finden, die meine Gedanken treu wiedergeben und weder durch ein Zuviel noch durch ein Zuwenig von ihnen abirren. Die Sprache will gestimmt sein wie eine Geige: und genau wie zu hohe oder zu niedrige Frequenz in der Stimme des Sängers oder im Schwingen der Saite einen falschen Ton ergeben, so verfälschen zu viele oder zu wenige Worte eine Botschaft. Zumindest hat in meinem Brief, so wie er jetzt dasteht, jeder Satz seine entschiedene Bedeutung. Er enthält keine Rhetorik. Wo immer etwas durchgestrichen, eine geringfügige oder umfangreiche Änderung vorgenommen worden ist, da geschah es, weil ich meinen wahren Eindruck wiedergeben, meinen Gefühlen den genau entsprechenden Ausdruck verleihen wollte. Je stärker das Gefühl, desto geringer die formale Brillanz.

Ich gebe zu, daß dies ein strenger Brief ist. Ich habe Dich nicht geschont. Du könntest sogar sagen, ich hätte zunächst eingeräumt, es sei unbillig, Dich gegen das kleinste meiner Leiden, gegen den geringsten meiner Verluste abzuwägen, und hätte es dann doch getan und das Gewicht Deines Wesens Gran für Gran aufs peinlichste bestimmt. Das ist wahr. Doch Du mußt bedenken, daß Du selbst auf die Waage gestiegen bist.

Bedenke auch: legte man in die andere Schale nur einen einzigen Augenblick meiner Kerkerhaft, so würde die Schale, in der Du liegst, in die Höhe schnellen, denn aus Eitelkeit hast Du die Waage gewählt, aus Eitelkeit an ihr festgehalten. *Da* liegt der eine große psychologische Irrtum unserer Freundschaft, ihr völliger Mangel an Proportion. Du hast Dich in ein Leben gedrängt, das viel zu groß für Dich war, in ein Leben, dessen Kreisbahn weit über den Radius Deiner Vorstellungskraft hinausschwang, dessen zyklische Eigenbewegung die Deine weit übertrifft, dessen Gedanken, Passionen und Aktionen weitreichend und vielschichtig waren und dem eine vielleicht allzu große Fülle wunderbarer und schrecklicher Möglichkeiten innewohnte. Dein kleines Leben kleiner Launen war bewundernswert, solange es sich in seiner eigenen kleinen Kreisbahn bewegte. Es war bewundernswert in Oxford, wo das Schlimmste, was Dich treffen konnte, ein Tadel des Deans oder eine Strafpredigt des Präsidenten war, das höchste der Gefühle aber ein Sieg Magdalens im Wettrudern und das Abbrennen eines Freudenfeuers im Innenhof zur Feier des hehren Ereignisses. Auch nach Deinem Weggang von Oxford hätte es auf seiner eigenen Bahn weiterkreisen sollen. Du stimmtest mit Dir überein. Du warst ein vollendetes Exemplar eines sehr modernen Typs. Unstimmig warst Du nur in Deiner Beziehung zu mir. Deine leichtsinnige, sorglose Verschwendung war kein Verbrechen. Die Jugend ist immer verschwenderisch. Schändlich war nur, daß Du mich zwangst, für Deine Extravaganzen aufzukommen. Deine Sehnsucht nach einem Freund, mit dem Du Deine ganze Zeit von morgens bis abends hinbringen könntest, war reizend. Beinahe idyllisch. Doch der Freund, an den Du Dich klammertest, hätte nicht Schriftsteller, nicht Künstler sein dürfen, nicht jemand, dessen Werk durch Deine ständige Gegenwart in seiner Schönheit aufs äußerste gefährdet, ja dessen schöpferische Fähigkeit gelähmt wurde. Es schadet niemandem, daß Du allen Ernstes glaubtest, ein wohlgelungener Abend müsse aus einem Champagner-Dinner im Savoy bestehen, gefolgt vom Besuch eines Varietés auf einem Logenplatz und danach noch aus einem Champagner-Souper bei Willis als *bonne-bouche* zum Abschluß. Scharen ganz reizender junger Leute in London sind der gleichen Meinung. Es ist nicht einmal ausgefallen. Es ist die Aufnahmebedingung für den White's Club. Aber Du hattest kein Recht, mich zu Deinem Vergnügungs-Lieferanten zu stempeln. Es zeigt, daß Du mein Genie in keiner Weise zu schätzen wußtest. Ferner hätte Dein Streit mit Deinem Vater, was immer man davon halten mag, eindeutig eine Angelegenheit zwischen Euch beiden bleiben müssen. Er hätte in einem Hinterhof ausgetragen werden sollen. Dorthin gehören meines Wissens derartige Händel. Du begingst den Fehler, unbedingt eine Tragikomödie auf der überhöhten Bühne der Geschichte aufführen zu wollen, mit der ganzen Welt als Publikum und mir selbst als Trophäe für den Sieger in diesem unedlen Wettstreit. Die Tatsache, daß Dein Vater Dich haßte und daß Du Deinen Vater haßtest, war für die englische Öffentlichkeit völlig uninteressant. Solche Gefühle trifft man im englischen Familienleben auf Schritt und Tritt, und sie sollten auf die Umgebung beschränkt bleiben, für die sie charakteristisch sind: auf das traute Heim. Außerhalb dieses Kreises sind sie fehl am Platz. Sie anderswo hinzuverlegen ist geschmacklos. Das Familienleben kann man nicht wie eine rote Fahne auf der Straße entrollen oder wie einen Hornstoß vom Dach trompeten. Du hast die Häuslichkeit aus ihrer eigentlichen Sphäre herausgehoben, genau wie Du Dich selbst aus Deiner eigentlichen Sphäre heraushobst.

Und wer seine eigentliche Sphäre verläßt, wechselt nur seine Umgebung, nicht aber sein Wesen. Er übernimmt weder die Gedanken noch die Leidenschaften, die der neubetretenen Sphäre eigen sind. Er hat gar nicht die Kraft dazu. Die emotionalen Kräfte sind, wie ich irgendwo in *Intentions* ausführe, in Maß und Dauer ebenso begrenzt wie die physischen Energien. Der kleine Becher, der für ein bestimmtes Quantum gemacht worden ist, kann dieses Quantum fassen und nicht mehr, mögen auch alle Purpurhütten Burgunds mit Wein gefüllt sein bis zum Rand und die Einstampfer knietief in den Trauben aus den steinigen Rebgärten Spaniens stehen. Es ist der weitest verbreitete Irrtum, anzunehmen, daß Menschen, welche Ursache oder Anlaß großer Tragödien sind, auch Gefühle besitzen, die dieser Tragik anstehen: kein Irrtum ist verhängnisvoller als diese Erwartung. Der Märtyrer im »Flammenhemd« mag zu Gottes Antlitz aufblicken, doch dem, der das Reisig türmt oder die Scheite lockert, damit die Flamme hochschlägt, bedeutet die ganze Szene nicht mehr, als dem Metzger das Schlachten eines Ochsen bedeutet, dem Köhler im Wald das Fällen eines Baums, oder der Fall einer Blume dem Schnitter, der mit der Sense das Gras mäht. Große Leidenschaften sind für große Seelen da, und große Ereignisse können nur die wahrnehmen, die auf gleicher Höhe mit ihnen stehen.

Ich kenne in der gesamten dramatischen Literatur nichts, was vom Standpunkt der Kunst aus unvergleichlicher wäre oder vielschichtiger in der Feinheit der Beobachtung als Shakespeares Porträts von Rosenkranz und Güldenstern. Sie sind Hamlets Studienfreunde. Sie waren seine Gefährten. Sie bringen Erinnerungen an gemeinsam verlebte frohe Tage mit. Zu dem Zeitpunkt, als sie Hamlet im Stück begegnen, wankt er unter einer Bürde einher, die für einen Menschen seines Temperaments unerträglich ist. Die Toten sind bewaffnet aus dem Grab gestiegen und haben ihm einen Auftrag erteilt, der zugleich zu hoch und zu niedrig für ihn ist. Er ist ein Träumer und nun zum Handeln aufgerufen. Er hat die Natur eines Dichters, und nun soll er sich ins gemeine Getümmel von Ursachen und Wirkungen stürzen, sich mit dem Leben in seiner praktischen Gestalt auseinandersetzen, von dem er nichts versteht, nicht mit dem Leben in seinem ideellen Wesen, von dem er so viel versteht. Er hat keine Vorstellung davon, was zu tun sei, und sein Wahnsinn besteht darin, daß er Wahnsinn heuchelt. Brutus nutzte die Tollheit als Mantel, unter dem er das Schwert seiner Absicht, den Dolch seines Willens verbarg, doch für Hamlet ist die Tollheit bloß die Maske, unter der er die Schwäche versteckt. Im Grimassieren und Witzereißen sieht er das Mittel zum Aufschub. Er spielt lange mit der

Tat, wie der Künstler mit einer Theorie spielt. Er macht sich zum Spion seines eigenen Tuns, lauscht seinen eigenen Worten und weiß dabei doch, es sind nur »Worte, Worte, Worte«. Statt sich zum Helden seiner eigenen Geschichte aufzuschwingen, will er bloß Zuschauer bei seiner eigenen Tragödie sein. Er zweifelt an allem, auch an sich selbst, und doch hilft sein Zweifel ihm nicht, denn er entspringt nicht der Skepsis, sondern einem gespaltenen Willen.

Von alldem begreifen Güldenstern und Rosenkranz nichts. Sie buckeln und feixen und lächeln, und was der eine sagt, wirft der andere als noch schleimigeres Echo zurück. Als Hamlet schließlich mit Hilfe des Spiels im Spiele und der tändelnden Marionetten den König in der »Schlinge seines Gewissens fängt« und den Elenden in panischem Schreck vom Thron jagt, da sehen Güldenstern und Rosenkranz in seinem Vorgehen weiter nichts als einen recht peinlichen Bruch der Hofetikette. Weiter bringen sie's nicht in der Kunst, »dem Schauspiel des Lebens mit angemessenen Gefühlen zu folgen«. Sie stehen dicht vor seinem Geheimnis und verstehen nichts davon. Es hätte auch keinen Sinn, ihnen etwas zu erklären. Sie sind die kleinen Becher, die ein bestimmtes Quantum fassen, und nicht mehr. Gegen Ende wird angedeutet, daß sie sich in einer listigen Schlinge, die sie einem anderen gelegt haben, selbst gefangen und einen gewaltsamen und plötzlichen Tod gefunden haben oder wohl finden werden. Aber ein dergestalt tragisches Ende, auch wenn Hamlets Humor ihm einen Anstrich von Komödien-Überraschung und Komödien-Gerechtigkeit gibt, paßt nicht für diese beiden. Solche Gestalten sterben nie. Horatio, der, um »Hamlet und seine Sache den Unbefriedigten zu erklären«,

sich noch verbannet von der Seligkeit
und in der herben Welt mit Mühe atmet

stirbt, wenn auch nicht auf der Bühne, und hinterläßt keinen Bruder. Doch Güldenstern und Rosenkranz sind so unsterblich wie Angelo und Tartuffe und gehören mit ihnen in einen Topf. Sie sind der Beitrag des modernen Lebens zum Freundschaftsideal der Antike. Wer ein neues *De Amicitia* schreibt, muß ihnen eine Nische zuweisen und sie mit Ciceros Prosa besingen. Ihr Typus ist zeitlos. Sie tadeln, hieße sie falsch einschätzen. Sie stehen einfach außerhalb ihrer eigentlichen Sphäre: das ist alles. Seelengröße ist nicht ansteckend. Hehre Gedanken und hehre Gefühle sind ihrem Wesen nach isoliert. Was nicht einmal Ophelia verstehen konnte, das vermochten erst recht nicht »Güldenstern und der liebe Rosenkranz« und »Rosenkranz und der liebe Güldenstern« zu fassen. Natürlich will ich keinen Vergleich mit Dir anstellen. Zwischen euch besteht ein großer Unterschied. Was bei ihnen Schicksal war, war bei Dir Wille. Vorsätzlich und unaufgefordert drängtest Du Dich in meine Sphäre, belegtest einen Platz, der Dir weder zukam noch anstand, und als Du schließlich durch seltene Zähigkeit, und indem Du Deine Gegenwart zum Bestandteil meines Tagesablaufs machtest, mein ganzes Leben in Besitz nahmst, wußtest Du mit diesem Leben nichts Besseres anzufangen, als es in Stücke zu brechen. So wunderlich es Dir klingen mag, es war nur natürlich, daß Du das tatest. Wenn man einem Kind ein Spielzeug gibt, das für seinen kleinen Geist viel zu wunderbar oder für seine erst halb erwachten Augen viel zu schön ist, so zerbricht es, wenn es sich um ein eigensinniges Kind handelt, dieses Spielzeug; ein phlegmatisches Kind wird es fallen lassen und sich wieder seinen Spielgefährten anschließen. Genauso verhieltest Du Dich. Du hieltest mein Leben in Deinen Händen und wußtest nichts damit anzufangen. Du konntest es nicht wissen. Es war viel zu wunderbar für Deine gierigen Hände. Du hättest es loslassen und wieder zu Deinen früheren Spielgefährten zurückkehren sollen. Doch unseligerweise warst Du eigensinnig und zerbrachst es. Darin liegt vielleicht das innerste Geheimnis aller späteren Begebenheiten. Denn Geheimnisse sind stets kleiner als ihre Auswirkungen. Die Verlagerung eines Atoms kann eine Welt erschüttern. Und um mich selbst genausowenig zu schonen wie Dich, will ich folgendes hinzufügen: das Zusammentreffen mit Dir war an sich schon gefährlich für mich, verhängnisvoll wurde es durch den Zeitpunkt, zu dem es erfolgte. Denn Du befandest Dich in jenem Alter, in dem alles, was man tut, nicht mehr ist als das Auswerfen der Saat, und ich befand mich in jenem Alter, in dem alles, was man tut, nichts Geringeres ist als das Einbringen der Ernte.

Ich muß Dir noch über ein paar weitere Punkte schreiben. Erstens über meinen Bankrott. Vor einigen Tagen erfuhr ich, wie ich zugeben muß zu meiner großen Enttäuschung, daß es jetzt für Deine Familie zu spät sei, Deinen Vater auszuzahlen, daß es ungesetzlich wäre und daß ich noch geraume Zeit in meiner gegenwärtigen peinlichen Lage werde bleiben müssen. Das ist bitter für mich, denn man versicherte mir von zuständiger Seite, daß ich ohne Genehmigung des Konkursverwalters, dem alle Abrechnungen vorgelegt werden müssen, nicht einmal ein Buch veröffentlichen dürfe. Ich kann weder mit einem Theaterleiter einen Vertrag abschließen, noch ein Stück aufführen lassen, ohne daß die Einkünfte daraus Deinem Vater und meinen übrigen Gläubigern zuflössen. Selbst Du wirst jetzt wohl zugeben müssen, daß der Plan, mich durch Deinen Vater für bankrott erklären zu lassen, um ihm dadurch »eins auszuwischen«, sich nicht ganz als der glänzende Sieg auf der ganzen Linie erwies, als der er Dir vorschwebte. Für mich jedenfalls nicht, und die Möglichkeit einer Niederlage sowie die Demütigung, die meine Armut mir bereitet, hätten eher den Ausschlag geben müssen als Dein wenn auch kaustischer und eigenwilliger Humor. In der Praxis hast Du, indem Du meinen Bankrott zuließest und mich in den ersten Prozeß hetztest, Deinem Vater direkt in die Hände gespielt und genau das getan, was er erreichen wollte. Allein und ohne Helfer wäre er von Anfang an machtlos gewesen. In Dir – der Du freilich ein so abscheuliches Amt nicht absichtlich bekleidet hast – hat er immer seinen Hauptverbündeten gefunden.

More Adey teilt mir in seinem Brief mit, Du habest im vergangenen Sommer bei mehr als einer Gelegenheit den Wunsch geäußert, mir »einen kleinen Teil meiner Ausgaben für Dich« zurückzuerstatten. Wie ich ihm in meiner Antwort schrieb, wollte es das Unglück, daß ich meine Kunst, mein Leben, meinen Namen, meinen Platz in der Geschichte für Dich gab, und selbst wenn Deine Familie über alles Wunderbare auf der Welt verfügte: über Genie, Schönheit, Reichtum, Ansehen und dergleichen, und mir all das zu Füßen legte, so würde mir damit nicht einmal zu einem Zehntel die geringste Kleinigkeit erstattet, die man mir weggenommen hat, oder auch nur die geringste Träne, die ich vergossen habe. Und doch muß man für alles bezahlen, was man getan hat. Das gilt sogar für den Bankrotteur. Du scheinst unter dem Eindruck zu stehen, der Bankrott sei ein bequemes Mittel, die Bezahlung von Schulden zu vermeiden, ja, den Gläubigern »eins auszuwischen«. Es ist genau umgekehrt. Er ist das Mittel für die Gläubiger, einem Schuldner »eins auszuwischen«, wenn wir bei Deinem Lieblingsausdruck bleiben wollen, das Mittel, mit dem das Gesetz ihn durch die Beschlagnahme seines gesamten Besitzes zwingt, alle seine Schulden zu zahlen, und wenn er dazu nicht imstande ist, steht er so mittellos da wie der gemeinste Bettler, der sich in einem Torweg aufstellt oder eine Straße entlangkriecht und die Hand nach dem Almosen ausstreckt, um das er, in England wenigstens, nicht zu bitten wagt. Das Gesetz hat mir nicht nur alles genommen, was ich besaß, meine Bücher, Möbel, Bilder, die Rechte an meinen bisher veröffentlichten Werken, die Rechte an meinen Theaterstücken, wirklich alles, angefangen von *The Happy Prince* und *Lady Windermere's Fan* bis hinunter zu den Treppenläufern und Fußmatten in meinem Haus, sondern auch das, was ich jemals noch erwerben werde. So wurde zum Beispiel mein Anteil aus meinem Ehevertrag verkauft. Zum Glück konnte ich ihn durch meine Freunde zurückkaufen. Andernfalls wären im Falle des Todes meiner Frau meine beiden Kinder zeit meines Lebens so bettelarm wie ich selber. Mein Anteil aus unserem irischen Besitz, den mein Vater mir vererbt hat, wird wohl als nächstes drankommen. Es tut mir bitter weh, daß er verkauft wird, aber ich muß mich fügen.

Schließlich geht es um die siebenhundert Pence – oder sind es Pfund? –, die Dein Vater zu bekommen hat. Selbst wenn man mir alles genommen haben wird, was ich besitze und je besitzen werde, und das Verfahren gegen mich wegen hoffnungsloser Zahlungsunfähigkeit einstellt, so muß ich immer noch meine Schulden bezahlen. Die Dinners im Savoy – klare Schildkrötensuppe, die leckeren Fettammern, in spröde, sizilianische Weinblätter gehüllt, der schwere, bernsteinfarbene, ja beinahe bernsteinduftende Champagner – Dagonet 1880 war, glaube ich, Dein Lieblingstropfen? –, das alles muß noch bezahlt werden. Die Soupers bei Willis, die Extra-*cuvée* Perrier-Jouet, die immer für uns reserviert waren, die wundervollen *pâtés*, die direkt aus Straßburg kamen, der herrliche *fine champagne*, der immer in großen, glockenförmigen Gläsern serviert wurde, damit sich für die wahren Genießer der wahrhaft erlesenen Dinge des Lebens seine Blume noch duftender entfalten könne – man kann sie nicht unbezahlt lassen als schlimme Schulden eines unehrlichen Gastes. Selbst die zierlichen Manschettenknöpfe – vier herzförmige Mondsteine von silbrigem Lüster, mit Rubinen und Diamanten eingefaßt –, die ich entwarf und bei Henry Lewis als besonderes kleines Geschenk für Dich anfertigen ließ zur Feier des Erfolgs meiner zweiten Komödie – selbst diese – obwohl ich glaube, daß Du sie ein paar Monate später um einen Pappenstil verkauft hast – müssen noch bezahlt werden. Ich kann den Juwelier nicht um der Geschenke willen schädigen, die ich Dir gemacht habe, einerlei, was Du mit ihnen angefangen hast. Du siehst also, selbst wenn das Verfahren eingestellt wird, habe ich immer noch meine Schulden zu begleichen.

Und was für einen Bankrotteur gilt, gilt auch für jeden anderen Menschen. Für alles und jedes, was getan wird, muß irgendwer bezahlen. Selbst Du – trotz Deines Strebens, aller Pflichten ledig zu bleiben, trotz Deiner selbstverständlichen Erwartung, daß andere in allem für Dich sorgen, trotz Deiner Bemühungen, jeden Anspruch auf Deine Zuneigung, Rücksicht oder Dankbarkeit zurückzuweisen – selbst Du wirst eines Tages ernsthaft darüber nachdenken müssen, was Du getan hast, und den, wenn auch vergeblichen, Versuch unternehmen müssen, einiges wieder gutzumachen. Daß Du dazu außerstande sein wirst, wird einen Teil Deiner Strafe ausmachen. Du kannst Deine Hände nicht einfach in Unschuld waschen und mit einem Achselzucken oder einem Lächeln zu einem neuen Freund, einer frisch gedeckten Festtafel übergehen. Du kannst nicht all das, was Du über mich gebracht hast, als sentimentale Reminiszenz abtun, die man gelegentlich mit Zigarren und *liqueurs* wieder aufträgt, ein malerisches Dekor für ein modernes Genußleben, gleich einem alten Wandbehang in einer Bierkneipe. Es mag im Augenblick den Reiz einer neuen Soße oder eines heurigen Weins haben, doch die Reste eines Festmahls werden schimmelig, und der Bodensatz in einer Flasche ist bitter. Heute oder morgen oder irgendwann wirst Du Dich damit auseinandersetzen müssen. Sonst stirbst Du am Ende, ehe Du dazu gekommen bist, und was für ein dürftiges, leeres, phantasieloses Leben läge dann hinter Dir. In meinem

Brief an Adey habe ich einen Gesichtspunkt angeschnitten, unter dem Du so bald wie möglich das Problem angehen solltest. Er wird Dir sagen, um welchen es sich handelt. Damit Du ihn verstehst, wirst Du Deine Phantasie entwickeln müssen. Denke daran, daß allein die Phantasie uns befähigt, Dinge und Menschen sowohl in ihren realen wie in ihren ideellen Bezügen zu sehen. Wenn Du selber es nicht geistig erfassen kannst, so sprich mit anderen darüber. Ich muß jetzt meiner Vergangenheit offen ins Auge sehen. Sieh auch Du Deiner Vergangenheit ins Auge. Setz Dich ganz still hin und betrachte sie. Das höchste Laster ist Seichtheit. Was geistig erfaßt wird, ist gut. Sprich mit Deinem Bruder darüber. Ja, Percy ist dafür der Richtige. Laß ihn diesen Brief lesen und alle Umstände unerer Freundschaft wissen. Wenn ihm die Tatsachen vorliegen, so ist er der beste Richter. Hätten wir ihm die Wahrheit gesagt, wieviel Leiden und Schande wäre mir erspart geblieben! Du erinnerst Dich, daß ich in London, am Abend Deiner Rückkehr aus Algier, diesen Vorschlag machte. Du lehntest entschieden ab. Und als er dann nach dem Abendessen zu uns kam, mußten wir eine Komödie aufführen, mußten sagen, daß Dein Vater ein Irrer sei, der zu absurden und aberwitzigen Wahnvorstellungen neige. Die Komödie war großartig, solange sie dauerte, nicht zuletzt, weil Percy alles für bare Münze nahm. Leider endete sie höchst widerwärtig. Zu ihren Folgen gehört auch das Thema, das ich jetzt abhandle, und falls es Dir lästig sein sollte, so bitte ich Dich, zu bedenken, daß es sich um meine tiefste Demütigung handelt, die ich bis zur Neige auskosten muß. Ich habe keine Wahl. Auch Du hast keine.

Das zweite, worüber ich zu Dir sprechen muß, betrifft Bedingungen, Umstände und Ort unseres Zusammentreffens nach Ablauf meiner Strafzeit. Auszügen Deines Briefes an Robbie vom vergangenen Frühsommer entnehme ich, daß Du meine Briefe und Geschenke an Dich – soweit noch vorhanden – in zwei Päckchen versiegelt hast und sie mir gern persönlich aushändigen möchtest. Natürlich müssen sie unbedingt herausgegeben werden. Du hast nicht verstanden, warum ich Dir schöne Briefe schrieb, sowenig wie Du verstanden hast, warum ich Dir schöne Dinge schenkte. Du hast nicht begriffen, daß erstere nicht zum Veröffentlichen und letztere nicht zum Versetzen gedacht waren. Zudem gehören sie einem Teil meines Lebens an, der längst abgeschlossen ist, einer Freundschaft, deren wahren Wert Du nicht zu würdigen vermochtest. Heute mußt Du voll Erstaunen auf die Tage zurückblicken, als Du mein ganzes Leben in Händen hieltest. Auch ich blicke voll Erstaunen auf sie zurück, und noch mit anderen, gänzlich andersartigen Gefühlen.

Wenn nichts dazwischenkommt, werde ich gegen Ende Mai entlassen und hoffe, unverzüglich mit Robbie und More Adey in ein kleines Fischerdorf im Ausland zu reisen. Das Meer, sagt Euripides in einem seiner Iphigenie-Dramen, reinigt von allem Schmutz und allen Wunden der Welt. *Θάγασσα κλύζει πάντα τ' ἀνθρώπων κακά.*

Ich hoffe, wenigstens einen Monat mit meinen Freunden zu verbringen und in ihrer gesunden und liebevollen Gesellschaft Frieden und Ausgeglichenheit, ein ruhigeres Herz und eine gelassenere Seele zu finden. Eine seltsame Sehnsucht zieht mich zu den großen, schlichten Ur-Dingen, an die See, die für mich nicht weniger eine Mutter ist als die Erde. Mir scheint, wir alle betrachten die Natur zu viel und leben zu wenig in ihr. Die Griechen hatten eine gesunde Einstellung dazu. Sie plapperten nie über Sonnenuntergänge, erörterten nicht, ob die Schatten auf dem Gras wirklich malvenfarben seien oder nicht. Aber sie sahen, daß das Meer für den Schwimmer da ist und der Sand für die Füße des Läufers. Sie liebten die Bäume wegen ihres Schattens und den Wald der Mittagsstille wegen. Der Winzer umwand sein Haar mit Efeu, um die Sonnenstrahlen abzuhalten, wenn er sich über die jungen Pflanzen beugte, und für den Künstler und den Athleten, die beiden Typen, die Griechenland uns geschenkt hat, flocht man Girlanden aus den Blättern des bitteren Lorbeers und der wilden Petersilie, die beide nicht den geringsten Nutzwert hatten.

Wir nennen uns selbst eine utilitaristische Generation und kennen doch nicht den Nutzen eines einzigen Dings. Wir wissen nicht mehr, daß Wasser reinwäscht und Feuer läutert und daß die Erde uns allen Mutter ist. Darum ist unsere Kunst vom Mond und spielt mit Schatten, während die griechische Kunst von der Sonne kommt und mit den Dingen selbst umgeht. Ich bin überzeugt, daß die Elemente reinigende Kraft besitzen, und ich will zu ihnen zurückkehren und in ihrem Kreis leben. Natürlich wird für einen so modernen Menschen wie mich, *enfant de mon siècle*, die bloße Betrachtung der Welt immer reizvoll sein. Ich zittere vor Freude bei dem Gedanken, daß an dem Tag, an dem ich das Gefängnis verlasse, Goldregen und Flieder in den Gärten blühen werden und daß ich sehen werde, wie der Wind das schwanke Gold des einen zu bebender Schönheit erregen wird und vom anderen den blassen Purpur seiner Blütenbüschel zaust, so daß die ganze Luft für mich die Düfte Arabiens haucht. Linné fiel auf die Knie und weinte vor Freude, als er zum erstenmal die weite Heide eines englischen Hochlands im Gelb der würzigen Ginsterblüten auflohen sah, und ich weiß, daß auf mich, dem Blumen Gegenstand des Sehnens sind, im Blütenkelch einer Rose Tränen warten. Seit meinen Knabenjahren war das so. Es gibt keine Farbnuance, und sei sie noch so tief im Kelch einer Blume, in der Höhlung einer Muschel versteckt, auf die meine Natur nicht anspräche, dank ihres subtilen Mitgefühls mit der Seele aller Dinge. Wie Gautier habe ich von jeher zu denen gehört, *pour qui le monde visible existe*.

Allerdings ist mir jetzt bewußt geworden, daß hinter all dieser Schönheit, so vollendet sie sein mag, ein Geist sich verbirgt, und daß die gemalten Formen und Figuren nur Gestaltwerdungen dieses Geistes sind. In Harmonie mit diesem Geist möchte ich leben. In bin der artikulierten Lebensäußerungen der Menschen und Dinge müde. Das Mystische in der Kunst, das Mystische im Leben, das Mystische in der Natur – das suche ich jetzt, und vielleicht finde ich es in den großen Ton-Symphonien, in der Vertrautheit mit dem Leid, in den Tiefen des Meeres. Finden muß ich es um jeden Preis.

In jeder Gerichtsverhandlung geht es um das Leben, wie jedes Urteil ein Todesurteil ist, und ich bin dreimal vor Gericht gestellt worden. Das erste Mal verließ ich die Anklagebank, um festgenommen zu werden, das zweite Mal brachte man mich ins Untersuchungsgefängnis zurück, und nach dem drittenmal wanderte ich für zwei Jahre ins Zuchthaus. Die Gesellschaft, so wie wir sie gestalteten, wird keinen Platz mehr für mich haben, hat mir keinen anzubieten; die Natur jedoch, deren linder Regen auf Gerechte und Ungerechte fällt, hat Schluchten im Fels, wo ich mich verbergen, versteckte Dörfer, in deren Stille ich ungestört weinen kann. Sie wird die Nacht mit Sternen behängen, so daß ich, ohne zu straucheln, im Dunkeln außer Landes gehen kann, und sie wird den Wind über meine Fußstapfen wehen lassen, so daß kein Feind mir folgen kann: in großen Wassern wird sie mich reinwaschen und mit bitteren Kräutern gesundpflegen.

Nach Ablauf eines Monats, wenn die Junirosen in ihrer üppigen Pracht stehen, will ich, wenn ich mich dazu imstande fühle, durch Robbie Vorbereitungen zu einem Wiedersehen mit Dir treffen lassen, in irgendeiner ruhigen, fremden Stadt wie Brügge, dessen graue Häuser und grüne Kanäle und kühle, stille Gassen mich vor Jahren bezaubert haben. Zunächst wirst Du Deinen Namen ändern müssen. Den kleinen Titel, auf den Du so stolz warst – er ließ Deinen Namen auch wirklich wie den Namen einer Blume klingen –, wirst Du aufgeben müssen, wenn Du *mich* sehen willst; so wie ich *meinerseits* den Namen werde ablegen müssen, der einst aus dem Munde des Ruhmes wie Musik klang. Wie engstirnig und erbärmlich, wie hilflos vor seinen Aufgaben ist doch unser Jahrhundert! Es kann dem Erfolg seinen Porphyrpalast erbauen, doch für Leid und Schande hat es nicht einmal ein Strohdach bereit, unter dem sie hausen könnten: und für *mich* weiß es nur eine Lösung, nämlich das Geheiß, ich solle meinen Namen gegen einen anderen vertauschen, während selbst das Mittelalter mir die Mönchskapuze oder das Gesichtstuch des Aussätzigen gewährt hätte, damit ich in ihrem Schutze Frieden fände.

Ich hoffe, daß unser Wiedersehen so sein wird, wie ein Wiedersehen zwischen uns, nach allem was vorgefallen ist, sein sollte. In den früheren Tagen klaffte stets ein weiter Abgrund zwischen uns – der Abgrund zwischen künstlerischer Eigenleistung und aufgesetzter Bildung –: jetzt trennt uns ein noch weiterer Abgrund, der Abgrund des Leids: doch der Demut ist nichts unmöglich, und der Liebe wird alles leicht.

Der Brief, den Du mir als Antwort hierauf schreibst, mag lang oder kurz sein, ganz wie Du willst. Adressiere den Umschlag an »The Governor, H. M. Prison, Reading«. Dahinein lege einen zweiten, offenen Umschlag mit Deinem Brief an mich: wenn das

Briefpapier sehr dünn ist, so beschreibe es nicht auf beiden Seiten, weil dadurch das Lesen erschwert würde. Ich habe Dir in voller Aufrichtigkeit geschrieben, Du kannst an mich genauso schreiben. Vor allem muß ich von Dir erfahren, warum Du nie auch nur den Versuch gemacht hast, mir zu schreiben, obgleich Du seit August vorvergangenen Jahres und besonders seit Mai letzten Jahres, also seit nunmehr elf Monaten, wußtest – und dieses Wissen auch anderen gegenüber zugabst –, wie sehr ich durch Deine Schuld leiden mußte und wie sehr mir dies bewußt war. Monat um Monat wartete ich auf Nachricht von Dir. Selbst wenn ich nicht gewartet, sondern die Türen vor Dir versperrt hätte, hättest Du bedenken sollen, daß niemand auf die Dauer seine Tür vor der Liebe versperren kann. Der ungerechte Richter aus dem Evangelium erhebt sich schließlich, um einen gerechten Spruch zu fällen, weil die Gerechtigkeit täglich kommt und an seine Tür klopft; und zur Mitternacht gibt der Freund, in dessen Herzen keine wahre Freundschaft wohnt, schließlich dem Freunde »um seines unverschämten Geilens willen«. Es gibt kein Gefängnis auf der ganzen Welt, in das die Liebe sich nicht Einlaß schaffen könnte. Wenn Du das nicht verstanden hast, dann hast Du überhaupt nichts von der Liebe verstanden. Ferner möchte ich alles von Deinem Artikel über mich im *Mercure de France* wissen. Einiges daraus kenne ich bereits. Ich empfehle Dir, zu zitieren. Er ist im Druck vorhanden. Teile mir auch den genauen Wortlaut der Zueignung Deiner Gedichte mit. Wenn sie in Prosa ist, zitiere die Prosa; ist sie in Versen, so zitiere die Verse. Ich zweifle nicht, daß sie schön ist. Schreibe mir ganz offen über Dich selbst: über Dein Leben: Deine Freunde: Dein Tun und Lassen: Deine Bücher. Erzähle mir von Deinem Gedichtband und von der Aufnahme, die er gefunden hat. Was immer Du über Dich zu sagen hast, sage es ohne Furcht. Schreibe nichts, was Dir nicht vom Herzen kommt: mehr will ich nicht. Sollte irgendeine Stelle in Deinem Brief falsch oder geheuchelt sein, so werde ich sie sofort am Klang erkennen. Nicht umsonst, nicht ohne Grund habe ich mich in meiner lebenslangen Hingabe an die Literatur zu einem Menschen geformt, der

> Mit Laut und Silbe geizt, nicht minder als
> Mit seinem Golde Midas.

Bedenke auch, daß ich Dich erst kennenlernen muß. Vielleicht müssen wir beide einander erst kennenlernen.

Für Dich habe ich nur noch ein Letztes zu sagen. Fürchte Dich nicht vor der Vergangenheit. Wenn die Menschen Dir sagen, sie sei unabänderlich, so glaube ihnen nicht. Vergangenheit, Gegenwart und Zukunft sind vor Gott nur ein Augenblick, und vor Gott sollten wir zu leben suchen. Zeit und Raum, Abfolge und Ausdehnung sind nur zufällige Bezüge des Denkens. Die Phantasie kann sie überwinden und sich in einer freien Sphäre ideeller Existenzen bewegen. Auch die Dinge sind in ihrem Wesen nur das, was wir aus ihnen machen wollen. Ein Ding *ist*, je nachdem, wie wir es ansehen. »Wo andere«, sagte Blake, »nur das Frühlicht über den Berg kommen sehen, da sehe ich die Söhne Gottes vor Freude jauchzen.« Was der Welt und mir selbst als meine Zukunft erschien, habe ich unwiederbringlich verloren, als ich mich in den Prozeß gegen Deinen Vater hetzen ließ: ja, ich hatte sie in Wahrheit lang vordem schon verloren. Was nun vor mir liegt, ist meine Vergangenheit. Ich muß mich dahin bringen, sie mit anderen Augen zu sehen, muß die Welt dahin bringen, daß auch sie diese Vergangenheit mit anderen Augen sieht, muß Gott dahin bringen, daß er sie mit anderen Augen sieht. Das kann ich nicht, indem ich sie ignoriere oder bagatellisiere oder sie rühme oder leugne. Die einzige Möglichkeit ist, sie als notwendigen Teil der Entwicklung meines Lebens und Charakters voll zu bejahen: mich allem zu unterwerfen, was ich gelitten habe. Wie weit ich noch entfernt bin von der wahren Seelenhaltung, das zeigt Dir dieser Brief mit seinen wechselnden, schwankenden Stimmungen, seinem Hohn und seiner Bitterkeit, seinem Sehnen und dem Unvermögen, dieses Sehnen zu verwirklichen. Doch vergiß nicht, in welcher schlimmen Schule ich über meiner Arbeit sitze. Und so unvollständig und unvollkommen ich bin, Du könntest dennoch viel von mir profitieren. Du bist zu mir gekommen, um die Freuden des Lebens und die Freuden der Kunst kennenzulernen. Vielleicht bin ich ausersehen, Dich weit Wunderbareres zu lehren: den Sinn des Leids und seine Schönheit. Dein Dich liebender Freund

Oscar Wilde

An Robert Ross

1. April 1897 H. M. Prison, Reading

Mein lieber Robbie, ich schicke Dir mit gleicher Post, getrennt verpackt, meinen Brief an Alfred Douglas und hoffe, daß er gut bei Dir ankommt. Sobald Du, und natürlich auch More Adey, den ich immer mit einschließe, wenn ich »Du« sage, ihn gelesen habt, sollst Du ihn wortgetreu für mich abschreiben lassen. Ich wünsche das aus vielen Gründen. Einer wird genügen. Ich möchte, daß Du im Falle meines Todes mein literarischer Testamentsvollstrecker wirst und volle Verfügungsgewalt über meine Stücke, Bücher und Papiere haben sollst. Sobald ich gesetzlich berechtigt bin, ein Testament zu machen, will ich es tun. Meine Frau versteht meine Kunst nicht, auch kann man von ihr kein Interesse daran erwarten, und Cyril ist noch ein Kind. Daher wende ich mich natürlicherweise an Dich, wie ich es ja in allen Dingen tue, und möchte Dir mein gesamtes Werk anvertrauen. Der Restbetrag, der sich aus dem Verkauf ergeben wird, kann Cyril und Vyvyan gutgebracht werden.

Wenn Du aber mein literarischer Testamentsvollstrecker bist, so mußt Du im Besitz des einzigen Dokuments sein, das mein ungewöhnliches Verhalten gegenüber Queensberry und Alfred Douglas wirklich erklärt. Wenn Du den Brief gelesen hast, wirst Du die psychologische Erklärung für eine Verhaltensweise finden, die dem Außenstehenden als eine Verbindung von komplettem Schwachsinn und vulgärer Großsprecherei erscheint. Eines Tages muß die Wahrheit ans Licht kommen: nicht unbedingt noch zu meinen oder Douglas' Lebzeiten: aber ich habe nicht vor, für alle Zeit an dem grotesken Schandpfahl stehenzubleiben, an den man mich gebunden hat: aus dem einfachen Grund nicht, weil ich von meinem Vater und meiner Mutter einen Namen geerbt habe, der in Literatur und Kunst hohes Ansehen genießt, und ich es nicht in alle Ewigkeit zulassen darf, daß dieser Name von den Queensberrys als Schild und Prellbock benutzt wird. Ich verteidige mein Tun nicht. Ich erkläre es.

In meinem Brief finden sich auch Stellen, die von meiner seelischen Wandlung im Zuchthaus sprechen und von der unvermeidlichen Entwicklung des Charakters und der geistigen Einstellung zum Leben, die sich dort anbahnten: und ich möchte, daß Du weißt und daß alle anderen, die noch zu mir halten und mich lieben, wissen, in welcher Verfassung und Haltung ich der Welt gegenüberzutreten hoffe. Natürlich weiß ich, daß ich in gewissem Sinn am Tag meiner Entlassung nur ein Gefängnis gegen ein anderes vertausche, und zuzeiten scheint mir die ganze Welt nicht größer zu sein als meine Zelle und ebenso schreckenerfüllt. Dennoch glaube ich, daß am Anfang Gott eine Welt schuf für jeden einzelnen Menschen, und daß wir versuchen sollten, in dieser Welt, die sich in uns befindet, zu leben. Auf jeden Fall werden diese Stellen Dich beim Lesen weniger schmerzen als die anderen. Natürlich brauche ich *Dir* nicht zu bedenken geben, welch fließendes Ding der Gedanke bei mir ist – bei uns allen – und aus welchem unendlich zarten Stoff unsere Gefühle gemacht sind. Dennoch sehe ich eine Art mögliches Ziel, dem ich – über die Kunst – nahekommen kann. Es ist nicht unwahrscheinlich, daß Du mir helfen wirst.

Was die Art der Abschrift betrifft: natürlich ist der Brief für jeden Schreiber zu lang: und Deine eigene Handschrift, lieber Robbie, scheint mich in Deinem letzten Brief ausdrücklich darauf hinweisen zu wollen, daß diese Arbeit nichts für Dich ist. Ich mag Dir unrecht tun, tue es hoffentlich, aber es sieht wirklich so aus, als wärst Du dabei, ein dreibändiges Werk über das gefährliche Überhandnehmen kommunistischer Ideen unter den Reichen zu verfassen oder sonst ein gräßliches Pamphlet von allergrößtem Interesse, oder als würdest Du auf irgendeine andere Art eine Jugend vertun, die, wie ich sagen muß, immer schon sehr vielversprechend war und es auch immer sein wird. Ich halte es für das einzig Richtige, ganz modern vorzugehen und ihn mit der Schreibmaschine abschreiben zu lassen. Selbstverständlich solltest Du das Manuskript nicht aus der Hand geben, aber könntest Du zum Beispiel nicht Mrs. Marshall bitten, eines ihrer Schreibmädchen – Frauen sind am zuverlässigsten, weil sie kein Gedächtnis für das Wichtige haben – in die Hornton Street oder nach Phillimore Gardens zu schicken, damit sie es dort unter Deiner Aufsicht abschreiben kann? Ich versichere Dir, daß eine Schreibmaschine, ausdrucksvoll gespielt, dem Ohr nicht weher tut als ein Piano, das von einer Schwester oder einer nahen Verwandten gespielt wird. Ja, viele Leute, darunter ausgesprochen häusliche Typen, ziehen sie letzterem vor.

Die Abschrift soll nicht auf dünnem Papier angefertigt werden, sondern auf gutem Papier, wie man es für Theaterstücke verwendet, und es soll ein breiter Rand für Korrekturen freibleiben. Sobald die Abschrift fertig und an Hand des Manuskripts überprüft worden ist, soll More das Original an A. D. senden, danach soll die Maschinenschreiberin eine zweite Kopie anfertigen, damit *Du* und ich ebenfalls je ein Exemplar besitzen. Außerdem möchte ich, daß von der vierten Seite des Bogens 9 ab bis zur letzten Seite von Bogen 14 zwei Maschinenabschriften gemacht werden, also von »und das alles endet damit, daß ich Dir vergeben muß« bis zu: »Zwischen der Kunst und mir...« (ich zitiere aus dem Gedächtnis). Ebenso Seite 3 des Bogens 18 von »Wenn nichts dazwischen kommt, werde ich gegen Ende Mai entlassen« bis »mit bitteren Kräutern gesundpflegen« auf Seite 4. Diese Passagen, denen Du noch andere hinzufügen kannst, die gute und freundliche Absichten verraten, wie zum Beispiel die erste Seite von Bogen 15, stelle bitte zusammen und schicke eine Abschrift davon an Lady von Wimbledon – von der ich ohne Namensnennung gesprochen habe – und eine weitere an Frankie Forbes-Robertson. Ich weiß, daß diese beiden reizenden Frauen sich dafür interessieren werden, was mit meiner Seele geschieht – nicht im theologischen Sinn, sondern rein im Sinne der geistigen Bewußtwerdung, die nichts mit dem gemein hat, was der Körper gerade tut. Es ist eine Art Botschaft oder Brief an sie, natürlich die einzige, die ich ihnen zu schicken wage. Wenn Frankie will, kann sie das Schreiben ihrem Bruder Eric zeigen, den ich immer gern gehabt habe, doch für die Allgemeinheit ist es selbstverständlich streng geheim. Die Lady von Wimbledon wird das auch wissen.

Wenn die Abschrift in der Hornton Street angefertigt wird, könnte man die Schreiberin durch ein Türgitter füttern wie die Kardinäle bei der Papstwahl, bis sie auf den Balkon hinaustritt und der Welt verkündet, *»Habet Mundus Epistolam«*; denn dieser Brief ist wirklich eine Enzyklika, und so wie die Bullen des Heiligen Vaters nach den Anfangsworten benannt werden, könnte man hier von der *Epistola: In Carcere et Vinculis* sprechen.

A. D. braucht nicht zu erfahren, daß eine Abschrift gemacht worden ist, es sei denn, er schriebe und beklagte sich, daß der Brief Ungerechtigkeiten und falsche Darstellungen enthalte: dann soll er wissen, daß eine Abschrift angefertigt worden ist. Ich hoffe aufrichtig, daß der Brief ihm guttun möge. Es ist das erste Mal in seinem Leben, daß jemand ihm die Wahrheit über ihn selbst sagt. Wenn er annehmen darf, der Brief sei lediglich eine stilistische Umsetzung der Gedanken, die eine hölzerne Pritsche zeitigt, und meine Ansichten seien durch die Entbehrungen des Kerkerlebens verschroben geworden, wird die Wirkung ausbleiben. Hoffentlich macht ihm jemand klar, daß er diesen Brief vollauf verdient und daß er, sollte der Brief ungerecht sein, die Ungerechtigkeit vollauf verdient. Wer sollte sie redlicher verdient haben als er, der immer so ungerecht gegen andere war?

Wirklich, Robbie, das Gefängnisleben zeigt einem Menschen und Dinge so, wie sie tatsächlich sind. Deshalb verwandelt es einen in Stein. Die Menschen draußen verfallen der Illusion eines in ständiger Bewegung befindlichen Lebens. Sie drehen sich mit dem Leben im Kreise und tragen zu seiner Unwirklichkeit bei. Wir, die Unbeweglichen, sehen und wissen. Ob dieser Brief seiner engherzigen Natur und seinem hektischen Hirn guttut oder nicht, mir hat er jedenfalls sehr gut getan. Ich habe »die Brust entledigt jener gift'gen Last«, um mit jenem Dichter zu sprechen, den Du und ich einstmals vor den Philistern zu retten gedachten. Ich brauche Dir nicht zu sagen, daß für den Künstler der reine Ausdruck die höchste und einzige Lebensform ist. Wir leben, indem wir uns ausdrücken. Ich muß dem Gefängnisdirektor für vieles dankbar sein, am allerdankbarsten jedoch für seine Erlaubnis, daß ich so offen an A. D. schreiben durfte, und so ausführlich, wie ich wollte. Fast zwei Jahre lang trug ich eine immer schwerer werdende Last von Bitterkeit in mir. Ihrer habe ich mich nun zum großen Teil entledigt. Jenseits der Gefängnismauer stehen ein paar armselige, schwarz verrußte Bäume, die gerade Knospen von einem beinahe schrillen Grün treiben. Ich weiß gut, was in ihnen vorgeht. Sie finden ihren Ausdruck.

Über einen weiteren, sehr ernsten Punkt muß ich Dir schreiben, und zwar wende ich mich direkt an Dich, weil ich Dich tadeln muß, und ich mag Dich viel zu gerne, als daß ich Dich jemand anderem gegenüber tadeln möchte. Am 20. März 1896, vor mehr als einem Jahr, habe ich Dir in den dringlichsten Worten geschrieben, ich könnte den Gedanken nicht ertragen, daß es zwischen mir und meiner Frau wegen Gelddingen je zu Auseinandersetzungen käme, nachdem sie so freundlich gewesen war, eigens von Italien hierher zu reisen, um mir die Nachricht vom Tode meiner Mutter schonend beizubringen, und daß ich meine Freunde bäte, von einem Erwerb meiner Leibrente gegen den Willen meiner Frau Abstand zu nehmen. Ihr hättet dafür sorgen müssen, daß mein Wunsch respektiert worden wäre. Ihr tatet sehr unrecht, das nicht zu tun. Ich saß völlig hilflos im Gefängnis und verließ mich ganz auf Euch. Ihr glaubtet, Eure Lösung sei die gescheite, die überschlaue Lösung, die Patentlösung. Ihr befandet Euch im Irrtum. Das Leben ist nicht kompliziert. Wir sind kompliziert. Das Leben ist einfach, und die einfache Lösung ist die richtige Lösung. Schau Dir das Ergebnis an! Gefällt es Dir?

Außerdem habt Ihr Mr. Hargrove völlig falsch eingeschätzt. Er wurde als Anwalt vom Schlage Humphreys gewertet, einer, der drohen würde, um seinen Zweck zu erreichen, Lärm schlagen, Gewalt anwenden und dergleichen. Ganz im Gegenteil. Er ist ein Mann von untadeligem Charakter und nimmt eine hervorragende Stellung ein. Wenn er etwas sagt, meint er es auch so. Der Gedanke, mich – einen elenden Sträfling und Bettler – gegen Mr. Hargrove und Sir George Lewis antreten zu lassen, war grotesk. Die Idee, gegen diese beiden zu bieten, war absurd. Mr. Hargrove – seit dreißig Jahren Familienanwalt der Lloyds – würde es nichts ausmachen, meiner Frau £ 10 000 vorzuschießen, wenn sie ihn darum bäte. Ich habe Mr. Holman gefragt, ob im Falle einer Scheidung ein Ehevertrag nicht *ipso facto* hinfällig würde. Ich habe keine Antwort erhalten. Ich sehe also, daß meine Vermutung richtig ist.

Ferner: wie töricht war der lange, hochtrabende Brief mit dem Rat, ich solle »mir das Recht, über meine Kinder zu bestimmen, nicht nehmen lassen«, ein Satz, der in der Korrespondenz siebenmal erscheint. Mein Recht! Ich hatte keines. Eine Forderung, die ein Einzelrichter auf einen offiziell erhobenen Einspruch hin in zehn Minuten zunichte machen kann, ist kein Recht. Ich bin bestürzt darüber, in welche Lage man mich gebracht hat. Wieviel besser wäre es gewesen, wenn Du Dich nach meinem Wunsch gerichtet hättest, da meine Frau zu diesem Zeitpunkt sehr liebenswürdig war und mir zugestehen wollte, daß ich meine beiden Kinder sehen und gelegentlich mit ihnen zusammensein dürfte. A. D. hat mich seinem Vater gegenüber in eine völlig falsche Position manövriert, mich hineingezwungen und darin festgehalten. More Adey hat mich, in den besten Absichten, in eine falsche Position meiner Frau gegenüber gezwungen. Selbst wenn ich irgendwelche legalen Rechte besäße – aber ich besitze keine –, wieviel reizvoller wäre ein Privileg, das die Liebe mir einräumte als eines, das durch Drohungen erzwungen ist. Meine Frau war sehr freundlich zu mir, jetzt aber stellt sie sich, was ganz natürlich ist, entschieden gegen mich. Auch ihr Charakter ist falsch eingeschätzt worden. Sie hat mich gewarnt, daß sie gewisse Maßnahmen ergreifen würde, falls ich es zuließe, daß meine Freunde gegen sie bieten würden, und sie wird sie ergreifen.

Ferner: Swinburne sagt in einem seiner Gedichte an Maria Stuart:

> Warst Du doch sicherlich
> beß'res als nur unschuldig!

und meine Freunde müssen sich wirklich mit der Tatsache abfinden, daß ich (abgesehen von den Punkten der Anklageschrift, die auf Konto meines Busenfreundes gehen, drei an der Zahl) nicht als Unschuldiger im Gefängnis sitze. Im Gegenteil, die Aufzählung meiner entarteten Leidenschaften und abwegigen Romanzen würde so manchen scharlachroten Folianten füllen. Ich erwähne das absichtlich – wenn es auch manchem überraschend und zweifellos schockierend klingen mag –, weil mir More Adey in seinem Brief mitteilt, die Gegenseite werde gezwungen sein, stichhaltige Details über Daten und Orte und genaue Umstände der furchtbaren Anklagen zu liefern, die gegen mich vorgebracht werden sollen. Stellt er sich wirklich vor, daß man mir bei weiteren Kreuzverhören Glauben schenken würde? Meint er wirklich, ich solle mich solchen Verhören stellen und das Fiasko mit Queensberry wiederholen? Es stimmt, daß die Anklagen unwahr sind. Aber darauf kommt es nicht an. Wenn jemand sich betrinkt, so ist es unwichtig, ob er sich mit rotem oder weißem Wein betrinkt. Wenn jemand perverse Leidenschaften hat, so ist es unwichtig, in welcher speziellen Weise sie sich äußern.

Ich habe von Anfang an gesagt, daß ich auf die Verzeihung meiner Frau baute. Ich habe nun erfahren, daß eine Verzeihung unwirksam ist, wenn mehr als ein Vergehen zur Last gelegt wird. Meine Frau braucht nur zu sagen, daß sie X verziehen hat, aber nichts von Y wußte und keinesfalls bereit sei, Z zu verzeihen. Es gibt ein Büchlein für einen Shilling – bei Barzahlung neun Pence –, betitelt *Jeder sein eigener Rechtsanwalt*. Wenn meine Freunde es mir nur geschickt oder selbst gelesen hätten, wären alle diese Mühen, Ausgaben und Unannehmlichkeiten vermieden worden. Trotz allem bin ich, wenn ich Dich auch *ab initio* tadle, jetzt in einer Gemütsverfassung, die mich denken läßt, daß alles, was geschieht, zum Besten geschieht, und daß die Welt nicht nur ein Chaos ist, in dem Zufall und Schlauheit sich schlagen. Was ich zu tun habe, ist einfach folgendes: ich muß mich in die Scheidung fügen. Ich glaube nicht, daß die Regierung mir noch einmal den Prozeß machen kann. Ein solches Vorgehen wäre selbst für eine britische Regierung zu brutal. Zuvor muß ich meiner Frau noch meinen Anteil an der im Ehevertrag festgelegten Summe zurückerstatten, ehe man ihn mir wegnimmt. Drittens muß ich eine Erklärung abgeben, wonach ich von ihr keinerlei Einkommen oder Zuschuß annehmen werde. Dies scheint mir die einfache, gerade und eines Gentleman würdige Lösung zu sein. Es ist ein harter Schlag für mich. Ich empfinde es als sehr schmerzlich, daß das Gesetz mir meine Kinder abspricht.

Meine Freundschaft mit A. D. brachte mich zuerst auf die Anklagebank des Kriminalgerichts, dann auf die Anklagebank des Konkursgerichts, und jetzt bringt sie mich auf die Anklagebank des Scheidungsgerichts. Soweit ich feststellen kann (ohne die vorgenannte Broschüre zur Hand zu haben), gibt es keine weiteren Anklagebänke, auf die er mich bringen könnte. Wenn das stimmt, so kann ich aufatmen. Aber ich möchte, daß Du meinen Vorschlag ernstlich bedenkst und More und seinen Anwalt bittest, das ebenfalls zu tun, und daß Du mir darüber schreibst und auch More veranlaßt, mir so bald wie möglich in dieser Sache zu schreiben. Ich glaube, meine Frau wird sich nicht weigern, die £ 75 zurückzugeben, die für die *damnosa haereditas* meiner

Leibrente gezahlt worden sind. Sie ist in Gelddingen sehr korrekt. Aber persönlich hoffe ich, daß es nicht zum Feilschen kommt. Es ist ein schwerer Fehler gemacht worden. Nun gibt es nur Unterwerfung. Ich schlage vor, meine Leibrente meiner Frau, der rechtmäßigen Besitzerin, als mein Abschiedsgeschenk zu überlassen. Mein Exit aus der Ehe wird dadurch weniger schäbig, als wenn ich wartete, bis ich vom Gesetz dazu gezwungen werde. Ob ich verheiratet bin oder nicht, ist für mich ohne Belang. Jahrelang habe ich dieses Band mißachtet. Aber ich glaube wirklich, daß es für meine Frau eine Härte bedeutet, an mich gebunden zu sein. Ich habe das immer geglaubt. Und wenn es einige meiner Freunde auch verwundern mag, ich bin meiner Frau wirklich sehr zugetan und sehr um sie besorgt. Ich hoffe aufrichtig, daß, sollte sie ein zweites Mal heiraten, ihre Ehe glücklich sein wird. Sie konnte mich nicht verstehen, und mich langweilte das Eheleben tödlich. Aber ihr Charakter hatte seine liebenswerten Seiten, und sie war wunderbar loyal gegen mich. Ich bitte Dich und More, mir unverzüglich zu diesem Punkt zu schreiben, sobald Ihr die Sache durchdacht habt.

Weiter würde ich es als große Gefälligkeit betrachten, wenn More an die Leute, die nach meiner Inhaftierung meinen Pelzmantel verpfändet oder verkauft haben, schreiben und sie in meinem Namen fragen würde, wohin er verkauft oder verpfändet worden ist, da ich ihn gerne aufstöbern und wenn möglich zurückkaufen würde. Ich habe ihn zwölf Jahre lang getragen, er war mit mir in ganz Amerika, er war bei allen meinen Premieren dabei, er kennt mich durch und durch, und ich möchte ihn wirklich gern wiederhaben. Der Brief sollte sehr höflich gehalten und zunächst an den Mann adressiert werden: wenn er nicht antwortet, dann an die Frau. Da die Frau diejenige war, die mich gedrängt hat, den Mantel in ihrer Obhut zu lassen, könnte erwähnt werden, daß ich überrascht und traurig sei, zumal ich *nach meiner Inhaftierung* aus eigener Tasche alle Ausgaben für ihr Wochenbett beglichen habe, eine Summe von £ 50, die ihr durch Leverson zugegangen ist. Dies könnte als Grund für meine Traurigkeit angeführt werden. Ihre Briefe müssen verwahrt werden. Ich habe einen ganz besonderen Grund für diesen Wunsch – ja, einen Grund von höchster Wichtigkeit. Und da der

Brief eine höfliche Anfrage darstellt, in dem alle erwähnten Gründe angeführt werden, so kann er nicht Streitigkeit oder Weigerung zur Folge haben. Ich brauche die Unterlagen nur zu meinem Schutz.

Ich hoffe, Frank Harris am Samstag nächster Woche oder jedenfalls in Kürze zu sehen. Wenn Du mir wegen meiner Scheidung schreibst, würde ich mich freuen, auch wegen der Abschrift meines Briefes Bescheid zu bekommen. Wenn Arthur Clifton die Kopie sehen möchte, sollst Du oder Dein Bruder Aleck sie ihm zeigen. Stets Dein

Oscar Wilde

Zwei Briefe an den »Daily Chronicle«

Erster Brief an die Redaktion des Daily Chronicle

27. Mai [1897] [Dieppe]

Sehr geehrter Herr, aus den Spalten Ihres Blattes erfahre ich mit großem Bedauern, daß der Aufseher Martin vom Gefängnis in Reading von der Gefängnisverwaltung entlassen worden ist, weil er einem kleinen hungrigen Kind ein paar süße Kekse gab. Ich habe die drei Kinder am Montag vor meiner Entlassung selbst gesehen. Sie waren gerade verurteilt worden und standen in Sträflingskleidung hintereinander in der Haupthalle, ihre Bettlaken unter dem Arm, und warteten darauf, in die ihnen zugewiesenen Zellen abgeführt zu werden. Ich kam zufällig einen der Korridore entlang auf meinem Weg zum Besuchszimmer, wo ich einen Freund treffen sollte. Sie waren noch ganz klein, das jüngste Kind – dem der Wärter die Kekse gab – ein winziges Bürschchen, für das man offenbar keinen Anzug gefunden hatte, der klein genug gewesen wäre. Ich hatte in den zwei Jahren meiner Haft natürlich viele Kinder im Gefängnis gesehen. Vor allem in Wandsworth waren immer viele Kinder. Aber der Kleine, den ich am Nachmittag des 17. Mai in Reading sah, war winziger als alle anderen. Ich brauche nicht zu sagen, wie furchtbar mich der Anblick dieser Kinder in Reading deprimierte, denn ich wußte, welche Behandlung sie erwartete. Die Grausamkeiten, die in englischen Gefängnissen Tag und Nacht an Kindern verübt werden, wird niemand glauben, der sie nicht mit eigenen Augen gesehen hat und die Brutalität des Systems kennt.

Die Menschen wissen heutzutage nicht, was Grausamkeit ist. Sie betrachten sie als eine Art mittelalterlicher Ausschweifung und bringen sie mit Menschen vom Schlage eines Ezzelino da Romano in Verbindung, die die vorsätzliche Peinigung anderer in einen wahren Taumel der Lust versetzte. Männer vom Schlage Ezzelinos sind weiter nichts als abnorme Vertreter eines pervertierten Individualismus. Gewöhnliche Grausamkeit ist einfach Dummheit. Sie beruht auf völligem Mangel an Phantasie. Heutzutage resultiert sie aus verknöcherten Systemen, starren Gesetzen und Dummheit. Wo Zentralisation herrscht, herrscht auch Dummheit. Das Unmenschliche am modernen Leben ist seine Bürokratie. Absolute Gewalt ist ebenso verderblich für die Ausübenden wie für die, an denen sie geübt wird. Hauptschuld an der Grausamkeit gegen Kinder im Gefängnis tragen der Gefängnisausschuß und das System, das er zur Anwendung bringt. Die Leute, die für dieses System eintreten, haben die besten Absichten. Auch die Ausführenden hegen durchaus humane Intentionen. Die Verantwortung wird auf die Anstaltsordnung abgeschoben. Man nimmt an, daß alles, was zur Regel geworden ist, auch richtig ist.

Die gegenwärtige Behandlung der Kinder ist schrecklich, vor allem, wenn sie Leuten ausgeliefert sind, die von der kindlichen Psyche nichts verstehen. Ein Kind kann eine Strafe begreifen, die ein Individuum ihm auferlegt, Vater, Mutter oder Vormund, und sie bis zu einem gewissen Grade als gerechtfertigt ansehen. Doch eine Strafe, die ihm von der Gesellschaft auferlegt wird, kann es nicht begreifen. Unter »Gesellschaft« kann es sich nichts vorstellen. Bei Erwachsenen verhält es sich natürlich umgekehrt. Wer von uns im Gefängnis ist oder jemals dort war, der kann und wird verstehen, was die kollektive Macht, Gesellschaft genannt, bedeutet, und was immer wir von ihren Methoden oder Forderungen halten mögen, wir können uns zwingen, sie zu akzeptieren. Eine Strafe dagegen, die uns ein Individuum zufügt, läßt sich kein Erwachsener gefallen, und man erwartet es auch gar nicht von ihm.

Ein Kind, das seinen Eltern von Leuten weggenommen wird, die es nie gesehen hat und von denen es nichts weiß und das sich in einer einsamen und fremden Zelle wiederfindet, von fremden Gesichtern bewacht und herumkommandiert und bestraft von den Vertretern eines Systems, das es nicht begreifen kann, wird folglich sofort die Beute jener ersten und beherrschenden Empfindung, die das moderne Gefängnisleben auslöst – der Empfindung des Grauens. Das Grauen eines Kindes im Gefängnis ist grenzenlos. Ich erinnere mich, daß ich einmal in Reading, als ich mich für die Runde im Hof fertigmachte, in der trüb erleuchteten Zelle, die der meinen gegenüberlag, einen kleinen Jungen sah. Zwei Wärter – keine unfreundlichen Männer – redeten auf ihn ein, offenbar mit einiger Strenge, oder gaben ihm vielleicht nützliche Ratschläge, wie er sich verhalten solle. Einer war bei ihm in der Zelle, der andere stand draußen. Das Gesicht des Kindes war wie ein weißes Dreieck aus blankem Grauen. In seinen Augen lag das Grauen eines gehetzten Tieres. Am nächsten Morgen um die Frühstückszeit hörte ich ihn laut weinen und rufen, man solle ihn herauslassen. Er weinte nach seinen Eltern. Von Zeit zu Zeit konnte ich die tiefe Stimme des diensthabenden Wärters hören, der ihn still sein hieß. Dabei war das Kind des geringfügigen Vergehens, dessen es angeklagt sein mochte, noch nicht einmal überführt. Es war nur in Untersuchungshaft. Das konnte ich daran sehen, daß es seine eigenen Kleider trug, die recht ordentlich waren. Es hatte jedoch Socken und Schuhe aus dem Gefängnis an. Das zeigte, daß der Junge sehr arm war und seine eigenen Schuhe, falls er überhaupt welche besaß, in schlechtem Zustand waren. Richter und Friedensrichter, gewöhnlich eine völlig unwissende Klasse, schicken Kinder oft für eine Woche in Untersuchungshaft und erlassen ihnen dann die Strafe, die sie verhängen könnten. Das nennen sie »ein Kind nicht ins Gefängnis schicken«. Es handelt sich natürlich um eine stupide Ansicht ihrerseits. Ein kleines Kind sieht zwischen Untersuchungshaft und Strafhaft keine feine soziale Abstufung, die ihm verständlich wäre. Für ein Kind ist der Gefängnisaufenthalt an sich grauenvoll. In den Augen der Menschheit sollte es grauenvoll sein, daß ein Kind überhaupt im Gefängnis sein kann.

Dieses Grauen, das ein Kind ergreift und beherrscht, wie es auch den Erwachsenen ergreift, wird natürlich unsagbar gesteigert durch das System der Einzelhaft. Jedes Kind ist dreiundzwanzig von vierundzwanzig Stunden in seine Zelle gesperrt. Das ist entsetzlich. Ein Kind dreiundzwanzig Stunden am Tag in eine trüb erleuchtete Zelle zu sperren, ist ein Beispiel für die Grausamkeit der Dummheit. Wenn eine Privatperson, ein Vater, eine Mutter oder ein Vormund, so etwas einem Kind antäte, würde sie streng bestraft. Die Gesellschaft für Kinderschutz würde die Sache sofort aufgreifen. Allenthalben würde dem, der sich eine solche Grausamkeit zuschulden kommen ließe, mit größter Verachtung begegnet. Ein strenges Urteil würde fraglos der Ausgang des Prozesses sein. Doch unsere eigene Gesellschaft tut weit Schlimmeres, und für das Kind ist eine solche Behandlung seitens einer abstrakten Macht, deren Anforderungen ihm kein Begriff sind, weit schlimmer, als wenn ihm die gleiche Behandlung durch Vater, Mutter oder einen ihm bekannten Menschen zuteil würde. Es ist immer unmenschlich, ein Kind unmenschlich zu behandeln, ganz gleich, wer es tut. Aber die unmenschliche Behandlung durch die Gesellschaft ist für das Kind am schrecklichsten, weil es da keine Gnade gibt. Ein Vater oder Vormund kann gerührt werden und das Kind aus dem dunklen, einsamen Zimmer herauslassen, wo es eingesperrt ist. Ein Wärter kann das nicht. Die meisten Wärter mögen Kinder gern. Aber das System verbietet ihnen, dem Kind irgend etwas Gutes zu tun. Wenn sie es wie der Aufseher Martin dennoch tun, so werden sie entlassen.

Das zweite, worunter ein Kind im Gefängnis leidet, ist der Hunger. Man gibt ihm dort ein Stück des meist schlecht gebackenen Gefängnisbrots und einen Napf mit Wasser zum Frühstück um halb acht. Um zwölf bekommt es Mittagessen, bestehend aus einem Napf groben Maisbreis, und um halb sechs bekommt es als Abendessen ein Stück trockenes Brot und einen Napf mit Wasser. Diese Diät führt, auf einen Erwachsenen angewendet, immer zu Erkrankungen, vor allem natürlich zu Diarrhöe, mit der dazugehörigen Entkräftung. Tatsächlich ist es in großen Gefängnissen an der Tagesordnung, daß die Wärter regelmäßig stopfende Medikamente verteilen. Wenn diese Nahrung einem Kind vorgesetzt wird, so ist dieses Kind in der Regel unfähig, sie überhaupt zu essen. Jeder Mensch, der etwas von Kindern versteht, weiß, wie leicht die Verdauung eines Kindes durch einen Weinkrampf oder Aufregung oder seelische Belastungen irgendwelcher Art gestört wird. Ein Kind, das den ganzen Tag und vielleicht die halbe Nacht in einer halbdunklen Zelle geweint hat und vom Grauen geschüttelt worden ist, kann einfach solche grobe, abscheuliche Kost nicht zu sich nehmen. Das Kind, dem der Aufseher Martin an jenem Dienstag morgen die Kekse gab, hatte vor Hunger geweint und war außerstande gewesen, sein

Brot und Wasser zum Frühstück zu sich zu nehmen. Nachdem das Frühstück ausgeteilt worden war, ging Martin hinaus und kaufte ein paar Kekse für das Kind, um nicht mit ansehen zu müssen, wie es verhungerte. Es war von ihm eine schöne Tat, und auch das Kind empfand es so und, in gänzlicher Unkenntnis der Gefängnisvorschriften, erzählte es einem der älteren Wärter, wie freundlich dieser jüngere Wärter zu ihm gewesen war. Das Ergebnis war natürlich ein Bericht und eine Entlassung.

Ich kenne Martin sehr gut, da ich während der letzten sieben Wochen meiner Gefangenschaft unter seiner Aufsicht war. Als er nach Reading kam, wurde ihm der Korridor C zugeteilt, wo meine Zelle lag, so daß ich ihn ständig sah. Ich war überrascht, wie auffallend freundlich und human er mit mir und den anderen Gefangenen sprach. Ein gutes Wort zählt im Gefängnis, und ein freundliches »Guten Morgen« oder »Gute Nacht« macht einen so glücklich, wie man es im Gefängnis eben sein kann. Martin war immer nett und rücksichtsvoll. Ich kenne zufällig einen anderen Fall, wo er einem Gefangenen eine große Freundlichkeit erwies, und ich zögere nicht, davon zu berichten. Zu den schrecklichsten Dingen im Gefängnis gehört die Unzulänglichkeit der sanitären Einrichtungen. Ein Gefangener darf unter keinen Umständen nach halb fünf Uhr nachmittags seine Zelle verlassen. Wenn er also an Durchfall leidet, muß er seine Zelle als Klosett benutzen und die Nacht in der verpesteten und ungesunden Luft verbringen. Einige Tage vor meiner Entlassung machte Martin zusammen mit einem der älteren Wärter die Runde, um den Werg und die Geräte von den Gefangenen einzusammeln. Ein Neuankömmling, der infolge der Ernährung wie üblich an heftigem Durchfall litt, bat den älteren Wärter um die Erlaubnis, den Eimer in der Zelle wegen des grauenhaften Geruchs und eines in der Nacht womöglich erneut auftretenden Anfalls ausleeren zu dürfen. Der ältere Wärter lehnte entschieden ab; es war gegen die Vorschrift. Der Mann müsse die Nacht unter diesen schauderhaften Umständen verbringen. Martin jedoch sagte, ehe er diesen armen Teufel in einer solchen Hölle sitzen lasse, wolle er selbst den Eimer leeren, und tat es. Daß ein Wärter den Eimer eines Gefangenen leert, ist natürlich gegen die Vorschrift, aber Martin erwies dem Mann diese Freundlichkeit aus der schlichten Menschlichkeit seiner Natur heraus, und der Mann war natürlich sehr dankbar.

Was die Kinder anlangt, so wird viel über den verderblichen Einfluß des Gefängnisses auf jüngere Kinder gesprochen. Das stimmt. Ein Kind ist im Gefängnis aufs äußerste gefährdet. Aber die Gefährdung geht nicht von den Gefangenen aus. Sie geht von dem ganzen Gefängnissystem aus – dem Direktor, dem Kaplan, den Wärtern, der Einzelzelle, der Einsamkeit, dem ungenießbaren Essen, den Vorschriften der Gefängnisverwaltung, der sogenannten disziplinarischen Regelung des Lebens. Man trifft alle Vorsorge, damit das Kind keinen Gefangenen über sechzehn Jahre zu sehen bekommt. In der Kapelle sitzen die Kinder hinter einem Vorhang, und ihren Spaziergang müssen sie in kleinen, sonnenlosen Höfen machen – manchmal in einem Steinhof, manchmal in einem der Höfe hinter den Spinnereien –, nur damit sie nicht die älteren Gefangenen beim Spaziergang sehen. Doch der einzige humane Einfluß in einem Gefängnis ist der Einfluß der Gefangenen. Ihr guter Mut unter so schrecklichen Umständen, ihr Mitgefühl füreinander, ihre Demut, ihre Güte, ihr freundliches, grüßendes Lächeln, wenn sie einander begegnen, ihre völlige Unterwerfung unter ihre Strafe, das alles ist wunderbar, und ich selbst lernte manche heilsame Lektion von ihnen. Ich will nicht vorschlagen, daß die Kinder in der Kapelle nicht hinter einem Vorhang sitzen oder daß sie ihren Spaziergang in einer Ecke des allgemeinen Hofs machen sollten. Ich weise nur darauf hin, daß der schlechte Einfluß auf Kinder nicht von den Gefangenen ausgeht und nie von ihnen ausgehen könnte, sondern jetzt und in alle Zukunft vom Gefängnissystem selbst. Im Gefängnis von Reading gibt es keinen einzigen Mann, der nicht freudig die Strafe der drei Kinder auf sich genommen hätte. Zum letztenmal sah ich sie am Dienstag nach ihrer Verurteilung. Ich machte um halb zwölf Uhr zusammen mit etwa einem Dutzend anderer Männer meinen Spaziergang, als die drei Kinder von einem Wärter an uns vorbeigeführt wurden. Sie kamen aus dem dumpfen, öden Steinhof, wo sie ihren Spaziergang absolviert hatten. Ich sah größtes Mitleid und Mitgefühl in den Augen meiner Gefährten, als sie die Kinder bemerkten. Gefangene haben im großen und ganzen viel Mitgefühl füreinander,

Leiden und Mit-Leiden stimmt die Menschen freundlich, und Tag für Tag empfand ich, wenn ich im Hof meine Runde machte, mit Freude und Beruhigung, was Carlyle an einer Stelle »den stummen, rhythmischen Zauber menschlicher Gemeinschaft« nennt. Wie in allem anderen, so irren die Philanthropen und Leute dieses Schlags auch hier. Nicht die Gefangenen müssen gebessert werden, sondern die Gefängnisse.

Selbstverständlich sollten Kinder unter vierzehn Jahren überhaupt nicht ins Gefängnis kommen. Es ist absurd, und wie vieles Absurde zeitigt es absolut tragische Folgen. Wenn sie jedoch ins Gefängnis geschickt werden, so sollten sie tagsüber unter Aufsicht eines Wärters in einer Werkstatt oder einem Schulzimmer sein. In der Nacht sollten sie in einem Schlafsaal schlafen und von einem Nacht-Aufseher bewacht werden. Sie sollten mindestens drei Stunden am Tag körperliche Bewegung haben dürfen. Die dunklen, schlecht gelüfteten, übel riechenden Gefängniszellen sind grauenhaft für ein Kind, ja grauenhaft für jeden Menschen. Im Gefängnis atmet man immer schlechte Luft. Die Nahrung der Kinder sollte aus Tee und Butterbroten bestehen und aus Suppe. Die Gefängnissuppe ist sehr gut und nahrhaft. Eine Resolution des Unterhauses könnte die Behandlung der Kinder in einer halben Stunde regeln. Ich hoffe, daß Sie Ihren Einfluß in diesem Sinne aufbieten werden. Wie diese Kinder heute behandelt werden, spricht wirklich der ganzen Menschheit und allem gesunden Denken hohn. Das alles hat die Dummheit angerichtet.

Lassen Sie mich noch auf eine zweite schreckliche Sache hinweisen, die man in englischen Gefängnissen antrifft, ja in allen Gefängnissen der Welt, wo das System des Redeverbots und der Einzelhaft praktiziert wird. Ich meine die große Zahl der Menschen, die im Gefängnis wahnsinnig oder schwachsinnig werden. In den Zuchthäusern für Lebenslängliche ist das natürlich gang und gäbe; aber es kommt auch in gewöhnlichen Gefängnissen vor wie dort, wo ich inhaftiert war.

Vor etwa drei Monaten fiel mir unter den Gefangenen beim Spaziergang ein junger Mann auf, der mir kindisch oder schwachsinnig vorkam. Natürlich hat jedes Gefängnis seine schwachsinnigen Insassen, die immer wieder zurückkommen, praktisch ihr Leben im Gefängnis zubringen. Aber bei diesem jungen Menschen hatte ich den Eindruck, er müsse mehr als nur schwachsinnig sein, denn er grinste albern und lachte idiotisch vor sich hin, und seine ständig zuckenden Hände kamen nie zur Ruhe. Durch sein sonderbares Verhalten fiel er allen Gefangenen auf. Von Zeit zu Zeit fehlte er beim Spaziergang, was mir bewies, daß er zur Strafe in seiner Zelle hatte bleiben müssen. Schließlich entdeckte ich, daß er unter Beobachtung stand und Nacht und Tag von Wärtern überwacht wurde. Sooft er beim Spaziergang erschien, machte er einen hysterischen Eindruck und absolvierte seine Runden weinend oder lachend. In der Kapelle mußte er unter Bewachung zweier Wärter sitzen, die ihn nicht aus den Augen ließen. Manchmal vergrub er den Kopf in den Händen, ein Verstoß gegen die Kapellenordnung, und sofort versetzte ein Wärter ihm einen Schlag auf den Kopf, damit er seine Augen wieder unverwandt auf den Altar richtete. Manchmal weinte er – ohne die Andacht zu stören –, Tränen liefen ihm übers Gesicht, und seine Kehle bebte vor hysterischem Schluchzen. Manchmal grinste er idiotisch vor sich hin und schnitt Gesichter. Mehr als einmal wurde er aus der Kapelle in seine Zelle zurückgeschickt, und natürlich wurde er ständig bestraft. Da die Bank, in der ich in der Kapelle meinen Platz hatte, direkt hinter derjenigen war, an deren Ende der Unglückliche saß, hatte ich die beste Gelegenheit, ihn zu beobachten. Natürlich sah ich ihn auch ständig beim Spaziergang und sah, daß er wahnsinnig wurde und daß man ihn als Simulanten behandelte.

Am Samstag der vorletzten Woche war ich gegen ein Uhr in meiner Zelle damit beschäftigt, das Blechgeschirr, aus dem ich zu Mittag gegessen hatte, zu putzen. Plötzlich fuhr ich hoch, denn die Gefängnisstille wurde durch ein überaus gräßliches und erschütterndes Geschrei, ja Geheul unterbrochen, und ich dachte zunächst, ein Tier – ein Stier oder eine Kuh – werde draußen vor den Mauern ungeschickt abgeschlachtet. Bald jedoch wurde mir klar, daß das Geheul aus dem Keller des Gefängnisses kam, und ich wußte, daß irgendein Unglücklicher ausgepeitscht wurde. Ich brauche nicht zu sagen, wie abscheulich und schrecklich das für mich war, und ich fragte mich, wer wohl in dieser empörenden Weise bestraft werden mochte. Plötzlich ging mir auf, daß sie vielleicht diesen unglücklichen Irren peitschten. Was ich dabei empfand, braucht nicht aufgezeichnet zu werden; es hat nichts mit der Frage zu tun.

Am nächsten Tag, am Sonntag, dem 16., sah ich den armen Kerl beim Spaziergang, sein schwaches, häßliches Gesicht war von Tränen und Hysterie fast bis zur Unkenntlichkeit entstellt. Er ging im inneren Kreis mit den alten Männern, den Bettlern und Lahmen, so daß ich ihn die ganze Zeit beobachten konnte. Es war mein letzter Sonntag im Gefängnis, ein makellos schöner Tag, der schönste, den wir im ganzen Jahr gehabt hatten, und da, in der herrlichen Sonne, ging diese arme Kreatur – dereinst nach Gottes Ebenbild erschaffen – und grinste wie ein Affe, fuchtelte mit den Händen, als spielte er in der Luft ein unsichtbares Saiteninstrument oder als parierte und verteilte er Schläge in irgendeinem phantastischen Boxkampf. Während der ganzen Zeit liefen diese hysterischen Tränen, ohne die keiner von uns ihn je sah, als schmutzige Rinnsale über sein weißes, verschwollenes Gesicht. Die gräßliche und bedächtige Grazie seiner Gesten ließ ihn wie einen Hanswurst wirken. Er war eine lebende Groteske. Alle Gefangenen beobachteten ihn, und nicht einer von ihnen lächelte. Jeder wußte, was mit ihm geschehen war und daß man ihn in den Wahnsinn trieb – daß er bereits wahnsinnig war. Nach einer halben Stunde wurde er vom Aufseher hineingerufen und vermutlich bestraft. Jedenfalls erschien er am Montag nicht zum Spaziergang, ich glaube allerdings, ihn in einer Ecke des Steinhofes gesehen zu haben, wie er unter Aufsicht eines Wärters auf und ab ging.

Am Dienstag, meinem letzten Tag in Reading, sah ich ihn beim Spaziergang. Es war noch schlimmer mit ihm als sonst, und er wurde wiederum hineingeschickt. Seitdem weiß ich nichts mehr von ihm, aber ich erfuhr von einem der Gefangenen, der beim Spaziergang neben mir ging, daß er am Samstagnachmittag im Küchenhaus vierundzwanzig Peitschenhiebe bekommen hatte, auf Veranlassung der Gefängnisinspektoren nach vorheriger Konsultation der Ärzte. Von ihm also stammte das Geheul, das uns alle so entsetzt hatte.

Dieser Mann wird zweifellos wahnsinnig werden. Gefängnisärzte verstehen nichts von Geisteskrankheiten. Sie sind im großen und ganzen Ignoranten. Die Pathologie des Geistes ist ihnen unbekannt. Wenn ein Mensch wahnsinnig wird, behandeln sie ihn als Simulanten. Sie lassen ihn unaufhörlich bestrafen. Natürlich wird es mit dem Mann immer schlimmer. Wenn die üblichen Bestrafungen erschöpft sind, dann meldet der Arzt den Fall den Richtern. Ergebnis: Auspeitschung. Natürlich wird die Auspeitschung nicht mit der neunschwänzigen Katze vorgenommen. Es handelt sich um das sogenannte Rutenstreichen. Züchtigungsinstrument ist eine Rute; aber die Wirkung auf den unglücklichen, halbblöden Menschen kann man sich vorstellen.

Er hat oder hatte die Nummer A. 2. 11. Es gelang mir auch, seinen Namen festzustellen. Er heißt Prince. Es müßte augenblicklich etwas für ihn getan werden. Er ist Soldat und wurde vom Militärgericht verurteilt. Er hat sechs Monate bekommen. Drei davon sind erst um.

Dürfte ich Sie bitten, Ihren Einfluß aufzubieten, damit dieser Fall untersucht und Vorsorge für eine angemessene Behandlung dieses geisteskranken Sträflings getroffen wird?

Berichte der Ärztekommission haben überhaupt keinen Wert. Auf sie ist kein Verlaß. Die Inspektionsärzte scheinen den Unterschied zwischen Idiotie und Wahnsinn nicht zu verstehen – zwischen dem völligen Fehlen einer Funktion oder eines Organs und der Erkrankung einer Funktion oder eines Organs. Dieser Mann A. 2. 11 wird, dessen bin ich sicher, imstande sein, seinen Namen zu nennen, die Art seines Vergehens, das Datum, den Tag seines Strafantritts und seiner Entlassung, und jede gewöhnliche einfache Frage beantworten können; aber es steht außer Zweifel, daß sein Geist verwirrt ist. Im Augenblick ist das Ganze ein furchtbares Duell zwischen ihm und dem Arzt. Der Arzt kämpft um eine Theorie. Der Mann kämpft um sein Leben. Ich möchte gern, daß der Mann gewinnt. Aber lassen Sie den ganzen Fall von Experten prüfen, die etwas von Geisteskrankheiten verstehen, und von Leuten mit menschlichem Empfinden und einem Rest von Einsicht und Mitleid. Es hat keinen Zweck, die Gefühlsdusler um ihre Einmischung zu bitten. Sie richten immer nur Schaden an.

Der Fall ist ein Musterbeispiel für die Grausamkeit, die von einem dummen System nicht zu trennen ist, denn der jetzige Gefängnisdirektor von Reading ist ein Mann von gütigem und humanem Charakter, der von allen Gefangenen sehr geliebt und geachtet wird. Er wurde im vergangenen Juli auf diesen Posten berufen, und obwohl er die Vorschriften des Gefängnissystems nicht ändern kann, hat er doch den Geist geändert, in dem sie unter seinem Vorgänger praktiziert wurden. Er ist bei den Gefangenen und den Wärtern sehr beliebt. Er hat tatsächlich den ganzen Ton des Gefängnisses geändert. Andererseits hat er natürlich keinen Einfluß auf das System, das heißt auf eine Änderung der Vorschriften. Ich zweifle nicht, daß er täglich viele Dinge sieht, die er als ungerecht, dumm und grausam erkennt. Aber ihm sind die Hände gebunden. Seine wahre Meinung über den Fall des A. 2. 11 kenne ich natürlich nicht, so wenig wie ich seine persönlichen Ansichten über unser gegenwärtiges System kenne. Ich beurteile ihn lediglich nach der völligen Veränderung, die er im Gefängnis von Reading bewirkt hat. Unter seinem Vorgänger wurde das System mit der äußersten Härte und Dummheit zur Anwendung gebracht.

Mit vorzüglicher Hochachtung Oscar Wilde

Zweiter Brief an die Redaktion des Daily Chronicle

23. März [1898] [Paris]

Sehr geehrte Herren, wie ich höre, gelangt die Vorlage des Innenministers für eine Gefängnisreform in dieser Woche zur ersten und zweiten Lesung, und da Ihre Zeitung das einzige Blatt in England ist, das sich dieser wichtigen Frage ernsthaft und tatkräftig annimmt, hoffe ich, daß Sie mich, der ich das Leben in einer englischen Strafanstalt lange Zeit hindurch am eigenen Leib erfahren habe, aufzeigen lassen, welche Reformen an unserem augenblicklichen stupiden und barbarischen System unbedingt nötig sind.

Einem Leitartikel, der vor etwa einer Woche in Ihrem Blatt erschien, entnehme ich, daß die Reformpläne in einer Erhöhung der Zahl der Inspektoren und Kontrolleure gipfeln, die Zutritt zu unseren englischen Gefängnissen haben.

Eine derartige Reform ist völlig sinnlos, und zwar aus einem höchst einfachen Grund. Die Inspektoren und Friedensrichter besuchen die Gefängnisse einzig und allein, um festzustellen, ob die Strafvollzugsvorschriften auch strikt eingehalten werden. Sie kommen zu keinem anderen Zweck und haben auch keinerlei Befugnis, selbst wenn sie es wünschten, eine einzige Klausel dieser Vorschriften zu ändern. Keinem Gefangenen wurde jemals die kleinste Erleichterung oder Beachtung oder Hilfe von einem solchen Kontrolleur zuteil. Die Kontrolleure kommen nicht, um den Gefangenen zu helfen, sondern um dafür zu sorgen, daß die Vorschriften eingehalten werden. Zweck ihres Besuches ist, die Durchführung eines törichten und unmenschlichen Kodex mit allen Mitteln zu sichern. Und da sie ja etwas zu tun haben müssen, widmen sie sich dieser Aufgabe sehr eingehend. Ein Gefangener, dem die geringfügigste Erleichterung eingeräumt wurde, fürchtet die Ankunft der Inspektoren. Und am Tag einer Gefängnisinspektion sind die Gefängnisbeamten gegen die Gefangenen noch brutaler als gewöhnlich. Sie wollen dadurch natürlich beweisen, wie großartig sie die Disziplin aufrechterhalten.

Die notwendigen Reformen sind sehr einfach. Sie betreffen die körperlichen und seelischen Bedürfnisse eines jeden unglücklichen Häftlings. Was die erstgenannten betrifft, so sind in englischen Gefängnissen drei Dauerstrafen gesetzlich vorgesehen:

1. Hunger
2. Schlaflosigkeit
3. Krankheit

Das Essen der Gefangenen ist völlig unzulänglich. Meistens ist es ekelerregend. Und ausreichend ist es nie. Jeder Gefangene leidet Tag und Nacht Hunger. Für jeden Gefangenen wird eine gewisse Nahrungsmenge sorgfältig Unze für Unze abgewogen. Gerade soviel, daß er zwar nicht leben, aber vegetieren kann. Immer aber ist er krank vor Hungerqualen.

Diese Ernährungsweise – das Essen besteht meist aus schwacher Hafergrütze, schlecht gebackenem Brot, Nierenfett und Wasser – führt zu Krankheit in Form von dauerndem Durchfall. Diese

Krankheit, die schließlich bei den meisten Gefangenen chronisch wird, nimmt man in jedem Gefängnis als gegeben hin. In Wandsworth zum Beispiel – wo ich zwei Monate inhaftiert war, bis man mich ins Spital bringen mußte, wo ich weitere zwei Monate blieb – machen die Wärter zwei- bis dreimal täglich die Runde mit stopfenden Medikamenten, die sie routinemäßig an die Gefangenen verteilen. Nach einer Woche dieser Therapie hat das Medikament selbstverständlich jede Wirkung verloren. Der unglückliche Häftling wird dann der äußerst schwächenden, deprimierenden und demütigenden Krankheit überlassen; und wenn er, was oft geschieht, aus körperlicher Schwäche nicht in der Lage ist, seine vorgeschriebene Leistung an der Kurbel oder in der Spinnerei zu erfüllen, wird er wegen Faulheit gemeldet und mit größter Strenge und Brutalität bestraft. Und das ist noch nicht alles.

Es gibt nichts Schlimmeres als die sanitären Einrichtungen in englischen Gefängnissen. Früher hatte jede Zelle eine Art Latrine. Diese Latrinen sind jetzt abgeschafft. Sie sind verschwunden. Statt dessen bekommt jeder Gefangene ein kleines Blechgefäß. Dreimal täglich darf der Gefangene dieses Geschirr leeren. Aber die Gefängnisaborte darf er nur während der Stunde des Spaziergangs benutzen. Und nach fünf Uhr nachmittags darf er seine Zelle nicht mehr verlassen, unter keinem Vorwand und zu keinem Zweck. Ein Mann, der an Durchfall leidet, befindet sich folglich in einer so widerlichen Lage, daß ein Verweilen bei diesem Thema unnötig, ja unziemlich wäre. Das Elend und die Qualen, denen die Gefangenen infolge dieser empörenden sanitären Einrichtungen ausgesetzt sind, spotten jeder Beschreibung. Und die verdorbene Luft der Kerkerzellen, noch verschlimmert durch ein völlig wirkungsloses Lüftungssystem, ist so übelkeiterregend und ungesund, daß die Wärter, wenn sie morgens aus der frischen Luft kommen und jede Zelle aufschließen und inspizieren, nicht selten von heftiger Übelkeit befallen werden. Ich habe das selbst mehr als dreimal erlebt, und mehrere Wärter haben es mir als eine der abstoßenden Seiten ihres Amtes geschildert.

Die Nahrung der Gefangenen sollte ausreichend und gesund sein. Sie sollte nicht so beschaffen sein, daß man davon ständigen

Durchfall bekommt, der zuerst als akute Erkrankung auftritt und dann chronisch wird.

Die sanitären Einrichtungen in englischen Gefängnissen müßten von Grund auf geändert werden. Jeder Gefangene müßte so oft wie nötig die Aborte aufsuchen und sein Nachtgeschirr leeren dürfen. Das jetzige Lüftungssystem der Zellen ist völlig nutzlos. Die Luft kommt durch verstopfte Gitter und durch einen kleinen Lüftungsspalt in der winzigen vergitterten Öffnung, der viel zu klein und viel zu mangelhaft konstruiert ist, um genügend frische Luft hereinzulassen. Man darf die Zelle nur für eine der vierundzwanzig Stunden verlassen, aus denen der lange Tag besteht, und daher atmet man dreiundzwanzig Stunden lang die denkbar verdorbenste Luft.

Was die Schlaflosigkeit als Strafart anlangt, so gibt es sie nur in chinesischen und englischen Gefängnissen. In China vollzieht man sie, indem man den Gefangenen in einen engen Bambuskäfig sperrt, in England mittels einer nackten Pritsche. Diese Pritsche hat den Zweck, den Gefangenen am Schlafen zu hindern. Einen anderen Zweck hat sie nicht, den aber erfüllt sie zuverlässig. Und selbst wenn man später eine harte Matratze bekommt, wie es bei längerer Haft üblich ist, so bleibt die Schlaflosigkeit einem treu. Denn der Schlaf ist, wie alles Gesunde, eine Gewohnheit. Jeder Gefangene, der eine Zeitlang auf einer Pritsche hat liegen müssen, leidet an Schlaflosigkeit. Es ist eine empörende und unverantwortliche Strafe.

Und nun lassen Sie mich bitte einiges zu den seelischen und geistigen Bedürfnissen sagen.

Das heutige Gefängnissystem scheint sich die Zerstörung der seelisch-geistigen Fähigkeiten zum Ziel gesetzt zu haben. Die Herbeiführung des Wahnsinns ist, wenn nicht seine Absicht, so doch sein Resultat. Diese Tatsache steht fest. Ihre Ursachen liegen auf der Hand. Ohne Bücher, ohne menschliche Gesellschaft, von jedem menschlichen und menschenwürdigen Einfluß abgeschnitten, zu ewigem Schweigen verdammt, jeder Verbindung mit der Außenwelt beraubt, wie ein unverständiges Tier behandelt, bestialischer mißhandelt als die niedrigste Bestie kann der Elende, der in einem englischen Gefängnis schmachtet, dem Wahnsinn kaum entgehen. Ich will diese Schrecknisse nicht ausmalen, noch weniger irgendein kurzlebiges, sentimentales Interesse an diesen Dingen wecken. Ich will also mit Ihrer Erlaubnis lediglich darlegen, was getan werden sollte.

Jedem Gefangenen sollten ausreichend gute Bücher zur Verfügung stehen. Im Augenblick darf man während der ersten drei Monate der Haft überhaupt keine Bücher haben, nur eine Bibel, ein Gebetbuch und ein Gesangbuch. Danach bekommt man ein Buch pro Woche. Das ist nicht nur zu wenig, die Bücher, aus denen sich eine durchschnittliche Gefängnisbibliothek zusammensetzt, sind ohne jeden Nutzen. Es sind meist drittklassige, schlecht geschriebene sogenannte Erbauungsbücher, offensichtlich für Kinder verfaßt und für Kinder wie für jeden anderen Menschen gänzlich unpassend. Man sollte die Gefangenen zur Lektüre anhalten, ihnen die Bücher geben, die sie brauchen, und die Bücher sollten sorgfältig ausgewählt werden. Gegenwärtig wird die Auswahl der Bücher vom Gefängnispfarrer getroffen.

Nach dem gegenwärtigen System darf der Gefangene nur viermal im Jahr von seinen Freunden besucht werden, jeweils zwanzig Minuten lang. Das ist ein schweres Unrecht. Ein Gefangener sollte seine Freunde einmal im Monat sehen dürfen und für eine angemessene Zeitdauer. Auch die Art, wie man heute den Gefangenen seinen Freunden vorführt, müßte geändert werden. Heute wird der Gefangene entweder in einen großen Eisenkäfig gesperrt oder in einen hölzernen Verschlag mit einer kleinen drahtvergitterten Öffnung, durch die er hindurchspähen darf. Seine Freunde stecken in einem ähnlichen Käfig, drei, vier Fuß entfernt, und dazwischen stehen zwei Wärter, die der sogenannten Unterhaltung zuhören und sie jederzeit nach Gutdünken unterbrechen können. Ich schlage vor, daß die Gefangenen ihre Verwandten oder Freunde in einem Zimmer treffen dürfen. Die augenblickliche Regelung ist unaussprechlich empörend und qualvoll. Ein Besuch von Verwandten oder Freunden bedeutet für jeden Gefangenen ein Übermaß an Demütigung und seelischer Belastung. Viele Gefangene verzichten lieber darauf, ihre Freunde zu sehen, als daß sie sich dieser Quälerei aussetzen. Und ich kann nicht sagen, daß mich das überrascht. Wenn jemand mit seinem Anwalt spricht, dann in einem Raum mit einer Glastür, hinter der ein Wärter steht. Wenn ein Mann mit seiner Frau und seinen Kindern oder seinen Eltern oder Freunden spricht, sollte er die gleiche Vergünstigung erhalten. Den Menschen, die man liebt und die einen lieben, wie ein Affe in einem Käfig vorgeführt zu werden, ist eine unnötige und grauenhafte Erniedrigung.

Jeder Gefangene sollte mindestens einmal im Monat einen Brief empfangen und schreiben dürfen. Zur Zeit darf man nur viermal im Jahr schreiben. Das genügt keineswegs. Eine der Tragödien des Gefängnislebens liegt darin, daß es das Herz eines Menschen zu Stein macht. Die Gefühle der natürlichen Zuneigung brauchen Nahrung wie alle Gefühle. Sie können leicht an Entkräftung sterben. Ein kurzer Brief viermal im Jahr genügt nicht zur Erhaltung der subtilen und humanen Regungen, denen die menschliche Natur ihre Empfänglichkeit für alle die guten und schönen Einflüsse verdankt, die ein zerschlagenes und zerstörtes Leben wieder heilen können.

Mit dem Brauch, die Briefe der Gefangenen zu verstümmeln und zusammenzustreichen, sollte Schluß gemacht werden. Wenn heute ein Gefangener in einem Brief irgendeine Klage über den Strafvollzug erhebt, so wird dieser Teil des Briefes mit der Schere herausgeschnitten. Und läßt er beim Gespräch mit seinen Freunden durch die Stäbe des Käfigs oder die Öffnung des Holzverschlags irgendeine Klage verlauten, so wird er von den Wärtern mißhandelt und jede Woche zur Bestrafung gemeldet, bis seine nächste Besuchszeit fällig ist; bis dahin glaubt man, daß er gelernt habe, zwar nicht sich zu bescheiden, aber doch sich zu verstellen, und das lernt man allemal. Es gehört zu dem Wenigen, was man im Gefängnis lernt. Glücklicherweise sind die übrigen Lehren zum Teil von höherer Ordnung.

Wenn ich den Platz auf Ihren Seiten noch weiter beanspruchen darf, erlauben Sie mir dann noch eine Bemerkung? Sie haben in Ihrem Leitartikel vorgeschlagen, daß kein Gefängnisgeistlicher irgendeine Aufgabe oder Beschäftigung außerhalb des Gefängnisses haben dürfte. Darauf kommt es jedoch nicht an. Die Gefängnisgeistlichen sind völlig überflüssig. Sie sind im großen und ganzen wohlmeinende, aber törichte, ja ausgesprochen dumme Menschen. Sie sind den Gefangenen keine Hilfe. Alle sechs Wochen etwa dreht sich ein Schlüssel in der Zellentür, und der Geistliche kommt herein. Man selbst nimmt natürlich Habt-acht-Stellung an. Er fragt einen, ob man in der Bibel lese. Man antwortet »Ja« oder »Nein«, je nachdem. Er zitiert dann einige Bibelstellen und geht wieder und verschließt die Tür. Manchmal läßt er ein Traktätchen da.

Wer dagegen keiner Beschäftigung außerhalb des Gefängnisses nachgehen oder keine Privatpraxis ausüben sollte, sind die Gefängnisärzte. Zur Zeit haben die Gefängnisärzte meist, wenn nicht immer, eine ausgedehnte Privatpraxis und halten Sprechstunden in anderen Institutionen ab. Die Folge ist, daß die Gesundheit der Gefangenen völlig vernachlässigt wird und die sanitären Zustände des Gefängnisses gar keine Beachtung finden. Ich habe seit frühester Jugend die Ärzte als den bei weitem humansten Berufsstand unserer Gesellschaft betrachtet. Aber die Gefängnisärzte muß ich ausnehmen. Sie sind, soweit ich sie kennengelernt habe, und nach allem, was ich im Spital und anderswo habe beobachten können, brutal im Benehmen, von grobem Temperament, und die Gesundheit oder das Wohlbefinden der Gefangenen ist ihnen völlig gleichgültig. Wenn man den Gefängnisärzten die private Praxis verbieten würde, so wären sie gezwungen, sich für die Gesundheit und die sanitären Lebensbedingungen der Menschen, die ihnen anvertraut sind, zu interessieren.

Ich habe versucht, in meinem Brief einige der Reformen anzudeuten, die unserem englischen Strafvollzug not tun. Sie sind einfach, praktisch und human. Sie sind natürlich nur ein Anfang. Aber es ist Zeit, einen Anfang zu machen, und das wird nur geschehen unter dem starken Druck der öffentlichen Meinung, der ein einflußreiches Blatt wie das Ihre Sprachrohr und Stütze ist.

Aber selbst wenn diese wenigen Reformen verwirklicht werden sollen, ist eine Menge zu tun. Und die erste – vielleicht schwierigste – Aufgabe besteht darin, aus den Direktoren der Gefängnisse Menschen zu machen, aus den Wärtern zivilisierte Wesen und aus den Geistlichen Christen. Ihr etc.

Autor von »The Ballad of Reading Gaol«

Gedichte

Übersetzt von Albrecht Schaeffer (Ballade) und
Rainer Gruenter

Die Ballade vom Zuchthaus zu Reading

In memoriam
C. T. W.
weiland Reiter der königl. Garden zu Pferd,
Obiit I. M. Kerker, Reading, Berkshire
7. Juli 1896

I

Er trug nicht seinen Scharlachrock,
Denn rot sind Blut und Wein.
Und Blut und Wein waren an seiner Hand,
Als sie ihn fanden, allein
Mit der armen Toten, die er geliebt
Und ermordet im Bett-Schrein.

Er machte in schäbig grauer Tracht
In der Häftlinge Ring seinen Gang;
Eine Kricketmütze war auf seinem Kopf,
Und sein Schritt schien leicht und frank;
Doch ich sah nie einen Mann, der geschaut
In den Tag so sehnsuchtskrank.

Ja, ich sah nie einen Mann, der geschaut
Mit Augen so sehnsuchtentbrannt
Hinauf in das winzige Zelt von Blau
– Von Sträflingen Himmel genannt –
Und zu jeglicher Wolke, treibend vorbei,
Mit Segeln von Silber bespannt.

Ich wandert mit anderen Seelen in Pein
In einem andern Ring
Und fragte mich, was der Mensch getan,
Ein groß oder kleines Ding?

»Der Bursch muß baumeln!« hinter mir leis
Eine wispernde Stimme da ging.

Oh Jesus! jäh zu taumeln schien
Des Kerkers Wand und Wall,
Und überm Haupt der Himmel mir ward
Ein Helm von glühendem Stahl,
Und ob ich in Qual eine Seele war,
Ich fühlte nicht meine Qual.

Ich wußte nur, welches Gedankengejag
Seinen Schritten zu eilen gebot,
Und weshalb er sah in den strahlenden Tag
Mit Augen so sehnsuchtumloht;
Er hatte getötet, was er geliebt,
Und also hatt' er den Tod.

Doch jeder tötet, was er liebt,
Das hört nur allzumal!
Der tuts mit einem giftigen Blick,
Und der mit dem Schmeichelwort schmal.
Der Feigling tut es mit dem Kuß,
Der Tapfre mit dem Stahl.

Die einen töten ihr Lieb, wenn sie jung,
Die andern, wenn sie alt;
Der drosselt mit den Händen der Lust,
Mit den Händen von Golde der krallt:
Der Beste braucht ein Messer, denn so
Wird bald der Tote kalt.

Der liebt zu leicht, und der zu lang,
Der kauft, verkaufen tut der.
Der tut die Tat mit Zähren viel,
Der hat keinen Seufzer mehr:
Denn jeder tötet, was er liebt,
Doch nicht jeder stirbt nachher.

Er stirbt nicht einen Tod der Schmach,
Zur Stunde dunkel verrucht,
Und hat kein Halfter um den Hals
Und vorm Gesicht ein Tuch,
Und macht, die Füße voran, durch ein Loch
Hinunter ins Leere den Flug.

Der sitzt bei schweigsamen Männern nicht,
Aufpassend, obs nachtet, obs tagt,
Aufpassend, wenn er zu weinen verlangt,
Und wenn er zu beten wagt;
Aufpassend, daß er selber nicht gar
Dem Gefängnis den Fang abjagt.

Der erwacht nicht im Zwielicht und sieht: in den Raum
Von Angstgestalten brichts:
Kaplan, frostklappernd, gekleidet in Weiß,
Und Richter, finstern Gesichts,
Und der Kerkerherr ganz in glänzendem Schwarz,
Mit dem gelben Gesicht des Gerichts.

Der steht nicht auf in Jammerhast,
Zieht an die Sträflingstracht,
Und jede Bewegung, nervengezerrt,
Ein Doktorsmaul glotzend bewacht,
Befingernd die Uhr, deren kleines Getick
Wie Hammerschlag fürchterlich kracht.

Der kennt nicht den Kitzel, den kranken Durst,
Der die Kehle versandet, bevor
Der Henker mit seinen Gartenhandschuhn
Schlüpft durch das gepolsterte Tor
Und legt ihm drei lederne Riemen an,
Daß die Kehle den Kitzel verlor.

Der hört die Begräbnisordnung nicht
Verlesen, den Kopf gebeugt.
Nicht kreuzt, derweil ihm ein Herzensschreck

»Du bist nicht tot!« bezeugt,
Sein eigner Sarg den Weg, den er hin
In den scheußlichen Schuppen keucht,

Der starrt nicht hinauf in die Luft, in den Hauch,
Durch ein kleines Loch von Glas.
Der fleht nicht: Geh, oh Todesweh!
Mit Lippen wie Lehm so blaß.
Der fühlt auf der schaudernden Wange nicht
Den Kuß des Kajafas.

II

Sechs Wochen machte im schäbigen Grau
Unser Gardesoldat seinen Gang.
Die Kricketmütze war auf seinem Kopf,
Und sein Schritt schien leicht und frank,
Doch ich sah nie einen Mann, der geschaut
In den Tag so sehnsuchtskrank.

Ja, ich sah nie einen Mann, der geschaut
Mit Augen so sehnsuchtentbrannt
Hinauf in das winzige Zelt von Blau
– Von Sträflingen Himmel genannt –
Und zu jeglicher Wolke, die wandert und schleppt
Ihr flattriges Vließgewand.

Er rang nicht die Hände, – der Sinnlose tuts
Und wills und begehrts und beganns
Und nährt im schwarzen Verzweiflungsloch
Einen schillernden Hoffnungspopanz;
Er trank die Morgenlüfte nur
Und sah in den Sonnenglanz.

Er rang nicht die Hände, er weinte nicht
Mit Grübeln, Grimm und Gram,
Doch er trank die Luft, als wär sie erfüllt
Mit schmeichelndem Heilbalsam;

Die Sonne trank er mit offenem Mund,
Wie wenn er Wein bekam.

Und ich und all die Seelen in Pein,
Hintrappend im andern Ring,
Vergaßen, was wir selbst getan,
Ein groß oder kleines Ding,
Und paßten stumpf, mit Staunen dumpf,
Auf den Mann, der zum Galgen ging.

Und ihn gehen zu sehn so leicht und frank,
Das war so sonderlich ...
Und ihn schauen zu sehn so sehnsuchtskrank,
Das war so sonderlich ...
Und zu denken die Schuld, und die Zahlung der Schuld,
Das war so sonderlich ...

Denn Eiche und Ulm' haben liebliches Laub,
Das auf im Frühjahr schießt,
Aber grimmig zu schaun ist der Galgenbaum,
Des Wurzel die Viper zerfrißt,
Und dürr oder grün, der Mensch muß dahin
Vor seiner Früchtefrist.

Der höchste der hoh'n ist der Gnadenthron,
Aller Irdischen einzig Gelüst!
Doch wer wünscht seinen Stand in dem hanfenen Band,
Auf der Höhe vom Galgengerüst,
Und daß durch Mörders Manschette sein Aug
Zuletzt den Himmel küßt?

Zu tanzen ist schön bei dem Geigengetön,
Stehn Liebe und Leben im Duft, –
Der Tanz, der ist zart und von seltener Art,
Wenn Flöte und Laute da ruft, –
Doch nicht süß, nicht Genuß ists, mit hurtigem Fuß
Zu tanzen in der Luft.

Mit ergebnem Genick und mit spähendem Blick
Haben Tag wir um Tag ihn umklirrt
Und fragten uns wohl, ob ein jeder von uns
Den gleichen Weg gehn wird,
Weil das keiner bedacht, in welch höllische Nacht
Sich blindlings die Seele verirrt.

Und endlich machte der Tote nicht mehr
Seinen Gang, den andern gesellt,
Und ich wußte, er war vor die Anklagebank
In den schwarzen Verschlag gestellt,
Und ich würde nicht wieder sein Antlitz sehn
In Gottes süßer Welt.

Wie zwei verdammte Schiffe im Sturm
So kreuzten wir Bord an Bord:
Wir gaben kein Zeichen, kein Wort ist gesagt,
Wir hatten zu sagen kein Wort;
Denn wir trafen nicht, ach, uns in heiliger Nacht,
Nein, schandbar war Tag und der Ort.

Gefängniswand war um uns rund,
Verstoßen waren wir Zwei:
Aus ihrem Herzen stieß die Welt
Und Gott aus der Obhut uns Zwei:
Und die Falle gestählt, die den Sünder nicht fehlt,
Schnappte ins Eisen uns Zwei.

III

In Schuldners Hof die Mauer troff,
Und hart war das Pflaster voll Kot.
Dort wars ihm erlaubt, daß er Lunge und Haupt
Dem bleiernen Himmel bot.
Ein Wärter trabte ihm links und rechts,
Argwöhnisch, der Mann ginge tot.

Sonst sitzt er mit ihnen, die passen auf
Seinen Ängsten früh und spät,
Die passen, wenn er zum Beten sich krümmt,
Und wenn er zu weinen aufsteht,
Die passen, daß durch ihn selber nicht gar
Dem Galgen die Beute entgeht. –

Der Kerkerherr war strenge aus
Auf Regeln und auf Takt.
Der Doktor sagte, der Tod sei bloß
Ein naturwissenschaftlicher Akt,
Kaplan kam zweimal am Tag und beließ
Einen kleinen geistlichen Trakt.

Und zweimal am Tag hat er Pfeife geraucht
Und getrunken sein Bier dabei.
Entschlossen war seine Seele und hielt
Keine Furt dem Fürchten frei.
Oft sagte er so, er wäre froh,
Daß nahe der Henker sei.

Warum er sprach so fremdes Zeug,
Die Wärter wagten nicht
Weder Frage noch Blick, – wem Wärters Geschick
Gegeben ist als Pflicht,
Der macht vor seinen Mund ein Schloß
Und zur Maske sein Gesicht.

Sonst wird er erweicht am Ende und reicht
Ein tröstliches: Du –, und: Nun – nun – –
Was sollte denn menschliches Mitleid, gepfercht
In die Höhle des Mörders, tun?
Welch gnädiges Wort gäb an solch einem Ort
Der Seel eines Bruders zu ruhn?

Mit Schlottern und krumm, wir trabten rundum,
Parade der Narretei.

Die Fragen laß fahrn! wir wußten, wir warn
– Kahlköpfig, die Stiefel von Blei –
Des Teufels Brigade und hatten Parade
Und lustige Maskerei.

Wir zupften zu Fasern die Taue voll Teer
Mit Nägeln blutend und krank.
Wir schruppten den Boden wohl unten und oben
Und putzten die Gitter blitzblank.
Wir seiften in Reihn die Dielen ein
Und machten mit Eimern klingklang.

Wir nähten die Säcke und brockten den Fels,
Wir drehten den staubigen Drill.
Wir schmissen das Zinn und brüllten die Hymn
Und schwitzten an dem Spill.
Aber im Herzen von jedem Mann
Lag das Grausen still.

So still es lag, daß jeder Tag
Schwer kroch wie die Woge voll Tang.
Wir dachten nicht groß an das bittere Los,
Das Narren und Schelme erlangt ...
Da trafen wir einst, heimtrappend vom Werk,
Ein offenes Grab auf dem Gang.

Das gelbe Loch mit gähnendem Maul
Erlechzte lebendiges Ding.
Selbst Dreck und Sud schrie laut um Blut
Zu dem dürren Asphaltring.
Und da wußten wir: eh'r wieder Dämmrung wär,
Einer der Häftlinge hing.

Wir gingen ins Haus, die Seele im Saus
Von Grausen und Grab und Gericht.
Der Henkerling mit dem kleinen Sack
Schlürfte durchs düstere Licht ...
Und jeder in seine benummerte Gruft
Mit Zittern und Beben kriecht.

Diese Nacht erfüllten Gestalten der Angst
Die leeren Flure dicht.
Und auf und ab die Eisenstadt
Schlichen Füße, – wir hörten sie nicht.
Durchs Stangenviereck, das die Sterne versteckt,
Spähte ein weißes Gesicht ...

Er lag wie einer, der liegt und träumt
In lieblichem Wiesenland.
Die Wächter bewachten ihn, als er schlief, –
Keiner von ihnen verstand,
Daß einer schlief so süßen Schlaf
Mit dem Henker nahe zur Hand.

Doch kein Schlaf einzieht, wenn ins Weinen geriet,
Wer nie zum Weinen sich bog.
So jeder von uns, Gauch, Gauner und Schelm,
Auf endlose Nachtwache zog.
Und durch jedwedes Herz, auf Händen von Schmerz,
Die Angst des Anderen kroch.

Ah fühls! es ist ein gräßlich Stück:
Schuldzins, auf Andern gehäuft!
Wenn der Sünden Schwert dich mitten durchfährt,
Mit giftigem Knauf beknäuft.
Und wie Blei schmolz in Glut, sind die Tränen fürs Blut,
Das nicht von deiner Hand träuft!

An den verriegelten Türen hin
In Filzschuhn der Wärter kroch,
Und guckt' und vernahm, in Scheu oder Scham,
Eine graue Gestalt in dem Loch,
Verwundert, Menschen knien zu sehn,
Die nie gebetet noch.

Die ganze Nacht sind wir betend gewacht,
Wirrsinniger Leichenbesuch!

Gefieder der Mitternacht, struppig gesträubt,
Glich Büschen im Trauerzug.
Und bittrer Wein in einem Schwamm
War der Reue Geschmack und Geruch.

Der graue Hahn kräht, und der rote Hahn kräht,
Aber der Tag kam nie.
Es hockten Gestalten angstverkrümmt,
Wo wir bogen im Winkel das Knie.
Jeder böse Geist, der die Nächte durchreist –
Vor uns spielten die!

Sie glitten geschwind, wie der Wind, wie der Wind,
Wie man Wandrer im Nebel gewahrt.
Sie taten wie Mond in dem Tanz Rigadon –
Umschlingung und Wendung gar zart!
Zu dem Stelldichein mit geziertem Gebein,
Mit verruchter Berückung geschart.

Das grinst und grimaßt und befühlt sich und faßt
Schmale Schatten, sich Hand über Hand,
Im Kreis, im Kreis, nach Geisterweis
Zu treten Saraband.
Verfluchte Grotesken, sie ziehn Arabesken
Als wie der Wind im Sand!

In Posen und Gruppen wie Puppenspielpuppen
Sie trippelten spitzige Pas.
Die Pfeifen der Furcht bliesen durch und durch,
Ein gräßlicher Maskentanz das!
Und sie sangen laut, und sie sangen laut,
Die Toten zu wecken etwas.

»Ho!« schrien sie los, »die Welt ist groß,
Doch gekettete Glieder sind schwach!
Und einmal und zwei rollt der Würfel so frei,
Kavaliere, das gibt ein Gelach!

Aber zeigt, was erzielt, wer in Sünden verspielt,
In dem heimlichen Hause der Schmach!«

Aus Luft nicht gemacht waren Tänzer und Tracht
Die so schäkerten scherzhaft im Drehn:
Der spürt es, der spürt, der in Fesseln geschnürt,
Nicht Freiheit hat zu gehn
Oh Christi Leid, das war Wirklichkeit
Und fürchterlich zu sehn!

Sie schwenkten sich rund mit grinsendem Mund
Zu Paaren und walzten mit Lust.
Mit Gesten, geleckt, wie Hetären gereckt,
Chassierten sie Treppen im Schuß,
Und sie halfen mit Hohn und mit schmeichelndem Ton
Bei unserm Angelus!

Der Morgenwind hub stöhnend an,
Die Nacht blieb dunkel genug.
Am riesigen Webstuhl die Webe der Nacht
Kroch durch, bis gesponnen das Tuch:
Uns, noch beim Gebet hat der Schauder umweht
Vor der Sonne Urteilsspruch.

Der stöhnende Wind strich wandernd entlang
Am weinenden Kerkerwall.
Minut' um Minute durchkroch unser Blut,
Wie ein eisernes Drehgatter bald.
Oh der stöhnende Wind! warum gab man uns denn
Solch einen Seneschall?

Jetzt bewegt sich der Schatten des Stangengevierts,
Wie ein bleiernes Gitter gespannt,
Gegenüber von meinem Dreibretterleinbett
An der weißgetünchten Wand.
Da begreif ich: es steht irgendwo in der Welt
Gottes furchtbarer Morgen in Brand. –

Wir putzten die Zellen um sechs Uhr früh,
Um sieben ist alles still.
Doch mit mächtigem Saus durch das ganze Haus
Eine riesige Schwinge schwillt.
Denn der Herzog Tod, eisodem-umloht,
Trat ein, zu töten gewillt.

Er ritt nicht groß auf mondweißem Roß,
Kam nicht in purpurnem Staat.
Drei Ellen Schnur und ein Rutschbrett nur,
Die braucht der Galgen grad.
Mit der Schnur, mit der Schmach der Herold vorsprach,
Zu tun seine heimliche Tat.

Da glichen wir Dem, der sich tastet im Lehm
Durch den Sumpf einer kotigen Nacht.
Wir haben, obzwar keine Angst in uns war,
Kein Ave zu sprechen gedacht.
In unser jedem war etwas tot, –
Die Hoffnung war umgebracht.

Der grimmige Richter der Menschheit geht
Seinen Gang und weicht keinen Schritt.
Er schlägt die Schwäche, er schlägt die Kraft,
Er hat einen tödlichen Tritt.
Mit eisernem Absatz trifft er die Kraft,
Der wüste Parrizid.

Wir warteten nur auf den Schlag acht Uhr, –
Von Durst war die Zunge uns dick.
Denn der Uhrschlag acht verdammt einen Mann,
Er ist der Schlag vom Geschick,
Und das wirft acht Uhr seine hanfene Schnur
Um das beste und böste Genick.

Wir hatten ja nichts als Warten zu tun,
Bis sich das Zeichen regt.

Wie Stücke von Stein sind in Öde allein,
Stumm saßen wir da, unbewegt.
Doch das Herz in dem Rumpf schlug so schnell und so dumpf,
Wie ein Irrer Trommel schlägt.

Jäh schüttelnd fuhr die Kerkeruhr
In die schaudernden Lüfte hinein.
Und Klagen fuhr aus im ganzen Haus
Von hilflos verzweifelter Pein.
So hören erschrockene Moore wohl
Den Leprosen vom Lagerplatz schrei'n.

Und wie sich grausige Dinge stelln
Im Kristall eines Traumes zur Schau,
So sahn wir gehakt an den Balken schwarz
Das fettige, hanfene Tau,
Und hörten von Henkerlings Strang das Gebet
Erdrosselt in würgendes Au...

Und von der Pein, die zu solchem Schrei'n
Die Seele da verdarb –
Von der Reue heiß und vom blutigen Schweiß –
Ich bins, der das Wissen erwarb!
Denn wer mehr Leben als eins gelebt,
Mehr Tode als einen starb.

IV

Kein Gottesdienst ist an dem Tag,
Wo einer starb durch den Strang.
Des Pfarrers Antlitz ist zu bleich –
Oder sein Herz ist ihm krank ...
Oder gar eine Schrift, die keiner darf sehn,
Aus seinen Augen sprang.

So hielten sie uns bis Mittag fast,
Dann kam ein Glockenruf.

Und der Wärter mit seinem Geklimper kam
Und schloß auf jede lauernde Gruft.
Und die eisernen Treppen kam jeder getrappt
Aus gesonderter Höllenkluft.

Wir kamen an Gottes süße Luft,
Doch nicht im gewohnten Gang:
Denn dies Gesicht war weiß, und dies
War grau vom Grauenstrank.
Und nie sah ich Menschen, die geschaut
In den Tag so sehnsuchtskrank.

Ja, nie sah ich Menschen, die geschaut
Mit Augen so sehnsuchtentbrannt,
Hinauf in das winzige Zelt von Blau,
– Von Sträflingen Himmel genannt –
Und zu jedweder sorglosen Wolke, die zog
Durch glückliches Freiheitsland.

Doch welche gingen unter uns,
Den Nacken geduckt so krumm ...
Die wußten: wenn jeder bekäme, was recht –
Sie müßten sterben darum:
Denn jener erschlug ein Lebendiges nur,
Sie brachten ein Totes um.

Denn wer zum zweiten Mal gefehlt,
Erweckt eine Seele zur Qual,
Zieht aus ihr fleckiges Totenhemd
Und macht sie bluten nochmal,
Ja, bluten große Tropfen Blut,
Und umsonst ist ihre Zahl!

Wie Affen und Clowns in scheußlichem Kleid,
Mit verbogenen Bolzen besteckt,
So gingen wir schweigsam rund und rund
Im Asphalthof schmutzbefleckt.

Schweigsam gingen wir rund und rund,
Und ward kein Wort erweckt.

Schweigsam gingen wir rund und rund ...
Durchs hohle Herzgebind
Graunvoller Dinge Gedächtnis zog
Und stürmte, ein furchtbarer Wind,
Und Grausen schlich vor jedem her,
Und Schauder kroch hinter ihm blind.

Die Wärter hielten, stelzend umher,
Ihre Bestienschar an der Schnur;
Ihre Uniform war blink und blank,
Und sie trugen die Sonntagsmontur;
Aber wir merkten ihr heutiges Werk
An der kalkigen Stiefelspur.

Denn wo ein Grab weit offen war –
Keiner ein Grab mehr fand:
An der eklen Mauer des Kerkers war
Nur ein Streifen Dreck und Sand
Und ein kleiner Berg von gelöschtem Kalk –
Des Menschen Grabgewand.

Denn er hatt' ein Gewand, der elende Mensch,
Wie nicht für jeden bereit:
Tief unterm Zuchthaushof und nackt,
Für schlimmere Schändlichkeit,
Da liegt er, Fesseln an jedem Fuß,
In einem Flammenkleid.

Und immer nimmt der brennende Kalk
Gebein und Fleisch zum Fraß,
Er frißt das mürbe Bein bei Nacht,
Bei Tage süß Fleisch etwas, –
Er frißt abwechselnd Fleisch und Bein,
Doch das Herz ohn Unterlaß.

Drei lange Jahre keiner sä'n
Oder Setzlinge senken mag:
Drei Jahre liegt der verfluchte Fleck
Unfruchtbar da und brach
Und starrt dem wandernden Himmelszelt
Ohne Vorwurf nach.

Man sagt, das Herz eines Mörders färbt
Jeden Samen, farblos gesenkt.
Es ist nicht wahr! Gottes Erde gut
Ist gütiger, als ihr denkt,
Und die rote Rose wird röter blühn,
Und weißer die weiße sich drängt.

Aus seinem Mund eine Rose rot,
Aus der Brust eine weiße bricht!
Ach, ahnt es denn wer, wie besonders der Herr
Seinen Willen bringt ans Licht,
Seit dürrer Stecken des Pilgrims geblüht
Vor des großen Papstes Gesicht?

Nicht Rose weiß, nicht Rose rot
In Zuchthausluft verweilt.
Flint, Scherbe und der Kieselstein
Wird da an uns verteilt:
Denn Blumen wüßtens, wie sich der Gram
Eines schlichten Mannes heilt.

Doch dort läßt fallen Blatt um Blatt
Nicht Rose weiß noch rot,
Dort an der eklen Kerkerwand
Auf den Flecken Sand und Kot,
Zu sagen Den', die umtrappen den Hof:
Christ litt für alle den Tod! –

Doch ob die ekle Gefängniswand
Ihn rund und rund umringt –

Und ein Geist nicht umgehn darf bei Nacht,
Den eiserne Kette umschlingt –
Und ein Geist nicht weinen darf, der in solch
Unheiligen Grund versinkt –

Er ist in Frieden – der elende Mensch –
Oder bald in Friedens Hut.
Nichts verwirrt seinen Sinn, nicht Grausen geht
Nun um in Mittagsglut,
Denn weder Sonne hat noch Mond
Die Erde, drin er ruht.

Sie henkten ihn, wie man ein Untier hängt:
Sie gaben kein Requiem zu,
Das seine Seele, so verstört,
Gebracht haben würde zur Ruh.
Sie schleppten hurtig ihn hinaus, –
Ein Loch barg ihn im Nu.

Die leinenen Kleider streiften sie weg
Und gaben ihn Fliegengetier,
Nachäffend den purpurn geschwollenen Hals
Und die Augen starr und stier.
Und mit Lachen laut ward gehäufelt die Haut,
In der er liegt allhier.

Der Pfarrer wollte nicht knien zum Gebet
An seinem ehrlosen Grab,
Noch zeichnen das gesegnete Kreuz,
Das Christus für Sünder gab,
Denn er war ja von jenen, für deren Heil
Christus stieg herab.

Doch laßts gut sein ... Er gelangt' an das Ziel,
Das gesetzt ist dem Leben von weit.
Des Mitleids gesprungene Urne sind
Fremde Tränen zu füllen bereit,

Denn die ihn betrauern – Geächtete sinds,
Und Geächtete trauern allzeit.

V

Ich weiß nicht, welch Gesetz da gut
Und welches schlecht sein mag.
Die Mauer ist hart – sonst wissen wir nichts,
Die wir liegen im Kerkerverschlag, –
Und jeder Tag ist wie ein Jahr,
Ein Jahr – und lang ist sein Tag.

Doch weiß ich jetzt, daß jedes Gesetz,
Das der Mensch für die Menschen ersann,
Seit der erste Mensch seinen Bruder erschlug,
Und die traurige Welt begann,
In böser Schwinge die Spreu behält,
Derweil der Weizen zerrann.

Das weiß ich dazu – und weise wärs,
Ein jeder wüßte es mit:
In jedwedem Kerker, den Menschen gebaut,
Sitzt die Schande als Kitt,
Und Gitter sind dran, daß der Heiland nicht sieht,
Wie der Mensch seinen Bruder zertritt.

Sie verdunkeln den gütigen Mond und die Sonn,
Die liebe, mit Stangengefach.
Ja verbergt nur – 's ist gut! – die Höllenglut,
Denn Dinge geschehen drin, ach,
Daß Gottessohn und Menschensohn
Nicht hinsehn darf danach!

Die schlimmsten Taten wie Giftkraut blühn
In Kerkerlüften dreist,
Und nur was gut im Menschen ist,

Vergrindet da und vergreist.
Das schwere Tor wahrt bleiche Angst,
Der Wärter Verzweiflung heißt.

Da hungert das kleine, erschrockene Kind,
Bis es wimmert ohn Unterlaß.
Sie peitschen den Schwachen, sie schlagen den Narrn,
Den Alten verspotten sie baß.
Und mancher wird toll, und schlecht werden all,
Doch keiner darf sagen etwas.

Jede Zelle schmal, drin wir hausen zumal,
Ist ein fauler und finstrer Abort.
An der Gitterwand hoch der Stinkodem kroch
Aus dem lebendigen Mord.
Oh Maschine der Menschlichkeit! bis auf die Lust,
Alles zu Staub drin verdorrt.

Das brackige Wasser, das du trinkst,
Kriecht eklig, verschleimt und verbreit;
Auf Wagen gewogen, das bittere Brot
Ist voll Kreide und Kalk und verklei't.
Schlaf liegt nicht hin, sondern wandert herum,
Wildäugig, und schreit nach der Zeit.

Doch ob Hunger dürr und Dürsten grün
Wie Natter und Otter ficht,
Wir kümmern uns kaum um die Kerkerkost,
Denn das ists, was erstarrt und zerbricht:
Daß jeder Stein, den bei Tag du hobst,
Dein Herz wird im nächtlichen Licht.

Das Herz gefüllt mit Mitternacht,
Die Zelle mit Zwielichtschein;
Wir drehen das Schöpfrad, wir zupfen den Hanf,
In gesonderter Hölle allein,
Und grausiger das Schweigen schweigt,
Als eherne Glocken schrei'n.

Und nie kommt menschliche Stimme uns nah,
Mit sanftem Wort gesellt.
Das Auge ist hart und mitleidlos,
Das im Guckloch Wache hält.
Ohne Welt, ohne Trost, du verrohst, du verrohst!
An Leib und Seele entstellt.

So rosten wir, eiserne Kette des Seins –
Entehrt und ganz allein.
Der eine schluchzt, der andre flucht,
Der nennt keinen Seufzer mehr sein.
Doch Gottes ewge Gesetze sind lind
Und brechen das Herz von Stein.

Und jedes Menschenherz, das brach,
In Zuchthauszell oder -hof,
Ist die Büchse, die brach und dem Heiland gab
Ihren kostbar edelen Stoff,
Von dem das unreine Aussatzhaus
Mit köstlichem Nardeduft troff.

Glücklich das Herz, das brechen kann
Und zum Frieden der Gnade gedeihn!
Wie glättet sich anders der Pfad, wie wird sonst
Die Seele von Sünde rein?
Wie anders als durch ein gebrochenes Herz
Zieht der Heiland ein?

Und er mit dem purpurn geschwollenen Hals
Und Augen starr und verdreht,
Er weiß die heilige Hand, die den Dieb
Ins Paradies einlädt.
Und gebrochenes Herz, und bereuendes Herz,
Der Heiland nicht verschmäht.

Der Mann in Rot, der das Urteil verliest,
Gab ihm drei Wochen schmal,

Drei Wochen zu leben, – zu heilen das Herz
Von Herzenskampf und -qual,
Und zu waschen jeden Flecken Bluts
Von der Hand, die gehalten den Stahl.

Die Hand, die das Messer gehalten – er wusch
Sie in blutigen Tränen mit Fleiß.
Denn nur das Blut wischt ab das Blut,
Und die Träne nur Heilung verheißt.
Und der rote Fleck, der an Kain war,
Ward Christi Siegel schneeweiß.

VI

In Readingzuchthaus bei Readingstadt,
Da ist ein Schandeneck.
Drin liegt ein elender Mensch, – ihn frißt
Der Zahn der Flamme weg;
Er liegt gewickelt in brennendes Tuch, –
Keinen Namen hat der Fleck.

In Schweigen laßt ihn ruhn, – bis Christ
Den Toten zu kommen gebot.
Vergeudet nicht törichte Tränen! es ist
Kein windiger Seufzer not:
Er hatte getötet, was er geliebt,
Und also hatt er den Tod.

Und jeder tötet, was er liebt,
Das hört nur allzumal!
Der tuts mit einem giftigen Blick,
Und der mit dem Schmeichelwort schmal.
Der Feigling tut es mit dem Kuß,
Der Tapfre mit dem Stahl.

C. 3. 3.

Endymion

(For Music)

The apple trees are hung with gold,
  And birds are loud in Arcady,
The sheep lie bleating in the fold,
The wild goat runs across the wold,
But yesterday his love he told,
  I know he will come back to me.
O rising moon! O Lady moon!
  Be you my lover's sentinel,
  You cannot choose but know him well,
For he is shod with purple shoon,
You cannot choose but know my love,
  For he a shepherd's crook doth bear,
And he is soft as any dove,
  And brown and curly is his hair.

The turtle now has ceased to call
  Upon her crimson-footed groom,
The grey wolf prowls about the stall,
The lily's singing seneschal
Sleeps in the lily-bell, and all
  The violet hills are lost in gloom.
O risen moon! O holy moon!
  Stand on the top of Helice.
  And if my own true love you see,
Ah! if you see the purple shoon,
The hazel crook, the lad's brown hair,
  The goat-skin wrapped about his arm,
Tell him that I am waiting where
  The rushlight glimmers in the Farm.

The falling dew is cold and chill,
  And no bird sings in Arcady,
The little fauns have left the hill,
Even the tired daffodil
Has closed its gilded doors, and still
  My lover comes not back to me.
False moon! False moon! O waning moon!
  Where is my own true lover gone,
  Where are the lips vermilion,
The shepherd's crook, the purple shoon?
Why spread that silver pavilion,
  Why wear that veil of drifting mist?
Ah! thou hast young Endymion,
  Thou hast the lips that should be kissed!

Endymion
(Für Musik)

Die Apfelbäume sind mit Gold behangen,
  und Vogelsang tönt in Arkadien,
die Schafe lagern blökend im Gehege,
der wilde Geißbock springt durch Moor und Heide,
doch gestern sprach Er mir von seiner Liebe.
  Ich weiß, Er wird zurückkommen zu mir.
O, aufgehender Mond! O, Dame Mond!
  Sei du die Wache meines Liebsten,
  unmöglich ist's, ihn nicht zu kennen,
denn an den Füßen trägt er Purpurschuhe,
unmöglich auch, den Liebsten nicht zu finden,
  denn er trägt einen Hirtenstab,
und er ist sanft wie eine Taube,
  und braun und lockig ist sein Haar.

Die Turteltaube hat nun aufgehört zu rufen
  nach ihrem rotfüßigen Freund,
der graue Wolf streicht um den Stall,

der Lilie singender Hüter
schläft in dem Lilienkelch, und alle
  die blauen Hügel im Dunkel sind versunken.
O, Mond am Himmel! O, heiliger Mond!
  Verweile über Helike!
  Und wenn du Ihn siehst, den treulich ich liebe,
ach, wenn du siehst den Purpurschuh,
den Haselstab, des Jünglings braunes Haar,
  das Geißfell um den Arm geschlungen,
sag' ihm, daß ich auf Ihn warte, wo
  das Binsenlicht in der Hütte schimmert.

Der Tau, der fällt, ist kühl und frostig,
  und kein Vogel singt in Arkadien,
die kleinen Faune haben den Hügel verlassen,
und selbst die müde Narzisse
hat ihre goldenen Tore verschlossen und immer noch
  kommt mein Liebster nicht zurück zu mir.
Trügerischer Mond! Falscher Mond! O, Mond,
schon schwindend
  Wohin ist mein Liebster geflohen,
  wo sind die roten Lippen,
der Schäferstab, der Purpurschuh?
Warum ist ausgebreitet das Silberzelt?
  Warum die Verhüllung in Schleiern treibenden
Nebels?
Ach, bei dir ist wohl Endymion,
  du küßt die Lippen, die ich küssen sollte.

*

In the Gold Room

A Harmony

Her ivory hands on the ivory keys
  Strayed in a fitful fantasy,
Like the silver gleam when the poplar trees

Rustle their pale leaves listlessly,
Or the drifting foam of a restless sea
When the waves show their teeth in the flying breeze.

Her gold hair fell on the wall of gold
Like the delicate gossamer tangles spun
On the burnished disk of the marigold,
Or the sunflower turning to meet the sun
When the gloom of the jealous night is done,
And the spear of the lily is aureoled.

And her sweet red lips on these lips of mine
Burned like the ruby fire set
In the swinging lamp of a crimson shrine,
Or the bleeding wounds of the pomegranate,
Or the heart of the lotus drenched and wet
With the spilt-out blood of the rose-red wine.

Im Goldenen Zimmer

Ihre Elfenbeinhände über den Elfenbeintasten
schweiften in launischer Träumerei
wie der silberne Glanz, wenn die Pappeln
ihre blassen Blätter lautlos schütteln,
wie der treibende Schaum einer ruhlosen See,
wenn die Wogen ihre Zähne zeigen im fliegenden Sturm.

Ihr goldenes Haar fiel über die Wand von Gold,
wie die zarten Sommerfädengespinste woben
über dem leuchtenden Kranz der Ringelblume,
oder die Sonnenblume, die sich reckt, der Sonne
entgegenzukommen,
wenn das Dunkel der eifersüchtigen Nacht schwindet,
und der Speer der Lilie im goldenen Schein erstrahlt.

Und ihre süßen roten Lippen auf meinen Lippen
brannten wie die rubinrote Flamme
in der sanft schaukelnden Lampe eines kostbaren Gefäßes,
oder die blutenden Wunden eines Granatapfels,
oder das Herz der Lotusblüte getränkt und feucht
vom vergossenen Blut des rosenroten Weins.

*

The Grave of Shelley

Like burnt-out torches by a sick man's bed
Gaunt cypress-trees stand round the sun-bleached stone;
Here doth the little night-owl make her throne,
And the slight lizard show his jewelled head.
And, where the chaliced poppies flame to red,
In the still chamber of yon pyramid
Surely some Old-World Sphinx lurks darkly hid,
Grim warder of this pleasaunce of the dead.

Ah! sweet indeed to rest within the womb
Of Earth, great mother of eternal sleep,
But sweeter far for thee a restless tomb
In the blue cavern of an echoing deep,
Or where the tall ships founder in the gloom
Against the rocks of some wave-shattered steep.

Rome

Shelley's Grab

Wie ausgebrannte Fackeln am Bett des Kranken
stehn düstre Zypressen rings um den sonnengebleichten Felsen;
hier baut die kleine Nachteule sich ihr Nest,
und die schlanke Eidechse zeigt ihren Juwelenkopf.

Und wo des Mohnes Kelche aufflammen,
in der stillen Kammer der Pyramide drüben
lauert gewiß eine alte Sphinx, dunkel verborgen,
der grimme Wächter dieses Totenfriedens.

Ach, süß gewiß, tief zu ruhen im Schoß
der Erde, der großen Mutter des ewigen Schlafs,
doch süßer wohl für dich ein ruhloses Grab
in einer blauen Grotte, aus deren Tiefe das Echo hallt,
oder wo die großen Schiffe scheitern im Dunkel
an den Riffen wogenzerschlagener Felsküsten.

Rom

*

The Grave of Keats

Rid of the world's injustice, and his pain,
He rests at last beneath God's veil of blue.
Taken from life when life and love were new
The youngest of the martyrs here is lain,
Fair as Sebastian, and as early slain.
No cypress shades his grave, no funeral yew,
But gentle violets weeping with the dew
Weave on his bones an ever-blossoming chain.
O proudest heart that broke for misery!
O sweetest lips since those of Mitylene!
O poet-painter of our English Land!
Thy name was writ in water—it shall stand:
And tears like mine will keep thy memory green,
As Isabella did her Basil-tree.

Rome

Keats' Grab

Frei von der ungerechten Welt und seiner Pein
ruht endlich er unter Gottes blauem Schleier.
Dem Leben geraubt, als Leben und Liebe jung waren,
liegt hier der jüngste Märtyrer,
schön wie Sebastian und so jung erschlagen.
Keine Zypresse gibt Schatten seinem Grab, keine Trauer-Eibe,
doch zarte Veilchen voller Tränen aus Tau
flechten über seinen Gebeinen eine immerblühende Kette.
O, stolzestes Herz, das Elend zerbrach!
O, süßeste Lippen seit jenen von Mytilene!
O, Dichter-Maler unseres Englischen Landes!
Dein Name war ›in Wasser geschrieben‹ – er wird dauern:
und Tränen wie die meinen werden grün dein Gedächtnis halten
wie Isabella ihren Basilienbaum.

Rom

*

On the Sale by Auction of Keats' Love Letters

These are the letters which Endymion wrote
To one he loved in secret, and apart.
And now the brawlers of the auction mart
Bargain and bid for each poor blotted note,
Ay! for each separate pulse of passion quote
The merchant's price. I think they love not art
Who break the crystal of a poet's heart
That small and sickly eyes may glare and gloat.

Is it not said that many years ago,
In a far Eastern town, some soldiers ran
With torches through the midnight, and began
To wrangle for mean raiment, and to throw
Dice for the garments of a wretched man,
Not knowing the God's wonder, or His woe?

Zum Verkauf der Liebesbriefe von Keats auf einer Versteigerung

Dieses sind die Briefe, die Endymion schrieb
an jemand, den er liebte geheim und für sich.
Und nun feilschen Zänker der Versteigerung und
überbieten sich für jede arme, kaum leserliche Notiz.
Ach, für jeden Pulsschlag der Leidenschaft setzen sie
den Preis des Kaufmanns fest. Ich weiß, sie lieben nicht die Kunst,
die den Kristall eines Dichterherzens zerbrechen,
damit kleine und erbärmliche Augen funkeln und hämisch lachen.

Steht nicht geschrieben, daß vor vielen Jahren
in einer Stadt des Ostens ein paar Soldaten liefen
mit Fackeln durch die Mitternacht und begannen,
sich um den armen Rock zu balgen und zu würfeln
um die Kleider des Gemarterten,
nichts wissend von dem Wunder Gottes und Seinem Leiden?

*

Easter Day

The silver trumpets rang across the Dome:
The people knelt upon the ground with awe:
And borne upon the necks of men I saw,
Like some great God, the Holy Lord of Rome.
Priest-like, he wore a robe more white than foam,
And, king-like, swathed himself in royal red,
Three crowns of gold rose high upon his head:
In splendour and in light the Pope passed home.
My heart stole back across wide wastes of years
To One who wandered by a lonely sea,
And sought in vain for any place of rest:
»Foxes have holes, and every bird its nest,
I, only I, must wander wearily,
And bruise my feet, and drink wine salt with tears.«

Ostern

Die silbernen Posaunen schallten durch den Dom:
das Volk kniete nieder in Ehrfurcht:
und über den gebeugten Nacken der Menschen hoch
getragen
wie einen Großen Gott sah ich den Heiligen Herren Roms.
Dem Priester gleich trug er ein Kleid weißer als Schaum,
und gleich dem König, eingehüllt in königliches Rot,
erhoben drei goldne Kronen hoch sich über seinem
Haupte:
in Glanz und Licht zog der Papst zurück in seine Gemächer.
Mein Herz stahl sich zurück durch weite Jahresräume
zu Einem, der an einem einsamen See seinen Weg
und vergeblich nach einer Stätte suchte, wo er ruhen
könnte:
»Füchse haben ihre Höhlen, und jeder Vogel hat sein Nest.
Ich, allein ich, muß in Kümmernis umherirren
und meine Füße wund laufen und Wein mit Tränen
gesalzen trinken.«

*

Sonnet

On Hearing the Dies Iræ Sung in the Sistine Chapel

Nay, Lord, not thus! white lilies in the spring,
Sad olive-groves, or silver-breasted dove,
Teach me more clearly of Thy life and love
Than terrors of red flame and thundering.
The empurpled vines dear memories of Thee bring:
A bird at evening flying to its nest
Tells me of One who had no place of rest:
I think it is of Thee the sparrows sing.
Come rather on some autumn afternoon,
When red and brown are burnished on the leaves,
And the fields echo to the gleaner's song.
Come when the splendid fulness of the moon

Looks down upon the rows of golden sheaves,
And reap Thy harvest: we have waited long.

Sonett

'Dies Irae' in der Sixtinischen Kapelle hörend

Nein, Herr, nicht so! Weiße Lilien im Frühling,
dunkle Olivenhaine oder silberbrüstige Tauben
lehren mich reiner Dein Wesen, Deine Liebe
als die Schrecken roten Feuers und Donners.
Der purpurfarbene Rebstock erfüllt mich mit zarten Erinnerungen an Dich:
ein Vogel, der abends heimwärts fliegt zu seinem Nest,
spricht mir von Einem, der keine Stätte der Ruhe hatte:
der Sperling singt, so glaube ich, von Dir.
Komm lieber an einem Nachmittag im Herbst,
wenn Rot und Braun im Laube leuchten,
und die Flur vom Sang der Schnitter widerhallt.
Komm, wenn des Mondes glänzende Fülle
schaut nieder auf die Reihen goldener Garben,
und schneide Deine Ernte: lange haben wir gewartet.

*

E Tenebris

Come down, O Christ, and help me! reach thy hand,
For I am drowning in a stormier sea
Than Simon on thy lake of Galilee:
The wine of life is spilt upon the sand,
My heart is as some famine-murdered land
Whence all good things have perished utterly,
And well I know my soul in Hell must lie
If I this night before God's throne should stand.
»He sleeps perchance, or rideth to the chase,
Like Baal, when his prophets howled that name

From morn to noon on Carmel's smitten height.«
Nay, peace, I shall behold, before the night,
The feet of brass, the robe more white than flame,
The wounded hands, the weary human face.

Aus der Tiefe

Komm, Christus, und hilf mir! Reiche mir deine Hand
denn ich versinke in einem wilderen Meer
als Petrus in deinem See von Galiläa:
der Wein des Lebens ist vergossen im Sand,
mein Herz ist wie ein verhungertes Land,
wo alles Gute und Schöne gewichen und verdorben ist,
und ich weiß wohl, daß ich in der Hölle schmachten müßte,
wenn ich in dieser Nacht vor Gottes Thron stehen sollte.
»Er schläft vielleicht oder reitet aus zur Hatz
wie Baal, wenn seine Propheten jenen Namen heulen
von Morgen bis Mittag auf den schroffen Höhen des Karmel.«
Nein, stille, ich werde schauen vor Nacht
die Füße von Erz, das Kleid weißer als Feuer,
die durchbohrten Hände, das todmüde Menschenantlitz.

*

Quia multum Amavi

Dear Heart, I think the young impassioned priest
When first he takes from out the hidden shrine
His God imprisoned in the Eucharist,
And eats the bread, and drinks the dreadful wine,

Feels not such awful wonder as I felt
When first my smitten eyes beat full on thee,

And all night long before thy feet I knelt
Till thou wert wearied of Idolatry.

Ah! hadst thou liked me less and loved me more,
Through all those summer days of joy and rain,
I had not now been sorrow's heritor,
Or stood a lackey in the House of Pain.

Yet, though remorse, youth's white-faced seneschal,
Tread on my heels with all his retinue,
I am most glad I loved thee—think of all
The suns that go to make one speedwell blue!

Weil ich viel geliebt habe

Mein Herz, ich glaube, der junge Priester voll heiliger Leidenschaft,
wenn er zum ersten Mal befreit aus dem verborgenen Schrein
seinen Gott, eingeschlossen in der Eucharistie,
und ißt das Brot und trinkt den grauenvoll erhabnen Wein,

fühlt nicht so ehrfürchtiges Wunder, wie ich es fühlte,
als zum ersten Male meine erschütterten Augen dich voll erblickten
und ich die Nacht so lang zu deinen Füßen kniete,
bis dir mein abgöttisches Verehren lästig wurde.

Ach, hättest weniger du mit mir getändelt, mich mehr geliebt
in allen diesen sommerlichen Fest- und Regentagen,
ich wäre nun des Kummers Erbe nicht
und diente, ein Lakai, nicht im Haus der Schmerzen.

Jedoch, ob Reue auch, der Jugend blaßgesichtiger Seneschall
mir auf dem Fuße folgt mit all seinem Gefolge,
so bin ich froh, daß ich dich liebte – gedenke
aller Sonnen, die auf- und untergehn, damit ein
Ehrenpreis erblaue!

*

Taedium Vitae

To stab my youth with desperate knives, to wear
This paltry age's gaudy livery,
To let each base hand filch my treasury,
To mesh my soul within a woman's hair,
And be mere Fortune's lackeyed groom,— I swear
I love it not! these things are less to me
Than the thin foam that frets upon the sea,
Less than the thistledown of summer air
Which hath no seed: better to stand aloof
Far from these slanderous fools who mock my life
Knowing me not, better the lowliest roof
Fit for the meanest hind to sojourn in,
Than to go back to that hoarse cave of strife
Where my white soul first kissed the mouth of sin.

Zittern des Lebens

Meine Jugend mit verzweifelten Messern zu morden,
dieser verdorbenen Zeit flittergrelles Dienerkleid zu tragen,
jede niederträchtige Hand in meinen Schätzen wühlen
zu lassen,
meine Seele in Frauenhaar zu verstricken
und närrischen Glücks Lakai zu sein – ich schwöre:
ich liebe es nicht! Dies alles gilt mir geringer als leichter

Schaum, der überm Meer sich kräuselt,
geringer als Distelflaum der Sommerluft,
der ohne Samen treibt: besser abseits zu stehn,
fern von diesen verleumderischen Narren, die mein Leben schmähen
und mich nicht kennen, besser die ärmste Hütte,
dem gemeinsten Tagelöhner gerade recht zu flüchtigem Hausen,
als zurückzukehren in jene krächzende Höhle des Gezänks,
wo meine weiße Seele zum ersten Mal den Mund der Sünde küßte.

*

Le Jardin des Tuileries

This winter air is keen and cold,
And keen and cold this winter sun,
But round my chair the children run
Like little things of dancing gold.

Sometimes about the painted kiosk
The mimic soldiers strut and stride,
Sometimes the blue-eyed brigands hide
In the bleak tangles of the bosk.

And sometimes, while the old nurse cons
Her book, they steal across the square,
And launch their paper navies where
Huge Triton writhes in greenish bronze.

And now in mimic flight they flee,
And now they rush, a boisterous band—
And, tiny hand on tiny hand,
Climb up the black and leafless tree.

Ah! cruel tree! if I were you,
And children climbed me, for their sake
Though it be winter I would break
Into spring blossoms white and blue!

Le Jardin des Tuileries

Diese Winterluft ist scharf und kalt,
und scharf und kalt ist dieses Winters Sonne,
aber rings um meinen Stuhl spielen die Kinder,
liebliches Etwas aus tanzendem Gold.

Manchmal rings um den buntbemalten Kiosk
stolzieren sie mit langen Schritten, Soldatenspieler,
und manchmal verstecken sie sich, blauäugige Räuber,
im kahlen Gezweig der Büsche.

Und wieder dann, wenn das alte Kindermädchen liest
in ihrem Buch, stehlen sie sich hinweg über den Platz
und lassen ihre Papierschiffe schwimmen, wo
der Große Triton sich krümmt in grüner Bronze.

Und nun fliehen sie in künstlicher Flucht,
und jetzt stürzen sie herbei, ein lärmender Schwarm –
und, kleine Hand in kleiner Hand,
klettern sie auf den schwarzen und blätterlosen Baum.

Ach, grausamer Baum! Wäre ich du,
und Kinder kletterten an mir herauf, ihretwillen,
wenn es auch Winter wäre, bräche ich aus
in Frühlingsblüten weiß und blau!

*

Anhang

Rainer Gruenter

Versuch über Oscar Wilde

Daß er seiner Kunst nur sein Talent gewährt, aber sein Genie an sein Leben verschwendet habe, sei das große Drama seines Lebens, bekennt Oscar Wilde, vom Erfolg verwöhnt, André Gide. Darf man dieser als Geständnis dramatisierten Bemerkung Oscar Wildes Gewicht beimessen? Dem Geständnis eines Redekünstlers, der Selbsterkenntnisse so unverbindlich improvisiert wie alles, was sein rhetorischer Appetit nicht verschmäht, was ihm den Genuß seiner Zungenfertigkeit gestattet? Wohl doch. Es schuldet wenig der Koketterie seiner übertreibenden Selbstenthüllungen, die ernst zu nehmen gegen die Spielregeln Oscar Wildes verstieße. Denn die Bedeutung, ernst zu sein oder sich ernst zu nehmen – *der Künstler ist die einzige Person, die niemals ernst ist* –, widerspricht dem Prinzip seiner Frivolität, die freilich seine besondere Form des Ernstes, eines kostspieligen Ernstes, ist. Im Geiste dieser Frivolität ist es ihm ernst gewesen mit der Genialisierung des Lebens, das er nicht nur als Kunstwerk zu formen wünscht, sondern auch im vollkommenen Genuß, im Kunstgenuß, mit allen Mitteln des Künstlichen erweitern und vertiefen, zur Sensation ohne Ende und Minderung steigern will. *Sich selbst zu lieben ist der Anfang einer lebenslangen Romanze.* Das eigene Leben wie einen Roman zu komponieren – wenige Gedanken konnten ihn so entzücken wie dieser, und keiner war wie dieser unheilvoll für ihn.

Gefühle und Handlungen, Begegnungen und Beschäftigungen des eigenen Lebens sollten nur Stoff für das Artefakt des konsequenten Ästheten sein. So entwarf sich, so posierte Oscar Wilde. Doch die Verwirklichung einer solchen Kunstfigur, freilich für ihn nur geistiges Spielzeug, setzt große Kälte und ungewöhnliche Kraft des Willens und der Organisation voraus, und eine besondere Besessenheit, jene Stiefschwester der Leidenschaft, die Tauglichkeit zum Verbrechen, muß beides beherrschen. Aber Oscar Wilde war viel zu gutartig, um kalt zu sein, viel zu zerstreuungshörig, um sich ausdauernd und gezielt zu disziplinieren. Der ›Satanismus‹, mit dem er zuweilen liebäugelt, ist von geradezu peinlicher Belanglosigkeit, eine Papierblume des Bösen. Er war so wenig Satanist wie Dandy. Nur allzugern hätte er sich die Züge jenes satanischen Bacchus verliehen, den Baudelaire im einundzwanzigsten Kapitel von *Le spleen de Paris* beschreibt. Aber seine vielberedeten Laster waren sehr banale Ausschweifungen, schmuddelige Läßlichkeiten einer Schuljungenneugier, keine verfeinerten Greuel. Einen Dandy kann ihn nur philiströse Vorstellung von Eleganz nennen. Denn zum Dandy fehlte ihm alles. Vor allem Geschmack und Selbstbeherrschung. Er wirkte in jüngeren Jahren wie ein Salonzigeuner, eine Karikatur des Dandy. Die vulgäre Opulenz seines Anzugs und Auftretens verstieß grob gegen das Prinzip der Unauffälligkeit, das der Dandy streng beachtet.

Wie sehr seine Natur ihm auch das Format eines herausfordernden und berauschenden Lebenskünstlers verwehrte, zu dem er *hinaufleben* wollte wie schon in Oxford zur Schönheit der blauen chinesischen Vasen seines Zimmers in Magdalen College, so verheerte dieser Vorsatz, die *Romanze* künstlerischer Selbstbewunderung, sein Leben. Daß die Vermischung von Kunst und Leben zum Ruin beider führe, davor hatte schon der Werther-Dichter gewarnt. Hugo von Hofmannsthal, der diese Gefährdung des Ästheten erfuhr und erlitt, hat das *schöne Leben* in Claudio, den auch die Kunst ins Leben einweihen sollte, sterben und vor dem Tod die Torheit des *schönen Lebens* erkennen lassen. Oscar Wildes schönheitsselige Unverfrorenheit, die Maximen seiner Kunst zu Lebensidealen zu machen, führte ihn nicht in das künstliche Paradies absoluter Freiheit, sondern in das *Grab für Noch-nicht-Tote*, ins Zuchthaus.

Wenn man heute feststellt, daß in den letzten fünfzig Jahren über keinen englischen Autor so viel geschrieben wurde wie über Oscar Wilde, so hat das nichts mit der mehr oder minder umstrittenen Qualität seiner Werke zu tun, sondern mit der ruinösen Vermischung von Kunst und Leben, die eine der großen Gefahren moderner Lebensverfehlung ist. Sie hat nicht als kurioser Einzelfall eines schreibenden Abnormen, sondern als exemplarische Katastrophe, als Schreckenslösung eines Problems, das seit der Mitte des achtzehnten Jahrhunderts den ›empfindsamen‹, den künstlerischen Menschen bedrängt, immer wieder beunruhigtes Interesse geweckt.

Auch die Kunst- und Künstlerfeindschaft des Bürgers, der sich in der europäischen ›Aufklärung‹ als Hüter von Sitte und Anstand sozial etablierte, sein Haß auf die Freiheitsräume der Bohème, erhielt durch den Skandal Oscar Wildes eine verschärfte Note. Die ›öffentliche Meinung‹, jenes grobe und grausame Hinrichtungsgerät, das das Bürgertum im Namen und zum Schutze der bürgerlichen Freiheiten konstruiert hatte, machte sich die Justiz gefügig, um den lästigen und lasterhaften Apostel der Freiheit, den Künstler, beiseite zu schaffen. Die Moralisten und Juristen der ›öffentlichen Meinung‹ genossen in der Verurteilung Wildes die Bestätigung ihres Verdachts, daß künstlerische Existenz mit der kriminellen verschwistert oder doch benachbart sei. Oscar Wildes Leben und Ende, *An Improbable Life,* wie der Dichter Auden es nannte, hat im alten Gesellschaftskonflikt eine tiefere Krise bezeugt, die das Thema dieses Konflikts erweitert: Der Künstler ist der ›Einzelne‹ in der Gesellschaft, der sich ihren Anpassungszwängen nicht unterwirft. Der gerichtliche Nachweis der Homosexualität Oscar Wildes bot der Gesellschaft ein willkommenes Alibi, die Bestrafung der verweigerten Anpassung moralisch zu motivieren. Doch der Haß der Gesellschaft, die Eruption ihres Neides auf die Freiheit des Einzelnen ist Pogrom als gesellschaftliche Institution. So enthüllte Oscar Wilde als Verurteilter der Gesellschaft, in der er lebte und deren ›Häßlichkeit‹ ihn lebensgefährlich belustigte, die Eigenschaften ihrer moralischen Konventionen.

Daß ein witziger Komödienschreiber, ein Unterhaltungskünstler, der eine kurzlebige Londoner Mode war, ins Zuchthaus geschickt wurde, kann man in der chronique scandaleuse der Londoner Nineties auf sich beruhen lassen. Doch der Sturz eines Glücksverwöhnten in das Bagno der Zwangsarbeit, der organisierten Zerrüttung des Verurteilten, die öffentliche Verhöhnung des Gefangenen auf einem Londoner Bahnhof, die kranke Erbärmlichkeit der letzten Jahre im Exil, der Tod in einem Pariser Hotel – Rue des Beaux-Arts! –, dies alles liest sich wie eine Legende menschlicher Verfolgung, eine Leidensgeschichte, der eine märchenhafte Schwere der Verhängnisse eine eigentümliche und bedeutsame Unwirklichkeit verleiht. Der das schöne Leben als *Happy Prince* zu führen sich ausersehen glaubte, lernte das Leben kennen als Schurke beschimpft, als Schwätzer verachtet, als zeternder Bettler, *clownish*, krank, in den Schlingen der Süchte, sich anklammernd an Hoffnungen und Vorsätze, doch zu schwer und müde, um sich zu halten, schließlich nach schäbigsten Genüssen gierig, um jeden Ernst betrogen durch die schlimmste Art der Unaufrichtigkeit, die Sentimentalität des Trinkers. Nur mit Mühe wurde verhindert, daß der Leichnam des unter falschem Namen Gestorbenen in die Morgue gebracht wurde.

Sein Leben besitzt etwas, was seinen Werken völlig mangelt: ein Geheimnis. Das Geheimnis der Erniedrigung. Zu ihr bekannte er sich in Augenblicken großer Entschiedenheit und Klarheit.

Dublin und Oxford

Oscar Wilde war der zweite Sohn des Dubliner Arztes William Robert Wills Wilde und seiner Frau Jane Francesca Elgee, die sich eine Tochter gewünscht hatte. Es ist eine kolorierte Daguerreotypie erhalten, die den am 16. Oktober 1854 geborenen Oscar als Dreijährigen in Mädchenkleidung zeigt. Verkleidungsspiel des Geschlechterwechsels, das die Sentimentalität enttäuschter oder phantastischer Mütter ersinnt. Der kleine René Rilke wurde von seiner Mutter fünf Jahre wie ein Mädchen gekleidet und gehalten. Bleiben nicht Spuren eines solchen mütterlichen Puppenspiels zurück? Schäden, von denen Sohn und Mutter nichts wissen?

Oscar blieb seiner Mutter bis zu ihrem Tode zärtlich ergeben, der auch eine Tochter geschenkt wurde, Isola Francesca, die früh starb, von Oscar sehr geliebt. Der Zwölfjährige bewahrte in einem mit frommen Emblemen und Grabsprüchen verzierten Kuvert eine Locke der Toten auf und schrieb noch acht Jahre später ein Memorialgedicht *Requiescat* auf die Frühverstorbene, *weiß wie Schnee*, eine Lilie *unter dem Schnee*, ein Bild präraffaelitisch-viktorianischer *sweetness*, das noch William Butler Yeats, den großen Lyriker Irlands, beeindrucken konnte.

Die Mutter war eine außergewöhnliche Frau, die als Mädchen unter dem Namen ›Speranza‹ für die irische Freiheit freilich mehr literarisch schwärmte als politisch kämpfte. Eine belesene und schreibende Frau mit gesellschaftlichen Ambitionen, die das Haus ihres Mannes, der als königlicher Leibarzt, Verfasser medizinischer und historischer Bücher, Akademiemitglied geadelt worden war, durch einen Salon zu zieren wünschte. Oscar Wilde hat über seine Kindheit so gut wie nichts mitgeteilt. Eine *Recherche du temps perdu* Wildes, eine *Dubliner Kindheit*, auch nur Ansätze dazu, gibt es nicht. Sein späteres Schreiben läßt nirgends die Bedeutung frühester Eindrücke erkennen. Es ist eigenartig wurzellos, dadurch alles Gemütlichen bar, das ja sprachliche Kindheit, in der Kindheit gefärbte und geformte Sprache ist. Seine Sprache ist daher ungemein konventionell, gewinnt mehr und mehr, ob im Märchen, ob im Essay oder in der Erzählung, jene erzogene Oberflächlichkeit, die sie ideal geeignet macht zur Sprache seiner Gesellschaftsstücke. Das zeigen bereits seine ersten Reisebriefe an die Eltern. Hier schreibt er wie jeder seiner Studienfreunde – vielleicht ein wenig frischer, wacher, gescheiter, erstaunlich nüchtern in der Schilderung von Gegenständen und Monumenten. Der spätere typische Zug zur Extravaganz, die wiederum nur Ausdruckskonvention, Konventionalsprache einer bestimmten Gesellschaftsklasse in bestimmten Zirkeln ist, deutet sich kaum an in einzelnen übertrieben dezidierten Beiwörtern.

Das Kind Oscar Wilde war zweifellos kein unglückliches Kind. Seine Gemütsbedürfnisse, so scheint es, wurden gestillt, auch wenn die Eltern sich in diesen Jahren ganz den Anstrengungen ihres gesellschaftlichen Ansehens widmeten. Dieses Ansehen wurde in einem Skandal ruiniert, in den der Vater, Sir William, durch die erotischen Phantasien einer Dubliner Professorentochter verstrickt wurde. Ein gerichtlicher Prozeß rehabilitierte ihn. Aber anrüchig blieb der Fall, und man mied Praxis und Haus. Als der Vater am 19. April 1876 starb, war Oscar Wilde Student in Oxford. Er erinnerte sich des Vaters nicht nur mit pflichtschuldiger Rührung, als er wenige Monate später seinen ersten akademischen Ruhm mit einer in *The Times* notierten ›Eins‹ im Examen erntete: *Wie hätte sich mein Vater gefreut. Ich meine, Gott ist sehr hart mit uns verfahren. Die Freude an meiner Eins war getrübt, und mein Glaube an die Vorsehung ist nicht so stark, daß ich sagen könnte, was Gott tut, ist wohlgetan – ich weiß, daß es nicht stimmt. Ich fürchte mich schrecklich davor, in unser altes Haus heimzukommen, wo alles mit Erinnerungen beladen ist.*

In welchem Maße dieser Skandal, der gesellschaftliche Tod des Vaters, dem Knaben bewußt und bedrückend geworden ist, wissen wir nicht. Als familiäres Vorspiel seines eigenen Skandals, einer cause célèbre der modernen Sittengeschichte, hat er eine seltsame Bedeutsamkeit: als ob es nicht nur ein physisches, sondern auch ein metaphysisches Erbe gäbe, die erbliche Haftung eines ›Fluches‹, einer Disposition zum Sturz, zum Ruin, zur Verfemung.

Äußerlich scheint den geweckten Knaben nichts zu beeinträchtigen. Er wurde auf den besten Schulen Irlands erzogen, zuletzt als Schüler des Trinity College in Dublin. Er lernte leicht, mit entschiedenen Vorlieben und Abneigungen, und gewann Schulpreise, schließlich ein beachtliches Stipendium für das Studium der klassischen Sprachen in Oxford. Er war ein beliebter, umgänglicher Schüler, etwas phlegmatisch, kein Freund sportlicher Anstrengungen, doch der Freiluftbeschäftigungen eines Gentleman, des Jagens und Fischens.

Der Einfluß des Lehrers, der ihn als Zögling von Trinity College in die Antike einführte, John Pentland Mahaffy, war stark und nachhaltig. Mahaffy war der Typus des urbanen Gelehrten, belesen, äußerst kundig und scharfsinnig in seinem Fache, der Altertumswissenschaft. Zugleich besaß er jene eigenartige Mischung von Eloquenz, guten Manieren, savoir vivre, praktischem Verstand, Weltläufigkeit und Akkuratesse, wie sie das Collegesystem mit seiner Selbstverwaltung und öffentlichen Repräsentation fordert und immer wieder hervorbringt. Mahaffy bestimmte die literarischen und künstlerischen Interessen seines Schülers Oscar Wilde, protegierte ihn, gestattete dem Studenten von Magdalen College, mit ihm in Italien und Griechenland zu reisen, zog ihn auch zu wissenschaftlichen Hilfsarbeiten heran. Doch versuchte er wohl nie, auch nicht nach den Universitätserfolgen Oscar Wildes, den jungen poeta laureatus des *Ravenna*-Gedichts, für die gelehrte Welt zu gewinnen.

Als Oscar Wilde, zwanzigjährig, ausgestattet mit einem schmeichelhaften Stipendium für das Magdalen College, seine Studien in Oxford begann und sein College-Zimmer (zuerst in ›Chaplain's I‹, später in ›Cloisters VIII‹) bezog, bezeichnete er das in seinem großen Brief der Rechenschaft aus dem Zuchthaus als eines der beiden großen Ereignisse seines Lebens. Das ist glaubhaft. Denn Oxford bedeutet für Oscar Wilde ja nicht nur Eintritt und Einweihung in eine mächtige und ehrwürdige geistige Welt, sondern auch, wichtiger für ihn, den Zugang zur ›Gesellschaft‹, zu den Kreisen der sozial Privilegierten, mit deren Söhnen er nun mehr oder minder vertrauten Umgang hatte. Eine andere Frage ist es, ob Oscar Wilde aufgenommen oder auch nur eingeladen wurde in jene Kreise, denen sein gesellschaftlicher Ehrgeiz galt. Das war durchaus nicht der Fall, sondern ist ein pittoreskes Gerücht der anekdotensüchtigen Nachwelt ebenso wie jenes von der mondänen Aufführung eines in kostbare Phantasieanzüge gehüllten College-Ästheten, der gesuchte Parties gibt in einem Raum, gefüllt mit schönen Bildern und erlesenem Porzellan, ein Prinz geschliffener Konversation, der seine staunenden Zuhörer durch druckreife Bonmots und Paradoxe entzückt und demütigt. Wie als Schüler des Dubliner Trinity College, so unterscheidet er sich auch in Magdalen College von seinen Altersgenossen wenig, wenn nicht durch einen besonderen Zug koketter Selbstdramatisierung, der freilich erst, nachdem er Oxford verlassen hatte, üppig ins Kraut schießen sollte. Seine Oxforder ›Intimen‹, William Welsford Ward, ›Bouncer‹, und Richard Reginald Harding, ›Kitten‹, entstammten soliden bürgerlichen Häusern und ergriffen später gediegene Berufe ihrer sozialen Sphäre.

Oxford als Lokalsymbol einer gesellschaftlichen Exklusivität, die alle Möglichkeiten eröffnete, hatte gewiß für Oscar Wilde großen Reiz. Unabhängigkeit des Denkens und Betragens ist nicht nur Ausdruck besonderer Intelligenz, sondern auch eines Sozialprivilegs. Wo die materiellen und gesellschaftlichen Voraussetzungen des letzteren fehlten, erlaubte Oxford als privilegierte Institution diesen Mangel durch das zu ersetzen, was man persönlichen Stil nennt. Wie erfrischend natürlich und nüchtern die Studentenbriefe Oscar Wildes sind, wie viel sie auch, wo er gespreizt und großmäulig redet, dem Jargon der jeunesse dorée schulden, so tauchen doch jetzt schon – bezeichnend genug als Redeweise, als Manierismus des Sprechens – erste Anzeichen der Gesellschaftsherausforderung Wildes auf, jener besonderen Arroganz einer Überlegenheit ungreifbarer Herkunft und ärgerlichen Anspruchs. Dieses provozierende Verfahren wird er später ungemein verfeinern und ausbeuten: Er macht sich über sich selbst lustig, um nichts und niemanden ernst zu nehmen. Sein erstes Examen in Oxford schildert er bereits in dieser Manier: Er hat die ernste Absicht, seinen Catull zu präparieren, liegt aber noch am Examensmorgen mit *einem Band Swinburne im Bett.* In Theologie *rasselt er durch,* kommt dann ins *entzückendste Mündliche,* wo er mit dem Examinator über die *Odyssee,* über *Hunde und Frauen,* über Aischylos, Walt Whitman und die *Poetik* des Aristoteles *plauderte.* Der Prüfer war *ganz und gar reizend. Natürlich wußte ich, daß ich eine Eins hatte, schritt also hocherhobenen Haupts von dannen.*

Die Komik seiner *furchtbaren Angeberei* genoß er, aber auch, daß er in *The Times* beim lunch *in der Mitra* die Publikation seiner Auszeichnung lesen konnte. Gewiß wiegt dies alles nicht schwerer als die etwas exaltierte Kinderei irgendeines jungen Mannes, der sich selbst kultiviert und sich selbst zum Gegenstand seiner theatralischen Sendung macht. Das schwelgerische Vagieren im geistigen Neuland, die Erfolge seiner Studien zählten für Oscar Wilde nicht mehr als die Beute, mit der er sich als Ferienjäger und -angler brüstete. In dieser Weise macht er auch jungen und älteren Damen den Hof. Er spielt lawn-tennis mit ihnen und verliebt sich in vier Schwestern seines Freundes Frank Miles auf einmal. *Meine Bewunderung für alle vier zerreißt mir das Herz und untergräbt meine Gesundheit.* Er genießt sich und läßt sich genießen als *Prince Charming,* der das Affektierte als Form der Selbstverspottung für amüsant und nicht für lästig hält. *Ich zeige mich wie immer von meiner charmantesten Seite und werde viel bewundert.* Diese Züge einer Selbstverliebtheit, die zugleich ›big fun‹, ein großer Spaß für Zuschauer, sein soll, einer Koketterie, die sich zum besten hält, treten im weiteren Verlauf seines Lebens immer stärker hervor, bis sie, da ihm das *schöne Leben* sein Gorgonenhaupt zuwendet, zur tragischen Maske der späten Lebensjahre erstarren. Doch auch in dieser furchtbaren Vergröberung und Entstellung sind sie, was sie im koketten Schönheitsschwärmer Oxfords immer schon waren, um es mit einem Worte zu sagen: *clownish.*

Doch der *clown* ist ohne seinen spezifischen Ernst nicht denkbar, und er erfüllt seinen Typus nicht, wenn er nicht ein Opfer der Torheit, wenn ihm sein Tun und Trachten nicht zum Verhängnis wird. Was sowohl den Ernst als auch das Verhängnis Oscar Wildes betrifft, sollte die Familie seines Oxforder Freundes Frank Miles unsere Aufmerksamkeit fesseln.

Der Vater seines Freundes war Pfarrer in Bingham, und er hatte mit ihm, *der in Oxford mit Newman, Pusey, Manning befreundet war,* Diskussionen, *ein paar gute Streitgespräche.* Eine Predigt des römisch-katholischen Kardinals Henry Edward Manning hatte Wilde noch einen Tag vor seiner Abreise nach Bingham gehört. Er ist faszinierender als je, schrieb er seinem Intimus William Ward, und er fährt fort: *Sehe dort MacCall und Williamson, die mich mit dem größten empressement grüßten. Bei solchen Gelegenheiten kommt es mir vor, als belöge und betröge ich mich selbst, ich muß eine Entscheidung treffen.*

Diese ›Entscheidung‹ beschäftigte und bewegte ihn mehr oder minder drängend während seines ganzen Studiums: der Wunsch, der zuweilen zur zwingenden Überzeugung wurde, zum römisch-katholischen Glauben übertreten zu sollen. Mit dieser ›Entscheidung‹ war es ihm ernst, wenn sie auch den Zusammenhang mit einer religiösen Mode Oxfords nicht leugnen kann. Diese Mode war eine Folge der sogenannten Oxford-Bewegung. Männer wie Newman und Pusey, beide Fellows des Oriel College in Oxford, wie Manning, Fellow des Oxforder Merton College, waren ihre Führer, die nach ihrem Übertritt in die römisch-katholische Kirche als Amtsträger und theologische Autoren für den englischen Katholizismus sehr folgenreich wirkten. Konversionen Oxforder Kommilitonen Oscar Wildes waren nichts Außergewöhnliches. Wie vieles man auch in der Beschäftigung Oscar Wildes mit Rom und dem Papst einer geistigen Laune und modischen Neugierde, welche die Oxford-Bewegung erweckt hatte, zuschreiben mag, so kann man die immer wieder in brieflichen Bemerkungen bezeugte Auseinandersetzung mit Schriften dieser

Bewegung nicht flüchtig oder den Charakter ihrer Dringlichkeit gespielt nennen. Den Konzilsbericht Pomponio Letos, der das Vatikanische Konzil von 1869 bis 1870 beschrieb, empfahl er seinem Freunde Ward mit kritischen Bemerkungen zur Lektüre. Er zog das Studium der Schriften Newmans den Vorbereitungen für ein Stipendium vor. An Skepsis fehlte es ihm nicht. *Was Newman betrifft, so glaube ich, daß sein innerstes Gefühl sich gegen Rom empörte, die Logik es ihm jedoch als einzig rationale Form des Christentums aufnötigte. Sein Leben ist eine schreckliche Tragödie. Ich fürchte, er ist ein sehr unglücklicher Mensch.* Man kann ernsthafte theologische Interessen haben, ohne religiös zu sein. Bestimmte Äußerungen Wildes aus dieser Zeit lassen es als ganz unwahrscheinlich erscheinen, daß er es nicht gewesen sei.

Religiosität ist ein Mysterium, das sich jeder logischen und psychologischen Erschließung entzieht. Lasterhaftigkeit und öffentliche Religionsverspottung sprechen nicht gegen die Religiosität dessen, dem beides nachgewiesen werden kann. Religiosität ist mit moralischen Maßstäben nicht bestimmbar. Das Sittliche ist nur eine ihrer Erscheinungsweisen und auch nicht die Voraussetzung für jene Erlösung, die das Geheimnis des christlichen Glaubens ist. Einem Verständnis, das sich nicht mit der Erklärung der literatur- und kulturgeschichtlichen Kuriosität dieses *improbable life* begnügen mag, stellt sich die Frage nach der Religiosität Oscar Wildes ebenso dringlich, wie sie schwer zu beantworten ist. Die Beschädigung oder gar Ausdörrung der religiösen Empfindungen Oscar Wildes, denen die oppositionellen Bedürfnisse seines Kopfes und seiner Sinnlichkeit jede Glaubwürdigkeit zu rauben scheinen, kann nicht darüber hinwegtäuschen, daß die Person Christi, gleichgültig in welchen zeitlichen Abständen und Graden der Intensität, ihn immer wieder berührte. Der kirchlich gelehrte Glaube war ihm schon in Oxford ein Problem: *Der Glaube ist zwar, so meine ich, eine helle Leuchte unserem Fuß, in unserem Denken jedoch eine exotische Pflanze, die ständiger Pflege bedarf.* Aber die Person Christi war ihm absolut glaubwürdig: *Zugegeben, der Erlösungsgedanke ist schwierig zu erfassen. Doch glaube ich, seit Christus ist die tote Welt aus dem Schlaf erwacht. Seit er erschienen ist, leben wir.*

Einundzwanzig Jahre später, *in carcere et vinculis,* bekannte der Zuchthäusler Wilde in seinem Rechenschaftsbrief, der als Dokument konkreter Leiden in der Geschichte der modernen Dichter nicht leicht seinesgleichen hat, daß ihm wie *Moral* und *Vernunft* auch die *Religion keine Stütze sei.* Religion als kirchliches Angebot der Botschaft Christi wies er im Stande seiner brutalen Erniedrigung zurück. *Wenn ich überhaupt an Religion denke, dann mit dem Gefühl, daß ich einen Orden stiften möchte für die, die nicht glauben können: Die Bruderschaft der Vaterlosen könnte man ihn nennen, und an seinem Altar, wo keine Kerzen brennen, würde ein Priester, in dessen Herzen nicht der Friede wohnte, mit ungeweihtem Brot und leerem Kelch die Messe lesen. Alles, was wahr sein soll, muß Religion werden. Genau wie der Glaube sollte der Unglaube sein Ritual haben. Auch er hat seine Märtyrer ausgesät, darum sollte er auch seine Heiligen ernten und Gott täglich dafür danken, daß Er sich dem Menschen verbirgt.*

Doch die Person Christi blieb von dieser Glaubenszurückweisung ausgeschlossen. In der ›Gott-ist-tot‹-Religiosität der Glaubenslosigkeit Wildes erschien ihm Christus als der göttliche Bruder des ›Künstlers‹, das Leben Christi als höchstes Symbol leidenden und überwindenden ›Künstlertums‹. Wildes Christus-Deutung als *Gefährten* Shelleys und Sophokles', als *Dichter,* Wildes Exegese der *vier Prosagedichte über Christus,* der vier Evangelien, und *des Fünften Evangeliums,* Renans *Vie de Jésus,* des *Thomas-Evangeliums,* sind gewiß eine ästhetizistische Verfälschung, ja Veruntreuung des christlichen Glaubens an Jesus. Aber im Zentrum der auf vielen Briefseiten von Wilde entwickelten Theorie des Leidens, der Demut, der Liebe steht doch die Gestalt Christi. Wilde glaubt an Christus auf eine Weise, die dem Betrachter, der diesen Glauben an seinen Früchten erkennen will, unaufrichtig und daher unglaubwürdig erscheint. Aber der Glaube an Christus und die Nachfolge, die imitatio Christi sind dem Schwachen nicht eins. Auch ist die Grenze zwischen Schein und Sein religiöser Gefühle problematisch genug. Wer jedoch wollte Sätze wie diese nicht ernst nehmen: *Er* (Christus) *lehrt einen nichts direkt, doch durch die Berührung mit ihm werden wir verwandelt. Und jeder ist dazu bestimmt, mit ihm in Be-*

rührung zu kommen. Zumindest einmal in seinem Leben wandert jeder mit Christus nach Emmaus.

Zumindest einmal in seinem Leben wandert jeder mit Christus nach Emmaus – das mag wer will als sentimentale Anwandlung des Eingekerkerten abtun. Doch der Zuchthausalltag dieser *Witzfigur des Leids* war sentimental weder zu ertragen noch in seinem Reglement zu leisten. Der religiöse Mut zur renovatio, zum neuen Anfang, der alles falsche Vergangene auslöscht, mochte in der mehr armseligen als widerwärtigen Schwäche der letzten Lebensjahre als leerer Vorsatz entlarvt werden; doch es gab Handlungen und Entschlüsse, Einsichten und Verzichte Wildes, die das Niveau des religiösen Anfangs-Mutes haben.

Am Morgen des ersten Tages seiner Entlassung aus dem Zuchthaus schrieb Oscar Wilde in der Wohnung seines Freundes Headlam einen Brief an ein Kloster mit der Bitte, ihm zu gestatten, sich dorthin ein halbes Jahr zurückzuziehen. Den Brief ließ er durch einen Boten befördern, der auf Antwort warten sollte. Die Klosterleitung mag generelle Bedenken gegen solche Aufnahmegesuche entlassener Strafgefangener gehabt haben. Der spezielle Verdacht, daß es sich im Falle Oscar Wildes um eine spektakuläre Augenblickslaune handelte, tat wohl ein übriges, die Bitte Wildes abzulehnen und ihm zu empfehlen, sie nach einjähriger Bedenkzeit erneut zu stellen. Als Wilde diese Antwort las, berichtet Ada Leverson, »brach er zusammen und weinte bitterlich«.

Seine katholischen Neigungen, die in Oxford so stark waren, daß ein Vetter von *bigotter Intoleranz gegen die Katholiken* ihn aus seinem Testament strich und ihm nur das Minimum von hundert Pfund beließ unter der Bedingung, daß er Protestant bleibe, begleiteten viele Moden seines Lebens und Denkens. Mit ihnen verblaßten sie auch und konnten literarische Dekoration werden wie in Dorian Grays ästhetischem Haushalt geistiger Neugierden. Denn in Oxford schon schwankte er immer wieder wie ein Rohr im Winde solcher Neugierden, wenn er plötzlich *ein Faible für die Freimaurerei entwickelt* und zugleich täglich mit dem Jesuitenpater Parkinson *frühstückt*, mit seinem Kommilitonen Dunlop, der konvertierte, *sentimentale Religionsgespräche* führt und *hoffnungslos im Netz des Vogelstellers, in den Schlingen des Weibes im Scharlachgewand zappelt. Kann sein, daß ich in den Ferien übertrete. Ich träume von einem Besuch bei Newman, vom heiligen Sakrament in einer neuen Kirche und von Stille und Frieden, die danach in meine Seele einziehen. Und doch schwanke ich bei jedem Gedankenholen, bin mehr denn je der Schwachheit und Selbsttäuschung verfallen.*

Die Stationen des Weges, der von der Thomas von Kempen-Lektüre des Oxfordstudenten bis zum Empfang des Sakraments der Letzten Ölung auf dem Sterbebette führt, liegen in einem unerkenntlichen Zusammenhang weit auseinander. Doch »nicht der Weg ist schwierig, sondern der Schwierige ist der Weg«. –

Im Hause seines Freundes Frank Miles sehen wir Oscar Wilde nicht nur im clownischen Ernst seiner religiösen Unruhe, der er immer wieder auszuweichen weiß, sondern hier berührte ihn auch das, was ihm in späteren Jahren zum ›Verhängnis‹ wird.

Frank Miles war schon, als Wilde ihn kennenlernte, ein großes Zeichentalent. Er war zwei Jahre älter als Wilde, der ihn bewunderte, wenn er *gerade die reizendste und gefährlichste Frau Londons skizzierte – Lady Desart.* Wildes mondänes Interesse an den Spitzen der Gesellschaft und allem, was sie betraf, witterte immer ergiebige Möglichkeiten eines Kontakts. Durch Miles machte Wilde die Bekanntschaft mit dem neun Jahre älteren Lord Ronald Gower, dem jüngeren Sohn des Herzogs von Sutherland, der die erste Begegnung mit Wilde in seinem Tagebuch schilderte: *Netter, lustiger Mensch, hat aber seinen langhaarigen Schädel voller Unsinn über die katholische Kirche. Sein Zimmer voller Fotografien des Papstes und Kardinal Mannings.* Ein nüchterner Kenner der viktorianischen Sittengeschichte nannte das oft zusammen reisende Paar Frank Miles und Ronald Gower »ungehemmte Homosexuelle«. Wilde besuchte gemeinsam mit Ronald Gower das elterliche Haus von Miles in Bingham. Wenig später verbrachte Wilde mit Miles *a royal time* in einer Fischerhütte. Alle drei – *a great Trinity* – planten eine gemeinsame Reise nach Rom. Sie trafen sich immer wieder, in London, gewiß ein Ereignis für Wilde, den Freund hoher Adelstitel, bei der Schwester Gowers, der Herzogin von Westminster. Nach dem Abschluß der Studien Wildes in Oxford nahmen

Wilde und Miles, der bereits ein gesuchter Porträtist war, eine gemeinsame Wohnung in London, um die Stadt gesellschaftlich und künstlerisch zu erobern. Ein ungeklärter Streit brachte beide auseinander. Miles starb sechs Jahre später in einer Irrenanstalt; vermutlich beging er Selbstmord.

Wohl niemand hatte in Wildes jüngeren Jahren so starken Einfluß auf ihn als Frank Miles, der, ebenso frühreif wie hochbegabt, Wilde in die Welt seiner bohèmehaften Freizügigkeit einführte. Die erotischen Abenteuer und Gewohnheiten Miles' konnten Wilde nicht verborgen geblieben sein, und er hat sie, falls er sie in diesen Jahren noch nicht teilte, gebilligt oder hingenommen als eine Lizenz, die der ästhetischen Existenz einzuräumen und einer Gesellschaft abzuverlangen sei, deren Moralbegriffe als Schutz- und Rachewerkzeuge eines degenerierten Freiheitsbedürfnisses zu verstehen und zu verspotten er sich anschickte. In den Oxforder Jahren mochte dies alles noch keine Rolle gespielt haben, wie das die etwas tantenhafte Beanstandung einer allzu deutlich bekundeten Neigung, die ein Kommilitone zu einem schönen Knaben gefaßt hatte, vor allem aber seine schwärmerische Verehrung und Beziehung zu einer Dubliner beauté, der siebzehnjährigen Florence Balcombe, mit dem *makellos schönsten Gesicht,* das er je sah, bezeugen können.

Dennoch hat man wohl mit Recht Wildes Freundschaft mit Miles fatal genannt. Dabei fällt weniger ins Gewicht, ob und in welchem Maße diese Verbindung die erotischen Dispositionen und Empfänglichkeiten Wildes veränderte oder betonte. Wichtiger ist, daß er in ihrer Beurteilung alle moralischen Verbotstafeln geringschätzen lernte, daß seine ästhetische Emanzipation, sein neues Schönheitsideal, in seiner sittlichen Emanzipation, dem Ideal absoluter Freiheit, in der moralischen Sondergenehmigung für den ›Künstler‹ ihre Rechtfertigung suchen und finden wird.

Das Schönheitsideal Wildes, oft erörtert, war ein Bildungsprodukt, ein mixtum compositum akademischer und literarischer Lern- und Lesefrüchte sehr unterschiedlicher, ja unverträglicher Abstammung. Er huldigte dem ›Hellenismus‹ seines alten Dubliner Lehrers Mahaffy, er begeisterte sich für die ästhetischen Erneuerungslehren John Ruskins, der die ›Prae-Raphaelite Brotherhood‹, die präraffaelitischen Maler Englands, zu mächtiger Geltung gebracht hatte, er war fasziniert von der Schönheits- und Lebenslehre Walter Paters, des Verfassers von *Marius the Epicurean,* und wie er John Keats verehrte, so genoß er die brünstige Poesie des skandalumdunkelten Swinburne.

Wenn Oscar Wilde den Vater seines Freundes Miles als theologischen Diskussionspartner lobte, so war die Mutter, die Wilde *einfach wundervoll* nannte, für ihn eine ganz im präraffaelitischen Stil empfundene Gärtnerin im Liliengarten der Bingham Rectory. Er bewunderte *Zeichnungen von ihrer Hand,* die er dem Freunde William Ward zeigte, als sie dessen Schwester *in der Ruskin-Schule in Oxford* besuchten.

Die Interessen und Beschäftigungen Oscar Wildes während der kurzen Ferien im Hause seines Freundes Miles sind wohl ebenso typisch für die Gastgeber wie für den Gast: ein Pfarrhaus in den siebziger Jahren, dessen Hausherr, in Oxford erzogen, mit Newman, Pusey und Manning befreundet ist, dessen Mitglieder *fast alle begabte Künstler sind,* die Mutter sowohl als auch der verführerisch talentierte Sohn Frank, und der Gast, in alle ein wenig verliebt, in sich selbst am meisten, findet hier Verständnis für seinen religiösen Romantizismus, seine Anschauungen, die er als Proselyt Ruskins verkündet, vor allem genießt er die Bewunderung, die er als Plauderkünstler, als liebenswürdiger Poseur alles dessen, was er gelesen und gesehen hat, erweckt.

In diesen Stimmungen und Zuständen hatte der Student der klassischen Sprachen, der Italien- und Griechenlandreisende, der zugleich ›Hellenist‹ und schwärmerischer Gefangener des *Weibes im Scharlachgewand,* der Kirche Roms, war, der zugleich Keats und Swinburne bewunderte, begonnen, Gedichte zu schreiben. Die Mehrzahl seiner Gedichte ist in der Oxforder Zeit entstanden und zu einem großen Teil in verschiedenen Zeitschriften publiziert worden. Hätte er diese Gedichte nicht geschrieben, so wäre das kein unersetzlicher Verlust für die Geschichte der modernen englischen Lyrik gewesen. Sie sind geschickte Talentproben, wortreiche Reflexe von Lektüre- und Kunsteindrücken, in denen jeder aufgeweckte Student schwelgt, zuweilen hübsche und gewandte rhetorische Machwerke, vorgezeichneten Mustern angelesener und anempfundener Gefühle und Gedanken nachgezogen. Von den bedeutenderen englischen Lyrikern dieser Jahre ist, mit Ausnahme von Swinburne, den er gelegentlich erwähnt, kaum die Rede. Ihre lyrischen Produkte konnten ihm kein originelles Interesse abgewinnen, und sein kritisches Urteil war, wie seine naiven Empfehlungen bezeugen, völlig belanglos. Dennoch haben seine eigenen Gebilde, so sehr sie zum lyrischen Kunstgewerbe zählen mögen, einen bestimmten stilistischen Effekt: Sie lassen sich von Motiven und Themen bestimmen, die in Mode kamen oder waren und ihn in Mode brachten. *In the Golden Room* ist schon als Schauplatz ein Lokalsymbol des neuromantischen ›Ästhetizismus‹. Den Türmen und Gräbern Ravennas – und nicht, wie man erwarten sollte, Rom oder Athen – gehört die betont aparte Vorliebe des jungen poeta laureatus, der 1878 für das mit präraffaelitischen Motiven garnierte Gedicht *Ravenna* den Newdigate-Preis erhielt. Die Toscana, die Landschaft der damaligen Modeepoche, der Renaissance, wird mit allem gängigen Zubehör ebenso wie das heimatliche Gefilde als Bühne der obligaten Jahreszeiten beschworen – sein erstes publiziertes Gedicht war ein Jahreszeiten-Gedicht, *From Spring Days to Winter*. Ausdruck, der sich von Klischees freimachen konnte, gelang ihm kaum, am ehesten dort, wo er dem Tode, dem Vergessen wie in *On the Sale by Auction of Keats' Love Letters* oder dem Laster wie in *Taedium Vitae* begegnete. Aufhorchen lassen die nicht seltenen und bedeutsam variierten Bibelzitate und die Verwendung der Christus-Gestalt in einzelnen reizvolleren Gedichten – noch das ein Jahr vor seiner Verurteilung veröffentlichte Gedicht *The Sphinx* läßt den Gepeinigten mit einem Blick auf den Cruzifixus schließen, der *um jede Seele weint, die zugrunde geht, und um jede Seele vergeblich weint.* Freilich, das ganze College-Arkadien mit seinen papiernen Faunen, Nymphen, Hirten und Knaben, das Oscar Wilde in zahllosen Versen als neuen ›Hellenismus‹ und Wiedergeburt antiken Lebens, als *Genius der Schönheit* im *Liebesgarten* anpreist, verdient keine Notiz. Doch des Jünglings hochtrabende Zivilisations- und Fortschrittsfeindschaft, sein Haß auf das Teleskop, die Wissenschaft, die neue Rasse von brutalen Troglodyten, die mit *iron roads* die ideale Landschaft Dante Gabriel Rossettis profanieren, zählt zum künftigen Programm des Schönheitspropagandisten, der bald als *spätester Endymion, the last Endymion,* durch Land und Länder ziehen sollte.

London und Reisen

Diese Rolle übernahm er, als er Oxford verließ, um London zu erobern. Er war gewitzigt genug, um den Wert fester Einkünfte, die stille Hauptrolle des ›Geldes‹ in einem schönen Leben sehr hoch zu schätzen. Wildes Sinn für Geld, sein zähes, oft verbissenes Feilschen um kleine Summen, das durchaus nicht seiner Generosität, ja seiner Verschwendung widersprechen mußte, verdiente ebenso eine Untersuchung wie seine Einnahmen und Ausgaben bis zum Bankrott im Jahre 1895. Eine Soziologie des Künstlers kann eine Wirtschaftsprüfung des Künstlerhaushaltes, der oft einen ganz eigenen ökonomischen Stiltypus unerwarteter Ausnutzung und Berechnung entwickelt, nicht entbehren. Oscar Wildes nüchterne und präzise Honorarkorrespondenz, seine lakonische Behandlung finanzieller Fragen verblüffen immer wieder, ob er nun über das Salär bei Übernahme der Redaktionsgeschäfte von *The Woman's World,* über Vortragshonorare verhandelt oder ob er Lady Mount-Temple Miete für ihr *reizendes Haus* in Babbacombe anbietet.

Oscar Wilde hatte weder ausreichende Einkünfte aus seinem väterlichen Erbe noch Aussichten auf eine Beschäftigung, die ihren Mann ernähren oder gar üppigere Bedürfnisse eines ehrgeizigen *flâneur* befriedigen konnte. Der ›Ästhet‹ darf kein nützliches Gewerbe treiben oder die Schmach eines bürgerlichen Berufs, einer Tätigkeit gegen abgezählte Bezahlung dulden. Er ist ein Virtuose der Muße, der sich den Anschein schönen Müßiggangs, der freien Zeit für alles und alle etwas kosten lassen muß.

Oscar Wilde ließ es sich etwas kosten. Er war gesund, er war sehr fleißig. Diese beiden Eigenschaften gelten einer ›Gesellschaft‹ nichts, wenn sie sich von den Trivialitäten ihrer Gesundheit und ihres Fleißes erholen, wenn sie sich unterhalten und amüsieren will. Oscar Wilde wußte sehr wohl, daß er, falls er seinen Fleiß nicht domestizieren und nicht einen bürgerlichen Beruf ergreifen wollte, sich einen Namen in der sogenannten tonangebenden Gesellschaft machen mußte. Daß er ein gesellschaftliches ›Gerücht‹ werden mußte. Wilde hat sich freilich einmal um das Amt eines Schulinspektors beworben. Auch um ein *fellowship* an der Universität Oxford. Beides führte zu nichts. Doch er spürte sehr bald, daß sein phantastisches Apostolat der neuen ästhetischen Botschaft auch materiell honoriert werden würde. Die Gesellschaft sollte für die Besichtigung eines kostümierten Plauderkünstlers seines Witzes und seiner Bildung Eintrittsgeld zahlen. Sie tat es. Man kann überzeugt sein, daß dies mit eminentem Fleiß betriebene Geschäft Oscar Wildes, in aller Leute – der Leute von *Bedeutung* – Mund zu sein, mit einer Art besonderen Finanzinstinkts zusammenhing. Öffentliches ›Dandytum‹, geschickt kommerzialisiert, kann sehr einträglich sein. Nun wendet sich das Blatt: Die Gesellschaft läßt sich ihrerseits einen ›Dandy‹, der nicht nur zum Bühnengenuß, sondern auch zum Hausgebrauch zur Verfügung steht, etwas kosten. Sie zahlt für das unterhaltsame Behagen der Distanz zum Außenseiter der Gesellschaft, zum Künstler, zum ›Dandy‹, dem Halbbruder des Bohémien.

Oscar Wildes oft erörtertes Verhältnis zur Gesellschaft muß unter diesem Aspekt der materiellen Ergiebigkeit, des kommerzialisierten gesellschaftlichen Ärgernisses betrachtet werden. Skandal als Finanzspekulation: Schauspieler zeigen sich, wie man weiß, oft meisterhaft dazu befähigt. Man hat Oscar Wilde immer wieder und deshalb nicht mit geringerem Recht einen ›Schauspieler‹ genannt. Er war es so sehr, daß er der Schauspieler seiner selbst war. Dieser »Egozentriker ohne Ego« war, als er seine künstlerische und gesellschaftliche Laufbahn betrat, kein Ästhet, sondern der perfekte, das heißt vollkommen angepaßte Conférencier einer neuen Schönheitsbewegung, die der viktorianischen Gesellschaft ein Ärgernis war – ein Ärgernis, dessen Reklamepotential niemand so gut auszuschöpfen verstand wie der Vortragsreisende des englischen Ästhetizismus. –

Der Schauspieler seiner selbst stellt sich aus. Er macht sich publik im Sinne jener publicity, die das Ausgestellte zur Ware und damit verkäuflich macht. Die Verkäuflichkeit der ausgestellten Person, die ein Konglomerat gesuchter Posen von hochgebuchtem Handelswert ist, stellt eine Form von Prostitution dar, die viele Sublimationsgrade kennt.

Die künstlerische Prostitution, die gewerbliche Preisgabe der persönlichen Erlebnisse und individuellen Gedanken, ist vom künstlerischen Ausstellungszwang nicht zu trennen. Die mangelnde finanzielle Rentabilität eines Kunstwerks, die berühmte Künstlerverachtung des materiellen Erfolgs kann keinem Kunstprodukt seinen Warencharakter nehmen, wie diskret er auch prinzipielle Unverkäuflichkeit behaupten und erzwingen mag. Freilich trennt eine Welt des künstlerischen Taktes und Könnens, der inneren Nötigung und Leidensbereitschaft die Prostitution eines Baudelaire von derjenigen eines Oscar Wilde. Oscar Wilde, der nicht nur seine Kunstfiguren davon träumen ließ, das Leben selbst zum Kunstwerk zu machen, Leben und Kunst zu vermischen, organisierte dieses Künstlerleben als Gesellschaftsspiel. Wir sehen, die Gesellschaft ist für einen solchen Lebenskünstler, der künstlerische Prostitution als Gesellschaftsspiel betreibt, in höchstem Grade unentbehrlich. Materiell wie ideell. Denn im Zirkel des wechselseitigen Interesses, das Gesellschaft und Künstler aneinander nehmen, schließt sich auch der Zirkel jenes Kommerzes, den künstlerische Prostitution, nicht minder als physische, immer bedenkt und bezweckt. Ihre treibende Kraft, bei Oscar Wilde, ist die publicity des gesellschaftlichen Künstlerskandals.

Die Gefährlichkeit des Gesellschaftsspiels Wildes mit der Gesellschaft ist leicht einzusehen. Die Gesellschaft kann dem Künstler und seinen Schöpfungen alles gestatten, solange er als Künstler, gesellschaftliche Ausnahmeerscheinung, diese soziale Exklusivität nicht nur als Vorrecht genießt, sondern auch als Vertrag respektiert, der bestimmte Kompensationsbürden auferlegt. Die Gesellschaft kann es ertragen, wenn der Künstler in seinen Werken die Tugend schmäht und das Laster feiert, das Abartige erlesen und das geschätzte Normale degeneriert und böse nennt. Die Grenze, die nicht nur Kunst und Leben, sondern auch Künstler und Gesellschaft trennt, ermöglicht diese Toleranz.

Die Gesellschaft ist sogar bereit, falls nicht durch ein Versehen oder einen Spielverderber der Mechanismus ihrer Justiz ausgelöst wird, Nachsicht zu üben, wenn der Künstler als besonders gekennzeichnetes Mitglied der Gesellschaft, das er auch als professioneller Außenseiter bleibt, sich eines strafbaren Vergehens schuldig macht. Der gesellschaftliche Ermessensspielraum der moralischen Beurteilung hat hier Sondersicherungen für die spezielle Unzurechnungsfähigkeit produktiver Außenseiter vorgesehen. Doch der Gesellschaftsvertrag zwischen Gesellschaft und Künstler tritt außer Kraft, wenn der Künstler ihn dadurch bricht, daß er im Besitz solcher Vorrechte und Begünstigungen ein Mitglied der Gesellschaft im Namen der Moral, die zu ignorieren oder zur Zielscheibe erregender Pamphlete zu machen die Gesellschaft ihm vertraglich zugesteht, zur Rechenschaft zieht.

Wenn nun der Künstler Oscar Wilde programmatisch die Grenze zwischen Kunst und Leben aufheben will, wenn er die Gesellschaft nicht als Künstler, sondern als Lebenskünstler, Gesellschaftsartist – als jemand, der mit allen ›heiligen Kühen‹ der Gesellschaft seinen jokulatorischen Scherz treibt – amüsieren oder brüskieren will, so bietet das für den Kenner der Spielregeln, des Gesellschaftsvertrages mit dem Künstler, das Schauspiel halsbrecherischer Seiltänzerei. Denn Oscar Wilde machte sich genau jenes Verstoßes gegen die Spielregeln schuldig, den die Gesellschaft nicht mehr mit Spielbußen ahnden konnte. Die Naivität dieses Fehlers ist in der Wilde-Literatur ein vielberedetes Rätsel geblieben: Er, der überzeugte und praktizierende Immoralist, nahm die Justiz gegen eine Verleumdung in Anspruch, die zutraf. Das war nun in der Tat Seiltänzerei nicht nur ohne Netz, sondern auch ohne Seil.

Selten ist der in Spielregeln gebändigte Konflikt zwischen Gesellschaft und Künstler so demonstrationsreif geworden wie in der Lebensgeschichte Oscar Wildes. Sie ist ein ins Leben getretener Künstlerroman. Das Besondere dieses Künstlers war nun, daß er nicht nur Dichtungen verfaßte, sondern sein Leben ›dichtete‹, und daß das Gesellige innerhalb der Gesellschaft ihm zum Stoffe dieser Lebensdichtung diente.

Die Geselligkeit in den *upper classes* mit ihrem reichen Instrumentarium der Einladungen, Kurzvisiten, Hotelfrühstücke, Hausdinners, den ›festen Tagen‹, Empfängen, Empfehlungen, mit ihren *seasons* und wechselnden Schauplätzen von *town* und *country*, ihren nur für die Oberen der Gesellschaft reservierten Orten und zugänglichen Plätzen des körperlichen und musischen Müßiggangs, mit ihrer Theorie und Praxis des Vorranges, der gesellschaftlichen Würde, der Etikette, der Zugehörigkeit zu Vereinen, die ein mystischer *numerus clausus* über alles begehrenswert macht: dieses alles war für den jungen ›Ästheten‹ aus Oxford das ideale Medium seiner Selbstdarstellung. Sie war zugleich seine Form der Selbstverwirklichung in einer als ästhetisches Phantom erlogenen Wirklichkeit. Die anfängliche Wohngemeinschaft mit seinem Freunde Frank Miles, dem Erfolgsmaler eleganter Damen, war gewiß auch ein Zweckverband zur Erleichterung und Erweiterung gesellschaftlicher Kontakte, und diese dienten wiederum vor allem den ersten Übungen in der Kunst, von sich reden zu machen. Er schreckte, bis an die Grenze des Aufdringlichen, auch vor gröberen Mitteln nicht zurück, Bekanntschaften zu suchen, wenn sie ihm nützlich erschienen: vor platter Lobhudelei, dreister Anbiederung, doch erträglich gemacht durch eine Eloquenz, die, zugleich sprudelnd und pointiert, eine Gesellschaft, die mehr Witz als Geist besaß und wünschte, bis zur Faszination amüsant fand. Doch da die Gesellschaftsschicht, auf der er sich zu bewegen und darzustellen wünschte, allzu genau wußte, daß er nicht ›dazu‹-gehörte, haftete seinem Vortrag und Auftreten immer das gesellschaftlich und psychologisch Zwielichtige eines *entertainer* an, eines aufgeblasenen Redekünstlers. So erschien er nicht nur dem Flegel, sondern auch dem Wohlerzogenen der Gesellschaft, den Wildes Liebenswürdigkeit nicht beeindrucken konnte.

Den erklärten Absichten seines Auftretens wurde durch ein zweites ungewöhnliches Talent Nachdruck verliehen: sich auffällig zu kleiden. Über die Anzüge, Krawatten, Knopflochblumen Wildes in seinen ersten Londoner Jahren ist so oft und dasselbe Törichte geschrieben worden, daß man das als bekannt auf sich beruhen lassen könnte. Doch einen besonders zählebigen Irrtum sollte man bei dieser Gelegenheit berichtigen.

Die Wörter *dandy, snob, flâneur* werden in der Wilde-Literatur ohne Rücksicht auf die Begriffe, die sie bestimmen, in Verwirrung der Begriffe und zur Verkehrung ihrer Inhalte gebraucht. Wilde selbst verwechselt sie – und das hat seine guten Gründe – noch in dem berühmten Passus seines großen Briefes aus dem Zuchthaus an Alfred Douglas: *Ich amüsierte mich damit, als flâneur aufzutreten, als Dandy, als Modeheld (a man of fashion).*

Bereits Baudelaire hat den *dandy* scharf vom *man of fashion* geschieden. Der Modeheld ist das Gegenteil des *dandy*. Eleganz der Kleidung und Gebrauchsgegenstände sind für den *dandy* nur gesellschaftliche Ausdrucksmittel seiner geistigen Unabhängigkeit und Überlegenheit. Oft auch gezielte Mittel der Distanz. Seine Eleganz beruht auf dem Prinzip der Unauffälligkeit und Einfachheit. Oscar Wildes Ästhetenkostüm wäre jedem *dandy* ein Greuel gewesen. Auch in der späteren Zeit, in der er auf gesetzteres Aussehen Wert legte, war er immer nach der ›letzten Mode‹ gekleidet. Das widerspricht dem Prinzip der Eleganz. Sie verachtet Mode, denn diese schließt den Kult des Unnachahmlichen, des Einmaligen aus.

Der *dandy* verfügt über Geld, das er nicht erwerben muß. Denn seine Liebhabereien und Leidenschaften dürfen keine nützliche Tätigkeit sein. Luxus ist für ihn auch nur ein Ausdrucksmittel seiner Freiheit, zu tun und zu lassen, was ihm beliebt. Der *dandy* ist ein Produkt außergewöhnlicher Selbstzucht. Baudelaire hat diese moralische (stoische) Seite des *dandysme* betont. Diese Zucht treibt den *dandy* auch zu gefährlichen Sportarten, die als ›Spiel‹ die Komponenten des Zweckfreien und der Disziplin ideal vereinen.

Man sieht, daß Oscar Wilde in keiner Phase seines Lebens die materiellen und intellektuellen Qualitäten eines *dandy* besaß. Er hatte weder Vermögen, noch gehörte er einer gesellschaftlichen Klasse an, die durch das erbliche Privileg sozialen Vorranges die Unabhängigkeit des *dandy* ermöglichte. Wilde war, da ihm Luxus nicht selbstverständlich war, nicht elegant, sondern ein Stutzer, eine Karikatur des Eleganten. Die spezifische Zucht des *dandy* war ihm vollends fremd. Er war weichlich, sinnlich, menschlich. Er war, mit einem Wort, der reichlich vulgäre Mime des *dandy*. Diesen Zustand und Typus bezeichnet man mit *snob*. Ein *snob* täuscht, mit unentwegter Anstrengung, welche die Absicht dieser

Anstrengung: dandystische Mühelosigkeit, unglaubwürdig und lächerlich macht, die Qualitäten des *dandy* vor, deren Voraussetzungen er niemals erfüllen kann.

Dieser gemimte *dandysme*, der Snobismus Wildes, stellte eine paradoxe Herausforderung an die von ihm zugleich umworbene und gereizte Gesellschaft dar.

Snobishness ist ein sozialer Spleen, ein krankhafter Respekt vor den Oberklassen, den Wilde teilte, indem er sich zugleich an dieser Schwäche dadurch rächte, daß er sein Gesellschaftsidol so respektlos als denkbar in der Konversation, in der Korrespondenz mit Vertrauten, später auf der Bühne behandelte. Gewiß, er milderte diese Respektsaufkündigung durch Witz, aber verschärfte sie auch durch das Augenzwinkern angemaßter Dazugehörigkeit. Sein Snobismus konnte die schmeichelhafte Aufmerksamkeit der Einflußreichen und Bedeutenden nicht entbehren. Er gefiel sich in der eitlen Vorstellung, das verwöhnte und bewunderte *enfant terrible* dieser Kreise zu sein. Man weiß heute, daß er, allen von ihm begünstigten Legenden zum Trotz, keineswegs in den Häusern seiner zahlreichen adligen Adressaten verkehrte, die er als Herausgeber von *The Woman's World* um Beiträge bat. Oscar Wilde als »lion among Duchesses« ist eine Erfindung, die Wildes selber würdig wäre. Aber sie kann sich auf nichts stützen.

Man sollte unterscheiden zwischen Wildes Verhältnis zur Aristokratie, der Klasse, die regiert und repräsentiert, und der Bourgeoisie, die Handel und Gewerbe treibt. Die Bourgeoisie als Institution nützlicher Beschäftigungen und öffentlicher Moral verachtete er. Der traditionelle Spott des Künstlers über den ›Philister‹ war gewiß dabei im Spiele. Doch vor allem sein Snobismus. Als *snob*, der den *dandy* posierte, pflegte er seine ›aristokratische‹ Gleichgültigkeit gegenüber den neuen Zeitmächten, den industriellen und wissenschaftlichen Erfindungen, dem ›Fortschritt‹, den die Bourgeoisie ohne Rücksicht auf die Verhäßlichung (*ugliness*) der Welt und der Sitten vorwärtstrieb. Als *snob* griff er die moralische Verfassung der englischen Bourgeoisie an, ihre unduldsame geistige Mediokrität. Gegen sie – die entsprechend reagierte – errichtete er die gezierte und ›morbide‹ Kunstwelt seines Romans *The Picture of Dorian Gray*.

So reizte Oscar Wilde die Gesellschaft in einem doppelten Sinne: als Künstler mit der Forderung eines ›neuen Hedonismus‹ erlesener und wunderbarer Sinnlichkeit, als *snob*, der die bürgerlichen Tugenden als ordinär und langweilig verspottete. Diese in seiner Lebenskünstlerschaft vereinte Polemik gegen die Gesellschaft mußte sie ungemein provozieren. Sie setzte sich – durchaus folgerichtig – mit den wahrlich furchtbaren Instanzen ihrer verlachten öffentlichen Moral zur Wehr: mit ihrem Journalismus, der öffentlichen Meinung, schließlich mit ihrer Justiz.

Die Geschichte dieser langjährigen Auseinandersetzung ist oft genug und jedem leicht erreichbar beschrieben worden. Ihre einzelnen Stationen kann man heute gleichsam als Augenzeuge aufsuchen: als Leser der Briefe Oscar Wildes. Sie liegen in einer Sammlung vor, deren gelehrte Erläuterungen den zahlreichen Wilde-Biographien den Rang ablaufen. Wir können ihn begleiten bei seinen unermüdlichen Bemühungen, Leute von Einfluß, Größen des Theaters, der Literatur und des öffentlichen Lebens für seine Zwecke – und er kennt nur einen Zweck: Oscar Wilde – zu gewinnen. Ob er dem Historiker Oscar Browning aus Cambridge, dem Lehrer von Curzon, Balfour, Austen Chamberlain, anbietet, Krawatten in London auszusuchen – um ihn dann zu bitten, ihn beim Herzog von Richmond für einen Posten im Erziehungsministerium zu empfehlen –, ob er sich in eine romantische Affäre mit der gefeiertsten *beauté* dieser Tage, Lily Langtry, *The New Helen*, hineindichtet.

Im Jahre 1881 veröffentlicht Oscar Wilde auf eigene Kosten seine Gedichte *Poems*. Auch diese Aktion kann den Charakter einer öffentlichen Selbstempfehlung nicht verleugnen. So steigerte sie seine berüchtigte Popularität, die er als Propagandist der ›Englischen Renaissance‹ genoß. Als Lyriker mußte er sich einen »verwässerten Swinburne« nennen lassen, der Rossetti und Elisabeth Browning imitierte.

Diese Belehrung konnte seine Betriebsamkeit und Wirksamkeit nicht beeinträchtigen. Karikaturen und Satiren schmeichelten ihm nicht nur, sie bestätigten auch die Richtigkeit seiner Gesellschaftstaktik. In der Erfolgsoperette *Patience* von Gilbert und Sullivan als ›Ästhet‹ verspottet zu werden, der mit einer *Sonnenblume oder Lilie* in der *mittelalterlichen Hand* durch eine krude und gemeine Welt wandelt, hat ihn gewiß befriedigt und nicht erschrecken oder warnen können. Er war nicht unempfindlich gegen geschmacklose Angriffe, wie er sie auf seiner einjährigen Amerikatournee ertragen und abwehren mußte. Doch diese Vortragsreise, die er 1881 Ende Dezember antrat, in ihrer kuriosen Mischung von Geschäft, Reklame für die amerikanische Aufführung von *Patience,* pittoresker Ideenwerbung und Anknüpfung neuer Geschäftsverbindungen, brachte ihm, vor allem, Geld. Geld, das er wieder in das Kunstwerk ›Oscar Wilde‹ investierte.

Er reiste, nach London zurückgekehrt, nach Paris, um sich in drei Monaten bekannt zu machen mit Verlaine, Mallarmé, Zola, Edmond de Goncourt, mit Victor Hugo, Alphonse Daudet und Degas. Die Periode der präraffaelitischen Schönheitsseligkeit und der Kunstmoral Ruskins lag hinter ihm. Er hatte die Wirkungsmöglichkeiten dieser Bewegung für seine Person völlig ausgeschöpft, er fühlte den modischen Marktwert, den seine Werbung für ihre Künstler und Werke ihm eingebracht hatte, ebenso schwinden wie den Antrieb, Gedichte im Stile der *Poems* zu schreiben.

In solchen Lagen helfen sich Naturen, die in ›punktuellen Ekstasen‹ leben und immer auf Neuinszenierungen ihrer inneren Unveränderlichkeit angewiesen sind, durch die Behauptung einer Lebenszäsur. Eine Lebensphase ist beendet. Oscar Wilde rechtfertigte seine sensible Willensschwäche in einer Philosophie der *intensity.* Intensität ist immer die vorgetäuschte Kraft dessen, der keine Stärke hat. Er holte sich Argumente seiner neuen Philosophie dort, wo er sich einen neuen Marktwert seiner Person durch sie versprechen konnte: Bei der französischen *décadence.* Die Schönheit des Bösen, der *spleen* des Lasters erscheinen ihm als ergiebige Motive. Es ist kein Zufall, wenn er an seinem wohl schon in Oxford begonnenen langen Gedicht *The Sphinx* in Paris wieder gearbeitet hat.

Der Wandel als Modewechsel muß ins Auge fallen. Sonst hat er seinen Zweck verfehlt, Aufmerksamkeit zu erregen. Oscar Wilde veränderte seinen Kopf durch eine verblüffende Haartracht: *Aber die Gesellschaft will verblüfft sein, und meine*

Nero-Coiffure hat sie verblüfft. Niemand erkennt mich wieder, und alle sagen, ich sähe jung aus: das hört man natürlich gern.

Niemand erkennt mich wieder: Er ist sich selbst und der Gesellschaft neu, und die Triumphformel *alle sagen* bezeugt die gewünschte Musik in seinen Ohren.

Oscar Wilde ist, am Beginn einer ›neuen Epoche‹, zwar kein Weltmann, aber eine mondäne Erscheinung. Doch davon kann ein Mann ohne Vermögen nicht leben. Oscar Wilde mußte sich mit den Realitäten einrichten, mit der Gesellschaft arrangieren. Sein Äußeres blieb auffällig, aber er nahm ihm das Anstößige. Ja, er konnte es bestimmten Zwecken anpassen und soigniert erscheinen. Doch auch diese gewählte Sorgfalt des Anzugs war allzu poliert und genüßlich, wenn er Vortragseinladungen folgte und die englischen Städte durch seine Vorlesungen über schönes Wohnen und zweckmäßige Stilkleidung *zivilisierte.* Mit Herablassung sprach er von dieser *Mission.* Aber sie brachte Geld.

Was ging in ihm vor? Waren seine Berechnungen falsch? Seine *Poems* hatten ihre Schuldigkeit getan. Aber hatte ihr reserviertes und ironisches Echo nicht doch einen geheimeren Ehrgeiz getroffen und verletzt? Die Gesellschaft, seine *Belle Dame sans merci*, billigte ihm zu, interessant, nicht aber ein Poet zu sein. Wovon sollte er leben? Geordnete Tätigkeit lag ihm nicht nur nicht, sie stand auch der neuen Pose nicht, der er nur durch gewagte Unternehmungen, nicht durch den Anblick paradoxen Berufsfleißes die nötige Bewunderung sichern konnte.

Er heiratete. Jeder erdenkliche psychologische Stumpfsinn und Scharfsinn hat sich zu diesem Ereignis und dem Komplex der erkennbaren und unerkennbaren Anlässe geäußert. Man mag in den Chor der Vermutungen nicht einstimmen, wenn man nicht meint, ihn zum Schweigen bringen zu können. Zweierlei erscheint jedoch sicher. Die Heirat der siebenundzwanzigjährigen Constance Mary Lloyd aus Dublin hat Oscar Wilde ebensowenig beeindruckt oder auch nur in der Phase einer unbekümmerten Verliebtheit verändert, wie man an der Freundlichkeit und Wärme seiner Gefühle Zweifel hegen sollte. Das unvermischte Nebeneinander von Sympathie und Kälte, von Spontanität und Kalkül ist keine verruchte Spezialität einer durch abnorme Veranlagungen beschädigten Seele. Spaltungen der Person zählen zum Beobachtungs- und Erfahrungsbefund eines jeden, der die Bestandteile einer Psyche nicht durch die Brille eines moralischen Postulats sehen und dadurch die Identität der Person herstellen muß. Daß Künstler in hohem Maße unverbindliche Baumaterialien ihrer Gefühlsentscheidungen zu koordinieren oder auch in ihrer dislocierten Lagerung zu belassen haben, ist bekannt. Oscar Wilde löste dieses Problem wie alle seine Probleme: Er ordnete alles, so auch menschliche Begegnungen und Bindungen, den Bedürfnissen und Zwecken seiner Selbstorganisation unter. Das ist für ihn ein natürlicher Vorgang. Man kann ihn, wie das biographische Psychologie anläßlich der Heirat Wildes getan hat, keineswegs einen Akt unentschuldbarer Herzlosigkeit nennen. Denn im System des schöpferischen Egoismus sind auch selbstlose Handlungen der Zuneigung noch Ausdruck der Selbstliebe, des *sacro egoismo* des Künstlers. Der Moralist kann hier von einem Bann sprechen, der die freie Beweglichkeit und Empfindlichkeit des Gewissens lähmt. Diesen Bann kann nur die Leidenschaft brechen oder das Leiden – aber beides kann ihn nicht aufheben. Das ist nicht Sache menschlicher Anstrengung und Willigkeit.

Oscar Wilde hatte keine Schwierigkeit, seine Heirat dem Bilde, das er der Öffentlichkeit zu bieten wünschte, einzufügen. Die bürgerliche Reputation der Gründung eines Hausstandes konnte seinen beruflichen Bemühungen nur nützen. Die Zeitschrift *World* sprach von »Oscar und der Dame, die er zur *châtelaine* des Schönen Hauses erkoren hat«. So sah man es richtig, so wünschte es Oscar Wilde. Er selbst sah die *châtelaine* seines Hauses *Beautiful* in Chelsea ebenfalls, wie er es wünschte. Daß die Natur die Kunst und nicht die Kunst die Natur nachahme, war eines seiner Lieblingsparadoxe. So war für ihn Constance Lloyd eine vollkommene präraffaelitische Kunstfigur, in die er sich verliebte und die er seinen Freunden schilderte: ... *eine ernste, schlanke, veilchenäugige kleine Artemis mit schweren Flechten dichten braunen Haars, unter dem ein blumengleiches Köpfchen sich wie eine Blüte neigt, und mit wunderbaren Elfenbeinhänden, die dem Piano so süße Musik entlocken, daß die Vögel zu singen aufhören, um ihr zu lauschen.*

Die Briefe, die Constance Lloyd in ihrer Verlobungszeit und von der Hochzeitsreise schrieb, haben den Charme des Frischen, einer mädchenhaften Lebensneugier. Constance enthielt Elemente des Kindlichen, die Wilde, den zärtlichen Bewunderer des Kindes, stark angezogen haben müssen. Constance war durchaus nicht beschränkt, gewiß nicht prüde. Sie hatte sogar kapriziöse Züge, und sie war gelehrig und eigensinnig genug, um neben ihrem ungewöhnlichen Mann nicht als ›Weibchen‹ zu vegetieren, das sich mit der Zeit in das Hausgespenst mürrischer Selbstzufriedenheit verwandelt. Daß sie nicht seine Vertraute, seine ›Frau‹ werden konnte, lag im Gesetz ihrer Naturen, die sich nur um den Preis des Irrtums aneinander binden konnten. Oscar Wilde war zum ›Ehemann‹ völlig untauglich – auch zur Ehe gehört Genie, sittliches Genie –, und von dem Eheleben, wie er später bekannte, war er *zu Tode gelangweilt.* Dennoch war im Wesen dieser jungen Frau etwas, das die noblen Bedürfnisse seines Charakters befriedigte: verläßliche Achtung zu erweisen, Takt zu üben, Schutz zu gewähren, soweit und solange das seine ruinösen Passionen erlaubten. Sie verschloß sich, auch als ihre Angst vor den Meuten der öffentlichen Meinung und dem gefangenen ›Monstrum‹ Oscar ihr bescheidenes Verständnis versteinerte, ohne Haß vor dem Manne, der sie immer wieder enttäuschen mußte. *Ich hasse ihn nicht, aber ich gestehe, daß ich ihn fürchte,* schrieb sie einen Monat vor ihrem Tode. Sie starb im Alter von vierzig Jahren am 7. April 1898 in Genua. Die Telegramme und Briefe, die Oscar Wilde absandte, als er diese Nachricht erhielt, stehen in rätselhaftem, aber nicht unbegreiflichem Widerspruch zum Bericht seines Freundes Robert Ross: *Oscar ging es natürlich nicht besonders nahe. Entsetzlich ist für ihn nur, daß seine Rente hiermit aufhört ... Er ist bei bester Laune und trinkt nicht allzuviel.*

Constance war die Mutter zweier Knaben, Cyril und Vyvyan, die Oscar Wilde in einer tieferen, sehr diskreten Schicht seines Wesens liebte. Das Kind, das Kindliche, wo es sich auch immer in der Natur versinnbildlichte, war ihm eine Welt für sich. Sie entzückte ihn nicht nur als Zauber des ›Kleinen‹, des Blumen- und Vogelhaften, des Leichten, Bunten und Unmittelbaren, sondern sie konnte ihn auch als Offenbarung des Arglosen und Schutzlosen v e r w a n d e l n. Er war, alle Zeugnisse sprechen dafür, verwandelt, wenn er mit Kindern sprach oder spielte. Wer seine Schilderung des Kinderfestes gelesen hat, das er, kaum aus dem Zuchthaus entlassen, in Berneval-sur-Mer zu Ehren des Krönungsjubiläums der Queen Victoria gab, wird mit einem natürlichen Geheimnis seiner Verletzlichkeit vertraut, das dieser hemmungslose Plauderer niemals ausplaudern konnte. Die Trennung von seinen Kindern, die moralisch argumentierende Quälerei ihrer Begründung hat etwas in ihm zerbrochen, das man nicht hätte antasten dürfen, wenn man ihn leben lassen wollte: den Glauben an die Neigung eines Kindes. Gewiß, Oscar Wildes Geständnisse waren wahr und unwahr zugleich. Sie lagen wie falsche Karten mit echten Karten vermischt durcheinander, und wer auf eine von ihnen setzte, zog immer den kürzeren. Doch wer wagte ein solches Geständnis unwahr zu nennen: ... *ich muß mein verstümmeltes Leben nach eigener Façon neu schaffen. Hätte Constance mir erlaubt, meine Kinder zu sehen, so wäre mein Leben wohl anders verlaufen. Aber das tat sie nicht. Nicht daß ich sie ihres Verhaltens wegen im geringsten tadeln wollte, aber jedes Verhalten hat seine Konsequenzen.*

Seine reinsten künstlerischen Gebilde sind gleichsam im Sprechen mit seinen Kindern entstanden: Er erzählte ihnen Geschichten und Märchen, und in diesen Jahren schreibt er seine Kunstmärchen nieder. Die literarische Dürftigkeit dieser Märchen zu beklagen, mag manches darin Anlaß bieten. Aber erwartet man von dem *homme blasé* der Londoner Gesellschaft, der ein gefragter und auch gefürchteter Kritiker geworden ist, Beschäftigung mit redenden Vögeln und Gräsern, mit verdrießlichen Riesen und hochmütigen Feuerwerksraketen? Literarische Spekulationen, Abwehr der ›Moderne‹, Gefälligkeitserwägungen, die er als einfallsreicher Herausgeber von *The Woman's World* anstellte, und anderes mehr mochten ihn sich in der Rolle des Märchenschreibers gefallen lassen. Aber der Leser spürt, wie wohl sich Wilde beim Verfertigen solcher Phantasiestücke fühlte. Die erste Sammlung *The Happy Prince and Other Tales (Der glückliche Prinz und andere Märchen)*, die 1888 erschien, enthielt eine so hintersinnige Geschichte wie *Die vornehme Rakete (The Remarkable Rocket):* das *Humpty-Dumpty*-Schicksal der englischen Kinderreimfigur, mit der ihn Constance nach seinem Sturze bitter verglich.

Die vornehme Rakete, ihr Hochmut vor dem Fall, liest sich wie eine allegorisierte Geschichte Oscar Wildes. Man meint sein märchenhaftes Selbstporträt zu betrachten, über das er sich mit melancholischer Ironie belustigt: *Die vornehme Rakete* erklärt allen ›vulgären‹ Raketen, der *Römischen Kerze,* dem *Schwärmer,* dem *Bengalischen Licht,* daß sie die Sensation des Festes und des Feuerwerkes sei. Der Prinz und der Hofstaat haben die einzigartige Ehre, ihrer Explosion beizuwohnen. *Prinzen haben eben immer Glück.* Das arme *Bengalische Licht,* das sie philologisch belehren will, daß es *pyrotechnisch* und nicht *polytechnisch* heißt, wird souverän erniedrigt und zum Schweigen gebracht: *Ich aber sage polytechnisch.* Und alles hält den Atem an. Der vorlaute *Schwärmer,* der lacht, weil er glücklich ist, wird belehrt: *Welches Recht haben Sie, glücklich zu sein? Sie sollten an andere denken, Sie sollten in der Tat an mich denken. Ich denke immer an mich, und ich erwarte, daß jeder das gleiche tut. Das nennt man Sympathie. Die einzige Sache, die einen im Leben aufrechterhält, ist das Bewußtsein der ungeheuren Inferiorität aller andern, und das ist ein Gefühl, das ich immer kultiviert habe.*

Und die ganze banale Raketenverwandtschaft geht mit Pracht und Prunk in die Luft, nur die *vornehme Rakete* nicht, die mit affektierten Tränen ihr Pulver genäßt hat. Sie fühlt sich natürlich für etwas ganz Besonderes, *a grand occasion,* aufgehoben. Doch die Arbeiter werfen sie am anderen Morgen über die Mauer in den Schlamm. *Bad rocket, schlechte Rakete,* sagen die Arbeiter. Sprachfehler der arbeitenden Klasse natürlich. *Grand rocket, großartige Rakete,* wollten die Arbeiter sagen. Aber *bad* und *grand* klingen ja sehr ähnlich *und bedeuten auch oft dasselbe. Und damit fiel sie in den Schlamm.*

Ihre Unterhaltung mit dem hochnäsigen Frosch ist wie eine Parodie der Gespräche Oscar Wildes mit seinem Freundfeinde, dem Maler James Abbott McNeill Whistler. Die ehrbare Ente muß sich sagen lassen, daß *Handarbeit nur die Zuflucht von Leuten ist, die nichts anderes zu tun haben.* Ihr menschenfreundliches Angebot an die Rakete, bei den Tieren des Teiches zu wohnen, weist diese mit dem entrüsteten Schrei einer *Fremden von Distinktion* zurück: *Es gibt hier weder Gesellschaft noch Einsamkeit.* Aristokraten lieben die Schauplätze der Komödie, des Hofs, oder des Hirtengedichts, der Wildnis. Alles andere riecht nach Vorstadt. Sie will an den Hof zurück, denn sie ist dazu bestimmt, sensationelles Aufsehen in der Welt zu erregen. *I am made for public life – ich bin für die Öffentlichkeit gemacht,* sagt die Rakete. Wo Raketen erscheinen, erregen sie *größte Aufmerksamkeit.*

Das Ende der Geschichte: Zwei Bauernbuben suchen Holz für ihren Wasserkessel. Sie halten das erlesene pyrotechnische Artefakt, den Star der höfischen Lustbarkeit, dem *zu Ehren der Prinz und die Prinzessin geheiratet haben,* für einen Stock! Vom königlichen Park in den Dorfteich, vom Schlamm ins Kesselfeuer, welch Werdegang des Genies! *Was für ein Erfolg ich bin!* ruft sie und steigt in die Luft. Aber niemand sah sie, denn die Buben waren eingeschlafen. *Ich explodiere,* verkündet sie, *und ich werde die ganze Welt in Brand setzen und ein solches Getöse machen, daß die Welt ein Jahr lang über nichts anderes spricht.* Ja, Krach! macht das Pulver, aber niemand hat es gehört, auch nicht die zwei neben dem Kessel in ihrem gesunden Armenschlaf. *I knew I should create a great sensation – ich wußte, ich würde ein überwältigendes Ereignis sein,* keucht sie und verlischt. Sie war einer Gans auf den Rücken gefallen. Sie hat eine Gans zum Staunen gebracht: *Großer Gott, es beginnt Stöcke zu regnen! –*

Oscar Wilde als *The Remarkable Rocket* der Londoner Gesellschaft begann in der Zeit, in der er dieses melancholisch-mokante Märchen niederschrieb, seinen steilen literarischen Aufstieg. Dieser Aufstieg hatte in der Tat etwas von raketenhafter Energie und prasselnder Prachtentfaltung. Seit 1888 nimmt sein literarischer Ruhm in dem Maße zu, in dem er sich um sein gesellschaftliches In-aller-Munde-Sein nicht mehr zu kümmern brauchte. Er hat in einem Jahr – 1887 – vier Erzählungen publiziert, darunter die sehr amüsante Gruselgeschichte von einem melodramatischen Gespenst, das zuweilen als romantischer Dandy posiert, und dem Erlösungswerk des Kindes Virginia in *The Canterville Ghost (Das Gespenst von Canterville).* Eine Figur wie Lady Alroy *with a mania for mystery,* einer Mystifikationsmanie, in *The Sphinx Without a Secret (Die Sphinx ohne Geheimnis)* war ideal auf die Interessen einer Gesellschaft zugeschnitten, deren Lebenselixier verfeinerter Klatsch und delikate

Gerüchte sind. Wilde war der literarische *couturier* der Londoner Gesellschaft – keineswegs zufällig Herausgeber von *The Woman's World* –, ein Kenner des weiblichen seelischen Schicks. Diese mondäne Modeschneiderei Wildes, diese Gebrauchsliteratur für den Tag und die Stunde, zeigt den Unterschied seines Schreibens von der Literatur im üblichen Sinne. Man handelt die Prosa Wildes unter ihrem Wert, wenn man ihre besonderen Funktionen übersieht. Sie ist notierte Plauderei. Im Druck wirkt sie wie eine Partitur. Das gilt ebenso für seine großen kritischen Essays, die mit guten Gründen den Dialog einführen, wie für seine Bühnenstücke.

1888 brachte die Märchensammlung *The Happy Prince*, 1899 war das Jahr der großen Essays, die nicht aufhörten, bis auf den heutigen Tag, eine erstaunliche Wirkung auszuüben. Gewiß ist die Wildesche ›Erfindung‹ dieser Essays – ihr rücksichtsloser Subjektivismus, der sich in einer Kettenexplosion rücksichtsloser Paradoxe entlädt – längst im westlichen Feuilletonjournalismus allzusehr imitiert und verbraucht worden, um noch originell zu wirken. Doch man unterschätzt und verkennt auch die Absichten und Verfahrensweisen der kritischen Essays Wildes, wenn man sie nicht immer wieder auf den zentralen Punkt ihrer Entstehung bezieht, die Lebens- und Kunstmaxime Oscar Wildes: nur von sich zu sprechen. Die Weise, in der er dies zu tun wünscht, hat er immer wieder betont: *It is only the superficial qualities that last – nur Oberflächlichkeit kann Anspruch auf dauernde Wirkung erheben.*

Man betrachte nur die Titel und Untertitel seines berühmtesten Essays: *The Critic as Artist (Der Kritiker als Künstler).* Man sollte, wie das in der jüngsten Neuausgabe der kritischen Schriften Wildes geschehen ist, die Positionen der Begriffe vertauschen: *The Artist as Critic (Der Künstler als Kritiker).* Denn das Künstler-Ich bemächtigt sich aller Medien nach Belieben und so auch der literarischen Gattungen. Es unterwirft sich nicht ihren Gesetzen, es setzt sie, für den selbstherrlichen Augenblick ihres Gebrauchs, außer Kurs. *Play* und *pleasure, Spiel* und *Vergnügen* (Genuß), sind die Wappenwörter Wildes. So wird der Obertitel des ersten Titels von *The Critic as Artist: The True Function and Value of Criticism (Der wahre Sinn und Wert der Kritik)* durch den Untertitel ironisiert: *With Some Remarks on the Importance of Doing Nothing (Mit einigen Bemerkungen über die Wichtigkeit des Nichtstuns).* In der zweiten Fassung setzte Wilde einen zweiten Untertitel hinzu: *With Some Remarks upon the Importance of Discussing Everything (Mit einigen Bemerkungen über die Wichtigkeit, alles zu erörtern).*

Importance (Bedeutung, Wichtigkeit), Ausdruck Ernst erheischenden Respekts vor allgemeingültigen Werten, ist ein Lieblings- und Schlüsselwort Wildes in seinen Titeln, das seinen Darbietungen prinzipielle ›Bedeutungslosigkeit‹ sichern soll. Eine ›Bedeutungslosigkeit‹, die das Übergewicht banalen oder pathetischen Ernstes, der alle Beschäftigungen und Gesinnungen beschwert, ironisch beseitigen soll. Solange eine Sache *importance* besitzt, ist für Wilde die Perspektive des Betrachters falsch. ›Wichtigkeit‹ einer Sache ist für ihn der Beweis einer unrichtigen und unangemessenen Einstellung zu ihr. Ernest und Gilbert diskutieren in *The Critic as Artist* Walter Pater und Leonardos Mona Lisa, die Tannhäuser-Ouvertüre, Ravenna und Venedig nicht anders, als sie die Ortolane und den Chambertin ihres Abendessens ›diskutieren‹ *(After we have discussed some Chambertin and a few ortolans ...).* Dadurch wird die Rangordnung der ›Wichtigkeit‹ der diskutierten Gegenstände aufgehoben und ein ästhetischer Absolutismus des souveränen Subjekts verkündet, der jedem der von ihm regierten Dinge, sei es ein wohlzubereiteter Ortolan, sei es die Mona Lisa, ›Wichtigkeit‹ nach höchstem Belieben des künstlerischen Gottesgnadentums verleihen kann.

Das erscheint maßlos arrogant. Aber die ironische Übertreibung der Behauptungen Wildes läßt uns erst ihre Methode und Tragweite erkennen: Allein *intensity,* das heißt die geniale Lebendigkeit des hervorragenden Individuums, kann zum Wesen einer Sache, was immer sie auch sei, vordringen. Sie ist die unerlernbare Voraussetzung für jede Aussage von Belang (*importance*). Sie ist daher auch oberstes Prinzip des Kritikers, der ein ›Künstler‹ sein muß, wenn seine Kritik etwas bedeuten will. Nur durch die Intensivierung seiner Persönlichkeit kann der Kritiker andere Individuen und ihre Werke verstehen und auslegen, ohne in den Niederungen eines nichtssagenden Historismus gelehrte Floskeln zusammenzuhäufen. Je mehr der Kritiker seine Persönlichkeit kultiviert und intensiviert, desto realer wird seine Interpretation des betrachteten Objekts, desto befriedigender, überzeugender und wahrer wird sie *(it is only by intensifying his own personality that the critic can interpret the personality and works of others, and the more strongly this personality enters into interpretation, the more real the interpretation becomes, the more satisfying, the more convincing, and the more true).*

Das ist nicht weniger als ein Vorschlag zur Lösung des Historismus-Problems in der Kunstkritik, der sich hören lassen kann. Darüber hinaus gestattet ihm dieses Intensitätsprinzip ein brillantes Plädoyer für den konsequenten Subjektivismus der interpretierenden Künste, des Pianisten, des Schauspielers. Das Paradox, daß die persönlichste Behandlung eines Kunstwerks seine Absichten am reinsten erfülle, daß die völlig personalisierte Sicht auf eine Sache die ergiebigste unter allen möglichen sein kann, wirft ein Licht auf Wildes Theorie des Paradoxen, deren Logik er witzig zu verheimlichen verstand.

Die Thesen eines anderen dialogischen Essays, *The Decay of Lying (Der Verfall des Lügens),* der 1889 erschien, sind nicht minder atemberaubend. Wie der Kritiker als Künstler den pedantischen Historismus *ad absurdum* führt, so fertigt er den modischen Naturalismus und Psychologismus eines Zola und Bourget ab mit ihrer phantasielosen Verehrung des Häßlichen und Banalen. Vivian, der Verfasser eines Essays *The Decay of Lying: A Protest,* liest daraus seinem zigarettenrauchenden Freunde Cyril vor und überzeugt ihn mit unerschöpflichen Argumenten, daß der literarische Realismus eine Kunst sei, die das Lügen verlernt habe, daß Lügen nicht nur eine Kunst sei, sondern daß alle wahre Kunst Lüge sei und mit der Lüge aus ein und derselben Wurzel schöpferischer Imagination emporblühe. Der Realismus verderbe die Kunst dadurch, daß er die geordneten Verhältnisse von Kunst und Wirklichkeit verkehre: denn die Kunst habe nicht die Wirklichkeit zu kopieren, sondern die Wirklichkeit die Kunst. Daß Lebensläufe Romanfiguren imitieren, könne man wohl nicht leugnen. Es habe das Werther-Fieber gegeben, und in Mode seien die mit ihren Liebhabern durchbrennenden Leserinnen von Ehebruchsromanen. Und mit der Bemerkung *Mein lieber Junge, ich bin in der Lage, alles zu beweisen* erklärt er dem verblüfften Cyril, warum die Natur dem Landschaftsmaler folge und ihre berühmten Wirkungen allein ihm verdanke. Daß die Natur in Frankreich jetzt Monets und Pissaros reproduziere wie früher Corots und Daubignys, könne jeder Reisende bestätigen.

Das ist nicht nur geistreicher Unsinn, sondern in dieser Übertreibung – *Übertreiben* will Oscar Wilde als Kunst der Wahrheitsfindung, als hermeneutischen Akt respektiert wissen – steckt der Kern einer erstaunlich richtigen Beobachtung. Das moderne Bewußtsein kann der Natur nicht mehr unmittelbar begegnen. Bildzitate einer ausgeformten Aneignung, eines Gemäldes, eines Gedichts, stellen sich ein – diese moderne Erfahrung ist so alt wie Lottes Ausruf *Klopstock!*, als sie mit Werther das abziehende Gewitter betrachtete.

Der Verfall des Lügens ist nicht nur von einem Witz und einer Gescheitheit, wie wir sie in unserer kritischen Literatur nicht mehr kennen, sondern er enthält mehr als gescheite, außergewöhnlich kluge Bemerkungen über Shakespeare, Balzac, Meredith, die Wilde, der Künstler des ›Oberflächlichen‹, unter der Oberfläche seiner Paradoxe und vergnügten Überspitzungen verbirgt.

Der Wainewright-Essay *Feder, Pinsel und Gift. Eine Studie in Grün (Pen, Pencil and Poison. A Study in Green)*, 1899 zuerst erschienen, 1891 mit dem Zusatz des Untertitels, liest sich in manchen Partien wie die Anwendung der Imitationstheorie Vivians auf Oscar Wilde selbst. Der ebenfalls in diesen Jahren des Produktionsrausches niedergeschriebene Essay *Die Seele des Menschen unter dem Sozialismus (The Soul of Man Under Socialism)*, zuerst 1890 erschienen, treibt das, was man die schreibende Vergnügungssucht Oscar Wildes nennen könnte, auf die Spitze. Ständig wechselt die Einstellung der geistigen Optik. Einmal ist er der Märchenerzähler des Sozialismus, der Kindern von einem herrlichen Lande hinter den Sieben Bergen berichtet, ein andermal ist er der kultivierte ›Einzelne‹, der literarische Feinschmekker, der den Sozialismus als Droge, als *remedium* gegen den blasierten *ennui* empfiehlt. Dann wieder ist er der Philanthrop, der den Sozialismus als perfekte Beseitigung des Privateigentums preist. Und nicht zuletzt posiert er als Revolutionär, der die grausigste Form der gesellschaftlichen Despotie, die Macht der

Presse, der manipulierten öffentlichen Meinung, als die bösartigste Knebelung und Mißachtung der Menschenrechte angreift. Alles dies ist er im Interesse eines *individualism*, des erlesensten und natürlichsten aller Menschenrechte; aber er taucht dieses Interesse immer wieder in die Wirbel seiner sprachlichen Vergnügungssucht, die alles und jedes dem Überraschungseffekt, der Pointe, der unwiderstehlichen Lust opfert, die Wörter ihres buchstäblichen Sinnes wie die herrschende Meinung ihrer Geltung zu berauben.

Es lag nahe, daß Oscar Wilde alle in den letzten Jahren aufgenommenen Ideen und gewonnenen Fertigkeiten einer größeren Arbeit zugute kommen lassen wollte. So waren die Märchen und Erzählungen nicht minder als die kritischen Essays nur kleinere Geschwister seines ›Romans‹ oder seiner Erzählung größeren Umfangs: *Das Bildnis des Dorian Gray (The Picture of Dorian Gray).* Die Dialoge seiner Essays werden hier nur fortgesetzt, seine Märchen und Schauergeschichten nur weitererzählt. Der Roman erschien zuerst 1890 in der Zeitschrift *Lippincott's Monthly Magazine*, dann in Buchform, erweitert und verändert, 1891. Man kann nicht sagen, daß Wilde mit dieser Erzählung einen literarischen Skandal wünschte; aber er fühlte sich doch auf der gewünschten Höhe seiner Popularität, als er, der Mann gepflegten Müßiggangs, an den Herausgeber des *Scots Observer* schrieb: *Zeitungsfehden jeder Art sind mir zuwider, und von zweihundertsechzehn Kritiken des Dorian Gray, die von meinem Schreibtisch in den Papierkorb gewandert sind, bin ich nur auf drei eingegangen.*

Erstaunlich ist freilich die empfindliche Reaktion eines dezidierten ›Immoralisten‹ und Kenners der englischen Gesellschaft auf den Vorwurf der schlechten Moral seines Dorian Gray. Er möchte, daß der Liebhaber seiner Pointen entzückt ist über ein *pronunciamiento* wie *Kein Künstler hat ethische Neigungen (ethical sympathies); hat er solche, so ist das eine unverzeihliche Manieriertheit*, und daß zugleich die aufgeweckte Leserschaft ergriffen bemerkt, daß Dorian Gray *kein gefühlloses, berechnendes, gewissenloses Geschöpf war. Im Gegenteil, er ist äußerst impulsiv, absurd romantisch und wird sein Leben lang von der Stimme seines Gewissens verfolgt, die ihm jede Freude vergällt und ihm mahnend vorhält.* Hier verstößt Wilde naiv gegen seine eigene Maxime: *Alle Kunst ist zugleich Oberfläche und Gleichnis. Wer unter die Oberfläche gräbt, tut es auf eigene Gefahr. Wer das Gleichnis liest, tut es auf eigene Gefahr.*

Die zutreffendste Erklärung der Absichten, die Oscar Wilde mit *The Picture of Dorian Gray* verfolgte, hat er selbst gegeben: *... Die Ästhetische Bewegung hat gewisse Farben kreiert, die erlesen sind in ihrer Lieblichkeit und berückend in ihrer nahezu mystischen Tönung. Sie waren und sind unsere Erwiderung auf die häßlichen Primärfarben eines zweifellos respektableren, aber gewiß weniger kultivierten Zeitalters. Meine Erzählung ist ein Essay über Dekorationskunst. Sie wendet sich gegen die krude Banalität des nackten Realismus* – hier hören wir wörtlich Vivians Argumente aus *The Decay of Lying*. Oscar Wilde möchte mit seiner Erzählung vom schönen und bösen Dorian und dem Dandy Lord Henry Wotton dem Rinnstein-Realismus des modernen Romans nicht nur eine dichterische ›Lüge‹ im Sinne Vivians entgegensetzen, sondern auch eine Stilübung vorführen. *Dekorationskunst* ist keine Vokabel blasierter Untertreibung, sondern wörtlich zu nehmen. Als gelehriger Leser von Huysmans *A rebours* und Gautiers *Émaux et Camées* verfeinerte er die Mittel dieser *Dekorationskunst*. Er verbarg in dieser Erzählung weder persönliche Sündenbekenntnisse noch Erfahrungen erlauchter Sünden; es ging ihm auch nicht um eine Variation der romantischen Emanzipation des ›Fleisches‹, sondern eben um *Dekoration* als eine Form seines permanenten Protestes gegen die ›Philister‹. Als polemische Stilübung, nicht gewichtiger, sollte man *The Picture of Dorian Gray* auf sich wirken lassen. Von weiteren Übungen dieser Art ließ er ja auch ab. Er hatte anderes zu tun: Komödien zu schreiben.

Die literarische Produktivität Oscar Wildes, die sich in diesen Jahren fast explosiv entlud und in einem Jahr (1891) die Buchfassung seiner Essays unter dem Titel *Intentions*, ein neues Märchenbuch *A House of Pomegranates (Das Granatapfelhaus)*, die Neufassung von *The Picture of Dorian Gray* und die Sammlung seiner Erzählungen auf den Markt brachte, eroberte sich jetzt erst das ideale Spielfeld seiner elementaren Begabung: die Gesellschaftskomödie.

Wilde hatte schon, bevor er *Lady Windermere's Fächer (Lady Winderemere's Fan. A Play about a good Woman)* niederzuschreiben begann, zwei Dramen geschrieben: *Vera; or The Nihilists (Vera oder die Nihilisten)* und *The Duchess of Padua. A tragedy of the XVI. century (Die Herzogin von Padua).* Beide Stücke, vergessene Dokumente der unglücklichen Liebe Wildes zur Tragödie, hatten keinen oder keinen nennenswerten Erfolg. Die Gesellschaftskomödien, die nun drei Jahre lang die Londoner Theatersaison beherrschten, brachten ihn, als ob er an einem Zauberring gedreht hätte, in das Paradies der Ehren und Genüsse, das ihm bisher verschlossen geblieben war. Der Chor der Bewunderer und Neider wuchs, seine Ideen von Komfort und Eleganz konnte er realisieren, er konnte Geschenke und Reisen nach seinem Geschmack machen, opulente Essen geben, kostbar eingerichtete Landhäuser von Aristokraten mieten und tun, was ihm beliebte.

Blieb ihm verborgen, daß alle Gegenstände seines Spotts ihm als leichte Beute zufielen, daß die Gesellschaft ihren sprühenden Clown honorierte, doch daß ihm mißlang, was er immer wieder versucht hat, seitdem er seine ersten Gedichte schrieb: ein *Dichter* zu werden? Es ist gewiß kein Zufall, daß er dies in einem letzten Gewaltakt zu erzwingen versuchte, indem er sich einer fremden Sprache, des Französischen, bemächtigte. Den Einakter *Salomé* schrieb er im Winter 1891 in Paris französisch. Er verhielt sich reserviert den sprachlichen Einwänden seiner französischen Freunde gegenüber. Kein Zweifel, daß Wildes Francophilie und die ›französische‹ Mode der Nineties sein Schreiben in der bewunderten Sprache der bewunderten Dichter Balzac und Gautier, Baudelaire und Mallarmé begünstigte. Es war die Zeit der berühmt-berüchtigten *Yellow Books* – *gelb* war die Farbe der französischen Romane, die Anstoß erregten. *›Frenchified‹*, französiert, war in den Nineties alles, was luxuriös, üppig, verfeinert, sinnlich-melancholisch wie Beardsleys Zeichnungen, kurz, so lustvoll ›ungesund‹ *(unhealthy)* und prunkvoll ›dekadent‹ wie *The Picture of Dorian Gray* war.

Dies alles läßt jedoch für den Entschluß Wildes, die biblische Geschichte von Herodes, dem Propheten Johannes und Salome mit ihren berühmten Schrecknissen und Süchten in einer fremden

Sprache zu dramatisieren, eine letzte Erklärung offen. Weder die Sprache seiner Verse noch die seiner Prosa, wo sie nicht den Zwecken seiner und seiner Figuren Plauderkünste diente, hatte die zeitgenössische Kritik überzeugen können. Wo er ›ernst‹ wurde, breiteten sich in seiner Sprache die Fettflecke des Sentimentalen, der Gefühlskopie, der kunstgewerblichen Unaufrichtigkeit aus. Wildes sprachliche Originalität lag gerade darin, daß er die Sprache entlasten konnte von allem lyrischen Schwergewicht, von aller gedanklichen *importance,* daß er in sie hineinblasen konnte wie in gewichtlosen Schaum. Seine Sprache war ja nur dann ganz und gar die unvergleichliche Sprache Wildes, wenn er eine Sprache *of no importance, ›ohne Bedeutung‹,* sein schillernd bezauberndes Unsinnsidiom sprach, das sich aller Stilfiguren der Ironie in immer neuerfundener Anordnung bedienen konnte. Wilde hatte seine Sprache gleichsam verhext, sie unbrauchbar gemacht für alle anderen Zwecke als den einer nur anscheinend aus allen Fugen platzenden, doch blendend gezügelten und gelenkten Causerie. So mußte er scheitern – und er mußte spüren, was er nicht zugeben konnte –, sobald er in dieser Sprache den Propheten donnern lassen wollte: *Back, daughter of Sodom! Touch me not (Zurück, Tochter Sodoms! Rühre mich nicht an)* und die brünstige Königstochter drohen und flehen: *I will kiss thy mouth (Deinen Mund will ich küssen).*

Dieses Problem wurde auch nicht gelöst, als er den richtigen Ausweg in die Gesellschaftskomödie suchte. Erst die letzte löst es. Denn die drei ersten Komödien akzeptieren mit einem ›guten Ausgang‹ auch seine sittlichen Normen und Garantien. So wird das Spielfeld der Konflikte und ihrer Lösungen nicht durch den geringsten moralischen Skeptizismus verwirrt oder auch nur kompliziert. Die für Wildes Geschmack banalen Typen der opfernden Mutterliebe, der ehrbaren Verkannten, der zynischen Heuchlerin, der Überheblichen, des Ehrgeizigen, und wie sie alle heißen, stellen das Personal. In der Handlung begegnen wir ebenfalls nur Vergehen und Lastern, Tugenden und guten Taten, die dem Bilderbuch der viktorianischen Moral entnommen sind. Zugleich aber führt er Figuren ein oder läßt Mentalitäten zu Worte kommen, die sich über das System der gesellschaftlichen Verabredungen, in welchem sie handeln, ihr Ansehen gewinnen, halten oder verlieren, lustig machen und nichts für so schäbig oder lästig halten wie das eindeutige Gut und Böse, Schwarz und Weiß der Komödienmoral.

Wilde waren Art und Anlaß der Konflikte, die er in *A Woman of No Importance (Eine Frau ohne Bedeutung)* nicht anders als in *Lady Windermere's Fan* darzustellen hatte, gleichgültig oder eben nur im Interesse des Publikums interessant. Das erzeugte die sprachlichen Brüche, das Reden nicht in zwei verschiedenen Tonarten, sondern auf völlig unterschiedlichen Ebenen: der Sprache des gutverkäuflichen Boulevardstücks und der Sprache des selbstgenügsam in Paradoxen versprühenden Monologs des Mannes, der es *liebt*, das *Sprechen alleine zu besorgen*, und nur von sich selber spricht, wenn er zu anderen spricht.

In *The Ideal Husband (Der ideale Gatte)* nimmt ihn das ›Problem‹, der drohende Gesellschaftsskandal in höchster gesellschaftlicher Position, mehr gefangen, und er waltet in der Handlungsführung nicht nur mit mehr Kunstverstand, sondern auch die Sprache seiner seriösen Figuren in ernsten Lagen ist nicht mehr aus dem sprachlichen Ersatzstoff gemacht, aus dem Wilde zuweilen die Rede seiner edlen Heroinen formt.

Noch einmal bricht er, nach dem Erfolg der *Salomé*, die Sarah Bernhardt bereit war zu spielen, in die ›dichterische‹ Sprache aus, zu deren Gebrauch er untauglich war. Er duldete den Versuch der Rückübersetzung der *Salomé* ins Englische, den Alfred Douglas unter seinen Auspizien unternahm. Aubrey Beardsley, mit Wilde die Hauptfigur des sogenannten *revival of Decadence* der neunziger Jahre in England, illustrierte die englische Ausgabe von *Salomé*, die 1894 in London und Boston gedruckt wurde. Im gleichen Jahr erschien aber nicht nur *The Sphinx* – in Oxford begonnen! –, sondern auch die *Poems in Prose*, die, wie durch unterirdisches Wurzelwerk mit der Oxforder Religiosität Wildes verbunden, in einer Sprache biblischer Einfachheit religiöse Erfahrungen und Einsichten in Parabeln kleiden sollen. Diese sprachlichen Erlösungsversuche Wildes sind nur zu verstehen im Zusammenhang mit den inneren Befreiungsversuchen, die er, immer unbehauster von Wohnung zu Wohnung, von Land zu Land ziehend und reisend, von Alfred Douglas begleitet, verfolgt, gemieden, gesucht, unternommen hat. Diese kleinen

Prosastücke mit Titeln anspruchsvoller Einfachheit wie *Der Meister, Der Jünger, Der Lehrer der Weisheit* sollen seiner Sprache – und da die Sprache nie lügt: seinem verlorenen Selbst – die verlorene Unschuld zurückgewinnen, die Sprache der Kindheit und des Gebets. Das mußte mißlingen. Daran änderte auch das Zuchthaus, auch das Exil nichts.

Doch etwas anderes gelang, und zwar im höchsten und rühmlichsten Grade. Alle Kenner stimmen heute darin überein, daß Oscar Wildes letzte Komödie, *The Importance of Being Earnest; A Trivial Comedy for Serious People (Die Bedeutung, Ernst zu sein),* die beste englische Komödie seit Shakespeare ist, und manche geben ihr den Rang der reinsten Gesellschaftskomödie der Weltliteratur. Diese Schätzung verdankt sie nicht ihrem witzigen Handlungsschema, das er verschieben konnte, wie der zahlende Auftraggeber des Stückes, der Schauspieler und Theaterleiter Sir George Alexander, das wünschte. Der Dichter Wystan Hugh Auden nannte das Stück *»perhaps the only pure verbal opera in English«*. Eine »Wort-Oper« – das trifft den Nagel auf den Kopf. Die Sprache Wildes ist in diesem Stück die einzige Person. Die Sprache als Drama einer Person mit verteilten Rollen! Die auftretenden ›Personen‹ sind nur verschiedene Artikulationen dieser Sprache. Person, Aktion, Situation, alles wird der Sprache, ihrem Dialog mit sich selbst und ihrem puren Selbstzweck untergeordnet.

Man hat nicht übel Wildes Handhabung der Sprache, die hier die Behandlung des *plot,* die Zeichnung des Handlungsmusters, souverän bestimmt, mit dem Verfahren eines Ballettmeisters verglichen. Die natürlichen Bewegungen des Körpers, Gehen, Springen, Greifen, Sitzen, Stehen, werden von ihren natürlichen Absichten und Funktionen getrennt und als Material tänzerischen Ausdrucks zu rein ›dekorativen‹ Zwecken formalisiert. Formalisiert man auf diese Weise die Sprache, so erfindet, improvisiert sie sich selbst in Vorführungen, die das Wortspiel als rhetorische Figur eines überaus beziehungsreichen Nonsense regiert. Der Ausruf John Worthings, mit dem er die Komödie beschließt, daß er zum ersten Male in seinem Leben begriffen habe *the vital Importance of Being Earnest,* spielt zum Titel des Stückes zurück, indem die ganze Tragweite der Irrungen und Wirrungen aus dem Wortspiel der phonetisch assimilierten Wörter *Ernest* (Vorname einer vorgetäuschten Person) und *earnest* (Eigenschaft, deren Wert die vortäuschende Person am Ende des Stücks durchaus unernst beteuert) entwickelt wird.

Die Entstehung des Stückes war mehr als andere den Zufällen der chronischen Geldnot Wildes zu verdanken, war künstlerisch ein Gelegenheitsstreich, den er, wiederum mehr aus Berechnung als aus künstlerischer Erwägung, durch einen anderen verdrängen wollte, den er aber dann auf sich beruhen ließ. Dazu paßt es, daß Wilde diese *Farce*, wie er das Stück selbst nannte (deren *Dialog zwar reinste Komödie ist, der beste, den ich je geschrieben habe*), nicht sehr ernst nimmt: *Man könnte es nicht in ein Repertoire ernster oder klassischer Stücke aufnehmen, es sei denn zum Spaß – einmal –, so wie Irving den Jeremy Diddler spielt, um den Bostonern zu zeigen, wie vielseitig er ist, und wie ein Mann, der den Hamlet gestaltet, es auch mit den besten Possenspielern aufnehmen kann.*

Dieses Possenspiel wurde eine der schönsten Komödien der Weltliteratur, in der alles Gold ist, was glänzt. Oscar Wilde schrieb sie im letzten Akt des Possenspiels seines Londoner Ruhms. Am 3. Januar 1895 wurde mit pompösem Erfolg *The Ideal Husband* im Theatre Royal, Haymarket, aufgeführt, einen Monat später, am 14. Februar, war die Premiere von *The Importance of Being Earnest* im St. James-Theater. Der *Scharlachrote Marquis,* der Vater Alfred Douglas', versuchte, von einem Boxer begleitet, sich Eintritt in das Theater zu verschaffen, um *zum Publikum zu sprechen.* Am 22. Februar überreichte der Portier des Albemarle Clubs Oscar Wilde eine Karte des Marquess of Queensberry mit der Aufschrift: *To Oscar Wilde, posing as somdomite* (sic!).

Ein Sodomit! Der *Lord of Life*, der *»the act of sodomy«*, den sodomitischen Akt, an Londoner Strichjungen in Hotelzimmern vollzog. So schilderte es der Zeuge Charlie Parker im Prozeß, der am 3. April begann und am 25. Mai die Lebensposse Oscar Wildes durch eine beklemmende Posse der viktorianischen Justiz und Gesellschaft beendete: Der Richter Wills verlas seine Urteilsbegründung im Vollgefühl zermalmenden Abscheus und warf die öffentliche Haßfigur des feisten Schwätzers und perversen Lüstlings der öffentlichen Meinung zum Fraße vor. Die Justiz schickte ihn zwei Jahre ins Zuchthaus, die Gesellschaft bis zum Tode in ihre grausamere Strafanstalt: Gleichgültigkeit und *unnatürliche Tugend,* die entsetzlicher ist als *fünfzig unnatürliche Laster* und *die Welt für die Leidenden zu einer vorzeitigen Hölle macht.*

Das Ende
Zuchthaus und Exil

Im Juli 1891 hatte Oscar Wilde in ein Exemplar der großformatigen Ausgabe von *Das Bildnis des Dorian Gray* geschrieben: *Alfred Douglas von seinem Freunde, der dieses Buch geschrieben hat. Juli 91. Oscar.* Lord Alfred Bruce Douglas, der dritte Sohn des achten Marquess of Queensberry, 1870 geboren, in Winchester erzogen, Student des Oxforder Magdalen College, eine typische britische ›Schönheit‹, mußte alle Vorstellungen Wildes von einem ›griechischen‹ Engländer, einem Gedichte schreibenden jungen Aristokraten erfüllen. Körperliche Schönheit – weniger athletische als schmalgliedrige – faszinierte Wilde. Er wollte sie auch, wie man weiß, bei den käuflichen Objekten seiner Ausschweifungen, den jungen Kellnern, Hotelboten, den gerissenen Kreaturen des Taylorschen Männerbordells, nicht entbehren. Die ›Vorläufer‹ Bosies, der *blue coat boy* Harry Marillier, ein Student aus Cambridge, der als Fünfzehnjähriger Wilde und seinem Freund Miles in Salisbury Street *Kaffee serviert* hatte, mehr noch der mysteriöse John Gray, der Protegé Wildes, der seine Briefe an Wilde mit *Dorian* unterzeichnete und so auch von anderen genannt wurde, waren junge Männer von auffallender Schönheit.

Alfred Douglas, ›Bosie‹, war für Wilde kein schönes Phantom außerhalb einer ästhetisch vernichteten häßlichen Wirklichkeit, kein Spielzeug seiner Bezauberungsübungen, wohl auch kein erotischer Partner, den Wilde der Abartigkeit seiner Bedürfnisse aussetzen konnte oder wollte. Bosie war die wirkliche, entsetzlich quälende, unerbittliche, vernichtende Leidenschaft seines Lebens. Sie machte diesen mächtigen, impulsiven Menschen, der mit seinem kindischen sinnlichen Appetit, der *greediness*, der Schlingsucht nach jeder Art billiger Süßspeisen eine komische Figur und gewiß kein Krimineller war, im mythischen Sinne blind. Wilde war von Natur ebenso arglos wie wehrlos. Seine Leidenschaft für Bosie entsprach Alfred Douglas' fataler Zwangsbindung an Wilde. Diese Zwangsbindung, den narzißtischen Ausnutzungszwang eines Wesens, das sich keinem Du ergeben, nicht lieben kann, hat der Dichter Auden sehr einleuchtend beschrieben als das verhängnisvolle Treffen des *Overloved*, Wildes, des Vielgeliebten, in seiner Kindheit von seiner Mutter bis zur Verhätschelung Verwöhnten, mit dem *Underloved*, dem Ungeliebten, von seinem Vater Zurückgestoßenen und Gehaßten. Sein zur praktischen Bosheit angestautes Gefühl der Minderwertigkeit heftet sich saugend an sein Opfer, das von einem Überfluß empfangener Sympathien durchblutet und durchwärmt ist.

Wildes Leidenschaft ist bei aller Devotion, Erniedrigung, Anhänglichkeit nicht Liebe. Er selbst ist nicht minder, nur auf kehrseitige Weise, ein Narziß. Es gibt den warmblütigen und den kaltblütigen Typ. Man kann impulsiv, arglos, wehrlos, freundlich, liebenswürdig sein und dennoch völlig unfähig zur Liebe. Dieser Defekt kann sich nicht nur bei Verweigerung von Sympathien einstellen, sondern auch bei Überfütterung mit Neigungsbeweisen. Im ersten Fall kühlt sie die Psyche aus bis zur Vereisung, im zweiten weicht sie sie auf bis zur Bewegungsuntauglichkeit. Gefühle sind Handlungen, und Liebe ist Gefühl in höchster Aktion. Leidenschaft ist nicht Handlung, sondern Dulden, Passion. Oscar Wilde hat versucht, gewiß, seinen Gefühlen für Bosie den Charakter der Handlung, der Liebe zu geben. Aber in dieser spezifischen Handlungsunfähigkeit seiner Leidenschaft gleicht er zwar nicht einem Gelähmten und Erfrorenen – wie Douglas in der Zwangswelt seines Minderwertigkeitskomplexes –, sondern einem Verfetteten, dessen verweichlichte Glieder durch ihr eigenes Gewicht daran gehindert werden, lebenswichtige Bewegungen zu machen.

Es gibt einen Brief von Campbell Dodgson an Lionel Johnson, der Douglas mit Wilde bekannt gemacht und Dodgson als

Repetitor für Bosie empfohlen hatte, aus der glücklichsten Zeit des unglückseligen Paares. Dieser Brief und ein Brief Wildes an Campbell Dodgson, beide im Februar 1893 im luxuriösen Refugium in Babbacombe geschrieben, sind ungemein aufschlußreich für die Natur der Beziehung zwischen diesem ›Liebhaber‹ und seinem ›Geliebten‹. Diese Briefe würden durch jedes noch so behutsame Referat ihres Reizes einer mit unheimlichen Einschüssen verdunkelten Ausgelassenheit und ihrer Vergegenwärtigungskraft beraubt. Deshalb sollen sie im vollen Wortlaut folgen, der ironisch affektierte, ganz à la Oscar verfaßte Bericht des jungen Dodgson, des *Zuschauers,* über das Paar und der Brief des Hauptakteurs Oscar Wilde, der ihn von seiner unwiderstehlichsten Seite zeigt, in seiner kapriziösen Gutmütigkeit und sprühenden Laune.

Wildes Frau Constance ist mit ihrer Tante in der geschilderten Zeit in Florenz und Rom; aber seine beiden kleinen Söhne Cyril und Vyvyan, die *das Meer abgöttisch lieben,* wohnen bei ihm.

Campbell Dodgson an Lionel Johnson.

8. Februar 1893 Babbacombe Cliff

Mein lieber Lionel, Bosies Launen haben mich seit Samstag abend auf allerhand Ab- und Umwege geführt, und in diesen paar Tagen sind mir mehr unwahrscheinliche Dinge zugestoßen als sonst in ebenso vielen Monaten meines farblosen Kuh-Daseins. Als Zuschauer amüsiert mich die ganze Geschichte höchlichst, während ich mir als Hauslehrer wie eine glatte Niete vorkomme: nur daß offenbar niemand etwas anderes erwartet. Meine letzten Tage zu Hause wurden durch pausenlose Telegramme der Familie Douglas belebt, die bewirkten, daß ich schließlich von Samstag bis Montag nach Winchester ging, statt nach Salisbury. Ich genoß diese Tage sehr; das Wetter war himmlisch, die Richardsons empfingen mich mit größter Herzlichkeit, und ich begegnete keinen langweiligen Leuten.

Am Montag fuhr ich dann nach Salisbury in der Hoffnung, Bosie zu Hause vorzufinden: nichts dergleichen – er trieb sich noch immer herum. Ich verbrachte einen sehr angenehmen Tag mit Lady Queensberry, streifte in der Kathedrale und der Domfreiheit umher; wurde in die Kreuzgänge eingesperrt und drang in die bischöflichen Gärten ein. Am Abend tauchte Bosie auf – inmitten eines Schwarms von Telegrammen – mit aufgelösten Locken und stürzte sich sofort in seine Redaktionskorrespondenz. Das dauerte den ganzen Abend, während ich friedlich in Deinem Goethe und der Westminster Gazette las.

Am nächsten Tag studierte Bosie mit Feuereifer seinen Platon eineinhalb Stunden lang. Dann teilte er mir beim Lunch in aller Ruhe mit, daß wir am Nachmittag nach Torquay zu Oscar Wilde reisen würden. Ich japste überrascht, bin jedoch phlegmatisch und von kräftiger Konstitution, wurde mit dem Schock daher gut fertig, und resigniert verbrachte ich den ganzen Nachmittag damit, den Koffer wieder zu packen, den ich gerade erst ausgepackt hatte. Unser Aufbruch war dramatisch; Bosie veranstaltete den üblichen Wirbel; er hatte kein Buch, kein Geld, keine Zigaretten und viele Telegramme von äußerster Wichtigkeit abzuschicken vergessen. Dann mußten wir in dem Minimum von Zeit, die noch blieb, um den Zug zu erwischen, eine kleine Pony-Chaise mit einer großen Anzahl von Reisekoffern überladen, während mir ein Foxterrier anvertraut wurde und eine scharlachrote Maroquin-Schreibmappe, ein prächtiges und schönes Geschenk von Oscar. Nach eiligem Abschiednehmen von den Damen preschten wir in wildem Karacho los, Bosie kutschierte. Ich war darauf gefaßt, nur noch meine zerschmetterten Gliedmaßen ins Spital von Salisbury zu schleppen, doch wir kamen heil am Bahnhof an.

Als wir etwa eine Stunde gefahren waren, fiel Bosie ein, daß er Oscar überhaupt nicht von unserer Ankunft benachrichtigt hatte, es wurde also von Exeter aus ein langes Telegramm abgesandt. Gegen neun Uhr waren wir schließlich am Ziel und dinierten aufs üppigste. Das Haus ist wunderschön, voll von Überraschungen und wunderlichen Räumen, Rossetti an allen Ecken und Enden. Es gehört Lady Mount-Temple und ist an Oscar vermietet. Unser Leben ist lässig und luxuriös; unsere moralischen Grundsätze sind lax. Wir argumentieren stundenlang über verschiedene Interpretationen des Platonismus. Oscar beschwört mich mit ausgebreiteten Armen und Tränen in den Augen, ich solle meine Seele Seele sein lassen und sechs Wochen lang meinen Körper pflegen. Bosie ist schön und faszinierend, aber sehr bösartig. Er ist begeistert von Platons Bild vom demokratischen Menschen, und keines meiner Argumente vermag ihn zu überzeugen, daß es so etwas wie absolute ethische Maßstäbe gibt. Wir studieren keine Logik, keine Geschichte, sondern spielen mit Täubchen und Kindern und fahren am Meer entlang spazieren.

Oscar sitzt im allerkünstlerischsten aller Zimmer, genannt ›Wunderland‹, und meditiert über sein nächstes Stück. Ich finde ihn einfach hinreißend, bin allerdings überzeugt, daß seine Moral abscheulich ist. Er behauptet, entdeckt zu haben, daß meine genauso schlecht sei. Seine Sprachgewandtheit ist außergewöhnlich, so wenigstens erscheint sie mir, der ich unartikuliert bin und die Iren bewundere, die es nicht sind. Am Samstag fahre ich zurück. Wahrscheinlich werde ich alles dort lassen, was von meiner Religion und meinen moralischen Grundsätzen noch übrig ist. Stets Dein C. D.

Oscar Wilde an Campbell Dodgson

[Poststempel 23. Februar 1893] Babbacombe Cliff

Mein lieber Dodgson, wir freuen uns sehr, daß Ihnen das Papiermesser gefällt, hoffentlich weckt es in Ihnen angenehme Erinnerungen. Ich kann Ihnen meinerseits nur versichern, wie sehr ich Ihren Besuch genossen habe. Ich freue mich darauf, Sie in London wiederzusehen, entweder wunderbare Rembrandt-Radierungen hütend oder einfach in Schönheit wandelnd, was noch besser ist, und wir müssen von purpurnen Dingen sprechen und purpurnen Wein trinken.

Ich führe das Institut noch immer im alten Sinne weiter und glaube wirklich, daß es mir gelungen ist, die Vorzüge einer öffentlichen Schule mit denen einer privaten Irrenanstalt zu kombinieren, was, wie Sie wissen, mein Bestreben war. Bosie ist sehr goldhaarig, und ich habe Salome in Purpur binden lassen, damit sie zu ihm paßt. Diese tragische Tochter der Leidenschaft erschien letzten Donnerstag und tanzt jetzt um den Kopf des englischen Publikums. Sollten Sie ihr begegnen, dann sagen Sie mir, wie sie Ihnen gefällt. Ich möchte, daß sie Ihnen gut gefällt.

Alle Jungen der Schule schicken beste Grüße und freundliche Wünsche. Mit vielen Grüßen Ihr

Oscar Wilde
Direktor der Schule von Babbacombe

Schule von Babbacombe

Direktor – Mr. Oscar Wilde
Konrektor – Mr. Campbell Dodgson
Schüler – Lord Alfred Douglas

Hausordnung

Tee für Lehrer und Schüler um 9 Uhr 30 morgens
Frühstück um 10 Uhr 30
Arbeiten 11 Uhr 30 – 12 Uhr 30
Um 12 Uhr 30 Sherry und Biskuits für Direktor und Schüler (der Konrektor ist dagegen)
12 Uhr 40 – 13 Uhr 30 Arbeit
13 Uhr 30 Lunch
14 Uhr 30 – 16 Uhr 30 Versteckspiel mit dem Direktor (Pflichtfach)
17 Uhr Tee für Rektor und Konrektor, Cognac mit Soda (nicht mehr als sieben) für Schüler
18 – 19 Uhr Arbeit
19 Uhr 30 Abendessen, Champagnerzwang
20 Uhr 30 – 24 Uhr Ecarté, pro Auge höchstens fünf Guineas
24 – 1 Uhr Lesen im Bett (Pflichtfach). Schüler, die bei Übertretung dieser Vorschrift ertappt werden, werden sofort aufgeweckt.
Nach Schluß des Schuljahres wird dem Rektor von den dankbaren Schülern ein silbernes Tintenzeug überreicht werden, dem Konrektor ein Federmäppchen.

Diese Idylle des Witzes und Wohllebens spielt sich auf einem Hintergrund ab, dessen Kontrast jeden Betrachter erschrecken läßt. Doch beides gehört zusammen. Es ist die gleiche Person Oscar Wilde, die im *Wunderland* von *Babbacombe Cliff* wie ein Glücksprinz waltet und *Salome, in tyrischen Purpur und blasses Silber gebunden,* in *stürmischer Nacht* liest und die in Paris und London *diners* für sinistre Mietlinge und Erpresser des Männermarktes gibt und seine männlichen *›Belles de jour‹* zu Pascal schickt, dem berühmten Pariser Coiffeur im Grand Hotel, damit er ihre Haare onduliere.

In seinem Buch *Feasting with Panthers (Gelage mit Panthern)* gibt Rupert Croft-Cooke ein ungeschminktes Bild dieses Treibens. Wilde war 1893 völlig vertraut mit der Welt, in der sein späterer Mitangeklagter Alfred Waterhouse Somerset Taylor seine Geschäfte machte. Er wechselte die jungen Männer so oft, wie die Routine seiner Annäherung und Verabschiedung von trister Eintönigkeit war: ein Abendessen mit vielen Gängen in einem Restaurant von plattem Luxus, Champagner, vergeudete Monologe Wildes über Dichtung und Kunst und *the old Roman days,* die Gastmähler der römischen Dekadenz, bei Cognac und Zigarren, die Fütterung seines *boy* mit gezuckerten Kirschen, ein Hotelzimmer, ein silbernes Zigarettenetui mit dem Namenszug Oscars zum Andenken.

So floß unter der Oberfläche seiner Erfolge, seiner Arbeiten, seines geselligen Verkehrs der Strom seiner gewöhnlichen Tage und die bunte Prozession seiner *boys,* seiner *painted pageants.* Er bezahlte und entließ sie »wie die Hansom-Droschken, die er mietete«. Er aß täglich zuviel und zu gut, ein von Jahr zu Jahr dicker werdender Schlemmer, lunchte im Café Royal, dinierte im Savoy und soupierte *»at Willis's«,* trank zuviel beim Essen und zu viele *drinks* an Vor- und Nachmittagen. Zuweilen hatte er Schwierigkeiten mit dem Hoteldirektor, wenn er seine *boys* mit auf sein Zimmer nahm. Dann mietete er eine Wohnung in der Stadt, um ungestört zu arbeiten.

Was er in diesen Jahren schrieb, wissen wir. Was er dachte, wissen wir kaum – oder aus Berichten anderer, die seinen Selbstmystifikationen glaubten: ein erlauchter Nachgeborener spätrömischer Lustgelage zu sein, ein Lebens-Künstler, der den ›Satanismus‹ der romantischen Poeten mit allen Fibern nicht dichtete, sondern lebte. Noch im Zuchthaus konnte er das banale Faktum, einer bezahlten Ausschnüffelei seiner ›spätrömischen Späße‹ in die Falle gegangen zu sein, nur durch die Mystifikation ertragen, als großer ›Sünder‹ im höllischen Malebolge eingekerkert zu sein.

Er mag, als er mit den kleinen schmutzigen Erpressern verhandelte, die gestohlene Briefe an Bosie kopierten, sein ›Doppelleben‹ als eine Art stimulierenden Gruselreizes empfunden haben. Solche Vorkommnisse konnten ihn weder warnen noch beeindrucken, und wenn, dann nur für sehr kurze Zeit. Seine äußere Lebenseinrichtung wurde freilich unstabil, auf Wechsel und Abbruch berechnet, durch Schulden und Arbeitsunfähigkeit mehr gefährdet, als er sich eingestehen wollte. Es wurde ihm zur Gewohnheit, Wohnungen oder Landhäuser zu mieten, er reist mit Alfred Douglas im Mai 1894 nach Florenz, im Oktober dieses Jahres nach Brighton, taucht während der Proben von *The Importance of Being Earnest* in Algier auf, wo André Gide das Paar trifft *(Ich hab ihn* [Bosie] *inständig gebeten, noch während der Proben bleiben zu dürfen, doch so schön ist seine Natur, daß er spontan ablehnte,* schreibt Wilde an Ada Leverson), fährt mit Alfred Douglas noch im März, als Wilde bereits gegen den Vater seine verhängnisvolle Verleumdungsklage erhoben hatte, nach Monte Carlo. Dann kommt das Ende.

Oscar Wildes Briefe aus dem Holloway-Gefängnis und später aus dem Zuchthaus in Reading zeigen, wie er den Adressaten, seinen Freunden, seine Handlungen, ihre Motive und seinen jetzigen Zustand darzustellen wünschte. Sie zeigen auch, wie diese Selbstinterpretation sich änderte unter der Härte der abgelebten Zuchthausstunden, die inkommensurabel ist wie alle unvermittelte Wirklichkeit, wie alles ohne Kulturschutz nackt berührte Leben. Der große Liebesbrief an Alfred Douglas vom 20. Mai 1895, *Mein Kind* ihn anredend, in der Euphorie der Vorstellung, *in Demut der Liebe alle Schmach zu dulden für den Geliebten,* ist ebenso ›wahr‹, wie es die Sätze des traurigen Abscheus vor dem Freunde und der *unseligen Freundschaft* sind, die er in den beiden folgenden Jahren niederschreibt. Die ›Wahrheit‹ seiner Gefühle wird er auch in seinem *De Profundis*-Brief an Alfred Douglas so klar und zugleich so widerruflich sagen, wie in den späteren Zeugnissen im Exil, wo er zu seiner *Liebe*, zu Alfred Douglas zurückkehrt und die *vergoldete Säule der Schändlichkeit* wieder verläßt, verlassen muß. Gegen seinen Willen, mit seinem Willen – man drohte Wilde mit Entzug seiner kümmerlichen Rente, falls er sich von Alfred Douglas nicht trennte –, die ›Wahrheit‹ ist hier gleichgültig für einen, der weiß: *Ohne ihn war mein Leben ohne Licht* und zugleich *weil er mein Leben zerstörte, muß ich ihn lieben.*

In Neapel, wenige Tage vor seiner Abreise nach Paris im Februar 1898, schrieb er: *Mein Leben ist hier in Scherben gegangen, ich habe keine Ideen, keine Energien.* Der letzte Versuch, sein Leben zu formen, die auseinanderfließenden Massen seiner unbelehrbaren Bedürfnisse zu festigen, war gescheitert, weil er kein Versuch, sondern ein Vorwand war, den schneidenden Bedingungen eines Versuchs zu entkommen. Denn diese Bedingungen hoben seine Lebensbedingungen auf. Er hatte sich zum Geschöpf der ›Gesellschaft‹ gemacht; als sie sich ihm entzog, erfuhr er, wie Tiere, die nur in einem bestimmten Klima, unter bestimmten Nahrungs- und Schutzbedingungen gedeihen können, seine existentielle Abhängigkeit von dem Milieu, das er nicht durch ein anderes ersetzen konnte. *Die Ballade vom Zuchthaus zu Reading (The Ballad of Reading Gaol)* zeigte, wie vergeblich es war, als *poète maudit* zu dichten und als ›Feind der Gesellschaft‹ gegen die Gesellschaft zu leben.

Wie seine Handschrift, *einst von attischer Anmut*, zerläuft und *zerrüttet* ist – *genau wie mein Charakter*, schreibt er an Robert Ross –, so zerläuft sein Leben, das er in armseligen Hotels zwischen Paris und der Riviera hinschleppt, einmal am Genfer See in einer Villa als Gast eines reichen und geizigen Schweizers, der ihm *gräßlichsten vin ordinaire* vorsetzt, einmal auch in Genua an Constances Grab: *Es war furchtbar traurig, ihren Namen in einen Grabstein geschnitten zu sehen – ihren Vornamen, meinen Namen natürlich nicht – nur »Constance Mary, Tochter von Horace Lloyd, Q. C.« und einen Vers aus der Offenbarung. Ich legte ein paar Blumen hin. Ich war tief bewegt, unter anderem auch von dem Gefühl der Sinnlosigkeit aller Reue. Nichts hätte anders sein können, und das Leben ist etwas Schreckliches.*

Die Reisen im letzten Jahr seines Lebens sind wie Zuckungen

vor dem Tode: Palermo, Rom – wo der Papst Leo XIII. an ihm vorbeigetragen wurde, *eine weiße Seele in Weiß gewandet* –, Genfer See und die letzte Station Paris, *Hôtel d'Alsace*. In Rom war er noch einmal, in einem sehr einfachen, physischen Sinn des Wortes, glücklich.

Die letzten Briefe, die er hinterließ, sind, zwischen Operation und Tod geschrieben, Geldforderungen mit sehr genauen geschäftlichen Details. Das Geld thematisierte die echten Erregungen dieses Lebens, das im Wesen des Geldes die Wirklichkeit begriff, mehr noch begriff, daß in der Zivilisation, in der er lebte und in der wir leben, das Geld die reale Form der Freiheit ist. Daß diese Realität nicht die Freiheit des Dichters und seines einzigen Schützlings, des Menschen, ist, hat Oscar Wilde, das Geschöpf dieser Zivilisation, sehr wohl gewußt und mit unverbindlichem Spott im *Sozialismus*-Essay seine Leser wissen lassen.

Wir haben den Bericht der letzten Tage von Robert Ross, seines Sterbens von Father Cuthbert Dunne. Wir kennen den Ablauf der Krankheit, nicht die Gedanken des Kranken. In Palermo, ein Jahr vor seinem Tode, schrieb Wilde, daß ihn, den großen ›Plauderer‹, eine seltsame Lähmung der Mitteilung befallen habe, eine ›Krankheit‹, die *Sucht des Schweigens: ich kann einfach nicht schreiben. Es ist so schrecklich, nicht von mir, sondern für mich. Es ist eine Art Lähmung – cacoethes tacendi –, die Spezialform, die diese Krankheit bei mir annimmt.*

In Rom sitzt er *in einem winzigen Café vor der Fontana di Trevi: das Rauschen des Wassers ist wundervoll: es beruhigt: es hat κάθαρσις.*

Wenn jemand mitteilt, was er tut, und für sich behält, was er weiß, hat er die allen offene und allen auffindliche Schutzzone des Menschlichen erreicht, wo die Brocken und Brösel des zerschlagenen, unfertigen, vertanen und vergeblichen Lebens im Geheimnis aufgehoben werden.

Zeittafel

1854 Geburt Oscar Wildes am 16. Oktober in Dublin, 21 Westland Row

1864 Eintritt in die Portora Royal School, Enniskillen

1871 Eintritt in das Trinity College, Dublin, als »Junior Freshman«, mit einem Stipendium der Portora Royal School

1873 Erhält ein Universitätsstipendium

1874 *Oktober:* Verläßt Trinity College, um das Magdalen College in Oxford zu besuchen

1875 *Juni:* Reist mit seinem Lehrer Mahaffy in Italien

1876 *19. April:* Tod des Vaters
Sehr gutes Prüfungsergebnis seines Universitätsexamens in Oxford

1877 *März–April:* Besucht Ravenna und Griechenland

1878 Erhält den Newdigate-Preis für sein Gedicht *Ravenna.*
Abschlußprüfung mit dem »Bachelor of Arts« an der Universität Oxford am 28. November mit »Auszeichnung«

1879	*Herbst:* Übersiedlung nach London. Wohnung mit Frank Miles: 13 Salisbury Street	Veröffentlichung des Essays *Die Anfänge der historischen Kritik*
1880	*August:* Gemeinsame Wohnung mit Frank Miles in: Keats House, Tite Street, Chelsea	Veröffentlichung des Dramas *Vera oder Die Nihilisten*
1881	*24. Dezember:* Abreise nach Amerika	Veröffentlichung des Gedichtbandes *Poems*
1882	Vortragsreise durch die USA und Kanada	
1883	Längerer Aufenthalt in Paris, wo er Goncourt, Daudet, Victor Hugo, Bourget, Mallarmé und Zola kennenlernte; Reise durch die englische Provinz, wo er Vorträge über *The House Beautiful* hält; *26. November:* Verlobung mit Constance Lloyd, wohlhabende Tochter eines Rechtsanwaltes aus Dublin	Theaterstück *Die Herzogin von Padua* veröffentlicht; *Vera oder Die Nihilisten* in New York uraufgeführt ohne Erfolg; nach einer Woche wieder abgesetzt
1884	Heiratet Constance Lloyd in London. Mai–Juni: Hochzeitsreise nach Paris und Dieppe	
1885	*5. Juni:* Geburt seines ersten Sohnes Cyril	
1886	*3. November:* Geburt seines zweiten Sohnes Vyvyan	
1887–89		Herausgeber der Frauenzeitschrift »The Woman's World«; *Das Gespenst von Canterville* veröffentlicht; *Die Sphinx ohne Geheimnis* erscheint als *Lady Alroy* in »The World«;

		Der Modellmillionär erscheint in »The World«; *Lord Savile's Verbrechen* erscheint in »The Court and Society Review«
1888	Dieses Jahr kennzeichnet den Beginn einer Periode großer literarischer Aktivität, die bis zum Zusammenbruch der Karriere Wildes 1895 andauerte	Veröffentlichung der ersten Märchensammlung *Der glückliche Prinz und andere Märchen*; die Sammlung enthielt *Die Nachtigall und die Rose, Der selbstsüchtige Riese, Der ergebene Freund, Die bemerkenswerte Rakete;* *Der junge König* erscheint in »The Lady's Pictorial«, Weihnachtsausgabe
1889	*Januar:*	Der Essay *Das Bildnis des Mr. W. H.* erscheint in der Zeitschrift »Blackwood's Edinburgh Magazine«; *Der Verfall der Lüge* in »The Nineteenth Century«; *Feder, Gift und Stift* in »The Fortnightly Review«
1890		*Das Bildnis des Dorian Gray* erscheint in der Zeitschrift »Lippincott's Magazine«; *Der Kritiker als Künstler* veröffentlicht
1891	Beginn der Freundschaft mit Lord Alfred Bruce Douglas, zweiter Sohn des Marquess of Queensberry	*Die Herzogin von Padua* wird in New York anonym uraufgeführt unter dem Titel *Guido Ferranti*; der Essay *Die Seele des Menschen unter dem Sozialismus* erscheint in der Zeitschrift »Fortnightly Review«; *Das Bildnis des Dorian Gray*

		erscheint in Buchform mit einem Vorwort und einigen Erweiterungen; die Essaysammlung *Intentions* veröffentlicht; sie enthält *Der Verfall der Lüge, Feder, Gift und Stift, Der Kritiker als Künstler, Die Wahrheit der Masken*; die Sammlung *Lord Arthur Savile's Verbrechen und andere Erzählungen* erscheint in Buchform; sie enthält die 1887 in Zeitschriften veröffentlichten Erzählungen *Die Sphinx ohne Geheimnis, das Gespenst von Canterville, Der Modellmillionär;* die zweite Märchensammlung *Das Granatapfelhaus* wird veröffentlicht; sie enthält *Der junge König, Der Geburtstag der Infantin, Der Fischermann und seine Seele, Das Sternkind*; in Paris schreibt Wilde *Salomé* und *Lady Windermere's Fächer*
1892	*Juli:* Kur in Bad Homburg *November:* Mietet das Landhaus »Babbacombe Cliff« bei Lorquay	*Lady Windermere's Fächer* uraufgeführt; *Salomé* wurde mit Sarah Bernhardt einstudiert für eine Uraufführung im »Palace Theatre«, London, als der Lord Chamberlain, der Theaterzensor Englands, Einspruch erhob und das Stück nicht aufführen ließ mit der Begründung, daß biblische Personen aufträten
1893	*März:* Verläßt »Babbacombe Cliff«. *Juni–Oktober:* Mietet »The Cottage«, Goring-on-Thames.	*Salomé* publiziert; *Eine Frau ohne Bedeutung* im »Haymarket Theatre« uraufgeführt;

	Oktober: Mietet Zimmer in 10, 11 St. Jame's Place	*Lady Windermere's Fächer* veröffentlicht
1894	*Mai:* Florenzreise mit Alfred Douglas. *Oktober:* Mit Alfred Douglas in Brighton	Die englische Ausgabe von *Salomé* erscheint, übersetzt von Alfred Douglas und illustriert von Aubrey Beardsley; *Gedichte in Prosa* in der »Fortnightly Review« veröffentlicht; *Eine Frau ohne Bedeutung* publiziert; *Die Sphinx ohne Geheimnis* veröffentlicht; schreibt im August/September in Worthing *The Importance of Being Earnest*
1895	*Januar/Februar:* Algierreise mit Douglas; *März:* Reise mit Douglas nach Monte Carlo. Aufgrund einer beleidigenden Karte (28. Februar) Lord Queensberrys, Douglas' Vater, erwirkt Wilde dessen Verhaftung. Der Verleumdungsprozeß endet mit dem Freispruch Queensberrys und der Verhaftung Wildes (5. April). Er wird nach zwei Strafprozessen zu zwei Jahren Zuchthaus verurteilt (25. Mai.) Konkursverfahren gegen Wilde; Bankrotterklärung. *20. November:* Einlieferung in das Zuchthaus Reading	*Ein idealer Gatte* uraufgeführt; *Bunbury oder Ernst muß man sein* uraufgeführt
1896	*3. Februar:* Wildes Mutter stirbt	*Salomé* wird am 11. Februar im »Théâtre de L'œuvre«, Paris, mit Sarah Bernhardt uraufgeführt; erster Brief an den »Daily Chronicle« veröffentlicht

1897	Übersendung seines Manuskriptes *De Profundis* (Brief an Alfred Douglas) an seinen Freund Robert Ross aus dem Zuchthaus Reading. Nach seiner Entlassung (19. Mai) fährt Wilde nach Dieppe und Berneval-sur-Mer. Treffen mit Douglas in Rouen und Neapel. Reise nach Sizilien	
1898	*Februar:* Ankunft in Paris. *7. April:* Tod seiner Frau Constance Wilde. Wilde macht verschiedene Reisen durch Frankreich	*Ballade vom Zuchthaus Reading* veröffentlicht; zweiter Brief an den »Daily Chronicle« veröffentlicht
1899	Verschiedene Reisen durch die Schweiz und Frankreich	*Bunbury oder Ernst muß man sein* veröffentlicht; *Ein idealer Gatte* veröffentlicht
1900	Italienreise nach Palermo und Rom. Nach einer schweren Operation stirbt Wilde in Paris, Hôtel d'Alsace, am 30. November	
1905		*De Profundis* veröffentlicht;
1907		*Eine Frau ohne Bedeutung* neuaufgeführt am »His Majesty's Theatre«; erste Gesamtausgabe von Wildes Werken, in der zum erstenmal *Eine Florentinische Tragödie, Die heilige Kurtisane*, vier Briefe an Albert Ross aus dem Zuchthaus Reading, der Essay *Die Anfänge der historischen Kritik* vollständig und das Gedicht *An L. L.* veröffentlicht wurden

1909	Zweite Gesamtausgabe erscheint
1949	Ein bis zu diesem Jahr vorenthaltener Teil aus *De Profundis* wird von Vyvyan Holland, Sohn Oscar Wildes, veröffentlicht

Bemerkungen des Herausgebers

Als ich den freundlichen Vorschlag des Verlages annahm, eine deutsche Oscar Wilde-Ausgabe zu betreuen, dachte ich weniger daran, den »Dichter« Oscar Wilde einem bestimmten literarischen Raritätenappetit begehrlich erscheinen zu lassen, als eine exemplarische Figur des fin de siècle-Ästhetizismus in ihrer kulturgeschichtlichen Bedeutung und Aktualität wieder ins Gedächtnis zu rufen. Schon Hugo von Hofmannsthal hat in seinem 1905 erschienenen Aufsatz *Sebastian Melmoth* – Masken-Name des entlassenen Zuchthäuslers Oscar Wilde – die einem rein literarhistorischen Interesse verschlossene Bedeutung der Leidensgeschichte Oscar Wildes erfaßt. Freilich besitzt der Autor Oscar Wilde als Essayist, Erzähler, Briefschreiber und Verfasser der einzigartigen *Bunbury*-Komödie Qualitäten genug, welche allgemeine Aufmerksamkeit verdienen und eindringliche Beschäftigung mit ihnen gewiß lohnen werden.

So ist diese zweibändige Ausgabe wie die *Complete Works of Oscar Wilde,* die seit 1948 in zahlreichen Auflagen in einem Bande in London bei Collins erscheinen, einem weiten Leserkreis zugedacht, der seit geraumer Zeit eine handliche Versammlung der Werke Oscar Wildes entbehren mußte.

Der Herausgeber dieser Ausgabe konnte nicht den Ehrgeiz hegen, sich in die Probleme der zünftigen Oscar Wilde-Philologie zu vertiefen. Daher blieb es den einzelnen Übersetzern überlassen, die Zuverlässigkeit ihrer Vorlagen zu prüfen und die Versehen und Irrtümer ihrer Vorgänger zu berichtigen.

Die Ausgabe vereinigt vollständig die *Poems in Prose* (Gedichte in Prosa), die »Märchen«-Sammlungen *A House of Pomegranates* (Das Granatapfelhaus) und *The Happy Prince and Other Tales* (Der glückliche Prinz und andere Geschichten), ebenfalls die *Stories* (Erzählungen), unter ihnen *The Picture of Dorian Gray* in der ersten Fassung von 1890. In die Sammlung der Essays ist *The Rise of Historical Criticism* nicht aufgenommen. Oscar Wildes Aphorismen sind durch *A Few Maxims for the Instruction of the Over-Educated* (Maximen zur Belehrung der

Über-Gebildeten), so wie er selbst sie veröffentlicht hat, repräsentiert.

Die *Plays* (Theaterstücke) Oscar Wildes mußten auf eine Auswahl der Erfolgstücke beschränkt werden. Hier sollte freilich den bekannten und vielgespielten Gesellschaftsstücken nicht nur *Salome* beigesellt werden, sondern es erschien mir wichtig, daß diese besondere Geschmacksrichtung Oscar Wildes auch durch die Aufnahme von *La Sainte Courtisane* (Die heilige Hure) dem Leser sich einprägt.

Die Gedichte Oscar Wildes, die nur noch auf die Anteilnahme des Literarhistorikers rechnen dürfen, konnten in einer Vorstellung der Werke Oscar Wildes nicht gänzlich fehlen. Ich habe Beispiele ausgewählt, die nicht nur Leseeinflüsse und Vorbilder, sondern auch die eigentümliche Beschäftigung Oscar Wildes mit der Christus-Figur und der Katholischen Kirche Roms spürbar werden lassen. Den Leser meines *Versuchs über Oscar Wilde* mache ich mit den Voraussetzungen und Folgen dieser Eigentümlichkeit bekannt. Der Abdruck des Originaltextes der Gedichte bedeutet bewußten Verzicht auf eine »dichterische« Übersetzung oder Nachdichtung. Die jeweils angefügte Übersetzung stellt nichts anderes als eine möglichst wortgetreue Lesehilfe dar. *The Ballad of Reading Gaol*, die berühmte *Ballade vom Zuchthaus zu Reading*, hat in der Übertragung Albrecht Schaeffers einen festen Platz in der Übersetzungsgeschichte des großen Gedichts. Daher wurde eine neue Übersetzung nicht erwogen.

Die Auswahl der Briefe konnte auf den großen epistolarischen Lebensbericht aus dem Zuchthaus an Lord Alfred Douglas (bekannt geworden unter dem Titel *De Profundis*) und die zwei Briefe an die Redaktion des *Daily Chronicle* beschränkt werden, da seit 1962 die englische, seit 1966 die deutsche Ausgabe der Briefe Oscar Wildes – ebenso unschätzbar in ihrem Informationswert wie jedem Interessierten leicht erreichbar – vorliegt.

Nur ungern habe ich auf eine Auswahl der zahlreichen, in Zeitschriften verstreuten Gelegenheitsarbeiten Wildes verzichtet, Kunst- und Buchkritiken, Anregungen für eine Kleiderreform und andere Oscariana, die zum Bilde des großen Plauderers gehören. Doch das hätte den Rahmen und die Komposition einer zweibändigen Ausgabe gesprengt.

Zu danken habe ich dem Verlag für mitdenkendes Verständnis und erhebliche technische Hilfe. Der Heidelberger Anglist Rudolf Sühnel hat meine eigenen Übersetzungsversuche überwacht und mit freundlicher Geduld erörtert. Die gelehrten Werke, denen ich die Kenntnisse und Erkenntnisse meiner Beschäftigung mit Oscar Wilde und seiner Zeit verdanke, kann ich in dieser kurzen Notiz nicht einzeln nennen. Gewichtigste Belehrung verdanke ich vor allem dem Kommentar der imposanten Edition der *Letters* und ihrer deutschen Ausgabe. Der Essay des Dichters W. H. Auden *An Improbable Life,* der 1963 zuerst in *The New Yorker Magazine* erschien, hat mich manches mit neuen Augen sehen gelehrt. Einige Bemerkungen von James Joyce über Wildes *Salome* bestärkten mich in dem Versuch, Oscar Wilde als Figur nicht nur der Literaturgeschichte, sondern auch der Religionsgeschichte zu betrachten und zu verstehen. Anregung und Unterrichtung danke ich vor allem dem Buch des Autors von *Bosie,* Rupert Croft-Cooke, *Feasting with Panthers* (A New Consideration of Some Late Victorian Writers, London 1967). Im vorigen Jahr erschien ein kurzer, vorzüglicher biographischer Abriß von Peter Funke, den ich den Lesern der Hanser-Ausgabe empfehle: *Oscar Wilde in Zeugnissen und Bilddokumenten,* in *rowohlts monographien* (Reinbek bei Hamburg 1969)

R. G.

Inhaltsverzeichnis

Theaterstücke

Briefe

Gedichte

Anhang

Die Aufnahme der Übersetzung der »Salome« durch Hedwig Lachmann und der »Ballade vom Zuchthaus zu Reading« durch Albrecht Schaeffer erfolgt mit freundlicher Genehmigung des Insel Verlag, Frankfurt/M., die der Briefe und Aphorismen durch Hedda Soellner mit freundlicher Genehmigung des Rowohlt Verlag, Reinbek.

Die Aufnahme des Photos von Oscar Wilde von Sarony erfolgt mit freundlicher Genehmigung des Bettmann Archive, Inc., New York, die des Photos von W. und D. Downey mit freundlicher Genehmigung der BBC Publications, London.